Münchener philosophische Studien

Fortsetzung der »Pullacher Philosophischen Forschungen«
begründet von Walter Brugger S.J. und Johannes B. Lotz S.J.

In Verbindung mit den Professoren der Hochschule für Philosophie, München
(Philosophische Fakultät S.J.)

herausgegeben von

Gerd Haeffner S.J. und Friedo Ricken S.J.

Neue Folge
Band 7

Friedo Ricken
François Marty
(Hrsg.)

Kant über Religion

mit Beiträgen von
Hans Michael Baumgartner, Maximilian Forschner, Pierre Laberge, François Marty, Onora O'Neill, Friedo Ricken, Giovanni B. Sala, Richard Schaeffler, Henri d'Aviau de Ternay, Wilhelm Vossenkuhl, Reiner Wimmer, Aloysius Winter

Verlag W. Kohlhammer
Stuttgart Berlin Köln

Die Veröffentlichung wurde ermöglicht
durch einen Druckkostenzuschuß der

AUGUSTIN BEA STIFTUNG GMBH MÜNCHEN

sowie der

ROTTENDORF-STIFTUNG, Enningerloh/Westf.

Die Deutsche Bibliothek – CIP-Einheitsaufnahme

Kant über Religion / Friedo Ricken ; François Marty (Hrsg.).
Mit Beitr. von Hans Michael Baumgartner … – Stuttgart ;
Berlin ; Köln : Kohlhammer, 1992
(Münchener philosophische Studien ; N.F., Bd. 7)
ISBN 3-17-012029-8
NE: Ricken, Friedo [Hrsg.]; Baumgartner, Hans Michael; GT

Stuttgart Berlin Köln
Verlagsort: Stuttgart
Gesamtherstellung:
W. Kohlhammer Druckerei GmbH + Co. Stuttgart
Printed in Germany

Inhaltsverzeichnis

Vorwort

Dieser Band geht zurück auf ein Symposion an der Hochschule für Philosophie München vom 23. bis 25. Mai 1992. Die Anregung dazu stammt von Pierre Laberge. Das Symposion wurde finanziert von der Fritz Thyssen Stiftung und der Rottendorf-Stiftung, der Druck durch die Augustin Bea Stiftung und die Rottendorf-Stiftung. Zu der Auswahlbibliographie haben allen Autoren beigetragen, besonders Giovanni B. Sala und Aloysius Winter. Hanna Lauterbach hat geholfen bei der Vorbereitung, Durchführung und Veröffentlichung der Tagung, Kurt Neumeier beim Korrekturlesen. Ihnen allen sei auch an dieser Stelle gedankt.

München und Paris, im Juli 1992

Friedo Ricken
François Marty

Abkürzungen

EF	*Zum ewigen Frieden*
GMS	*Grundlegung zur Metaphysik der Sitten*
KpV	*Kritik der praktischen Vernunft*
KU	*Kritik der Urteilskraft*
MS	*Metaphysik der Sitten*
R	*Reflexionen*
Rel.	*Die Religion innerhalb der Grenzen der bloßen Vernunft*
SF	*Der Streit der Fakultäten*
VSF	*Vorarbeiten zum Streit der Fakultäten*
WH	*Was heißt: Sich im Denken orientieren?*

Kants Schriften werden zitiert nach Band und Seite der Ausgabe der Königlich Preußischen Akademie der Wissenschaften, Berlin 1902 ff.

Friedo Ricken

EINFÜHRUNG

Das Thema 'Kant und die Religion' ist in diesem Band in einem engen Sinn verstanden. Es geht nicht um Kants Kritik an den Gottesbeweisen der metaphysischen Theologie, und es geht auch nicht um die Frage, ob die eine oder andere Fassung seines moralischen Gottesbeweises gültig sei. Im Mittelpunkt steht vielmehr die Frage, was Kant nach dem Abschluß der drei Kritiken zur Frage der Religion zu sagen hat[1]. Die Aufsätze verfolgen ein zweifaches Ziel. Sie wollen erstens einen Beitrag leisten zur philosophiehistorischen Erforschung der Religionsphilosophie Kants. Wichtiger ist das zweite, sachliche Anliegen: Auf der Grundlage dieser Interpretationen soll gefragt werden, welche Ansätze zu einer metaphysik- und vernunftkritischen systematischen Philosophie der Religion sich bei Kant finden. Es versteht sich, daß die Grenze zwischen beiden Anliegen nicht immer scharf gezogen werden kann. Angeordnet sind die Aufsätze — abgesehen von drei allgemeineren Arbeiten, die am Anfang stehen — nach der Chronologie der Werke Kants bzw. der Abfolge der Themen innerhalb der Religionsschrift.

Das zentrale sachliche Problem der Aufsätze ist — in Kantischer Terminologie ausgedrückt — das Verhältnis zwischen historischem Offenbarungsglauben und Vernunftglauben. Worin liegt die Vernünftigkeit einer Religion als historischer Erscheinung? Anhand welcher Rationalitätskriterien läßt eine historische Religion sich beurteilen? In welchem Sinn bedarf Religion notwendig der historischen Konkretion? Für Kant, der als Beispiel einer historischen Religion vor allem das Christentum im Blick hat, ist es die Frage nach dem Verhältnis von Vernunft- und Offenbarungsglauben. Die Vorrede zur zweiten Auflage der *Religion innerhalb der Grenzen der bloßen Vernunft* veranschaulicht es durch das Bild von zwei konzentrischen Kreisen: Der weitere Kreis der historischen Offenbarung enthält in sich den engeren Kreis des reinen Vernunftglaubens (Rel., VI 12).

1. Zur Entwicklung der Religionsphilosophie Kants

Aloysius Winter untersucht, wie die Theologen, die Kant vermutlich gekannt hat, das Verhältnis von Vernunft und Offenbarung sehen. Es geht ihm darum, Kants eigenen Anteil an seiner Religionsphilosophie herauszufinden, was nur durch eine minuziöse Spurensuche möglich sei. Der theologiegeschichtliche Vergleich zeigt Kants «unstrittige Originalität»(22). Sie werde sich nicht zuletzt in Kants intensiver Beschäftigung mit der Bibel ausgewirkt haben. Winter arbeitet die moralisch-praktische Motivation heraus, die hinter Kants Kritik an der historischen Religion steht: Sie könne als Deckmantel für ein unmoralisches Leben mißbraucht werden. Er geht den Kontakten Kants mit dem englischen

[1] In der Auswahlbibliographie wurde deshalb die Literatur zum Thema 'Kant und die Gottesbeweise' nicht berücksichtigt.

Deismus nach, in dem sich diese Religionskritik findet, und er verweist auf deren Wurzeln in Kants pietistischer Erziehung. Die Darstellung des theologiegeschichtlichen und literarischen Hintergrunds führt zu einer positiven Sicht von Kants Religionsphilosophie. «Einerseits wollte Kant als Philosoph und nur als Philosoph über Religion nachdenken, andererseits wollte er, der Grenzen der Reichweite der Vernunft bewußt, der Offenbarung ihren eigenen unverfügbaren und unersetzlichen Raum in der Geschichte zurückgeben»(53).

Einer frühen Entwicklungsstufe der Kantischen Religionsphilosophie gilt die Untersuchung von Maximilian Forschner. Er rekonstruiert anhand der Reflexionen den gedanklichen Weg seit der Mitte der sechziger Jahre bis zur transzendentalen Methodenlehre der *Kritik der reinen Vernunft*. Forschner fragt, ob sich die Stellung der Religion im Rahmen der Theorie menschlicher Moralität, wie sie die Methodenlehre der *Kritik der reinen Vernunft* skizziere, wesentlich von jener unterscheide, die die späteren religionsphilosophischen Schriften festschreiben. Er kommt zu dem Ergebnis, daß Kants Religionsphilosophie in ihren verschiedenen zeitlichen Entwicklungsstufen im wesentlichen als Einheit zu sehen ist. Damit werde die in der Kant-Forschung gängige Unterscheidung zwischen Objekt und Bestimmungsgrund des sittlichen Handelns in Frage gestellt und ebenso die scharfe Grenzziehung zwischen einer vorkritischen und einer kritischen Philosophie. Der Bestimmungsgrund des moralischen Wollens bleibe auch nach der *Kritik der reinen Vernunft* mit dem Gedanken der Möglichkeit des höchsten Gutes eng verbunden. Systematischer Ort der Religionsthematik sei von Anfang bis Ende die Frage nach dem Endzweck des sittlichen Handelns.

Das Verhältnis von Vernunft und Offenbarung stellt sich in Forschners Beitrag folgendermaßen dar: Kant geht aus von der moralphilosophischen Frage nach dem höchsten Gut, d.h. nach dem Verhältnis von Tugend und Glückseligkeit. Er sieht, daß die Lösungen der antiken Schulen unzureichend sind und daß allein die Lehre der christlichen Offenbarung das Problem löst. Die Reflexion 7060 aus den Jahren 1776 bis 1778 zeigt, daß Kant wesentliche Elemente seines reinen Vernunftglaubens für spezifisch christlich hielt, und sie belegt — ebenso wie der Brief an Lavater von 1775 — wichtige Grundgedanken der Religionsphilosophie bereits für diese Zeit: daß die Verbindung von Tugend und Glückseligkeit nur Gegenstand des Glaubens sein kann; die Lehre vom radikalen Bösen; die Kritik solcher religiösen Praxen, durch die der Mensch sich den Forderungen des moralischen Gesetzes entziehen will; die Unerläßlichkeit der Religion für die moralische Motivation.

Gehen wir von diesen frühen zu den letzten, ebenfalls nur im handschriftlichen Nachlaß faßbaren Erörterungen Kants. Reiner Wimmer arbeitet die religionsphilosophische Zweideutigkeit des *Opus postumum* heraus. Wo ist der höchste Standpunkt der Transzendentalphilosophie, nach dem dieses Werk fragt, zu suchen? Ist die Idee Gottes oder die des Menschen Bedingung der Möglichkeit der Einheit von Natur und Freiheit? Besteht dieser höchste Standpunkt folglich in einer transzendentalen Theologie oder in einer transzendentalen Anthropologie? Eine Differenzierung des Begriffs der transzendentalen Anthropologie radikalisiert die Alternative: Läßt sich die Rede von Gott als transzendentalphilosophisch notwendig oder als bloßer transzendentaler Schein, als reine Selbstprojektion der menschlichen Natur erweisen? Wimmer fragt also, ob möglicherweise im *Opus postumum* die Religionskritik von Feuerbach, Marx und Nietzsche vorweggenommen sei. «Kants Ringen mit diesem Problem», so seine These, «führt, soweit ich sehe, zu keinem eindeutigen Ergebnis»(202). An vielen Stellen scheine Kant für die Eliminierung des Gottesbegriffs aus der Analyse des sittlichen Sollens zu plädieren. Daneben finde sich jedoch eine Vielzahl von Ansatzpunkten für die Interpretation der transzendentalen Anthropologie als transzendentaler Theologie. Von moralphilosophischen Überlegungen, die im transzendentaltheologischen Sinn zu lesen sind, unterscheidet Wimmer Stellen, nach denen Gott und Welt korrelative Begriffe sind, und solche, nach denen — ähnlich wie in Anselms ontologischem Beweis — der Begriff Gottes seine Realität enthalte. Wimmer benutzt diese beiden zuletztgenannten Gedanken, um einen eigenen religionsphilosophischen Ansatz zu skizzieren, nach dem das Wort 'Gott' synsemantisch zu verstehen ist.

2. Vernunft und Offenbarung

Das kritische Denken soll zeigen, daß der Mensch ein vernünftiges und zugleich ein begrenztes Wesen ist. Die Religion, so lautet die Aufgabe, die von François Marty sich stellt, sei der Prüfstein, an dem es sich zu bewähren habe. Martys leitende Frage ist, welcher Zugang zum Unbedingten durch die im Sinne Kants verstandene Religion eröffnet werde. Worauf es ihm ankommt ist, im Kantischen Religionsbegriff die Einheit von Vernunft und Endlichkeit des Menschen aufzuzeigen. Die Frage der Religion gehöre für Kant immer zur Geschichte, und es bestehe bei ihm kein Widerspruch zwischen dem Interesse an der geschichtlichen Religion und dem an der Religion der Vernunft. Ein wichtiges philologisches Indiz dafür sei der häufige Gebrauch des Wortes 'Religion' in der *Physischen Geographie.*

Diese These wird anhand zentraler Begriffe der Kantischen Religionsphilosophie entfaltet. Indem der im Faktum der Vernunft gegebene Kategorische Imperativ als Gebot Gottes erkannt wird, werde die Religion zur Religion der Vernunft; dennoch bleibe sie, weil das Gebot sich an den in der Geschichte wirkenden Menschen richte, Religion, d.h. eine der sinnlichen Welt angehörige Veranstaltung. Der Kategorische Imperativ wirke als Keim, der eine Umwandlung dieser sinnlichen Welt erfordere. Das moralische Gesetz läßt uns die Freiheit des Menschen erkennen. Damit sei jedoch die Frage aufgeworfen, ob die Freiheit die Möglichkeit habe, die menschliche Existenz als ganze zu bestimmen. Die Achtung betrifft die Person, insofern sie das moralische Gesetz in seiner Reinheit anschaulich macht. Das Gesetz sei also zunächst in einer anderen menschlichen Person zu betrachten. Da sie Wirkung des Gesetzes und Gefühl in einem ist, sei die Achtung die gelungene Verbindung zwischen Allgemeinheit und Besonderheit. Der «Schematismus der Analogie», auf den sich die Christologie der Religionsschrift beruft, weise darauf hin, daß die sinnliche Seite in den das Gottverhältnis betreffenden Fragen nie preisgegeben werden dürfe. Der Abschnitt über das radikale Böse sei keine rationalistische Auslegung des biblischen Textes; er verweise vielmehr auf die Geschichte als den Kampfplatz der Freiheit. Die Kirche, von der das Dritte Stück der Religionsschrift handelt, sei, da sie auf einer Forderung des moralischen Gesetzes beruhe, eine Form der Religion der Vernunft. Weil sie aber in unserer Welt zu finden ist, müsse sie sich in den unvollkommenen Formen des Volkes Gottes verwirklichen, und diese Unvollkommenheit impliziere die Vielfalt der geschichtlichen Religionen. Die Sprache der Religionen bestehe aus Anthropomorphismen, aber die Anwendung menschlicher Namen auf Gott bedeute einen Theomorphismus des

Menschen. «Der verborgene Gott ist derjenige, der in der Gestalt des Menschen anzutreffen ist»(66).

Der wesentliche Punkt des Streits zwischen Vernunft und Offenbarung sei für Kant, so interpretiert Henry d'Aviau de Ternay, nicht die Schwierigkeit der Vernunft, sich der übernatürlichen Dimension der Offenbarung zu öffnen, denn selbst in den Kritiken fordere die Sicht der Freiheit eine Ergänzung. Vielmehr sei es der geschichtliche Aspekt der Offenbarung, weil dieser für Kant eine Unterwerfung der Vernunft unter Fakten bedeute. De Ternay verweist auf Kants ambivalente Stellung zur Geschichte. Kant neige zu der Auffassung, die Geschichte habe nichts Spezifisches zur Religion beizutragen. Andererseits sei die kritische Vernunft gerade als kritische eine Vernunft in der Geschichte. Sie sei dem Historischen als dem Unvorhersehbaren ausgesetzt, das zu Umformungen des Systems nötige. Ob das Verhältnis von Vernunft und Offenbarung nicht in dieser Perspektive gedacht werden könne?

De Ternay untersucht das Verhältnis von Vernunft und Offenbarung anhand der Rolle, die die Bibel für Kants Denken spielt. Hier seien grundsätzlich zwei Auffasungen möglich. Nach der ersten verbanne Kant das biblische Denken an die Peripherie, ohne sich jedoch vollständig von ihm getrennt zu haben; das rationalistische Denken trage noch Spuren des biblischen Erbes, die für es aber nicht mehr wesentlich seien. Die zweite Auffassung, für die de Ternay argumentiert, «sieht im biblischen Denken eine der verborgenen Quellen für das Denken Kants»(73). Wichtig für de Ternays Interpretation ist Kants Hinweis auf den Schematismus der Analogie im Zweiten Stück der Religionsschrift (Rel., VI 65 Anm.). De Ternay sieht im Schematismus eine der Formen des «Triebes der Vernunft»(73), die sich gewissermaßen dazu verpflichte, sich mit der historischen Dimension der Offenbarung auseinanderzusetzen, die das Andere und nicht das Andere ihrer selbst sei.

Wer über das Verhältnis von Religion und Vernunft diskutiert, muß nicht nur den Begriff der Religion, sondern auch den der Vernunft klären. Onora O'Neill weist auf eine kaum bemerkte, aber wesentliche Lücke in der Kant-Forschung hin: Der Kantische Vernunftbegriff sei in vieler Hinsicht noch ungeklärt. Das sei um so erstaunlicher, als bei Kant das Thema 'Vernunft' immer den Schwerpunkt bilde. Titel und Anliegen der *Religion innerhalb der Grenzen der bloßen Vernunft* könnten nicht verstanden werden, wenn nicht zuvor der Vernunftbegriff geklärt sei. Die Kantische Vernunftbegründung, so die These, sei nicht fundamentalistisch, sondern konstruktivistisch. Kant vertrete einen schwachen Vernunftbegriff. Die Vernunft setze Grenzen, die wohl manches als unvernünftig ausschließen, sie lasse aber auch sehr vieles unbestimmt. Für Kant gebe es eine Geschichte und eine Zukunft der Vernunft.

Die Religion gibt nach Kant eine Antwort auf die Frage 'Was darf ich hoffen?' O'Neill deutet Titel und Anliegen der *Religion innerhalb der Grenzen der bloßen Vernunft* mit Hilfe einer modalen Unterscheidung. Die Postulatenlehre antworte auf die engere und strengere Frage 'Was *soll* ich hoffen?', während die Religionsschrift auf weitere die Frage antworte 'Was *darf* ich hoffen?' Innerhalb der durch die erste Frage gezogenen Grenze seien mehrere unterschiedliche Antworten auf die zweite Frage möglich. Eine Bestätigung dieser Interpretation ergibt sich für O'Neill aus Kants Prinzipien der Schriftauslegung. Es gehe Kant nie darum, die Bibel wissenschaftlich oder theoretisch zu interpretieren. Kant suche nur Schriftauslegungen, die nicht gegen das Prinzip der praktischen Vernunft verstoßen. Dieser bescheidene Anspruch werde durch die Modalverhältnisse seiner Auslegungen betont. Oft heiße es, daß wir eine Schriftstelle in einer bestimmten Weise verstehen *dürfen* oder *können*. Die verschiedenen religiösen Traditionen seien nach Kant Bedingungen für den Zugang zum Kern der Vernunftreligion. Er verlange deshalb, daß die Vernunftreligion sich mit der Auslegung der geschichtlichen religiösen Traditionen beschäftige, und er gehe davon aus, daß sie alle als Beiträge zur Religion innerhalb der Grenzen der bloßen Vernunft interpretiert werden *können*.

Marty, de Ternay und O'Neill stimmen darin überein, daß sie Kant eine positive Sicht des Offenbarungsglaubens zuschreiben. Einen anderen Akzent setzt mein Beitrag über das Verhältnis von Vernunftglaube und Offenbarungsglaube im *Streit der Fakultäten*. Hier zeichnet Kant ein rationalistisches Bild der Religion. Er betrachtet die christliche Religion als ein Gebilde aus zwei heterogenen Bestandteilen, von denen nicht nur jeder ohne den anderen bestehen könne, sondern die letztlich sogar einander ausschließen. Die biblische Religion lehre Weg von der Begnadigung zur Tugend, während die Vernunftreligion den umgekehrten Weg vorschreibe. Verbunden sind diese beiden heterogenen Teile durch die Beziehung von Mittel und Zweck. Der geoffenbarte Glaube sei Vehikel oder Organon des reinen Vernunftglaubens. Der reine Vernunftglaube sei der Maßstab, anhand dessen zu entscheiden ist, was von der historischen Offenbarung als Vehikel brauchbar ist. Kant unterstreicht die Gefahr, daß das Vehikel sich verselbständige und zum Gegenstand des Aberglaubens werde. Er fordert, daß der Offenbarungsglaube in den reinen Vernunftglauben übergehe. Ich versuche, aus dem *Streit der Fakultäten* Bausteine für eine Religionsphilosophie zu gewinnen. Mit Kant bin ich der Ansicht, daß Moralphilososphie ohne Theologie ein Torso bleibt und daß die Vereinbarkeit mit den moralischen Normen notwendiges, wenn auch nicht hinreichendes Kriterium für die Rationalität eines historischen Offenbarungsglaubens ist. Gegen den Kant des *Streit der Fakultäten* behaupte ich, daß der Offenbarungsglaube nicht ein bloßes Vehikel, sondern eine notwendige Ergänzung des moralischen Vernunftglaubens ist, weil er das moralische Sinnpostulat in eine umfassende Gesamtsicht einordnet und es so aus seiner Isolierung befreit.

In dieselbe Richtung geht die Interpretation von Wilhelm Vossenkuhl. Die geschichtliche Offenbarung habe für Kants moralischen Vernunftglauben keine Bedeutung. Kant habe das Verhältnis zwischen Moral und Religion zugunsten der Moral entscheiden wollen. Er sehe die Moralreligion durch die Kirchenreligion und deren historische Elemente gefährdet. Durch seine Kritik am Kirchenglauben habe Kant sich auf eine unhaltbare anti-historische Auffassung des moralischen Glabuens festgelegt. Das ergibt sich für Vossenkuhl aus der Antinomie im Dritten Stück der Religionsschrift (VI 116ff.): 1. Der moralische Glaube muß dem Offenbarungsglauben vorhergehen. 2. Der Offenbarungsglaube an die geleistete Genugtuung muß dem moralischen Glauben vorhergehen. Kant halte diese Antinomie für mit theoretischen Mitteln nicht lösbar. Unser moralisches Bewußtsein zeige jedoch, daß der erste Satz gültig sei, der zweite dagegen nicht. Vossenkuhl versucht durch eine kantimmanente Kritik zu zeigen, daß diese Lösung unhaltbar ist.

3. Philosophische Rekonstruktion christlicher Glaubensinhalte

Die Beiträge von Marty und de Ternay beantworten die Frage, wo der historische Offenbarungsglaube innerhalb der Kantischen Religionsphilosophie seinen Platz finde, mit dem

Hinweis auf den Schematismus der Analogie. Einen anderen Weg schlägt Richard Schaeffler ein. Seine Interpretation der Kantischen Pneumatologie ist für die Frage nach dem Verhältnis von Offenbarung und Vernunft von grundsätzlicher Bedeutung. Er greift für die Deutung der Religionsschrift zurück auf das Begriffsinstrumentarium der Dialektik der *Kritik der praktischen Vernunft*. Die Aussagen über den Geist, so Schaefflers These, sind Postulate. Wie die Postulate der *Kritik der praktischen Vernunft* haben sie die Aufgabe, einen drohenden Widerspruch der Vernunft mit sich selbst zu verhindern. Ein solcher Widerspruch finde sich in der Idee der moralischen Weltordnung und in der Idee der vollendeten Sittlichkeit. Im Unterschied zu den Postulaten der *Kritik der praktischen Vernunft* führe Kant für die Aussagen über den Geist jedoch nicht den Nachweis, daß sie die *einzig möglichen* Annahmen sind, um den drohenden Selbstwiderspruch der Vernunft aufzulösen. Insofern sei der epistemische Status dieser philosophischen Auslegung eines Glaubensartikels schwächer als der eines Postulates.

Wie verhält sich diese philosophische zur theologischen Pneumatologie? Die philosophische Pneumatologie formuliere eine Mininmalforderung, die an jede theologische Lehre vom Geist zu stellen sei: Sie müsse das Problem, wie der göttliche Geist für den Menschen zur Quelle seines eigenen neuen Lebens werde, auch im Zusammenhang der sittlichen Neugeburt des Menschen aufwerfen.

Schaeffler geht auf die durch den *Streit der Fakultäten* aufgeworfene Frage ein, ob der Kirchenglaube nach Kant durch den Vernunftglauben ersetzt werden solle. Die Auflösung des Widerspruchs, die der Kirchenglaube biete, sei nicht logisch notwendig, aber «auf alle absehbare Zeit» unentbehrlich. Damit werde jedoch nicht die Behauptung zurückgenommen, «jeder derartige Kirchenglaube werde in einer unbestimmten Zukunft einem reinen Vernunftglauben Platz machen»(140).

Kants Gedanken weiterführend, sieht Schaeffler folgenden Zusammenhang zwischen Vernunftglauben und dem historischem Christentum: Wenn es sich bei den Postulaten (im strengen Sinn) um wirklich unerläßliche Annahmen handle, ohne welche die Vernunftdialektik nicht aufgelöst werden könne, so müsse sich der Ausdruck dieser Vernunftannahmen überall dort finden, wo Menschen im Bewußtsein ihrer eigenen Unvollkommenheit und der Verkehrtheit der Welt um sittliche Gesinnung bemüht gewesen sind. Das sei in der christlichen Religion der Fall. Hier, wenn irgendwo, müßten sich also Ausdruckformen der Vernunftdialektik und ihrer Aufhebung finden lassen, wenn jene Dialektik und ihre Aufhebung sich tatsächlich aus der Natur der Vernunft ergäben.

Schaeffler liest die *Religion innerhalb der Grenzen der bloßen Vernunft* als philosophischen Text. Er betont den Unterschied zwischen einer philosophischen und einer theologischen Pneumatologie. Eine philosophische Pneumatologie, wie Kant sie entwickle, müsse unter theologischen Gesichtspunkten insofern als völlig unannehmbar gelten, als sie die Lehre vom Heiligen Geist darauf reduziere, die Bedingungen zu nennen, unter denen die sittliche Vernunft vor Selbstaufhebung bewahrt wird. Indem Schaeffler das genus litterarium des Kantischen Textes und Kants Anliegen in dieser Weise bestimmt, entzieht er dem Vorwurf des Reduktionismus jeglichen Boden. Die Frage nach der dogmatischen Rechtgläubigkeit Kants verliert damit ihren Sinn. Es geht vielmehr darum, den *philosophischen Ort* der Pneumatologie zu ermitteln. Die «Unvereinbarkeit» der Position Kants «mit jeder Form von christlicher Rechtgläubigkeit sei hier vorausgesetzt und geschenkt»(126).

Von anderen hermeneutischen Voraussetzungen geht Giovanni B. Sala in seiner Untersuchung über die Christologie der Religionsschrift aus. *Die Religion innerhalb der Grenzen der bloßen Vernunft* sei kein religionsphilosophisches Werk im heute üblichen Sinn, «d.h. keine methodisch-reflexe Erhellung der Möglichkeit von Religion im menschlichen Dasein»(146). Sala sieht in ihr vielmehr eine vom Standpunkt der bloßen Vernunft aus entwickelte christliche Dogmatik. Von daher sei es berechtigt, sie «(auch) unter einem streng dogmatischen Gesichtspunkt zu untersuchen»(147). Gemessen am Neuen Testament und den altkirchlichen Lehren über Jesus Christus, sei das Ausmaß der Reduktion nicht zu übersehen, der Kant das Christentum unterzogen habe. Genau genommmen könne man bei ihm nicht mehr von Christentum sprechen. Die Antriebskraft der philosophischen Bemühungen Kants um die christliche Religion sei, die Christianitas in die Humanitas überzuleiten.

4. Geschichtsphilosophische Perspektiven

Pierre Laberge fragt, wie das radikale Böse sich in den zwischenstaatlichen Beziehungen zeigt und wie es hier überwunden werden kann. Durch die Begriffe des radikalen Bösen und der Kirche ist sein Beitrag mit der religionsphilosophischen Thematik verknüpft. Das radikale Böse bestehe weder im Vorhandensein einer sinnlichen Triebfeder noch in der Abwesenheit des moralischen Gesetzes in der obersten Maxime, sondern in der Unterordnung des moralischen Gesetzes unter die sinnliche Triebfeder. Sie sei nur durch Selbsttäuschung, d.h. Lüge möglich. Äußerungen des radikalen Bösen im zwischenstaatlichen Bereich seien: die Weigerung der Staaten, aus dem zwischenstaatlichen Naturzustand herauszutreten; daß jeder Staat nach einer Gelegenheit sucht, seine Nachbarn zu unterwerfen; daß der angreifende Staat sich einredet, das Recht zu respektieren. Der Krieg könne nur dadurch verhindert werden, daß man die Lüge wenn nicht verhindere so doch wenigstens erschwere. Das geschehe durch den Föderalismus freier Staaten, wie ihn Kant in *Zum ewigen Frieden* fordere. Die wahre sichtbare Kirche habe die Aufgabe, diesen föderativen Zustand zu fördern, indem sie die Lüge aufdecke, welche ihn zu verhindern oder zu zerstören drohe.

Unter geschichtsphilosophischer Rücksicht führt der Beitrag von Hans Michael Baumgartner nochmals in den Mittelpunkt der Kontroverse. Die Idee einer Religion des moralischen Lebenswandels, so rekonstruiert er das Dritte Stück der Religionsschrift, führe unter der Bedingung der fortdauernden Befehdung des Menschen durch das Böse zur praktischen Idee eines ethischen gemeinen Wesens und unter weiteren Bedingungen der sinnlichen Menschennatur zum Begriff einer sichtbaren Kirche. Wie aber sieht Kant das Verhältnis der sichtbaren Kirche mit ihrem historischen Kirchenglauben und ihren Satzungen zur idealen, unsichtbaren Kirche des reinen Vernunftglaubens? Die sichtbare Kirche habe nach Kant lediglich Übergangscharakter. Sie gehe bloß aus faktischer Notwendigkeit der unsichtbaren Kirche des reinen Vernunftglaubens vorher, und sie ziele notwendig auf ihre Aufhebung in der unsichtbaren Kirche, und zwar nicht eschatologisch, sondern in einer kontinuierlichen Annäherung in dieser Welt.

In seiner Kritik an Kant deckt Baumgartner einen Kategorienfehler auf, der sich in der Geshichtsphilosophie bis heute finde: Das Beurteilungskriterium der sichtbaren Kirche werde zu einem in dieser Welt zu verwirklichenden Ideal. Eine reine Vernunftidee werde zum Ziel des geschichtlichen Prozesses. Hier würden die Theorieebenen transzendentaler Begründung einerseits und historischer Analyse und Konstruktion andererseits vermischt. Baumgartner verweist auf die Inkonsistenz des für Kants Religionsphilosophie wichtigen Begriffs des Schemas (Rel., VI 96). Wenn die historische Gestalt einer Kirche als Schema eines absoluten ethischen Ganzen zu verstehen sei, dann müsse dieses Schema als eigenständige Realität gedacht werden, denn der Begriff des Schemas sei ein notwendiger Vermittlungsbegriff zwischen Vernunftidee und sinnlicher Erfahrung. Dann könne er aber nicht etwas bezeichnen, das seine zentrale Bestimmung darin habe, sich zugunsten einer Vernunftidee aufzulösen. Man vermisse bei Kant einen zureichenden Begriff geschichtlicher Institutionen. Baumgartners systematische Konsequenz aus seiner Kritik am Rationalismus der Kantischen Religionsphilosophie lautet: «Rationabilität anstatt Rationalität»(169). Religion lasse sich nicht aus reiner Vernunft konstruieren, sondern nur auf ihre Vernunftverträglichkeit hin befragen.

Aloysius Winter

THEOLOGIEGESCHICHTLICHE UND LITERARISCHE HINTERGRÜNDE DER RELIGIONSPHILOSOPHIE KANTS

Es ist ein vielfach angewandtes und durchaus legitimes Verfahren von eigenem Wert, Kants Religionsphilosophie aufgrund seiner Veröffentlichungen und Vorarbeiten, seines handschriftlichen Nachlasses und der überlieferten Vorlesungsnachschriften zu analysieren, darzustellen und aus sich selbst heraus zu interpretieren. Um aber Kants eigenen Anteil an dieser Religionsphilosophie herauszufinden — ein zentrales Anliegen ernsthafter Kantforschung —, ist die Beschäftigung mit den theologischen, philosophischen und literarischen Quellen seiner Zeit unerläßlich. Dabei ist es leichter, Abhängigkeiten zu entdecken, wenn man auf von ihm benutzte Texte stößt, als seine Originalität zu behaupten, wo Vorbilder nicht (oder besser: noch nicht) bekannt sind; denn wer könnte schon die damals verfügbare überaus reichhaltige Literatur übersehen, wie sie sich z.B. bei Kayser oder Heinsius aufgelistet findet? Beschränkt man sich indes auf die wichtigen Werke, die als geistesgeschichtlich bedeutsam gelten, wird man dem Leseeifer Kants nicht gerecht, der schon als Student Bücher aus der Privatbibliothek Martin Knutzens benutzen durfte[1] und sich in späteren Jahren aus der Nikolovius'schen Buchhandlung Neuerscheinungen im ungebundenen Zustand kommen ließ, die ihn aufgrund des ihm jeweils zugeschickten Meßkataloges interessierten[2] und von denen keine oder nur wenige später in der Liste seiner nachgelassenen Bücher[3], die er aber auch nicht alle gelesen haben wird, verzeichnet sind, da er die gelieferten Bücher entweder zurückschickte[4] oder sauber gebunden einem «seiner Freunde zum Andenken» «verehrte»[5]. Seine Bibliothek soll ohnehin nicht groß gewesen sein[6], nachdem er in seiner Magisterzeit aus Geldmangel «seine damals ansehnliche und auserlesene Bibliothek nach und nach» hatte «veräußern» müssen[7] und in späteren Jahren «fast die Hälfte seiner Bibliothek» aus «schön gebundenen Büchern» bestand, die ihm von anderen Verfassern zugeschickt worden waren[8]. Aus allen diesen

[1] Vgl. *Immanuel Kant. Sein Leben in Darstellungen von Zeitgenossen. Die Biographien von L. E. Borowski, R. B. Jachmann und A. Ch. Wasianski*, Darmstadt 1968, Reprogr. Nachdruck der von Felix Groß herausgegebenen Ausgabe Berlin 1912 (=Deutsche Bibliothek 4), 76 (Borowski).

[2] Vgl. Jachmann a.a.O. 139, Wasianski a.a.O. 269.

[3] Vgl.: Arthur Warda, *Immanuel Kants Bücher*. Mit einer getreuen Nachbildung des bisher einzigen bekannten Abzuges des Versteigerungskataloges der Bibliothek Kants, Berlin 1922. Der verwendete und faksimilierte Versteigerungskatalog: *Verzeichnis der Bücher des verstorbenen Professor Johann Friedrich Gensichen*, wozu auch die demselben zugefallene Bücher des Professor Kant gehören, welche den 25. April 1808. Nachmittags um 2 Uhr und in den folgenden Tagen, in der Sub=Inspectorwohnung auf dem Collegio Albertino, im Kneipshofe, gegen baare Bezahlung in Courant offentlich veräußert werden sollen, Königsberg: [1808]. Kants Bücher sind dort unter I. getrennt aufgeführt.

[4] Vgl. Joh. Gottfr. Hasse, *Lezte Aeußerungen Kant's von einem seiner Tischgenossen*, Zweyter Abdruck, Königsberg 1804, 32.

[5] [J. Chr. Mortzfeld], *Fragmente aus Kants Leben. Ein biographischer Versuch*, Königsberg 1802, 55.

[6] Hasse ebd.; *Immanuel Kant's Biographie*. Erster Band, Leipzig 1804, 82; Jachmann a.a.O. 139.

[7] Jachmann a.a.O. 126.

[8] Hasse a.a.O. 32; vgl. auch Wasianski a.a.O. 269.

Gründen sind die Angaben von Hans Rust, der die Bücher, die Kant «nachweislich vorgelegen haben», in «nachweislich», «höchstwahrscheinlich» und «vielleicht» gelesene aufteilt, mit Vorsicht zu behandeln[9]. Erschwerend kommt hinzu, daß Kant an Werken der Dichtkunst Gefallen fand, auch leichtere Lektüre nicht verschmähte und Denkanstöße verwertete, wo immer er sie fand, während ihm andererseits, wie Jachmann berichtet, in der Zeit der Bearbeitung seiner kritischen Philosophie «nichts schwerer» fiel, «als sich in das System eines andern hineinzudenken», so daß er «gewöhnlich seinen Freunden den Auftrag» gab, «für ihn zu lesen» und ihm die «Hauptresultate» mitzuteilen[10]. So mag es auch in späteren Jahren geschehen sein, daß er seine eigenen Gedanken in einen Autor 'hineinlas', wie sich etwa an der Bezugnahme auf «Hrn. Abt Henke Magazin 5ten Bandes 2tes Stück» in der Reflexion 8102 zeigen läßt[11], in der Kant seine eigene Exegese des Gleichnisses vom ungerechten Verwalter in der Religionsschrift (übrigens unter Verwendung des alten Geiz-Motivs, vom dem hier noch die Rede sein wird), dem Verfasser unterstellt. Soweit Kant sich auf bestimmte Autoren beruft oder seine Beschäftigung mit ihnen durch Zeitgenossen bezeugt wird, ist man solchen Spuren freilich größtenteils nachgegangen, obwohl noch viel zu tun bleibt, wenn man die ganzen Texte aller von Kant genannten Autoren[12] und nicht nur die Fundstellen der Zitate im Hinblick auf sein Werk überprüfen will. Leider aber verzichtet Kant oftmals und sogar absichtlich[13] auf solche Verweise, wo sie für das Verständnis des Zusammenhanges nicht unbedingt erforderlich sind, und es kommt vor — das macht die Recherche besonders schwierig —, daß er ein Werk überhaupt niemals erwähnt, obwohl er ihm manches verdankt, wie ich dies früher bereits im Hinblick auf Locke's Nachlaßwerk 'Of the conduct of the

9 Hans Rust, *Kant und das Erbe des Protestantismus. Ein Beitrag zu der Frage nach dem Verhältnis von Idealismus und Christentum*, Gotha 1928 ab S. 7.

10 Jachmann a.a.O. 130.

11 XIX 645,8-11: «[...] wo der innere Betrieger im Menschen, der Geiz selbst um seine Absicht betrogen wird. Das Geld besitzt den Reichen: er nicht das Geld, sondern er ist nur der Verwalter seines Geitzes.» Der erwähnte Text findet sich in: Magazin für Religionsphilosophie, Exegese und Kirchengeschichte. Herausgegeben von D. Heinr. Phil. Conr. Henke. Fünfter Band, Helmstädt 1796, 336 — 362. Dort findet sich jedoch eine andere Interpretation: «So, wie sich jener ungerechte Haushalter durch eine untreue Verwaltung der ihm anvertrauten Güter in die traurige Nothwendigkeit gesetzt sahe, zu einem neuen Betruge seine Zuflucht zu nehmen, [...] eben so habt auch ihr euch auf eine ungerechte Art Freunde zu erwerben versucht, die euch künftig einmal wie ihr hofft, helfen sollen. Glaubt aber, daß, wenn ihr dabey fortfahrt, ihr dadurch ein höheres Glück verscherzt [...]» (362). Vgl. dazu Rel. VI 161,20-25: «Der, welchen der Eigennutz, der Gott dieser Welt, beherrscht, wird, wenn er, ohne sich von ihm loszusagen, ihn nur durch Vernunft verfeinert und über die enge Grenze des Gegenwärtigen ausdehnt, als ein solcher (Luc. XVI, 3-9) vorgestellt, der jenen seinen Herrn durch sich selbst betrügt und ihm Aufopferungen zum Behuf der Pflicht abgewinnt.» Die Herkunft des Geiz-Motives soll weiter unten belegt werden.

12 Vgl. *Personenindex zu Kants gesammelten Schriften*, Bearb. v. K. Holger, E. Gerresheim, A. Lange u. J. Goetze (=Allg. Kantindex zu Kants gesammelten Schriften. In Zusammenarbeit mit I. Heidemann, H. Moser, G. Ungeheuer, H. Unger, L. Weisgerber hrsg. v. G. Martin; Bd. 20, 3. Abt.: Personenindex, Berlin 1969.

13 Vgl. dazu Kants eigene Angaben in XVIII 62,21-23, R 5019: «Ich habe niemand angeführt, durch dessen Lesung ich etwas gelernet habe. Ich habe Gut gefunden, alles fremde wegzulassen und meiner eignen idee zu folgen.» XVIII 41, R 4957: «Das anführen der Bücher ist in einem System der transcendentalen philosophie beym Entwurf nicht nothig, so wenig wie in einer geometrie.»

understanding' gezeigt habe[14]. Im Sinne solcher Spurensuche empfiehlt es sich daher, alle Texte durchzusehen, von denen auf irgendeine Weise feststeht, daß Kant sie mindestens in der Hand gehabt hat, obwohl auch dies einem einzelnen Interpreten allein nur sehr beschränkt möglich ist. Bezüglich der theologiegeschichtlichen Quellenlage ist im übrigen auch mit Einflüssen aus der Erziehung im pietistisch orientierten Elternhaus, im «Fridericianum» und aus dem kirchlichen Bereich zu rechnen, die sich zumeist nur sehr allgemein vermuten lassen und die nicht nur zu Abhängigkeiten, sondern auch oftmals zu massiven Gegenreaktionen geführt haben dürften[15]. Von den theologischen Vorlesungen Professor Franz Albert Schultz's, die Kant teilweise als Student besucht hat, ist leider nur sehr wenig überliefert[16], während ihm Martin Knutzens religionsphilosophische Ansichten eher bekannt gewesen sein dürften[17]. Nachdem Kant später das «Selbstdenken»[18] so hoch einschätzte, dürfte er es auch und gerade in seiner Religionsphilosophie praktiziert haben. Seine unstrittige Originalität[19] wird sich nicht zuletzt im Umgang mit der Bibel ausgewirkt haben. Seine hinterlassene Bibelausgabe, die schon einmal verschollen war und jetzt vermutlich durch Kriegseinwirkungen vernichtet worden ist, hat er frühestens im Alter von 27 Jahren (ihrem Erscheinungsjahr) erwerben können. Obwohl er im pietistischen Fridericianum eingehend in die Kenntnis der Hl. Schrift eingeführt worden war, hat er sein später erworbenes Exemplar mit 32 Randbemerkungen und 944 Unterstreichungen versehen[20]; 280 Zitate wurden allein in seinen gedruckten Werken (ohne Berücksichtigung des Nachlasses) gezählt[21] , die indirekten Anspielungen nicht mit-

[14] Alois Winter, *Selbstdenken — Antinomien — Schranken. Zum Einfluß des späten Locke auf die Philosophie Kants*, in: Aufklärung 1 (1986) Heft 1: Eklektik, Selbstdenken, Mündigkeit, 27-66.

[15] Vgl. dazu Alois Winter, *Theologische Hintergründe der Philosophie Kants*, in: ThPh 51(1976) 1-51.

[16] Inhaltsübersicht und Textproben seiner Vorlesung «Theologia thetico - antithetica» bei: Erich Riedesel, *Pietismus und Orthodoxie in Ostpreußen Auf Grund des Briefwechsels G. F. Rogalls und F. A. Schultz' mit den Halleschen Pietisten* (=Schriften der Albertus-Universität, Geisteswiss. Reihe 7), Königsberg (Pr) und Berlin W. 35 1937, Beilage VI, S. 205 - 222; dazu einige Zitate bei Josef Bohatec, *Die Religionsphilosophie Kants in der «Religion innerhalb der Grenzen der bloßen Vernunft». Mit besonderer Berücksichtigung ihrer theologisch-dogmatischen Quellen*, Hildesheim 1966, Reprogr. Nachdruck der Ausgabe Hamburg 1938, bes. 58-60.

[17] Vor allem ist hier zu nennen: Martin Knutzen, *Philosophischer Beweis von der Wahrheit der Christlichen Religion, darinnen die Nothwendigkeit einer geoffenbarten Religion insgemein, und die Wahrheit oder Gewißheit der Christlichen insbesondere, aus ungezweiffelten Gründen der Vernunft nach Mathematischer Lehr=Art dargethan und behauptet wird*, entworfen von [...], Königsberg 1747 (1. Auflage Königsberg 1740), beigefügt mit fortlaufender Paginierung: (ders.): *Vertheidigte Wahrheit der Christlichen Religion gegen den Einwurf: Daß die christliche Offenbarung nicht allgemein sey. Wobey besonders die Scheingründe des bekannten Englischen Deisten Matthäi Tindals, welche in deßen Beweise, Daß das Christentum so alt, als die Welt sey, enthalten, erwogen und widerleget werden*, von [...], Königsberg 1747.

[18] Vgl. Borowski a.a.O. 16, 82, 86; Wasianski a.a.O. 215. Dazu Winter 1986 (siehe Anm. 14).

[19] Vgl. Jachmann a.a.O. 130.

[20] Die Randbemerkungen aufgelistet in XIX 651-654 und bei Heinrich Borkowski, *Die Bibel Immanuel Kants* (=Veröff. d. Staats- und Universitätsbibliothek zu Königsberg Pr. Nr. 4), Königsberg 1937, dort auch die Zusammenstellung der unterstrichenen Stellen; die Zeichen an den Blatträndern (»senkrechte und wagrechte Striche, Kreuze, gebogene Linienzüge und Klammern, an drei Stellen auch Ziffern», «Kreuzzeichen von verschiedener Größe und z. Tl. von Kreisen eingeschlossen» XIX 652,28-32) sind leider nicht ediert und wahrscheinlich verloren.

[21] Bei Constantin W. von Kügelgen, *Immanuel Kants Auffassung von der Bibel und seine Auslegung derselben. Ein Kompendium Kantscher Theologie*, Leipzig 1896; neue Ausgabe ohne Widmung, sonst textgleich: *Die Bibel bei Kant. Ein Kompendium Kantischer Bibelkunde*, Leipzig 1904.

gerechnet. Wenn man die 89 Koinzidenzen abzieht, ergibt sich, daß mindestens 1167 Stellen die besondere Aufmerksamkeit Kants seit seinem 27. Lebensjahr gefunden haben. Das alles macht die Suche nach den quellenmäßigen Hintergründen seiner Religionsphilosophie nicht eben leicht. Daher braucht es auch nicht zu verwundern, daß die Forschungsergebnisse in dieser Hinsicht bisher noch nicht ausreichen und weitere Bemühungen erforderlich machen. Ein Beitrag wie der, der hier versucht werden soll, kann insofern auch nur einzelne Mosaiksteine für das Gesamtbild zusammentragen. Weil aber schließlich das Gesamtwerk Kants religionsphilosophisch orientiert ist, insofern auch und gerade seine kritische Philosophie letztlich unter der Voraussetzung einer gereinigten und ihrer Grenzen bewußten Vernunft nach Gott und dem künftigen Leben fragt, müssen wir uns thematisch auf die allerdings sehr zentrale Frage nach dem Verhältnis von Vernunftreligion und Offenbarungsglauben beschränken, wie es sich für Kant darstellt, und zwar sowohl grundsätzlich als auch vor allem im Hinblick auf die Praxis des moralischen Lebens.

Nicht einmal das grundsätzliche Verhältnis von Kants Religionsphilosophie zu den konfessionellen Theologien scheint geklärt zu sein, wenn man Kant gelegentlich noch als «Philosophen des Protestantismus» bezeichnet, obwohl er dies wegen seiner häufigen innerprotestantischen Kritik und seiner Polemik gegen «sola fide», «sola gratia» und «sola scriptura» wohl gerade nicht sein kann, was Werner Schultz 1961 evangelischerseits klargestellt hat[22]. Kants Lob für aufgeklärte Katholiken[23] und seine Notiz, daß Katholiken «conseqventer» sind (LBl E 10, XXIII 446,32)[24], lassen ihn eher «zwischen den Konfessionen» angesiedelt sein, was ich früher schon darzustellen versucht habe[25], während man den Titel eines «Philosophen des Protestantismus» mit sehr viel größerem Recht Hegel zusprechen könnte. Unbeschadet seiner eher scheuen persönlichen Frömmigkeit wollte Kant Philosoph sein und eine «philosophische Theologie» vorlegen[26], die aus eigenen Quellen der Vernunft schöpft und gerade insofern im Gespräch mit der «biblischen Theologie» von unersetzlichem Nutzen sein kann[27]. Daß die Philosophie aber der Theo-

[22] Werner Schultz, *Kant als Philosoph des Protestantismus* (=Theologische Forschung XXII), Hamburg-Bergstedt 1960.

[23] Rel. VI 109,11-16: «so wird ein aufmerksamer Beobachter manche rühmliche Beispiele von protestantischen Katholiken und dagegen noch mehrere anstößige von erzkatholischen Protestanten antreffen; die erste von Männern einer *sich erweiternden* Denkungsart (ob es gleich die ihrer Kirche wohl nicht ist), gegen welche die letzteren mit ihrer [A: sehr] *eingeschränkten* gar sehr (A: gar schlecht], doch keineswegs zu ihrem Vortheil abstechen.»

[24] Vgl. auch XXIII 97,19 (LBl. G 27); dazu SF VII 61 Anm.

[25] Alois Winter, *Kant zwischen den Konfessionen*, in: ThPh 50 (1975) 1-37.

[26] Z.B. Rel. VI 9,7-8: «Es steht aber der biblischen Theologie im Felde der Wissenschaften eine philosophische Theologie gegenüber, die das anvertraute Gut einer andern Facultät ist.»

[27] Die launige Überzeichnung des biblischen Theologen im «Streit der Fakultäten» ist so ernst nicht gemeint, wie sie klingt: «Daß ein Gott sei, beweiset der biblische Theolog daraus, daß er in der Bibel geredet hat [...]»; er muß «eher auf übernatürliche Eröffnung des Verständnisses durch einen in alle Wahrheit leitenden Geist rechnen, als zugeben, daß die Vernunft sich darin menge und ihre [...] Auslegung geltend mache»; er muß «ja nicht auf die Natur, d.i. das eigne moralische Vermögen des Menschen (die Tugend), sondern auf die Gnade [...] rechnen, deren aber der Mensch auch nicht anders, als vermittelst eines inniglich das Herz umwandelnden Glaubens theilhaftig werden, diesen Glauben selbst aber doch wiederum von der Gnade erwarten kann.» «Bemengt der biblische Theolog sich in Ansehung irgend eines dieser Sätze mit der Vernunft, [...] so überspringt er [...] die Mauer des allein seligmachenden Kirchenglaubens und verläuft sich in das offene, freie Feld der eigenen Beurtheilung und Philosophie, wo er, der geistlichen Regierung entlaufen, allen Gefahren der Anarchie ausgesetzt

logie nicht die Schleppe nach-, sondern die Fackel vortragen solle, wie es sich Kant 1795 in der Schrift «Zum ewigen Frieden»[28] und 1798 (aber spätestens 1794 geschrieben)[29] im «Streit der Fakultäten» wünscht[30], ist offenbar nur in der Formulierung, wohl nicht aber der Sache nach Kants eigene Idee. Nachdem Leibniz in seiner 'Theodicee' bereits Bedenken gegen den (auf Petrus Damiani zurückgehenden[31]) Titel eines Buches des Schotten Robert Baronius: 'Die Philosophie als Magd der Theologie' geäußert hatte[32], findet sich im 'Compendium Theologiae dogmaticae» (1760) des Johann David Michaelis, das Kant zusammen mit dessen Moraltheologie, die er in der Vorrede zur zweiten Auflage der Religionsschrift lobend erwähnt, nach Rink gelesen haben soll[33], der Ausdruck «philologia facem praeferente», der dem Kontext nach auch die Philosophie mit einschließt[34]. Im Jahre 1774 lobt Johann Salomo Semler den Melanchthon, der mit einigen anderen «vorangegangen sei» mit einer nüchternen und fruchtbaren Philosophie, obwohl es nur wenige gewesen seien, denen «der harte Weg zu einer gewissen Vollkommenheit der Erkenntnis» gefallen habe, während schwerfällige und voreilige Menschen die Philosophie für die Magd hielten, die von der Theologie zu unterwerfen sei[35]. Zwischen 1776 und 1778 notiert sich Kant: «In dieser Dunkelheit steckt die Critick der Vernunft die Fackel

ist.» Daß das nur eine Karikatur sein soll, beeilt sich Kant sofort hinzuzufügen: «Man muß aber wohl merken, daß ich hier vom *reinen* (purus, putus) biblischen Theologen rede, der von dem verschrieenen Freiheitsgeist der Vernunft und Philosophie noch nicht angesteckt ist.» (VII 23 f.).

28 Z. ew. Fried., VIII 369,25-27: «Man sieht aber nicht recht, 'ob sie ihrer gnädigen Frauen die Fackel vorträgt oder die Schleppe nachträgt'»; die von Kant gesetzten Anführungszeichen könnten dazu dienen, die Formel zu pointieren. Als Zitat hat es der Bearbeiter in der Akademieausgabe (H. Maier) jedenfalls nicht ausgewiesen (vgl. VIII 509); eine plausible Erklärung könnte darin liegen, daß Kant hier die bereits früher niedergeschriebene, aber noch nicht gedruckte Formel aus dem ersten Abschnitt des Fakultätenstreits zitiert (s. nächste Anmerkung).

29 Vgl. VII 337.

30 Vgl. SF, VII 28,9-10.

31 Vgl. Wolfgang Kluxen, Art.: *Ancilla theologiae*, in: HWP 1, Sp. 294 f.; dazu A. Winter 1975 (siehe Anm. 25) 34; Gerhard Ebeling, Art.: *Theologie und Philosophie*, II. Historisch, in RGG^3 VI, Sp. 802.

32 Gottfried Wilhelm Leibniz, *Die Theodicee*, neu übers. u. m. Einl., Anm. u. Register versehen von Artur Buchenau, Leipzig 1925, 46: «Es liegt etwas Richtiges in diesen Antworten, aber man kann Mißbrauch damit treiben, und die natürlichen mit den geoffenbarten Wahrheiten unpassend vermengen.»

33 Friedrich Theodor Rink, *Ansichten aus Immanuel Kant's Leben*, Königsberg 1805, 26 f.; vgl. dazu auch Bohatec (siehe Anm. 16) 26 und 30.

34 Ioannis Davidis Michaelis [...] *Compendium Theologiae dogmaticae*, Goettingae MDCCLX, V: «destinatum mihi esse, de theologia, ut graece dicam philologein ac philosophein, id autem est, philologia facem praeferente veris sacrarum literarum auctoritatibus confirmare dogmata christiana, omisso ingenti illo agmine dictorum, ut vocant, probantium, quae nisi argumenta, numerus certe sint; ex philosophia autem [...] alia minus vulgata decerpere, atque ad illustrandum confirmandumque theologiam transferre[...]»

35 Io. Sal. Semleri *Institutio ad doctrinam christianam liberaliter discendam.* Auditorum usui destinata, Halae Magdeburgicae MDCCLXXIV, 46: «Iam licet *Melanchthon* et quidam alii humanioribus litteris sensim magis initiati, praeirent sobrium et frugiferum philosophiae modum, quo carere doctorem commodum non posse intelligebant: pauci tamen fuerunt, quibus asperior illa via ad cognitionis aliquam perfectionem placebat. Longe facilius igitur aliquam auctoritatem ad similes illos et tardiores, praecipitesque homines sibi parabant, iactato *Spiritu Sancto*, cuius numine et dotibus homo sine omni eruditione impleri possit. Supererant etiam illa carmina, Paparum artibus et studiis commendata, de *mysteriis*; philosophiam essa ancillam, a theologia subigendam.» 74: «*Philosophiae* illa continua exercitia, post magna et atrocia certamina, [...] multum attulerunt ad cognitionis liberalis amorem persuadendum;».

auf, Erleuchtet aber nicht die uns unbekanten Gegenden jenseit der Sinnenwelt, sondern den dunkeln Raum unseres eigenen Verstandes.» (R 5112, XVIII 93,13-15). Ein Jahr nach Erscheinen des Fakultätenstreits findet sich bereits eine Abwandlung der Kantschen Formel in dem anonym erschienenen Buch: «Ueber Offenbarung und Mythologie», wo es heißt: «Nun ist es eine eigenthümliche, freilich nicht löbliche, Gewohnheit dieser untersten Diener oder Dienerinnen des Volks, die den Herren die Leuchte vortragen, daß sie, sobald diese den *Rücken gewandt* haben [...], auch sich über die böse und lose Wirthschaft derselben lustig machen.»[36] Im folgenden Jahr wird dann im dritten Teil von Engel's 'Der Philosoph für die Welt' «das Beispiel der Griechen» «überall auf dem Felde menschlicher Cultur und Bildung eine vorleuchtende Fackel» genannt[37].

In der Vorrede zur zweiten Auflage seiner Religionsschrift beschreibt Kant das Verhältnis der «Vernunftreligion» zur «Offenbarung» unter Zuhilfenahme des Bildes «concentrische[r] Kreise», deren innerer als gemeinsamer Bereich von der «*weitere[n]* Späre des Glaubens» umgriffen wird (Rel., VI 12). In den Vorarbeiten zu dieser Vorrede wird dieses Bild ausführlicher reflektiert und mit dem Titel der Schrift in Verbindung gebracht, der eben *nicht* lautet: «die Religion aus bloßer Vernunft», was nach Kant «eine Anmaßung gewesen wäre» (LBl G 37, XXIII 95, 20 u.24). Den Anstoß für die Verwendung der (auf Hierokles zurückgehenden) Symbolik konzentrischer Kreise dürfte auf ein Buch mit dem Titel «DIANYOLOGIE ou tableau philosophique de l'entendement» zurückgehen, daß ihm der Verfasser, Alexander Michailowitch Fürst von Beloselsky[38], kurz zuvor übersandt hatte und dem eine große Graphik mit konzentrischen Kreisen eingefügt war zur Darstellung der gestuften Vermögen der menschlichen Erkenntnis, wobei der äußerste die «sphère d'ésprit» symbolisierte. In einem erhaltenen Entwurf für den Dankbrief geht Kant ausführlich auf die verschiedenen «Sphären» ein und trägt sie in seine Terminologie der menschlichen Erkenntnisvermögen ein[39].

Nicht mehr innerhalb des inneren Kreises, aber doch angrenzend an ihn, werden von Kant die von ihm sogenannten vier «Parerga» angesiedelt: die «Gnadenwirkungen», die «Wunder», die «Geheimnisse» und die «Gnadenmittel». Daß Kant diese Gegenstände «gleichsam» Parerga nennt (Rel., VI 52), ist nicht abschätzig gemeint; er selbst versteht unter diesem Ausdruck : «Nebengeschäfte» (ebd.), «Beiwerke» (MS, VI 473,28), «Nebenwerke» (Anthr., VII 243,30) oder auch «Zierathen» (KU, V 226,4). Seine Erklärung für diese Einordnung lautet:

> «Die Vernunft im Bewußtsein ihres Unvermögens, ihrem moralischen Bedürfniß ein Genüge zu thun, dehnt sich bis zu überschwenglichen Ideen aus, die jenen Mangel ergänzen könnten, ohne sie doch als einen erweiterten Besitz sich zuzueignen. Sie bestreitet nicht die Möglichkeit

[36] [Grohmann, nicht: Schleiermacher, vgl. Ueberweg IV, 114]: *Ueber Offenbarung und Mythologie*. Als Nachtrag zur Religion innerhalb der Grenzen der reinen Vernunft, Berlin 1799) 7 f..

[37] Johann Jacob Engel (Hrsg.), *Der Philosoph für die Welt*, Dritter Theil, Berlin 1800, 185.

[38] *DIANYOLOGIE ou tableau philosophique de l'entendement*, par le Prince Beloselsky, à Londres 1791. Eine deutsche Ausgabe erschien in demselben Jahr unter dem Titel: *Dianyologie oder Philosophisches Gemählde des Verstandes*, von dem Fürsten von Beloselsky, Russisch Kayserlichen Gesandten am Chursächsischen Hofe. Aus dem Französischen, Freyberg und Annaberg 1791. In dem mir zugänglichen Exemplar der deutschen Fassung fehlte allerdings die Graphik mit den konzentrischen Kreisen, die aber im Text ausführlich beschrieben werden.

[39] XI 344 ff., Brief Nr. 519 (487), vom Sommer 1792.

oder Wirklichkeit der Gegenstände derselben, aber kann sie nur nicht in ihre Maximen zu denken und zu handeln aufnehmen. Sie rechnet sogar darauf, daß, wenn in dem unerforschlichen Felde des Übernatürlichen noch etwas mehr ist, als sie sich verständlich machen kann, was aber doch zur Ergänzung des moralischen Unvermögens nothwendig wäre, dieses ihrem guten Willen auch unerkannt zustatten kommen werde, [...]»(Rel., VI 52).

Was von den «Gnadenwirkungen» gilt, gilt von allen «Parerga»: «Wir können sie [...] als etwas Unbegreifliches einräumen, aber sie weder zum theoretischen noch praktischen Gebrauch in unsere Maxime aufnehmen.» (Rel., VI 52 f.)[40]. Das stimmt mit dem damals üblichen Sprachgebrauch überein: in einer 1711 gedruckten Dissertation werden die zwar aufgelisteten, aber nicht behandelten Thesen «ex universa philosophia» «PARERGA» genannt[41]; außerdem werden im Jahre 1715 in der Schrift eines Jesuiten über die polemische Methode Thesen über Christus, die Kirche und über das Wort Gottes am Schluß unter der Überschrift «PARERGA» angefügt, deren positiv gemeinter Sinn über allen Zweifel erhaben ist[42].

Am Bild der konzentrischen Kreise läßt sich Kants Position vor dem Hintergrund der damaligen theologiegeschichtlichen Situation verdeutlichen, und zwar sowohl in ihrer Originalität wie auch in ihrer Abhängigkeit. Auch für Kants Religionsphilosophie gilt die Einschätzung Giorgio Tonelli's, der Kant schon für die Zeit vor 1769 einen «unabhängigen antiwolffianischen Eklektiker» genannt hat, der «als eine Persönlichkeit ersten Ranges im Hinblick auf die Umgebung» «ständig darauf bedacht war, seine eigene Originalität zu verteidigen»[43]. Martin Luthers Abwertung des Vernunftgebrauchs in Glaubensangelegenheiten und seine Anti-Aristotelespolemik[44] führten nach einer Phase der sog. altprotestantischen Orthodoxie, deren Ausläufer bis ins 18. Jahrhundert reichte, zu verschiedenen Gegenbewegungen: dem Spener-Franckeschen Pietismus aus dem späten 17. Jahrhundert, der den Akzent auf praktisches Christentum und geistliche Erfahrung legte, der Philosophie und Theologie des Christian Wolff (1679-1754), für den (nach Karl Barth) «das Wissen aus der Vernunft und das Wissen aus der Offenbarung ein Quantum neben einem anderen Quantum» bildete, die sich «wie zwei gleich große, an bestimmter Stelle sich gegenseitig

[40] Vgl. auch SF, VII 43,31-35: «Wo das eigene Thun zur Rechtfertigung des Menschen vor seinem eigenen (strenge richtenden) Gewissen nicht zulangt, da ist die Vernunft befugt allenfalls eine übernatürliche Ergänzung seiner mangelhaften Gerechtigkeit (auch ohne daß sie bestimmen darf, worin sie bestehe) gläubig anzunehmen.»

[41] Fridericus Christianus Gervasius Protasius S.R.I. Comes ab Harrach: *Vita immortalibus Aloysii Thomae Raymundi S.R.I. Comitis ab Harrach* [...] Parentis gratiosissimi Honoribus Consecrata et in Arena Litteraria Salisburgi Unà cum Parergis ex Universa Philosophia & Corrollariis Juridicis aperto marte propugnata ab Illustrissimo ac Generosissimo Domino Domino Friderico Christiano Gervasio Protasio S.R.I. Comite ab Harrach, Philosophiae Candidato, Praeside P. Ambrosio Freyden-Picht Ord. S. Benedicti [...] regnante Archi-episcopatum Francisco Antonio, Principe ab Harrach etc., Salisburgi [1711], 138.

[42] Christophorus Leopold, *PANOPLIA seu METHODUS POLEMICA, quâ brevissimè redargui possunt Hodierni Romanae Ecclesiae Adversarij*, Augustae Vindelicorum 1715, 81-85 (Paginierung fehlerhaft).

[43] Giorgio Tonelli, *Elementi metodologici e metafisici in Kant dal 1745 al 1768. Saggio di sociologia della conoscenza*, Vol. primo (=Studi e ricerche di storia della filosofia 29), Torino 1959, VIII: «Approfondimento per nulla passivo e per nulla servile, anzi costantemente preoccupato di difendere la propria originalità»; «era un eclettico indipendente antiwolffiano». «poiché *il Kant anteriore al '69*, anche se incomparabilmente meno originale che nel periodo posteriore, *può essere considerato in base alle qualità dei suoi scritti, come una personalità di prim'ordine rispetto all'ambiente in cui si trovava*».

[44] Vgl. Ebeling (siehe Anm. 31) Sp. 805.

schneidende Kreise» verhielten, und zwar in der Weise, daß sie «beide beides je in ihrer Weise sind»[45], und dem ökumenisch orientierten und das Gefühl ansprechenden Pietismus des Reichsgrafen Nikolaus Ludwig von Zinzendorf in der ersten Hälfte des 18. Jahrhunderts. Im Hintergrund entwickelte sich im Gefolge des englischen Deismus ein eigentlicher Rationalismus, der nur noch ein Vernunftchristentum gelten lassen wollte[46]. Über die eher komplizierte Entwicklung im Bereich der protestantischen Theologie informiert ausführlich das leider nicht abgeschlossene Werk Emil Webers: «Reformation, Orthodoxie und Rationalismus»[47]. Nach Georg Hollmann war Königsberg im 17. Jahrhundert «ein Tummelplatz kirchlichen Haders»[48]; aber auch im 18. Jahrhundert gab es noch offene und verdeckte Streitigkeiten und Anfeindungen, unter denen besonders Franz Albert Schultz (1692-1763) zu leiden hatte, der als Schüler Christian Wolffs und August Hermann Franckes den Pietismus mit der Wolffschen Methode (eher als mit dessen Philosophie) zu verbinden suchte[49], und an dessen dogmatischen Vorlesungen Kant teilgenommen hatte[50]. Für Schultz sind in der Theologie die «articuli puri», die die Offenbarung lehrt, von den «articuli mixti» zu unterscheiden, die zugleich der Offenbarung und der Natur zugehören (wie bei Kants konzentrischen Kreisen). Die Kenntnis der Offenbarungswahrheiten wird «notitia acquisita», die der natürlichen Wahrheiten «notitia insita» genannt. «Theologia naturalis» ist erforderlich, um die Bereiche voneinander abzugrenzen und um den Gegnern zu begegnen, die die Offenbarung mit Hilfe natürlicher Prinzipien anzugreifen versuchen. Sie erweist, daß die Offenbarung keinesfalls der Vernunft widerspricht, sondern sie im Gegenteil voraussetzt, bestätigt und ergänzt. Bezüglich der «reinen» geoffenbarten Wahrheiten kommt eine absolute Gewißheit nur durch übernatürliche Einwirkung zustande, so daß die theologische Wissenschaft von ihrem Ursprung her als «habitus ex parte acquisitus ex parte infusus adeoque mixtus» genannt wird.[51] Schultz hielt es deshalb nicht

[45] Karl Barth, *Die protestantische Theologie im 19. Jahrhundert. Ihre Vorgeschichte und ihre Geschichte*, Zollikon/Zürich 1947, 135.

[46] Vgl. dazu Barth a.a.O. 115 f..

[47] Hans Emil Weber, *Reformation, Orthodoxie und Rationalismus*, 1. Teil: Von der Reformation zur Orthodoxie (=Beiträge z. Förderung christlicher Theologie, 2. Reihe), 1. Halbband Gütersloh: Bertelsmann 1937, 2. Halbband ebd. 1940; 2. Teil: Der Geist der Orthodoxie, ebd. 1951. Vgl. dazu auch: Hans Emil Weber, *Der Einfluß der protestantischen Schulphilosophie auf die orthodox-lutherische Dogmatik*, Darmstadt 1969, Reprogr. Nachdruck der Ausgabe Leipzig 1908, bes. das Kapitel: Das Verhältnis von Vernunft und Offenbarung in der lutherischen Orthodoxie, 3-13. Ältere Literatur verarbeitet: Arthur Cushman McGiffert, *Protestant Thought before Kant*, London 1911.

[48] Georg Hollmann, *Prolegomena zur Genesis der Religionsphilosophie Kants*, in: Altpreuß. Monatsschr. 36(1899) 1-73, hier: 7.

[49] Vgl. Riedesel (siehe Anm. 16) ab 124. Dazu die anonym erschienene zeitgenössische Schrift: *Ueber die Preußischen Dissenters und Orthodoxen und die Verschiedenheit ihrer beiderseitigen Kirchen=Administration in dem letzten Jahrzehend*, Heliopolis 1792 (eine Verteidigungsschrift der «Dissentirenden» gegen die unfairen Methoden der prot. Orthodoxie).

[50] Nach Borowski (siehe Anm. 1) 16 «unausgesetzt», was aber von G. Hollmann a.a.O. 34 bestritten wird.

[51] Vgl. Riedesel a.a.O. 210 f.: «duplex habemus principium cognoscendi in theologia: naturam nempe et revelationem (scilicet specialem), articuli quos sola revelatio docet puri dicuntur, quos autem revelatio et natura simul docet, mixti dicuntur. quidquid et quatenus illud de Deo in nostro in eum officio etc ex consideratione naturae deducitur, theologia naturalis audit; a[c]quisita [darübergeschrieben: actualis] quidem quatenus illa cognitio per reflexionem ad actum pertinet. insita [darübergeschrieben: potentialis] autem quatenus pri[n]cipiis connatis, viribus, dispositione quadam et propensione quamvis confusis gaudemus quarum ope ex consideratione naturae conclusiones de Deo formare aut iis auditis facile assentiri proni sumus.» «cum autem quando in systema veritates revelatas redigere, et illud eo usque

für möglich, Theologe zu sein ohne die Fides divina, die sich dem Wirken des Hl. Geistes verdankt, das sich freilich nur erwarten lasse, wenn wir das tun, was uns mit den uns gegebenen natürlichen Verstandeskräften möglich ist[52].

Martin Knutzen (1713-1751), der dem jungen Kant «vor allen Lehrern am meisten» galt[53], hatte nach dem Studium anderer Fächer auch Theologie gehört, zunächst bei Wolff und dann bei Schultz in Königsberg, dessen Wolffianischen Pietismus er später eigenständig vertrat[54], ohne Wolffs Ideen in allen Punkten zu übernehmen[55]. In seinem «Philosophischen Beweis von der Wahrheit der christlichen Religion» zählt er vier «Begnadigungsmittel» auf, die die Vernunft anbietet, nämlich «Reue», «Heiligkeit des Lebens inskünftige», «selbsterwählte Strafe» und «Opfer und Ceremonien», die aber sämtlich nicht als «gnugsame Versöhnungsmittel» angesichts der göttlichen «Majestät» geeignet sind, so daß eine «besondere göttliche Offenbarung» in dieser Hinsicht «unumgänglich nothwendig» ist. Er bezieht sich dabei auf Franz Albert Schultz's «Disputatio de concordia Rationis & Fidei in artic. de Justitia Dei &c. § 40. seqq.», bei der er als Respondent mitgewirkt hatte.[56] Das Modell ist ähnlich, aber der Akzent liegt

ex principiis primis repetere volumus, quo usque modo sunt principia anteriora, necesse sit, ut ad theologiam naturalem deveniamus [...] cum praeterea sine cognitione theologiae naturalis adversarii non sint refutandi, qui dogmata revelata ex principiis naturae evertere conantur; contra denique accurata theologiae naturalis tractatione constet tantum abesse, ut revelatio cum ratione pugnet, ut illa hanc potius supponat, vindicet et suppleat, ea, in quibus ratio nos deserit: hinc non sine fructu insigni theologia naturalis revelatae praemittitur et cum hac coniungitur.» 213: «cum de puris revelatis absolutam certitudinem non habere possimus, nisi determinante intellectum ad adsensum firmum operatione supernaturali [...], hinc illa certitudo infundi debeat»; «ex illis conficitur, quod scientia theologica si illius originem spectamus sit habitus ex parte acquisitus ex parte infusus adeoque mixtus.»

52 Vgl. bei Riedesel a.a.O. 212 ff.: «inde manifestum fit, quod non detur scientia de veritatibus pure revelatis, adeoque nec theologia sine fide divina et sine operatione spiritus S. et quod per consequens nemo sit theologus veri nominis, qui fide est destitutus.» «Cum non solum circa veritates theologiae naturalis sed circa revelatas quoque (postquam has iam habemus) nostris viribus naturalibus vario modo (quod res ipsa docet) versari possumus, et sapientia dei vetet illud supernaturaliter indulgere, quod naturae viribus acquirere possumus; hinc actibus naturalibus nostris versari quoque debemus et circa revelata, quando ad scientiam theologicam pervenire gestimus; adeoque per definitionem habitus acquisiti theologia eatenus e[s]t habitus acquisitus.» «ex illis conficitur, quod scientia theologica si illius originem spectamus sit habitus ex parte acquisitus ex parte infusus adeoque mixtus. cum praeterea hanc supernaturalem spiritus S. operationem non exspectare possimus, nisi faciamus, quod in nobis posita sunt [!], hinc ut ad habitum illum perveniamus, quae [!] scientiam theologicam efficit, necesse est ut agamus circa revelata quae in nobis et naturaliter sita sunt.»

53 Borowski a.a.O. 16.

54 Vgl. Benno Erdmann, *Martin Knutzen und seine Zeit. Ein Beitrag zur Geschichte der Wolfischen Schule und insbesondere zur Entwicklungsgeschichte Kants*, Leipzig 1876, 49 f..

55 Gegen Wolffs 'praestabilierte Harmonie' vertrat er das «Systema causarum efficientium»: Systema cavsarvm efficientivm, sev commentatio philosophica de commercio mentis et corporis per inflvxvm physicvm explicando, ipsis illvstris Leibnitii principiis svperstrvcta, avctore Martino Knvzenio, [...] ed. altera avctior et emendatior, cvi accessit commentatio de individva hvmanae mentis natvra sive de immortalitate animae, Lipsiae: apvd Io. Christian. Langenhemivm 1745.

56 Martin Knutzen, *Philosophischer Beweis von der Wahrheit der Christlichen Religion, darinnen die Nothwendigkeit einer geoffenbarten Religion insgemein und die Wahrheit oder Gewißheit der Christlichen insbesondere aus ungezweiffelten Gründen der Vernunft nach Mathematischer Lehr=Art dargethan und behauptet wird, entworfen von* [...], Vierte Auflage, mit einigen Anmerkungen, Register und einer Zugabe hieher gehöriger Abhandelungen vermehret, Königsberg 1747, 29-38, hier: 36. Der genaue Titel der zitierten Schrift lautet: A. D. *Dissertatio inavgvralis de concordia rationis cvm fide, in locis, de ivstitia Dei, et inde proflvente necessitate satisfactionis*, qvam ex decreto amplissimi Senatvs academici, pro loco professionis theologicae ordinariae, habebit Franciscvs Albertvs Schvltz, respondente

später bei Kant anders. 1764 oder 1765 notiert sich Kant in sein mit Papier durchschossenes Handexemplar der «Beobachtungen über das Gefühl des Schönen und Erhabenen»: «Die Gewohnheit die Gottheit sich wie Fürsten vorzustellen hat viel falsche *religions*begriffe zu wege gebracht» (Bem. z. d. Beob. XX 142,12-13).

Läßt sich Kants Religionsphilosophie theologiegeschichtlich einordnen? Trotz seines fast überschwenglichen Lobes für sein pietistisches Elternhaus, von dem Rink berichtet[57], bezeichnet er den Pietismus als «Frömmelei» (Rel., VI 184,30) und als «vernunfttödtenden *Mysticism*» (SF VII 59,20), wobei er dessen «phantastische und bei allem Schein der Demuth stolze Anmaßung sich als übernatürlich=begünstigte Kinder des Himmels auszuzeichnen», kritisiert (SF VII 57,34-36). Demgegenüber bezeichnet er den «*Orthodoxism*, d. i. die Meinung von der Hinlänglichkeit des Kirchenglaubens zur Religion» als «seelenlos(en)» (SF VII 59,19-20). Ist eine Verwandtschaft mit dem Calvinismus festzustellen, wofür Josef Bohatec plädiert[58], obwohl für ihn «feststeht, daß Kant den Genfer Reformator überhaupt nicht gelesen hat[59]? Läßt sich Luther als «Vorläufer Kants verstehen», wie Bruno Bauch gemeint hat[60], oder kann man «lutherisches Erbe bei Immanuel Kant» angeben, wie dies Frieder Lötzsch versucht hat[61]? Steht Kant der sog. «Neologie» nahe, die nach Karl Aner «mit philologisch-historischen Mitteln» «die markanstesten Lehren der kirchlichen Vergangenheit» «als der Vernunft anstößig» verwarf[62], oder ist

Martino Knvtzen, R. B. SS. Theol. et Philos. stud.. H.L.que solitis die XVI. Septembr. anni MDCCXXXII, Regiomonti, litteris Revsnerianis.* Sie ist mit fortlaufender Paginierung beigebunden hinter: Francisci Alberti Schvltzii [...] *Commentatio de concordia rationis cvm fide in locis de ivstitia Dei et inde proflvente necessitate satisfactionis.* Oder: *Von der Harmonie der menschlichen Vernunfft mit dem Glauben, in denen Stellen von der Gerechtigkeit GOttes, und der daher fliessenden Nothwendigkeit der Genugthuung.* Lipsiae, apvd Christ. Schroeterum, 1735. In den genannten Paragraphen spricht Schultz von der Unzulänglichkeit jeglicher Reue und Besserung, obwohl dies das einzige ist, das die Vernunft empfehlen kann. § XVIII (S. 32, nicht, wie fälschlich gedruckt: 14): «Superest, ut disquiratur: poenae ne finitae justitiae divinae satisfaciant, pro peccatis &c. sed de his & aliis huc pertinentibus pluribus proxime, quando demonstrabo, peccata infinitas poenas mereri; proinde satisfactione infinita opus esse, ubi simul demonstrabo, satisfactionem per Christum praestitam, justitiae divinae fecisse satis; & quod universalis sit; & quae inde ad pietatem & consolationem promovendam redundent ad universum humanum genus; inprimis ad gloriam DEO per peccata ablatam refundendam.»

57 Rink (siehe Anm. 33) 13 f.; «Waren auch die religiösen Vorstellungen der damahligen Zeit, sagte er, und die Begriffe von dem, was man Tugend und Frömmigkeit nannte, nichts weniger als deutlich und gnügend: so fand man doch wirklich die Sache. Man sage dem Pietismus nach, was man will, genug! die Leute, denen er ein Ernst war, zeichneten sich auf eine ehrwürdige Weise aus. Sie besaßen das Höchste, was der Mensch besitzen kann, jene Ruhe, jene Heiterkeit, jenen innern Frieden, die durch keine Leidenschaft beunruhigt wurden. Keine Noth, keine Verfolgung setzte sie in Mißmuth, keine Streitigkeit war vermögend sie zum Zorn und zur Feindschaft zu reizen. Mit einem Wort, auch der bloße Beobachter wurde unwillkürlich zur Achtung hingerissen.»

58 Bohatec (siehe Anm. 16) 16 f. u. 350.

59 Ebd. 17. Vgl. auch Hans Rust, *Kant und Kalvin*, in: *Immanuel Kant. Festschrift zur zweiten Jahrhundertfeier seines Geburtstages*, hrsg. v. d. Albertus-Universität Königsberg i. Pr., Leipzig 1924, 131 (3) - 149 (21); abgeschwächt in ders.: *Kant und das Erbe des Protestantismus* (siehe Anm. 9).).

60 Bruno Bauch, *Luther und Kant*, in: KantSt 9(1904), 351-492, hier: 354.

61 Frieder Lötzsch, *Vernunft und Religion im Denken Kants. Lutherisches Erbe bei Immanuel Kant* (=Böhlau philosophica 2), Köln Wien 1976, bes. 164-190; dort auch weitere Literatur. Vgl. dazu meine Rezension dieses Buches in: ThPh 53(1978) 283-285.

62 Karl Aner, *Die Theologie der Lessingzeit*, Hildesheim 1964, reprogr. Nachdruck der Ausgabe Halle 1929, 3 f..

er gar der radikale Rationalist, für den ihn Aner hält[63]? Daß man bei Kant von jeder Richtung etwas zu finden meint, spricht für Kants Eigenständigkeit, läßt aber die Spurensuche gerade deshalb als unverzichtbar und notwendig erscheinen.

Die Angabe Borowskis, daß Kant «wohl» Johann Friedrich Stapfers «Grundlegung zur wahren Religion»[64] gelesen habe[65], wird von Bohatec dahingehend bestätigt, daß Kant sie als eine besonders wichtige Quelle «nicht nur gelesen, sondern auch auf sich» hat «wirken lassen»[66]. Und in der Tat finden sich dort zum Thema Vernunftreligion und Offenbarungsglaube Parallelen, die Bohatec nicht alle auswertet. Der reformierte Theologe Stapfer (1708-1775) war Schüler von Christian Wolff und trat für eine «vernünftige Orthodoxie» ein[67]. In seinem ersten Band der «Grundlegung» definiert er Religion als «Pflicht»[68], wobei er die «natürliche» und die «geoffenbarete» Religion unterscheidet: «Diese beyde Religionen [...] machen nun zusammen die Religion des Sünders aus: Zu der natürlichen ist der Mensch als Kreatur/ zu der geoffenbareten aber als Sünder, der soll selig gemacht werden/ verbunden.»[69] Die natürliche Religion bezieht sich auf die «Gutthat» der «Schöpfung und Erhaltung», die geoffenbarte auf die «Gutthat» der «Erlösung»[70]. Die «neue Verbindlichkeit», die «zu der vorhergehenden hinzukommt», bedeutet auch eine «neue Religion»[71], allerdings so, daß die geoffenbarte Religion die Wahrheiten der natürlichen «zum Grund» setzt und «bekräftiget» und «nichts widerspechendes» darstellt[72], so daß sich das Bild der konzentrischen Kreise hier anbietet. Im Interesse deutlicherer «Begriffe von der Erkenntniß GOttes» muß man nach Stapfer «vor allen Dingen einen Unterscheid machen zwischen demjenigen, was man von GOtt *nicht wissen und erkennen kann/* und demjenigen, was man *von ihm wissen und erkennen kan.*», wobei zu «demjenigen, was man von GOtt wissen kan», auch dazugehört, daß «vieles in GOTT sey, welches man *nicht erkennen kan.*»[73] Er unterscheidet dementsprechend vernunftgemäße «allgemeine Wahrheiten», von denen man rechtschaffen überzeugt sein muß, um auch die «sonderbare[n] Wahrheiten», die im wesentlichen der Offenbarung bedürfen, glauben zu können, weil sonst der Glaube «nur ein todter und blinder Glaube» sei[74]. Kant unterscheidet sich von Stapfer hier vor allem dadurch, daß er keine Pflicht «*gegen Gott*» anerkennt (MS VI 443,32).

63 A.a.O. 358.

64 Johann Friederich Stapfer, *Grundlegung zur wahren Religion*, erster Band, Hirschfeld 1756; zweiter Band Hirschfeld 1756; Dritter Theil, Zweyte Auflage, Zürich 1752 [!].

65 Borowski (siehe Anm. 1) 79.

66 Bohatec (siehe Anm. 16) 29.

67 Vgl. H. Hohlwein, Art.: *Stapfer, Johann Friedrich*, in: RGG[3] Bd. 6, Sp. 335. «[...] quae Theologiam Naturalem spectant, *Wolfiana* secuti simus *Principia, Theodicaeamque Leibnitianam*» (Joh. Frid. Stapferi [...] *Institutiones Theologiae polemicae universae Ordine Scientifico dispositae*. Tom. I, Tiguri 1743, in der unpaginierten Praefatio).

68 Stapfer Bd. 1 (siehe Anm. 64) 2.

69 A.a.O. 9.

70 A.a.O. 4.

71 A.a.O. 7.

72 A.a.O. 11 f..

73 A.a.O. 44.

74 A.a.O. 38.

Es ist ein weiteres Verdienst von Bohatec gezeigt zu haben, daß, entgegen der Angabe Borowskis[75], der Einfluß Johann Salomo «Semlers auf Kant *sehr stark* war[76]. Auf Semler (1725-1791) geht die Unterscheidung zwischen einem «blos historischen» Glauben, dem als einem «todten, stilstehenden» nur noch der Wert einer unveränderlichen Vorgabe für den damaligen wie jeweiligen Anfang zugebilligt wird, und einem «moralischen lebendigen Glauben» zurück, der den eigentlichen Christen ausmacht, der seine Unmündigkeit abgelegt hat und nicht am «alten Buchstaben der Bibel» hängen bleibt[77]. Der moralische Glaube bildet die «Privatreligion» bzw. «Privattheologie», der historische ist Gegenstand der «öffentlichen» oder auch «kirchlichen» Theologie, die zwar den moralischen Glauben der Christen nicht unterdrücken darf[78], aber im staatlichen Bereich

[75] Borowski (siehe Anm. 1) 79.

[76] Bohatec (siehe Anm. 16) 27 Anm..

[77] Joh. Sal. Semler, *Ueber historische, geselschaftliche und moralische Religion der Christen*, Leipzig 1786, 59 f.: «Es ist vielmehr die stete Absicht dieser vollkommeneren Religion, daß eigene Anwendung des Nachdenkens den Christen immer weiter füren, und doch immer durch die Absicht vereinigen sol. Nur aus Nachdenken, oder Ueberlegung wird man ein moralischer Christ; aus Nachdenken komt der moralische lebendige Glaube; das Gegentheil vom historischen todten, stilstehenden Glauben. Dis eigene Nachdenken erstrekt sich so weit es das Objekt und die jezige Fähigkeit oder Lage des Christen zuläßt, die ist das einzige Maas seiner Privatreligion, oder unaufhörlichen moralischen Uebung und Anwendung seiner Erkentnissen. Alle Christen sollen nicht blos historischen Glauben haben und dabey stille stehen; als welches nur eine Bejahung fremder Begebenheiten und Urtheile ausser ihnen mit sich bringt, wodurch ihnen keine jezige eigene moralische Uebung zu Theil wird. Sie sollen moralischen lebendigen Glauben selbst haben, oder jezige eigne Erkentnis und Betrachtung über jene historischen ehemaligen, in der Bibel erzälten Sachen und Begebenheiten; sonst bleiben sie stets Kinder, Unmündige, die keine eigene Erkentnis anfangen, noch weniger darin fortgehen. Sie hängen am alten Buchstaben der Bibel, und repetiren im Gedächtnis jene fremden Erkentnisse, oder damaligen Vorstellungen». 60 f.: «Immerfort sollen Christen wachsen in dieser moralischen Religion; wenn gleich die historische Religion, oder die Beschreibung des dortigen Anfanges der christlichen Religion, die bey jenen Anfängern da war, immer wieder den Anfang, ohne Veränderung, ausmacht. Vor dem Wachstum gehet der Anfang vorher; wenn aber dieser Anfang immer bleibet, was er ist; so entstehet kein ferneres Wachstum in der christlichen eigenen Religion der nachherigen Christen; sondern man siehet den dortigen Anfang, die dortige kleine Historie jener Anfänger, für das göttliche unveränderliche Maas an, das den ganzen Umfang der moralischen Religion bey allen Christen schon begreife. Dis aber ist ein sichtbarer Irrthum; der zwar der Bibel einen grossen Vorzug der Volkommenheit beizulegen scheinet; aber im Grunde die Bibel für alle Menschen verächtlich macht, welche es einsehen, daß sie hiemit zum Mittel einer ewigen Beherrschung und Unterdrükung der moralischen so unendlichen Welt gemacht worden seie.»

[78] Vgl. Trutz Rendtorff, *Kirche und Theologie. Die systematische Funktion des Kirchenbegriffs in der neueren Theologie*, Gütersloh 1966, 2. Kapitel: Kirche und Protestantismus bei J. S. Semler, 27-61, hier 37 u. 44. — *D. Joh. Salomo Semlers letztes Glaubensbekenntniß über natürliche und christliche Religion.* Mit einer Vorrede hrsg. v. Chr. Gottfr. Schütz, Königsberg 1792, 151 f.: «Es mus aber der wahre Charakter der christlichen Verehrung Gottes ernstlichst behauptet werden, wonach der *mögliche gewissenhafte Gebrauch des eigenen Verstandes aller fähigen Christen* zur freien Betrachtung und Anwendung aller christlichen Begriffe und Gegenstände, *ihre Privatreligion ausmacht.*» 90 f.: Es ist gleichwohl ganz ausgemacht wahr, daß die öffentliche Religionsordnung die daseienden moralischen ungleichen Fähigkeiten der Christen nicht aufheben und unterdrüken sol». Dazu auch: Winter 1975 (siehe Anm. 25) 20 f.. Kant demgegenüber: «Ich verstehe aber unter dem öffentlichen Gebrauche seiner eigenen Vernunft denjenigen, den jemand *als Gelehrter* von ihr vor dem ganzen Publicum der *Leserwelt* macht. Den Privatgebrauch nenne ich denjenigen, den er in einem gewissen ihm anvertrauten *bürgerlichen* Posten oder Amte von seiner Vernunft machen darf.» (Dazu zählt auch das geistliche Amt! Aufkl. VIII 37,11-15).

den Vorrang hat[79]. Indem er so die Kirchenlehre von der Kirchengeschichte her verstehen will[80], spielt er die Bedeutung der Konzilien und der symbolischen Bücher herunter, nimmt aber dafür Christen außerhalb der Kirche an[81]. Er versucht, als Theologe den zeitbedingten Vernunftansprüchen zu entsprechen, wehrt sich aber andererseits auch gegen deren maßlose Forderungen, die im Namen der Aufklärung erhoben werden[82], weil er (wenn auch vielleicht nur aus Gründen der Moral) die Offenbarung nicht ganz aufgeben will: «Weder Vernunft allein, noch Offenbarung allein kan in einerley Stuffe die moralische Welt in diejenige Bewegung sezen und darin erhalten, welche zu dem uns unbekanten Umfange der moralischen Produkte nötig ist etc.»[83] Bei Semler findet sich übrigens schon 1774 der Ausdruck «vehicula» im Hinblick auf das Wort Gottes und die Sakramente[84], wo ihn Kant, der den Kirchenglauben und die Bibel sehr gern als «Vehikel» für den Vernunftglauben bezeichnet[85], gefunden haben könnte.

Leider vermißt man bei Bohatec die Namen: Johann Joachim Spalding, den Kant gelegentlich in Briefen erwähnt[86] hat, dem er einen (leider verlorenen) Brief geschrieben[87] und den er in seiner Ethikvorlesung gelobt hat[88]; Johann August Ernesti, dessen «Theol. Bibliothek» Kant in den «Träumen eines Geistersehers» erwähnt[89]; Wilhelm

79 Semler 1786 (siehe Anm. 77) 180: «Es bleiben also die verschiednen oder ungleichen Grundsäze der Regierung der christlichen Staaten, was den Zustand der öffentlichen Religion betrifft, das was sie sind; ohne daß Privatchristen ein Recht hätten, aus ihrer mangelhaften oder guten Einsicht eine solche Einrichtung der öffentlichen kirchlichen Religion immer wieder zu verlangen, als sie selbst von Zeit zu Zeit, für die beste und reinste christliche Religion halten.»

80 Rendtorff a.a.O. 49 ff..

81 Io. Sal. Semleri, *Institvtio ad doctrinam christianam liberaliter discendam. Avditorvm vsvi destinata*, Halae Magdebvrgicae 1774, unter den Überschriften: «§. 11. Conciliorum parva ad nos utilitas.» (15), «§. 12. Libri symbolici non sunt perpetua regula.» (17) und: «§. 10. Christiani etiam extra ecclesiam.» (13).

82 Joh. Sal. Semler, *Zur Revision der kirchlichen Hermeneutik und Dogmatik*. Erster Beitrag, Halle 1788, in der unpaginierten Vorrede: «Dis ist die süsse Frucht der so hochgerümten Aufklärung! *Vernunft* — haben nur die Lobredner der Vernunft; wir andern Zeitgenossen, die wir die grosse Freiheit der unbegrenzten moralischen Welt nach ihrem unendlichen Urheber messen sind schon der *Schwärmerey* nahe: als wenn es gleich von uns eingestanden werden müsse, was jene Partey uns vordiktirt! Dürften wir nicht auch *Romane* und Gedichte aus der *moralischen Welt* lieben, damit sie nicht durch einseitige Vernunft gar aus der Menschenwelt verwiesen wird? Dürfen wir nicht zu eigner stiller Freude das Unsichtbare, das Unbekannte erwälen, weil andre sich einbilden, alles zu wissen, und die ganze Natur und Moral rechtmäßig zu beherrschen? Welche Sklaverey bereitet man uns unter der Maske der Aufklärung!»

83 Ebd. am Schluß der Vorrede.

84 Semler 1774 (siehe Anm. 82) 588: «De vehicvlis et adivmentis horvm beneficiorvm; de verbo Dei et sacramentis».

85 VI 106, 107, 118, 123, 135; VII 37 (3x), 42, 44, 45, 48, 50, 51, 52, 53, 64; VIII 367. Allerdings verwendet Kant den Ausdruck «Vehikel» auch in anderen Zusammenhängen: für die gefällige Form des Vortrages V 313, für bildende Künste V 329, für Spiele V 332, für die Mineralbildung V 349; für die Vor- und Nachteile der Tugend VI 482, für den Trunk VII 171, für den Witz VII 222, für den Wohlgeschmack VII 242, für die Musik VII 247 und für eine Tischgesellschaft VII 278. Erstmals in der «Kritik der reinen Vernunft» für das «Ich denke» A 341 / B 399; A 348 / B 406; für chemische Reaktionen A 646 = B 674. Bei Semler (s.o.) kommt der Begriff schon 1774 vor.

86 X 68, 349; XII 234.

87 XII 271 vom 19. Dez 1798, unter der Nummer 829a (790a) registriert.

88 *Eine Vorlesung Kants über Ethik* im Auftr. d. Kantgesellschaft hrsg. v. Paul Menzer, Berlin 1924, 326.

89 Vgl. II 360.

Abraham Teller, der ein führender Neologe war mit Neigung zum reinen Rationalismus[90], und auch von Christian Wilhelm Franz Walch, einem namhaften Gelehrten, der vornehmlich kirchengeschichtlich gearbeitet hat[91]. Teller und Semler haben neben anderen eine ausführliche Würdigung der theologischen Verdienste Ernesti's nach seinem Tode verfaßt[92].

Johann Joachim Spalding (1714-1804), der zu den führenden Neologen gehörte, setzte wie Semler auf die natürliche Religion, wie schon seine frühe Schrift «Betrachtung über die Bestimmung des Menschen» von 1748 belegt, in der sich übrigens Kants Unsterblichkeitspostulat der Sache nach vorgebildet findet[93]. «Rechtschaffenheit des Herzens und des Lebens ist auf Seiten des Menschen» für Spalding «die Hauptsache in der Religion»[94], die «von ihrer Einkleidung, von ihrer Geschichte», «abzusondern» ist[95]. Das erinnert an Kants nachdrückliche Unterscheidung von «Mann» und «Kleid» im «Streit der Fakultäten»[96]. Er ist allerdings der Meinung, daß der Glaube «an Gott und eine zukünftige

[90] Vgl. Hans Hohlwein, Art.: Teller, Wilhelm Abraham, in: RGG³ 6, Sp. 678.

[91] Vgl. M. Schmidt, Art.: Walch, Christian Wilhelm Franz, in: RGG³ 6, Sp. 1529 f..

[92] Wilhelm Abraham Teller: *Des Herrn Joh. August Ernesti [...] Verdienste um die Theologie und Religion, ein Beytrag zur theologischen Literaturgeschichte der neuern Zeit*, Berlin 1783; *Zusätze zu Herrn O. C. R. Tellers Schrift über Herrn D. Ernesti Verdienste* von D. Johann Salomo Semler, Halle 1783; außerdem: *Formvlae ac disciplinae ERNESTIANAE indolem et conditionem veram advmbrare conatvs in virvm incomparabilem atqve immortalem IO. AVG. ERNESTIVM vnicvm sibi magistrvm pietatis svae monvmentvm exstare volvit* Carol. Lvdov. Bavervs [...], Lipsiae 1782; angebunden mit fortlaufender Paginierung: *Elogivm IO. AVG. ERNESTI* pvblice scriptvm ab Avg. Gvil. Ernestio; [anonym]: *Noch ein paar Worte über D. Ernesti, hauptsächlich über seine Orthodoxie*, Leipzig 1782.

[93] *Spaldings Bestimmung des Menschen (1748) und Wert der Andacht (1755)*, Mit Einleitung neu herausgegeben von Horst Stephan, Gießen 1908, 28: «Es muß eine Zeit seyn, da ein jeder das erhält, was ihm zukömmt; da alles, was hier verrückt, und an dem unrechten Ort zu stehen scheinet, sich in sein gehöriges Geschick, und in die ihm gebührende Stelle hinsenket, da die allerangemessenste Erstattung in einer unendlichen Verschiedenheit von Graden, von einem äussersten Ende bis zu dem andern, geschehen, und alles in der vollkommensten Proportion hergestellet werden wird. Es ist hier eine Art von Disharmonie, die unstreitig ein Fehler seyn würde, wenn sie sich nicht hernach in eine vollkommene Zusammenstimmung auflösete.» Vgl. auch Joseph Schollmeier, *Johann Joachim Spalding. Ein Beitrag zur Theologie der Aufklärung*, Gütersloh 1967; Kurt Beckmann, *Berührungen Johann Joachim Spaldings mit Immanuel Kant in der Fassung seines Religionsbegriffes* (Diss.), Göttingen 1913, 25: «Einen eigentlichen Konflikt zwischen Vernunft und Offenbarung gibt es daher für Spalding nicht. Sie stehen für ihn — wie für Leibniz — in vollster Harmonie. In fast naiver Weise identifiziert er Vernunft und Offenbarung, indem er alles, was der Vernunft widerspricht, gleichsam als nicht zum Wesen der Offenbarung gehörig betrachtet.»

[94] Johann Joachim Spalding, *Neue Predigten*, Frankfurt u. Leipzig: ³1788, 363, unter Bezugnahme auf Mt. 7,21: «Es werden nicht alle, die zu mir sagen, Herr, Herr, in das Himmelreich kommen, sondern die den Willen thun meines Vaters im Himmel.» — «Redlichkeit» auch in der «Bestimmung des Menschen» a.a O. 26. «Hauptsache» und «Nebensache» auch in: *Vertraute Briefe, die Religion betreffend*, Zweyte, berichtigte und vollständigere Auflage, Breslau 1785, 35.

[95] Vertraute Briefe 34 f.: «Meiner Meinung nach würde man es sich auch ohne Zweifel, bei einer ernsthaften Begierde nach Wahrheit, eben so sehr zur Unehre rechnen müssen, wenn man nicht das, was wirklich Religion zu heißen verdienet, von ihrer Einkleidung, von ihrer Geschichte, von dieser oder jener Art, sie zu beweisen oder von zweifelhaften Erklärungen ihrer Lehrer, abzusondern wüßte; und wenn man sich durch die etwanigen Einwendungen, die man gegen eines oder das andere von diesen haben möchte, an der Achtung und Werthschäzung hindern lassen wollte, die man der eigentlichen christlichen Anweisung zur Weisheit und Glükseligkeit schuldig ist.»

[96] Vgl. SF VII 52,27 und 53,2-3. Die erste Quelle für Kant war aber wohl: Des berühmten Herrn D. Schwifts *Mährgen Von der Tonne*, Zum allgemeinen Nutzen des menschlichen Geschlechts abgefasset, Nebst einem vollständigen Begriffe einer allgemeinen Gelehrsamkeit, Aus dem Englischen ins Teutsche übersetzet. 1. Theil, Altona 1729, auf das Kant spätestens 1765 (vgl. XX 472) Bezug nimmt: «Nach

Welt» den «Triebfedern der Tugend» einen «neuen Grad der Elasticität mittheile» und ihnen keineswegs schade[97]. Demgegenüber war *Johann August Ernesti* (1708-1781) weitaus zurückhaltender: seine «Kritik galt [...] weniger den Ergebnissen als dem überlieferten Verfahren der Theologie» (so Karl Barth)[98]. Man solle nichts für sicher halten, schreibt er in seiner «Institutio interpretis Novi Testamenti», was nicht evident gelehrt werden könne[99]. In seiner «Vertheidigung des Willkührlichen in der Religion»[100] hat er «die zufälligen Geschichtswahrheiten gegen die notwendigen Vernunftwahrheiten energisch in Schutz genommen», wie Wolfgang Philipp in Anlehnung an Lessing formuliert[101]. *Wilhelm Abraham Teller* (1734-1804) gehört zu den ausgesprochenen Neologen. Er erregte Anstoß mit seinem «Lehrbuch des Christlichen Glaubens», das er Ernesti gewidmet hatte und in dem er die Christologie verkürzt darstellte[102]. In seinem bekannten «Wörterbuch des Neuen Testaments» identifiziert er, worauf schon Frieder Lötzsch hingewiesen hat[103], «*evangelisch* leben und *vernünftig* leben», weil das Wort «Geist» in der Bibel auch «Vernunft» bedeuten könne[104]. Er tritt für «gute *Werke* ein und versteht die reformatorische Distanzierung als Ablehnung «bloßer kirchlicher Uebungen»[105], worin er mit Kant übereinstimmt. *Christian Wilhelm Franz Walch* (1726-1784) unterscheidet in seinem Werk: «Grundsäze der natürlichen Gottesgelahrheit zwei «Arten

dem Swifft ist alles in der Welt Kleider» (Bem. z. d. Beob. XX 181,17). Dort erzählt Swift das Gleichnis von einem Mann, der seinen drei Söhnen Peter, Martin und Hans (=Rom, Luther und Calvin) drei nicht alternde und mitwachsende Kleider vermachte. Vgl. «Vorrede der Ubersetzers» b2, das Gleichnis ab S. 63, die Namen Peter (103), Martin und Hans (140). Dieses Gleichnis könnte auch ein Vorbild für Lessings Ringparabel in «Nathan der Weise» von 1779 gewesen sein; das Motiv des Vaters, der seinen drei Söhnen den echten Ring und zwei Kopien hinterläßt, findet sich im Hinblick auf Judentum, Christentum und Islam allerdings schon in Boccaccios *Decamerone* I, 3.

97 Vertraute Briefe 42: «Nur das Vorgeben, daß es dabei gar keiner weitern Unterstüzung, durch den Glauben an Gott und eine zukünftige Welt, bedürfe, daß dieser Glaube den übrigen Triebfedern der Tugend im geringsten keinen neuen Grad der Elasticität mittheile, daß er vielmehr wohl gar daran hinderlich sei; die Wahrheit zu sagen, das ist ärgerlich, weil es so augenscheinlich ungereimt ist.»

98 Barth (siehe Anm. 45) 150.

99 Io. Avgusti Ernesti, *Institvtio interpretis Novi Testamenti ad vsvs lectionvm*, Lipsiae 1762, 112: «Habet porro haec res cautiones plures, maxime autem duas: primam, ne temere sumamus pro certo, quod non potest evidenter doceri, & inde pro certis colligamus, quae non minus incerta sunt, quam quod sumsimus».

100 Johann August Ernesti, *Vertheidigung des Willkührlichen in der Religion*, Leipzig: Langenheim 1765.

101 Wolfgang Philipp, Art. Ernesti, Johann August, in: RGG^3 2, Sp. 600.

102 Wilhelm Abraham Teller, *Lehrbuch des Christlichen Glaubens*, Helmstedt und Halle 1764. Vgl. zu Teller auch Paul Gabriel, *Die Theologie W. A. Tellers* (=Stud. z. Gesch. des neueren Protestantismus 10), Gießen 1914.

103 Lötzsch (siehe Anm. 61) 137 Anm..

104 Wilhelm Abraham Teller, *Wörterbuch des Neuen Testaments zur Erklärung der christlichen Lehre*, Dritte durchaus verbesserte und vermehrte Auflage, Berlin 1780, Art. Geist, 178-184, hier 182: «Aber so viel ist doch gewiß, daß das Wort auch die *Vernunft*, besonders im Gegensatz gegen Fleisch, bedeuten kann; der Sprachgebrauch Pauli in andern Briefen, bey ganz andern Veranlassungen, nicht sicher genug zum Entscheidungsgrund des Gebrauchs, den er in diesem damit machen wollen, gebraucht werden kann, und am Ende nach der einen, wie nach der andern Erklärung, die Sache auf eins hinauslaufen würde, indem *evangelisch* leben und *vernünftig* leben der Sache und dem Erfolg nach einerley ist: Röm. 12,1 ff.»

105 Ebd. Art.: Werk, 413-417, hier 414: «Hat es Zeiten gegeben, in welchen die guten *Werke* in einem üblen Geschrey waren, so sind das die Zeiten gewesen, da man unter dieser Benennung bloße kirchliche Uebungen von Fasten, Wallfahrten, Geisselungen u.s.w. geltend und verdienstlich machen wollte.»

der göttlichen Offenbarung», eine, die in der Natur enthalten ist und «eine nähere Offenbarung», durch die «Gott ehemals einigen gewisse Religionswahrheiten, sie mögen nun schlechterdings natürlich unbekannt seyn, oder nicht, [...] gekannt gemacht» hat. Dem entspricht dann der Unterschied zwischen der «*natürlichen* und *geoffenbarten* Religion» und «der *natürlichen* und *geoffenbarten* Theologie»[106]. Die «wahren Christen» «allein verknüpfen beyde Arten der göttlichen Offenbarung, die Natur und die heilige Schrift, zu dem seligsten Gebrauch und schäzen sich unendlich verpflichtet, die ihnen verliehene edle Kräfte der Vernunft dem HErrn zu heiligen [...]»[107]. Die natürliche Theologie leitet den Menschen an, daß «er einer nähern Offenbarung bedürfe, [...] solches zu wünschen, und, ob eine solche vorhanden sey, sorgfältig zu untersuchen». Sie enthält «sehr deutliche Merkmale einer wahren göttlichen Offenbarung», und weil «zwischen ihren Lehrsäzen und den geoffenbarten Glaubenslehren kein wahrer Widerspruch seyn könne», dient sie zugleich als «Unterscheidungskennzeichen wahrer und falscher Lehrbegriffe» und enthält «solche Wahrheiten, welche bey dem Gebrauch der Offenbarung als bekannt und erwiesen vorausgesezet werden; welches denn bey Widerlegung der Feinde aller Religion und ihrer Ueberführung von der Wahrheit der Offenbarung unentbehrlich» ist und bei den schon Überzeugten «zu mehrerer Befestigung dienen kan»[108]. Die Nähe zu Kant ist offensichtlich.

Johann Friedrich Wilhelm Jerusalem (1709-1789), den «Kant gelesen» haben soll nach Bohatec[109], was Borowskis Bericht nicht unbedingt widerspricht[110], gehörte ebenfalls zu den führenden Neologen. In seinen «Fortgesetzten Betrachtungen über die vornehmsten Wahrheiten der Religion» von 1773 führt er aus, daß «in dem Laufe der Natur noch neue Offenbarungen» erforderlich waren wegen der Schwäche der menschlichen Vernunft[111]. Vorsichtig formuliert er:

> «Wenn es nun dabey Gott gefallen, diesen Wahrheiten [...] noch einige andre Entdeckungen beyzufügen [...] Entdeckungen, die auch die allerschärfste Vernunft, entweder gar nicht, oder doch wenigstens nie mit einiger beruhigenden Gewißheit machen könnte, und die dennoch aller Vernunft äußerst wichtig seyn müßten, indem sie besonders die moralische Regierung Gottes über die Welt, den ersten wesentlichen Grund aller Religion, allein erst in das rechte Licht setzen» würden, «wo ist vorerst die Vernunft, die verblendet oder kühn genug wäre, bey der nicht zu leugnenden Schwäche der Menschen, die unschätzbare Wohlthätigkeit einer solchen Veranstaltung nicht erkennen zu wollen?»[112].

Dementsprechend zurückhaltend definiert er Offenbarung: «Eine Offenbarung ist überhaupt eine von Gott mitgetheilte Erkenntniß solcher Wahrheiten, worauf der Mensch durch

[106] Christian Wilhelm Franz Walch: *Grundsäze der natürlichen Gottesgelahrheit*, Zweyte, verbesserte und vermehrte Auflage, Göttingen 1779, 6.

[107] Ebd. 14 f.

[108] A.a.O. 12 f.

[109] Bohatec (siehe Anm. 16) 541 Anm.

[110] Borowski (siehe Anm. 1) 79.

[111] [Johann Friedrich Wilhelm Jerusalem], *Fortgesetzte Betrachtungen über die vornehmsten Wahrheiten der Religion*, Braunschweig 1773, 53 ff.

[112] A.a.O. 62 f.

seine eigene Einsicht entweder gar nicht, oder eben nicht zu der Zeit gekommen wäre, oder die er in dem Grade vom Lichte nicht erhalten hätte.»[113].

Wie weit sich Kant ernsthaft mit dem «berüchtigten»[114] *Carl Friedrich Bahrdt* (1741-1792) beschäftigt hat, der ihm 1786 seinen «reinen Naturalismus» als «reines Christenthum» anpries, als er ihm sein «System der moralischen Religion zur endlichen Beruhigung für Zweifler und Denker» übersandte[115], geht aus der höflichen Antwort Kants nicht hervor, der gesteht, daß er «nur flüchtige Blicke» darauf habe werfen können, während er dessen «Sittenbuch fürs Gesinde» offenbar gekannt hat[116]. Immerhin weist er die Behauptung in diesem Buch, Jesus habe den Tod gesucht, in der Religionsschrift als «romanhaft[e]» Dichtung ab (Rel. VI 81,20). Semler jedenfalls hat sich von Bahrdts «Glaubensbekenntnis»[117] ausführlich distanziert[118]. Von entscheidendem Einfluß auf Bahrdt, den Offenbarungsglauben aufzugeben, soll *Johann August Eberhard* (1738-1809) gewesen sein[119] , der 1772[120] die «Neue Apologie des Socrates, oder Untersuchung der Lehre von der Seligkeit der Heiden» veröffentlicht hatte und gegen den Kant 1790 seine Schrift: Über eine Entdeckung, nach der alle neue Kritik der reinen Vernunft durch eine Ältere entbehrlich gemacht werden soll», geschrieben hat (VIII 185-251). Erinnert sei in diesem Zusammenhang an Kants Nachdenken über Sokrates als «einen guten Christen *in potentia*» in den Vorarbeiten zum «Streit der Fakultäten»[121]. Ob Kant Lessings einschlägige Äußerungen gekannt hat, ist nicht klar. Auf dessen «Erziehung des Menschengeschlechts» von 1777/1780, in der Lessing behauptet, Offenbarung gebe dem Menschengeschlechte «nichts, worauf die menschliche Vernunft, sich selbst überlassen, nicht auch kommen würde» (§ 4)[122], und in der er außerdem vermutet, das Neue Testament könne irgendwann entbehrlich werden (§ 72)[123] bezieht sich Kant 1793 (auch das Erscheinungsjahr der 1. Auflage der Religionsschrift) in seiner Schrift: «Über den Gemeinspruch: Das mag in der Theorie richtig sein [...]»[124]. Auch den «Wolfenbüttelsche[n]

113 A.a.O. 76 f.

114 Barth (siehe Anm. 45) 147.

115 X 472 f., Brief Nr. 286 (266).

116 X 476, Brief Nr. 288 (268).

117 Abgedruckt in: *Bibliothek der Deutschen Aufklärer des achtzehnten Jahrhunderts*. Hrsg. v. Martin von Geismar, I. Karl Friedrich Bahrdt, Leipzig 1846, 30-34 (Unveränd. fotomech. Nachdruck Darmstadt 1963).

118 Johann Salomo Semler, *Antwort auf das Bahrdische Glaubensbekenntnis*, Halle 1779.

119 Vgl. von Geismar, a.a.O. 40: «Den Hauptstoß in Bezug auf seinen Offenbarungsglauben brachte ihm Eberhard bei [...] Eberhard überführte ihn, daß Christus keinen wesentlichen Lehrsatz vorgetragen habe, den Socrates nicht ebenfalls gelehrt hätte.» Vgl. auch Martin von Geismar: *Bibliothek der Deutschen Aufklärer des achtzehnten Jahrhunderts*, II. Johann August Eberhards Neue Apologie des Socrates, Leipzig 1846.

120 Berlin und Stettin 1772.

121 XXIII 440,18-23: «und ich möchte einen Sokrates nicht einen frommen Heyden sondern selbst auf die Gefahr hin darüber ausgelacht zu werden immer einen guten Christen *in potentia* nennen weil er diese Religion so viel man urtheilen kann gehabt und sie auch als Offenbahrungslehre würde angenommen haben wenn er zur Zeit ihrer öffentlichen Verkündigung gelebt hätte.»

122 Gotthold Ephraim Lessing, *Gesammelte Werke in zehn Bänden*, Achter Band, Philosophische und theologische Schriften II, Berlin u. Weimar 1968, 591.

123 Lessing, a.a.O. 608.

124 Gemeinspr. VIII 307,23-24.

Fragmentist[en]»[125] kennt und kritisiert er (Rel. VI 81,27 — es handelt sich um das 7. Fragment[126] -), während er sonst *Hermann Samuel Reimarus* wegen seines Werkes «Die vornehmsten Wahrheiten der natürlichen Religion»[127] in der «Kritik der Urteilskraft» überschwenglich lobt (KU V 476 f.). In diesem Werk stellt Reimarus übrigens fest, daß es hier «noch keine so genaue Verbindung zwischen der Tugend und zeitlichen Glückseligkeit» gibt[128], was für die «Kritik der praktischen Vernunft» von Bedeutung gewesen sein könnte. Eine sehr naheliegende Quelle für Kants gemäßigte Position ist das Werk von *Carl Fridrich Stäudlin* (1761-1826): «Ideen zur Kritik des Systems der christlichen Religion»[129], das dieser Kant 1791 mit einem Begleitbrief zugeschickt hatte[130], worauf Kant ihm aber erst am 4. Mai 1793 antwortete und ein Exemplar seiner Religionsschrift beifügte[131]. In dieser Schrift rechnet Stäudlin zur Offenbarung auch solche Sätze, die die Vernunft prinzipiell «für sich selbst erkennen und erweisen kann», auch wenn dies nie oder viel später geschehen würde[132], die sie aber nach ihrer Bekanntgabe sehr wohl «zu prüfen» und deren Gründen sie «nachzuforschen» hat[133]. Aber auch der die Vernunft übersteigende Anteil der Offenbarung darf der Vernunft nicht widersprechen und muß den menschlichen «Erkenntnißkräften höchst angemessen und willkommen seyn», weil sonst «keine wahre Offenbarung in Ansehung des Menschen mehr möglich» wäre[134].

Es würde unseren Rahmen sprengen, auch noch Autoren aus dem engeren Bereich der Philosophie wie Christian August Crusius und insbesondere Alexander Gottlieb Baumgarten zu behandeln, die unsere Thematik, die ohnehin im philosophisch-theologischen Grenzgebiet angesiedelt ist, im Rahmen der natürlichen Theologie berühren. Von besonderem Interesse ist dagegen die moralisch-praktische Seite des Verhältnisses von Vernunftreligion und Offenbarungsglauben, die als starke Motivation hinter den theoretischen Abgrenzungsversuchen stand. Da war zunächst einmal der Heuchelei-Verdacht, daß sich Andachtsübungen als Deckmantel für ein unmoralisches Leben mißbrauchen ließen, den Molière in seinem «Tartuffe» eindrucksvoll dargestellt hat[135]. 1761 erschien aus der Feder des Richters Georg Paul Hönn das «Betrugslexicon, worinnen die meisten Betrügereen in allen Ständen, nebst denen darwider guten Theils dienenden Mitteln, entdecket»[136], in dem auch Geistliche, Mönche und Nonnen behandelt werden. Und daß

[125] Der Ausdruck «Wolfenbüttelschen Fragmentisten» 1792 in der Vorrede von C. G. Schütz zu Semlers «letztem Glaubensbekenntnis» (siehe Anm. 78) VII.

[126] Vgl. VI 503.

[127] Hermann Samuel Reimarus, *Die vornehmsten Wahrheiten der natürlichen Religion* in zehn Abhandlungen auf eine begreifliche Art erkläret und gerettet von [...], Zweyte verbesserte Auflage, Hamburg 1755.

[128] Reimarus a.a.O. 665.

[129] Carl Fridrich Stäudlin, *Ideen zur Kritik des Systems der christlichen Religion*, Göttingen 1791.

[130] XI 309 f., Brief Nr. 498 (466).

[131] XI 429 f., Brief Nr. 574 (541).

[132] A.a.O. 193.

[133] A.a.O. 231.

[134] A.a.O. 211, 218.

[135] Leider ist es mir nicht gelungen, den Ausdruck «Tartüfferien» wiederzufinden, den ich irgendwo bei Kant, wahrscheinlich in den Vorlesungsnachschriften, gelesen zu haben meine.

[136] Zweyte neue und verbesserte Auflage, Coburg 1761.

gerade die «Larve der Gottseligkeit» gelegentlich auf den Versuch hinauslaufen könnte, Gott zu betrügen und damit auch sich selbst, weil Gott sich nicht betrügen läßt, hat schon 1737 Michael Christian Rußmeyer in seiner Schrift: «Die sonderbare Krafft Christi, die Heucheley zu entdecken, Mit sorgfältiger Feder entworfen», ausführlich dargestellt[137].

Dieser Aspekt bildet nun bekanntlich einen Schwerpunkt in Kants Religionsphilosophie. Bezeichnend ist schon seine eigenwillige Etymologie: statt von «hocken» leitet er «heucheln» vom «hauchenden» Geräusch eines in die Rede vor einem «vielvermögenden Geistlichen» gemischten betrügerischen «Stoßseufzers» ab[138]. Schon sehr früh, nämlich in den «Beobachtungen über das Gefühl des Schönen und Erhabenen» (1763/64) charakterisiert er den «Cholerischen» als «in der Religion heuchlerisch» (Beob., II 223 f.). Obwohl man auch in der «spekulativen Denkungsart» heucheln kann (KrV A 748 = B 776), hat Heuchelei für ihn vor allem in der Frömmigkeit ihren Ort: die Freunde Hiobs heuchelten eine Überzeugung, die sie nicht hatten, um sich bei Gott «(wo diese List ohnedas ungereimt ist)» «in Gunst zu setzen» (Mißl., VIII 265 ff.[139]), wobei solche «Gunstbewerbung» zum Selbstbetrug wird, indem sie zu dem «Wahn» führt, aufgrund von «Hofdiensten» (Rel., VI 154,22; 198,2[140]) als «Favorit» bevorzugt zu werden und dabei «der lose Knecht» bleiben und sich der moralischen «Pflicht» entziehen zu können (Rel., VI 200,17-21[141]). Solche «inneren Heuchler» sind das Ergebnis einer religiösen Erziehung, die lediglich auf das «Gedächtnis» in Glaubenssachen setzt (Rel., VI 190 Anm.), wobei die «Gewöhnung an Heuchelei die Redlichkeit und Treue der Unterthanen untergräbt» und «sie zum Scheindienst auch in bürgerlichen Pflichten abwitzigt» (Rel., VI 180,28-29). Deshalb ist der «moralische Katechism» nicht mit der Glaubenslehre «zu amalgamieren» oder ihm nachzuordnen in der Erziehung, weil sonst «aus der Religion nichts als Heuchelei» (MS VI 484,10-14) wird: «Gottseligkeit» als «Surrogat der Tugend» (Rel., VI 185,9). Eine Abart der Heuchelei ist für Kant die «sogenannte Sicherheitsmaxime», bloß sicherheitshalber zu glauben mit dem Risiko, «bloß überflüssig geglaubt» zu haben (Rel., VI 188,16)[142]. Nur, wer das pflichtmäßige Gute um seiner selbst willen (»virtus noumenon») (Rel., VI 14,7) tut und nicht bloß aus äußeren Gründen der Legalität oder der Belohnung, ist im Sinne Kants wirklich moralisch[143]. Nachdem also Religion nicht immer zur Moral führt, aber umgekehrt «Moral [...] unumgänglich zur Religion» führt (Rel., VI 6,8)[144], ist die Bibel «nach der Moral» und nicht «die Moral nach der

[137] Greiffswald 1737.

[138] Vgl. MS VI 436 Anm.; Anthr. VII 272 Anm.

[139] Publiziert im Jahre 1791.

[140] Zur Übertragung höfischen Zeremoniells auf Gott schon Lord Herbert of Cherbury, *De Religione Gentilium*, Amstelodami 1663, 7.

[141] Vgl. auch: VI 51, 53 (»durch Nichtsthun»), 103, 117 (»Einschmeichelungsmittel»), 120, 160, 172, 184 Anm., 193 (»Schleichweg», «faules Vertrauen», auch 161); VIII 267. Ausführlich zu diesem Thema: Alois Winter, *Gebet und Gottesdienst bei Kant: nicht «Gunstbewerbung», sondern «Form aller Handlungen»*, in: ThPh 52(1977) 341-377.

[142] Rel. VI 188 f.: «Die Gefahr aus der Unredlichkeit seines Vorgebens, *die Verletzung des Gewissens*, etwas selbst vor Gott für gewiß auszugeben, wovon er sich doch bewußt ist, daß es nicht von der Beschaffenheit sei, es mit unbedingtem Zutrauen zu betheuern, dieses alles *hält der Heuchler für nichts*».

[143] Legalität — Moralität: V 71, 81, 118, 151, 152; VI 14, 47, 99, 214, 219, 225, 392, 393, 398; dazu: VI 75, 98 f., 161 f.

[144] Vgl. auch VI 8,37: «die Moral führt unausbleiblich zur Religion».

Bibel» auszulegen (Rel., VI 110,23)[145], was deswegen möglich ist, weil dieses Buch «die reinste moralische Religionslehre mit Vollständigkeit enthält» (Rel., VI 107,19-20), wie es das Bild der konzentrischen Kreise andeutet: der innere Kreis ist das Gemeinsame mit der Vernunftreligion, der äußere Ring des größeren Kreises enthält das Historische der Offenbarung[146], das als «Leitmittel» (Rel., VI 115,21), als «Leitband» (Rel., VI 121,20)[147] oder «Vehikel»[148], jedenfalls als Mittel zum Zweck echt moralischen Lebens[149] als dessen «oberste(r) Bedingung» (Rel., VI 181,1) dienen soll, während es verhängnisvoll ist, das Mittel zum Zweck zu machen (Rel., VI 170,8-9). Nur diese Umkehrung des Verhältnisses wird von Kant «Religionswahn»[150] genannt, unbeschadet dessen, was Gott tut, um die menschliche Unzulänglichkeit zu ergänzen, die nicht bestritten wird[151] (nur die Redlichkeit ist der Schwäche nicht unterworfen (XIX 262, R 7169)). Eigentlich könnte man, besonders unter Berücksichtigung des Kantschen Nachlasses, sogar von drei konzentrischen Kreisen sprechen, denn der innere enthält in sich wiederum den Kreis der reinen Moral, die zur (Vernunft-)religion führt[152] und selbst letztlich ohne Religion ihres Sinnes beraubt wäre[153]. «Es ist unmöglich, daß ein Mensch ohne Religion seines Lebens froh werde», schreibt Kant auf ein spätes Loses Blatt (XIX 649, R 8106).

Bei den genannten zeitgenössischen evangelischen Theologen finden sich verschiedene Überlegungen in dieser Richtung. Bahrdt hält die «Bessrung und Tugend» für die

145 Vgl. auch die Grundsätze der Schriftauslegung im «Streit der Fakultäten» VII 38-45.

146 Rel. VI 12, 43, 111, 112, 113, 114, 115, 117, 119, 124, 167, 187.

147 Der Text erinnert an Lessings «Erziehung des Menschengeschlechts».

148 Rel. VI 106,32, 107,20, 118,23, 123,08, 135,36; vgl. dazu auch MS VI 482,37.

149 Rel. VI 13,7, 153,22, 169,28 f., 178,10.

150 Bes. Rel. VI 168,13, 170,5/13/18.

151 Z.B. Rel. VI 171, VII 43 f.. XIX 120 (R 6634): «Der nun Glaubt, daß man sich dieser Ergentzung durch alle natürliche Bestrebung müsse würdig und fähig machen, ist der practische Christ.» XIX 187 (R. 6872): «Der Christ kann die Gebrechlichkeit seines Persöhnlichen werths erkennen und doch hoffen, des höchsten Gutes selbst unter Bedingung des heiligsten Gesetzes theilhaftig zu werden.»

152 Rel. VI 6: «Moral führt also unumgänglich zur Religion». VI 8 Anm.: «Moral führt unausbleiblich zur Religion.» Als Bedingung: VI 104: «so ist doch die reine *moralische* Gesetzgebung, dadurch der Wille Gottes ursprünglich in unser Herz geschrieben ist, nicht allein die unumgängliche Bedingung aller wahren Religion überhaupt, sondern sie ist auch das, was diese selbst eigentlich ausmacht, und wozu die statutarische nur das Mittel ihrer Beförderung und Ausbreitung enthalten kann.»

153 Vgl. z.B. Rel. VI 5: «es kann der Vernunft doch unmöglich gleichgültig sein, wie die Beantwortung der Frage ausfallen möge: *was dann aus diesem unserm Rechthandeln herauskomme*, und worauf wir, gesetzt auch, wir hätten dieses nicht völlig in unserer Gewalt, doch als auf einen Zweck unser Thun und Lassen richten könnten, um damit wenigstens zusammen zu stimmen. So ist es zwar nur die Idee von einem Objekte, welches die formale Bedingung aller Zwecke [...] zusammen vereinigt in sich enthält, das ist, die Idee eines höchsten Guts in der Welt, zu dessen Möglichkeit wir ein höheres, moralisches, heiligstes und allvermögendes Wesen annehmen müssen, das allein beide Elemente desselben vereinigen kann». XIX 130 f. (R 6674): «Wäre kein Gott, so würden alle unsere Pflichten schwinden, weil eine Ungereimtheit im Gantzen wäre, nach welcher das Wohlbefinden nicht mit dem Wohlverhalten stimmete, und diese Ungereimtheit würde die andere entschuldigen.» XIX 181 (R 6858): «Es ist wahr: ohne Religion würde die moral keine triebfedern haben, die alle von der Glükseeligkeit müssen hergenommen seyn.» (Der Ausdruck: «Triebfedern» wird später allderdings so nicht mehr verwendet werden). XIX 188 (R 6876): «Der *fehler der philosophischen Secten* war der, daß sie die *moral von der religion unabhängig machen* wolten». XIX 296 (R 7258): «Der Grund der Verbindlichkeit ist doch im Göttlichen willen, weil nur das verbindlich seyn kan, was mit unserer Glükseeligkeit zusammenstimt, dieses aber nur Gott thun kann. Also ist die moralität als Regel aus der Natur, als Gesetz aus dem gottlichen willen. Idee, welche in der theologie realisirt wird.»

«Bedingung, unter welcher uns Gott Vergebung der Sünde und ewige Seligkeit um Christi willen [...] ertheilet[154]. Spalding sieht in dem Verhältnis von Religion und Moral eher eine wechselseitige Verwiesenheit als eine eindeutige Beziehung: «Die Idee von der Moral, als einem auf seinen Gründen errichteten und darauf still ruhenden Gebäude, erschöpfet die Sache viel zu wenig.»[155] Aber er kritisiert frühere Verhältnisse, in denen angeblich, was «Religion hieß», «von würklicher Religion und Tugend» weit entfernt war und lediglich dazu diente, «die Menschen von der wahren, persönlichen und gesellschaftlichen Tugend zu dispensiren, und ihnen, zum Ersaz dafür, einen kürzern und bequemern Weg zur Seligkeit durch Ceremonien und Wörterschall anzuweisen», während die Aufklärung bewirkt habe, «daß Religion und Tugend wesentlich vereinigt erscheinen»[156]. Ja er spricht sogar davon, daß in jenen Zeiten «der Himmel [...] gekauft werden konnte»[157]. Es scheint aber, daß diese Äußerungen vorwiegend als konfessionelle Polemik zu verstehen sind, obwohl sie das grundsätzliche Problem berühren. Daß sich im alten Heidentum die Menschen Götter wünschten, «die sich mit reichen Opfern versöhnen und bestechen lassen, dem Menschen dagegen ruhig alle seine Begierden lassen», hatte Jerusalem schon 1773 festgestellt[158]. Nach Teller ging es dem hl. Paulus darum, «den jüdischgesinnten Christen, der die ganze Gottesverehrung durch gute Gesinnungen und Erweisungen, diesen ersten Zweck des Christenthums, immer wieder in *seinen Opferdienst* umkehren wollte; bey dem also itzt die Hauptsache war ihm *seine Opfer* vergessend zu machen; [...] ihm den Tod Christus als einen Opfertod» vorzustellen, um ihn für die «edlere, reinere Gottesverehrung» zu gewinnen[159]. Semler spricht (erst 1792 veröffentlicht) von Mißbräuchen einer falsch verstandenen Offenbarung, die manche Menschen «mit Beibehaltung ihrer sinnlichen Begierden gar zum Mittel verkehren, andere Menschen zu hintergehen»[160], oder auf «feststehende(n) Redensarten und Gedanken» reduzieren, so daß statt einer «thätigen Gottesverehrung» eine «ganz falsche Religion» entsteht[161]. Ähnlich bedauert Spalding, daß manche gelehrt worden seien, «daß man seine Formeln von Lehrsäzen hersagen und sich einbilden müsse, sie zu glauben»[162], oder daß das «Frömmeln» und die «Andächtelei» als Mittel gebraucht wurde, «sich in den Gesellschaften geltend zu machen»[163]. Häufiger wird an einer Überbewertung der religiösen Zeremonien Kritik geübt, so z.B.

[154] Bahrdt (siehe Anm. 117) 31; «Daß aber Gott die Bessrung der Menschen selbst wirke und der Mensch nichts thue, als Gott stille halten, ist wider die Schrift, und beruhet dieser Irrthum größtentheils auf dem Wort 'Gnade' [...]» (Ebd.).

[155] Spalding, *Vertraute Briefe* (siehe Anm. 94) 44. Vgl. Stäudlin (siehe Anm. 129) 151 f.: «Wenn man frägt, ob *Christus* die *Moral auf die Religion*, oder die *Religion auf die Moral* baute? so ist wohl die richtigste Antwort: *Weder das eine noch das andere.*»

[156] Spalding ebd. 62 f.

[157] Spalding ebd. 64 f.

[158] Jerusalem, *Fortgesetzte* (siehe Anm. 111) 24.

[159] Teller, *Wörterbuch* (siehe Anm. 104) XXIII.

[160] Semler, *Letztes Glaubensbekenntnis* (siehe Anm. 78) 262.

[161] Ebd. 345.

[162] Spalding, *Vertraute Briefe* (siehe Anm. 94) 25.

[163] Ebd. 26 f.

schon von Stapfer in seinen «Institutiones theologiae polemicae»[164], von Spalding in seinen «Neuen Predigten»[165], von G. Fr. Seiler (anonym) sogar unter Berufung auf eine gefälschte Wiedergabe von Jes. 66[166], und Semler bringt die Zeremonien mit heidnischem Aberglauben in Verbindung[167]. Am nächsten kommt Kant der in Halle pietistisch erzogene Semler-Schüler und Kantianer *Johann Heinrich Tieftrunk*[168] in seiner Schrift: «Versuch einer Kritik der Religion und aller religiösen Dogmatik mit besonderer Rücksicht auf das Christenthum»[169], die Kant zugeschickt worden war und die dieser für kurze Zeit an Ludwig Ernst Borowski ausgeliehen hatte[170]. Tieftrunk berichtet darin von ihm bekannten Pietisten, denen «urplötzlich ein Licht in der Seele aufgegangen» sei mit der Versicherung, nun «von allen Sünden frei» zu sein und keinen Rückfall mehr fürchten zu müssen, und die nun «stündlich die Vertilgung des ganzen bösen Menschengeschlechts erhofften» und «sich an dem Feuer des Himmels recht weidlich ergötzt haben» würden. Jedoch: «Man wußte von dem Einen, daß er dem Geize im höchsten Grade ergeben war und sich offenbarer Ungerechtigkeit schuldig machte; von dem Andern, daß er der Ueppigkeit ergeben außerehelichen Umgang pflog, den Trunk liebte und gern den Kranken Vermächtnisse ablockte; Ein Anderer [...]» usw.[171]. «So lange die Schwärmerei blos

[164] A.a.O. (siehe Anm. 67) 442: «Ceremoniae debito modo comparatae insignem in cultu divino praestant usum [...]; E. indiscriminatim illae rejiciendae non sunt.» «Et quia Sanctitas est habitus faciendi nonnisi quod rectum est [...] Sequitur E. nullam Cerimoniam per se consideratam hominem sanctificare posse.» 443: «Unde nullius usus sunt Ceremoniae, quae sine debita cogitatione peraguntur, & errant quicunque illis ut operi operato nimium tribuunt.»

[165] A.a.O. (siehe Anm. 94) 372: «Und eben so wenig können auch deswegen alle gottesdienstliche Uebungen, alle Allmosen und andere dergleichen in die Augen fallende Handlungen gelten, wenn es nicht die innerliche Liebe Gottes und des Nächsten ist, welche sie hervor bringet.»

[166] G. Fr. Seiler, *Kurze Apologie des Christenthums nebst einem Entwurf der Religion eines christlichen Philosophen*, Zwote verbesserte Auflage, Erlangen 1779, 83 f. (nach Jes 66): «Ich sehe auf die Beschaffenheit des Herzens und nicht auf die Pracht der äusserlichen Ceremonien: «ich sehe an den gedemüthigten, den im glaubigen Vertrauen sich vor mir erniedrigenden Geist, den, der mein Wort hochachtet. Denn, es kommt die Zeit, da überhaupt der ganze Ceremoniendienst abgeschafft werden soll: «Wer dann einen Ochsen als Opfer schlachtet, wird mir eben so wenig dadurch gefallen, als wenn er einen Mann erschlüge; wer mir ein Schaaf opfern wollte, der würde sich mir dadurch so wenig angenehm machen, als ein Mensch, der mir zu Ehren oder mich zu versöhnen, einem Hund den Hals bräche» etc.»

[167] Semler, *Institutio* (siehe Anm. 35) 8: «Non parum igitur opinionum subfanaticarum atque futilium his debetur fontibus, e quibus ad doctrinam christianam, noua, si placet, luce atque auctoritate ornandam, deriuari solebant. Succreuit iam nouarum rerum, quae narrabantur, magna copia; adeo homines stupori et torpori cuidam sacro quasi adsaeuerant, ut sacra portenta et turgidas fabulas studiosissime exspectarent. [...] Adeo omne superstitionum et caerimoniarum genus, quod dolebat terrendis ducendisque hominibus imperitis a sacrificulis gentilium adhiberi, ad christianos tandem translatum est, discendique et perspiciendi omnem fere facultatem atque opportunitatem expulit.»

[168] Vgl. dazu Gustav Kertz, *Die Religionsphilosophie Joh. Heinr. Tieftrunks. Ein Beitrag zur Geschichte der Kantischen Schule* (=KantSt.Erg.H. 4 v. 1907), Neudruck Würzburg 1959.

[169] Vom Verfasser des Einzigmöglichen Zwecks Jesu, Berlin 1790.

[170] Vgl. XI 133, Brief Nr. 406 (383) und 140, Brief Nr. 410 (387).

[171] A.a.O. 218 f.. Vgl. auch Stäudlin (siehe Anm. 129) 153 f.: «Der Geist der Religon Christi verdammt einen dreifachen Irrthum, der die Menschen nur zu oft beherrscht und unglüklich gemacht hat. *1) Pietät ohne Tugend, Gottesdienst ohne Rechtschaffenheit* — ein Fehler, den Christus besonders unter seinem Volke öffters zu rügen Gelegenheit hatte. *2) Tugend ohne Pietät*, weil jene ohne diese matt, zweklos und unvollständig seyn müßte. *3) Verwechslung der Tugend und der Pietät* oder eine Tugend, die ganz und gar von der Religion abhängt. Was aber Christus stets preist und gebietet, ist eine enge schwesterliche Verbindung der Tugend und der Gottesverehrung. Auch in dieser Rüksicht könnte seine

spekulativ ist und sich innerhalb den Schranken stiller Meditation hält, ist sie nicht sonderlich zu fürchten, ob sie gleich unnütz bleibt; [...] Wird aber die Schwärmerei praktisch und fließt auf Handlung ein, [...] so ist dieses für die menschliche Gesellschaft nicht gleichgültig, um so mehr da sich zur frömmelnden Einfalt leicht der verschmitzte Betrug gesellet und von der bethörten Unschuld Vortheil zieht.»[172]. Wer hängt hier wohl mehr von wem ab: Kant von Tieftrunk oder eher Tieftrunk von Kant? Diese Frage stellt sich freilich in gewisser Weise auch für andere Theologen der damaligen Zeit.

Es sind aber noch sehr viel weitergehende Abhängigkeiten und Querbeziehungen zu beachten, nachdem die evangelische Theologie in Deutschland besonders in der zweiten Hälfte des 18. Jahrhunderts stark vom englischen Deismus beeinflußt wurde, als er in England allmählich «versiegte» und «in Skepsis sich auflöste» (so Gotthard Victor Lechler)[173]. Hermann Samuel Reimarus schöpfte in den von Lessing veröffentlichten «Fragmenten» aus dieser Quelle und leistete damit eine wirksame Vermittlung, während er seine «Schutzschrift» damals nicht zu veröffentlichen wagte[174]. John Locke als «philosophischer Führer der deistischen Bewegung» wurde von Baumgarten, Semler, Ernesti und Michaelis verehrt[175]. Die bedeutendsten Schriften der führenden Vertreter dieser Richtung wurden ins Französische übersetzt, die weniger gewagten auch ins Deutsche. Aber es gab indirekte Möglichkeiten, sich zu informieren: z.B. die von Henrich Gottlieb Schmid und Johann Heinrich Meyenberg besorgte Übersetzung von John Lelands «Abriß der vornehmsten Deistischen Schriften [...]»,[176], das «Freydenker=Lexicon» von Johann Anton Trinius, das sehr reichhaltig über Schriften und Gegenschriften informierte[177], die umfangreiche vierbändige Exzerptesammlung von Urban Gottlieb Thorschmid: «Versuch einer vollständigen Engelländischen Freydenker=Bibliothek, [...]»[178] oder die Besprechungen in den von Siegmund Jacob Baumgarten ab 1748 herausgegebenen «Nachrichten von einer hallischen Bibliothek», 1752 — 1758 fortgesetzt als «Nachrichten von merkwürdigen Büchern»[179]. Eine theologische Referate- und Rezensionssammlung

Lehre nicht edler, nicht vernünftiger, nicht wohlthätiger seyn.»

172 Tieftrunk ebd. 222 f.

173 Gotthard Victor Lechler, *Geschichte des englischen Deismus*. Mit einem Vorwort und bibliographischen Hinweisen von Günter Gawlick, Hildesheim 1965 (Reprogr. Nachdruck d. Ausgabe Stuttgart-Tübingen 1841), 451.

174 Matthew Tindal, *Christianity as old as the creation*. Faksimile-Neudruck der Ausgabe London 1730, hrsg. u. eingel. v. Günter Gawlick, Stuttgart BC 1967, in der Einleitung S. 37*.

175 Lechler a.a.O. 451.

176 Teil 1, übers. v. H. G. Schmid, Hannover 1755, Teil 2,1 und 2 Hannover 1755 und 1756.

177 Johann Anton Trinius, *Freydenker=Lexicon, oder Einleitung in die Geschichte der neuern Freygeister ihrer Schriften, und deren Widerlegungen*. Nebst einem Bey= und Nachtrage zu des seligen Herrn Johann Albert Fabricius Syllabo Scriptorum, pro veritate Religionis Christianae, Leipzig u. Bernburg 1759, Reprogr. Nachdruck: Monumenta politica et philosophica rariora I,2, con una premessa di Franco Venturi, Torino 1960.

178 Urban Gottlob Thorschmid, *Versuch einer vollständigen Engelländischen Freydenker=Bibliothek, in welcher alle Schriften der berühmtesten Freydenker nach ihrem Inhalt und Absicht, nebst den Schutzschriften für die Christliche Religion aufgestellet werden*, Erster Theil, Halle 1765; ders.: *Vollständige Engländische Freydenker=Bibliothek, in welcher den Schriften der Englischen Freydenker die vortreflichsten Schutzschriften für die Christliche Religion, und für die Geistlichen entgegen gestellet werden*. Zweyter Theil, Halle 1766; Dritter Theil, Cassel 1766; Vierter Theil, Cassel 1767.

179 Jeweils Halle 1748-1758, Bd. 12 mit vollständigen Registern.

wurde von Valentin Ernst Löscher 1701 begonnen unter dem Titel: «Altes und Neues Aus dem Schatz Theologischer Wissenschaften» [180], 1702 fortgesetzt als «Unschuldige Nachrichten von Alten und Neuen Theologischen Sachen [...]»[181], ab 1720 als «Fortgesetzte Sammlung von Alten und Neuen Theologischen Sachen»[182], ab 1735 — 1741 ergänzt durch «Frühaufgelesene Früchte» und ab 1751 als «Neue Beyträge von Alten und Neuen Theologischen Sachen, Büchern, Urkunden [...]»[183]. Das «eigentliche Merkmal des englischen Deismus» war es, «das Verhältnis von Religion und Moral philosophisch zu bestimmen» (G. Gawlick)[184], wobei die Offenbarung zwar nicht geleugnet wurde[185], aber in der Tendenz auf den Umfang des von der Vernunft grundsätzlich, wenn auch nicht leicht Erreichbaren reduziert wurde, so daß sich «die Auslegung der Bibel» (z.B. nach Thomas Morgan) «nach unseren Ideen von Gott und dem Guten richten muß»[186]. Einige bekannte Werke drücken dies schon im Titel aus: «De religione Gentilium [...]» von Edward Lord Herbert of Cherbury (1663), «The naked Gospel» von Arthur Bury (1691), «Oracles of reason» von Charles Blount (1693), «The reasonableness of Christianity as delivered in the scriptures» von John Locke (1695), «Christianity not mysterious, or, a treatise Shewing, That there is nothing in the Gospel Contrary to Reason Nor above it: And that no Christian Doctrine can be properly call'd a mystery» von John Toland (1696), der den Latitudinariern nahestand[187], oder: «A Discourse of Free-Thinking» von Anthony Collins (1713).

Tolands Name wird von Kant einmal im Nachlaß erwähnt[188]. Woher er ihn kannte, ist nicht ersichtlich, da er nicht englisch las[189]. Sein frühester Kontakt mit dem englischen Deismus dürfte auf Mathew Tindals «Christianity as old as the Creation : or, the GOSPEL, a REPUBLICATION of the religion of NATURE»[190] in der (anonymen) Übersetzung von Johann Lorenz Schmidt: «Beweis, daß das Christenthum so alt als die Welt sey, nebst Herrn Jacob Fosgters Widerlegung desselben. Beydes aus dem Englischen übersetzt», Frankfurt und Leipzig 1741, zurückgehen, mit deren Veröffentlichung der englische Deismus in Deutschland weiteren Kreisen bekannt wurde. Kant erwähnt dessen Namen zwar nie, dürfte aber im Zusammenhang mit Knutzens Gegenschrift: «Vertheidigte Wahrheit der Christlichen Religion gegen den Einwurf: Daß die christliche Offenbarung nicht allgemein sey. Wobey besonders die Scheingründe des bekannten Englischen Deisten Matthäi Tindals, welche in deßen Beweise, Daß das Christentum so alt, als die Welt sey,

[180] Wittenberg 1701.

[181] Leipzig: Großische Erben bzw. Braun 1705-1719.

[182] Leipzig: Braun / Brauns (sel.) Erben 1720 - 1740; Leipzig: Jacobi 1741 - 1750.

[183] Leipzig: Jacobi 1751 - 1761.

[184] Im Vorwort zu Lechler (siehe Anm. 173), XXI.

[185] Ders. ebd. XII.

[186] Ders. ebd. XXI.

[187] Dieser Ausdruck auch bei Kant Rel. VI 22,26.

[188] XVI 450 in der frühen Reflexion 2652 ß[1]: «denen Freygeistern sind die Zweifel eines Bayle, Toland, marqvis d'Argens unauflößlich.» Hier auch ein Hinweis auf Bayles Behauptung: «Glaubens- und Vernunftwarheiten wären einander so gerade entgegen gesetzt, daß etwas der Vernunft nach offenbahr falsch scheinen müße und zwar nicht anders als falsch könne eingesehen werden, daß doch in der that war ist.» (450 f.)

[189] Dazu vgl. Winter 1975 (siehe Anm. 25) 26.

[190] London 1730, Faksimile-Neudruck hrsg. u. eingeleitet von Günter Gawlick, Stuttgart BC 1967.

enthalten, erwogen und widerleget werden»[191], auf dieses Standardwerk des Deismus[192] gestoßen sein. Hier klingen eine Reihe von Themen an, mit denen sich Kant in seiner Religionsphilosophie auseinandersetzt. Daß Tindal der geoffenbarten Religion bestreitet, der «vollkommensten» natürlichen Religion noch etwas «hinzusetzen noch davon thun» zu können, so daß «die wahre Religion [...] beständig einerley seyn müsse»[193], korrigiert Kant durch seine konzentrischen Kreise. Daß aber die Religion die Moral voraussetzt, übernimmt Kant: Für Tindal ist Moralität das Handeln «nach dem Grund der Dinge an sich selbst betrachtet» und Religion das Handeln «nach eben diesem Grund der Dinge, so ferne solcher als der Wille Gottes betrachtet wird»[194]. Das «Gesetz der Natur» ist deshalb «der Probirstein von der Vollkommenheit» im Hinblick auf das Gesetz Gottes[195]. Falsche Begriffe von Gott führen «zu allem Aberglauben und so vielem unzäligem Uebel, welches die Menschen wegen der Religion entweder sich selbst oder andern angethan haben» (darum hier auch das Lukrez-Zitat, das Kant ebenfalls benutzt: «Tantum religio potuit suadere malorum!»[196]). «Denn es ist keine Sache so unschuldig, welche, wenn sie ein göttliches Ansehen hat, von arglistigen Leuten nicht zu den schändlichsten Absichten solte mißbrauchet werden. Und in Wahrheit, es ist kein einziges Stück von dieser Art, die man zu der Religion gezogen hat, welches, wenn ich es sagen darf, nicht zu einer oder anderer Zeit solchergestalt wäre mißbrauchet worden.»[197] Tindal will deshalb in der Religion keine Dinge zulassen, die «nicht sittlich» sind: «Wenn die Leute einmal überredet sind, daß sie glauben solche Dinge wären für *etwas* gut: so sind sie gleich geneigt zu glauben, sie wären für *alles* gut.»[198]. «Diese werden sie auf das genaueste beobachten, in Hofnung, dadurch für ihre geliebteste Laster, welche sie sich verstatten, Aussöhnung zu thun», um so «mit dem Himmel einen Vergleich zu treffen»[199]. Er zitiert

[191] Königsberg 1747, mit fortlaufender Paginierung beigebunden an seinen «Philosophischen Beweis [...]» (siehe Anm. 17).

[192] Dieses Werk wurde schon im 18. Jahrhundert «die Bibel der Deisten» oder in der bei «den deutschen Theologen damals gebräuchlichen Terminologie» «das vollständigste Lehrgebäude der Naturalisten» genannt; auch heute gilt es noch weitgehend als «ein Hauptwerk des Deismus», weil hier «zu einem umfassenden Ganzen verwoben» wird, was «nahezu seit hundert Jahren von einzelnen Deisten wie Lord Herbert, Charles Blount, John Toland, dem dritten Grafen Shaftesbury, Anthony Collins, Thomas Chubb und Thomas Woolston vorgebracht worden war.» (Günter Gawlick in seiner Einleitung zu «Christianity» (siehe Anm. 174) S. 5* f.).

[193] 6. Hauptstück, Beweis 95, Christianity 58.

[194] Tindal, Beweis 518; Christianity as old [...] 298: «can You, who place Religion in the Practice of Morality in Obedience to the Will of God; and suppose there can be no other Distinction between Morality and Religion, than that the former is acting according to the Reason of Things consider'd in themselves; the other, acting according to the same Reason of Things consider'd as the Will of God? Can You, I say, hope to escape [...]?».

[195] Beweis 97, Christianity 59: «In saying This, you own the Law of Nature to be the Standard of Perfection; and that by It we must judge antecedently to any traditional religion what is, or is not a Law absolutely perfect, and worthy of such a Being for its Legislator.»

[196] Beweis 121, Christianity 74; bei Kant Rel. VI 131,19-20. Zu möglichen anderen Quellen vgl. Winter 1976 (siehe Anm. 15) 14, Anm. 88.

[197] Beweis 195, Christianity 117.

[198] Beweis 237, Christianity 141.

[199] Beweis 238, Christianity 142. Vgl. auch Beweis 239, nach Dr. Scott: «Welche [...] sich einbilden, daß Gott ungemein viel halte auf geringe Dinge, läppische Meinungen, gleichgültige Handlungen, Gebräuche und Gewohnheiten, und allerhand Anhänge der Religion: und in dieser Einbildung hoffen sie alle Laster und Verbrechen bey demselben auszusöhnen durch den Schein und die äusserliche Gestalt der Religion

einen Dr. Scott, nach dem «das gemeine Mal, womit die Heuchler und falschen Bekenner der Religion bezeichnet sind, darinnen bestehet, daß sie eifrig sind für aufgebrachte [=positive] Dinge, hingegen kaltsinnig und gleichgültig in Ansehung der sittlichen Dinge der Religion»[200]. Er beruft sich auf den anglikanischen Erzbischof Tillotson (einen Latitudinarier), der der katholischen Kirche vorwirft, daß durch «äußerliche Gebräuche» «die Gemüther der Menschen von der Hauptabsicht des Christenthums sind abgeführet worden. [...] Diese haben auf solche Art keine Zeit gehabt darauf zu denken, wie sie tugendhafte Menschen werden und die *wichtigen* und *wesentlichen* Pflichten eines christlichen Lebens beobachten möchten.»[201] Solche Leute «glauben nicht nur», schreibt Tindal an die Adresse aller Konfessionen, «daß sie bey der Verehrung Gottes demselben einen wirklichen Dienst erweisen: sondern sie bilden sich auch ein, daß er ungemein verdrießlich werde, wenn der öffentliche Gottesdienst nicht auf diese Weise und mit diesen Gebräuchen und Zeremonien geschähe», und daß sie «das allmächtige Wesen sich ungemein verbindlich machten, wenn sie solche gefährliche Feinde Gottes vertilgten, welche sich unterstehen, ihn ohne ihre Erlaubnis auf eine Weise zu verehren, welche sie seinem Willen gemäß erachten»[202]. Darum fordert er (wie viele andere vor und nach ihm) einen «vernünftigen Gottesdienst» (»reasonable service»)[203], bei dem «*Gebräuche, Ceremonien, Zeichen* und *Denkbilder* nicht willkührlicher Weise könten befohlen und mit sittlichen Dingen solchergestalt vermischet werden, daß sie die Gewissen aller Menschen zu allen Zeiten verbinden müßten.»[204]

Auf der Suche nach einem 'Sitz im Leben', warum das Thema Frömmigkeit als «Surrogat der Tugend» (Rel., VI 185,9) Kant so sehr beschäftigt hat, bieten sich pietistische Praktiken als Anhaltspunkte an. Im 'Fridericianum' in Königsberg, das Kant als Externer besuchte, mußten die Schüler bei der Vorbereitung auf den Empfang des Abendmahles ihren Gewissenstatus vorher schriftlich dem Inspektor aushändigen, der auch disziplinäre Funktionen auszuüben hatte; damit wurde die Unehrlichkeit geradezu herausgefordert[205]. Ähnlich war es mit dem Zeugniswesen für das Predigeramt bestellt, das einen «Konjunkturpietismus» provozierte: besonders in Halle war es jedem möglich, «durch Heuchelei ein

[...] und durch einen *recht thätlichen* Eifer für die Einfassung und die Franzen der Religion.» (= Christianity 142 f.)

200 Beweis 240, Christianity 143: «the common Brand by which Hypocrites and false Pretenders to Religion are stigmatiz'd, is their being zealous for the Positives, and cold and indifferent as to the Morals of Religion.»

201 Beweis 290, Christianity 171.

202 Beweis 75 f., Christianity 46.

203 Mehrfach, z.B. Beweis 10, Christianity 6; Beweis 104, Christianity 62 usw.

204 Beweis 190, Christianity 114.

205 Vgl. dazu den Bericht des damaligen Inspektors Schiffert in: *Erleutertes Preußen oder Auserlesene Anmerckungen über verschiedene, zur Preußischen Kirchen= Civil= und Gelehrten Historie gehörige besondere Dinge* [...], Des Fünften Theils Achtes Stück, Königsberg in Preußen 1741, 487 (richtig: 587) — 572 (richtig: 672), hier bes. 539-543. «Zippel hat in den Akten des Friedrichskollegiums ein schriftliches Gebet eines vielfach getadelten Schülers gefunden. Er urteilt, daß es keinen wahrhaften Eindruck mache.» (Paul Kalweit, *Kants Stellung zur Kirche* (=Schriften der Synodalkommission für ostpreußische Kirchengeschichte 2), Königsberg i.Pr. 1904, 9.

Zeugnis zu erhaschen»[206]. Semler berichtet aus seiner Jugendzeit, daß «manche Prediger» «über den Seelenzustand» «ein großes Stadtregister» führten und daß es auch sonst «geistliche *Calender*» gab, was «für sehr viele ein recht sicherer Weg» war, «sich nun bei allen Hohen und vornemen Personen so zu empfehlen, daß sie ihre häuslichen und bürgerlichen Endzwecke aufs aller unfelbarste hiermit erreichten»[207]. Das alles muß auf Kant mit seinem auf äußerste Redlichkeit bedachten Charakter überaus abstoßend gewirkt haben.

Nachdem Kants Beschäftigung mit Tindal nur als sehr wahrscheinlich eingestuft werden kann, läßt sich eine weitere frühe Quelle nennen, die er mit Sicherheit gelesen hat: die Geschichte von «*Carazans* Traum», die er in einer Fußnote zu Beginn der «Beobachtungen über das Gefühl des Schönen und Erhabenen» zitiert (Beob., II 209 Anm.) und deren Spur nach England führt. Sie war im dritten Stück des vierten Bandes des «Bremischen Magazins» 1761 erschienen[208] als Übersetzung eines Beitrags im «Gentleman's Magazine» von 1754[209], der wiederum aus dem «Adventurer» Nr. 132 vom 9. Februar 1754[210] stammte. Der zunächst unbekannt bleibende Verfasser war der Essayist John *Hawkesworth* (1715 [?] -1773), der Herausgeber (zusammen mit Samuel Johnson) dieser von November 1752 bis März 1754 zweimal in der Woche (dienstags und samstags) erscheinenden Stücke, die dann zu zwei und später zu vier Bänden zusammengefaßt wurden und eine Reihe von Auflagen erfuhren[211]. Im letzten Stück (Nr. 140) verrät er, daß die nicht mit einem Buchstaben gekennzeichneten Beiträge von ihm stammen, es sind über siebzig, darunter einige orientalische Märchen wie «Carazans Traum». Seit 1744 war er auch Mitarbeiter am «Gentleman's Magazine». 1755 edierte er die Werke Swifts und trat später noch einige Male mit eigenen Arbeiten an die Öffentlichkeit[212]. Im

206 Vgl. Riedesel (siehe Anm. 16) 53; dort auch folgendes Zitat: «Komme ich nach Berlin und Halle, so will ich fromme Positur machen, über das verfallene Christentum in Königsberg klagen, meine Perücke nicht pudern und die Weste mit Fett beschmieren. Dann wird man mich schon für fromm ansehen.»

207 Johann Salomo Semler, *Lebensbeschreibung von ihm selbst abgefaßt*, Erster Theil, Halle: — 1781, 48.

208 Bremisches Magazin zur Ausbreitung der Wissenschaften Künste und Tugend Von einigen Liebhabern derselben mehrentheils aus den Englischen Monatsschriften gesammelt und herausgegeben, Des vierten Bandes drittes Stück Bremen und Leipzig 1761, 539-546.

209 The Gentleman's Magazine, and Historical Chronicle. Volume XXIV. For the YEAR M.DCC.LIV, London 76-78.

210 The Adventurer. Number CXXXII, SATURDAY, February 9, 1754, in: The Adventurer, Volume the Second, London: J. Payne at Pope's Head in Pater-noster-row 1745, 367-372.

211 Z.B.: The FIFTH EDITION, Vol. 1-4, London: Millar u.a. 1766.

212 Er bearbeitete Theaterstücke, schrieb 1760 das Oratorium «ZIMRI», 1761 das Feenstück EDGAR AND EMMELINE und im gleichen Jahr die orientalische Romanze ALMORAN AND HAMET, das G. E. Lessing für seinen «Nathan» verwendet hat (vgl. Paul P. Kies, *Lessing and Hawkesworth*, in: Research Studies of the State College of Washington VIII (1940) 143 f.). Das mehrbändige *An account of the Voyages Undertaken in the Southern Hemisphere* [...] ab 1771, das vor allem die Reisen Kapitän Cook's behandelte, fand keine gute Kritik (nach: ENC. BRITTANNICA 1968, 11/184 f.; in der 15. Ausgabe von 1983 nicht mehr erwähnt). Kurzbiographien in: *Biographie Universelle, ancienne et moderne* [...] Tome 19e, Paris 1817, 507 ff.; Nouv. Éd. Paris: Desplaces et Michaud 1854, T. 18e, 591 f., unveränd. Nachdruck Graz: Akad. Druck- u. Verlagsanstalt 1967; *Nouvelle Biographie Générale Depuis les temps lex plus reculés jusqu'a nos jours*, publ. par Firmin Didot Frères, sous la dir. de M. le Dr Hoefer, T. 23e, Paris: Firmin Didot Frères 1858, 627 f.; *Dictionary of National Biography*, ed. by Leslie Stephen and Sidney Lee, Vol IX, London 1908, Bd. 9, 203-205; Nachdruck London: Oxford Univ. Press ab 1917; *Chamber's Encyclopaedia*, New. revised Ed., Vol. VI, repr. with corrections, London 1970, 781; *The Oxford Companion to English Literature*, New. Edition, ed. by Margaret Drabble, London 1985,

«Adventurer» werden die Namen zahlreicher Dichter, Schriftsteller und auch Philosophen seit dem Altertum genannt, auch von sog. Deisten, so daß seine Arbeiten, die vielfach moralische Themen zu Gegenstand haben, die zeitgenössische Bildung widerspiegeln.

In «Carazans Traum» wird nun ein reicher Mann geschildert, der mit zunehmendem Reichtum zum Geizhals und Menschenfeind wurde, aber aus Furcht dennoch beständig in die Moschee ging und alle Andachtsübungen sorgfältigst ausübte, bis ihn ein Traum, in dem er seine Verwerfung und Verbannung in die äußerste Einsamkeit und Finsternis jenseits allen Lichts erlebte, bekehrte und zu einem Wohltäter der Menschen machte. In den «Beobachtungen» verwendet Kant diesen Text lediglich «als Beispiel von dem edlen Grausen [...] einer gänzlichen Einsamkeit». Aber indem er die Geschichte eigenständig referiert, modifiziert er einen entscheidenden Punkt, der unser Thema betrifft: er setzt das Erkalten der Menschenliebe durch den zunehmenden Reichtum in direkte Proportion mit der Zunahme «der Emsigkeit seiner Gebeter und der Religionshandlungen», obwohl die Vorlage das so nicht hergibt. Das läßt sich durch einen Vergleich der Texte verdeutlichen:

Hawkesworth:

Allein ob er in seinem Umgang mit Menschen, eine Untreu entdecket, welche ihn verleitet, sein Vertrauen auf Gold zu setzen, oder ob er nach dem Mase, wie er Reichthümer häufte, seine eigene Wichtigkeit, sich weiter auszubreiten, erkant, so schäzte Carazan dieselbe höher, je weniger er sich derselben bediente ; er verlor allgemach die Neigung gutes zu thun, so wie er die Macht erwarb; und wie die Hand der Zeit Schnee auf sein Haupt ausstreuete, so breitete dieser kalte Einfluß sich auch in seinem Busen aus. — Obgleich nun des Carazans Thüre niemals zur Gastfreiheit, noch seine Hand durch Mitleiden geöffnet wurde, so führte die Furcht ihn doch beständig in die Moschee, um zu den bestimten Stunden sein Gebet daselbst zu verrichten. Er übte alle Gebräuche der Andacht mit der sorgfältigsten Beobachtung aus, er bezahlete dreimal des Tages dem Propheten in seinem Tempel seine Gelübde[213].

Kant:

Dieser karge Reiche hatte nach dem Maße, als seine Reichtümer zunahmen, sein Herz dem Mitleiden und der Liebe gegen jeden andern verschlossen.

Indessen, so wie die Menschenliebe in ihm erkaltete, nahm die Emsigkeit seiner Gebeter und der Religionshandlungen zu.

442, dort verwiesen auf eine neue Biographie von J. L. Abbot (1983).

Es sollte nicht unerwähnt bleiben, daß «Carazans Traum» ein Vorbild hat. In seinen «Free Thoughts on Religion, the Church, and National Happiness» aus dem Jahre 1720[214] erzählt Bernard de *Mandeville*, der Verfasser der «Bienenfabel», eine Geschichte von «CRATO», einem «reichen Geizhals, der nichts mehr als das Geld liebet». Damit ihm Gott aber die Sünden des Wuchers, der Unterdrückung und des Betruges, die er nicht aufzugeben bereit ist, verzeihe, lebt er strenger als ein Einsiedler, fastet, betet, und besucht an Festtagen «allezeit zwey lange Predigten». Dabei bleibt er verdrießlich gegen seine Gattin, hart gegen seine Kinder, zänkisch mit den Nachbarn» und hegt «einen unauslöschlichen Haß wider alle Bettler», ist bei alledem aber sehr zufrieden und hält seine Zufriedenheit «für ein unfehlbares Zeichen der himmlischen Gnade». Diese Schrift, die auch sonst harte Kritik an der «äußeren Gottseligkeit» übt, sofern sie der «vermaledeyten Boßheit» nicht abhilft, wurde bald ins Französische[215] und 1726 und 1765 auch ins Deutsche[216] übersetzt. Auf das Erscheinen der ersten Französischen Übersetzung hat Valentin Ernst Löscher bereits 1724 mit einer scharfen Gegenschrift reagiert[217].

Auch dieses Werk könnte Kant in der ersten deutschen oder in der französischen Fassung zur Kenntnis genommen haben, obwohl die Erwähnung Mandevilles in den Bänden 5 und 19 (2x) eher auf die «Bienenfabel schließen läßt. Jedenfalls lassen die Bemerkungen in Kants durchschossenem Handexemplar der «Beobachtungen» aus den Jahren 1764-1765[218] erkennen, daß ihn das Verhältnis von Moral und Religion und die Gefahr, die Frömmigkeit als «Surrogat der Tugend» zu mißbrauchen, bereits beschäftigt. Da heißt es z.B.: «Diese natürliche sittlichkeit muß auch der Probierstein aller Religion seyn.» (XX 19,21-22), oder: «Wenn die Menschen die Moral der religion subordiniren [...] so werden

213 Brem. Magazin a.a.O. 539 f.; Adventurer 1754, 367 f.: «But whether, in his dealings with men, he discovered a perfidy which tempted him to put his trust in gold, or whether in proportion as he accumulated wealth he discovered his own importance to increase, CARAZAN prized it more as he used it less; he gradually lost the inclination to do good, as he acquired the power; and as the hand of time scattered snow upon his head, the freezing influence extended to his bosom. — BUT though the door of CARAZAN was never opened by hospitality, nor his hand by compassion, yet fear led him constantly to the mosque at the stated hours of prayer; he performed all the rites of devotion with the most scrupulous punctuality, and had thrice paid his vows at the temple of the PROPHET.»

214 Bernard de Mandeville, *Free Thoughts on Religion, the Church, and National Happiness*, The Second Edition, London 1729, Faksimile Neudruck Stuttgart B.C.: Frommann (Holzboog) 1969, 36-39.

215 Pensées libres sur la Religion, l'Eglise, et le bonheur de la Nation, Traduites de l'Anglois du Docteur B.M. Par Mr. Van Effen, Tome 1, Tome 2, Amsterdam: L'Honoré 1738; V. E. Löscher bezieht sich auf eine bereits 1722 erschienene Ausgabe.

216 Freymüthig=unpartheyische Gedancken von der Religion, Kirche und Glückseligkeit der Engelländischen Nation unter der gegenwärtigen Regierung, zu anderer Völker nützlichem Gebrauch, Warnung und Vorsicht, Aus der Engeländischen in die Frantzösische Sprache nun aber teutsch übersetzt, Leipzig: Immig 1726, 24-26 (CRATO hier: Argyrophilus); Freye Gedanken über die Religion, die Kirche und den Wohlstand des Volkes. Aus dem Englischen Erster und Zweiter Band, [o.O.] 1765. Aus dieser Übersetzung stammen unsere Zitate: die Geschichte von CRATO, hier: «Silberhold» I, 52-57, die «äußerliche Gottseligkeit» und die «vermaledeyte Boßheit» aus I, 33 u. 38.

217 *Nöthige Reflexionen über das Anno 1722 zum Vorschein gebrachte Buch Pensées libres sur la Religion &c. Oder Freye Gedancken Von der Religion Nebst wohlgemeynter Warnung vor dergleichen Büchern*, abgefaßt von Valent. Ernst Löschern D., Wittenberg: Hannauer 1724. Im selben Jahr hat er auch seinen «*Antilatitudinarius*» veröffentlicht.

218 Vgl. zur Datierung XX 472.

sie dadurch feindseelig heuchlerisch afterrednerisch subordiniren sie aber die Religion der Moral so sind sie gütig wohlwollend u. gerecht.» (XX 153,9-12); auch, daß «Andacht», wenn sie nicht «Folge einer guten Moralität ist», «zum Selbstbetruge sehr aufgelegt» ist (XX 22,27 — 23,5). Man darf freilich nicht verkennen, daß die Lektüre von Jean-Jacques Rousseau's «Émile», der Kant gleich nach Erscheinen im Jahre 1762[219] «einige Tage von den gewöhnlichen Spaziergängen» geopfert hat[220], einen starkem Einfluß auf ihn ausgeübt hat, ihn «zurecht gebracht» hat, wie er selber schreibt (Bem. z. d. Beob., XX 44,12-13). Gott ist für Rousseau der «Mittelpunkt» für «alle konzentrische[n] Kreise, welche die Geschöpfe sind»[221]. Dann aber heißt es dort: «Die größten Ideen der Gottheit bekommen wir durch die bloße Vernunft», während besondere Glaubenslehren die Menschen hochmüthig, unverträglich, grausam machen» und, «anstatt den Frieden auf Erden zu gründen, sie Feuer und Schwert auf derselben ausbreiten.» «Der Dienst, welchen Gott fordert, ist der Dienst des Herzens, und der ist stets einförmig, wenn es aufrichtig ist.» «Was den äußeren Gottesdienst anbetrifft, so ist es bloß eine Policeysache» (nach der Übersetzung von 1762)[222]. Aus den Jahren 1764-66 stammt (nach der Adickes'schen Datierung) Kants Reflexion 6499: «Wenn man Gott vor der moralitaet erkenen will, so legt man ihm nicht moralische Vollkommenheiten bey. Daher kan religion böse sitten hervorbringen oder sie gesetzlich indeterminirt lassen; [...] Nicht alle gute Sittlichkeit ist frömmigkeit. Eine Frömmigkeit, die vor der Sittlichkeit anfängt, ist ihr oft entgegen.» (XIX 31-35, hier: 35,5-12). Darum ist «Die Religion [...] nicht ein Grund der Moral, sondern umgekehrt» (1772 ?) (XIX 150,25, R 6759). Daraus entwickelt sich dann die Terminologie der «kalte[n] Einschmeicheley» (XIX 148,27, R 6753; 1772 ?), der «Einschmeichelungen» (Datierung unsicher) (XIX 247,27, R 7093) und der «Gunstbewerbungen»[223]. Später kommt dann noch die Unterscheidung zwischen Moralität und Legalität hinzu (XIX 39,2, R 6503)[224].

Eine nicht zu unterschätzende Bedeutung kommt wohl auch David *Hume's* Schrift: «The natural history of religion» von 1757 zu, deren deutsche Übersetzung, die 1759 erschienen war[225], Kant angeblich besaß[226], aber jedenfalls 1786 zitiert hat (die Übersetzung «Strohwisch» für «bullrush»)[227]. Hume klagt hier über die anzutreffende Diskrepanz

[219] Jean-Jacques Rousseau, *Émile ou de l'Éducation*, Tome I - IV, Amsterdam: Neaulme 1762 und parallele Ausgaben. Eine deutsche Übersetzung erschien im selben Jahr: *Aemil, oder Von der Erziehung*. Aus dem Französischen übersetzet und mit einigen Anmerkungen versehen, Teil 1-4, Berlin, Frankfurt und Leipzig 1762. Vgl. auch Klaus Reich, *Rousseau und Kant* (=Philosophie und Geschichte 61), Tübingen 1936.

[220] Borowski (siehe Anm. 1) 79.

[221] Aemil, 3. Theil (siehe Anm. 219) 86.

[222] A.a.O. 3. Theil, 97 ff.

[223] XIX 630 (R 8087) u.a.; vgl. dazu Winter 1977 (siehe Anm. 141).

[224] Vgl. oben Anm. 143.

[225] Vier Abhandlungen, 1. Die natürliche Geschichte der Religion. 2. Von den Leidenschaften. 3. Vom Trauerspiel. 4. Von der Grundregel des Geschmacks. von David Hume, aus dem Englischen übersetzt, Quedlinburg und Leipzig 1759 (nach Ueberweg III, 401 von F. G. Resewitz angefertigt).

[226] Karl Vorländer, *Immanuel Kant. Der Mann und das Werk*, erster Band, Leipzig 1924, 152 unter Bezugnahme auf eine «Mitteilung von Fräulein R. Burger (Göttingen)».

[227] Hume a.a.O. 96, bei Kant VIII 152,35-36 in den «Bemerkungen zu Ludwig Heinrich Jakob's Prüfung der Mendelssohn'schen Morgenstunden». Zu meinem Briefwechsel mit Sir Karl R. Popper in dieser Sache vgl. Winter 1975 (siehe Anm. 25) 26, Anm. 227: die originelle Übersetzung «Strohwisch» für

zwischen religiösen Beteuerungen und dem tatsächlichen Leben und über die religiöse Heuchelei[228] und spricht von der Suche nach «leichtere[n] Ersetzungsmittel[n]» für beschwerliche Pflichten, die «lange so viel nicht kosten, als die genaue und reine Erfüllung solcher Pflichten selbst» [229], die von dem vermeintlich Frommen als besonders wirksam angesehen werden, wenn sie «weder im Leben wozu dienlich sind, oder seinen natürlichen Neigungen die größte Gewalt anthun»[230]: so werden ihm «gottesdienstliche(n) Gebräuche und Ceremonien» «zu Aussöhnungsmitteln» für die «Beleidigungen»[231]. Durch diese unterscheidende Kennzeichen der Andacht hat er nun die göttliche Gunst erworben; und kann in dieser Welt Schutz und Sicherheit, in jener aber die ewige Seligkeit dafür zur Belohnung erwarten.»[232] «Daher kömmts, daß man in manchen Fällen gefunden hat, daß die grössesten Verbrechen mit einer abergläubischen Frömmigkeit und Andacht bestehen können.»[233] Auch in seinen «Dialogues concerning natural religion» spricht Hume von der «gemeinen Beobachtung, daß höchster Religionseifer und tiefste Heucheley oft oder gewöhnlich in demselben individuellen Charakter vereinigt sind», so daß man vor «einem Mann, der von seiner Religion und Frömmigkeit viel Aufhebens macht, [...] auf der Hut vor Betrug und Täuschung» sein muß[234]. Kant hat die Übersetzung dieses Werkes, die Johann Georg Hamann angefertigt hatte, im Jahre 1780 zweimal gelesen[235], und die im folgenden Jahre erschienene Übersetzung von Ernst Platner gehörte zu seinem Büchernachlaß[236]. Und schließlich findet sich in Hume's «Enquiry concerning human understanding», das 1754 in deutscher Übersetzung erschienen war[237] und in Kants wichtigem Jahr 1769 eine Rolle gespielt haben dürfte, die Rede von einer «Schmeicheley»,

«bullrush», die in England nicht greifbar war, lag also Kant schon vor und kann nicht als Beleg dafür gelten, daß er (entgegen zeitgenössischen Aussagen) englische Texte gelesen habe, wie Herr Popper annahm.

228 A.a.O. 150: «Man höre die mündlichen Versicherungen aller Menschen an: Von nichts sind sie so gewiß als von den Lehrsätzen ihrer Religion. Man untersuche ihr Leben: so wird man kaum denken können, daß sie das geringste Vertrauen darauf setzen. — Der grösseste und wahreste Eifer giebt uns keine Sicherheit gegen die Heucheley: die offenbarste Gottlosigkeit ist mit geheimer Furcht und Zerknirschung verbunden.»

229 A.a.O. 142 f. Anm.; Vgl. Rel. VI 201,30-31: «die Religion nicht zur Ersetzung, sondern zur Beförderung der Tugendgesinnung». Rel. VI 178,22-25: «*natürliche*, an sich aber mit der Moralität gar nicht verwandte Handlungen (welche auszuüben es keiner Gott wohlgefälligen Gesinnung bedarf, die der ärgste Mensch also eben sowohl, als der beste ausüben kann)»; Rel. VI 200,16-21: «Es ist mühsam, ein guter *Diener* zu sein (man hört da immer nur von Pflichten sprechen); er möchte daher lieber ein *Favorit* sein, wo ihm vieles nachgesehen [...] wird, indessen daß er immer der lose Knecht bleibt, der er war.»

230 A.a.O. 141.

231 A.a.O. 144.

232 A.a.O. 141 f.

233 A.a.O. 143.

234 Zitiert nach der Ausgabe David Hume, *Dialoge über natürliche Religion*, Neu bearbeitet von Günter Gawlick (Philos. Bibl. 36), Hamburg [4]1968, 114 f.. Vgl. dazu Kants Ausführungen über den «Hadgi» Rel. VI 189 Anm.

235 Johann Georg Hamann, *Briefwechsel*, hrsg. v. Arthur Henkel, Vierter Band 1778-1782, Wiesbaden 1959, 205, 229, 249, 262.

236 Warda (siehe Anm. 3) 50.

237 *Philosophische Versuche über die Menschliche Erkenntniß von David Hume, Ritter*. Als dessen vermischter Schriften Zweyter Theil, Nach der zweyten vermehrten Ausgabe aus dem Englischen übersetzt und mit Anmerkungen des Herausgebers begleitet. Hamburg u. Leipzig 1755.

die darin liegt, über Gott mehr zu sagen, als man wissen kann[238] und die an Kants Hiobinterpretation erinnert.

Als Vorbild für Hume und andere von den genannten Autoren wird wohl sehr wahrscheinlich Anthony Ashley Cooper, 3rd Lord of *Shaftesbury* zu gelten haben, und zwar besonders mit seiner schon 1708 in London erschienenen Schrift: «A Letter concerning Enthusiasm», die in einer französischen Übersetzung von 1709[239] Leibniz in die Hände fiel und zu Anmerkungen veranlaßt hatte[240]. Sie wurde aufgenommen in die «Characteristicks of Men, Manners, Opinions, Times. In Three Volumes», die 1711 und 1714 und später erschienen. Eine deutsche Übersetzung des 'Briefes über den Enthusiasmus' kam allerdings erst im Jahre 1768 heraus[241], so daß Kant ihn möglicherweise erst dann zur Kenntnis genommen hat. In einer ungenau datierten Reflexion schreibt Kant: «Will man den Weg der Critik nicht einschlagen, so muß man die Schwarmerey ihren Gang gehen lassen und mit Schaftsbury darüber lachen.» (XVIII 436, R 6050). Die Schreibweise «Schaftsbury» könnte auf das 1785 erschienene Büchlein von Johann Georg *Schlosser*: «Über Schaftsbury von der Tugend an Born», Basel: Serini 1785, hinweisen, der im Text auch «Schäftsbury» schreibt. Im «Brief über den Enthusiasmus» referiert Shaftesbury die Hiob-Interpretation eines «heiligen Skribenten» (vielleicht ist Erzbischof Tillotson gemeint), die sich genau mit Kants Hiob-Interpretation im «Mißlingen aller philosophischen Versuche in der Theodicee» deckt: daß die Freunde mit ihren Aussagen also nichts anderes tun «als Gott *schmeicheln*, Gottes *Person ansehen*, und so gar *ihn täuschen*». Wegen der darin zum Ausdruck kommenden niedrigen Meinung von Gott nennt er solche Leute «*Schmeichler* in der Religion, bloße *Schmarotzer* der Andacht», vergleichbar mit Bettlern, die ihren Zielpersonen geflissentlich überhöhte Titel geben, um ihr Ziel zu erreichen. In diesem Zusammenhang wird auch Kants falsche «Sicherheitsmaxime» ganz ähnlich formuliert, möglicherweise aufgrund einer Fehlinterpretation von Pascals «Wette»[242].

238 A.a.O. 311 f., 328.

239 *Lettre sur l'Enthusiasme*. Traduite de l'Anglois, A la Haye, chez T. Johnson 1709.

240 Zu finden in: *Recueil de diverses PIECES, Sur la Philosophie, la Religion Naturelle, l'Histoire, les Mathematiques &c.* Par Mrs. LEIBNIZ, CLARKE, NEWTON & autres Auteurs célèbres. SECONDE Edition, Revue, corrigée & augmentée, Tome II, A Asterdam: Changuion 1740, 311-334.

241 Antony Ashley Cooper, Grafens von Shaftesbury *Charakteristicks, oder Schilderungen von Menschen, Sitten, Meynungen und Zeiten*, aus dem Englischen übersetzt [v. C. A. Wichmann]. Nebst einem Schreiben des Übersetzers, welches die Anmerkungen des Freyherrn von Leibnitz enthält, Leizig 1768.

242 Im deutschen Text: 38-42; in der engl. Ausgabe von 1714: 34-36. Zur «Sicherheitsmaxime»: «Es ist die bettelhafteste Zuflucht, die man sich einbilden kann, welche doch so mächtig angepriesen wird, und bey vielen geschickten Männern als eine große Maxime gilt: 'Man müsse sich bestreben, Glauben zu haben, und aufs äußerste zu glauben; denn wenn auch bey dem allen nichts an der Sache wäre, so würde es doch kein Schade seyn, sich solchergestalt betrogen zu finden; wäre aber etwas daran, so würde es unglücklich für den seyn, der nicht völlig geglaubt hätte.' Sie irren sich aber in so fern, weil es gewiß ist, so lange sie diese Gedanken heegen, daß sie weder zu ihrer Zufriedenheit und Glückseligkeit in dieser Welt, noch mit einigem Vortheile oder Vergnügen an eine andre iemals glauben können. Denn zu geschweigen, daß unsere Vernunft, die den Betrug kennt, auf einem solchen Grunde niemals mit völliger Zufriedenheit ruhen, sondern uns oftmals wie der Wind hin und her treiben, und uns auf ein Meer von Zweifeln und Bekümmernissen schleudern wird; so können wir auch mit der That in unsrer Religion nicht anders als *schlimmer* werden, und eine desto *schlimmere* Meynung von einer *höchsten* Gottheit unterhalten, so lange unser Glaube auf eine so schimpfliche Vorstellung von ihr gegründet ist.» (41f.) In der französischen Ausgabe von 1709 findet sich bei der Maxime folgende Randbemerkung: «L'Archevêque Tillotson, Mr. Pascal & d'autres» (96).

Da Kant «noch gerne im Alter Dichter las», müßte nun noch auf so manchen Dichter eingegangen werden, den Kant erwähnt: auf Alexander Pope, der geschrieben hat: «der, so richtig lebet, kann nicht unrichtig glauben»[243]; auf Jonathan Swift, dessen «Mährgen von der Tonne» Kant häufiger zitiert, in dem die «Religion ein Mantel» genannt wird[244] und in dem gesagt wird: «Wir haben mehrentheils Religion genug, einander zu hassen: aber nicht Religion genug, einander zu lieben.»[245]; auf Albrecht von Haller und seine «Gedanken über Vernunft, Aberglauben und Unglauben» und das Gedicht: «Die Falschheit menschlicher Tugenden»[246]; auf Johann Miltons «Episches Gedichte von dem Verlohrnen Paradiese»[247]; auf Samuel Butler's «Hudibras, ein satyrisches Gedicht wider die Schwärmer und Independenten zur Zeit Carls des Ersten»[248], das mit beißendem Witz die englischen Religionsstreitigkeiten aufs Korn nimmt[249] und das Kant schon in den «Träumen eines Geistersehers» zitiert (II 348)[250], und auf etliche andere; aber das läßt der gegebene Rahmen nicht zu. Schließlich könnte noch nach dem theologiegeschichtlichen Hintergrund auf katholischer Seite gefragt werden, den wir bewußt ausgeklammert haben, weil er für Kants Religionsphilosophie nur eine geringe Rolle spielt. Auch hier gab es Reaktionen und Gegenreaktionen auf die naturalistischen und rationalistischen Tendenzen der Aufklärung, aber die Wellen schlugen nicht so hoch. Den Tenor gibt eine Mainzer Dissertation wieder mit dem Titel: «De abusu rationis respectu mysteriorum religionis christianae» von Mathaeus Franciscus Gentil aus dem Jahre 1785. Dort steht unter den zu verteidigenden Thesen unter § V: «4. Nec sufficit, salva modo Religione naturali, qualemcunque admittere revelationem. C. Deistas. 5. Nec admissa etiam Religione christiana satis est admittere existere Deum, et Christum fuisse Messiam. C. Loke.»[251]

243 Herrn Alexander Pope Esq. *sämmtliche Werke*. Mit Wilh. Warburtons Commentar und Anmerkungen aus dessen neuester und bester Ausgabe übersetzt, Dritter Band [- 1761], 91.

244 Des berühmten Herrn D. Schwifts *Mährgen Von der Tonne, Zum allgemeinen Nutzen des menschlichen Geschlechts abgefasset, Nebst einem vollständigen Begriffe einer allgemeinen Gelehrsamkeit*, Aus dem Englischen ins Teutsche übersetzet. 1. Theil, Altona: Auf Kosten guter Freunde 1729, 69, vgl. dazu AA 20/181.

245 *Anderer Theil des Mährgens von der Tonne, So Zum allgemeinen Nutzen des menschlichen Geschlechts abgefasset worden*, Von Einem gewissen elenden Scribenten, Insgemein genant Der Autor des Ersten. Aus dem Englischen ins Teutsche übersetzet, Altona: Auf Kosten guter Freunde 1729, 108.

246 Zu finden in: Albrecht von Haller, *Die Alpen* (8963/64), Stuttgart: Reclam 1974, ab 23 und ab 39. Vgl. dazu Borowski (siehe Anm. 1) 78: «Unter den deutschen Dichtern befriedigte ihn [Kant] Haller vorzüglich; er wußte ihn größtentheils auswendig.»

247 Uebersetzet und durchgehends mit Anmerckungen über die Kunst des Poeten begleitet von Johann Jacob Bodmer. Zürich: Orell u. Comp. u. Leipzig: Gleditsch 1742, vgl. XVI 106 (R 1765). Borowski (siehe Anm. 1) 78: «Das verlorne Paradies [...] hielt er [Kant] für wahre, ganz eigentliche Poesie und setzte dabei unsern Klopstock weit unter Milton.»

248 Kant hat sehr wahrscheinlich die Ausgabe Hamburg u. Leipzig 1765 benutzt; vgl. dazu Winter 1976 (siehe Anm. 15) 22 f., Anm. 137.

249 »Der Leser lasse sich benachrichtigen, daß durchweg alle Scenen unsers Gedichtes ihr historisches Fundament haben, und daß sich alles auf Engeland, auf den traurigsten Auftritt der Rebellion wider Carl, den Ersten, dem Heucheley, Schwärmerey, Hunderey, zuletzt den Kopf für die Füße geleget, da der verschmizteste Heuchler und Schwärmer in Einer Person, Cromwell, die Königlichen Rechte gewaltsam an sich gerissen hatte.» (Vorrede a.a.O. V).

250 Träume II 348; Vgl. auch Anthr. VII 222, 235; XVI 281,3 (R 2238).

251 *Dissertatio theologica de abusu rationis respectu mysteriorum religionis christianae*. Quam cum positionibus selectis ex universa Theologia ad majorem Dei gloriam in alma electorali semperque catholica Universitate Moguntina pro suprema Doctoratus theologici Laurea publico examini submittit

In einer kleinen polemischen Schrift von 1787, in der durchaus auch massive selbstkritische Stimmen zu Worte kommen, heißt es über die Katholiken: «Deswegen suchen sie mit aller Welt in Friede und Einigkeit zu leben; sie dringen sich Niemanden mit ihrem orthodoxen Dogma auf, und wenn die Rede etwa nothwendig daran kommt, so eilen sie wie über glühende Kohlen darüber hin, denn sie wollen der gehässigen Mühe enthoben sein, ihres Glaubensbekenntnisses wegen Jemand der Unwissenheit und des Irrthums beschuldigen zu müssen. — Solche Gesinnungen erzeugen die uneingeschränkteste Toleranz; es versteht sich, Toleranz gegen Meinungen.»[252]

Vor diesen leider nur in sehr bescheidener Auswahl skizzierten theologiegeschichtlichen und literarischen Hintergründen gelingt es vielleicht eher, der religionsphilosophischen Position Kants ihre positiven Seiten abzugewinnen. Einerseits wollte Kant als Philosoph und nur als Philosoph über Religion nachdenken, andererseits wollte er, der Grenzen der Reichweite der Vernunft bewußt, der Offenbarung ihren eigenen unverfügbaren und unersetzlichen Raum in der Geschichte zurückgeben. Abgesehen davon, daß sein Bestreben, reinere Begriffe für die Theologie bereitzustellen, auch heute noch nützlich sein kann[253], hat er eine dezidiert philosophische Apologetik des Christentums (eine «philosophische Theologie» — Rel., VI 9,7) innerhalb des inneren der konzentrischen Kreise vorzulegen versucht, die ihren eigenen Wert hat und nicht aus theologischer Sicht des Minimalismus oder Rationalismus geziehen werden sollte. «Denn die Wissenschaften gewinnen lediglich durch die Absonderung, sofern jede vorerst für sich ein Ganzes ausmacht, und nur dann allererst mit ihnen der Versuch angestellt wird, sie in Vereinigung zu betrachten.» (Rel. VI 10,27-30). Nur so kann der Dialog zwischen den Wissenschaften wirklich fruchtbar sein, wenn vorher möglichst wenig Anleihen herüber und hinüber stattgefunden haben. Obwohl die Moral für Kant das Fundament der Religion ist, hält er es für «unmöglich, daß ein Mensch ohne Religion seines Lebens froh werde» (XIX 649,19-20, R 8106); aber Religion als «(subjektiv betrachtet) das Erkenntnis aller unserer Pflichten als göttlicher Gebote» (z.B. Rel., VI 153,28-29)[254] bedarf der «Ergänzung» des eigenen Unvermögens[255] , die nur von jener Realität her zu erwarten ist, die der praktische Vernunftgebrauch gegen die Alternative eines «absurdum practicum» oder «morale» mit Gewißheit postulieren muß (z.B. XVIII 193,18-28, R 5477)[256] und von der die Offenbarung Kunde gibt. Darauf stützt sich die «Hoffnung der Zukunft», zu der sich Kant bekennt (Träume,

Mathaeus Franciscus Gentil Aschaffenburgensis [...], Moguntiae: Alef, Haered. Haefner 1785, [39].

252 *Achtzehn Paragraphen über Katholizismus, Protestantismus, Jesuitismus, geheime Orden und moderne Aufklärung in Deutschland.* Eine Denkschrift an deutsche Regenten und das deutsche Publikum, In Deutschland 1787, 77.

253 Vgl. dazu Alois Winter, *Transzendentale Theologie der Erkenntnis. Ansätze zur theologischen Rezeption der Kantschen Vernunftkritik*, in: Alois Halder, Klaus Kienzler, Joseph Möller, (Hrsg.): *Auf der Suche nach dem verborgenen Gott. Zur theologischen Relevanz neuzeitlichen Denkens*, Düsseldorf 1987, 68-96.

254 Vgl. auch: XIX 646,21-22 (R 8104), 650,19-20 (R 8110) u.a..

255 Vgl. Rel. VI 52, 120, 139, 141, 171, 174, 178, 183, 196; SF VII 9, 43, 44, 47; XIX 120,28-31 (R 6634), 174,30-175,2 u. 175,24-25 (R 6832 u. 6836), 187,28-30 (R 6872).

256 Vgl. dazu auch Alois Winter, *Der Gotteserweis aus praktischer Vernunft. Das Argument Kants und seine Tragfähigkeit vor dem Hintergrund der Vernunftkritik*, in: Klaus Kremer, (Hrsg.): *Um Möglichkeit oder Unmöglichkeit natürlicher Gotteserkenntnis heute*, Leiden 1985, 109-178, hier: 168 f.

II 349,34) und die ihn veranlaßte, sich privat zu notieren: «Daher bete ich und arbeite.» (XIX 626,19).

François Marty

DIE FRAGE DER RELIGION ALS PROBIERSTEIN EINES KRITISCHEN DENKENS

Ziel dieses Beitrags ist es, eine Problemstellung für die Frage der Religion bei Kant vorzuschlagen. Ich möchte sie in einer Art vorausgehender Zusammenfassung so vortragen: das Kantische Denken darf als ein kritisches Denken dargestellt werden, das heißt als ein Denken dessen Hauptabsicht in der Bestimmung der Grenzen der Vernunft, in ihrer doppelten Bedeutung, als Begrenzung und Aufgabe, besteht; die Religion ist der Probierstein, an dem der Erfolg dieses Unternehmens zu messen ist: So lange die Haltung gegenüber der Religion nicht geklärt ist, kann die Stellung des Menschen als eines vernünftigen und begrenzten Wesens (eine andere Art, um den kritischen Vorsatz vorzutragen) noch nicht in ihrem richtigen Licht erscheinen.

Ich möchte zuerst kurz beschreiben, wie die Frage der Religion im Werke Kants gestellt wird. Die weiteren Reflexionen betreffen eine einzige Frage: Welcher Zugang zum Unbedingten wird dadurch eröffnet?

1. Die Frage in den Werken Kants und der Hauptbegriff der Religion

Ich möchte zuerst eine kurze Beschreibung der Stellen geben, an denen die Frage der Religion in den von Kant selbst veröffentlichten Werken vorkommt. (Am Ende werde ich etwas über den Nachlaß sagen.) Man darf den ausdrücklichen Gebrauch des Wortes «Religion» als Leitfaden nehmen, als Ausgangspunkt, um den breiteren Zusammenhang der Frage zu entdecken. In einem zweiten Schritt wird es möglich sein, die Kantische Hauptdefinition der Religion vorzutragen. Diese Definition entsteht zu einem bestimmten Zeitpunkt der Entwicklung des Kantischen Denkens, so daß sie als Leitfaden benützt werden darf, um die verschiedenen Phasen des Denkens Kants über die Religion zu untersuchen.

1.1 Der Gebrauch des Wortes «Religion» im Werke Kants

Die bloße Häufigkeit des Gebrauchs eines Wortes reicht nicht aus, um eine genügende Grundlage der Interpretation zu bieten. Dennoch kann man unmöglich solche Informationen vernachlässigen, besonders wenn man über vollständige Daten verfügt und wenn diese Daten einen häufigeren Gebrauch in bestimmten Werken feststellen lassen. Ich beschränke mich auf eine Skizze dieser ersten Daten.

Von 1747 an, dem Jahr, in dem Kant sein erstes Werk veröffentlicht[1], bis 1781, dem Erscheinungsjahr der ersten Ausgabe der *Kritik der reinen Vernunft*, also in der vorkritischen Zeit, kommt das Wort «Religion» keine dreißigmal vor[2].

In den drei *Kritiken* selbst bleibt die Häufigkeit des Wortes begrenzt. Gäbe es nur die erste *Kritik*, könnte man von diesem einzigen Gesichtspunkt aus von einem nur zufälligen Gebrauch sprechen. Wichtig ist dennoch die zunehmende Häufigkeit des Wortes von der ersten bis zur dritten *Kritik*, in welcher die Häufigkeit gegenüber der ersten *Kritik* mehr als das Doppelte beträgt. Bereits in der *Kritik der ästhetischen Urteilskraft* ist ein häufiger Gebrauch zu bemerken[3].

Es versteht sich von selbst, daß der häufigste Gebrauch des Wortes in den beiden Werken zu finden ist, deren Hauptfrage entweder die der Religion oder eine mit der Religion untrennbar verbundene Frage ist. Das erste Werk ist die *Religion innerhalb der Grenzen der bloßen Vernunft* (1793)[4], das andere ist der *Streit der Fakultäten* (1798)[5], in dem die von der Regierung abhängige theologische Fakultät eine wichtige Rolle spielt.

Bemerkenswerter ist, daß der dritthäufigste Gebrauch des Wortes in der *Physischen Geographie* zu finden ist[6].

1.2 Unsere Pflichten als Gottesgebote der Religion(en)

Es gibt eine «Kantische Definition» der Religion, nämlich die Erkenntnis aller unserer Pflichten als Gottesgebote. Die unmittelbare Folge ist eine moralische Ausdeutung der Religion, wobei die Gefahr besteht, das Eigentliche der Religion preiszugeben. Diese Definition stimmt überein mit der üblichen Interpretation der Kantischen Lehre über die Religion.

Die lexikographische Erforschung ermöglicht es jedoch, das erste Vorkommen dieser Definition festzustellen: sie findet sich erst in der zweiten *Kritik*[7]. Von diesem Moment ab bleibt Kant dieser Definition treu, wobei die Häufigkeit des Wortes zunimmt.

Merkwürdigerweise aber wird diese moralische Interpretation der Religion in der vorkritischen Periode kaum vorgetragen. Die wenigen Erwähnungen der Religion betrachten sie hauptsächlich als spekulative Frage: als ein Hindernis, das nur von einem an der Gottesexistenz interessierten Denken als solches empfunden wird. Es betrifft die wissenschaftliche Forschung, nämlich die Frage nach dem Ursprung des Weltalls. Eine der größten Herausforderungen der *Allgemeinen Naturgeschichte und Theorie des Himmels* (1755) besteht in der möglichen Vereinbarkeit der mechanischen Erklärung der allmählichen Bildung der Welt unter Mitwirkung der Gravitation und der Notwendigkeit eines weisen Urhebers. Kant meint, eine aus sich selbst entwickelnde Welt sei vollkommener

[1] Schätzung der lebendigen Kräfte.

[2] 26mal; Akad.-Ausg. Bd.I: 10mal; Bd.II: 16mal.

[3] KrV (B): 11mal; KpV: 6mal; KU: 21mal.

[4] Rel.: 173mal.

[5] Der Streit der Fakultäten, 84.

[6] Physische Geographie: 41mal.

[7] KpV, V 129,18-19.

als eine ein für allemal fertige Welt, so daß jene mehr als diese einen weisen Welturheber erfordere[8]. Einige Jahre später taucht diese Lehre in der wichtigen Abhandlung *Der einzige Beweisgrund* wieder auf[9]. In diesem Werk beginnt die Problematik des Verhältnisses zwischen echter Religion und Moral spürbar zu werden, indem die Heuchelei als die größte Gefahr für die Religion hervortritt[10]. Ein relativ häufiger Gebrauch des Wortes Religion in der vorkritischen Zeit bezeugt das Interesse Kants an die Mannigfaltigkeit der Religionen. Er kommt in der Ankündigung eines Kollegs über Geographie[11] und in einer anthropologisch orientierten Untersuchung vor, den *Beobachtungen über das Schöne und das Erhabene*[12].

Ausdrücklich kommt die Verbindung zwischen Moral und Religion in der *Kritik der reinen Vernunft*[13] zur Sprache. Das reicht aber noch nicht, um die «Kantische Definition» hervorzubringen. Dennoch darf man von einem ersten Schritt sprechen. Die Hauptfrage ist die Frage der Moral, insofern sie der Ort ist, wo man dem Problem der Freiheit begegnet. Die Religion erscheint hier als Nebenfrage. In diesem Fall bietet der bekannte Einfluß der pietistischen Erziehung Kants eine genügende Erklärung für die Rolle der Religion.

Dagegen wird ein zweiter und entscheidender, oft übersehener Schritt mit einem erneuerten Begriff der Moral vollzogen. Der Grundsatz der Sittlichkeit ist der kategorische Imperativ, der nun als Faktum der Vernunft anerkannt ist. Die Methodologie der ersten Kritik betrachtete die freie menschliche Handlung als eine unter den vielen nach den Grundsätzen der Kausalität hervorgebrachten Wirkungen, die die Natur ausmachen[14]. Freilich handelte es sich um eine ganz besondere Kausalität, die einer praktischen Freiheit, und deshalb um eine besondere Wirkung. Der neue Schritt besteht darin, die Einzigartigkeit dieser Kausalität als einer die Fülle der Vernunft ankündigenden Ursache anzuerkennen, ohne jedoch etwas von der Zugehörigkeit der menschlichen Handlungen zur sinnlichen Welt preiszugeben[15].

Die Frage der Religion taucht auf, indem die aus dem kategorischen Imperativ entstandene Pflicht als Gottesgebot erkannt werden muß, damit ihr absoluter Wert gedacht und hervorgebracht werden kann. Daher kommt der Religion hier eine neue Gestalt zu. Sie wird zur Religion der Vernunft, da sie sich das Faktum der Vernunft einverleibt.

Sie bleibt dennoch Religion, das heißt eine der sinnlichen Welt angehörende Veranstaltung. Die Religion der Vernunft betrifft den in der Geschichte wirkenden Menschen, der das absolute Gebot der reinen praktischen Vernunft zur Maxime seiner Handlung machen soll. Die Maxime ist das Prinzip der Entscheidung, die die konkrete Situation des

[8] Allgemeine Naturgeschichte, I 221f.

[9] Der einzige Beweisgrund, II 148,3.

[10] Der einzige Beweisgrund, II 224,5.

[11] Ankündigung, II 3,17.

[12] Das Wort wird 10mal gebraucht für die Eigenschaften, die verschiedene Völker kennzeichnen.

[13] Z.B. B 395.

[14] KrV, A 803, B 831.

[15] KpV, V 31.

Handelnden in Betracht zieht[16]. Die Religion der Vernunft kann also unmöglich dieser wirklichen Welt fremd bleiben.

Gäbe es eine von den sinnlichen Besonderheiten ganz abgetrennte Religion der Vernunft, wäre das Problem der Religion hinfällig und jede weitere Forschung über dieses Thema wäre gegenstandslos. Da Sinnlichkeit Mannigfaltigkeit heißt, darf man sofort hinzufügen, daß die Frage nach der Religion die Frage nach den Religionen ist.

Hier erhält der dritthäufigste Gebrauch des Wortes Religion, nämlich der in der *Physischen Geographie* seine volle Bedeutung. Wie oben bereits bemerkt, zeigt sich ein solches Interesse sehr früh in Kants Lehre und Forschung. Die von Kant selbst gewünschte Veröffentlichung seiner Vorlesungen beweist, daß dieses Interesse den langen Weg seines Denkens begleitet hat. Die Religion gehört zu den verschiedenen Sitten und Lebensarten, die das Interesse dieser nicht nur physischen, sondern auch menschlichen Geographie erwecken. Die Aufmerksamkeit Kants gilt insbesondere der religiösen Haltung in China[17] und benachbarten Ländern[18], der Ausbreitung der mohammedanischen Religion[19] und des christlichen Glaubens[20], und schließlich auch dem Fetischismus[21].

Noch wichtiger ist, daß ein solches stetiges Interesse bestätigt, daß die Frage der Religion immer zur Geschichte gehört. Es gibt keinen Grund, im voraus irgendeinen Widerspruch zu sehen zwischen diesem Interesse und dem an einer «Religion der Vernunft». Der Ansatz dieser Überlegungen ist die Frage, welches Vorhandensein des Unbedingten in unserer Geschichte die Religion andeuten kann.

2. Die Tragweite des Gesetzes: Herausforderung für die Freiheit

Der entscheidende Schritt, bei dem der «Kantische» Religionsbegriff auftaucht, wird in der Dialektik der *Kritik der praktischen Vernunft* vollzogen, nämlich bei der Exposition des Postulates der Existenz Gottes. Es ist ratsam, an diesem Punkt anzufangen[22], mit der Frage nach der Tragweite des moralischen Gesetzes: Es handelt sich nicht nur um eine gebotene Handlung, sondern auch um eine in der Logik dieses Gesetzes der Vernunft enthaltene Weltumwandlung. Daraus folgt eine Einsicht in die (wenn man so sagen darf) innere Beschaffenheit des Gesetzes, nämlich in seine Heiligkeit, die eine Beziehung zur Religion hat.

[16] KpV, V 19,7-12.

[17] Physische Geographie, IX 381,26-27.

[18] Vgl. Physische Geographie, IX 405, 13 (der "Dalai-Lama).

[19] Vgl. Physische Geographie, IX 395,31; 399,20.

[20] Vgl. Physische Geographie, IX 412,11.

[21] Vgl. Physische Geographie, IX 415,19.

[22] KpV, V 129,18-22.

2.1. Eine andere Welt schaffen

Als erster Grundsatz der reinen praktischen Vernunft ermöglicht der kategorische Imperativ eine Bestimmung unseres Willens, die unsere durch die sinnliche Besonderheit geprägte Handlung zur Allgemeinheit der Vernunft führt. Es gibt also in dieser zufälligen Welt ein durchaus vernünftiges Verfahrensprinzip, das eine Vernunft in der Fülle ihres Vermögens ankündigt. Eine solche Gegenwart wirkt als eine Art Keim, der eine Umwandlung dieser sinnlichen Welt erfordert. Die Sinnenwelt ist, wie Kant ausdrücklich sagt, dazu berufen, die Form «eines Ganzen vernünftiger Wesen» zu empfangen. Es ist erlaubt, eine solche Bestimmung als das «höchste Gut» zu kennzeichen[23].

Das Gesetz aber entbehrt das diesem Ziel angemessene Vermögen. Nun erfordert ein solches Vermögen nicht nur die Allmacht über diese Welt, sondern auch die moralische Gesinnung, da die auf Erfüllung wartende Vernunft erst in der moralischen Berufung des Menschen zum Licht kommt. Eine solche Verbindung kennzeichnet das Wesen, das alle Traditionen der Menschheit Gott nennen. Ein solcher Gott ist als Person gedacht. Dieser Begriff entspricht zumindest einem Verlangen vieler Religionen.

Daraus entsteht die «Kantische» Definition der Religion, «die Erkenntnis aller Pflichten als göttlicher Gebote». Die Verpflichtungen dürfen also nicht als «Sanktionen», d.h. «willkürliche, für sich selbst zufällige Verordnungen» interpretiert werden. Die göttlichen Gebote müssen für «wesentliche Gesetze jeden freien Willens» gehalten werden[24].

Das Schaffen einer neuen Welt ist eine wirkliche Möglichkeit, die an der Wirklichkeit des Sittengesetzes teilhat. Der durch die Problemstellung des «Faktums der Vernunft» erlaubte neue Schritt tritt ins volle Licht, wenn man den so erreichten Schluß mit dem der Auflösung der dritten Antinomie, der Antinomie der Freiheit, in der ersten *Kritik* vergleicht. Erstaunlicherweise behauptete Kant, daß diese Auflösung nicht nur auf keine Wirklichkeit der Freiheit, sondern auf keine Möglichkeit derselben schließen lasse[25]. Jedoch bedeutete die Auflösung der Antinomie die Aufhebung des Widerspruchs zwischen Freiheit und Notwendigkeit, so daß die Möglichkeit entstand, sie zusammen zu denken. Eine solche Möglichkeit aber, die nur das Denken betraf, hieß freilich ein «posse», ein posse aber, das auf kein esse schließen ließ[26]. In der zweiten *Kritik* indessen wird «die Realität [des Begriffes der Freiheit] durch ein apodiktisches Gesetz der praktischen Vernunft bewiesen»[27], so daß andere mit dem Begriff der Freiheit verbundene Begriffe «Bestand und objektive Realität bekommen» können. Und Kant erklärt ausdrücklich: «die Möglichkeit derselben wird dadurch bewiesen, daß die Freiheit wirklich ist»[28].

[23] KpV, V 43,30-34.

[24] KpV, V 129,19-21.

[25] KrV, A 557f.; B 585f.

[26] Vgl. KrV, A 538/B 566: "Möglichkeit der Kausalität durch Freiheit in Vereinigung mit dem allgemeinen Gesetze der Naturnotwendigkeit".

[27] KpV, V 3,24f.

[28] KpV, V 4,4-7.

2.2. Die Heiligkeit des Gesetzes: Geheimnis unserer Freiheit

Die Verwirklichung einer neuen Welt bleibt jedoch auf der Stufe der Hoffnung, die die dritte der drei Grundfragen der Philosophie in der Methodologie der ersten *Kritik* bildete und die zunächst der Erreichung des höchsten Gutes galt[29]. Es gibt also eine gewisse Verspätung, deren Grund bis in die innere Beschaffenheit des moralischen Gesetzes hineinführt. Es handelt sich um die Heiligkeit des Gesetzes, welcher die menschliche Handlung nie ganz gewachsen sein kann. Man kann ahnen, daß hier die Religion eine Rolle spielen kann. Man würde jedoch die Kantische Absicht verfehlen, wenn man die Freiheit als die dabei wirkende Hauptfrage nicht anerkennt.

Das Fehlen jeder Erwähnung der Religion in der *Analytik* der *Kritik der praktischen Vernunft* ist bemerkenswert. Dennoch erscheint die Gottesfrage an einem entscheidenden Punkt, nämlich da, wo es sich um die Verwirklichung der Freiheit handelt. Die Freiheit unter dem moralischen Gesetz bringt den Wert des Menschen hervor. Hier entsteht die Frage, ob die Freiheit die Möglichkeit hat, eine menschliche Existenz als ganze zu kennzeichnen. Eine solche Existenz müßte die Freiheit erscheinen lassen, indem sie durch eine freie Entscheidung verantwortet wird und dadurch einen einheitlichen Sinn (Kant spricht von einem «Charakter») erhält. «Denn das Sinnenleben hat in Ansehung des intelligiblen Bewußtseins seines Daseins (der Freiheit) absolute Einheit eines Phänomens[30]».

Ein Sinnenleben widerspricht jedoch dem Anspruch auf eine absolute Einheit. Als zeitliches Leben ist es auf die durch die raum-zeitliche Situation entstandenen Neigungen angewiesen. Seine Regel ist der Fortschritt, nicht die Erfüllung. Dieser Widerspruch aber trifft die Freiheit selbst, die zum leeren Begriff wird. Denn die durch den Begriff bezeichnete Sache kann nicht zur Wirklichkeit gelangen. Das moralische Gesetz, als Gesetz der Freiheit, erhebt den Menschen auf die Ebene des Unbedingten. Die Verwirklichung dieser Berufung wird in diesem Falle unmöglich, da eine ins Unendliche verlegte Verwirklichung ein Unding ist. Die Forderung eines Gesetzes der Vernunft wird also unvernünftig.

Der Ausweg aus diesem Widerspruch wird durch eine der kurzen Erwähnungen des theologischen Untergrunds der *Analytik* der zweiten *Kritik* eingeleitet. An einer bemerkenswerten Stelle gibt Kant die mechanische Erklärung der gesamten menschlichen Existenz zu. Diese Existenz kann jedoch als die einzige Erscheinung der Freiheit gelten. Denn der Blick Gottes auf diese weltlich nie erfüllte Existenz kann sie als vollendet sehen. In Ermangelung einer solchen göttlichen Einsicht erlaubt uns das moralische Gesetz, die freie Entscheidung als Vollendung zu betrachten[31].

Die *Analytik* spricht nicht ausdrücklich von der Religion. Doch ist das hier angewandte Denkmodell die lutherische Rechtfertigungslehre (»justificatio forensica»). Dasselbe Verfahren kennzeichnet das erste Postulat, das die Unsterblichkeit der Seele erfordert. Das Argument betrifft die erste Eigenschaft des höchsten Gutes, das «supremum», «oberstes» sein muß. Diese Eigenschaft besteht in der vollen Erreichung der Tugend, die «Heiligkeit» bedeutet. Die andere das höchste Gut ausmachende Eigenschaft, «consummatum», «das

29 KrV, A 805/B 833.

30 KpV, V 99,6-8. "Charakter" kommt hier mit der in KrV, A 539/B 567 erarbeiteten Bedeutung vor.

31 KpV, V 99,19-30.

Vollendete», verlangt die volle Glückseligkeit. Da der Mensch in seiner zeitlichen Existenz nie Endgültiges erreichen kann, muß diese Existenz ins Unendliche dauern können, damit auch nach dem Tod ein unendlicher Fortschritt auf die Tugend hin möglich ist. Da aber ein sich ins Unendliche fortsetzendes Ziel keine Vollendung anbieten kann, würde das höchste Gut in einem ihm wesentlichen Aspekt ein leerer Begriff. Deshalb beruft sich Kant in einer Fußnote auf ein für Gott als Besitz geltendes Unerreichbares[32]. — Nun ist der Glaube an die Unsterblichkeit ein wesentlicher Teil vieler Religionen. Das erste Postulat verlangte also schon eine ausdrückliche Behandlung der Frage der Religion in der *Dialektik* der *Kritik der praktischen Vernunft*, wobei die «Kantische Definition» der Religion zum ersten Mal hervortritt.

3. Gesetz und Persönlichkeit

An der Stelle, wo sich die Definition der Religion zum ersten Mal findet, unterstreicht Kant, daß die Gottesgebote keineswegs als Sanktionen betrachtet werden dürfen, weil in diesem Fall diese Gebote einem fremden Willen entspringen würden. Sie könnten also nicht mehr Gesetz der Freiheit sein, da ein solches Gesetz aus dem eigenen freien Willen hervorgehen muß[33]. Es muß ein Gesetz der Autonomie sein. Nun gibt es einen anderen Namen für «Autonomie», der diesen Begriff näher beleuchtet, den der «Person». Die Entwicklung dieses Begriffs berührt sich notwendiger Weise mit dem Begriff der Religion.

3.1. Gesetz, Gott, Person

Ausgangspunkt ist wieder die *Kritik der praktischen Vernunft*, und zwar der Höhepunkt der *Analytik*, wo Kant die durch das moralische Gesetz erweckte Achtung als Achtung für die Person erklärt[34]. Die Achtung ist der Stempel der Erfüllung des Gesetzes. Denn als Gefühl gehört sie der Sinnlichkeit und damit der sinnlichen Handlung an. Als Wirkung des Gesetzes ist sie also die gelungene Verbindung zwischen Allgemeinheit und Besonderheit.

Die Achtung betrifft die Person, insofern sie das Gesetz in seiner Reinheit «durch ein Beispiel anschaulich macht»[35]. Das Gesetz ist also zuerst in einer anderen menschlichen Person zu betrachten. Der Grund kann nicht bei dem Inhalt des Gesetzes gesucht werden, da ich ihn in meinem eigenen Gewissen besser finden kann. Der Grund ist auch nicht die Gefahr, die ich laufe, seine Anforderung an mich herabzusetzen. Die Frage betrifft die Tunlichkeit des Gesetzes. Würde das Gebot unerfüllbar, so würde das Gesetz zum leeren Begriff werden. Nun kenne ich in mir auf Grund eigener bitterer Erfahrung die Distanz zwischen Gebot und Erfüllung. Da ich aber nie über den anderen urteilen darf, wird es möglich, über alle scheinbaren Unlauterkeiten hinaus den anderen für einen Mitmenschen

[32] KpV, V 123,34.
[33] KpV, V 129,18-19.
[34] KpV, V 76,24— 7,18.
[35] KpV, V 77,11-12.

zu halten, in dem das Gesetz seine das Gute schaffende Kraft ausüben kann[36]. Durch ihn wird das Gesetz mit seinen Verheißungen zur Wirklichkeit unserer Geschichte.

Eine erste Folgerung besteht darin, daß der Gott, dessen Gebote mit all unseren Pflichten übereinstimmen, Person ist. Dieses Thema entspricht einer Hauptrichtung der Theologie der *Kritik der reinen Vernunft*. Die drei einzig möglichen Gottesbeweise bildeten zwei Gruppen. Die eine war der Deismus, der den ontologischen und den kosmologischen Beweis umfaßt. Ihre (nie voll berechtigte) Argumentation schließt nämlich auf ein «Ens supremum», das die Fülle des Seins besitzt, so daß es die «ratio sufficiens» für alle begrenzten Wesen darstellt. Die philosophische Tradition nennt ein solches Wesen «Gott», sie zögert aber, ihm die Persönlichkeit zuzugestehen. Bei Kant wird dieses Zögern zur Ablehnung: Das «Ens supremum» ist die «Weltursache»; ihm als solchen kommt Persönlichkeit nicht zu, da diese ein wechselseitiges Verhältnis bedeutet (der mittelalterliche Begriff der Person enthielt nicht direkt ein solches Verhältnis). Dagegen beinhaltet die andere Gruppe, der Theismus, der dem physiko-theologischen Beweis entspricht, die Lehre der Persönlichkeit Gottes. Die (noch immer nicht voll gültige) Argumentation beruht auf der Zweckmäßigkeit, und schließt auf einen «Welturheber», nicht nur auf einen «Gott», sondern auf einen «lebendigen Gott»[37]. Diese Denkweise führt in der dritten *Kritik* zum Begriff eines «Zweckes an sich selbst», der einen absoluten Wert hat und der als Zweck einer Schöpfung gedacht werden kann. Es gibt aber einen einzigen solchen Zweck, das freie Wesen[38]. Das Verhältnis zwischen Gott und diesem freien Wesen heißt Wechselseitigkeit, also Persönlichkeit, zumal diese Reziprozität gar nicht als Gleichheit gedacht zu werden braucht. — Deshalb war der Theismus schon in der ersten Kritik der einzige Weg, der dem Interesse der Moral entsprach[39]. Diese Überlegungen waren also bereits ein erster Schritt zur Verknüpfung von Moral und Theologie.

Dieser Vorzug des «Theismus» erklärt eine wichtige Stelle der *Kritik der praktischen Vernunft*, die die genaue Beschaffenheit des Glaubensbegriffs definiert. Der Glaube ist eine freie Wahl zwischen zwei für die spekulative Vernunft gleichgültigen Sätzen. Der eine erklärt den möglichen Einklang zwischen sinnlicher Welt und Moral durch den Lauf der Natur, der andere durch einen weisen Welturheber (der eine Person ist). Die Wahl besteht darin, daß «ein freies Interesse der reinen praktischen Vernunft für die Annehmung eines weisen Welturhebers entscheidet». Kant gibt keine weitere Erklärung. Des eben vorgetragenen Kontextes wegen darf man dieses Interesse deuten als das Interesse für eine persönliche Beziehung als den einzigen Weg, auf dem das moralische Gesetz erfahren werden kann[40].

[36] KpV, V 77, 5-18.
[37] KrV, A 631-633/B 659-61.
[38] KU § 84, V 435,15-436,2.
[39] Vgl KrV, A 626/B 654; Prolegomena, V 356,21-27.
[40] KpV, V 144,1-146,12.

3.2. Das Scheitern der Persönlichkeit als das radikale Böse

Die *Religionsschrift* bringt eine weitere Entwicklung des Kantischen Religionsbegriffes. Entsprechend der Zielsetzung dieses Beitrags, Kants Denken über die Religion in seiner Entwicklung zu skizzieren, werde ich mich darauf beschränken, das radikale Böse als möglichen Leitfaden für die weitere Bearbeitung des Religionsbegriff darzustellen. Der Einsatz ist die Verwirklichung einer in der Erfahrung des moralischen Gesetzes erwachenden Freiheit. Ort dieser Verwirklichung ist die geschichtliche Welt. Die Betrachtung über die Religion gehört also zur Frage der Verknüpfung zwischen dem Sinnlichen und dem Intelligiblen. Infolgedessen bietet der Schematismus den Ort, wo die Frage der Religion in der Perspektive Kants zu erörtern ist. Es ist also kein Zufall, wenn Kant sich auf den «Schematismus der Analogie» beruft, um etwas Licht in die schwierige Frage der Natur Christi zu bringen. Die alte Lehre der Analogie galt als möglicher Ausweg in der Frage der Gottesvorstellung[41]. Ihre Eingliederung in die Schematismuslehre weist darauf hin, daß die sinnliche Seite in den das Gottesverhältnis betreffenden Fragen (dazu gehört die Religion) nie preisgegeben werden darf.

Um die Handlung des Menschen verstehen zu können, muß man drei Stufen in Betracht ziehen. Die erste ist die Tierheit, die zweite die Menschheit, die dritte die Persönlichkeit. Die Tierheit impliziert kein negatives Vorurteil, sondern bedeutet, daß sich der Mensch, wie alle Lebewesen, um die Lebenserhaltung kümmern muß, sei es die eigene Lebenserhaltung oder die des Geschlechtes oder die der Gruppe. Die Menschheit schließt die Vernunft ein. Sie dient aber zuerst dem konkreten Subjekt der Handlung, dem geschichtlichen Menschen, um die Schätzung anderer Menschen zu erreichen, im Notfall zu erzwingen[42].

Man darf sich über die Erklärung der «Persönlichkeit» wundern, da sie einen ganz anderen Weg einschlägt. Die Person wird nämlich nicht nach ihren Fähigkeiten, die Initiative zu ergreifen, sei es auf der Ebene der theoretischen Reflexion, sei es auf der Ebene der Handlung beurteilt, sondern nach der Empfänglichkeit gegenüber der Achtung als Triebfeder moralischer Handlung. Das ist eine doppelte Bestätigung der Bedeutung, die der Achtung zukommt. Sie ist der Eckstein der Verwirklichung des Menschen als eines freien Wesens. Und die Verknüpfung zwischen Person und Achtung verstärkt sich, da sich alle Achtung auf die Person richtet und von der Person[43] kommt.

Das radikale Böse besteht im Verderben der Anlage für die Persönlichkeit, so daß es schon in seiner Definition ein Verhältnis zur Achtung einschließt. Das ist ein erheblicher Gewinn für eine weitere Deutung des Kantischen Begriffs der Achtung. Die Wurzel des Bösen im Menschen liegt also nicht in seiner tierischen Seite. Sie findet sich nicht nur im bloßen Ehrgeiz seiner Vernunft. Sie betrifft die Erfahrung des moralischen Gesetzes selbst. Die Bösartigkeit des menschlichen Herzen besteht darin, sich selbst zum Prinzip der guten Handlung zu machen. Wie Kant es ausdrücklich betont, kann eine solche Handlung der Materie nach dem Gesetz gemäß sein. Das Gesetz wird aber verkannt, da dieses Gesetz bei einer solchen Selbstgesetzgebung (einer Karikatur der Autonomie) jedes

[41] Rel., VI 64,35-65,42.
[42] Rel., VI 26,4-27,26.
[43] Rel., VI 27,27-28,7.

Verhältnisses zu einem Anderen entbehrt. Die Achtung, als Achtung für eine Person, bringt ein solches Verhältnis mit sich. Sie ist der Ort, wo sich die Haltung des Menschen gegenüber dem Guten und dem Bösen entscheidet.[44].

Das radikale Böse ist das Verderben einer Anlage, die als ursprüngliche Anlage bestehen bleibt, sogar bei demjenigen, der sich für die Bosheit entschieden hat. Sie bedeutet eine ständige Berufung zur Bekehrung. Sowohl das Verderben als auch die Bekehrung gehören vom Anfang an zur menschlichen Geschichte. In der christlichen Tradition heißt dieser Anfang die Erbsünde. Das radikale Böse bei Kant ist eine ausdrückliche Interpretation dieser Tradition, die eine vorzügliche Zielscheibe der Kritik der Religion zur Zeit der Aufklärung war[45]. Was die Kantische Interpretation anbelangt, möchte ich nur bemerken, daß sie keine rationalistische Auslegung des biblischen Textes ist. Der Wendepunkt ist die Geschichtlichkeit der Bestimmung des Menschen. Diese Geschichte ist aber nicht so sehr Wirkung irgendeiner reinen Vernunft, als vielmehr der Kampfplatz der Freiheit. Die Last der Geschichte ist so schwer, daß sie zur «Natur» des Menschen wird[46] (deswegen kann man von einem «Hang zum Bösen in der menschlichen Natur»[47] sprechen). Das ist eine Begrenzung der Vernunft, sogar eine Demütigung; was die Freiheit betrifft, ist sie eine Herausforderung.

Die so angefangene Geschichte wird durch «den Kampf des guten Prinzips mit dem Bösen» (so lautet der Titel des zweiten Teils des Buches) beherrscht. In der christlichen Tradition taucht hier die Frage nach der Gestalt Christi auf. Ich schlage folgenden Leitfaden vor: Das Leben und der Tod Christi bezeugen, daß die Wiederherstellung der guten Anlage als wirklich angebotene Möglichkeit am Werk ist.

3.3. Die Grundlegung des gegenseitigen menschlichen Vertrauens

Der dritte Teil der *Religionsschrift* beginnt mit einer Feststellung, die als Hinweis auf ein zweites radikales Böse bezeichnet werden kann. Es handelt sich um die Ohnmacht des moralischen Gesetzes, wenn es allein an seinem ursprünglichen Ort, im Herzen des Menschen, bleibt. Man darf die Ursache dieser Abschwächung in der zweiten Stufe der ursprünglichen menschlichen Anlage zum Guten, der «Menschheit»[48], suchen. Es handelt sich um die Erwartung der Wertschätzung durch die anderen Menschen. Der richtige Weg, um diese an sich berechtigte Erwartung zu erfüllen, wäre das Vertrauen in die Mitmenschen, die mir nicht verweigern werden, was ein menschenwürdiges Leben erfordert. Da aber die Erfahrung lehrt, wie gebrechlich und unzuverlässig der Mensch ist, scheint es ratsamer, sichere Mittel zu gebrauchen, um den Zugang zur guten Meinung der Mitmenschen zu finden. Die Regel der Handlung ist nicht mehr das moralische Gesetz, sondern diejenige Regel die eine solche — immer äußerliche — Schätzung gewährt[49].

[44] Rel., VI 28,26-32,9.
[45] Rel., VI 39,8-44,11.
[46] Rel., VI 20,35-21,23.
[47] Rel., VI 28,26.
[48] Rel., VI 27,4-26.
[49] Rel., VI 93,14-94,25.

Der Ausweg liegt in einer öffentlichen Anerkennung des moralischen Gesetzes, das als Prinzip der wechselseitigen Wertschätzung gelten kann. Das Problem besteht darin, daß das moralische Gesetz als Gesetz der Freiheit innerlich ist, so daß der äußere Gesetzgeber, der es zum öffentlichen Gesetz erhöbe, unvermeidlich gegen seine Innerlichkeit verstoßen würde. Wäre jedoch ein Gesetzgeber «Herzenskündiger», dann hätte dieses Gesetz die erforderte äußere Dimension, ohne aufzuhören, Gesetz des Herzens, also inneres und freies Gesetz, zu sein. «Herzenskündiger» ist ein Name Gottes in der biblischen Tradition.

Die Menschen, die den Grund ihres Zusammenseins in einer Gesetzgebung finden, machen ein Volk aus. Wenn der Gesetzgeber Gott ist, darf man von einem Volk Gottes sprechen. Der geeignete Name für eine solche Versammlung ist Kirche, und Kant zögert nicht, diese Bezeichnung zu gebrauchen. Diese Menschenversammlung also, in der das Gesetz der Freiheit zum öffentlichen Gesetz wird, ist ein Volk Gottes unter ethischen Gesetzen, d. h. eine Kirche[50].

Da diese Kirche auf einer Forderung des moralischen Gesetzes als des Gesetzes der Freiheit beruht, ist sie eine Form der Religion der Vernunft, die die Allgemeinheit des moralischen Gesetzes widerspiegelt. Weil sie dennoch in der Wirklichkeit unserer Welt zu finden ist, muß sie in den unvollkommenen Formen eines geschichtlichen Volkes Gottes entstehen. Ihre Rechtfertigung besteht im Wachstum der gegenseitigen Achtung für die Person, die ein solches Volk ermöglicht. Ihre Unvollkommenheit impliziert die Mehrzahl der geschichtlichen Religionen[51]. — Die Annahme einer Kirche ist weder eine Nebensache noch eine Konzession an die konservative Empfindlichkeit der Gegner, sondern eine der Logik des Kantischen Denkens entsprechende Forderung. Kant denkt nämlich die Beziehung zwischen unsichtbarer und sichtbarer Kirche als ein Schema[52], d. h. zugleich als Wirkung und als Verwirklichung der Begrenzung des Menschen.

Eine mögliche Deutung der Benennung Gottes als Herzenskündiger betrifft die Vergeltung, d. h. den Lohn und die Strafe. Es fällt auf, daß eine solche Interpretation dem Kantischen Denken ganz fremd ist. Es würde sich um einen unannehmbaren dogmatischen Satz handeln, der zudem in eine Richtung weist, die Kant stets energisch ablehnt. Das Wort muß also von seiner Etymologie her verstanden werden. Dieser Gesetzgeber ist der einzige, der ein Gesetz des Herzens geben kann, d. h. ein Gesetz, das vom Inneren des Menschen ausgeht, ein Gesetz der Autonomie. Das ist meiner Meinung nach die eigentliche Bedeutung der Kantischen Autonomie, die also in keinem Widerspruch steht zu einer «Theonomie». Der Gewinn besteht darin, daß das Herz des Menschen vertrauenswürdig wird, da es mit der Quelle aller Treue in Verbindung steht. Es ist ein und dieselbe Sache, ein Gesetz der Freiheit dem Menschen anzuvertrauen und diesem Menschen zu vertrauen. Das moralische Gesetz als Gottesgebot macht also den Menschen vertrauenswürdig. Das Vertrauen auf die Mitmenschen ist bei Kant ein stilles Gottesbekenntnis.

[50] Rel., VI 98,16-102,28.

[51] Vgl Religion, Ak 6,126,35-127,18.

[52] Rel., VI 131,37.

4. Der verborgene Gott

Ich möchte zum Schluß einige Reflexionen über den Zugang zum Unbedingten vortragen, den diese wachsende Rolle der Religion im kritischen Denken anbieten kann.

4.1. Gott als Gesprächspartner eines Bundes

Das Verständnis Gottes als Quelle der Treue erlaubt es, den oft wiederholten Vorwurf zurückzuweisen: nach dem Kantischen Verständnis der Religion sei Gott ein Mittel für die Verwirklichung des Menschen. Wäre dieser Vorwurf begründet, so müßte man nicht von einem Mißbrauch der Gottesidee sprechen, sondern sich vielmehr über die Schwäche einer solchen Denkart beklagen. Eine so verarmte Gottesidee könnte von keinem Nutzen sein.

Die Berufung auf die Religion bedeutet bei Kant keine Verminderung Gottes, sondern eine Erhebung des Menschen. Das Verhältnis zu Gott begründet das Merkmal einer jeden moralischen Handlung, immer ein Verhältnis zu den Mitmenschen zu enthalten. Das geht, wie oben (S. 58) bereits gesagt wurde, sowohl aus der zweiten Formulierung des kategorischen Imperativs als aus der wesentlichen Verbindung zwischen Achtung und Person hervor. Danach schließt auf die eine oder andere Weise jede freie moralische Handlung einen Partner ein. Eine solche Partnerschaft ist nichts anderes als die Zugehörigkeit zu einem Volk, dessen Band das Gesetz der Freiheit ist, also zu einem «Volk Gottes». Sie beruht auf einem gegenseitigen Vertrauen, das zugleich Ursache und Wirkung eines Bundesschlusses ist. Die Einzigartigkeit dieses Bundes, der das Unbedingte der Freiheit aufs Spiel setzt, verlangt eine Quelle des Vertrauens, die vollen Glauben verdient. Deshalb handelt es sich um ein Volk Gottes.

Jede moralische Handlung beruft sich so auf einen stillen Bund. Das ist meiner Meinung nach der Sinn der so oft von Kant eingeführten Begrenzung der erlaubten Behauptungen eines Unbedingten, hauptsächlich (und möglicher Weise ausschließlich) der Gottesidee: Diese Behauptungen gelten in einer praktischen Hinsicht. Es handelt sich nicht um spekulative Sätze, die an und für sich bestehen und einen Platz in einer syllogistischen Argumentation bekommen könnten. Das kritische Anliegen besteht, wie im «System aller Grundsätze des reinen Verstandes» zu lesen ist[53], in der Begrenzung des berechtigten deduktiven Verfahrens auf die Bedingungen der Erfahrung. Bei den Sätzen, die nur in praktischer Hinsicht gelten, handelt es sich um Gedanken, die freie Handlungen begleiten und nach einem Partner suchen.

Die Gedanken, die zu Sätzen eines syllogistischen Schlusses werden, gehören in den Bereich der Begriffe und verlangen eine eindeutige Bestimmung. Die die freie Entscheidung begleitenden Gedanken, für die eine solche Bestimmung nicht relevant ist, stehen auf der Seite der Analogie, insofern dieses Verfahren seiner traditionellen Bedeutung nach einen Weg zum Übersinnlichen sucht. Man darf sogar sagen, daß sie zur bescheideneren

[53] KrV, A 148/B 187.

Stufe der Analogie, der des Anthropomorphismus gehören. Kant schämt sich nicht, das zu bekennen. An einer wichtigen Stelle der Prolegomena erklärt er, daß diese Anthropomorphismen symbolisch sind, indem sie nur die Sprache betreffen[54]. Diese Begrenzung bedeutet nicht, daß es sich um bloße Worte handelt. Es ist ratsam, diese Stelle durch eine spätere Stelle der dritten Kritik zu beleuchten, die auf die Prolegomena anspielt und Analogie, Symbol und Sprache in Verbindung bringt[55]. Kurz gesagt betrifft der symbolische Anthropomorphismus die Sprache, indem er auf den Bereich hinweist, wo Worte vorkommen können und den gegenseitigen Austausch hervorbringen, worin das Leben einer Sprache besteht. Die Berufung auf die Religion spielt auf das notwendige gegenseitige Vertrauen an, dessen Vorhandensein der Austausch von Worten in der Vielfalt der Sprachen bezeugt. Die religiösen Haltungen verweisen zugleich auf die Demut des Menschen und auf seine Erhabenheit.

Die Sprache der Religionen besteht aus Anthropomorphismen. Die Betrachtung Kants lädt uns zu einer Umkehr ein. Um eine Bemerkung E.Weils zu benützen, die Anwendung menschlicher Namen in der Sprache über Gott bedeutet vielmehr einen Theomorphismus des Menschen[56]. Der verborgene Gott ist derjenige, der in der Gestalt des Menschen anzutreffen ist.

4.2. Die Zeit der Geduld

Diese Würde des nach dem Bild Gottes geschaffenen Menschen weist auf eine Aufgabe hin. Die Freiheit stellt den Menschen auf die Ebene des Unbedingten. Die Herausforderung ist ihre Verwirklichung in dem endlosen Lauf der Zeit. Die Zuverlässigkeit der Verheißungen erhält die Form der langen Geduld. Kant bemerkt, daß die Verschiedenheit der Religionen Anlaß für eine solche Geduld ist. Die Verschiedenheit der Sprachen hat einen ähnlichen Nutzen, da sie eine zu eilige Vereinigung untersagt, die eine Verarmung bedeuten würde[57].

Man darf sagen, daß diese Überlegungen Kants über die Religion die hermeneutische Frage ankündigen. Ich möchte auf zwei Stellen aufmerksam machen, die zu dieser Problemstellung führen. Die erste ist das oben (S. 55) erwähnte Interesse der *Physischen Geographie* an der Verschiedenheit der Religionen. Freilich handelt es sich hier nur um kurze Auskünfte. Aber der Zeitpunkt nähert sich, an dem Schelling die durch Kant eröffnete Erneuerung der Frage des Symbols mit dem Interesse für die Mythen der Welt verknüpfen wird[58].

Die zweite Stelle findet sich in dem Werk Kants, in welchem die Frage nach der Religion zum letzten Mal das Hauptthema ist, im *Streit der Fakultäten*. Während die früheren Werke die Heilige Schrift benutzten, untersucht diese letzte Abhandlung den Gebrauch der Bibel und fragt nach seiner Bedeutung. Der Kontext, die Lehrveranstaltungen der

[54] Prolegomena, IV 357,15-16.

[55] KU § 59, V 352,8-353,12.

[56] E.Weil, Problèmes kantiens, Paris 1963, S.43.

[57] Rel., VI 123,36-40.

[58] Schelling, Philosophie der Kunst, § 39, Schellings Werke, M. Schröter, München 1927, Bd. III, 426ff.

Fakultäten, ist dafür günstig. Hier kommt Kant zu der Behauptung, die Bibel stehe in Beziehung zu jedem menschliche Denken[59]. Der dafür angegebene Grund ist nach Kant freilich ihre Verwandtschaft mit der Religion der Vernunft. Dennoch handelt es sich um die geschichtliche christliche Heilige Schrift, die die theologische Fakultät zum Gegenstand ihrer wissenschaftlichen Forschung macht. Hermeneutisch ist das Verfahren, das einen zuerst nicht auffallenden Sinn durch die sorgfältige Auslegung des Buchstabens eines Textes erscheinen läßt.

* * *

In dieser Skizzierung des Kantischen Gedankens über die Religion habe ich mich auf die von Kant selbst veröffentlichten Werke beschränkt. Im gesamten Nachlaß sind Präzisierungen und Nuancierungen zu finden. Eine tiefgreifende Veränderung gegenüber der Lehre der veröffentlichen Werke wäre verdächtig. Eine besondere Stellung gegenüber dem veröffentlichen Werk kommt jedoch dem *Opus postumum* zu. In einem anderen Zusammenhang habe ich versucht zu erklären, in welchem Sinn das *Opus postumum* als eine Stellungnahme Kants zu den drei Kritiken betrachtet werden kann. Die Frage der Religion kommt in einer beachtenswerten Häufigkeit vor. Das Neue ist die Änderung, die die «Kantische Definition» der Religion in der Theologie selbst hervorbringt. Mehr und mehr wird Gott in Verbindung mit dem kategorischen Imperativ gedacht. Er ist also der Gott, dessen Gebote unsere Pflichten sind, der Gott der Religion.

Die wichtigste Änderung, die daraus folgt, betrifft das System der Gottesbeweise der ersten Kritik. Die «transzendentalen Beweise», die den «Deismus» ausmachten, stellen jetzt einen persönlichen Gott vor, sie stimmen also mit dem «Theismus» überein. Der ontologische Beweis erhält eine Gültigkeit, da er keine bloße Spekulation mehr ist, sondern auf einer Erfahrung, der des kategorischen Imperatives, in seiner Beziehung zur Religion, beruht[60].

Der Gott der Kantischen Philosophie wird also mehr und mehr der Gott, auf den die Anbetung der Religionen hinweist. An diesem Punkt soll es wiederholt werden: Kant bleibt dem kritischen Vorsatz treu. Es gibt keinen spekulativen Beweis der Existenz Gottes; alles, was außerhalb der «Religion der Vernunft» steht, ist bloßer Aberglaube. — Die Vernunft, um die es sich in der Religion handelt ist die praktische Vernunft, die sich im Bewußtsein des kategorischen Imperativs ankündigt. Der einzige «Beweis»[61] ist die Zugehörigkeit des Menschen zu diesem Unbedingten, das die Freiheit bedeutet. Nun ist die Freiheit für Kant undeduzierbar. Sie ist unerforschlich. Sie ist das tiefste Geheimnis. Man dürfte sogar sagen, sie sei das einzige Geheimnis, jedoch unter einer Bedingung: daß nämlich das Geheimnis Gottes nicht ausgeschlossen sei, sondern daß es immer mit dem Geheimnis der Freiheit mitgedacht werde. Die Freiheit ist bei Kant Vernunft. Diese praktische Vernunft bedeutet keine Herrschaft. Dies ist vielmehr eine Eigenschaft der in den Wissenschaften tätigen Vernunft. Um diese Herrschaft zu begrenzen, war es notwendig eine

59 SF, VII 63,18-65,7.

60 Vgl. François Marty, L'Opus postumum kantien, une quatrième Critique ?, Bulletin de la Société française de Philosophie, 82ème année, n°4, Oct-Déc 1988.

61 Vgl. KpV, V 3,24-4,7.

«*Kritik der reinen Vernunft*» zu unternehmen. Die Freiheit ist Geheimnis, weil sie zugleich die Gebrechlichkeit des im Sinnlichen inkarnierten Menschen und die Erhebung seiner Bestimmung bedeutet. Sie verlangt die Geduld, die lernt, das Unsichtbare im Sichtbaren zu entdecken.

Henri d'Aviau de Ternay

KANT UND DIE BIBEL
SPUREN AN DEN GRENZEN

«Vielleicht giebt es keine erhabenere Stelle im Gesetzbuche der Juden als das Gebot: Du sollst dir kein Bildniß machen noch irgendein Gleichniß, weder dessen, was im Himmel noch auf der Erden noch unter der Erden ist usw. Dieses Gebot allein kann den Enthusiasm erklären, den das jüdische Volk in seiner gesitteten Periode für seine Religion fühlte, wenn es sich mit anderen Völkern verglich, oder denjenigen Stolz, den der Mohammedanism einflößt.» (KU, V 274)

Das Thema «Kant und die Bibel» hat wenig Chancen, ernst genommen zu werden. Der Name Kant wird eher mit der Vernunft als mit der Bibel in Verbindung gebracht, und wenn Kant als Aufklärer die Religion behandelt, so handelt es sich um Vernunftreligion, und die Autorität der Vernunft hat an die Stelle der Autorität Bibel zu treten. Mein Interesse an einer Untersuchung des Einflusses der Bibel auf die Kantische Ethik erwachte 1978, als ich eine Dissertation über das Problem der Freiheit in den drei Kritiken beendet hatte. Ich stellte fest, daß die enge Beziehung zwischen Gesetz und Freiheit bei Kant von der Bibel geprägt sein müsse. Meine Untersuchungen in den folgenden vier Jahren bestätigten, daß Kants Denken sich nicht in die herkömmlichen Schemata einzwängen läßt. Zwar nimmt die Vernunftreligion einen zentralen Platz ein, aber die Auseinandersetzung mit der Bibel ist immer latent vorhanden, so daß diese beiden Themenkreise ständig einander beeinflussen. In diesem Sinn ist es möglich, Spuren der Bibel an den Grenzen der Ethik Kants zu identifizieren[1]. Danach habe ich die Frage nach dem Verhältnis von Gesetz und Freiheit in der Ethik wieder aufgenommen und kam zu dem Ergebnis, daß die Kantische Freiheit als ein Imperativ des Exodus anzusehen sei[2].

Aufbauend auf diesen meinen Forschungen möchte ich in diesem Beitrag zeigen, daß sich aufgrund einer moralischen Lektüre der Bibel bei Kant die Tendenz zu einer Vernunftreligion zeigt, welche die Autorität der Bibel keineswegs eliminiert, sondern in der Tiefe wirksam werden läßt, um so unter dem Trieb des Schematismus der Analogie das kritische Denken zu veranlassen, die engen Grenzen einer dogmatischen Formulierung zu übersteigen.

In einem ersten Schritt frage ich, in welchem Sinn Kant ein Mensch der Aufklärung ist, der die Autonomie des kritischen Denkens fordert. Ein zweiter Schritt soll zeigen, daß eine moralische Auslegung der Bibel eine gegenseitige Beeinflussung der biblischen Offenbarung und der kritischen Philosophie nicht ausschließt. In einem letzten Schritt wird die Frage nach dem Status des biblischen Textes gestellt und gezeigt, in welchem Sinn

[1] Vgl. Henri d'Aviau de Ternay, *Traces bibliques dans la loi morale chez Kant*, Vorwort v. François Marty, Paris: Beauchesne 1986. Vgl. ders., Kant et la Bible. Des traces aux frontières, in: Yvon Belaval/Dominique Bourel (Hrsg.), *Le siècle des Lumières et la Bible*, Paris: Beauchesne 1986.

[2] Vgl. meine Arbeit *La liberté kantienne. Un impératif d'exode*, die im April 1992 bei Cerf, Paris, in der Sammlung *La nuit surveillée* erscheinen wird.

Kant den Streit der verschiedenen Fachleute über die Auslegung der Bibel für überwindbar hält.

1. Die Autonomie eines kritischen Denkens angesichts des Geistes der Aufklärung

Kant ist ein Mensch seiner Zeit, die die Fragestellungen der Aufkärung in die Autonomie eines kritischen Denkens aufnimmt. Schon in der Vorrede zur ersten Auflage der *Kritik der reinen Vernunft* erklärt er: «Unser Zeitalter ist das eigentliche Zeitalter der Kritik, der sich alles unterwerfen muß.»[3] Aus der *Beantwortung der Frage: Was ist Aufklärung?* (1784) ergibt sich, daß diese kritische Bewegung direkt auf die Religion zielt. Kant bekennt am Schluß, er habe «den Hauptpunkt der Aufklärung, d.i. des Ausganges der Menschen aus ihrer selbst verschuldeten Unmündigkeit, vorzüglich in *Religionssachen* gesetzt: weil in Ansehung der Künste und Wissenschaften unsere Beherrscher kein Interesse haben, den Vormund über ihre Unterthanen zu spielen» (VIII 41). Angesichts dieser Unterdrückung und dieser Vormundschaft gebietet die Devise der Aufklärung: «*Sapere aude!* Habe Muth, dich deines *eigenen* Verstandes zu bedienen!» (VIII 35) Bei aller Komplexität dieser Epoche, die in England, Deutschland und Frankreich jeweils eigene Kennzeichen aufweist[4], lassen sich drei Punkte festhalten, um die die Religionskritik der damaligen Zeit kreist und denen gegenüber auch Kant Position beziehen muß.

Erstens werden, angefangen mit dem der Erbsünde, die Dogmen in Frage gestellt. Nach Cassirer ist «der Gedanke der Erbsünde [...] der gemeinsame Gegner, in dessen Bekämpfung sich die verschiedenen Grundrichtungen der Aufklärungsphilosophie vereinen».[5] Aber genau in dem Augenblick, wo man es aufgeben will, taucht dieses Dogma in der Gestalt des Theodizeeproblems wieder auf. Denn jetzt ist man genötigt, die Ursache und den Ursprung des Bösen anderswo anzusiedeln und seine Quelle allein mit den Kräften der Vernunft zu erkennen und zu beweisen. Zwischen Optimismus und Skepsis schwankend, fällt es den Philosophen schwer, zu einem Konsens zu gelangen; aber besonders in Deutschland halten alle die Idee eines *peccatum originale*, das sich von Generation zu Generation fortpflanzt, für eine völlige Absurdität, für eine Verletzung der elementarsten Prinzipien der Logik und der Ethik.

Zweitens läßt sich in derselben Richtung, in der sich die Kritik am Erbsündendogma vollzog, eine wachsende Bedeutung der natürlichen Religion im Vergleich zu den positiven oder geoffenbarten Religionen feststellen. Dabei wenden sich jedoch die, welche die Einführung der natürlichen Religion fordern, im allgemeinen nicht gegen den Glauben, sondern gegen den Aberglauben. Um ihn zu vermeiden, halten sie es für erforderlich, die Autonomie der Vernunft anzuerkennen und sich bei allem, was mit Religion zu tun hat,

[3] Und er präzisiert anschließend: «*Religion* durch ihre *Heiligkeit* und *Gesetzgebung* durch ihre *Majestät* wollen sich gemeiniglich derselben entziehen. Aber alsdann erregen sie gerechten Verdacht wider sich und können auf unverstellte Achtung nicht Anspruch machen, die die Vernunft nur demjenigen bewilligt, was ihre freie und öffentliche Prüfung hat aushalten können.» KrV, Vorrede zur ersten Auflage, A XI, Anm.

[4] Yvon Belaval, *Histoire de la philosophie*, Bibliothèque de la Pléiade, t. 2, Paris 1973, 601.

[5] Ernst Cassirer, *Die Philosophie der Aufklärung*, Tübingen 1932, 188.

auf sie zu beziehen. In diesem Zusammenhang bilden die Idee der Offenbarung und die der natürlichen Religion nicht in dem Sinn einen Gegensatz, daß sie beide durch ihren jeweiligen Inhalt voneinander unterschieden wären. Sie unterscheiden sich nicht durch den Inhalt, den sie mitteilen, sondern durch die Art und Weise, wie sie ihn mitteilen.

Drittens bilden sich neue Beziehungen zwischen Religion und Geschichte. Einerseits ist man so besorgt, die ewigen Wahrheiten der Vernunft zu bewahren, daß darüber der geschichtliche Charakter vernachlässigt zu werden droht, was bis zu einer Verkennung der Offenbarung führen kann. Andererseits macht Lessing in der Erkenntnis der Geschichtlichkeit einen beachtlichen Schritt nach vorn, obwohl er zunächst ihr gegenüber denselben Widerstand verspürt. Von einer solchen historischen Wahrheit zu einer ganz anderen Klasse von Wahrheiten zu springen, ist der «garstige breite Graben»[6], den zu überspringen er sich nicht entschließen kann, so oft und so ernsthaft er auch diesen Sprung versucht hat. Es scheint jedoch, daß es ihm in seinem letzten religionsphilosophischen Werk gelungen ist. Er erkennt nun an, daß das Historische nicht im Gegensatz zum Vernünftigen steht. Es sei der Weg seiner Verwirklichung, der eigentliche Ort seiner Erfüllung. Dies gestattet ihm die Feststellung, daß die Religion weder vollständig der Sphäre des Ewigen und Notwendigen noch vollständig der des rein Kontingenten und Zeitlichen angehöre. Sie sei deren Einheit, das Offenbarwerden des Unendlichen im Endlichen, des ewig Vernünftigen im zeitlichen Werden. Damit vollzieht sich eine beachtenswerte Wende, zu der Kant Stellung beziehen muß.

Entsprechend seiner Devise zeigt Kant gegenüber den herrschenden Ideen eine große Freiheit. Auch auf diesem Gebiet hat er in einem solchen Ausmaß den Mut zum Selbstdenken, daß er Abstand zu wahren vermag und dennoch die Gesamtproblematik seiner kritischen Philosophie von den Hauptanfragen der Aufklärung an die Religion prägen lassen kann. Kant bricht mit der Aufklärung jedoch in zwei wesentlichen Punkten. Erstens erkennt er ein radikales Böses im Menschen an, und zweitens ist er der Ansicht, die Begrenztheit des Menschen und seine Endlichkeit mache es ihm unmöglich, in der Beziehung zu Gott, die das moralische Handeln fordert, auf die sinnlichen Ausdrucksweisen zu verzichten.

Immer wieder stellt man mit Überraschung fest, daß Kant nicht von der Wirklichkeit des Religiösen in einem jeden Menschen sprechen kann, ohne sofort ein irrationales Prinzip einzuführen, das eigenartigerweise an der Vernunftordnung teilhat: das radikale Böse. Es veranlaßt ihn, den biblischen Bericht von der Erbsünde neu zu interpretieren. Die Bedeutung, die Kant ihm in der Relgionsschrift einräumt, hängt mindestens unter einer zweifachen Hinsicht mit den sinnlichen Ausdrucksweisen der Gottesbeziehung zusammen, die das moralische Handeln fordert. Die gemeinschaftsbezogene oder soziale Dimension des radikalen Bösen übersetzt sich in die Anerkennung der Notwendigkeit der sichtbaren Kirchen, die einen historischen Faktor darstellen, der im rationalen und eher zeitlosen Kontext des Kantischen Religionsbegriffs überrascht. Aber ist es nicht noch viel überraschender, daß die Sichtbarkeit der Kirche in Zusammenhang gesehen wird mit dem «Statut» der positiv historischen und christlichen Religion? Ebenso ist alles, was die

[6] Gotthold Ephraim Lessing, *Über den Beweis des Geistes und der Kraft*, zit. nach Ernst Cassirer, *Die Philosophie der Aufklärung*, Tübingen 1932, 259.

Versöhnung betrifft, der Ort offener Fragen, die man erstaunlicherweise in einem Denken findet, das im allgemeinen des Rationalismus geziehen wird. Wie läßt sich im Zusammenhang mit einer Neuinterpretation von Paulus eine Annäherung von Augustinismus und Pelagianismus in der Religionsschrift verstehen, wobei Kant auf der Linie des letzteren liegt, weil er meint, der Mensch könne tun, was er tun soll? Welche Menge von Indizien, daß Kants Religionsphilosophie die Offenbarung ernst nimmt, trotz allem, was sie dem Erbe der Aufklärung verdanken mag.

Wenn auch die Offenheit für die Offenbarung sich vor allem an den 'Rändern' (parerga) zeigt, so ist sie doch nicht weniger wirklich. Wie unauffällig die Spuren auch sein mögen, so scheint es doch, daß man der Kantischen Auffassung der Religion einen gegenseitigen Einfluß von Vernunft und Offenbarung zugestehen muß. So bezeichnet er z.B. das Evangelium in einem seiner Briefe als

> «unvergänglichen Leitfaden der wahren Weisheit, mit welchem nicht allein eine ihre Speculation vollendende Vernunft zusammentrift, sondern daher sie auch ein neues Licht in Ansehung dessen bekömmt, was, wenn sie gleich ihr ganzes Feld durchmessen hat, ihr noch immer dunkel bleibt und wovon sie doch Belehrung bedarf.»[7]

Es gibt nicht nur eine mögliche Übereinstimmung zwischen Offenbarung und Vernunft, wenn diese bis zum Ende der Spekulation geht, sondern sie kann dann sogar neues Licht erhalten, um noch weiter zu gehen.

Der wesentliche Punkt des Streites zwischen Vernunft und Offenbarung ist nicht die Schwierigkeit der Vernunft, sich der übernatürlichen Dimension der Offenbarung zu öffnen, denn selbst in den *Kritiken* fordert die Sicht der Freiheit eine Ergänzung, um zu ihrer Vollendung zu gelangen. Das Problem liegt vielmehr vor allem im geschichtlichen Aspekt der Offenbarung. In *Was heißt: Sich im Denken orientieren?* gibt Kant eindeutig zu verstehen, daß dies für ihn die grundlegende Frage bezüglich der Offenbarung ist. «Die gänzliche Unterwerfung der Vernunft unter Facta» führe unvermeidlich zu einer «Sprachverwirrung», denn jeder beginne, seiner eigenen Eingebung zu folgen, während «die Vernunft allein für jedermann gültig gebieten kann» (VIII 145). Kant widersetzt sich nicht den Fakten als solchen, sondern der Gefahr, sie subjektiv auszulegen. Es gibt keine Möglichkeit, das Gebäude der Menschheit zu bauen, wenn sich jeder dem Subjektivismus seiner eigenen Eingebung ausliefert. Die Notwendigkeit einer universalen Sprache drängt sich mit Macht auf, wenn das Ziel der Freiheit, die den Menschen angeht, insofern er Person ist, direkt in Frage steht.

Es ist richtig, daß für einen Menschen, der aus der Aufklärung kommt, die Andersheit der Vernunft, ja ihr Anderswerden Geschichte heißt, und ganz besonders Geschichte in ihrer Kontingenz. Kant selbst bleibt in vieler Hinsicht bei einer negativen Auffassung der Geschichte stehen und neigt oft ein wenig vorschnell zu der Auffassung, die Geschichte habe, was die Erkenntnis angeht, die uns die Offenbarung gebracht hat, nichts Spezifisches zur Religion beizutragen. In diesem Sinn wird die Vernunft dazu gebracht, die menschliche

[7] Brief an Heinrich Jung-Stilling vom März 1789, XXIII, 494. Man könnte auf andere Briefe Kants verweisen, wo sich ebenso klar die notwendige und fruchtbare Gegenseitigkeit zwischen Vernunft und Offenbarung zeigt. Vgl. besonders den Brief an Friedrich Heinrich Jacobi vom 30. August 1789 (XI, 75-77).

Erfahrung für unfähig zu halten, eine Erkenntnis des Göttlichen zu erlangen, die nicht mit der übereinstimmte, die sie im Bereich der Moral erahnt. Hier haben wir es mit einer tatsächlichen Abwertung der Geschichte und der Erfahrung zu tun. Kants Konstruktion bleibt in diesem Fall noch synchronisch und schließt für das Wesentliche die Zeit als entscheidenden Faktor aus, obwohl Kant durchaus nicht ohne Gespür ist für den Fortschritt der Geschichte. Von daher versteht man, warum die Idee einer Offenbarung für ihn vorrangig der Vernunft und nicht der Geschichte zugehört.

Kant findet in den Werken, in denen er eine gewisse Rationalisierung der Geschichte versucht, durchaus die notwendigen Mittel, um diese zu begreifen, aber diese Versuche stoßen sich am kritischen Anspruch, der für jedes Wiederaufleben des Dogmatismus empfindlich macht. Die Geschichte ist nämlich nicht, so sehr man dies auch meinen könnte, das Andere der Kantischen Vernunft. Die kritische Vernunft ist gerade als kritische eine Vernunft in der Geschichte. Dies ist die Lehre der ersten *Kritik*, die auf eine 'Geschichte der reinen Vernunft' hinausläuft. Hier ist die Vernunft insofern historisch, als ihre eigene Äußerung, die Schaffung von Systemen, immer etwas Unvorhersehbarem ausgesetzt ist, dem Historischen, das das System zu mancherlei Umformungen nötigt. Kann uns Kant nicht anregen, das Verhältnis von Vernunft und Offenbarung in dieser Perspektive zu denken? Insofern das Historische unvorhersehbar ist, befinden wir uns auf der Ebene der Andersheit, auf welcher allein die Erwartung einer möglichen Offenbarung ihren Ort haben kann. Wenn Bultmann aus der Offenbarung das plötzliche Hereinbrechen des Wortes macht, so sind die Anklänge an Kant nicht zu überhören.

Über die Rolle, welche das biblische Denken in den *Kritiken* im Zusammenhang der Autonomie spielt, sind zwei Auffassungen möglich. Nach der ersten ist es das, was Kants Denken nach außen verbannt, ohne sich davon vollständig getrennt zu haben. Man betrachtet dann auch die Religionsschrift als eine Gelegenheit, das religiöse Problem an die Peripherie zu verweisen und es auf diese Weise abzutun. Dieses rationalistische Denken trägt dann noch Spuren des biblischen Erbes, aber es spricht davon als von einer Sache, die für es nicht mehr wesentlich ist. Die zweite Auffassung sieht im biblischen Denken eine der verborgenen Quellen für das Denken Kants.

Wer es wagt, die zweite Auffassung vorzuziehen, muß sich der Frage stellen, in welchem Ausmaß man dazu ermächtigt ist, zur unbekannten Wurzel der beiden Stämme der Erkenntnis (vgl. KrV B 29) vorzudringen und in ihr die Dynamik des biblischen Denkens am Werk zu finden. Der Verweis dieser Grundfrage auf die verborgene Kunst des Schematismus verlangt anscheinend, ebensowenig die Einwirkung des biblischen Erbes auf das Denken Kants gewaltsam zu übertreiben, wie sie um jeden Preis zu minimalisieren. Wir werden noch Gelegenheit haben, hierauf genauer zurückzukommen. Es geht in der Diskussion um den Kern der kritischen Philosophie, den Schematismus, der uns der Ort zu sein scheint, wo das Denken Kants mit seinen Grenzen, seinen Schwächen und seinen Verheißungen am Werk ist; ein Denken, das immer auf der Suche ist nach einer Artikulation zwischen dem Intelligiblen und dem Sinnlichen, so wie es das Ziel verlangt, das es in der Welt verwirklichen soll. Handelt es sich nicht um eine der Formen des Triebes der Vernunft, der sie gewissermaßen dazu verpflichtet, sich mit der historischen Dimension der Offenbarung auseinanderzusetzen, die das Andere und nicht das Andere ihrer selbst ist?

2. Von den Grenzen einer moralischen Auslegung zu den Indizien eines wechselseitigen Einflusses zwischen der biblischen Offenbarung und der kritischen Philosophie

Die beiden Weisen, die Gegenwart der Bibel im Werk Kants zu situieren, entsprechen zwei Ebenen der Bibellektüre, die sich berühren. Die erste nimmt die ausgeprägte Form einer moralischen Auslegung an, während die viel behutsamere zweite sich an Spuren orientiert, die eine erstaunliche Begegnung zwischen der Bibel und der Fragestellung Kants enthüllen.

Gehen wir aus von einem Beispiel der moralischen Auslegung, das sehr schön deren Stärke und Grenzen zeigt, nämlich dem der Erbsünde als dem radikalem Bösen in der *Religionsschrift*[8]. Diese Auslegung wird dem Wesentlichen der Schrift gerecht, ohne jedoch zu beanspruchen, einen exegetischen Kommentar zu liefern, der nach Kant außerhalb der Grenzen der bloßen Vernunft liegt. Indem sie die historische Dimension der Offenbarung der moralischen Besserung des Menschen unterordnet, legt sie ein wenig schnell fest, daß der gewonnene Sinn «der einzige ist, nach welchem wir aus einer Schriftstelle für uns etwas zur Besserung ziehen können» (Rel., VI 43 Anm.). Zu diesem Zweck ist es unwichtig zu entscheiden, ob dies wirklich der Sinn war, den der Autor beabsichtigt hatte, oder ob nur wir diesen Sinn hineinlegen. Ebenso gehören die historischen Erkenntnisse, die keine allgemeingültige innere Beziehung auf diesen Zweck haben, zu den Adiaphora, den indifferenten Dingen, die jeder bewerten mag, wie er es zu seiner eigenen Erbauung für gut findet. Abgesehen davon, daß diese Auslegung einem gemeinschaftlichen Lesen und Hören des Wortes Gottes nicht viel Platz einräumt, wird sie schnell einen Streit zwischen der theologischen und der philosophischen Fakultät entfachen, auf den wir im dritten Teil unserer Ausführungen zurückkommen werden.

Wir wollen jetzt die Hinweise auf eine andere Lektüre der Bibel betrachten, die zeigen, daß Kants Bemühungen nicht einmal in den *Kritiken* ausschließlich der moralischen Auslegung gelten. Liest man z.B. die drei *Kritiken* unter der Rücksicht der paradoxen Dynamik des «Gesetzes der Freiheit», so enthüllt sich ein ganzes Netz biblischer Spuren, ein Zeichen dafür, daß in Kants Denken die biblische Offenbarung am Werke ist und dessen Weg beeinflußt. Es handelt sich weniger um direkte Zitate als um Strömungen, die sich durch das Gesamt der Bibel hindurchziehen und es gliedern. So verbindet sich die Achtung mit der Heiligkeit, die so sehr dem einzigen Gott eigen ist, daß sie auch von seinem Gesetz ausgesagt wird. Das höchste Gut entspricht den Gütern der Verheißung des Gottes, der den Bund schließt, während das Gesetz, in dem sich die Freiheit zeigt, die Würde des Menschen widersspiegelt, den sein Gott für immer aus der Sklaverei befreit. Das Gesetz des einzigen Gottes fordert den Menschen dazu auf, den Weg des Verzichts auf alle Güter zu gehen, die nichts sind im Vergleich mit der Zufriedenheit, die allein das höchste Gut schenken kann (KpV, V 117 f.). Zugleich erklärt das Zurückbleiben gegenüber der Heiligkeit des Gesetzes, das sich in der Achtung ausdrückt, daß das gesuchte Bild dieses höchsten Gutes ständig aufgeschoben wird. In die Versuchung des Turmes von Babel zurückzufallen und sich selbst ein Bild des zu erstrebenden Ideals zu machen, kommt nicht

[8] Vgl. *Traces bibliques dans la loi morale chez Kant* (siehe Anm. 1), bes. 210-220.

in Frage, und dennoch erfüllt in der Praxis, trotz aller Widerstände, das Bild des höchsten Gutes die dynamische Funktion, soweit wie möglich nach und nach die Kluft zwischen dem Ideal und seiner Verwirklichung zu überbrücken.

Dieses Thema des Bildes und des Beispiels ist schon für sich allein Anlaß für eine lange Wegstrecke, die derjenigen sehr nahekommt, die Kant mit dem Schematismus zurücklegt. Ausgehend von einer Kritik des Beispiels, das selbst der Heilige des Evangeliums nicht geben kann, da man die Moralität nicht von Beispielen herleiten kann, wird dennoch anerkannt, daß das Gesetz im Beispiel, das mir der andere als Person gibt, anschaubar werden muß; und so kommen wir an die Kreuzung von Tod und Auferstehung, wo das Beispiel Christi die Kraft eines Keimes für den Menschen erlangt, der sich als theomorph erkennt. Zugleich legen diese Ausführungen über das Bild eine der stärksten Spannungen in der kritischen Philosophie, zwischen dem Anfang und dem Ende, offen. Es gibt keinen Verweis auf den Anfang und auf das Vorbild, außer um es auszuradieren um dessentwillen, was das Ende gebietet. Der Weg über das Kreuz, das als Träger für Kants Reflexion über das Bild dient, macht begreiflich, warum dieses Bild selbst durchgestrichen werden muß. Verstehen wir es recht: Das Kreuz, das tatsächlich das Beispiel, und zwar das universale Beispiel trägt, insofern es auf die Verwirklichung der kommenden Menschheit hindeutet, muß sich selbst auslöschen, damit wir den Platz einnehmen, der uns zukommt, wenn wir von der Knechtschaft zur Freiheit gelangen wollen.

Entlang diesem Weg bestätigt sich der Status des Gesetzes für ein geschaffenes «vernünftiges Wesen», das «gesetzgebendes Glied» und «Untertan» eines «moralischen Reiches» der Freiheit, aber nicht dessen «Oberhaupt» ist. Es ergibt sich eine realistische Anwendung in bezug auf das einzige Gebot der Liebe: Der Geist des Gesetzes der Heiligkeit, das Gesetz der Liebe als Kern und Gesetz aller Gesetze, bewahrt seinen imperativischen Charakter, da es beschränkt bleibt auf die Tugend und da die Heiligkeit das ständige, wenn auch unerreichbare Ziel seiner Anstrengungen bleibt, sofern man nicht der «moralischen Schwärmerei» verfällt. Man erlangt nämlich den «Geist des Gesetzes», wenn sein «Joch» in der Autonomie der «inneren Nötigung» getragen wird, um von der Knechtschaft der moralischen Schwärmerei befreit zu werden.

Ebensoviele flüchtige Indizien wie überfließende Spuren.[9] Das eine oder andere Mal laufen diese unterirdischen Geflechte, gleichsam um das Merkmal des Erbes hervorstechen zu lassen, zu einer wichtigen biblischen Stelle zusammen, wie dem Bilderverbot von Exodus 20,4, dem Turmbau von Babel oder dem Psalm 19. Indes macht nicht die Objektivität dieser Verweise ihren Wert aus. Das Ausdrückliche zeigt, daß es sich lohnt, das Land aufmerksam zu erkunden, um noch andere Spuren zu suchen. Die Spur hat hier nämlich dieselbe Funktion wie die Grenze in der kritischen Philosophie. Die Grenze ist eine Spur, zu der hin und innerhalb derer sich die gespurten Wege entfalten, die den Lebensnerv eines Landes bilden. Ganz im Kontext des Schematismus, sind die biblischen Spuren im Werk Kants nichts anderes als eine jener «Grenzen», die eine Untersuchung der «Religion innerhalb der Grenzen der bloßen Vernunft» leiten. «Das heißt», schreibt François Marty,

[9] Vgl. auch François Marty, Kant et la Bible, in: *Sens*, Juni 1988, 163-173. Er verweist auf zwei Leitlinien des kritischen Denkens, wo die biblischen Spuren wichtig sind: Freiheit und Menschenwürde.

> «daß die Beziehung zur Bibel von derselben Art ist wie diejenige, welche die Beziehung zwischen 'Erkennbarem' und 'Denkbarem' regelt. Das 'Denkbare' ist nur insoweit das Jenseits, das eine Grenze darstellt, als es sich innerhalb des 'Erkennbaren' befindet und nicht aufhört, als 'regulative' Funktion der Vernunftideen dessen fortschreitende Erforschung zu bewirken. Ähnlich hinterläßt die Bibel als 'Grenze' ihre Spuren in den Strukturen des Landes der Vernunfterkenntnis.»[10]

3. Der Status des biblischen Textes: Quelle eines Interpretationsstreites

Nachdem wir gesehen haben, daß sich in den *Kritiken* ein Geflecht biblischer Spuren findet, können wir uns jetzt dem Status des biblischen Textes und dem Auslegungsstreit, den er zwischen den verschiedenen Spezialisten der Bibel aufwirft, sowie der Rolle, die der Schematismus der Analogie für die Lösung dieses Streites spielen kann, zuwenden.

Die Vernunftreligion, die Kant unbestreitbar verficht, kann die Beziehung zur Bibel nicht aussparen. Es überrascht daher nicht, daß er sich sorgfältig zu diesem Thema äußert. Er tut es ein erstes Mal im dritten Teil der Religionsschrift, die vom «ethischen gemeinen Wesen» handelt, wenn er zeigt, warum die Idee eines Gottesvolkes in einer menschlichen Organisation nur in Gestalt einer Kirche verwirklicht werden kann, wobei er bei dieser Gelegenheit bereits klarstellt: «Der Kirchenglaube hat zu seinem höchsten Ausleger den reinen Religionsglauben» (Rel., VI 109). Im *Streit der Fakultäten* kommt er ein zweites Mal auf dieses Thema zurück, nachdem ihn der Wechsel des Herrschers dazu berechtigte, das Verbot der Erörterung religiöser Fragen, das ihm die Zensur nach der Veröffentlichung der *Religion innerhalb der Grenzen der bloßen Vernunft* auferlegt hatte, für hinfällig zu erachten. Es ist vor allem der Streit der höheren theologischen mit der niederen philosophischen Fakultät, der Kant veranlaßt, sich mit dem Status des biblischen Textes zu befassen.

Kant erkennt ihm eine doppelte Funktion zu. Seine «authentische» Interpretation ist die, die in ihm die eigentliche Natur der christlichen Offenbarung erkennen läßt, die darin besteht, zur definitiven Religion, d.h. zur reinen Vernunftreligion zu führen,. Kant greift bei dieser Gelegenheit die Grundthese der Aufklärung wieder auf, deren bemerkenswertestes Beispiel Lessings Werk *Die Erziehung des Menschengeschlechts* ist[11]. Aber dieser Text ist auch Grundlage eines «historischen Glaubens», der eine in der Geschichte vorfindbare und daher immer besondere Kirche begründet. Unter der zuletzt genannten Rücksicht erfordert die Bibel Spezialisten, unter denen Kant zwei Gruppen von verschiedenem Status unterscheidet.

Das sind einmal die, welche Kant «Geschäftsleute» nennt (SF, VII 18). Ihr Geschäft ist die besondere Kirche, der sie angehören, die sich auf dem historischen Glauben gründet und deren gutes Funktionieren sie zu sichern haben. Sie sollen Einfluß auf das Volk gewinnen und tendieren deshalb zu einer vereinfachenden Auslegung der Schrift. Kant bringt das Beispiel des Versöhnungsritus, der die Fehler ohne eigenes Tun wegwischt.

[10] François Marty, Préface zu *Traces bibliques dans la loi morale chez Kant* (siehe Anm. 1) V.
[11] Gotthold Ephraim Lessing, *Die Erziehung des Menschengeschlechts*, 1780.

Die Regierung, welche die Pflicht hat, sie zu kontrollieren, neigt ihrerseits wiederum dazu, die Geschäftsleute im Sinne vereinfachender Lösungen zu gebrauchen[12]. Auch die zweite Gruppe gehört einer historischen Kirche an. Kant bezeichnet sie als «Schriftgelehrte»; ihre Arbeit verdient das Prädikat der «Gelehrsamkeit». Es handelt sich um Menschen, die wegen der Strenge ihrer Forschungen und wegen ihres Verhaltens Vertrauen verdienen. Sie haben die «Autorität» der Bibel zu sichern, damit sie Fundament einer Kirche sein kann.

Es sind zwei Typen von Gelehrten, die miteinander im Streit liegen, der «biblische Theologe», der eigentlich «der Schriftgelehrte für den *Kirchenglauben*» ist, «der auf Statuten, d. i. auf Gesetzen beruht, die aus der Willkür eines anderen ausfließen», und der «rationale» Theologe, den Kant auch «philosophischen Theologen» nennt, der der «*Vernunftgelehrte* für den *Religionsglauben*» ist, d.h. für den Glauben, «der auf innern Gesetzen beruht, die sich aus jedes Menschen eigener Vernunft entwickeln lassen» (SF, VII 36). Es handelt sich also um einen Streit zwischen Autonomie und Heteronomie. Was ist aber genau der strittige Punkt im Konflikt zwischen der theologischen und der philosophischen Fakultät? Das Streitobjekt ist die Heilige Schrift, und das Problem ist ihre Auslegung. Wer ist berechtigt, den authentischen Sinn dieses Textes festzustellen? Nach Kant ist die Religion wesentlich eine, und unter den verschiedenen Formen der sinnlichen Vorstellungsart des Göttlichen ist das Christentum für ihn die adäquateste Form. Das Christentum ist aber bezüglich seines biblischen Fundaments «aus zwei ungleichartigen Stücken zusammengesetzt, dem einen, welches den Kanon, dem andern, was das Organon oder Vehikel der Religion enthält» (SF, VII 36f.). Viele Schwierigkeiten kommen daher, daß die Schrift zugleich geschlossen und dennoch den Spannungen ausgesetzt ist, die von den beiden Stücken herrühren, aus denen sie zusammengesetzt ist, und mehr noch von den beiden Instanzen, die auf sie Anspruch erheben, dem «reinen Religionsglauben» und dem «Kirchenglauben». Die Streitigkeiten, die hieraus entstehen, betreffen nicht nur den Unterschied zwischen Wesentlichem und Nebensächlichem oder nachträglichen Zusätzen, zwischen Buchstabe und Geist (kann man z. B. die Geschichtserzählung zu den indifferenten Dingen [Adiaphora] rechnen?). Der entscheidende Punkt ist, wer das Recht hat, die Stücke, die nicht leicht voneinander zu trennen sind, verbindlich aufzuteilen. Wenden wir uns nun dem Streit zwischen der theologischen und der philosophischen Fakultät im einzelnen zu.

Nach Kant räumt die theologische Fakultät der theoretischen Erkenntnis einen eindeutigen Vorrang ein. Das hat zur Folge, daß sie die philosophische Fakultät verdächtigt, alle Dogmen, die als geoffenbart angenommen und wörtlich verstanden werden müßten, abzuschaffen und ihnen einen willkürlichen Sinn zu unterlegen. Für die philosophische Fakultät gilt wiederum, daß «diese aber als mehr aufs Praktische, d. i. mehr auf Religion als auf Kirchenglauben sehend, umgekehrt jene beschuldigt durch solche Mittel den Endzweck, der als innere Religion moralisch sein muß und auf der Vernunft beruht, ganz aus den Augen zu bringen» (SF, VII 38). Eine erstaunliche Gegenüberstellung: Die philosophische Fakultät muß die praktische Dimension der Religion verteidigen und dem theoretischen Dogmatismus ihrer Rivalin vorwerfen, das letzte Ziel, die Vervollkommnung der

[12] F VII, 31.

Menschheit, zu der das Wirken des Menschen mit allen seinen Kräften und durch alle seine Mittel, einschließlich derer Religion, beitragen muß, zu verschleiern!

Die philosophischen Prinzipien der Schriftauslegung, die Kant für die Beilegung des Streits vorschlägt, gehen in dieselbe Richtung. In der Religion hänge alles vom Tun ab und dieses letzte Ziel und ein ihm entsprechender Sinn müßten von allen biblischen Dogmen vorausgesetzt werden. Demgemäß setzt die richtige Lösung des Problems von Natur und Gnade voraus, daß man darauf achtet, daß die Gegenwart einer ursprünglichen Veranlagung zum Guten in uns und das Beispiel einer Gott genehmen Menschheit in der Person des Sohnes Gottes uns nicht passiv lassen, sondern uns anfeuern, an der Entwicklung dieser moralischen Veranlagung in uns und in der Menschheit zu arbeiten. Ausschließlich unter dieser Voraussetzung ist die Vernunft befugt, dort, wo das eigene Tun nicht ausreicht, um den Menschen vor seinem eigenen Gewissen zu rechtfertigen, in einem Akt religiösen Glaubens eine übersinnliche Ergänzung anzunehmen. Nur in dieser Weise darf man auch auf eine Ergänzung für die Vervollkommnung der Menschheit hoffen.

Diese philosophischen Prinzipien der Schriftauslegung lassen die Zugeständnisse und die Offenheit ihres Autors deutlich werden. Der Ausdruck «Religionsglaube» ist ein Beispiel unter anderen. Kant prägt ihn in einem Geist der Versöhnung, um nicht das Wort Vernunftglauben zu gebrauchen, und er hat dabei zugleich im Auge, daß 'Religionsglaube' sich weniger scharf abhebt von dem, was er «Kirchenglauben» nennt.[13] Ebenso benützt er in diesem Zusammenhang den Ausdruck «übersinnlich» statt 'übernatürlich', um eine Abwertung der menschlichen Möglichkeiten zu vermeiden und dem Naturalismus zu entgehen. So finden sich in dieser kurzen Abhandlung viele Spuren eines philosophischen Ökumenismus, der meint, daß dieser «Sectenunterschied endlich doch auch verschwinden muß und so das, was man als den Beschluß des großen Drama des Religionswechsels auf Erden nennt, (die Wiederbringung aller Dinge) wenigstens im Geiste herbeiführt, da nur ein Hirt und eine Heerde Statt findet» (SF, VII 53).

Ist zu befürchten, daß dieses Bemühen um die Einheit in der Universalität das Christentum entleert, so daß nicht nur das äußere Gewand, sondern auch Wesentliches aufgegeben wird? Ein solches Urteil wäre voreilig, denn der Streit der Rivalen führt statt zu einer Verhärtung zu einer Präzisierung der Positionen, und er befördert dadurch den Geist der Versöhnung und des Friedens. Der «Friedens-Abschluß und Beilegung des Streits der Fakultäten» am Ende des ersten Abschnittes sind in diesem Sinn verfaßt. Kant ergreift zu Beginn des Friedensabschlusses die Vorsichtsmaßnahme, der theologischen Fakultät den Vorsitz einzuräumen, indem er sie für die Materie des Prozesses für zuständig erklärt, während er das Formale der philosophischen Fakultät vorbehält. Aber er zögert nicht, den Theologen die Hoffnung zu nehmen, sie seien die oberste für den Text der Schrift zuständige Autorität. Weder der biblische noch der rationale Theologe können den Anspruch erheben, unfehlbare Ausleger des Wortes Gottes zu sein:

> «Der Gott, der durch unsere eigene (moralisch-praktische) Vernunft spricht, ist ein untrüglicher, allgemein verständlicher Ausleger dieses seines Worts, und es kann auch schlechterdings keinen anderen (etwa auf historische Art) beglaubigten Ausleger seines Worts geben: weil

[13] Vgl. die genauere Untersuchung des Ausdrucks «religiöser Glaube» in *Traces bibliques dans la loi morale chez Kant* (siehe Anm. 1); vgl. bes. die Figuren 3 und 4 auf S.182 f.

Religion eine reine Vernunftsache ist.» (SF, VII 67)

Beachten wir den Schritt, den dieser Text vollzieht. Oberster Ausleger ist hier nicht mehr die Vernunft, sondern Gott selbst, der Gott «intimior intimo meo» des heiligen Augustinus, der zur praktischen Vernunft aller Menschen zu sprechen vermag.

Wiederum zeigt sich Kants Geschick. Er entscheidet den Streit durch einen gewagten Friedensplan. Der Vernunft wird gesagt, sie solle sich nicht auf sich selbst zurückziehen, sondern sich daran erinnern, daß sie einer der Wege der Kommunikation Gottes mit einem jeden Menschen ist. Der Spezialist der Bibel muß sich, um jeden Menschen erreichen zu können, darum bemühen, daß seine Auslegung auf dem Boden der Vernunft steht; denn es ist davon auszugehen, daß jede Vernunft eine mögliche Beziehung zum Text der Bibel hat. Kant ist unmißverständlich. In dem Augenblick, wo er eine friedliche Lösung vorschlägt, wirft der *Streit der Fakultäten* die Frage auf, ob ein Satz für göttlich zu halten sei, weil er in der Bibel steht, oder ob man umgekehrt sagen müsse, ein Satz stehe deshalb in der Bibel, weil er göttlich ist. Die zweite Formulierung ist die Kants, wobei das Kriterium der Göttlichkeit in der Entsprechung zwischen jenem Satz und der Vernunft liegt, nicht der spekulativen, sondern jener sich absolut äußernden Vernunft, die im moralischen Handeln anzutreffen ist (SF, VII 65). Ich möchte die Auffassung nahelegen, daß diese kritische Vernunft eine pilgernde Vernunft ist, die viele Überraschungen bereithält, wenn sie sich in der Linie des Schematismus der Analogie formen läßt. Der Text des *Streits der Fakultäten* geht in diesem Sinne sehr viel weiter, als man denken könnte, und verweist uns auf den Weg eines «rechtlichen und moralischen Ausgangs des Streits» zwischen dem guten und dem bösen Prinzip, von dem man bereits einen erstaunlichen 'populären' Bericht in der Religionsschrift findet[14].

Kant hat wenig Chancen, die Theologen zufriedenzustellen, wenn er eine negative Auslegung des Opfers Isaaks aufgreift, um seine Vorbehalte gegenüber einer direkten Offenbarung Gottes an den Menschen zu illustrieren. Der Einwand kommt paradoxerweise am Beginn des Friedens-Abschlusses.

> «Denn wenn Gott zum Menschen wirklich spräche, so kann dieser doch niemals *wissen*, daß es Gott sei, der zu ihm spricht. Es ist schlechterdings unmöglich, daß der Mensch durch seine Sinne den Unendlichen fassen, ihn von Sinnenwesen unterscheiden und ihn woran *kennen* solle. - Daß es aber *nicht* Gott sein könne, dessen Stimme er zu hören glaubt, davon kann er sich wohl in einigen Fällen überzeugen; denn wenn das, was ihm durch sie geboten wird, dem moralischen Gesetz zuwider ist, so mag die Erscheinung ihm noch so majestätisch und die ganze Natur überschreitend dünken: er muß sie doch für Täuschung halten.» (SF, VII 63)

In einer Anmerkung bringt Kant als Beispiel die Opferung des Isaak:

> «Zum Beispiel kann die Mythe von dem Opfer dienen, das Abraham auf göttlichen Befehl durch Abschlachtung und Verbrennung seines einzigen Sohnes — (das arme Kind trug unwissend noch das Holz hinzu) — bringen wollte. Abraham hätte auf diese vermeinte göttliche Stimme antworten müssen: 'Daß ich meinen guten Sohn nicht töten solle, ist ganz gewiß; daß aber du, der du mir erscheinst, Gott sei, davon bin ich nicht gewiß und kann es auch nicht werden', wenn sie auch vom (sichtbaren) Himmel herabschallte.» (SF VII, 63 Anm.)

14 el., VI 81-84.

In einer anderen langen und interessanten[15] Anmerkung des Friedens-Abschlusses kommt Kant auf die Opferung Isaaks zurück und erinnert an die Tradition, die in ihr ein Zeichen des Opfers des Sohnes Gottes am Kreuz gesehen hat. Die Erfahrung Ijobs konnte Kant helfen, eine Verbindung zwischen den beiden Ereignissen zu sehen. Nach Kant ist bei diesem Buch des Alten Testaments eine praktische Vernunft am Werk, die «als die unmittelbare Erklärung und die Stimme Gottes angesehen werden kann, durch die er dem Buchstaben seiner Schöpfung einen Sinn gibt» (Über das Mißlingen aller philosophischen Versuche in der Theodicee, VIII 264). Im Zusammenhang der Überwindung der Theodizee, die an jene der dritten *Kritik* erinnert, macht Kant deutlich, daß Ijob in seiner tiefsten Prüfung die Unbedingtheit des göttlichen Ratschlusses erspüren konnte, da er in seiner Rechtschaffenheit und Ehrlichkeit sogar den Ausspruch tun kann: «'Er ist einig', sagt er, 'er machts, wie er will.'» (ebd. VIII 265)[16] Im Herzen der größten Niedergeschlagenheit lassen sich durch den Sinn der ganzen Schöpfung die Stimme und der Wille des Einzigen vernehmen für den, der nicht weit von Abraham entfernt ist. In ihr und durch sie wird er auch dafür sorgen, der Menschheit den Weg der Befreiung zu öffnen.

In der zitierten Anmerkung zum *Streit der Fakultäten* bedient sich Kant nicht ohne einen gewissen Humor zu seinem Vorteil der Schätze der «subtilen jüdischen Auslegungskunst» (SF, VII 66 Anm.), um von der außerordentlichen Wende zwischen Karfreitag und Pfingsten zu berichten. In dem Augenblick, wo der entstellte Leib des leidenden Sklaven sich in eine «große Volksversammlung» verwandelt und der «größte Jubel» erschallt, wirkt das Opfer Isaaks sich auf das ganze Korpus der Schriften aus. Welcher Fortschritt in wenigen Zeilen! Man beginnt mit der Enttäuschung der Jünger von Emmaus, die «ihre Hoffnung aus dem Bunde Gottes mit Abraham nach Jesu Tode ganz sinken» sahen (SF, VII 65 Anm.), um diese Verheißung auferstehen zu sehen in einer Hoffnung, die die größte Begeisterung im Herzen der Menge hervorruft, die sich versammelt hat, um Petrus zu hören. Warum hat seine Predigt einen so großen Erfolg? Petrus hatte den glücklichen Einfall, «daß auch die Heiden (Griechen und Römer) als in den Bund Gottes mit Abraham aufgenommen betrachtet werden könnten: wenn sie an das Opfer, welches Abraham Gott mit seinem einzigen Sohn bringen wollte [...] glaubten», freilich nicht an dieses Opfer an sich selbst, sondern «als dem Sinnbilde des einigen Opfers des Weltheilandes» (SF, VII 66 Anm.). Es gelingt Kant, die Predigt des Petrus mit den Gedanken des Römer- und Galaterbriefs anzureichern und dazu noch die Interpretation einzuflechten, die der Verfasser des Hebräerbriefs dem Opfer des Isaak gibt. In diesem Opfer wird die Prüfung des Übergangs vom Gesetz zur Verheißung für alle Menschen zu einem «Sinnbild» der Auferstehung. Abraham «verließ sich darauf, daß daß Gott sogar die Macht hat, Tote zum Leben zu erwecken; darum erhielt er Isaak auch zurück. Das ist ein Sinnbild (*parabolé*)» (Hebr 11,19; vgl. Röm 4,17.). Durch seinen Sohn Isaak stand die Nachkommenschaft Abrahams allen Söhnen der Verheißung offen, die seit Pfingsten begannen, sich durch das Opfer des einzigen Retters der Welt im Glauben zu versammeln.

[15] VII 65 f.: Ein um so überraschenderer Hinweis, als er mit Warnung vor der Gefahr des Aberglaubens beginnt und endet.

[16] Kant zitiert Hiob 23,13 in der Übersetzung der Lutherbibel.

Von nun an wird sich alles entscheiden am Ort der größten *krisis* der Weltgeschichte, wo sich der Streit, das Urteil und die Lösung zugleich abgespielt haben. Man versteht, daß die Offenbarung dieser «unermeßlichen Aussicht» (SF, VII 66 Anm.) an jenem Anti-Babel, das das Pfingsten Jerusalems war, eine wahre Volksbegeisterung auslösen konnte. Wie jene, die das Bilderverbot hervorrief, befreit sie von den Illusionen des Aberglaubens, indem sie den Schlüssel zum Zugang zu den Schriften liefert. In der Linie des Opfers des Einzigen liegt das Gebot, das allein diesen Namen verdient und alle anderen zusammenfaßt, die Gottes- und Nächstenliebe. Es findet sich deshalb in der Bibel, weil es von Gott ist, und es ist nicht deshalb göttlich, weil es in der Bibel steht. Zur Illustration dieses Prinzips hätte das in dieser langen Anmerkung des *Streits der Fakultäten* angeführte Beispiel nicht besser gewählt sein können.

Schon in der der Religionsschrift fügte Kant dem Drama der personifizierten Idee des guten Prinzips die Idee der Bekehrung hinzu, durch die die Vernunft hindurch muß, wenn sie bereit ist, sich einem derart verwirrenden Geheimnis zu öffnen. Hier bietet sich uns eine weitere Gelegenheit, festzustellen, daß es Kant mehr um das Hören auf den Text der Bibel als um eine theologische Ausarbeitung des Dogmas geht. Er betrachtet, wie sich das Urbild herabläßt, herniedersteigt, sich der göttlichen Macht entledigt, die es entfremdet, um die Menschheit anzuziehen. Er, der heilig ist, nimmt alle unsere Fehler auf sich. Die Idee, die sich personifiziert hat, hat sich verleiblicht, um sich bis zum Ende zu entäußern und den schändlichen Tod des Sklaven zu sterben. Mit welcher Eindringlichkeit greift Kant die Ausdrücke der Lutherbibel auf, wenn er das Los des leidenden Knechtes von Jes. 53 mit der kenotischen Wende von Phil. 2, 6-11 verbindet, um zu unterstreichen, daß die Menschheit, die dem Untergang geweiht war, von neuem in dieser Großtat der Liebe, die alle menschlichen Maßstäbe übersteigt, die Möglichkeit universalen Heils und universaler Befreiung erlangt. Diese Tat übertrifft die menschlichen Maßstäbe so sehr, daß man sich fragen kann, wie man sich angesichts dieser Dynamik von Erniedrigung und Erhöhung verhalten soll, die fähig ist, die gesamte Menschheit in ihre Bewegung hineinnehmen. Es «würde der Gedanke», meint Kant,

> «[...] daß jener göttliche Mensch im wirklichen Besitze dieser Hoheit und Seligkeit von Ewigkeit war [...]; daß er sich derselben für lauter Unwürdige, sogar für seine Feinde willig entäußerte, um sie vom ewigen Verderben zu erretten, unser Gemüth zur Bewunderung, Liebe und Dankbarkeit gegen ihn stimmen müssen» (Rel., VI 64).

Das Erstaunen und die Bewunderung vor dem Abgrund eines so großen Geheimnisses sind derart, daß die Vernunft bis in ihre tiefsten Grenzen hinein aufgerüttelt und erschüttert wird. Angesichts dieses Übergangs, der die Züge einer Revolution annimmt, scheint Kant in massiver Verlegenheit zu sein. Er will zugleich sowohl das Heterogene in seinen verwirrendsten Aspekten hervortreten lassen, als auch verhindern, daß die Ränder des Grabens oder des Abgrunds, der durch den Fuß des Kreuzes auf der Höhe von Golgatha ausgehöhlt wird, sich so sehr verbreitern, daß die Kraft des Beispiels und die darin verborgenen Chancen der Befreiung nicht mehr wirken können. Kant macht eine verzweifelte Anstrengung, nach Möglichkeit einen Teil des Sinnlichen zu retten, dessen Eliminierung er selbst in diesem Fall für unmöglich hält. Wie anders soll es gelingen, sich im Denken zu orientieren? Denn «wir bedürfen, um uns übersinnliche Beschaffenheiten faßlich zu machen, immer einer gewissen Analogie mit Naturwesen» (Rel., VI 65 Anm.) Genau dies tut nach Kant die Schrift, wenn sie auf das Opfer Isaaks zurückgreift, «um die Liebe

Gottes zum menschlichen Geschlecht uns ihrem Grade nach faßlich zu machen, [...] ('Also hat Gott die Welt geliebt,' u.s.w.)» (ebd.). Zwar kann hier nicht davon die Rede sein, diesen Schematismus der Analogie in einen Schematismus des Objekts zu verwandeln, um irgendeine Art von Schlußfolgerung zu versuchen. Dies wäre ein Rückfall in den Anthropomorphismus, der vom Standpunkt der Moral aus, angefangen mit dem Aberglauben, die ärgerlichsten Konsequenzen hätte. Was Kant mit dem Schematismus der Analogie vor allem unterstreichen möchte, ist die Unmöglichkeit, eine Folgerung zu ziehen, d. h. irgendeine theologische Theorie aufzustellen. Man muß sich darauf beschränken, auf die analoge Vorgehensweise zurückzugreifen, um einem Gedanken, der eine Beziehung zum Sinnlichen verlangt, Wirklichkeit zu verleihen. Aber dieses Denken, bei dem sich das findet, was die dritte Kritik als «symbolische» Vorstellungsart analysiert, unterscheidet sich immer von einem Erkennen. Bei Kant verweist jeder Schematismus auf jene «verborgene Kunst in den Tiefen der menschlichen Seele, deren wahre Handgriffe wir der Natur schwerlich jemals abrathen und sie unverdeckt vor Augen legen werden» (KrV, B 180f.). Der Schematismus der Analogie, der dem Schematismus der Ideen der Vernunft verwandt ist, steigt gewissermaßen tiefer in diesen Abgrund hinab.

Dies sind, zusammen mit dem Schweigen, die Wege, die sich der Vernunft angesichts des Abgrunds des Geheimnisses öffnen. Von der Kenose, die der Vater im Opfer seines einzigen Sohnes erlebt, können wir nach Kant «durch die Vernunft keinen Begriff» (Rel., VI 65 Anm.) haben. Das Wort vom Kreuz, der «*logos tou staurou*» (1 Kor 1,18), dieses Wort der Torheit, läßt den Begriff so sehr durch das Kreuz und den Tod des *Logos* hindurchgehen, daß er diesmal sogar die Stütze des Sinnlichen zu verlieren scheint. Angesichts dieses Sprunges, der sich dem Risiko des Todes aussetzt, angesichts dieses Übergangs zu einem anderen Genus, dieser «*metabasis eis allo genos*» (Rel., VI 65 Anm.), an die in diesem Zusammenhang erinnert wird, ist es nötig, sich an die revolutionäre Begeisterung zu erinnern, die das Bilderverbot als einziger Zugang zur Darstellung des Unendlichen im Exodus beim jüdischen Volk hervorgerufen hat. Wird nicht alles ins Wanken geraten in dem Augenblick des denkbar inkonsistentesten Übergangs, wo aus der Sackgasse ein Durchgang wird? Jedenfalls betrachtet Kant in der dritten Kritik die Situation, die durch dieses Gebot geschaffen wird, als einen Gipfel für die «Vorstellung des moralischen Gesetzes und» die «Anlage zur Moralität in uns» (KU, V 274). Auf dieser Höhe ermöglicht das Loslassen, das eine solche Begeisterung verursacht, den Durchgang durch die größte Abstraktion. Wir müssen erkennen, daß durch die Kenose alles ins Wanken gerät, wie es scheint sogar die Logik, die den Schematismus der Analogie in seiner reflektierenden Dimension retten möchte. Das mit der Kenose verbundene Zeichen des Widerspruchs gehorcht einer wahrhaft paradoxen Logik: Sie zerstört die Analogie, indem sie sie umkehrt.[17] Die Unterschiede der Welten entspringen nicht der Ordnung des Abstandes, der Gott und die Menschen voneinander trennt. Zwischen beiden Welten gibt es keinerlei mögliche Gleichheit der Verhältnisse. Nur die Begeisterung scheint der Kenose angemessen. Sie wird von einer äußerst schmerzlichen Freude begleitet. Sie sieht nichts, erläutert Jean-François Lyotard, oder sie sieht vielmehr das Nichts, läßt es sogar berühren und be-

[17] Vgl. besonders: Stanislas Breton, *Le Verbe et la Croix*, Paris 1981, und Dominique Bourg, *Transcendance et Discours*, Paris 1985.

zieht es auf das Unvorstellbare.[18] Um diesen Preis entgrenzt sich die Vorstellung so sehr, daß sie die Erweckung der Ideen der Vernunft in einem starken Affekt hervorrufen kann, der in keiner Weise mit den Illusionen der mystischen Erhebung, der berüchtigten Schwärmerei, verglichen werden kann. Ist nicht hier, wo die Sprachverwirrung endgültig überwunden werden kann, der Ort, wo in Wahrheit der Grund der Gemeinschaft gelegt wird? Kant möchte dies durch seine Auslegung der Begeisterung des Volkes an Pfingsten nahelegen.

Brechen wir diese Reflexionen hier ab, und stellen wir abschließend fest, daß Kant die Bibel tatsächlich gelesen hat. Am Ende der neunziger Jahre schrieb er auf einen Zettel: «Ich lese die Bibel gern und bewundere den Enthusiasm in ihren neutestamentischen Lehren.»[19] Nach der Aufstellung aus seiner persönlichen Bibel, die H. Borkowski veröffentlicht hat, sind die Randbemerkungen und die unterstrichenen Stellen im Neuen Testament sehr viel zahlreicher als die im Alten Testament.[20] Kant las also die Bibel, und es wäre ungerecht, an der überkommenen Meinung festzuhalten, er habe ihr nur eine moralische, zum Rationalismus tendierende Auslegung gegeben. Wir konnten glaubhaft machen, wie sehr das biblische Erbe zuinnerst in Kants Problemstellung am Werk ist, indem wir die Kritiken von einem paradoxen und bezeichnenden Ort jener erstaunlichen Begegnung zwischen Kant und der Bibel aus neu lasen, der Beziehung zwischen Gesetz und Freiheit. Wir erkannten weniger ein Schema als vielmehr notdürftige Spuren für die zentrale Rolle der Bibel im Denken Kants. Diese Spuren an den Grenzen sind der Ort des Schweigens, wo eine Reflexion sich neu belebt, indem sie sich der Herausforderung der Andersheit stellt. Wie Sylvain Zac schreibt, «würde man sich himmelweit täuschen, wenn man im ethisch-religiösen Denken Kants die mindeste Spur eines Antisemitismus finden wollte»[21]. Kant erwähnt im *Opus Postumum* das Paradox jenes Gottes, der zugleich «Gott über uns, Gott neben uns, Gott in uns» ist (X. Conv., III. Bog., 3. Seite; XXII 310), für den seine Achtung und seine Ehrfurcht beständig zunehmen. Zumindest von diesem Gesichtspunkt aus scheint Kant wohl «der letzte» zu sein, «der das Symbol des Göttlichen in ungeheurer, ewig den Abstand wahrender Ferne und zugleich als die tiefste Stimme der eigenen Seele erfuhr»[22]. Die Gestalt des Göttlichen kleidet sich notwendigerweise

[18] Vgl. Jean-François Lyotard, *L'enthousiasme, la critique kantienne de l'histoire*, Paris 1986.

[19] Zit. nach Karl Vorländer, Immanuel Kant. Der Mann und das Werk, Bd.2, Leipzig 1924, 187 Anm.

[20] Die Bibel Kants ist eine 1751 gedruckte Luther-Übersetzung. Nach der Aufstellung von Heinrich Borkowski, die 1937 in Königsberg publiziert wurde, sind die Randbemerkungen und die unterstrichenen Stellen im Neuen Testament sehr viel zahlreicher als im Alten. Das Buch Genesis und im Neuen Testament die vier Evangelien (vor allem das Matthäusevangelium), die Briefe an die Römer, an die Galater und der Jakobusbrief haben viele Unterstreichungen. Im Alten Testament finden sich vom Buch Exodus bis zu den Büchern der Könige, und dann in Esra, Nehemia, Ester, Ijob, dem Hohenlied und bei den Propheten keine Unterstreichungen. Im Neuen Testament gibt es keine Unterstreichungen im Brief an Philemon, im Dritten Johannesbrief, im Judasbrief und in der Offenbarung des Johannes. Man darf hieraus aber nicht schließen, daß Kant diese Bücher nicht gelesen habe. So zeigen z.B. seine Verweise auf das Buch Ijob, daß er dieses Buch gut gekannt hat. Von den 280 Bibelstellen, die Kant in seinem Werk zitiert oder erwähnt hat, sind nach der Untersuchung von Constantin v.Kügelgen nur 89 in Kants privater Bibel unterstrichen oder angemerkt.

[21] «on se tromperait de toute l'étendue du ciel si l'on voulait trouver dans la pensée éthico-religieuse de Kant la moindre trace d'antisémitisme» Sylvain Zac, «Kant et le problème du judaïsme»; in: *Les nouveaux cahiers* 49 (1977) 32-50.

[22] Herman Schmalenbach, *Kants Religion*, Berlin 1929, 133.

in folgende beiden Bestandteile: Die Erprobung der Freiheit in der Autonomie muß durch die Erfahrung eines Gottes hindurchgehen, der «sein Angesicht verhüllt», aber zugleich muß, wie Emmanuel Levinas richtig sieht, «Gott sein Angesicht enthüllen», damit Beziehung sei. Levinas stellt fest, daß diese Enthüllung durch die *Torah* und zwar nicht nur durch eine desinkarnierte *Torah* geschieht, und er fügt folgende wichtige Klarstellung hinzu: «Nur der Mensch, der Gott verhüllt erkannt hat, kann seine Enthüllung fordern.»[23] Er fordert dies um so mehr, als sich nach Paulus die Spannung zwischen dem Buchstaben und dem Geist in der immer wieder verzögerten Schau dieses Angesichts ständig neu belebt. Die biblischen Spuren, die in Kants Ethik am Werk sind, verweisen auf ihre Weise auf die Praxis im Gegenüber von Angesicht zu Angesicht, wo der in Stein gemeißelte Buchstabe sich nach und nach in den Geist der Freiheit verwandeln und das Gesetz des Vaters selbst nach seiner Übertretung schließlich als Segenswort empfangen werden muß.[24]

(Aus dem Französischen übersetzt von Harald Schöndorf)

[23] «il faut bien que Dieu dévoile sa face». «Seul l'homme qui avait reconnu le Dieu voilé peut exiger ce dévoilement.» Emmanuel Levinas, *Difficile liberté*, Paris 1976, 193.

[24] Vgl. Franz Rosenzweig, *Stern der Erlösung*, Gesammelte Schriften, Bd.2, Haag: Nijhoff 1976, 297: «Gottes Gebot selber, gegraben in steinerne Tafeln, es muß ihm [sc. dem Menschen], nach einem unübersetzbaren Wortspiel der Alten, 'Freiheit auf Tafeln' sein», d.h. Gesetz der Freiheit werden. Rosenzweig (siehe ebd.480) bezieht sich an dieser Stelle auf den Talmud Abot VI, 2: «'Lies nicht charut (gegraben), sondern cherut (Freiheit); denn du findest keinen Freien außer dem, der sich mit dem Studium der Weisung beschäftigt' (R. Jehoschua ben Levi).»

Maximilian Forschner

DAS IDEAL DES MORALISCHEN GLAUBENS. RELIGIONSPHILOSOPHIE IN KANTS REFLEXIONEN.

> «Es ist notwendig, daß unser ganzer Lebenswandel sittlichen Maximen untergeordnet werde; es ist aber zugleich unmöglich, daß dieses geschehe, wenn die Vernunft nicht mit dem moralischen Gesetze, welches eine bloße Idee ist, eine wirkende Ursache verknüpft, welche dem Verhalten nach demselben einen unseren höchsten Zwecken genau entsprechenden Ausgang, es sei in diesem, oder einem anderen Leben, bestimmt. Ohne also einen Gott, und eine für uns jetzt nicht sichtbare, aber gehoffte Welt, sind die herrlichen Ideen der Sittlichkeit zwar Gegenstände des Beifalls und der Bewunderung, aber nicht Triebfedern des Vorsatzes und der Ausübung, weil sie nicht den ganzen Zweck, der einem jeden vernünftigen Wesen natürlich und durch eben dieselbe reine Vernunft a priori bestimmt und notwendig ist, erfüllen». (KrV A 812 f., B 840 f.).

Im Folgenden wird der gedankliche Weg nachgezeichnet, auf dem Kant zu seiner in der transzendentalen Methodenlehre der «Kritik der reinen Vernunft» charakterisierten religionsphilosophischen Position gelangt ist. Es scheint dies bekanntlich für ihn keine abschließende Position zu sein. Die «Kritik der praktischen Vernunft» trennt Triebfeder und Gegenstand bzw. Bestimmungsgrund und Objekt eines durch reine Vernunft bestimmten menschlichen Wollens voneinander ab. Das objektive Bewußtsein des moralischen Gesetzes und das subjektive Gefühl der Achtung vor diesem Gesetz werden zur notwendigen und hinreichenden Triebfeder eines endlichen moralisch guten Willens erklärt (KpV V, 71-89). Der Vorstellung eines in Aussicht stehenden, durch Gott vermittelten höchsten Guts, dessen Besitz für den Tugendhaften auch sein Glück bedeutet, eine *positive Motivationsrolle* in Vorsatz und Ausübung sittlicher Handlungen zuzuschreiben scheint danach wohl gleichbedeutend mit dem Ansatz einer unreinen moralischen Gesinnung zu sein; «das moralische Gesetz muß allein als der Grund angesehen werden, jenes (sc. das höchste Gut M.F.), und dessen Bewirkung oder Beförderung, sich zum Objekt zu machen (KpV V, 109). Andererseits soll das höchste Gut im Sinne einer Synthesis von Tugend und Glückseligkeit eben die *Rolle des praktischen Objekts* eines moralischen Willens spielen, eines Objekts, dessen Verwirklichung bzw. Beförderung evidentermaßen kategorisch gebotenes Handlungsziel endlicher Vernunftwesen ist. Erwiese sich dieses Ziel als prinzipiell unrealisierbar, würde das den Sinn des moralischen Gesetzes zerstören.

> «Ist also das höchste Gut nach praktischen Regeln unmöglich, so muß auch das moralische Gesetz, welches gebietet, dasselbe zu befördern, phantastisch und auf leere eingebildete Zwecke gestellt, mithin an sich falsch sein» (KpV V, 114).

Ein derart phantastisches Gesetz verlöre mit seinem praktischen Sinn natürlich auch alle objektive und subjektive *Motivationskraft* für den Menschen. So gesehen ist und bleibt der Bestimmungsgrund eines moralisch bestimmten Wollens auch im Konzept der KpV und der nachfolgenden moralphilosophischen Schriften mit dem Gedanken der Möglichkeit des höchsten Guts engstens verbunden. Kant hat denn schließlich auch keine Bedenken, das richtig verstandene höchste Gut sowohl Objekt als auch Bestimmungsgrund des reinen Willens zu nennen:

«Es versteht sich aber von selbst, daß, wenn im Begriffe des höchsten Guts das moralische Gesetz, als oberste Bedingung, schon mit eingeschlossen ist, als denn das höchste Gut nicht bloß *Objekt*, sondern auch sein Begriff, und die Vorstellung der durch unsere praktische Vernunft möglichen Existenz desselben zugleich der *Bestimmungsgrund* des reinen Willens sei» (KpV V, 109f.).

Schließlich ist, mit vergleichbarer Eindeutigkeit, in der Religionsschrift von einer *negativen Motivationsrolle* der Idee des höchsten Guts die Rede, insofern sie ein unabweisbares theoretisches Bedürfnis befriedigt und damit ein Hindernis der moralischen Entschließung beseitigt.

Die «Idee eines höchsten Guts in der Welt, zu dessen Möglichkeit wir ein höheres, moralisches, heiligstes und allvermögendes Wesen annehmen müssen, [...] ist (praktisch betrachtet) doch nicht leer; weil sie unserm natürlichen Bedürfnisse, zu allem unserm Tun und Lassen im ganzen genommen irgend einen Endzweck, der von der Vernunft gerechtfertigt werden kann, zu denken, abhilft, welches sonst ein Hindernis der moralischen Entschließung sein würde». (Rel.VI,5)

Wenn Kant zu Beginn der Religionsschrift mit Nachdruck betont, die Moral des Menschen bedürfe «weder der Idee eines andern Wesens über ihm, um seine Pflicht zu erkennen, noch einer anderen Triebfeder als des Gesetzes selbst, um sie zu beobachten» (Rel. VI,3), so enthält dieser Satz ganz offensichtlich nur die halbe Wahrheit.

Unklar bleibt, in welcher Hinsicht «die moralische Entschließung» der Kerngedanken des Vernunftglaubens bedarf und in welcher nicht. Eine klare Antwort wäre wohl in der Richtung zu suchen, daß die Ausbildung und Anerkennung einer Position der Moralität, wie Kant sie versteht, keinerlei Glaubensprämissen voraussetzt, daß aber auf dem Boden und unter der Perspektive dieses Standpunkts ein vernünftiges Selbst- und Weltverständnis die von Kant genannten Glaubenssätze notwendig einschließt.

So jedenfalls läßt sich, wie mir scheint, der auf dieses Problem bezogene Kernpassus der KpV konsistent interpretieren:

«Diese Pflicht gründet sich auf einem, freilich von diesen letzteren Voraussetzungen (sc. den Postulaten M.F.) ganz unabhängigen, für sich selbst apodiktisch gewissen, nämlich dem moralischen, Gesetze, und ist, so fern, keiner anderweitigen Unterstützung durch theoretische Meinung von der innern Beschaffenheit der Dinge, der geheimen Abzweckung der Weltordnung, oder eines ihr vorstehenden Regierers, bedürftig, um uns auf das vollkommenste zu unbedingt-gesetzmäßigen Handlungen zu verbinden. Aber der subjektive Effekt dieses Gesetzes, nämlich die ihm angemessene und durch dasselbe auch notwendige *Gesinnung*, das praktisch mögliche höchste Gut zu befördern, setzt doch wenigstens voraus, daß das letztere *möglich* sei, widrigenfalls es praktisch-unmöglich wäre, dem Objekte eines Begriffes nachzustreben, welcher im Grunde leer und ohne Objekt wäre.» (KpV V, 142f.).

Diese wenigen Hinweise mögen Zweifel bestärken, ob sich die Stellung der Religion bzw. des Vernunftglaubens im Rahmen der Theorie menschlicher Moralität, wie sie die Methodenlehre der KrV skizziert, von jener wesentlich unterscheidet, die die späteren moral- und religionsphilosophischen Schriften festschreiben. Wenn ich recht sehe, gibt der gegenwärtige Stand der Kant-Forschung hierzu keine befriedigende Antwort. Um diese Frage angemessen zu diskutieren und einer Antwort näherzubringen, bedarf es jedenfalls einer peniblen Rekonstruktion der gedanklichen Motive, der Problemstellungen und argumentativen Lösungsversuche, die Kant vor der Veröffentlichung der KrV mit der Religionsthematik verbunden hat. Für die Beantwortung dieser Vorfrage bieten die publizierten Schriften wenig, der handschriftliche Nachlaß reichlich Material. Die zentrale Interpretationsaufgabe besteht hier in einer Strukturierung der recht rhapsodischen, fragmentarischen, skizzen- und formelhaften Notizen, derart, daß eine klare Ordnung und plausible Entwicklung der Gedanken sichtbar wird. Dieses sei hier versucht.

Die Beschäftigung mit Kants Reflexionen des handschriftlichen Nachlasses[1] vermittelt insbesondere für das Gebiet seiner praktischen Philosophie die Einsicht, daß die übliche scharfe Grenzziehung zwischen einem vorkritischen und kritischen Philosophieren Kants der Korrektur bedarf, und daß dessen Bindung an Problemstellungen der Tradition enger ist als die publizierten 'kritischen' Schriften dies glauben machen.

Für die Religionsthematik kann man feststellen, daß sie vom Anfang bis zum Ende ihren systematischen Ort in der Moralphilosophie, näherhin im Zusammenhang der Diskussion des höchsten Guts bzw. des Endzwecks menschlichen Strebens und Handelns einnimmt.

An Entwicklung läßt sich ausmachen, daß das christliche Ideal eines moralischen Vernunftglaubens ab Ende der 60-er bis Mitte der 70-er Jahre schrittweise gegenüber kynischen, stoischen, epikureischen und platonischen Verhältnisbestimmungen von Tugend und Glückseligkeit an Kontur und Gewicht gewinnt und schließlich definitiv vertreten wird. Die zentrale Problemstellung, die den Gang der Entwicklung begleitet, ist durch die Frage zu beschreiben, wie ein Verständnis von Moralität allein in Begriffen praktischer Vernunft sich mit dem Ideal von Gott als Prinzip des höchsten Guts verbinden läßt.

Kant verortet den moralischen Glauben neben dem moralischen Gefühl gegen Ende der «vorkritischen» Phase in der Triebfeder moralischer Motivation des Menschen. Ob diese Lösung des Motivationsproblems klarer und plausibler ist als jene in den später publizierten «kritischen» Schriften, muß hier dahingestellt bleiben.

I.

Aus der Zeit von 1764 bis 1766 stammt eine Notiz Kants, die als eines der Leitmotive sein gesamtes Denken über Religion bestimmen wird.

> «Wenn man Gott vor der moralitaet erkennen will, so legt man ihm nicht moralische Vollkommenheiten bey. Daher kan religion böse sitten hervorbringen [...] Eine frömmigkeit, die vor der Sittlichkeit anfängt, ist ihr oft entgegen» (R. 6499, S. 35).

Der Begriff der Moralität und der Tugend ist von dem der Religion unabhängig (vgl. R. 6876, S. 188). Kant folgt hier wie in vielem anderen in seinem aufgeklärtem Moralverständnis A.Baumgarten, dessen *Initia Philosophie practicae primae* (Halle-Magdeburg 1760)[2] im § 71 kategorisch feststellen: ius naturae late dictum s. philosophia practica esset [...], etiam si non daretur deus, [...] prorsus est independens a deo, [...] ex voluntate dei nulla ratione omnino derivari potest, [...] aeque bene cognosci potest ab atheo [...]

[1] Die Reflexionen zur Moral-, Rechts- und Religionsphilosophie sind zusammengestellt und nach den Datierungsgesichtspunkten von Erich Adickes geordnet im Band XIX der Akademie-Ausgabe von Kants gesammelten Schriften, Berlin und Leipzig 1934; ich zitiere nach dieser Ausgabe mit Angabe der Reflexionsnummer (R.) und Seitenzahl (S.).

[2] Abgedruckt im o. genannten Band der Akademie-Ausgabe

Religion kommt für Kant ins Spiel der Moral «in ansehung der Unzulänglichkeit, ohne einstimmung des Schiksal glüklich zu werden» (R.6892,S.196) und ohne göttliche Beihilfe tugendhaft zu sein (vgl.R.6832). Die zunehmend sich klärende und verfestigende Einsicht in die Unzulänglichkeit und Schwäche der menschlichen Natur im Blick auf Tugend und Glück und die Einsicht in die Kontingenz des Zusammenhangs von Tugend und Glück in diesem Leben sind es, die Kant schrittweise von einer nichtreligiösen und nichtchristlichen Bestimmung des höchsten Guts Abstand nehmen lassen. Der Prozeß der Auseinandersetzung mit dem «summum bonum der philosophischen secten» (R.6872, S.187) wird um die Zeit von 1776-1778 mit der definitiven Diagnose abgeschlossen:

> «Der fehler der philosophischen secten war der, daß sie die moral von der religion unabhängig machen wolten ([S]daß sie die Glükseeligkeit in Verbindung mit Moral von der Natur erwarteten [...]); die Natur der Dinge aber enthält keine nothwendige Verbindung zwischen wohlverhalten und wohlbefinden, und also ist das höchste Gut ein bloßes Gedankenwesen» (R.6876, S.188).

Wie Kant den Begriff der Moralität von Religion unabhängig und zugleich die Moral von der Religion abhängig erklären kann, gilt es verständlich zu machen. Und ebenso bedarf es der Klärung, wie sich sein höchstes Gut als *ens rationis* von den «Chimären der Alten» unterscheiden soll.

Kants Diskussion des *summum bonum* arbeitet von Beginn an mit dem Gedanken, daß Glückseligkeit und Sittlichkeit, Wohlbefinden und Wohlverhalten, moralisches Gefühl und Neigungen der Selbstliebe im Menschen und seiner Lebenswelt heterogene Dinge sind, die es im Begriff des Endziels menschlichen Strebens und Handelns zu verbinden gilt. Dies zeigt sich sowohl an seinen Bemerkungen zu Baumgartens *Initia* als auch an seinen allgemeinen Reflexionen über «die Systemata der Alten». In frühen Kommentaren zu Baumgartens Bestimmung der *infirmitas humana* und der *fragilitas naturae humanae* (a.a.O. §§ 168,169) findet sich bereits die Antithetik von moralischem Gefühl und Neigung, der Begriff reiner Moralität und die Rede von einem allgemeinen Hang zum Bösen, der mit einer Dominanz der Neigungen gegenüber dem moralischen Gefühl zu tun hat.

> «Die schwäche der menschlichen Natur besteht in der schwäche des moralischen Gefühls verheltnisweise gegen andere Neigungen [...]. Wenn diese die Bewegungsgründe zum theil sind, so ist die moralität nicht rein» (R.6560, S.77).

> «Die allgemeine Gebrechlichkeit besteht nicht in bösen Neigungen, sondern in der großen Möglichkeit derselben, böse zu werden. Das ist der Hang der Neigungen zu bösem, ehe die Neigungen böse seyn» (R.6563, S.78).

Bereits aus der Zeit zwischen 1764-1768 besitzen wir eine Einteilung und Beurteilung der 'Ideale der Alten de summo bono', die Kant bis in seine 'kritischen' moralphilosophischen Schriften mit leichten Variationen wiederholen und beibehalten wird. Unterschieden wird zwischen einem natürlichen und mystischen Ideal, wobei Kant das kynische, epikureische und stoische dem natürlichen, das platonische dem mystischen zuordnet und das kynische als System der Einfalt und Genügsamkeit, das epikureische als Ideal der Wohllust und Klugheit, das stoische als Ideal der Tugend und Weisheit, und das platonische durch den Gedanken einer (durch 'intellektuelle Anschauung' ermöglichten) Gemeinschaft mit Gott charakterisiert. (R.6584, S.94ff.; vgl. R.6583, S.94; R.6601, S.104 u.ö.).

Von bleibendem Gewicht ist für Kant das epikureische Ideal. Nach ihm besteht das Wohlverhalten «bloß in der Abzwekung der Handlungen zu Wohlbefinden» (R.6584, S. 95), ist «die Tugend eine Nothwendige Form der Mittel zur Glükseeligkeit» (R.6601, S.104). Es ist «den Neigungen der Menschen vollkommen angemessen» (R.6607, S.106) und bezieht seine bestechende Plausibilität aus einem weltimmanenten Daseinsverständnis:

> «Wenn der Lauf der Welt alle folgen der guten und bösen Handlungen bestimmt, so ist Weltklugheit das Wohlverhalten, was zum höchsten Gut führt. Hiezu aber wird erfodert, daß man moralität als die Regel ansieht mit Vorbehalt aller Ausnahmen, welche die Umstände zu unserem Vortheil rathsam machen» (R.6876, S.188f.)[3].

Als ungeklärter Rest bleibt hier allerdings jene Seite unseres Selbstverständnisses, die zwischen Tugend und Vergnügen genau unterscheidet und der Moralität des Verhaltens den höchsten, einen absoluten Wert im Leben zuerkennt. Dieser zollt die Stoa in ihrem Ideal der Weisheit Respekt. Kant läßt von Anfang an keinen Zweifel, daß der Stoa darin Recht zu geben ist. Ihr Ideal der Tugend ist richtig (R.6584, S.96), ihre «Lehre ist die warhafteste der reinen moral» (R.6607, S.106); aber darin, daß sie «glükseeligkeit in der größten Tugend ohne physische Vergnügen» (R.6584, S.95) setzt, die Glückseligkeit als eine «Nothwendige Folge der Tugend» (R 6602 S.104) behauptet, macht sie ihren Weisen zur Chimäre, wird ihr Ideal «als eine wirkliche Vorschrift des Menschlichen Verhaltens thörigt» (R.6584, S.96) und «am wenigsten der Natur des Menschen angemessen» (R.6607, S.106).

Gegen Ende der 60-er Jahre scheint Kant die vermittelnde, leicht skeptisch präsentierte Position eines theoretischen Stoikers und praktischen Epikureers zu beziehen:

> «Das stoische ideal ist das richtigste reine ideal der sitten, aber in concreto auf die Menschliche Natur unrichtig; es ist richtig, daß man so verfahren soll, aber falsch, daß man jemals so verfahren wird. Das ideal des Epicurs ist nach der reinen regel der sitten und also in der theorie des sittlichen principii falsch, obzwar in den sittlichen Lehren wahr; allein es stimmt am meisten mit dem Menschlichen Willen». (R.6607, S.106f.).

Das Problem der Vermittlung soll die Unterscheidung zwischen den *subjektiven Gründen der Exekution* und den *objektiven Gründen der Dijudikation* sowie zwischen *Form* und *Materie* lösen (R.6619).

Das «reine Bild der tugend an sich selbst» ist eine Vernunftvorstellung; es beinhaltet die «Vollkommenheit eines subjects», die nicht darauf beruht, «daß es glückselig sey, sondern daß sein Zustand der freyheit subordinirt sey» (R.6605, S.106) und findet den Grund seiner «approbation im intellectualen Begrif» (R.6619, S.112). Das moralische Gefühl ist als emotionaler menschlicher Reflex der «Vorstellung der reinen Tugend» zu deuten, die unserer Vernunft entspringt:

> «Das moralische Gefühl ist kein ursprünglich Gefühl. Es beruhet auf einem nothwendigen inneren Gesetze, sich selber aus einem äußerlichen Standpunkt zu betrachten und zu empfinden. Gleichsam in der Persöhnlichkeit der Vernunft: da man sich im allgemeinen fühlt und sein individuum als ein Zufellig subiect wie ein accidens des allgemeinen ansieht» (R.6598, S.103).

[3] Übrigens ist dies eine Beschreibung der epikureischen Position, die der späteren Bestimmung des menschlich Bösen entspricht.

Vernunftvorstellung und moralisches Gefühl reichen indessen nicht zu, «die Menschen zum moralisch guten anzutreiben»; «ihre (sc. der Menschen M.F.) elateres» liegen «im Sinnlichen» (R. 6619, S. 112f.), weil «uns die Natur wegen aller unsrer handlungen den sinnlichen Bedürfnissen zuletzt unterworfen zu haben» scheint (R. 6621, S. 114). Auf der Ebene der Ausführung bedarf der Mensch also der Beihilfe der Neigungen, der «motiva auxiliaria», wie Mitleid, Ehre etc., ohne welche die Moral chimärisch wäre (R. 6560, S.77), einer Beihilfe freilich, die nicht den Anschein erwecken darf, es ginge uns letztlich nur um uns selbst; ja, ein gewisses Maß der Selbstillusionierung muß sie begleiten, da das Selbstverständnis des Menschen sich am Bewußtsein moralischer Motivation seines Handelns am stärksten erhebt und in Richtung tugendgemäßer Handlungen praktisch auswirkt.

> «Es ist besonders, daß der vorgestellte Nutzen und Ehre nicht die so starke entschließung der Tugend nachzuahmen hervorbringen können, als das reine Bild der Tugend an sich selbst; und selbst, wenn man im Geheim durch Aussicht auf Ehre getrieben wird, thut man es doch nicht um dieser Ehre willen allein, sondern nur so ferne wir uns durch eine geheime Überredung einbilden können, die Grundsätze der Tugend hätten es hervorgebracht. Wir müssen uns vor unsern eignen Augen die mechanik unserer eigennützigen Antriebe verbergen» (R. 6619, S. 112f.).

Kant versucht gegen Ende der 60-er Jahre in offenkundig Rousseauscher Begrifflichkeit Stoa und Epikureismus, den «Lehrbegriff der sich selbst genugsamen Tugend» und «das System des feinsten Eigennutzes», «die eben dieselbe Wirkung, aber nicht aus den selben principiis leisten» (R. 6606, S. 106), miteinander zu verbinden, ohne auf ein Erfordernis von Religion Bezug zu nehmen. Für die Praxis ist wichtig, daß bezüglich des Verfolgens unserer Neigungen das einschränkende moralische Gesetz der «Regeln des allgemeinen Beyfalls» «doch immer die beste allgemeine Regel der Klugheit ist» (R. 6621, S. 114). Die Stoa liefert die Form, Epikur den Inhalt, und die Synthese ist beiden bekömmlich: «wir machen unser Vergnügen schmakhafter, wenn wir es unter edleren Absichten verdecken» (R. 6620, S. 114).

> Damit «unsere blinde triebe uns nicht auf blosses Glük bald hie, bald dahin trieben [...] war ein Urtheil nötig, welches in Ansehung ihrer aller unpartheiisch und also abgesondert von aller Neigung blos durch den reinen Willen die Regeln entwarf, die, vor alle Handlungen und vor alle Menschen gültig, die grösseste Harmonie eines Menschen mit sich selbst und mit andern hervorbrächten. Man muste in diese Regeln die wesentliche Bedingungen setzen, unter welchen man seinen trieben gehör geben konnte, und als wenn die Beobachtung derselben an sich selbst ein gegenstand unseres Willens seyn könte, welchen wir selbst mit Aufopferung unsrer Glükseeligkeit verfolgen musten, ob sie zwar nur die beständige und zuverlässige Form war» (R. 6621, S. 114f.).

Diese Synthese von Stoa und Epikureismus konnte Kant auf Dauer nicht befriedigen. Denn sie versagt gerade dort, wo Moralität eine definitive «Aufopferung unserer Glükseeligkeit» verlangt, in Situationen moralisch geforderten Einsatzes des eigenen Lebens bzw. in Umständen, in denen ein Gerechter kein Glück in diesem Leben mehr zu erwarten hat.

Nicht ohne Grund hatte Rousseau gerade im Blick auf derartige Umstände seine Konzepte einer politischen und privaten Versöhnung von Gerechtigkeit und Nutzen in dieser Welt durch die Perspektiven der Dogmen einer *religion civile* im Contrat Social und des Glaubens des Savoyardschen Vikars im Émile ergänzt.

Kant verfolgt denn auch seinen Gedanken — Moralität als Form irdischer Glückseligkeit — zunächst wie Rousseau in einer stark kynisch-stoisch gefärbten Richtung weiter; Tugend, um ihrer selbst willen und als unbedingte Bedingung aller anderen Ziele erstrebt, führt *Selbstzufriedenheit* bei sich. Diese, «gleichsam apperceptio iucunda primitiva» (R.7202,S.278), ist sowohl Bedingung der Möglichkeit aller empirischen Glückseligkeit als auch, im Falle ihres Fehlens, deren weitgehender Ersatz:

> «In dem Bewußtseyn hat der Mensch ursach, mit sich selbst zufrieden zu seyn. Er hat die Empfanglichkeit aller Glückseeligkeit, das Vermögen auch ohne Lebens-annehmlichkeiten zufrieden zu seyn und glücklich zu machen. Dieses ist das intellektuelle der Glückseeligkeit». (Ebd.).

> «Die Funktion der Einheit a priori aller Elemente der Glückseeligkeit [...] ist die freyheit unter allgemeinen Gesetzen der Willkühr, die Moralitaet. Das macht die Glückseeligkeit als solche moglich und hangt nicht von ihr als dem Zwecke ab und ist selbst die ursprüngliche Form der Glückseeligkeit, bey welcher man der Annehmlichkeiten gar wohl entbehren und dagegen viel Uebel des Lebens ohne Verminderung der Zufriedenheit, ja selbst zur Erhebung derselben, übernehmen kann» (Ebd. S.277).

Aber bei aller Betonung der selbstbewirkten Form der Glückseligkeit wahrt Kant noch die Distanz zur Stoa, identifiziert er die moralische Selbstzufriedenheit nicht mit dem Glück des Menschen.

> «Gleichwohl vergnügt sie darum doch nicht, weil sie das Empirische der Glückseeligkeit nicht verspricht; sie enthält also an sich keine Triebfedern; dazu werden immer empirische Bedingungen, nämlich Befriedigung der Bedürfnisse, erfordert» (Ebd.279).

Zwar ist richtig, daß Tugend, allgemein realisiert, «aus dem, was Natur darbietet, die größte (Glückseeligkeit) Wohlfahrt zuwege bringen würde» (R.7202, S.277); aber dies tut sie sicherlich nicht, wenn man sich inmitten einer depravierten Gesellschaft allein oder mit wenigen um sie bemüht. «Es ist unstrittig, daß die tugend glüklich mache, wenn sie iedermann ausübt; aber epicur behauptete: auch denn, wenn man sie allein ausübt» (R.6794). Das Materiale menschlichen Glücks entstammt der Sphäre der Sinnlichkeit und der Bedürfnisse, die nicht uneingeschränkt in unserer Hand ist; «in ansehung der Unzulänglichkeit, ohne Einstimmung des Schiksal glüklich zu werden» (R.6892, S.196) geben weder Stoa noch Epikur noch eine Synthese von beiden eine zureichende Antwort.

«Das principium der Moral ist autocratie der freyheit» und als solches «das principium der epigenesis der Glükseligkeit». So gesehen ist «die Glükseeligkeit das Selbstgeschöpf der guten [...] willkühr», «besitzt der tugendhafte in sich selbst die Glükseeligkeit (in receptivitate), so schlimm auch die Umstände seyn mögen» (R.6867, S.186), aber eben nur *in receptivitate*, d.h. als Fähigkeit und Disposition, deren Aktualisierung auf den Empfang geeigneter Materialien angewiesen ist. Das Prinzip der Moral und das der Glückseligkeit «so fern sie Natur= oder Glüks Gabe ist» sind heterogene Dinge; ihre Entsprechung setzt *eine gerechte Weltverwaltung voraus.*

> «Hiebey muß vorausgesetzt werden, das Ursprünglich ein freyer Wille, der allgemeingültig ist, die Ursache der Ordnung der Natur und aller Schiksale sey. Als denn ist die anordnung der Handlungen nach allgemeinen Gesetzen der Einstimmung der Freyheit zugleich ein principium der Form aller Glükseeligkeit» (R.6867, S.186).

Hier ist theoretisch bereits der Punkt erreicht, an dem Kant sich über den «fehler der philosophischen sekten» definitiv im klaren weiß und einer bestimmten Abhängigkeit der Moral von der Religion das Wort redet.

Denn einerseits ist das Bestehen einer gerechten Weltverwaltung nichts, was theoretisch beweisbar oder empirisch belegbar wäre. Andererseits ist der Gedanke einer Welt, «wo die Glükseeligkeit genau mit der sittlichkeit zusammenstimt», «ein nothwendig moralisches ideal» (R.6838, S.176) und als Ziel vernünftigen Strebens und Handelns mit unserem sittlichen Selbstverständnis untrennbar verbunden, zu dessen Realisierung gleichwohl die Kräfte des Menschen ersichtlich nicht zureichen. Kant will das sittliche Selbstverständnis mit seinem Primat der Tugend retten, aber ebenso den Anspruch des bedürftigen Menschen auf sein Glück, wenn er sich denn des Glückes würdig gemacht hat. Er bezieht in der Frage des *summum bonum* schließlich nicht die stoische oder epikureische, sondern die altakademisch-peripatetische Position, wobei freilich, ganz gegen diese, wohl aber im Einklang mit der biblischen Tradition, das Skandalon des Glücks des Lasterhaften in dieser Welt ein immer stärkeres Gewicht gewinnt. «Wen der rechtschaffene Man unglüklich und der lasterhafte glüklich ist, so ist der Mensch nicht unvollkomen, sondern die Ordnung der Natur» (R.6590, S.98); «Und eine Regirung der Welt würde böse seyn, darin nicht alles nach dieser Würdigkeit angeordnet wäre» (R.6630, S.118). Das höchste Gut enthält für Kant fraglos «ein pathologisches und ein practisch gut. Wohlverhalten und Wohlergehen». Der gute Wille, sich aller Natur- und Glücksgaben wohl zu bedienen, «macht, das wir derselben insgesamt würdig seyn»; «die Würdigkeit ist zwar ein wahres und das oberste Gut, aber nicht das vollständige» (R.6876,S.189). Und unterhalb der Vollständigkeit kann Vernunft sich nicht zufriedengeben.

II.

Religion, so wie sie bei Kant in den Reflexionen ihrem Begriff und ihrer Funktion nach erstmals klar bestimmt wird, ist ausschließlich Vernunftreligion, d.h. eine Religion, die ganz und gar aus einem vernunftgeleiteten Selbst- und Weltverständnis entwickelt wird und zur Stützung eines derartigen Selbstverständnisses für den Menschen gedacht ist.

Ausgangspunkt ist einmal die am Gerechtigkeitsbegriff orientierte Vernunft-Prämisse einer notwendigen Verbindung von Wohlverhalten und Wohlbefinden, die die erfahrbare Natur der Dinge nicht enthält (vgl.R.6876, S.188). Werden die Kriterien des Wohlverhaltens nicht den empirischen Bedingungen des Wohlbefindens nachgeordnet und angepaßt, sondern in Form des Primats einer moralisch interpretierten Tugendforderung aufrechterhalten, dann führt dies von selbst zur Eröffnung der Vernunftperspektive einer «anderen» Welt: «Die andere (intellektuale) Welt ist eigentlich die, wo die Glükseeligkeit genau mit der sittlichkeit zusammenstimt: Himmel und Hölle [...]. Die andere Welt ist ein nothwendig moralisches ideal» (R.6838, S.176).

Ausgangspunkt ist zum zweiten der Gedanke, daß der Mensch der Glückseligkeit bedürftig ist und bleibt, daß er als vernünftiges Wesen sein Streben nach Glück zwar der Bedingung der Glückswürdigkeit unterstellen muß und kann, aber als endliches Wesen sein Verlangen nach Glück nicht dem Bewußtsein bloßer Glückswürdigkeit aufzuopfern oder mit diesem zu befriedigen vermag. Denn «von der blos moralischen Glükseeligkeit oder der Seeligkeit verstehen wir nichts» (R. 6883, S. 191).

Gewiß, «Das princip der Selbstliebe ist zwar das allgemeine subiective der triebfedern, aber nicht der beurtheilung der Handlungen und ihres obiectiven Werths» (R. 6843, S. 177); aber es ist eben doch subjektiv allgemein; d.h. als an die kontingente Natur des Menschen unweigerlich gebundenes Motiv in all seinem Handeln im Spiel. *Objektive moralische Beweggründe* und *subjektive Triebfedern* des Handelns gilt es genau zu unterscheiden (R. 6615, S. 111); aber ohne subjektive Triebfedern handelt der Mensch nicht, und diese müssen «alle von der Glükseeligkeit [...] hergenommen seyn» (R. 6858, S. 181). So gesehen dürfen moralische Gebote jedenfalls nicht der Aussicht auf Glückseligkeit Abbruch tun, wenn sie den Menschen sinnvolle d.h. nichtchimärische Handlungsweisungen sein sollen. Der Mensch kann nicht sein Verlangen nach Glückseligkeit aufgeben. Nicht die *Eigenliebe* (der «Eigennutz», der «Vorteil», die «Selbstsucht»), «weil diese eine Ausschließende selbstliebe ist», wohl aber die *Selbstliebe* gilt es mit der Vorstellung vom absolut Wertvollen und höchsten Gut zu verbinden (R. 6894, S. 198). «Aus selbstneigung entspringen Handlungen, die nicht nothwendig Einheit unter sich und andern haben» (R.6843,S.177). «Der Gebrauch der freyheit, der ein Grund der Glükseeligkeit nach einer allgemeinen Regel ist, ist die würdigkeit glüklich zu sein. Uns liegt es ob, die Glükseeligkeit einer Regel zu unterwerfen (R.6844,S.177). Dies besagt: durch die *Anwendung des moralischen Gesetzes auf die menschliche Natur* modifiziert sich der Wunsch nach Glück zum Wunsch, sich des erstrebten Glückes auch würdig zu erweisen, da aus der Perspektive unparteilicher Vernunft das Glück eines moralitätsfähigen und glücksbedürftigen Wesens nur dann zu billigen, aber auch nach Gerechtigkeitsgesichtspunkten zu postulieren oder zumindest nach Billigkeitsgründen zu erwarten ist, wenn dieser sein Glück «verdient».

> «Wodurch werden die sittliche Bedingungen motiva, d.i. worauf beruhet ihre vis movens und also ihre Anwendung aufs subiect? Die letztere sind erstlich das mit der moralitaet wesentlich verbundene motivum, nemlich die Würdigkeit glüklich zu seyn» (R. 6628, S. 117).

Da «Tugend aber keinen sichern Vortheil bey sich führt: so muß man ihre Bewegungsgründe mit dem Nutzen, den sie schaft, vereinigen» (R. 6629, S. 118). Denn die subjektiven Bedingungen der Ausübung moralischer Gesetze «bestehen in der Übereinstimmung mit unserem Verlangen zur Glükseeligkeit» (R. 7097, S. 248).

Dies besagt offensichtlich: das sittliche Handlungsmotiv der Glückswürdigkeit muß sich mit einer subjektiven Erwartung verbinden, daß Glückswürdigkeit sich tatsächlich als notwendiger und zureichender Grund von Glück erweist, um wirksames Handlungsmotiv des Menschen sein zu können. Ohne solche Erwartung wäre Moralität dem Menschen, so wie er ist, nicht zumutbar, die uneingeschränkte Tugendliebe eine Torheit und der Epikureismus die plausiblere Option. In die Stelle der Erwartung tritt angesichts ihrer empirischen Uneinlösbarkeit Religion als reiner Vernunftglaube, d.h. als von der Vernunft zu Zwecken ihrer Autoritätssicherung unter Menschen gegebene Hoffnung und Verheißung der Realisierung des höchsten qua vollständigen Guts in einer anderen Welt. «Die moralische Gesetze haben wohl das principium obligandi in sich, aber obligiren nicht ohne Religion, weil sie nicht durch ihre Natur Verheißung der Glükseeligkeit bey sich führen» (R. 7279). Die Religion ihrerseits ist nicht Grund noch Inhalt einer Pflicht, sondern eine Verheißung der Vernunft als Gegengewicht gegen die begründete Furcht des Glücksverlusts, die mit der Einlösung von Pflicht verbunden sein mag. «Die Verheißung oligiert nicht, sie benimmt nur die Ausrede der selbstliebe, welche ein recht hat, alles mit seiner glükseeligkeit als einstimmig zu fodern» (R. 7108, S. 250).

> «Man nennt Vorliebe [...] den Wunsch, sich selbst oder [...] andern glüklich zu sehen ohne Beziehung auf das Urtheil, ob man dieser Glükseeligkeit würdig sey. Wer ohne Vorliebe [...] urtheilt, urtheilt unpartheyisch. Unser wunsch ist jederzeit in Ansehung unserer selbst partheyisch[...] Aber ohnerachtet alles eigenliebigen und unabläßigen Wunsches könen wir doch das Vernunfturtheil nicht unterdrücken, daß zwar die Begierde zur Glükseeligkeit natürlich vor dem Wunsche es zu seyn (sc.der Glückseligkeit würdig M.F.) vorher gehe, gleichwohl das letztere vor dem ersteren in dem Urtheil der Vernunft vorher gehen müsse: daß die erste Frage seyn muß, ob die Persohn gut sey, und die zweite nur: ob ihr Zustand gut und glüklich sey. Wir würden eine Welt verachten und eine Regirung der Welt, worin es anders geordnet wäre. Die Würdigkeit glüklich zu seyn ist zwar nicht unser unmittelbarer Wunsch, aber die erste und unnachlaßliche condition, unter welcher die Vernunft ihn billigt. Es scheint aber auch, als wenn die Vernunft uns in diesem Geboth auch etwas verspreche. Nämlich daß man hoffen konne glüklich zu seyn, wenn man sich nur so verhält, daß man derselben nicht unwürdig ist. Denn da der ohne Zweifel ein Thor [...] seyn würde, welcher sich eigensinig einer Regel unterwürfe, ob er gleich wüste, daß er seinen Zwek viel besser erreichen würde, wenn er gelegentlich Ausnahmen davon machte: so würde folgen, daß man auch wohl ein dupe [...] der tugend seyn könne: ein unausstehlicher und ungereimter Gedanke». (R. 7059, S. 237 f.)

Religion als Vernunftglaube begegnet also der Gefahr, daß der kategorische Anspruch moralisch-praktischer Vernunft sich im Blick auf die Glücksbedürftigkeit des Menschen als absurd erweist. Dieser Glaube der Vernunft zur Stützung der Vernünftigkeit ihres eigenen moralischen Anspruchs an den Menschen impliziert die Interpretation moralischer Gesetze als Gebote eines Gottes, dessen Einsicht unbegrenzt, dessen Wille gut und allvermögend ist (vgl.R.7097), der als unparteilicher Richter über die Gesinnungen und Anstrengungen der Menschen urteilen und die von der Vernunft verheißene Entsprechung von Glückswürdigkeit und Glück herstellen (vgl.R. 7202), der schließlich der Unzulänglichkeit des Menschen zur Heiligkeit nach Maßgabe seiner Anstrengung helfend entgegenkommen wird (vgl.R. 7094).

Es ist dies nach Aussage der Reflexionen ein Glaube, der nicht den Anspruch moralisch-praktischer Vernunft begründet, sondern der sich aus der Anwendung dieses Anspruches auf die Natur des Menschen nach Gesichtspunkten unparteilicher Vernunft ergibt. Es ist dies zum zweiten ein Glaube, der die Reinheit der Tugendgesinnung nicht aufhebt, sondern nur dazu dient, dem Hindernis der Moralität im Menschen, das in der Furcht vor dem Verlust aller Glückseligkeit besteht, in Gestalt einer Hoffnung etwas entgegenzusetzen (R. 7281). Es ist dies zum dritten ein Glaube, der dem Menschen in der Größe seiner moralischen Bestimmung und ebenso in seiner natürlichen Schwäche gerecht wird, der sowohl der Gefahr theoretischer wie praktischer Selbstüberschätzung als auch der Tendenz zu Unlauterkeit und eigenliebiger Nachsicht begegnet. Und es ist dies schließlich ein rationaler Glaube, d.h. ein Glaube, der allem Aberglauben und den «unmoralischen Hilfsmitteln der Religionsobservanzen» den Boden entzieht; andererseits aber auch nur ein Glaube, eine Hoffnung, eine Verheissung, kein Wissen.

In die Diskussion der Lehre der Alten vom *summum bonum* integriert, präsentiert Kant seinen moralischen Vernunftglauben in den 70-er Jahren im Unterschied zum kynischen

Ideal der Einfalt, zum epikureischen Ideal der Weltklugheit und stoischen der Weltweisheit als Ideal der Heiligkeit, als das wahre christliche Ideal des Lehrers des Evangeliums.

Den Ausgangspunkt der Kantischen Religionsphilosophie bildet, das ist durch Wortlaut und zeitliche Folge der Reflexionen eindeutig belegbar, das Problem der *Triebfeder* zum moralischen Handeln. War er zunächst während seines Syntheseversuchs von Stoa und Epikureismus der Meinung, daß die menschliche Natur nur eine gemischte, unreine Motivation zu moralischem Handeln zuläßt, so glaubt er dann, daß sein Konzept des moralischen Glaubens sowohl die Reinheit der Motivation durch objektive Beweggründe der Tugendliebe rettet als auch das unhintergehbare Faktum der subjektiven, auf Glückseligkeit gerichteten Triebfeder des Handelns berücksichtigt und ihr Recht wahrt, indem es die Realisierung des *summum bonum* und damit auch der Glückseligkeit in eine andere, absolut gerecht regierte Welt verlegt. Aus den 60-er Jahren stammt die Reflexion 6560 (S. 77):

> «Die Schwäche der menschlichen Natur besteht in der Schwäche des moralischen Gefühls verheltnisweise gegen andere Neigungen. Daher die Vorsehung sie mit hülfleistenden trieben als analogis instinctorum moralium vergrößert hat. e.g. Ehre, Sorge, Mitleiden, Sympatie oder auch mit Strafen. Wenn diese die Bewegungsgründe zum Theil sind, so ist die moralität nicht rein. Die Moral ist chimaerisch, welche alle diese motiva auxiliaria ausschließt».

In die Zeit von 1776-1778 gehören dagegen die Reflexionen 6838 und 6858.

> «Epikur wolte der tugend die triebfeder geben und nahm ihr den inneren Werth. Zeno wolte der tugend einen innern Werth geben und nahm ihr die triebfeder. Nur Christus giebt ihr den innern Werth und auch die triebfeder [...]. Die triebfeder aus der andern Welt ist auch schon an sich selbst der Entsagung auf allen Vortheil gleich [...] die andere Welt ist ein nothwendig moralisches ideal. Ohne dieses ist die moralische Gesetzgebung ohne Regirung. Sie allein geht auf den innern Werth der Handlungen. Durch die gehofte Belohnung der andern Welt wird die tugend uneigennützig und hat doch eine Stütze oder Zuflucht. Die triebfeder ist den Sinnen so weit als moglich entzogen» (R. 6838, S. 176).

> «Es ist wahr: ohne Religion würde die moral keine triebfedern haben, die alle von der Glükseeligkeit müssen hergenommen seyn. Die moralischen Gebothe müssen eine Verheißung oder Drohung bey sich führen. Die Glükseeligkeit ist in diesem Leben nicht ihre Aufmunterung; über dem ist die reine Gesinung des Herzens das, was den eigentlichen moralischen Werth ausmacht; diese aber wird niemals von andern recht erkannt, oftmals gar verkannt. Es hat sicherlich keinen Menschen gegeben, der mit gänzlicher Gewissenhaftigkeit über die reinigkeit seiner Sitten wachte und der nicht zugleich hoffete, daß einmal diese Sorgfalt von Großer wichtigkeit seyn werde und von einer die Welt regirenden höchsten Weisheit erwartete, es werde nicht umsonst seyn, dieser genauen Beobachtung sich gewidmet zu haben. Allein das urtheil über den Werth der Handlungen, so fern sie beyfalls und der Glükseeligkeit würdig sind, muß doch von aller Erkentnis von Gott unabhängig seyn». (R. 6858).

Nicht der Begriff der Moralität und das Urteil über den Wert von Handlungen ist von der Existenz eines Gottes abhängig, wohl aber die Triebfeder zu moralischem Handeln.

> «Wäre kein Gott, so würden alle unsere Pflichten schwinden, weil eine Ungereimtheit im gantzen wäre, nach welcher das Wohlbefinden nicht mit dem Wohlverhalten stimmete, und diese Ungereimtheit würde die andere entschuldigen. Ich soll gerecht gegen andere seyn; aber wer sichert mir mein Recht?» (R. 6674, S. 130).

Von besonderer Bedeutung ist Kant offensichtlich der Gesichtspunkt, daß die im Vernunftglauben eingeschlossene Hoffnung auf Belohnung nicht die Reinheit der Tugendgesinnung beeinträchtigt.

> «Das ideal des Christen hat dieses Besondere, daß es nicht allein die Idee der sittlichen Reinigkeit zum Principio der diiudication macht, sondern auch zur unnachlaßlichen Richtschnur der Handlungen und daß er darnach solle gerichtet werden» (R. 6634, S. 120).

Der Christ bemüht sich danach um Moralität nicht des aussermoralischen Lohnes wegen, sondern um der Tugend selbst willen und weiß, daß er von einem moralisch guten göttlichen Richter eine Belohnung nur zu gewärtigen hat, wenn er genau dieses tut. Ja, der Vernunftglaube ist eine Folge der Tugendliebe und nicht umgekehrt. Der und nur der, welcher Tugend als uneingeschränktes Gut und Bedingung der Billigung von Natur- und Glücksgaben an moralitätsfähigen Wesen ansieht und schätzt, gewinnt den adäquaten Vernunftglauben.

> «Das System des feinsten Eigennutzes ist darin von dem Lehrbegrif der sich selbst genugsamen Tugend unterschieden, daß diese die Tugend an sich selbst liebt und darum nicht umhin kan, einen allsehenden Richter ihrer Reinigkeit und ihre Belohnung zu hoffen. Die tugendliebe ist der Hofnung glüklich zu seyn, und diese giebt ihr stärke, dem Unangenehmen, was mit ihr verbunden ist, zu wiederstehen. Dagegen im ersteren System ist die Hofnung der Glükseeligkeit womöglich ein Grund der tugend, eigentlich ein Grund kluger Handlungen, die eben dieselbe Wirkung, aber nicht aus denselben principiis leisten». (R. 6606, S. 106).

Kant redet im Anschluß an Baumgarten von einem *praemium morale*, wenn die Belohnung für eine Tat nicht Grund, sondern Folge einer freien Handlung ist (R. 7110, S. 250; vgl. 7102, S. 249), während das *praemium pragmaticum* «Der Preis ist [...], der Bewegungsgrund war» (R. 7110, S. 250).

In diesem Sinn spricht er auch von *praemia auctorantia*, von einem auf etwas ausgesetzten Preis bzw. Lohn, der zum Handeln motivieren soll, im Unterschied zu *praemia remunerantia*, Belohnungen, die eine geschehene gute Tat vergelten.

Belohnungen entsprechen guten Handlungen, zu denen man verpflichtet ist bzw. die man über seine Pflicht hinaus vollzieht. Auf sie besteht kein Rechtsanspruch im strikten Sinn, wohl aber entsprechend der Güte und dem Vermögen des Gebieters oder Adressaten der Wohltat eine plausible Erwartung, insbesondere dann, wenn die Wohltat mit Mühen und Einbußen auf Seiten eines Wohltäters verbunden ist (vgl. RR. 7109, S. 250; 7111, S. 251; 7112, S. 251; 7114, S. 251 f.)

In diesem Sinn sind die Reflexionen 7280 und 7281 zu verstehen, die Ende der 70-er, Anfang der 80-er Jahre Baumgartens Behandlung der *praemia* kommentieren:

> «princip des Eigennutzes. *analogon meriti* ist eine Pflichtmäßige handlung unter hindernissen der entgegen strebenden Natur. Wie kan die Hofnung auf gottliche Güte mit der Uneigennützigkeit Verbunden werden? Wenn sie nicht als praemium (hier wohl zu verstehen im engen Sinn von Lohn, Preis, MF) betrachtet wird, sondern nur als Beyfall, der unsere Wahl bestätigt» (R. 7280, S. 301).

> «Die Erwartung der Belohnungen vermindert nur dann den moralischen Werth, wenn diese den Bewegungsgrund enthalten, nicht aber, wenn sie nur dazu dienen, die hindernis der moralität in der furcht vor dem Verlust aller Glükseeligkeit aufzuheben.» (R. 7281, S. 301).

Wenn ich recht sehe, unterscheidet Kant in dieser Zeit im Blick auf die Motivation sittlich guten Handelns des Menschen zwei Faktoren, den *objektiven Bewegungsgrund*, meist «motivum» genannt, (die Pflicht oder die Tugend selbst R.6601, 6974 vgl. R.6638), der wesentlich in einer Vernunftaussage und einem *dictamen rationis* besteht, und die *subjektive Triebfeder*, meist mit «elater» bezeichnet, die sich aus Gefühlen, Trieben und Neigungen aufbaut. Bei der Triebfeder nun ist zu unterscheiden zwischen dem moralischen Gefühl (der Selbstachtung, des Wohlgefallens, der Selbstbilligung) und naturgestützten Neigungen. Die vernünftige Hoffnung auf Glückseligkeit nach Maßgabe der Glückswürdigkeit im Vernunftglauben ist wie das moralische Gefühl ein vernunftgewirkter Affekt und verstärkt die Triebkraft des moralischen Gefühls, das unter der neigungsbezogenen Furcht des Glücksverlusts in Verbindung mit der Tugend- und Pflichtvorstellung der Vernunft zu schwach wäre, den Menschen tatsächlich zum tugendhaften Handeln zu bewegen.

> «Wie kan Vernunft eine Triebfeder abgeben, da sie sonst iederzeit nur eine Richtschnur ist und die Neigung treibt, der Verstand nur die Mittel vorschreibt? Zusammenstimmung mit sich selbst. Selbstbilligung *und Zutrauen* (Hervorhebung M.F.). Die triebfeder, die mit der Pflicht verbunden werden kan, aber niemals an deren Stelle gesetzt werden muß, ist Neigung oder Zwang (sc. die oben erwähnten motiva auxiliaria M.F.). Die erste darum, weil die Neigung (selbst die wohlwollende) durch Pflicht muß regirt werden. Die zweyte darum, weil die Zwangsbedürftigkeit an sich selbst schon eine Schwächung der Macht der Pflicht ist» (R.6864, S.185).

> «Die treibende Kraft komt auf das Gefühl des wohlgefallens an, sofern es auf sich selbst und die Selbstschätzung angewandt wird, und zwar nach seinem allgemeingültigen Preis, d.i. dem inneren werth. Erhebung der Menschheit.» (R.6866, S.185f.)

Die Hoffnung auf Glückseligkeit durch Gott steht also im Rahmen der moralischen Gliederung des Triebfederbereichs zwischen moralischem Gefühl und Neigung und hat die Funktion eines Ausgleichs zu natural notwendigerweise moralitätsaversiven Triebkräften des Handelns: sie ist wie das moralische Gefühl eine auf Gesichtspunkten der Vernunft beruhende Emotion (stoisch gesprochen eine εὐπάθεια) und trägt zugleich den Ansprüchen der Neigung Rechnung.

Ein wesentlicher Gesichtspunkt, der Kants Plädoyer für das christliche Ideal der Heiligkeit gegenüber den Lehren der Alten leitet, ist die Abwehr der Gefahr sowohl theoretischer Selbstüberschätzung als auch moralischen Eigendünkels oder sittlicher Selbstnachsicht, der nach seiner (gut paulinischen) Meinung durch die Philosophie der vorchristlichen Antike vom *summum bonum* Vorschub geleistet wird.

Während Kant in den 60-er Jahren Platos Ideal einer durch charakterliche und theoretische Bildung zu erreichenden Gemeinschaft mit Gott mit den Prädikaten «mystisch», «enthusiastisch», «fanatisch» belegt und offensichtlich in engsten Zusammenhang mit dem Christentum bringt (vgl. R.6601; 6611, S.108f.), wird dieses Ideal in den 70-er Jahren ungleich positiver beurteilt:

> «Plato: Moral aus der idee, nicht den Neigungen oder den Erfahrungen gemäß, auch nicht aus Reflexionsbegriffen. Nur er suchte seine idee in Gott, oder er machte den Begrif von gott aus diesen ideen» (R.6842, S.177).

Die bleibende Differenz zu Plato besteht darin, daß dieser ein Wissen, eine intellektuelle Anschauung behauptet, wo Kant nur von Glauben und Hoffen spricht R.6894, S.198f:

> «Christus sagt auch daß in der Gemeinschaft mit Gott das höchste Gut besteht; aber sein Weg ist durch das wohlverhalten im Glauben, nicht durch Anschauen oder Andächteley. Er ist hierin von Plato unterschieden».

Als Kritik an allen vorchristlichen Ethiken bleibt ferner der Vorwurf der Selbstüberschätzung des Menschen im Blick auf das *summum bonum*:

> «Das Christentum hat dieses Besondere an sich, daß, da alle andre vorgeben, der Mensch könne aus eignen Kräften dahin gelangen, dasselbe die schwäche der Menschlichen Natur nicht vorschützt, sondern zur Schärfe der selbstprüfung braucht und von Gott Hülfe» (R. 6832, S. 174 f.).

Stoa und Epikureismus, für Kant die großen Antipoden der Antike, haben einerseits den Menschen dünkelhaft überschätzt (die Stoa), andererseits das moralische Gesetz den Neigungen angepaßt (der Epikureismus).

> «Das summum bonum der philosophischen secten konte nur statt finden, wenn man annahm, der Mensch könne dem moralischen Gesetze adaeqvat seyn. Zu dem Ende muste man entweder seine Handlungen mit moralischem Eigendünkel vortheilhaft auslegen oder das moralische Gesetz sehr nachsichtlich machen. Der Christ kan die Gebrechlichkeit seines Persöhnlichen werthes erkennen und doch hoffen, des höchsten Gutes selbst unter Bedingung des heiligsten Gesetzes theilhaftig zu werden» (R. 6872, S. 187).

Das Christentum allein verfügt über den korrekten Vernunftbegriff des *summum bonum* des Menschen und trägt zugleich dem anthropologischen Sachverhalt Rechnung, daß der Mensch mit seinen natürlichen Kräften bezüglich der Realisierung der Bestandteile des *summum bonum* überfordert ist.

> «Wenn die hofnung der Glükseeligkeit unserer sittlichen würdigkeit soll gemäß seyn, so ist der weise des evangelii das wahre sittliche ideal. Der nämlich die Natürliche tugend und das natürliche Glük nicht vor hinreichend hält, sondern beydes als ergänzungsbedürftig so wohl zur Würdigkeit als auch den Besitz der glükseeligkeit» (R. 6882, S. 191).

> «Weil die alten kein ander Vermögen der Sittlichkeit als das natürliche erkanten, so machten sie das Gesetz nachsichtlich. Dagegen das evangelium rein. Daher vollkommenere moral Lehre. Die triebfeder in dieser Welt ist auch nicht den Gesinnungen angemessen». (R. 6839, S. 176 f.)

> «Die christliche Religion sagt: wir können niemals hoffen, durch eigen Verdienst die Würdigkeit zu erlangen. Sie fodert die größte Reinigkeit des Herzens» (R. 6838, S. 175).

Die Einsicht in die Schwäche menschlicher Tugendgesinnung führt im Rahmen des christlichen Ideals nicht zur Verminderung des moralischen Anspruchs, sondern zur Hoffnung auf göttlichen Beistand, sie führt nicht zu quietistischer Bangigkeit, sondern zum Einsatz der vorhandenen Kräfte zur Besserung, sie führt nicht zu Versuchen äusseren Lohndienstes oder knechtischer Andächtelei gegenüber Gott, sondern zur Arbeit an der eigenen Sittlichkeit.

> «Die Lehre des evangelii will auch, daß man nicht anders als durch Wohlverhalten und Heiligkeit soll hoffen seelig zu werden, daß man aber diese Heiligkeit hoffen soll, so fern man mit allem ernste sich befleißigt, nach seinen verliehenen Kräften so gut zu seyn als man kann». (R.7094,S.248)

Wahre Religion hat ihren Kern und Ausgangspunkt im moralischen Gefühl, in der moralischen Gesinnung und der auf sie sich stützenden Hoffnung; andernfalls ist sie Ausdruck einer unmoralischen knechtischen Einstellung:

> «Es ist nöthig, die Sittlichkeit vor der Religion zu schiken, daß wir eine tugendhafte Seele Gott darbringen; wenn die Religion vor den Sitten vorhergeht, so ist die Religion ohne sentiment eine kalte Einschmeicheley und die Sitten eine obersantz aus Noth ohne Gesinnung» (R.6753,S.148).

> «Es ist unverschämt, um Glük oder nur um straflosigkeit zu bitten, wenn man nicht ein besserer Mensch ist. Der göttliche Wille wird alsdenn nicht als ein heiliger, sondern eigenliebiger und despotischer Wille betrachtet, der keine Gesetze der innern Anständigkeit Achtet und blos den Einschmeichelungen Gehor Giebt». (R. 7093, S. 247).

III.

Kant hat, dies läßt sich den Reflexionen eindeutig entnehmen, vom Beginn der 70-er Jahre bis etwa um die Zeit der Veröffentlichung der «Kritik der reinen Vernunft» eine moralphilosophische Grundposition ausformuliert, die er in ihren wesentlichen Zügen bis zum Ende seines Lebens beibehalten wird. Man mag sie mit dem Titel eines *christianisierten Platonismus* charakterisieren. Religion wird völlig in den Kontext eines rational zu interpretierenden moralischen Selbstverständnisses gestellt und daran gemessen. Wie es in späten Reflexionen zur Religionsphilosophie heißt: Moral ohne Religion ist unmöglich «in Ansehung des Endzweks» (R.8097, S.641 aus der Zeit von 1792-4); aber: «Das Daseyn der Gottheit ist nicht bewiesen, sondern es wird postuliert, und es kann also blos dazu dienen, wozu die Vernunft gezwungen war, es zu postulieren» (R.8092, S.637 aus der Zeit von 1788-1790). Daß Kant bereits in der Zeit zwischen 1773-1779 genau diese Position vertrat, zeigt seine damalige Interpretation des Christentums als Offenbarungsreligion:

> «Es konnte zu gewissen Zeiten nöthig seyn zu wissen, wie Gott die Gebrechlichkeit unserer Moralität ergenzete (um den Menschen von abergläubischen Satzungen los zu machen); aber an sich selbst ist dem Menschen nichts mehr nöthig als zu wissen, wie er sich dieser Beyhülfe würdig mache. Damit wegen der vorher begangenen Sünden, deren Schuld er nicht tilgen kann, sich nicht durch abergläubische Mittel zu befriedigen suchte, so wurde das Verdienst einer Persohn im nahmen des Menschlichen Geschlechts vorgestellt, damit der Mensch jetzt keine andre Gnugthuung selbst suchte, als in einem ganz neuen Lebenswandel» (R. 8086, S. 629).

Diese Reflexion entspricht genau dem Inhalt eines Briefes, den Kant am 28. April 1775 an Johann Caspar Lavater schrieb, dem einzigen aller von Kant erhaltenen Briefe übrigens, in dem er sich offen, ausführlich und prägnant über seine religionsphilosophische Position äußert. Bezeichnend an diesem Brief ist zunächst, daß Kant sich in ihm religiös nicht so sehr auf der Linie der Griechen, sondern des alttestamentlichen Hiob[4] liegend begreift. Hiob steht exemplarisch für einen aufrechten und freien Glauben, aber sicherlich auch

[4] So auch nachdrücklich in R. 8089, S. 632f.

für die in der griechische Philosophie fehlende Anerkennung des moralischen Skandalon, daß ein Lasterhafter in diesem Leben glücklich sein könne:[5]

> «Sie verlangen mein Urtheil über Ihre Abhandlung vom Glauben und dem Gebethe. Wissen Sie auch an wen Sie sich deshalb wenden? An einen, der kein Mittel kennt, was in dem letzten Augenblicke des Lebens Stich hält, als die reineste Aufrichtigkeit in Ansehung der verborgensten Gesinnungen des Herzens und der es mit Hiob vor ein Verbrechen hält Gott zu schmeicheln und innere Bekenntnisse zu thun, welche vielleicht die Furcht erzwungen hat und womit das Gemüth nicht in freyem Glauben zusammenstimmt».[6]

Bemerkenswert ist zum zweiten, daß Kant genau «die *Lehre* Christi von der *Nachricht* die wir von der Lehre Christi haben» (ebd. S. 176) unterschieden, den moralischen Glauben, «welchen ich im Evangelio fand», von seiner Vermischung mit «Factis und offenbarten Geheimnissen» (ebd. S. 177) und «den neutestamentlichen Satzungen» (ebd. S. 176) getrennt wissen will . Die «Lehre Christi» «ist gewiß die Grundlehre des Evangelii, das übrige kan nur die Hülfslehre desselben seyn, weil die letztere nur sagt: was Gott gethan um unserer Gebrechlichkeit in Ansehung der Rechtfertigung vor ihm zu Hülfe zu kommen, die erstere aber, was wir thun müssen um uns alles dessen würdig zu machen» (ebd.). Die «Grundlehre» wird charakterisiert als «die Lehre des guten Lebenswandels und der reinigkeit der Gesinnungen im Glauben» (ebd. S. 177); und der Glaube als «das unbedingte Zutrauen auf die göttliche Hülfe» (ebd. S. 178) hat zum zentralen Inhalt,

> «daß bey der Heiligkeit seines Gesetzes und dem unüberwindlichen Bösen unseres Herzens, Gott nothwendig irgend eine Ergänzung unsrer Mangelhaftigkeit in den Tiefen seiner Rathschlüsse verborgen haben müsse, worauf wir demüthig vertrauen können, wenn wir nur so viel thun als in unseren Kräften ist um derselben nicht unwürdig zu seyn» (S. 176), «die uns zu wissen (aber) gar nicht nöthig ist» (S. 177).

Unter «neutestamentlichen Satzungen» versteht Kant «alles, wovon man nur durch historische Nachricht Überzeugung bekommen kan und was gleichwohl zur *confession* oder *Observanz* als eine Bedingung der Seeligkeit anbefohlen wird» (S. 178).

Derartiges zu gebieten widerspricht der «reinen Religion» und fällt unter den Begriff «Gottesdienstlicher Bewerbungen, darinn zu aller Zeit der Religionswahn bestandet hat» (S. 177). Was «die Wunder und eröffneten Geheimnisse» betrifft, so mag solches «nöthig gewesen seyn, um eine so reine Religion [...] bey dem Wiederstande, den sie am Judenthum fand, zuerst einzuleiten und unter einer großen Menge auszubreiten» und ihre Nachricht jetzt noch «in einigen Gemüthern ein Hülfsmittel seyn». Aber seine «Seel und Seeligkeit darauf zu verschweren» ist, gegenüber bloßen Nachrichten, die sie sind, unsinnig und dem einmal erreichten Standpunkt des Vernunftglaubens abträglich.

> «Ich bin den Zeiten von welchen sie her sind nicht nahe gnug, um solche gefährliche und dreuste Entscheidungen zu thun. Überdem kan mich das auch nicht im mindesten der Zueignung dieses Guten, wenn ich es auch ganz gewiß wüste, würdiger machen: daß ich es bekenne, betheure und meine Seele damit anfülle» (S. 177).

[5] Vgl. dazu die späte markante Reflexion 7314, S. 310f.

[6] Akad. Ausg. X, Brief 99, S. 176.

Was Kant an seinem reinen Vernunftglauben für spezifisch christlich hielt, mag zum Abschluß die wohl klarste und konzentrierteste religionsphilosophische Reflexion (aus den Jahren 1776-1778) verdeutlichen:

> «Der Lehrer des evangelii setzte mit recht zum Grunde, daß die zwei principia des Verhaltens, tugend und Glükseeligkeit, verschieden und ursprünglich wären. Er bewies, daß die Verknüpfung davon nicht in der Natur (dieser Welt) liege. Er sagte, man köne sie jedoch getrost glauben. Aber er setzte die Bedingung hoch an und nach dem heiligsten Gesetz. Zeigte die menschliche Gebrechlichkeit und bösartigkeit und nahm den moralischen Eigendünkel weg (Demuth) und, indem er das urtheil dadurch geschärft hatte, so ließ er nichts übrig als Himmel und Hölle, das sind: Richtersprüche nach der strengsten Beurtheilung. Er nahm noch alle unmoralische Hülfsmittel der religionsobservanzen weg und machte dagegen die Gütigkeit Gottes in allem dem, was nicht in unseren Kräften ist, zum Gegenstande des Glaubens, wenn wir so viel als in unsern Kräften mit aufrichtigkeit zu leisten bestrebt sind. Er reinigte die Moral also von allen nachsichtlichen und eigenliebigen Einschränkungen. Das Herz von moralischem Eigendünkel. Die Hofnung der Glükseeligkeit von phantastischen Aussichten. Den Begrif der Gottheit von den schwachen Begriffen Nachsichtlicher Gütigkeit, imgleichen dem Dienstbedürftigen Willen observantzen zu verlangen, von kindischem Leichtsinn leerer Hofnung und von knechtischer furcht kriechender Andächteley und gab ihm Heiligkeit des Willens als die norm der Gütigkeit seiner Absichten. Folglich wurde die Moral mit einer Stütze versehen, worauf sich alle Hebel, die das Hertz bewegen sollen, fest stützen, aber zugleich rein, ohne Beymengung der eigennützigen Absichten oder fremdartiger Ersetzungsmittel». (R. 7060, S. 238 f.)

Onora O'Neill

INNERHALB DER GRENZEN DER BLOSSEN VERNUNFT

Zwischen dem Titel und dem Inhalt der Kantischen Religionschrift besteht eine merkwürdige Spannung. Der Text ist verschiedenartig und inhaltsreich; er enthält Vergleiche der verschiedenen Religionen, Beiträge zur Auslegung ihrer heiligen Schriften und zur Kirchengeschichte, zudem Untersuchungen des menschlichen Schicksals und des radikalen Bösen. Wie kann diese überbordende Arbeit 'innerhalb der Grenzen der bloßen Vernunft' bleiben? Dieser Titel würde anscheinend besser zu der maßvollen Stimmung und der beschränkten Absicht der Postulatenlehre der *Kritik der praktischen Vernunft* passen.

Die Schwierigkeit, Titel und Text zusammenzubringen, entspringt vielleicht daraus, daß der Kantische Vernunftbegriff in vielen Hinsichten noch ungeklärt ist. Seine Unbekanntheit ist um so erstaunlicher, als bei Kant das Vernunftthema immer den Schwerpunkt bildet. Die meisten Diskussionen des Kantischen Vernunftbegriffs betonen aber die verschiedenen Sonderaufgaben der Vernunft, im Erkennen, in der Moral oder in der Verbindung der beiden, weichen aber dem direkten Zugang auf die Frage aus, was der Kantische Vernunftbegriff ist.

Diese Vorsicht ist auch völlig verständlich. Hauptaufgabe einer Kritik der Vernunft mag wohl eine Begründung der Vernunft sein, doch diese erscheint im Prinzip unmöglich. Jede vermeintliche Begründung müßte anscheinend entweder Vernunftprinzipien voraussetzen, oder sich auf Prinzipien, die nicht der Vernunft angehören, stützen. In beiden Fällen wäre die erhoffte Begründung mangelhaft. Eine dritte, aber wiederum ungenügende Möglichkeit ist, daß die vermeintliche Begründung in einen unendlichen Regreß führt. Damit wird wohl das Mißlingen, aber auch jeder Erfolg des Begründungsversuches verschoben. Vernunft ist durch keine fundamentalistische Argumentationsstrategie zu begründen.

Trotz dieser bekannten Schwierigkeiten weicht Kant nicht vor der Aufgabe aus, die Autorität der Vernunftprinzipien zu begründen. Sein Begründungsversuch stützt sich aber meines Erachtens nicht auf untaugliche fundamentalistische Argumentationstrategien.[1] Eine Untersuchung seiner Argumente und des darauf aufgebauten nicht-fundamentalistischen Vernunftbegriffs kann also nicht nur einen wichtigen Teil der kritischen Unternehmung klären, sondern auch den Sinn feststellen, in dem der Kantische Religionsbegriff 'innerhalb der Grenzen der bloßen Vernunft' liegt.

[1] Zur konstruktivistischen Interpretation des Kantischen Vernunftbegriffs siehe auch: Onora O'Neill, *Constructions of Reason: Explorations of Kant's Practical Philosophy*, Cambridge: Cambridge University Press 1989; dies., Vindicating Reason, in: Paul Guyer (ed.), *A Companion to Kant*, Cambridge: Cambridge University Press 1992.

1. Die Kantische Vernunftbegründung

In den Vorreden zur *Kritik der reinen Vernunft* schildert Kant nicht die Prinzipien, sondern das Unglück und Mißlingen der menschlichen Vernunft. Die vorhandenen Fähigkeiten unseres Denken und Handeln erweisen sich als unzuverlässig:

> «[Die Vernunft] fängt von Grundsätzen an, deren Gebrauch im Laufe der Erfahrung unvermeidlich und zugleich durch diese hinreichend bewährt sind [...]. Dadurch aber stürzt sie in Dunkelheit und Widerspruch» (KrV, A vii-viii).

Vernunftprinzipien werden durch keine cartesianische *inspectio mentis* offenbart; die Vernunft liegt nicht in jedem verborgen[2]. Der wiederholte Gebrauch sogar der alltäglichsten vermeintlichen Vernunftverfahren führt in Antinomien und damit in das Scheitern aller unserer Erkenntnisversuche. Anscheinend brauchen wir eine Vernunftbegründung, finden sie aber nicht. Die Entäuschung der Vernunft bildet eigentlich das Hauptthema der Vorreden der *Kritik der reinen Vernunft.*

Unweigerlich müssen wir aber beim Denken und beim Handeln mit diesen unzureichenden Fähigkeiten anfangen. Wer vernünftig zu denken oder zu handeln hofft, kann nicht erwarten, Vernunftprinzipien schlicht erkennen oder entdecken zu können. Die Errichtung dieser Prinzipien ist eher eine *Aufgabe*, die aus den unzureichenden schon vorhandenen Fähigkeiten taugliche Vernunftprinzipien *aufbauen* muß.

Obwohl Kant schon in den Vorreden der *Kritik der reinen Vernunft* von der 'Aufgabe' und von dem 'Plan' der Vernunft schreibt, werden beide erst in der *Methodenlehre* systematisch untersucht. In deren bemerkenswertem einleitenden Passus betont er, daß die Aufgabe einer Kritik der Vernunft noch lange nicht vollendet ist:

> «[...] wir haben in der transzendentalen Elementarlehre den Bauzeug überschlagen und bestimmt, zu welchem Gebäude, von welcher Höhe und Festigkeit er zulange. Freilich fand es sich, daß, ob wir zwar einen Turm im Sinne hatten, der bis an den Himmel reichen sollte, der Vorrat der Materialien doch nur zu einem Wohnhause zureichte, welches zu unseren Geschäften auf der Ebene der Erfahrung gerade geräumig und hoch genug war, sie zu übersehen; daß aber jene kühne Unternehmung aus Mangel an Stoff fehlschlagen mußte, ohne einmal auf die Sprachverwirrung zu rechnen, welche die Arbeiter über den Plan unvermeidlich entzweien, und sie in alle Welt zerstreuen mußte, um sich, ein jeder nach seinem Entwurfe, besonders anzubauen. Jetzt ist es uns nicht sowohl um die Materialien, als vielmehr um den Plan zu tun, und, indem wir gewarnet sind, es nicht auf einen beliebigen blinden Entwurf, der vielleicht unser ganzes Vermögen übersteigen könnte, zu wagen, gleichwohl doch von der Errichtung eines festen Wohnsitzes nicht wohl abstehen können, den Anschlag zu einem Gebäude in Verhältnis auf den Vorrat, der uns gegeben und zugleich unserem Bedürfnis angemessen ist, zu machen.» (KrV, A707/B735)

Die Aufgabe ist also, eben den Plan (die Prinzipien) der Vernunft festzustellen, doch scheint diese Aufgabe ohne fundamentalistische Argumentationsstrategien unmöglich. Aus welchen Gründen wäre irgendeinem Plan die unbeschränkte Autorität, die einem Plan der Vernunft eignet, zuzuschreiben? Wäre aber nichts vom Plan der Vernunft festzustellen,

[2] Vgl Descartes, *Discours de la Methode*, «la raison [...] est tout entier en chacun», *Oeuvres de Descartes*, ed. Charles Adam et Paul Tannery, Paris: Librairie Philosophique J. Vrin, 1973 (= Paris: Léopold Cerf, 1902) Vol VI, S. 2, Z. 29).

so hätte nach der eben zitierten Stelle die ganze Riesenarbeit der *Transzendentalen Elementarlehre* nur zu einem 'Inventar der Baumaterialien' und zu keinen entscheidenden oder bestimmten Schlüssen geführt.

In dem darauffolgenden kurzen Abschnitt unter dem Titel *Die Disziplin der reinen Vernunft* behauptet Kant, daß die unzureichenden und ungebundenen Fähigkeiten, mit denen die menschliche Vernunft anfängt, eine *Disziplin* brauchen:

> «Wo aber, wie in der reinen Vernunft, ein ganzes System von Täuschungen und Blendwerken angetroffen wird, die unter sich wohl verbunden und unter gemeinschaftlichen Prinzipien vereinigt sind, da scheint eine ganz eigene und zwar negative Gesetzgebung erforderlich zu sein, welche unter dem Namen einer *Disziplin* aus der Natur der Vernunft und der Gegenstände ihres reinen Gebrauchs gleichsam ein System der Vorsicht und Selbstprüfung errichte» (KrV, A711/B739).

Die Disziplin der Vernunft besteht also nur aus 'einer eigenen und zwar negativen Gesetzgebung'. Was Kant an manchen Stellen als einen Plan bezeichnet, dem viele Mitarbeiter, die sonst nicht koordiniert wären, sich anschließen können, und an anderen Stellen als eine *Gesetzgebung*, die sowohl 'eigen' als auch 'negativ' ist, ist im Grunde genommen nur die Forderung, weder 'gesetzlos', also auf eine Weise, die von anderen nicht geteilt werden kann, zu handeln oder zu denken, noch die Gesetzmäßigkeit, durch die ein Verfahren von anderen geteilt werden kann, so zu schaffen, daß dadurch 'fremde', also unbegründete 'Autoritäten', willkürlich vorausgesetzt werden. Vernünftig sein heißt also, sein Denken und Handeln, ohne irgendeinen unbegründeten Inhalt anzunehmen, nach der Form eines Gesetzes zu richten, indem beide auf Prinzipien geführt werden, die auch von anderen angenommen werden könnten. Für endliche Vernunftwesen, denen kein Zugang zum Unbedingten möglich ist, muß vernünftiges Denken und Handeln zwar immer irgendeinen Inhalt haben (z.B. Maximen, Wahrnehmungen), dabei muß aber deren *Struktur* gesetzmäßig bleiben, ohne 'fremde' Autoritäten vorauszusetzen. Die Autorität der Vernunft ist *eigen*, indem sie nur einem reflexiven Verfahren unterworfen ist; sie ist *negativ*, indem dabei keine andere Autorität vorausgesetzt wird.

Die bekannteste Fassung dieses nüchternen Vernunftprinzips bezieht sich auf den Bereich der Handlungen und fordert bloß: «handle nur nach derjenige Maxime, durch die du zugleich wollen kannst, daß sie ein allgemeines Gesetz werde» (GMS, IV 421) Dieselbe einfache Forderung, der «Gesetzmäßigkeit ohne Gesetz», (KU, V 241,11-12)) wird in dem Aufsatz *«Was heißt: Sich im Denken Orientieren?»* als Grundprinzip für die theoretische Vernunft erkannt, indem Kant dort behauptet:

> «Sich seiner eigenen Vernunft bedienen, will nichts weiter sagen, als bei allem dem, was man annehmen soll, sich selbst fragen: ob man es thunlich finde, den Grund, warum man es annimmt, oder auch die Regel, die aus dem, was man annimmt, folgt, zum allgemeinen Grundsatze seines Vernunftgebrauches zu machen» (VIII 146,35-147,6).

Viele andere Stellen zeigen, daß Kant als Hauptprinzip der Vernunft nur dieses bescheidene Prinzip anbietet. Dabei bleiben weitere Fragen offen, vor allem über das Verhältnis dieses Prinzips zu den 'niedrigeren' Vernunftprinzipien, wie z. B. zu den Ideen und Postulaten der Vernunft und den Prinzipien der Logik und der Pflicht. Insbesondere bleibt offen, in welchem Maß die Vernunft bestimmen kann, was wir wissen können, was wir tun sollen und was wir hoffen dürfen. Die Vernunft setzt Grenzen, die wohl manches als unvernünftig ausschließen, läßt aber sehr vieles weitere unbestimmt.

Was innerhalb dieser Grenzen zu finden ist, darf also bunt und vielfältig sein. Doch müssen die Grundprinzipen von allen befolgbar bleiben, ohne daß die Annahme willkürlicher Prämissen abverlangt wird.

Die Kantische Vernunftbegründung ist also nicht *fundamentalistisch*, sondern *konstruktivistisch*. Kant sucht und findet keine Axiome der Vernunft. Im Kapitel *Die Disziplin der reinen Vernunft im dogmatischen Gebrauche* insistiert er darauf, daß die Philosophie weder Definitionen noch Axiome enthält und sich nicht *more geometrico* aufbauen läßt; außerdem sind Geometrie und Mathematik sowieso nicht *more analytico* aufzubauen. Sein Ausgangspunkt sind eben nicht Axiome, sondern der ungenügende Charakter der alltäglichsten Vernunftversuche, die ihm das Problem statt Fundamente seiner Lösung anbieten. Zu diesem konstruktivistischen Ansatz paßt auch, daß die Kantische Vernunftbegründung zirkulär ist. Ganz bewußt schildert er diese Begründung als *reflexives* Verfahren. Ausgangspunkt für Vernunftprinzipien sind die unzuverlässigen Denk- und Handlungsfähigkeiten, die schon vorhanden sind, die voreilig als Vernunftfähigkeiten begrüßt werden, die aber eigentlich nur die Materialien für den Aufbau der Vernunft bilden. Der reflexive Gebrauch dieser Fähigkeiten dient nämlich dazu, andere, weniger irreführende Prinzipien zu finden, durch die sowohl Denken als auch Handlungen zu orientieren oder zu disziplinieren sind. Dieses reflexive Verfahren dient dazu, das Hauptprinzip der Vernunft zu errichten, die nur verlangt, daß allein diejenigen Prinzipien, die Prinzipien für alle sein können, angenommen werden. Vernunfthandlungen, die einer solchen Disziplin unterworfen werden, zeigen in ihrer Struktur die Zwillingsmerkmale der Kantischen Vernunft, indem diese Struktur gesetzmäßig ist, jedoch jede 'fremde' Autorität ablehnt. Abstrakt gesagt, sind Vernunfthandlungen und Gedanken diejenigen, deren Struktur keine willkürlichen Prämissen voraussetzt und deren Schlüsse nicht willkürlich gezogen werden.

Kant schildert den Übergang zu einer zuverlässigeren Denkungsart, die als vernünftig gelten darf, als ein *historisches* Verfahren, das schon längst unterwegs, aber noch nicht vollendet, ist. Dieses Verfahren findet unter einer Mehrzahl miteinander handelnder Menschen statt, in denen keine vorgeschriebenen Vernunftaxiome eingebaut sind. Die Erbauer der Vernunft können eben deswegen weder auf gesetzmäßiges Handeln verzichten noch irgendeinem erfundenen autoritativen 'Gesetzgeber' gehorchen. Die Disziplin, der sie unterworfen sind, ist mit jener, unter dem die Erbauer des Babelturms standen, zu vergleichen, indem diejenigen, die davon abweichen, nur (mehr oder weniger) verworren und zerstreut denken und handeln können. Für Kant, aber nicht für jene, die sich zu einem fundamentalistischen Vernunftbegriff bekennen, gibt es also eine *Geschichte* und eine *Zukunft* der Vernunft, und dazu eine Lehre ihres gesellschaftlichen Fortschritts. Seine Lehre der geschichtlichen Entwicklung der Vernunft durch öffentliche Diskussion wirkt wohl manchmal soziologisch naiv. Seine Begründungsstrategie verlangt aber nur, daß die Entwicklung durch *eine*, und nicht, daß sie durch genau *diese* Zukunft ergänzt wird. Es mag mehrere mögliche Geschichten der Vernunft geben. Dabei führt die Geschichte der Vernunft nicht zu Algorithmen, die den Inhalt vernünftigen Wissens, vernünftiger Handlungen und vernünftiger Hoffnung festlegen. Die Vernunft, durch welches Verfahren auch immer sie entsteht, liefert nur Rahmenbedingungen für das Wissen, für die Moral und für ihre Verbindung in einer vernünftigen Artikulation der Hoffnung.

2. Vernünftige Hoffnung

Die einfachste Art, *Die Religion innerhalb der Grenzen der bloßen Vernunft* als Arbeit, die zu ihren Titel paßt, zu verstehen, wäre diese: indem Kant nur eine 'moralische Religion' verteidigt und durch seine Begründung der Vernunft den Anspruch des Grundprinzips der Moral, als Vernunftprinzip zu gelten, bestätigt, muß auch die Kantische Religionslehre 'innerhalb der bloßen Vernunft' liegen. Diese Fassung ist vielleicht nicht ganz falsch, läßt aber sowohl die Argumentationsstrategie der Religionsschrift als auch Kants Auseinandersetzung in diesem Buch mit den Einzelheiten der verschiedenen Religionen, und vor allem mit der christlichen Religion, unerklärt.

Die ständige Aufgabe der Religionslehre in der kritischen Philosophie bleibt es, die Kluft zwischen der kritischen Auffassungen der Natur und der Moral zu überbrücken, indem sie die Idee einer möglichen Zukunft anbietet, die beides konsequent verbindet und den Gegenstand eines vernünftigen Hoffens darstellt. Die Religionslehre soll also die Antwort auf die dritte Kantische Frage, 'Was darf ich hoffen?' darbieten und ist nicht mit der Vernunftreligion der Deisten oder anderer rationalen Theologen gleichzusetzen. Indem diese die allerbeste Zukunft von der Schöpfung der allerbesten Welt ableiten, setzen sie voraus, daß Vernunftreligion Gegenstand der Erkenntnis sei. Bei Kant erhebt Vernunftreligion dagegen immer Ansprüche betreffend der Verbindung zwischen Erkenntnis und Moral. Jedes Postulat, welches Bedingungen eines vernünftigen Hoffens festsetzt, wird ausgedrückt in «einem *theoretischen*, als solchen aber nicht erweislichen Satz [...] sofern er einem *a priori* unbedingt geltenden *praktischen* Gesetze unzertrennlich anhängt». (KpV, V 122, 23-5)

Diese Gedanken führen zunächst in Richtung einer Erläuterung des Sinnes, in dem die Postulatenlehre der *Kritik der praktischen Vernunft* eine Religionslehre 'innerhalb der Grenzen der bloßen Vernunft' darbietet. Doch, abgesehen von den Schwierigkeiten ihrer Argumentation, bleibt die Postulatenlehre der *Kritik der praktischen Vernunft* in einer Hinsicht für eine Antwort auf die Frage 'Was darf ich hoffen?' offentsichtlich ungenügend. Diese Frage wird als Frage des *Erlaubten* gestellt; die Postulate werden dagegen als Prinzipien des *Geforderten* formuliert. Kant behauptet ja: «es ist moralisch notwendig, das Dasein Gottes anzunehmen» (KpV, V 125, 30). Die Postulate antworten anscheinend nicht auf die Frage 'Was darf ich hoffen?', sondern auf die engere und strengere Frage 'Was soll ich hoffen?'[3]

Diese einfachen Modalverhältnisse können sowohl für die Verbindungen als auch für die Unterschiede zwischen der *Kritik der praktischen Vernunft* und der *Religion innerhalb der Grenzen der bloßen Vernunft* erhellend sein. Eine Anwort auf die Frage 'Was soll ich hoffen?' würde vermutlich nur Grundbedingungen und keine ausgeprägte Antwort auf die Frage, 'Was darf ich hoffen?' bestimmen. Möglich ist, daß eine Mehrzahl unterschiedlicher Antworten auf die zweite Frage innerhalb der Grenzen einer Antwort auf die

[3] Kant schildert zwar die Postulate als Prinzipien des vernünftigen Glaubens, nicht aber der vernünftigen Hoffnung. Doch ist Glaube bei Kant nie theoretisch zu begründen. Postulieren heiβt, sich zu einer propositionellen Einstellung zu bekennen. Dabei wird der Unterschied zwischen Glaube und Hoffnung gering. Glaube so verstanden ist ein Vertrauen, daβ Natur und Freiheit, Glück und Moral nicht in Widerspruch stehen, also ein Vertrauen in die Rahmenbedingung der Hoffnung.

erste liegt. In diesem Fall geben die vorsichtigen, wenn auch umstrittenen Behauptungen der Postulatenlehre höchstens einen Ausgangspunkt für eine Antwort auf die Frage 'Was darf ich hoffen?'. Die unterschiedliche Stimmung und Struktur der beiden Arbeiten ist vielleicht mit dem Gedanken zu erklären, daß in der *Religion innerhalb der bloßen Vernunft* Kant nicht nur die Rahmenbedingungen einer vernünftigen Hoffnung schildert, sondern innerhalb dieser auch eine oder sogar mehrere Antworten auf die Frage 'Was darf ich hoffen?' artikuliert. Dadurch soll verständlich werden, wie eine Schrift, die den Anspruch erhebt, die Religion 'innerhalb der Grenzen der bloßen Vernunft' zu untersuchen, sich doch zum großen Teil mit der historischen Entwicklung der Religionen und vor allem mit der christlichen Fassung des Glaubens und der Hoffnung auseinandersetzt. Die Vernunft hat kein 'diktatorisches Ansehen' (KrV, A738/B766) und kann die Einzelheiten des Glaubens oder des Kirchenlebens nicht festsetzen, sondern nur Grenzen der erlaubten Hoffnung bestimmen.

3. Autorität, Arbeitsteilung und Schriftauslegung

An verschiedenen Stellen der *Religion innerhalb der Grenzen der bloßen Vernunft* insistiert Kant, daß er keine Schriftauslegung *außerhalb* der bloßen Vernunft unternimmt. Am Schluß des ersten Teils, also seinen Erläuterungen zu den Adam-Mythen und zum Leben Christi, wiederholt er:

> «Das hier Gesagte muß nicht dafür angesehen werden, als ob es Schriftauslegung sein solle, welche außerhalb der Grenzen der Befugnis der bloßen Vernunft liegt» (Rel., VI 43,26-28).

Diese Bemerkung gehört in einen bestimmten Zusammenhang, der sowohl in den späteren Teilen der *Religion innerhalb der Grenzen der bloßen Vernunft* (bes. in R, VI 109-114) als auch in Kants Überlegungen im ersten Teil des *Streit der Fakultäten* zu den unterschiedlichen Kompetenzen der Fakultäten geklärt wird. Im ersten Teil dieses Aufsatzes, unter dem nicht ganz passenden Titel *Der Streit der philosophischen Fakultät mit der theologischen* betont Kant eine radikale Arbeitsteilung zwischen den Aufgaben der "oberen" Fakultäten (Theologie, Jura, Medizin) und der Aufgabe der "unteren" Fakultät der Philosophie. Zum Unterschied zwischen der philosophischen und der theologischen Fakultät behauptet er:

> «Daher schöpft der biblische Theolog [...] seine Lehren nicht aus der Vernunft, sondern aus der Bibel [...]so bald eine dieser Fakultäten etwas als aus der Vernunft entlehntes einzumischen wagt: so verletzt sie die Autorität der durch sie gebietenden Regierung» (SF, VII 23, 9-16).

In dem darauf folgenden kurzen Abschnitt mit dem Titel *Eigentümlichkeit der theologischen Fakultät* beschränkt Kant eng und streng die Kompetenz dieser Fakultät. Der biblische Theologe kann nicht beweisen, daß die Bibel Wort Gottes sei, kann keinen Anspruch erheben, daß eine von Menschen vermittelte Auslegung göttliche Autorität habe, und darf sich nicht auf die Vernunft berufen. Da die Vernunft alle 'fremden' Autoritäten herausfordert, würde sie schließlich auch die Autorität der Kirche unterminieren. Also darf der biblische Theologe sich schließlich nur auf die Autorität seiner Kirche berufen. Dieses Thema wird in dem zweiten Abschnitt des ersten Teils, dem sogenannten Anhang, erweitert. Kant teilt dem biblischen Theologen die Aufgabe zu, die heilige Schrift unter Kirchenautorität auszulegen, und indem er die 'fremde' Kirchenautorität annimmt, muß er der Vernunft entsagen. Deswegen kann er nur eine *doktrinale* Auslegung anbieten (vgl., Rel. VI 114,18-32). Diese Leistung wird dem Auslegungspotential der unteren philosphischen Fakultät gegenübergestellt, die, indem sie aller Autorität und aller Macht, darunter auch der der Kirche, entsagt, eine eigene Kompetenz erreicht, nicht Kirchenglauben, sondern Vernunftreligion darzustellen:

> «Der biblische Theologe ist eigentlich der *Schriftgelehrte* für den *Kirchenglauben*, der auf Statuten, d. i. auf Gesetzen beruht, die aus der Willkür eines anderen ausfließen; dagegen ist der *Vernunftgelehrte* für den *Religionsglauben*, folglich denjenigen, der auf innern Gesetzen beruht, die sich aus jedes Menschen eigener Vernunft entwickeln lassen. Daß dieses so sei, d. i. daß Religion nie auf Satzungen (so hohen Urprungs sie immer sein mögen) gegründet werden könne, erhellt selbst aus dem Begriffe der Religion. Nicht der Inbegriff gewisser Lehren als göttlicher Offenbarungen (denn der heißt Theologie), sondern der aller unserer Pflichten überhaupt als göttlicher *Gebote* (und subjektiv der Maxime, sie als solche zu befolgen) ist Religion. Religion unterscheidet sich nicht der Materie, d.i. dem Objekt, nach in irgendeinem Stücke von der Moral, denn sie geht auf Pflichten überhaupt, sondern ihr Unterschied von dieser ist bloß formal, d.i. eine Gesetzgebung der Vernunft.» (SF, VII 36,11-24; vgl. VII 23f.).

Religionsglaube und *Kirchenglaube* werden zunächst als *Kanon* und als '*Organon oder Vehikel*' des Glaubens vorgestellt. Diese Stelle würde also gut zu einer Auffassung passen, die Religion 'innerhalb der Grenzen der bloßen Vernunft' als Antwort auf die Frage 'Was soll ich hoffen?' versteht, also als Kanon für das Glauben, die diese Antwort eng mit der Postulatenlehre verknüpft und die dem Kirchenglauben die Aufgabe zuteilt, auf die weitere Frage, 'Was darf ich hoffen?' zu antworten und als Organon des Glaubens zu dienen. Nach dieser Ansicht liefert der Kanon des Glaubens die Bedingungen eines vernünftigen Glaubens und das Organon des christlichen (oder eines anderen) statuarischen Glaubens einen bestimmten Inhalt, der die Rahmenbedingungen der Vernunftreligion ausfüllt. Dieser Inhalt würde also *innerhalb* der Grenzen der Vernunft liegen, wäre jedoch nicht von Vernunftprinzipien abzuleiten.

Diese einfache Fassung einer Religion 'innerhalb der bloßen Vernunft' ist aber mit dem Text der *Religion innerhalb der Grenzen der bloßen Vernunft* nicht vereinbar, da dieser eine Fülle von deutlichen Schriftauslegungen darbietet. Kants Begriff einer 'Religion innerhalb der bloßen Vernunft' wird also nicht durch eine bloße Arbeitsteilung zwischen Theologen und Philosophen verständlich. Er versteht nämlich seine eigenen Schriftauslegungen als wesentlichen und nicht nur als erlaubten Teil seiner Auffassung einer Religion innerhalb der bloßen Vernunft.

4. Hermeneutik ohne Autorität?

Kants Diskussionen seiner Interpretationsstrategien bieten eine ausgeprägte und anspruchsvolle Darstellung der «philosophischen Grundsätze der Schriftauslegung» (SF, VII 38,26), die mit ihrer vielfachen Anwendung in seinen Schriftauslegungen für ein Verständnis der *Religion innerhalb der Grenzen der bloßen Vernunft* wesentlich sind.

Diese Themen werden an vielen Stellen sowohl der *Religion innerhalb der Grenzen der bloßen Vernunft* als auch des *Streit der Fakultäten* behandelt. Diese Passagen haben ein zweifaches Ziel. Einerseits gilt es, den Anspruch dieser Grundsätze, Prinzipien der Vernunft zu sein, zu bestätigen, andererseits gilt es, die Folgen dieser Grundsätze festzustellen und zu beurteilen.

Von der unteren, philosophischen Fakultät gilt, daß sie «sich nur mit Lehren beschäftigt, welche nicht auf den Befehl eines Oberen zur Richtschnur angenommen werden» (SF, VII 27,14f.). Diese negative Fassung entspricht genau dem Begriff der Vernunft als Ablehnung 'fremder' Autoritäten und erhellt die Gründe des Anspruchs der unteren Fakultät auf Freiheit. Ohne Freiheit müßte die untere Fakultät doch auf fremde Autoritäten achten und dadurch den Anspruch aufgeben, die Vernunft zu vertreten. Diese Fassung des Verfahrens der philosophischen Fakultät ist also mit der Kantischen Vernunftbegründung vereinbar.

Ob Vernunftprinzipien für die Schriftauslegung genügen und ob Kant in der Tat seine Auslegungen auf diese Prinzipien aufbaut, bleiben dabei noch offene Fragen, die aber mit der Betonung des Unterschieds zwischen *erlaubten* und *geforderten* Auslegungen einigermaßen geklärt werden. Kant behauptet nämlich Folgendes über die Grundsätze seiner Auslegung:

> «Schriftstellen, welche gewisse theoretische, für heilig angekündigte, aber allen (selbst den moralischen) Vernunftbegriff übersteigende Lehren enthalten, *dürfen*, diejenige aber, welche der praktischen Vernunft widersprechende Sätze enthalten, *müssen* zum Vortheil der letzteren ausgelegt werden.» (SF, VII, 38,28-32; meine Hervorhebung)

Diese Modalverhältnisse werden von Kant in seiner Auslegungen immer wieder betont. Im Gegensatz zur Vernunftreligion der Deisten soll die Vielfalt der Glaubenstraditionen, und nicht nur deren abstrakte und universale Aspekte, interpretiert werden. In der Kantischen Schriftauslegung geht es nie darum, die Schriften wissenschaftlich oder theoretisch zu interpretieren oder zu rechtfertigen. Er behauptet zwar nicht, daß Schriftstellen bloße Märchen seien (diese Behauptung würde wiederum eine Kenntnis des Übernatürlichen voraussetzen). Kant sucht nur Schriftauslegungen, die nicht gegen das Prinzip der praktischen Vernunft verstoßen. Dieser bescheidene Anspruch wird durch die Modalverhältnisse seiner Auslegung betont. Oft heißt es, daß eine bestimmte Auffassung einer Stelle uns *erlaubt* ist oder daß wir sie nach einer bestimmten Art und Weise verstehen *dürfen* oder *können*. Zur Inkarnation behauptet er zum Beispiel:

> «Eben darum weil wir von ihr [d.h. von der Idee der moralischen Vollkommenheit] nicht die Urheber sind, sondern sie in dem Menschen Platz genommen hat [...] *kann* man hier besser sagen: daß jenes Urbild vom Himmel uns herabgekommen sei [...]. Diese Vereinigung mit uns *kann* also als ein Stand der Erniedrigung des Sohnes Gottes angesehen werden [...]» (Rel., VI 61,7-16; meine Hervorhebung).

Eben so betrachtet er die biblische Schilderung des Ursprungs des Bösen durch einen bösen Geist als erlaubt:

> «Es *darf* also nicht befremden, wenn ein Apostel diesen unsichtbaren, nur durch seine Wirkungen auf uns kennbaren, die Grundsätze verderbenden Feind als außer uns und zwar als bösen Geist vorstellig macht» (Rel., VI 59,16-19; meine Hervorhebung).

Beide Auslegungen passen gut zu dem Gedanken, daß in der *Religion innerhalb der Grenzen der bloßen Vernunft* Kant bewußt *eine* Antwort und nicht *die einzige* Antwort auf die Frage 'Was darf ich hoffen?' anbietet. Seine Schriftauslegung kann aber keine bloße Erlaubnissache sein. Behauptete er nur, daß die Vernunft jede Deutung erlaubt, so könnten wir doch alle Texte auf unendlich viele verschiedene Arten interpretieren, die kein Verhältnis zur Moral hätten, ohne dabei außerhalb der Grenzen der Vernunft zu treten.

Eine Hermeneutik, die 'fremde' Autoritäten ablehnt, kann nämlich verschiedener Art sein. Lehnt eine solche Hermeneutik nicht nur die Anerkennung 'fremder' Prämissen ab, sondern auch alle eigenen Prinzipien, sogar die Forderung der Gesetzmäßigkeit, so würden die daraus enstehenden Auslegungen dem Postmodernismus entsprechen. (Dabei fehlen uns auch alle Gründe für ein Vertrauen, daß eine postmoderne Auslegung spielerisch statt gräßlich und gefährlich sein würde.) Eine solche Hermeneutik ohne alle Prinzipien hätte sich für Kant kaum empfohlen. Nach seiner Auffassung müßte sie als *gesetzlos* gelten. Im Bereich der Religion führen solche Interpretationsstrategien nur in Schwärmerei (vgl. Rel., VI 113f.; WH, VIII 145). Kant vertritt keine *bloß* zulassende Hermeneutik. Er lehnt nicht alle, sondern nur *fremde* Autoritäten ab, indem er Gesetzmäßigkeit statt Gesetzlosigkeit fordert und dadurch auf eine 'eigene' Autorität hindeutet. Die Kantische Hermeneutik stützt sich also auf die Form des Gesetzes, aber nicht auf irgendein positives Gesetz.

Bei Kant finden wir keine Hermeneutik des bloßen Erlaubens, die gleicherweise zu erbauenden und zu deprimierenden, zu historisierenden und zu mythischen, zu wörtlichen und zu geistlichen Auslegungen führt. Hätte er nur diese Absicht, so hätte er lediglich anzudeuten brauchen, daß die Vernunft keine bestimmte Schriftauslegung festlegt. In diesem Falle wäre es aber auch überflüssig gewesen, sich mit der Auslegung verschiedener Stellen abzugeben. Die Auslegung würde in einer Religion innerhalb der Grenzen der bloßen Vernunft keine Rolle spielen. Vernunftreligion müßte dann wie bei den Deisten und in der Postulatenlehre einen stark abstrakten Charakter haben.

Offensichtlich hat Kant eine ganz andere Auffassung der Schriften, vor allem der christlichen, und deren Auslegung. Er geht mit den Schriften der Glaubenstraditionen, auch mit den absonderlichsten, nie abwertend um. Er nimmt an, daß die verschiedenen Glaubenstraditionen der Menschen sich alle als Beiträge zu einer Religion innerhalb der Grenzen der bloßen Vernunft interpretieren *lassen* und daß vor allem die unwahrscheinlichsten Mythen der Traditionen nach dieser Art ausgelegt werden *müssen*.

Ein Hinweis auf diese Interpretationsstrategie erscheint im ersten Teil der *Religion innerhalb der Grenzen der bloßen Vernunft* bei der Genesisauslegung, wo Kant eine Zeile von Horaz zitiert: «mutato nomine de te fabula narratur» (Rel., VI 42,19-20). Bei Horaz mahnt diese Zeile jene, die über skurrile Erzählungen über die Götter spotten, daß der Gedanke auch sie betrifft. Gewiß hat Kant den Punkt diskret geäußert, indem er einen nichtchristlichen Autor zitiert: Von den Göttern des Altertums dürfen wir ohne Rücksicht Böses und Skurriles erzählen. Das Beispiel dient aber ebensogut für die Kantische Auslegung der christlichen Schriften: Auch da ist sogar das Absonderlichste nicht zu verlachen oder abzuwerten, sondern nach Vernunftprinzipien zu interpretieren.

Dabei bleibt ungeklärt, wie und inwiefern wir die Kantischen Auslegungen als Vernunftauslegungen verstehen können und wie das Verhältnis zwischen diesen und den doktrinalen Auslegungen zu verstehen ist. Letztere werden von Kant ebenfalls nicht abgewertet; er stellt nur den Status solcher Auslegungen in Frage, weil sie außerhalb des jeweiligen Glaubens als unbegründet gelten müssen.

Im Gegensatz zu jenen aufgeklärten Religionskritikern, die die Vernunftreligion von Aberglauben und Wundern zu trennen versuchten, läßt Kant dem doktrinalen Glauben seine Stelle. Er argumentiert nur, daß die Prinzipien der doktrinalen Auslegung keinen universalen Anspruch erheben können. Da doktrinale Interpreten die Autorität oder Tradition ihrer Kirche voraussetzen, sind ihre Interpretationen nur von jenen, die sich dieser Autorität unterwerfen, zu billigen. Die doktrinalen Interpreten sind nicht in der Lage, diese Beschränkung zu beseitigen, indem sie sich auf eine göttlichen Offenbarung berufen. Selbst der Anspruch, daß diese oder jene heilige Schrift Wort Gottes sei, ist geschichtlich vermittelt und doktrinal interpretiert und setzt insofern schon die 'fremde' Autorität dieser Überlieferung voraus (Vgl. SF, VII 36). Heilige Schriften erheben Anspruch auf Achtung, können aber nicht beweisen, daß sie göttliche Offenbarung sind (Rel., VI 107). Mit diesem negativen Gedanken stimmt Kant vielen anderen zu, von Luther bis zur Postmoderne; eine weitere Diskussion ist hier kaum nötig. Gehört zur Vernunft die Ablehnung 'fremder' (unbegründeter) Autoritäten, so gehört zur doktrinalen Auslegung die Ablehnung aller Ansprüche auf allgemeine Gültigkeit.

Diese Ablehnung der doktrinalen Auslegung ist aber weniger umstritten und auch weniger verwirrend als die Versuche Kants, eine *authentische* Auslegung anzubieten. Seine Gedanken sind knapp zusammengefaßt in dem Titel der ausführlichsten Diskussion über die Auslegung in der *Religion innerhalb der Grenzen der bloßen Vernunft*. Da heißt es: «*Der Kirchenglaube hat zu seinem höchsten Ausleger den reinen Religionsglauben*» (Rel., VI 109,18). Im Text wird diese These weiter erläutert:

> «Um aber nun mit einem solchen empirischen Glauben, den uns dem Ansehen nach ein Ungefähr in die Hände gespielt hat, die Grundlage eines moralischen Glaubens zu vereinigen [...] dazu wird eine Auslegung der uns zu Hände gekommenen Offenbarung erfordert, d.i. durchgängige Deutung derselben zu einem Sinn, der mit den allgemeinen praktischen Regeln einer reinen Vernunftreligion zusammenstimmt.» (Rel., VI 110,1-6)

In der Fußnote zu dieser Stelle stellt Kant die grundlegende Frage, ob die Moral nach der Bibel oder die Bibel vielmehr nach der Moral ausgelegt werden müsse (Rel., VI 110,23f.)

Die Radikalität dieser Auffassung der Alternativen wird leicht übersehen. Daß auch die doktrinale Auslegung Bibel und Moral verbindet, wird in jeder Predigt, welche aus den heiligen Schriften moralische Forderungen herausholt, bewiesen. In diesem Fall wird aber die Autorität des Textes vorausgesetzt; die moralischen Forderungen stützen sich auf diese Autorität. Die Kantische Auslegungstrategie läuft in die andere Richtung. Es wird den heiligen Schriften keine vorausgesetzte Autorität zugeschrieben. Der empirische Glaube hat uns eben «dem Ansehen nach ein Ungefähr in die Hände gespielt» (Rel., VI 110,2); seine Schriften bilden «ein [...] den Menschen zu Händen gekommenes Buch» (Rel., VI 107,18). Die einzige Quelle der unbeschränkten Autorität, die Kant akzeptiert, sind Moralprinzipien, und dahinter Vernunftprinzipien, die zur Auslegung aller Schriften taugen. Bei manchen Stellen erlaubt diese einzige Autorität abenteuerliche Auslegungen oder verlangt sie sogar:

> «Diese Auslegung mag uns selbst in Ansehung des Texts [...] oft gezwungen scheinen, oft es auch wirklich sein, und doch muß sie, wenn es nur möglich ist, daß dieser sie annimmt,

> einer solchen buchstäblichen vorgezogen werden, die entweder schlechterdings nichts für die Moralität in sich enthält, oder dieser ihren Triebfedern wohl gar entgegen wirkt.» (Rel., VI 110,10-14)

Oberflächlich gesehen erscheint diese Auslegungsstrategie wie hermeneutische Gewalt. Heilige Schriften sind für moralische Zwecke auszulegen, auch wenn dazu der Text verbogen werden muß. Eine weitere Überlegung über das Verhältnis zwischen Moral und Vernunft läßt aber eine andere Möglichkeit erkennen.

Nach Kant besteht das Grundprinzip der Vernunft nur in der Forderung, nach Prinzipien zu handeln, die keine 'fremde' (unbegründete) Autorität voraussetzen. Solche Prinzipien müssen jedoch, als Prinzipien, die Struktur eines Gesetzes haben. Sie verlangen Gesetzmäßigkeit, unterwerfen sich aber keinem fremden Gesetzgeber. Die Prinzipien der Moral sind Prinzipien, die im Bereich der Handlungen nicht gegen diese Forderung verstoßen. Eine entsprechende Fassung der vernünftigen Hoffnung, die den Kern der Vernunftreligion bildet, liefert das nicht aufzugebende Element einer 'Religion innerhalb der Grenzen der bloßen Vernunft'. Authentische Auslegung stützt sich auf diese nichtaufzugebende Forderung, indem sie sowohl heilige Schriften als auch Glaubens- und Kirchentraditionen im Lichte desselben nüchternen Vernunftbegriffs auszulegen versucht.

Die authentische Auslegung sucht also nicht Authentizität, im Sinne einer Wiederbelebung einer ursprünglichen oder verlorenen Bedeutung, wie sie manche in der Meinung des Verfassers oder in der Absicht einer Offenbarung zu finden hoffen. Authentisch ist nur die Auslegung, die eine Interpretation der christlichen oder anderer Schriften erzeugt, ohne sich auf 'fremde' Autoritäten zu berufen und ohne anderen den Zugang zu der Auslegung zu behindern, indem sie irgendeine willkürliche, 'gesetzlose' Hermeneutik ins Spiel bringt. Kant verlangt deswegen, daß Vernunftreligion sich mit der Auslegung der vorhandenen und akzeptierten Glaubenstraditionen beschäftigt. Obwohl eine Religion innerhalb der bloßen Vernunft die doktrinale Auslegung nicht billigen kann, darf sie deswegen nicht die Ansprüche des Volksglaubens vernachlässigen. Diese Glaubenstraditionen bilden nämlich Bedingungen für den Zugang zum Kern der Vernunftreligion «aller unserer Pflichten überhaupt als göttlicher Gebote» (SF, VII 36,20f.). Deswegen verlangt auch Vernunftreligon Auslegung; deswegen besteht sie nicht nur aus einem Kanon; deswegen ist der Volksglaube als das 'Vehikel oder Organon' der Vernunftreligion auszulegen.

Nach Kant ist der Übergang von der doktrinalen zur authentischen Auslegung längst unterwegs. Die Moralphilosophen des Altertums wußten schon ihren Volksglauben auf diese Art neu auszulegen:

> «Sie wußten den gröbsten Polytheism doch zuletzt als bloße symbolische Vorstellung der Eigenschaften des einigen göttlichen Wesens auszudeuten» (Rel., VI 111,5-7).

Auch bei Juden und bei Christen, im Islam und im Hinduismus, lassen sich die Schriften authentisch auslegen. Jeder Glaube nähert sich der Religion innerhalb der Grenzen der bloßen Vernunft dadurch, daß er seine heilige Schriften als Symbole versteht, die, indem sie Bestandteile des Volksglaubens bilden und bleiben, auch als gangbare Wegweiser zu moralischen Prinzipien dienen (vgl. auch Rel., VI, 134 und 136).

Kant ist sich klar darüber, daß die Verteidiger des Kirchenglaubens und die Gläubigen diese moralische Auslegung ihrer Schriften und Traditionen oft als fremd und bedrohend erleben. Er weicht der Gefahr einer Konfrontation aus, indem er behauptet, daß die moralische Auslegung der Schriften keinen Anspruch erhebt, eine autoritative Auffassung der *Ursprünge* dieser Schriften zu liefern:

> «Auch kann man dergleichen Auslegungen nicht der Unredlichkeit beschuldigen, vorausgesetzt daß man nicht behaupten will, der Sinn, den wir den Symbolen des Volksglaubens oder auch heiligen Büchern geben, sei von ihnen auch durchaus so beabsichtigt worden, sondern dieses dahin gestellt sein läßt und nur die Möglichkeit, die Verfasser derselben so zu verstehen, annimmt.» (R, VI 111,26-31))

Daß eine Auslegung den Verfassern keine Absichten zuschreibt, genügt vielleicht, einem Streit über die göttliche Herkunft oder Erleuchtung der Schriften zu vermeiden, wird aber den Verteidiger der doktrinalen Auslegung kaum befriedigen, und das aus verschiedenen Gründen. Indem Kant heilige Schriften als Symbole der Moral versteht, stellt sich die Frage, ob aller Volksglaube sich nach den Forderungen der Moral und der Vernunft auslegen läßt. Kant betont, daß er die christliche Religion in dieser Hinsicht als der Vernunftreligion am naheliegendsten ansieht. Doch wird dieses Zugeständnis weder die biblischen Theologen noch andere Vertreter eines Volksglaubens befriedigen. Die Anhänger eines Volksglaubens werden sich beklagen, daß die authentische Auslegung ihre eigene Tradition und ihre Schriften unterminiert und entfremdet. In anderen Fällen insistieren doktrinale Interpreten darauf, daß ihr Glaube sich auf eine fundamentalistische Metaphysik stützt, die sowohl durch Vernunft als auch durch empirische Erkenntnis bestätigt wird, und sie ziehen daraus den Schluß, daß alle anderen Glaubenstraditionen nicht innerhalb, sondern außerhalb der Grenzen der Vernunft liegen. Demnach werden sie die vorsichtigeren Kantischen Auffassungen der Vernunft, der Erkenntnis, der Moral und der Hoffnung als ungenügenden Ersatz ansehen. Die Verteidiger der doktrinalen Rechtgläubigkeit müßten dann aber bereit sein, ihre Gründe mitzuteilen, also eine fundamentalistische Begründung sowohl der Religion als auch der Vernunft vorzulegen, um damit die Ansprüche der authentischen Auslegung zu widerlegen. Sie müßten beweisen, daß eine konstruktivistische Vernunftbegründung nicht taugt oder daß sie nicht zu einer authentischen Auslegung ausgeführt werden kann, die, so fremd es auch klingen mag, nach einer Hermeneutik der Vernunft aufgebaut wird.

Pierre Laberge

DAS RADIKALE BÖSE UND DER VÖLKERZUSTAND

Der Satz «Der Mensch ist von Natur böse» (Rel., VI 32) bedarf nach Kants Meinung keines formalen Beweises. In der Tat liefert uns die Erfahrung zur Genüge schreiende Beispiele der Manifestation radikaler Schlechtigkeit: zunächst einmal im sogenannten «Naturzustand», aber auch im «gesitteten Zustand» und schließlich im «äussern Völkerzustand» (Rel., VI 34), welcher die ersten beiden in seiner Eigenschaft als Natur- und Kriegszustand vereint, denn er herrscht zwischen Gesellschaften, die jeweils für sich in einem «gesitteten Zustand» leben. Diesen dritten Typ von Beispielen betrachtet Kant in der Schrift *Zum ewigen Frieden* (VIII 355 u. 375) wiederholt als die am wenigsten verhüllte Manifestation der «Bösartigkeit der menschlichen Natur» (EF, VIII 355). Ich möchte nun folgende Fragen stellen: (1.) Wo manifestiert sich nach Kant das radikale Böse im Völkerzustand? (2.) Steht dem so manifestierten Bösen auch ein Heil gegenüber? (3.) Inwiefern hat dieses Heil etwas zu tun mit einem «ethisch-bürgerlichen Zustand» (Rel., VI 95), inwiefern nicht? Diese drei Fragen setzen eine Beantwortung der vorrangigen Frage voraus, worin nach Kant das radikale Böse besteht.

1. Das radikale Böse

Wenn wir der Darstellung der *Religionsschrift* in ihrem Aufbau folgen, stoßen wir bezüglich des radikalen Bösen auf folgende Präzisierungen:

(1.) Es gibt drei Anlagen zum Guten, und zwar die Anlagen für die Tierheit, für die Menschheit und für die Persönlichkeit, wobei nur auf die dritte prinzipiell nichts Böses aufgepfropft werden kann (Rel., VI 27). Auf die erste Anlage hingegen können die «Laster der Rohigkeit», auf die zweite die der Kultur aufgepfropft werden. Die Disposition, «keinem über sich Überlegenheit zu verstatten», welche wir die Anlage zu Gleichheit nennen können, kann sich z.B. leicht in den Wunsch verkehren, präventiv Überlegenheit zu erlangen — in eine Art Neigung zum «Präemptiven», sogar zum «Präventiven Schlag», wie man in strategischer Terminologie sagen würde. Allgemein gesprochen, manifestiert das radikale Böse bald die Laster der Unkultur, bald die Laster der Kultur, bald beide auf einmal als seine Symptome. Aber worin besteht das Böse, dessen Symptome diese Laster sind?

(2.) Das Böse, so unterrichtet uns der folgende Paragraph, besteht in den drei Stufen des Hanges zum Bösen (Rel., VI 28-30): «Gebrechlichkeit», «Unlauterkeit» und «Bösartigkeit» oder vielmehr Bösartigkeit im strikten Sinne, denn der Ausdruck «böses Herz» bezeichnet manchmal auch das Ganze der drei Stufen (Rel., VI 23, 37).

Inwiefern ist die Gebrechlichkeit schlecht, da Kant sie doch anderenorts als vereinbar «mit einem im Allgemeinen guten Willen» (Rel., VI 37) bezeichnet? Gewiß, alle wären bereit, mit dem Apostel das Böse zu beklagen, das sie tun, ohne es doch tun zu wollen. Aber wenn der Wille gut ist, ist dann das Wesentliche nicht gerettet? Und weiter — nicht nur der böse Charakter der Gebrechlichkeit (Schwäche), sondern sogar seine Möglichkeit bereitet Probleme im Rahmen der kantischen Theorie. Stellen wir uns einmal den zum moralischen Gesetz bekehrten Menschen vor, dem dieses Gesetz von da ab zureichende Triebfeder seines Willens geworden ist (Rel., VI 46) — wie kann so ein Mensch noch Böses tun?

Inwiefern ist schließlich die Unlauterkeit bösartig zu nennen (einmal abgesehen davon, daß dieser Begriff als solcher schon eine Abwertung ausdrückt)? Die Interpreten des ersten Abschnitts der *Grundlegung* bemühen sich seit zwei Jahrhunderten, Kant gegen den Vorwurf in Schutz zu nehmen, das Vorhandensein sinnlicher Neigungen in der Maxime mache die Erfüllung der Pflicht als Pflicht unmöglich. Immer wieder wird darauf hingewiesen, daß Kant nichts anderes tut, als zu analysieren. Und muß man nicht von den Triebfedern der Sinnlichkeit abstrahieren, um das Spezifische einer Handlung aus Pflicht zu erfassen? Etwa so, wie das ästhetische Urteil als solches nicht verstanden werden kann, solange wir nicht vom Begriff der Vollkommenheit abstrahieren — was jedoch weder den moralischen Wert der kindlichen Liebe noch das Geschmacksurteil (K.U., V, 227) unmöglich macht . Aber weshalb begründet dann das Vorhandensein anderer Triebfedern als der des moralischen Gesetzes in der obersten Maxime eine Bösartigkeit selbst im weiteren Sinne? Die zweite Stufe des Hanges zum Bösen kann nur in dem Maße böse sein, als sie der dritten Stufe als Komplizin dient. Das Konzept der Bösartigkeit wird auf den entscheidenden Seiten des ersten Buches der *Religionsschrift* (VI 34-36) in Auseinandersetzung mit der dritten Stufe, also mit der Bösartigkeit im strengen Sinne, entwickelt.

(3.) Erinnern wir uns noch einmal an den ersten Abschnitt der *Grundlegung*: «der Wille», lesen wir dort, «ist mitten inne zwischen seinem Princip a priori, welches formell ist, und zwischen seiner Triebfeder a posteriori, welche materiell ist, gleichsam auf einem Scheidewege» (IV, 400), wie Herkules nach Ciceros *De Officiis*. Man könnte versucht sein, diesen Text so zu verstehen, daß der obersten Maxime nur eine einzige Triebfeder entsspricht, die entweder a priori und formal wäre — das moralische Gesetz — oder a posteriori und material — die sinnliche Neigung. Aber für die *Religionsschrift* ist ganz klar, daß die oberste Maxime zwei Triebfedern umfaßt, das moralische Gesetz und die sinnliche Neigung. Das «formale» Element charakterisiert nicht mehr die eine Triebfeder im Gegensatz zur anderen, sondern die Unterordnung der Triebfedern im Gegensatz zu den untergeordneten Triebfedern. Das radikale Böse besteht demnach weder im Vorhandensein einer sinnlichen Triebfeder, noch in der Abwesenheit des moralischen Gesetzes in der obersten Maxime. Die Anwesenheit einer sinnlichen Triebfeder ist für den Menschen als sinnliches Wesen unumgehbar, und die Abwesenheit des moralischen Gesetzes ist für den Menschen, dessen reine Vernunft praktisch ist, unmöglich. Das radikale Böse besteht also in einer Unterordnung derjenigen Triebfeder, welche das moralische Gesetz ist, unter die sinnliche Triebfeder.

Die oberste gute Maxime lautet also nicht 'Ich werde meine Pflicht tun' oder 'Ich werde dem moralischen Gesetz gehorchen', sondern vielmehr 'Ich werde meiner sinnlichen Neigung folgen, außer wenn sie sich als unvereinbar mit meiner Pflicht erweist'. Und die oberste böse Maxime lautet erst recht nicht 'Ich werde meiner sinnlichen Neigung folgen', sondern 'Ich werde meine Pflicht tun oder ich werde dem moralischen Gesetz gehorchen, außer wenn sie oder es sich als unvereinbar mit meiner sinnlichen Neigung erweist'. Das heißt, solange keine derartigen Konflikte vorliegen, wird der böse Mensch den Anschein eines ehrenhaften Menschen erwecken und der Ehrenhafte wird vielleicht öfters einen weniger steifen Eindruck hinterlassen als der böse Mensch.

Wir können uns noch andere Maximen mit zwei Triebfedern ausdenken — erlauben Sie mir ein kanadisches Beispiel. Einem föderalistischen Québecois ist Québec ebensowenig gleichgültig wie einem nationalistischen Québecois Kanada. Die Maxime des ersten lautet: 'Kanada zuerst!', d.h. die Interessen Québecs, solange die Interessen Kanadas ihnen nicht widerstreiten. Der zweite dagegen sagt: 'Québec zuerst!', d.h. die Interessen Kanadas, solange sie die Interessen Québecs nicht durchkreuzen. Praktisch ist es nicht immer leicht zu entscheiden, welche von beiden die Maxime des einen oder anderen Québecois ist. Der zweite mag beim Referendum von 1980 über die Unabhängigkeit Québecs mit Nein gestimmt haben, weil er nicht sehen konnte, inwiefern der Bundesstaat den Interessen Québecs widerspricht. Der erste mag mit Ja gestimmt haben, weil er der Meinung war, daß das entsprechende Abstimmungsergebnis die Interessen Québecs hinsichtlich seiner Handelsmacht befördern würde, ohne Kanada dadurch zu gefährden.

Es gibt allerdings einen Unterschied zwischen der obersten Maxime eines Menschen als Menschen und eines Menschen als Québecois. 'Sei Québecois!' oder: 'Sei Kanadier!' sind keine kategorischen Imperative. Wie aber ist das Böse dann möglich? Das moralische Gesetz, demgegenüber ich nicht gleichgültig sein kann, gebietet etwas zu tun, wie auch immer meine sinnlichen Neigungen sein mögen, d.h. kategorisch. Dann aber scheint nur eine gute oberste Maxime möglich zu sein! In der Tat ist die böse Maxime nur dank dessen möglich, was Anatole France «les prestiges étincelants du mensonge» (»die glitzernden Reize der Lüge») genannt hat.

(4.) Olivier Reboul[4] vertritt die These, daß der Pharisäismus das Böse ist. Wenn man ihn aber genauer liest, bemerkt man, daß er behauptet, das Böse sei die Lüge im Allgemeinen und manchmal eben diese spezielle Art von Lüge, die dem Pharsäismus entspricht.

Satan ist ein Lügner und der Vater der Lüge, sagt das Evangelium. Das radikale Böse sei «die Falschheit in der Beurtheilung unser Selbst», sagt Kant in der *Reflexion 8096* (XIX 640). Das Böse besteht darin, «sich selbst einen blauen Dunst vorzumachen» (Rel., VI 38). Wie kommt es dazu? Zunächst einmal dadurch, daß wir die Menge unserer Handlungen hervorheben, die mit dem Gesetz übereinstimmen. Haben wir aber so gehandelt, weil die böse oberste Maxime eine mit dem Gesetz übereinstimmende Handlung schließlich doch nicht verhindert, da die gleiche Handlung mit einer sinnlichen Neigung vereinbar ist? Oder — um den von allen günstigsten Umstand zu nennen — haben wir so gehandelt, weil die mit dem Gesetz übereinstimmende Handlung nicht nur der sinnlichen Neigung nicht widerspricht, sondern sie gelegentlich sogar befördert? Erweist es sich nicht öfters, daß Ehrlichkeit «die beste Politik» ist (EF, VIII 370)? Man schmeichelt sich also *zunächst* einmal, wenn man die Übereinstimmung der Handlung mit dem Gesetz als Anzeichen einer guten obersten Maxime interpretiert. Das ist jedoch nur möglich, wenn man es versäumt, sich über die vielleicht entscheidende Rolle der sinnlichen Triebfeder

[4] Olivier Reboul, Kant et le problème du mal, Montréal 1971, 103. Siehe Pierre Laberge, Kant et le problème du mal: à propos du livre d'Olivier Reboul, in: Dialogue 14 (1975), 319-331.

für die gesetzeskonforme Handlung klar zu werden. Hier sehen wir jetzt, wessen sich die Unlauterkeit, die zweite Stufe des Hanges zum Bösen, schuldig macht: Der böse Mensch schmeichelt sich und versteckt die tatsächliche Ordnung der Triebfedern in seiner obersten Maxime umso besser vor sich selbst, als er die Augen vor der Unlauterkeit seines Herzens verschließt. *Als nächstes* schmeichelt man sich, indem man Pharisäer wird: Warum nicht die Regeln vermehren, nach denen zu handeln man sich imstande fühlt, um sich dann noch öfter zur Anzahl seiner gesetzeskonformen Handlungen beglückwünschen zu können?

All diese Selbsttäuschungen könnten vor dem moralischen Äquivalent eines kritischen Experiments im Sinne der Wissenschaftstheorie allerdings nicht bestehen. Wenn die mit dem Gesetz übereinstimmende Handlung sich als unvereinbar mit der sinnlichen Neigung erweist, hat die böse Maxime schon für die Neigung optiert. Gewiß, es wäre schwierig, sich dann noch zu schmeicheln; aber noch schwieriger, um nicht zu sagen unmöglich wäre es, sich eine böse oberste Maxime einzugestehen, die übrigens buchstäblich widersprüchlich wäre. Denn wie kann man sich vornehmen, einem Gesetz zu gehorchen, das gebietet etwas zu tun, wie auch immer die Neigungen sein mögen, solange dieses sich nur nicht einer Neigung widersetzt? Der Lügner muß also auf einen zweiten Kunstgriff zurückgreifen.

Da mein Verhalten meine Achtung für das Gesetz zur Genüge bewiesen hat, so redet er sich ein, steht diese Achtung außer Frage. Mein jetziges Handeln, welches vom Gesetz her sicher verboten ist, wurde mir demnach durch so außergewöhnliche Umstände auferlegt, daß der Gesetzgeber selbst, hätte er dies voraussehen können, darin nichts anderes als einen berechtigten Ausnahmefall hätte erkennen können. Da die erste Art der Lüge — die Legalität der Handlung als Moralität der Maxime zu interpretieren — nicht mehr genügt, kommt eine zweite Art zu Hilfe, die sich ganz auf die erste stützt: Das Gesetz wird als ein generelles, statt als ein universelles interpretiert (GMS, IV 424). Dann braucht man nur noch die Ausnahme mit der Versuchung ineins fallen lassen.

> «Der Satz: der Mensch ist böse, kann [..] nichts anders sagen wollen als: er ist sich des moralischen Gesetzes bewußt und hat doch die (gelegentliche) Abweichung von demselben in seine Maxime aufgenommen» (Rel., VI 32).

Die Operation ist also nur dank der dargestellten doppelten Lüge möglich: Das moralische Gesetz ist eher generell als universell aufzufassen, denn anderenfalls wäre meine oberste Maxime böse. Aber: Meine oberste Maxime ist gut, weil meine Handlungen es so oft sind.

2. Das radikale Böse im Völkerzustand

Worin zeigt sich das radikale Böse im Völkerzustand? Da Kant auf diese Frage nicht ganz in der wünschenswerten Genauigkeit antwortet, wollen wir konservatorisch vorgehen und keinen prima-facie-Vorschlag Kants zu diesem Gegenstand auslassen. Wenn wir als Leitfaden die diesbezüglichen Seiten der *Religionsschrift* und die Parallelstellen aus *Zum ewigen Frieden* heranziehen, ergibt sich die folgende Aufstellung:

(a) Der zwischenstaatliche Naturzustand verbindet einen externen *Naturzustand* mit einem internen *gesitteten Zustand* (Rel., VI 34). Da ersterer den Lastern der Unkultur freien Lauf läßt, während in letzterem die Laster der Kultur blühen, kann der zwischenstaatliche

Naturzustand nichts als das traurige Schaupsiel der Verbindung dieser beiden Arten des Lasters bieten, z.B. hier willkürliche Grausamkeit, dort fehlendes Vertrauen. (b) Solche wilden, unkultivierten Staaten wollen aus dem Naturzustand und demnach aus dem Kriegszustand nicht heraustreten (Rel., VI 34) und ihre gesetzlose Freiheit nicht aufgeben (EF, VIII 354). (c) Die Prinzipien der Staaten sind unvereinbar mit denen der Moral (Rel., VI 34). Kant spielt zweifellos auf die Prinzipien *Fac et excusa*, *Si fecisti nega* und *Divide et impera* an (EF, VIII 375-376). (d) Diese Prinzipien widersprechen den öffentlichen Erklärungen der Staaten (Rel., VI 34). (e) Jeder Staat versucht seine Nachbarn zu unterwerfen, wenn er sich dazu fähig fühlt, und strebt eine universelle Monarchie an (Rel., VI 34). (f) Nichtsdestoweniger huldigt jeder Staat dem Begriff des Rechts und jeder Aggressor zitiert Grotius, Pufendorf und Vattel, um sich zu rechtfertigen (EF, VIII 355). (g) Die Neigung, Gewalt anzuwenden, zeigt sich im Völkerzustand ganz unverschleiert, während sie im bürgerlichen Zustand durch das Gegengewicht der Regierungsgewalt verschleiert ist (EF, VIII 375). (h) Jeder Staat redet sich ein, daß er das Recht beachten würde, wenn er nur damit rechnen könnte, daß auch die anderen es täten (EF, VIII 376). (i) Der Aggressor hält die menschliche Natur verantwortlich für die Notwendigkeit, zu unterwerfen, bevor man selbst unterworfen wird (EF, VIII 375). Der wahre Mut besteht aber darin, dem bösen Prinzip in uns, welches der Ursprung dieser Lüge ist, in die Augen zu sehen (EF, VIII 379).

Diese verstreuten Äußerungen können unter drei Titel zusammengefaßt werden: (1.) Man beobachtet, daß die Staaten aus dem zwischenstaatlichen Naturzustand nicht heraustreten wollen. Sie weisen das Hobbes'sche Prinzip «*exeundum esse e statu naturali*» zurück (Rel., VI 97). (2.) Man beobachtet, daß jeder Staat versucht, seine Nachbarn zu unterwerfen, wenn die Gelegenheit sich bietet, und demnach eine universelle Monarchie anstrebt. Jeder Staat hat die Aggression in seinem Herzen schon begangen (in dem Sinn, wie man einen Ehebruch schon in seinem Herzen begangen hat). (3) Man beobachtet, daß der angreifende Staat nicht aufhört, sich auf das Recht zu berufen, welches zu respektieren er sich einredet. - Inwiefern bilden diese Beobachtungen, sofern sie der Wirklichkeit entsprechen, eine Indizienkette für das radikale Böse?

(1.) Die erste Beobachtung fällt mit der Friedrichs des Großen zusammen, wonach dem Projekt des Abtes von St. Peter nichts zum Erfolg fehle, als «die Zustimmung Europas und einige andere Kleinigkeiten dieser Art» (»que le consentement de l'Europe et quelques autres bagatelles semblables»)[5]. Aber weshalb ist die Weigerung Europas oder der Staaten, aus dem zwischenstaatlichen Naturzustand herauszutreten, ein Symptom des radikalen Bösen? Um dies zu klären, müssen wir zunächst präzisieren, worauf sich diese Weigerung bezieht.

Es wird behauptet, das Prinzip *exeundum esse e statu naturali* beziehe sich ebenso auf Menschen im juridischen Naturzustand (EF, VIII 355), wie auf Menschen im ethischen Naturzustand (Rel., VI 96-97). Nach der *Metaphysik der Sitten* scheint es sich gleichermaßen auf Staaten zu beziehen (VI 307; 342). Und trotzdem scheint Kant — sehr

[5] Zitiert bei Pierre Hassner, Les concepts de guerre et de paix chez Kant, in: Revue francaise de science politique 11 (1961), 642-670.

zur Enttäuschung einiger ernstzunehmender Interpreten — in der Schrift *Zum ewigen Frieden* die Staaten davon auszunehmen:

> «gleichwohl aber von Staaten nach dem Völkerrecht nicht eben das gelten kann, was von Menschen im gesetzlosen Zustand nach dem Naturrecht gilt 'aus diesem Zustand herausgehen zu sollen'» (VIII 355).

Man kann *Zum ewigen Frieden* und die *Metaphysik der Sitten* miteinander in Einklang bringen, indem man der ersten Schrift die These zuschreibt, daß die Staaten ihre Souveränität nicht zugunsten eines Völkerstaates aufgeben müssen, nicht einmal zugunsten eines föderalen Völkerstaates, und der zweiten Schrift die These, sie sollten sich trotzdem in einem Völkerbund zusammenschließen, wie es übrigens der Zweite Definitivartikel in *Zum ewigen Frieden* fordert. Aber warum sollen sie nicht ihre Souveränität zugunsten eines Völkerstaates abgeben? Und genügt die Einrichtung eines Völkerbundes überhaupt der Forderung *exeundum esse e statu naturali*? Und schließlich: Warum verrät die Zurückweisung des Völkerbundes das radikale Böse?

Auf die *erste Frage* antwortet Kant:

> «weil sie als Staaten innerlich schon eine rechtliche Verfassung haben und also dem Zwang anderer, sie nach ihren Rechtsbegriffen unter eine erweiterte rechtliche Verfassung zu bringen, entwachsen sind» (EF, VIII 355-356).

Diese Antwort wurde von einigen Interpreten[6] als zufriedenstellend beurteilt, aber nicht von allen[7]. Sie wird in den *Vorarbeiten* zur *Metaphysik der Sitten* erörtert. Die Staaten, so erklärt Kant dort, könnten sich den Versuchen eines anderen Staates, sie aus dem Naturzustand herauszubringen, widersetzen und brauchten sich nicht zu unterwerfen, «weil in ihnen schon ein öffentliches Recht innerhalb derselben errichtet ist, bey einzelnem Menschen aber im Naturzustand nichts derart stattfindet» (XXIII, 168). Gegen das in dieser Form entfaltete Argument läßt sich nichts einwenden. Die Pflicht, aus dem Naturzustand herauszutreten ist keine *Unterwerfungspflicht* einem anderen Staat und seinen Gesetzen gegenüber. Dennoch bleibt die erste Frage offen. Wenn es auch keine Unterwerfungspflicht gibt, gibt es nicht trotzdem die Pflicht, eine Verständigung über eine gemeinsame, zweifellos föderale Staatsverfassung zu suchen? Otfried Höffe[8] schlägt vor, daß Kant entweder nicht an die Lösung eines föderalen Völkerstaats gedacht habe oder ihn zu Unrecht zurückgewiesen habe. Die erste Hypothese ist wenig wahrscheinlich, da die *Metaphysik der Sitten* den Föderalismus der Vereinigten Staaten zurückweist, weil es sich um einen föderalen Völkerstaat handelt (MS, VI 351). Die zweite Hypothese ist verführerisch, aber wir werden ihr dennoch widersprechen.

Stellen wir uns zwei Fälle vor. Denken wir uns, Kantisch gesprochen, einen Staat mit «republikanischer Verfassung» und einen anderen Staat, dessen Verfassung «despotisch» ist (EF, VIII 351-352). Ist es wahrscheinlich, daß der zweite Staat die Rechtsbegriffe des ersten würde haben wollen? Und warum sollte der erste es unter diesen Bedingungen akzeptieren, unter einer erweiterten Verfassung nach den Rechtsbegriffen des zweiten zu

[6] Georg Geismann, Kants Rechtslehre vom Weltfrieden, in: Zeitschrift für philosophische Forschung 37 (1983), 363-388.

[7] Thomas W. Pogge, Kants Theory of Justice, in: Kant-Studien 79 (1988), 407-433.

[8] Otfried Höffe, Kategorische Rechtsprinzipien, Frankfurt a.M. 1990, 409-433.

leben? Denken wir uns nun zwei Staaten mit «republikanischer Verfassung». Es ist z. B. nicht sicher, daß das Recht der Sprache auf der einen wie auf der anderen Seite in der gleichen Weise interpretiert würde. Der politische Liberalismus entscheidet nicht über eine so spezielle Frage, wie z. B. die, ob die Freiheit, Werbeplakate in der eigenen Sprache aufzuhängen, im Recht auf Meinungsfreiheit eingeschlossen ist oder nicht.

Auf die *zweite Frage* ist zu antworten, daß die Errichtung eines Völkerbundes die Forderung nach dem Verlassen des Naturzustandes noch nicht befriedigt. Der Völkerbund ist schließlich nichts anderes als ein Bund von Staaten im Naturzustand; er schafft keinen bürgerlichen Zustand. Trotzdem schafft er einen Zwischenzustand, welcher in *Zum ewigen Frieden* «föderativer Zustand» genannt wird (EF, VII, 385): gewiß noch immer ein Kriegszustand, aber nur ein möglicher Kriegszustand, der keine Gelegenheit mehr haben wird, in das überzugehen, was die *Metaphysik der Sitten* einen «Zustand des wirklichen Krieges» nennt (MS, VI 344). In dem Maße, wie der föderative Zustand also dahin gelangt, jedem Einzelstaat Sicherheit zu gewährleisten, erreicht er den Zweck eines Völkerstaates, ohne einer zu sein. Er erreicht demnach den Zielpunkt, auf den die Pflicht, aus dem Naturzustand herauszutreten, ausgerichtet ist, ohne doch aus dem Naturzustand herauszutreten.

Auf die *dritte Frage* müssen wir mit der *Metaphysik der Sitten* antworten: «*quilibet praesumitur malus, donec securitatem dederit oppositi*» (MS, VI 307). «Malus» bedeutet hier die Angriffsbereitschaft. Aber inwiefern ist es böse, angriffsbereit zu sein? Diese Frage führt uns zu der zweiten Beobachtung.

(2.) Es ist nicht immer böse, anzugreifen — präventiv, zum Beispiel. War der Präventivschlag Spartas gegen Athen etwa böse? Obwohl Kant die Idee eines *jus ad bellum* als in sich absurd beurteilt (EF, VIII 356), wie auch Fichte es tun wird, kennt er in der *Metaphysik der Sitten* ein *jus praeventionis* (VI 346). Liegt hier nicht ein Widerspruch vor? Nein. Beim Fehlen eines zwischenstaatlichen bürgerlichen Zustandes, oder wenigstens eines «föderativen Zustandes», kann der präventive Angriff nicht verboten sein. In diesem Sinne gibt es ein *jus praeventionis*. Aber es kann kein Recht auf Angriff geben, ob präventiv oder nicht, in dem Sinne, daß die Aggression zu einer Art juristischer Technik würde. Der Krieg steht schließlich dem Recht entgegen, wie der Sieg dem Gerichtsurteil.

Aber kann es ein *jus praeventionis* geben, wenn Kant das Abgleiten der Anlage zur Gleichheit in den Wunsch nach präventiver Unterwerfung als lasterhaft bezeichnet? Es kann präventive Unterwerfung ohne den Wunsch nach präventiver Unterwerfung geben, ohne daß die Staaten aggressiv oder beherrschend wären. Hier ist es zweifellos die These des § 44 der *Metaphysik der Sitten*, die den irreführenden Eindruck korrigiert, den der § 42 hinterläßt. Man muß nicht darauf warten, heißt es warnend in § 42, die «traurige Erfahrung» der Aggression des anderen zu machen. Jeder beobachtet bereits zur Genüge in sich selbst

> «die Neigung der Menschen überhaupt über andere den Meister zu spielen (die Überlegenheit des Rechts anderer nicht zu achten, wenn sie sich der Macht oder List nach diesen überlegen fühlen)» (MS, VI 307).

Aber hier liegt nicht der entscheidende Grund, der für das Verlassen des Naturzustandes spricht, differenziert Kant in § 44. Der Naturzustand müßte nämlich selbst dann verlassen werden, wenn die Menschen «so gutartig und rechtliebend werden, wie man will» (MS,

VI 312), also selbst dann, wenn Fénélon sich in dem Gedanken geirrt hätte, « daß es nicht erlaubt ist zu glauben, daß eine Nation, die die anderen unterwerfen könnte, ganze Jahrhunderte davon Abstand nehmen würde» («qu'il n'est pas permit de croire qu'une nation, qui peut subjuguer les autres s'en abstienne pendants des siècles entiers»[9]). Eine solche Gutartigkeit würde zweifellos die Aggressoren zum Verschwinden bringen, die die Aggression in ihren Herzen schon begangen hätten, nicht aber die Aggressoren wider Willen.

Diese These rückt Kant eher in die Nähe der Neo-Realisten, wie z.B. Kenneth N. Waltz[10], als in die der Realisten, wie Hans Morgenthau, deren Pessimismus einen *animus dominandi* voraussetzt. Den Neo-Realisten genügt es, den Staaten die Sorge um ihre Sicherheit zu unterstellen, um zu behaupten, daß der Krieg unvermeidbar ist im Naturzustand und in der Anarchie, d.h. in Ermangelung einer Weltregierung, welche übrigens zugleich als unmöglich und als nicht wünschenswert beurteilt wird.

Um die Aggression in seinem Herzen begangen zu haben, ist es also nicht erforderlich anzugreifen, sondern man muß prinzipiell den Sieg und demnach die Aggression anstelle eines Richterspruches als Methode der Konfliktlösung gewählt haben, eine Wahl, die sich allerdings der Beobachtung entzieht. Genau dies ist es, was sich der Idee des Rechts, der Republik und des Friedens widersetzt, für die der Aggressor dennoch nicht unsensibel ist. Von daher lautet die Maxime des Staates, der die Aggression in seinem Herzen begangen hat: 'Ich werde dem Artikel 2, § 4 der Charta der Vereinten Nationen gemäß handeln, außer wenn ich mich zu meinem eigenen Vorteil davon dispensieren kann.' Aber wie ist eine solche Maxime möglich? Wiederum dank der «glitzernden Reize der Lüge».

(3.) Dies führt uns zu der dritten Beobachtung: Der aggressive Staat redet sich ein, das Recht zu respektieren. Beruft er sich nicht auf Grotius, Pufendorf und Vattel? Kann er denn nicht die Bedingungen, die ihm durch einen Friedensvertrag auferlegt wurden, als aufgezwungen bezeichnen, aufgezwungen durch einen Sieg statt durch ein Gerichtsurteil? Kann er sich nicht als Weltverbesserer aufspielen? Könnte der aggressive Staat sich aus dem *jus praeventionis,* daß die Furcht vor einer Aggression den Aggressor manchmal freispricht, nicht die Schlußfolgerung erschleichen, im Leben praktiziere man entweder den Präventivschlag oder man erleide ihn, und sich einreden, daß *auch er* nur wider Willen angreife? Solange die legitime Verteidigung bei einer günstigen Gelegenheit zu einer präventiven Aggression inspirieren kann - kann sich da der Staat, der die Aggression in seinem Herzen vollzogen hat, nicht einreden, nur zu seiner legitimen Verteidigung anzugreifen? Wenn man angreifen kann, ohne die Aggression in seinem Herzen begangen zu haben, kann sich dann der, der sie begangen hat, nicht einreden, daß er sie nicht begangen hat? Und wenn der Vorwand für die Aggression zu unwahrscheinlich wird, kann er nicht immer noch auf die Abmilderung des universellen Gesetzes zu einer generellen Regel zurückgreifen? Er wird sich folgende Überzeugung zu eigen machen: Das Recht, für das ich eine Achtung empfinde, die nicht mehr in Frage gestellt werden kann, kann

[9] Zitiert bei Hedley Bull, The Anarchical Society, London 1977, 111.

[10] Kenneth N. Waltz, The Origins of War in Neorealistic Theory, in: Journal of Interdisciplinary History 19 (1988), 515-528.

nicht das Opfer so hoher Interessen fordern. Von daher verstehen wir den Pessimismus Fénélons.

3. Das entsprechende Heil

Im bürgerlichen Zustand bleibt die Lüge verbreitet, aber die interessenbedingte Ausnahme vom Gesetz ist schwierig, wenn nicht sogar unmöglich. Im Völkerzustand ist dagegen die interessenbedingte Ausnahme möglich. Der Krieg kann folglich nur dadurch verhindert werden, daß man die Lüge, wenn nicht unmöglich, so doch wenigstens schwierig macht. Auf diesem Hintergrund entstand die Idee einer Föderation (kein föderaler Staat, sondern ein Bund) von Republiken. Die *res publica phaenomenon* hat (oder behauptet es mindestens) als Maxime: 'Ich werde der Idee der *respublica noumenon* treu bleiben und deshalb den Richterspruch einem Sieg vorziehen.' Wenn die Maxime so beschaffen ist, unterstellt die *respublica phaenomenon* sich selbst dem Äquivalent des Artikel 2, § 4 der Charta der Vereinten Nationen, aber mit einem Vorbehalt: Sie verzichtet auf den Sieg zugunsten des Richterspruches nur hinsichtlich derer, die ihrerseits denselben Verzicht akzeptieren, also nur hinsichtlich einer anderen *respublica phaenomenon*. Dann verzichtet sie dabei nicht auf ihre legitime Verteidigung und Erhaltung. Da die Republiken prinzipiell nicht-aggressiv sind, greifen sie sich gegenseitig nicht an. «Liberal States do not fight each other», schreibt Michael W. Doyle.[11]

Aber warum rüsten die Republiken dann nicht ab? Die Republiken würden dann und nur dann abrüsten, wenn alle Staaten republikanisch wären und sich als solche einander wahrnehmen würden. Aber um sich als Republiken wahrnehmen zu können, würden sie irgendeine intellektuelle Anschauung benötigen, dank derer sie entdecken könnten, ob die Maxime einer solchen *respublica phaenomenon* auch die Idee der *respublica noumenon* als bestimmendes Prinzip hat. Das ist aber unmöglich. Die Republik wird also niemals wissen, ob eine gewisse *respublica phaenomenon* wirklich eine Republik ist oder lediglich bisher wie eine Republik gehandelt hat. Etwa so, wie ein böser Mensch sich bisher nur deshalb ehrlich verhalten haben mag, weil es ihm an hinreichender Versuchung gefehlt hat.

In dieser Ungewißheit wird die Republik weder selbst abrüsten, noch von einer anderen *respublica phaenomenon* verlangen können, daß sie abrüstet. Unfähig abzurüsten, aber nicht aggressiv, wird sie es indessen auf der Grundlage der Gegenseitigkeit zulassen, daß eine andere *respublica phaenomenon* den erklärtermaßen rein defensiven Charakter ihrer Waffen und ihrer militärischen Anlagen überprüft. Die Republiken verbreiten also unter sich, was seit Helsinki und Stockholm «vertrauens- und sicherheitbildende Maßnahmen» genannt wird. Soweit dies möglich ist, werden sie diese durch einen Vertrag oder ein *foedus*, wie Grotius oft schreibt, formell festlegen. Dieser Vertrag, durch den die Republiken sich über vertrauensbildende Maßnahmen verständigen, dieses *foedus*, dieses

[11] Michael W. Doyle, Kant, Liberal Legacies and Foreign Affairs, in: Philosophy and Public Affairs 18 (1989), 205-235.

«régime» vertrauensbildender Maßnahmen entspricht dem «Föderalism freier Staaten», den der Zweite Definitivartikel zum ewigen Frieden zur Pflicht erklärt (EF, VIII 354).

Zwischen Republiken, die auf diese Weise verbündet sind, entsprechen die Maximen dem transzendentalen, bejahenden Prinzip der Publizität (EF, VIII 386). Sie können ihr Ziel tatsächlich nur erreichen, indem sie öffentlich werden. Die Maxime 'Wer mich nicht angreift, den werde auch ich nicht angreifen' kann ihr Ziel, den Frieden durch Sicherheit, gewiß nicht ohne Proklamation erreichen, aber auch nicht ohne die Befugnis, den ausschließlich defensiven Charakter der republikanischen Waffen und Anlagen zu überprüfen.

Der so verstandene «föderative Zustand» erschwert die Lüge in doppelter Weise. Die Art «negativer Kooperation»[12], die ihn auszeichnet, ist gewiß eine «cooperation [...] in a world of egoists»[13], aber eine Kooperation 'Kantianischer' Egoisten, d.h. von Egoisten, die sensibel für das Gesetz sind. Diese Staaten können dem Gesetz nicht in die Augen sehen und ihm gleichzeitig trotzen. Sie müßten sich selbst belügen, um dem zu entkommen. Aber sie werden zunächst große Schwierigkeiten haben, sich davon zu überzeugen, daß ein republikanischer Staat sie bedroht; vor allem, wenn letzterer ihnen gestattet zu überprüfen, daß keine Bedrohung besteht. Was die Lüge betrifft, dem universellen Nichtangriffs-Prinzip zwischen Republiken nur einen generellen Charakter zuzugestehen, so wird sie dadurch erschwert, daß dieses Prinzip öffentlich bekanntgegeben wurde. Hier kommt nicht nur der Egoismus zu Hilfe[14]: Es besteht ja ein Interesse daran, so zu tun, als ob man glaubte, was man sagt. Die *res publica phaenomenon* hat also ein Interesse daran, ihre Treue zur *respublica noumenon* zu zeigen, nachdem sie diese Treue öffentlich bekundet hat. Die öffentliche Erklärung erschwert jedoch auch die Lüge, die darin läge, das republikanische Prinzip lax zu interpretieren. Der republikanische Föderalismus erschwert demnach in zweifacher Weise die Lüge, dank derer die Republik sich dem Nichtangriffs-Prinzip zwischen Republiken entziehen könnte.

4. Das politische Heil und die Kirche

Gäbe es eine Lösung für das zwischenstaatliche Böse, sagen wir ein Heil, nicht nur ohne einen rechtlich-bürgerlichen Zustand, sondern auch ohne einen ethisch-bürgerlichen Zustand, d.h. ohne Kirche? Ist der ethisch-bürgerliche Zustand nicht einfach eine Verdopplung des föderativen Zustandes, und zwar in dem Maße, wie er nicht mit «Zwangsgesetzen» vereinbar ist (Rel., VI 98; EF, VIII 383)? Aber wenn weder die Gesetze des einen, noch die Gesetze des anderen *Zwangsgesetze* sind, so sind die Gesetze des föderativen Zustandes doch «*Rechtsgesetze*» (Rel., VI 98) ohne *Zwang* (die von einigen deshalb als unvollkommene Rechtsgesetze angesehen werden), während die Gesetze des ethisch-bürgerlichen Zustandes keine *Rechtsgesetze*, sondern «*Tugendgesetze*» sind (Rel.,

[12] Ein von Höffe gebrauchter Ausdruck (siehe Anm. 5).
[13] Diesen Ausdruck verwendet Robert Axelrod, The Evolution of Cooperation, New York 1984, 3.
[14] Robert O. Keohane, After Hegemony, Princeton, N.J. 1984, 126.

VI 99). Außerdem versammelt der Völkerbund Staaten, während das ethische Gemeinwesen Individuen versammelt.

Aber wie artikulieren sich dann die Gesetze des Völkerbundes und die des ethisch-bürgerlichen Zustandes? Die Frage soll genauer bestimmt werden. Man kann nach den Beziehungen zwischen einer gegebenen Verfassung und der *respublica noumenon* fragen. Da die Vielfalt der Staaten nur akzidentell ist und das republikanische Prinzip auch für die zwischenstaatlichen Beziehungen gilt (daher das Einverständnis zwischen dem Republikanismus der Staaten und dem zwischenstaatlichen Frieden), kann man auch nach den Beziehungen zwischen einem gegebenen Völkerrecht und der *respublica noumenon* fragen. Es handelt sich um die Art von Beziehungen, wie sie zwischen dem Normierten und der Norm bestehen. Man kann gegebene Verfassungen am Maßstab der *respublica noumenon* beurteilen. Desgleichen kann man das vorföderative Völkerrecht, die Bünde zwischen den Republiken und sogar, auch das ist nicht unmöglich, den Bund aller republikanisch gewordenen Staaten mit der Elle der *respublica noumenon* messen. Auf der anderen Seite kann man nicht nur nach den Beziehungen zwischen den sichtbaren Kirchen und der unsichtbaren Kirche fragen (Rel., VI 101), sondern ebenfalls die ersteren an der letzteren messen. Dagegen ist es unmöglich, nach den Beziehungen zwischen einer gegebenen bürgerlichen Verfassung und der unsichtbaren Kirche zu fragen, oder zwischen einem Bund von Republiken (sei er nun universell oder nicht) oder einer eher «anarchischen Gesellschaft» (im Sinne Hedley Bulls) und der unsichtbaren Kirche. Trotzdem kann man sich fragen, welche Beziehungen (die dann freilich nicht mehr Beziehungen zwischen Normiertem und Norm sind) zwischen einer gegebenen Verfassung und einer sichtbaren Kirche bestehen, oder zwischen einem Bund oder einer eher anarchischen zwischenstaatlichen Gesellschaft und einer sichtbaren Kirche.

Lassen wir die Frage der Beziehungen zwischen einer gegebenen Verfassung und einer sichtbaren Kirche auf sich beruhen, und beschränken wir uns auf die Beziehungen zwischen (a) vorföderativer Gesellschaft und sichtbarer Kirche; (b) nicht-universellem Völkerbund und sichtbarer Kirche; (c) universellem Völkerbund und sichtbarer Kirche. Der Einfachheit halber stellen wir uns eine sichtbare Kirche vor, welche die «*Vorstellung*» oder das so wenig wie möglich unwürdige «*Schema*» (Rel., VI 96) der Idee wäre, welche die unsichtbare Kirche ist, d.h. das, was Kant die «*wahre (sichtbare) Kirche*» nennt (Rel., VI 101)[15]. Eine *Vorarbeit* zur *Rechtslehre* behandelt die Beziehungen vom Typ (c):

> «Der fest gegründete Frieden bey dem grössern Verkehr der Menschen unter einander ist diejenige Idee, durch welche allein der Überschritt von der Rechts- zu den Tugendpflichten möglich gemacht wird.»

[15] Nehmen wir auch an, daß das Problem gelöst sei, ob die Kirche geeignet ist, die Menschen aus den Verhältnissen zu befreien, in denen gilt: «es ist genug, daß sie da sind, daß sie ihn [den Menschen] umgeben, und daß sie Menschen sind, um einander wechselseitig in ihrer moralischen Anlage zu verderben und sich einander böse zu machen» (Rel., VI 94). Denn wenn es wahr ist, daß die Menschen diesen Verhältnissen nicht entkommen können, wenn jeder für sich arbeitet, dann erklärt Kant kaum, wie sie besser damit fertig würden, wenn sie alle zusammen arbeiteten. Wie den Lastern der Kultur und der Zivilisation entkommen, ohne gleichzeitig aus der Kultur und der Zivilisation selbst auszusteigen?

Der Friede (und demnach der Völkerbund) ermöglicht den Übergang vom Recht zur Tugend. Der Völkerbund behebt nämlich die Unsicherheit, dieses Hindernis für die Entwicklung der wahren Kirche, deren Norm die «Republik nach Tugendgesetzen» ist (Rel., VI 98). Auf der anderen Seite macht die wahre Kirche das juristische Joch leichter (XXIII, 353-354). Kant fügt hinzu:

> «Aber zu diesem durch öffentliche Gesetze gesicherten Frieden [...] zu gelangen, ist es nicht erst der Schritt von der Tugend- zur Rechtspflicht überzuschreiten, sondern vielmehr umgekehrt [...] von den Rechtsgesetzen zu dem der Tugend fortzuschreiten».

Das heißt, daß die wahre Kirche im vorföderativen Zustand die Einrichtung und Aufrechterhaltung und schließlich die Universalisierung eines republikanischen Bundes befördern muß. Und zwar wie? Indem sie die Lüge aufdeckt, die sowohl die Einrichtung wie auch die Aufrechterhaltung eines Völkerbundes zu gefährden droht. Diese Aufgabe (die selbstverständlich nicht ihre einzige Aufgabe ist) ist ihr vollkommen gemäß, wenn sie sich nicht nur als eine Gemeinschaft der Heiligen begreift, sondern auch als ein Bündnis von Sündern, die gegen den Einfluß des Vaters der Lüge kämpfen.

(Aus dem Französischen übersetzt von Hanna Lauterbach)

Richard Schaeffler

DIE DIALEKTIK DES PRAKTISCHEN VERNUNFTGEBRAUCHS UND DIE ANSÄTZE ZU EINER PHILOSOPHISCHEN PNEUMATOLOGIE BEI IMMANUEL KANT

0. Vorbemerkungen (zugleich antizipierte Thesen)

1. Kants Aussagen über den Geist als «Parakleten» oder als «einen guten uns regierenden Geist» sind, gemessen an der Breite seiner Texte, dürftig und inhaltlich unbestimmt; ihre Funktion im Ganzen der kantischen Argumentation erscheint auf den ersten Hinblick undeutlich, sodaß man sie, im Kontext kantischen Philosophierens, für entbehrlich halten könnte. Analysiert man aber Kants Ausagen über die Dialektik des praktischen Vernunftgebrauchs, dann zeigt sich: *Kants Aussagen über den Geist haben einen eindeutig angebbaren Ort im Argumentationszusammenhang: Das Feld, innerhalb dessen dieser Ort zu suchen ist, läßt sich leicht angeben: Sie haben eine unersetzliche Funktion innerhalb der Versuche, die Dialektik der Vernunft in ihrem praktischen Gebrauche aufzulösen. Die Aufgabe besteht darin, innerhalb dieses Feldes den Ort der kantischen Pneumatologie (falls es eine solche gibt) genauer zu bestimmen. Denn erst diese Ortsbestimmung gestattet es, diese Pneumatologie inhaltlich auszulegen und weiterzuentwickeln.*

2. Die bei Kant nur angedeutete philosophische «Pneumatologie» (falls sich überhaupt zeigen läßt, daß es bei ihm eine solche gibt) steht in engem Zusammenhang mit seiner «Christologie». Dabei sind Kants Aussagen über den Geist, gemessen an den aus Schrift und Tradition zu erhebenden Kriterien christlicher Rechtgläubigkeit, ebenso fragwürdig wie seine Aussagen über Christus. Betont man aber die Weise, wie die Ansätze zu einer kantischen Pneumatologie mit der Beschreibung der Dialektik des praktischen Vernunftgebrauchs zusammenhängen, *dann wird ein Kontext sichtbar, innerhalb dessen, in einer weiterführenden Interpretation kantischer Aussagen, ein philosophisches (und vielleicht sogar christlich-theologisches) Sprechen vom Geiste möglich wird.*

Ziel einer solchen weiterführenden Kant-Interpretation ist es weder, aus Kant einen christlichen Theologen zu machen (die Unvereinbarkeit seiner Position mit jeder Form von christlicher Rechtgläubigkeit sei hier vorausgesetzt und geschenkt), noch in kantianischer Schul-Orthodoxie zu verharren (die Widersprüchlichkeit seiner Aussagen gerade zu dem hier gewählten Thema verbietet eine solche Schul-Orthodoxie von vorne herein), sondern dem Text, gerade in seinen Inkohärenzen, weiterführende Problemanzeigen zu entnehmen.

1. Zur Dialektik des praktischen Vernunftgebrauchs

Es ist nur dann möglich, den objektiven Geltungsanspruch von Erfahrungen vom bloß subjektiven Inhalt von Vorstellungen zu unterscheiden, wenn dem einzelnen Inhalt der

Erkenntnis bzw. dem einzelnen Zweck der Praxis ein eindeutig bestimmbarer Ort im Ganzen des Erfahrungskontextes zugewiesen werden kann. Dieser Kontext erhält, auf dem Felde der Praxis, seine Struktur durch die zwei Ideen von der «moralischen Weltordnung» und von der «vollendeten Sittlichkeit». Daraus folgt: Die Verpflichtungskraft sittlich gebotener Zwecke ist vom bloßen Inhalt wohlgemeinter Wünsche nur dann zu unterscheiden, wenn der einzelne *Zweck* der Handlung als Dienst an der «moralischen Weltordnung», der einzelne *Akt* der Handlung als Schritt auf dem Weg zur «vollendeten Sittlichkeit» verstanden werden kann.

Beide Ideen aber drohen in sich widersprüchlich zu werden; und damit droht zugleich der Unterschied zwischen der Objektivität sittlicher Erfahrung, in der die Verpflichtungskraft konkreter Handlungsmöglichkeiten entdeckt wird, und der Subjektivität bloßer Wunschvorstellungen sich zu verwischen. *Die Idee der «moralischen Weltordnung» wird in sich widersprüchlich, wenn man sie als die verpflichtende Zielvorstellung begreift, unter den Bedingungen «dieser Welt» durch eine sittliche und zugleich wirksame Tat die «kommende Welt» heraufzuführen.* Denn in der bestehenden Welt widerstreiten die Bedingungen für die Reinheit der Gesinnung den Bedingungen für die Wirksamkeit der Tat, und erst in der kommenden Welt wird dieser Widerstreit nicht mehr bestehen. Dann aber setzt die geforderte Tat, wenn sie aus reiner Gesinnung geschehen und zugleich wirksam sein soll, die «moralische Weltordnung», die sie schaffen soll, schon voraus. *Und auf ähnliche Weise wird die Idee der «vollkommenen Sittlichkeit» widersprüchlich, wenn man sie als die verpflichtende Zielvorstellung versteht, daß der, der die Reinheit der moralischen Gesinnung noch nicht besitzt, sich diese Gesinnung durch eine sittliche Tat selber geben soll.* Denn diese Tat würde die Gesinnung, die er noch nicht besitzt, schon voraussetzen. Dies ist, wenigstens umrißhaft, im einzelnen zu zeigen.

1.1 Entstehende Widersprüche in der Idee der «moralischen Weltordnung»

Kant betont die Strukturdifferenz zwischen dem Naturgesetz und dem Sittengesetz durch den Hinweis darauf, daß «alle praktische Verknüpfung von Ursachen und Wirkungen in der Welt, als Erfolg der Willensbestimmung, sich nicht nach moralischen Gesinnungen des Willens, sondern der Kenntnis der Naturgesetze und dem physischen Vermögen, sie zu seinen Absichten zu gebrauchen, richtet» (KpV, V 113). Dieser wichtige Hinweis läßt sich dem heutigen Leser auf folgende Weise verständlich machen. Es entspricht unserer Lebenserfahrung, daß nur der Tatenlose (und darum zuletzt Verantwortungslose) sich auf die Dauer eine reine Gesinnung bewahrt (»die Weste rein erhält»), während der, der das Gute nicht nur aus reiner Gesinnung *wollen*, sondern wirksam *realisieren* möchte, genötigt ist, Bedingungen und Folgen mitzubejahen, die er sittlich mißbilligen muß (»sich die Hände schmutzig zu machen»). Erfahrungen dieser Art geben Anlaß zu der Annahme, daß das Gefüge von Ursachen und Wirkungen in der Welt unter sittlicher Hinsicht als pervers beurteilt werden muß, weil es auf Gewissenlosigkeit eine «Erfolgsprämie» setzt, Gewissenhaftigkeit aber mit einer Minderung der Erfolgsaussichten «bestraft».

Dann aber genügt es nicht, sich innerhalb der bestehenden Welt einzelne gute Taten vorzunehmen; statt dessen wird es nötig, sich das Ziel zu setzen, *die Weltordnung im Ganzen zu einer «moralischen Weltordnung» umzugestalten*, d.h. zu einer solchen, in der nicht länger zwischen der Moralität der Gesinnung und der Wirksamkeit der Tat gewählt werden muß, sondern die gute Gesinnung den guten Erfolg zur notwendigen Folge hat. Eine solche moralische Weltordnung ist nötig, *wenn die Vernunft praktisch sein soll*, d.h. wenn die Selbstgesetzgebung der Vernunft der zureichende Grund für die Wirksamkeit der guten Tat sein soll.

Die Idee der einen Welt, die die kausale Ordnung der Erscheinungen und die sittliche Ordnung der Zwecke gemeinsam umfaßt, impliziert so die verpflichtende Zielvorstellung, der sittlich handelnde Mensch habe der Umgestaltung der bestehenden, moralisch gestörten, wenn nicht gar perversen Welt in eine moralische Weltordnung zu dienen. Aber gerade dieser Versuch reproduziert die Divergenz zwischen den Bedingungen für die Reinheit der Gesinnung einerseits, die Wirksamkeit der Tat andererseits: Um, aus sittlicher Gesinnung, die bestehende Weltordnung zu ändern, ist eine im höchsten Maße wirksame Tat erforderlich — und die Absicht, in höchstem Maße wirksam zu handeln, nötigt den Handelnden immer wieder zu Verhaltensweisen, die er sittlich mißbilligen muß. Dies wird durch die historische Erfahrung bestätigt. Gerade solche politischen Anstrengungen, die dazu bestimmt waren, der Weltordnung eine moralische Gestalt zu geben, haben die Erde nicht selten einer Hölle weit ähnlicher gemacht als einem Himmel auf Erden. Kant selbst hat diese Divergenz zwischen den moralischen Absichten politischen Handelns und den Ergebnissen, zu denen es gerade dann führt, wenn es Moralität politisch wirksam durchsetzen will, am Beispiel der Französischen Revolution kennengelernt, deren Umschlag von der Moralität in den Terror ihn, wie viele seiner Zeitgenossen, zutiefst erschreckt hat. Denn diese Revoltion war «mit Elend und Greueltaten dermaßen angefüllt [...], daß ein wohldenkender Mensch sie, wenn er sie zum zweitenmale unternehmend glücklich auszuführen hoffen könnte, doch das Experiment auf solche Kosten zu machen nie beschließen würde» (SF, VII 85).

Wer die «moralische Weltordnung» unmittelbar zum Zweck politisch-moralischen Handelns macht und dabei genötigt ist, diesen Zweck unter den Bedingungen der «bestehenden Welt» durchzusetzen, wird immer wieder dazu veranlaßt werden, im Bewußtsein des eigenen absoluten Rechts sich über Lebensrecht und Würde seiner Gegner gewaltsam hinwegzusetzen. Das aber bedeutet: *die Idee der «moralischen Weltordnung» wird, wenn sie als Ziel moralischer Anstrengung gedacht wird, in sich widersprüchlich*, sofern ihre Realisierung einerseits unnachläßlich gefordert wird, andererseits, wie die Erfahrung lehrt, an Bedingungen geknüpft ist, die der Sittlichkeit geradewegs widerstreiten.

Diese Folgerung ist nur unter einer einzigen Voraussetzung vermeidbar: unter der Voraussetzung, daß die moralische Weltordnung nicht ein Zweck ist, dessen Erreichung der sittlich Handelnde von seiner eigenen Leistung erwartet, sondern der Inhalt einer Hoffnung, die er mit seinem sittlichen Handeln verknüpft.

Aus diesem Befund sind, über den kantischen Text hinaus, Folgerungen zu ziehen für den Begriff der sittlichen Erfahrung. Sittliche Erfahrung ist, so verstanden, die Erfahrung von der verpflichtenden Möglichkeit, Zeichen der Hoffnung zu setzen. Einen Hinweis darauf gibt Kant selbst, wenn er von der Unvergeßlichkeit der Französischen Revolution spricht und in diesem Zusammenhang sagt, «daß jenes Ereignis nicht selbst als Ursache des letzteren», nämlich des Fortschreitens zur moralischen Weltordnung, «sondern nur als hindeutend, als Geschichtszeichen (signum rememorativum, demonstrativum, prognosticum) angesehen werden müsse» (SF, VII 84). Und es ist gewiß kein Zufall, daß

Kant zur Charakterisierung dieses Hoffnungszeichens eine Terminologie verwendet hat, die ihm aus der christlichen Sakramentenlehre vertraut gewesen sein muß: Das Sakrament ist, nach traditionell theologischer Auffassung, signum rememorativum, repraesentativum et prognosticum.

Versucht man das, was Kant über ein besonderes historisches Ereignis sagt, auf die Inhalte sittlicher Erfahrung im allgemeinen anzuwenden, so ergibt sich: In der sittlichen Erfahrung werden verpflichtende Handlungsmöglichkeiten entdeckt — aber nicht als Mittel zum Zweck, sondern als Setzung von Zeichen. Und nur in dieser Eigenschaft bleibt die entdeckte verpflichtende Handlungsmöglichkeit auf unvergeßliche Weise denkwürdig (rememorativum), für eine sonst verborgene Tiefendimension der Ereignisse aufschlußreich (demonstrativum) und vor allem auf die Erfüllung einer Hoffnung vorausweisend (prognosticum). Dabei ist leicht zu sehen, daß die letzte dieser drei Aussagen die beiden vorangehenden erst begründet: Weil die sittliche Tat prognostisches Hoffnungszeichen ist, ist sie bleibend denkwürdig (rememorativ) und für die Deutung des Lebens und der Welt aufschlußreich (demonstrativ).

Die Aufgabe, derartige Zeichen der Hoffnung zu setzen, erspart uns die sittliche Anstrengung nicht, sondern bewahrt diese Anstrengung davor, die Vernunft in ihrem praktischen Gebrauche zu zerstören. Eine solche Selbstzerstörung tritt immer dann ein, wenn wir den Inhalt der sittlichen Idee mit einem Zweck verwechseln, den wir durch unsere Leistung erreichen könnten, und die sittliche Tat zum Mittel erniedrigen, das der Erreichung dieses Zwecks dienen soll. Die Hoffnung, die diese Selbstzerstörung der sittlichen Idee verhindert, impliziert das Postulat der Existenz eines Gottes, der die moralische Weltordnung verheißt und so zum Inhalt einer Hoffnung macht, zugleich aber die sittliche Tat, nicht als Mittel sondern als Zeichen, in den Dienst dieser seiner Verheißung stellt. — *Es ist zu prüfen, ob Kants Aussagen über den Geist sich als Versuche begreifen lassen, den Grund zu benennen, der jene Qualität der menschlichen Sittlichkeit möglich macht, die nur mit Begriffen aus der christlichen Sakramentenlehre (signum rememorativum, demonstrativum et prognosticum) angemessen beschrieben werden kann.*

1.2. Auftretende Widersprüche in der Idee des sittlichen Subjekts

Der Dialektik in der Idee der «moralischen Weltordnung» entspricht eine Dialektik des sittlichen Subjekts, die sich schon darin ankündigt, daß das Sittengesetz, obgleich es der Selbstgesetzgebung der Vernunft entspringt, vom konkreten Individuum als ein Gebot erfahren wird, dem es nur unter Überwindung innerer Widerstände gehorchen kann. Diese Erfahrung läßt das sittliche Subjekt in einen Gesetzgeber und einen Untertanen und in der Folge in einen Ankläger und einen Angeklagten in uns auseinanderfallen. Selbst Postulate wie das eines «unendlichen Fortlebens nach dem Tode», das einen «unendlichen sittlichen Progressus» möglich macht (KpV, V 122ff), und sogar eines «Urteilsspruchs aus Gnade» (Rel., VI 75f) heben diese Dialektik des sittlichen Subjekts nicht auf.

Denn der «Urteilsspruch aus Gnade» ist der ausgezeichnete Fall eines «äußeren Wortes», das der Mensch sich nicht selber sagen kann. Denn «wenn man im Menschen den Richter, der in ihm selber ist, anfragt, so beurteilt er sich strenge; denn er kann seine Vernunft nicht bestechen» (Rel., VI 77,26f). Andererseits wird dieser Urteilsspruch nur wirksam, indem er den inneren Richter mit dem inneren Angeklagten versöhnt und so von beiden angeeignet und in das Selbstbewußtsein des Menschen aufgenommen wird. Und so hebt auch der «Urteilsspruch aus Gnade» die innere Gegensatz-Einheit des moralischen Selbstbewußtseins nicht auf, sondern gibt ihr diejenige Gestalt, die aus der reformatorischen Rechtfertigungslehre bekannt ist: die Gestalt des «simul peccator et iustus». «Ob er also gleich physisch [...] ebenderselbe strafbare Mensch ist und als solcher vor einem moralischen Gerichtshofe, mithin auch von ihm selbst, gerichtet werden muß, so ist er doch in seiner neuen Gesinnung [...] moralisch ein anderer» (Rel., VI 74,18-23).

Freilich: Kant deutet diese Gegensatz-Einheit des Sünders und des Gerechten in uns als Gegensatz-Einheit von neuer Gesinnung und alter, physischer Identität. Der Grund dafür läßt sich, vermutungsweise, so bestimmen: Der Zuspruch des «Verbum externum», das dem Menschen die Erlösung zusagt, also der «Urteilsspruch aus Gnade», wird nur dadurch am Menschen als einem sittlichen Subjekt wirksam, daß er dem Menschen die Fähigkeit zuspricht, in der neuen «Qualität» eines Abbilds des Gottessohnes zu leben: «Was ihm in jener Qualität, der des alten Menschen, als Strafe gebühren würde (und das sind alle Leiden und Übel des Lebens), das nimmt er in der Qualität des neuen Menschen freudig, bloß um des Guten willen, über sich» (Rel., VI 75 Anm.), und so wird er für den «alten Menschen» zum «*Stellvertreter* [...], tut durch Leiden und Tod der höchsten Gerechtigkeit als *Erlöser* genug und macht als *Sachwalter*, daß sie [die Menschen] hoffen können, vor ihrem Richter als gerechtfertigt zu erscheinen» (Rel., VI 74,25-29).

Während also Kant bei der Aufhebung derjenigen Dialektik, in der sich die Idee der «moralischen Weltordnung» aufzulösen drohte, von der Terminologie der christlichen Sakramentenlehre Gebrauch machte, spricht er bei der Aufhebung der Dialektik des sittlichen Subjekts in der Terminologie der Christologie — freilich so, daß er die christologischen Aussagen zunächst auf das sittliche Subjekt selbst bezieht, sofern es «in der Qualität des neuen Menschen» betrachtet wird.

Der Grund für diese philosophische Aneignung einer aus der Theologie stammenden Begrifflichkeit läßt sich angeben. Das Sittengesetz verlangt vom «alten Menschen», was nur der «neue Mensch» leisten könnte: eine Zustimmung zum Sittengesetz aus «reiner Gesinnung». Und es macht ihm zugleich deutlich, daß er dies nicht leisten kann, weil «ein böser Baum keine guten Früchte bringen» kann -(vgl. Rel., VI 44f) — es sei denn, der in jeder Hinsicht «Gott wohlgefällige Mensch» sei in freier Selbsterniedrigung «vom Himmel herabgestiegen» und habe dem sündigen Menschen Anteil an seiner Gerechtigkeit gegeben. «Denn es ist nicht ebensowohl möglich, sich vorzustellen, wie der von Natur böse Mensch das Böse von selbst ablege und sich zum Ideal der Heiligkeit erhebe, als daß das letztere die Menschheit (...) annehme und sich zu ihr herablasse. Diese Vereinigung mit uns kann also als ein Stand der Erniedrigung des Sohnes Gottes angesehen werden» (Rel., VI 61,11-16). Die Anklänge dieser kantischen Aussagen an den Christus-Hymnus des Briefs an die Philipper sind nicht zu überhören. Und in diesen Aussagen erscheint der Begriff des «Gott wohlgefälligen Menschen» weder als Beschreibung einer Qualität, die wir schon besäßen, noch als Idee (verpflichtende Zielvorstellung), der wir uns anzunähern hätten, sondern als «Ideal», d.h. als die in einer freien Person verkörperte Idee der «Heiligkeit».

Daraus freilich ergibt sich eine neue Frage: Was bedeutet der Satz, das «Ideal» sei «zu uns herabgestiegen»? Auf welche Weise kann uns die Qualität dieses «Ideals» durch seinen

«Herabstieg» wenigstens abbildhaft zueigen werden? Der «neue Mensch in uns» ist, nach dem kantischen Text verstanden, die Weise, wie wir die Gemeinschaft mit diesem Ideal als den Grund unserer Fähigkeit zur sittlichen Gesinnung und damit zur Freiheit erfahren. — *Es ist zu prüfen, ob Kants Aussagen über den Geist sich als Versuche begreifen lassen, den Grund zu benennen, der es möglich macht, daß aus der Gemeinschaft mit diesem Ideal, d.h. mit einer fremden Person und ihrer freien Selbsthingabe, die eigene Freiheit und Sittlichkeit des Menschen hervorgeht.*

2. Ansätze zu einer philosophischen Pneumatologie bei Kant oder: Die erhellende Kraft von Divergenzen im kantischen Text

2.1. Zweideutigkeiten in Kants Christologie und ihre Auflösung durch die Lehre vom Geist

Kant hat in der *Kritik der reinen Vernunft* den Begriff des «Ideals» von dem der «Idee» unterschieden. Während die bloße Idee ein «focus imaginarius» ist, in den die Perspektiven des von der Vernunft geleiteten Verstandes zusammenlaufen, gehört es zum Begriff des «Ideals», daß wir in ihm die Idee «hypostasieren» und «personifizieren», d.h. daß wir dem, was diese Idee intendiert, Selbständigkeit im Sein und Freiheit im Handeln zuschreiben. (KrV A 583 Anm). Aber er hat — und darunter leidet die Stringenz seiner Argumentation — an diesem Begriff des «Ideals» in der Religionsschrift nicht konsequent festgehalten. Dort spricht er von dem «Sohne Gottes», den er ein solches Ideal nennt, alsbald wieder als von einer Idee, oder auch als einem bloßen Beispiel, an dem wir uns diese Idee anschaulich machen, indem wir es mit einem in unserem Bewußtsein bereitliegenden Urbild vergleichen.

Dieser schwankende Sprachgebrauch verrät die Sorge Kants, die Übernahme christlicher Erlösungsvorstellungen könnte dazu führen, daß der Mensch von seiner moralischen Selbstverantwortung entlastet zu sein meint. Aber in dem Maße, in welchem durch einen solchen schwankenden Sprachgebrauch aus dem «Ideal» doch wieder die bloße Veranschaulichung einer Idee (verpflichtenden Zielvorstellung) zu werden droht, kehren alle Aporien wieder, die Kant mit der Anspielung auf das Wort Jesu von dem bösen Baum, der keine guten Früchte tragen kann, zum Ausdruck gebracht hatte.

So gesehen zeigt Kants schwankender Sprachgebrauch ein Sachproblem an, das er mit dem aus der reformatorischen Theologie bekannten Begriff der «aliena iustitia» und ihrer «imputatio» beschreibt, wenn er von der Qualität des «neuen Menschen» sagt: «Sie wird freilich immer eine Gerechtigkeit bleiben, die nicht die unsrige ist [...]. Es muß aber doch eine Zueignung [...] möglich sein» (Rel., VI 66,12-17). Das theologische Problem, wie die «fremde» Gerechtigkeit des Gottessohnes dem sündigen Menschen «zugeeignet» werden solle, kehrt so auch im philosophischen Kontext wieder. Die Rede von der «Heiligkeit des Sohnes Gottes» droht ihre soteriologische Bedeutung zu verlieren (und das bedeutet im konkreten Kontext: sie ist in Gefahr, nichts über die Wiederherstellung des sündigen Menschen zu seiner ursprünglichen Heiligkeit auszusagen), wenn nicht dargelegt werden kann, wie die «Heiligkeit» des «Ideals» die unsere werden kann.

Freilich hätte ein konsequenteres Festhalten am Sprachgebrauch der *Kritik der reinen Vernunft* deutlich machen können, worin sich das «Ideal» des Gott in jeder Hinsicht wohlgefälligen Menschen (Gott nennt ihn seinen «Sohn, an dem er sein Wohlgefallen hat») nicht nur von einer bloßen Idee, sondern auch von einem bloßen Postulat unterscheidet.

Von einer bloßen Idee unterscheidet es sich, weil dieser Sohn Gottes als ansichseiend (subsistierend) und als frei (als Person) gedacht werden muß, wenn verständlich werden soll, daß wir nur durch die Gemeinschaft mit ihm fähig werden, uns der Idee (verpflichtenden Zielvorstellung) anzunähern, auch unsererseits Gott wohlgefällige Menschen zu werden. Er gibt uns, worauf Kant an der erwähnten Stelle ausdrücklich hinweist, «die Macht, Kinder Gottes zu werden» (Joh 1,12, erwähnt Rel., VI 60f). Insofern enthält das Ideal, ebenso wie das Postulat, nicht nur eine Zielvorstellung, sondern vor allem eine Existenzannahme: Wenn ich, wie das Gesetz es verlangt, ein «neuer Mensch» werden soll, muß ich annehmen dürfen, daß dieser Sohn Gottes schon immer existiert und in Freiheit den Stand der Erniedrigung wählte, um so die «Vereinigung mit uns» möglich zu machen. (Kants Aussagen erinnern hier an den Satz aus dem Glaubensbekenntnis: «für uns Menschen und zu unserem Heil vom Himmel herabgestiegen».)

Aber von einem bloßen Postulat unterscheidet sich das Ideal durch die Merkmale des Eigenstands im Sein und der Freiheit im Handeln, mit der Folge, *daß es nicht nur den Grund einer Hoffnung* benennt, sodaß auch wir «hoffen können, Kinder Gottes zu werden» (Rel.,VI 60f), *sondern zugleich den Grund einer gegenwärtigen Erfahrung*: Was an früherer Stelle als die Gegensatz-Einheit von Identität und Nicht-Identität des «alten» und des «neuen Menschen» in uns beschrieben wurde, wird verständlich durch die Annahme: Sofern wir uns außerhalb der Gemeinschaft mit diesem Gottessohn, als rein in uns selber stehend, betrachten, erfahren wir uns als «alte Menschen», die weder zum Sinneswandel noch zur Zuversicht hinsichtlich ihres Fortschreitens zum Besseren noch zur Genugtuung für ihre alten Verfehlungen fähig sind. Sofern wir uns dagegen als in Gemeinschaft mit ihm stehend betrachten, erfahren wir uns als «neue Menschen» und haben abbildhaft an seiner Qualität des Stellvertreters, des Sachwalters und sogar des Erlösers teil (vgl. Rel., VI 74). — *Aber gerade unter dieser Voraussetzung gewinnt die oben gestellte Frage erneut an Dringlichkeit, wie die Gemeinschaft mit fremder Freiheit für uns zum Grunde eigener Freiheit und Sittlichkeit werden kann.*

Und in diesem Zusammenhang sei die Folgerung gewagt: *Die Auflösung der Dialektik, in die die Vernunft in ihrem praktischen Gebrauche notwendig gerät, ist das Feld, innerhalb dessen alle kantischen Aussagen über Gott (und über ein Fortleben der Seele nach dem Tode) ihre Stelle finden. Aber das dieser Vernunftdialektik zugrundeliegende Problem, wie die eigene Gesetzgebung der Vernunft uns zum äußeren Wort des göttlichen Gebotes, die «fremde Gerechtigkeit» des Gottessohnes aber zu der uns zurechenbaren eigenen Gerechtigkeit werde, bildet den speziellen Ort der nur in Ansätzen entwickelten kantischen Pneumatologie.*

2.2. Der «gute uns regierende Geist»

Der soeben hypothetisch behauptete Zusammenhang zwischen Kants Rede vom Geist und dem Problem der «aliena iustitia» und ihrer «Zurechnung» kann, in einem ersten Denkschritt, in folgender Weise interpretatorisch rekonstruiert werden: Mit dem Begriff des «uns innewohnenden Geistes» wird die Gemeinschaft mit jenem «Ideal» ausgedrückt, das weder eine bloße Idee noch ein bloßes Postulat, sondern insichstehende Wirklichkeit (Hypostasis) und Person ist. Dieser Geist ist durch seine Einwohnung ein Teil unseres Selbstbewußtseins geworden und bleibt doch zugleich, als Ausdruck einer Beziehung, von der bloßen Immanenz dieses Selbstbewußtseins verschieden. Von dieser Art ist jene «Reinheit der Gesinnung», zu der wir uns zwar verpflichtet, zugleich aber, soweit wir das Sittengesetz als einen Imperativ erfahren, gerade unfähig wissen. Sie wächst uns aus der Gemeinschaft mit dem Sohne Gottes zu, vergleichbar der Weise, wie wir zu einem geliebten Menschen sagen können: Wenn Du bei mir bist, kann ich gut sein. So erfahren wir «die gute und lautere Gesinnung» in uns als «einen guten uns regierenden Geist» (Rel., VI 70f) und gewinnen so erst das Zutrauen, zur Beharrlichkeit in dieser guten Gesinnung fähig zu sein. Dadurch wird der gute Geist uns zum «Parakleten», dessen wir bedürfen, wenn unsere Selbstbeobachtung uns keineswegs Anlaß gibt, an die Stetigkeit des Fortschritts zum Besseren zu glauben (Vgl. Rel., VI 71,1-4).

Wiederum sind aus dieser versuchten Interpretation Folgerungen für den Begriff der sittlichen Erfahrung zu ziehen: Sittliche Erfahrung wäre, so verstanden, nicht nur die Entdeckung von Notwendigkeiten der Entscheidung und damit von Konflikten in uns selber, an denen die Einheit unserer sittlichen Subjektivät zerbricht, auch nicht nur die Erfahrung verpflichtender Möglichkeiten, die wir ergreifen müssen, um Schritte auf einem Wege zu tun, dessen Ziel uns durch die Idee sittlicher Vollkommenheit vorgezeichnet wird. Sie wäre auch und vor allem die Erfahrung, daß wir, auf eine für uns selber nicht vorherberechenbare Weise, immer wieder einmal in konkreten Entscheidungssituationen zu einer Selbstlosigkeit der Gesinnung und einer Entschiedenheit der Handlung fähig werden, die wir uns selbst, bei redlicher Selbstbeurteilung, nicht zugetraut hätten; und so dürfen wir diese Gesinnung als die Wirkung eines «guten uns regierenden Geistes» interpretieren, der uns auch für unsere weitere sittliche Bemühung mit Hoffnung erfüllt.

Dieser Geist nimmt uns nicht ab, wozu wir verpflichtet sind, den Sinneswandel, die Stetigkeit der Besserung, die Genugtuung für begangenes Unrecht, sondern macht uns dazu fähig. Und eben diese Fähigkeit, die wir erfahren, sooft uns ein Sieg über das Böse in uns gelingt, ist das Zeugnis dieses Geistes. Er ist in seiner «Einwohnung in uns» Grund für jene Gegensatz-Einheit von Identität und Nicht-Identität, von der in den hier vorgetragenen Überlegungen mehrfach die Rede war. Er ist die Quelle jener Gerechtigkeit, die «nicht die unsere ist», die uns aber doch als die uns rechtfertigende Gerechtigkeit «zugeeignet» werden kann (Rel., VI 66,12-17).

Und so zeigt eine weiterführende Interpretation der bei Kant unausgeführten Ansätze zu einer Theorie des «uns innewohnenden Geistes»: *Das «Ideal» des Gott in jeder Hinsicht wohlgefälligen, zugleich um unseres Heiles willen zu uns herabgestiegen Sohnes löst nur unter einer Voraussetzung die Aporien, an denen die Einheit unseres sittlichen Selbstbewußtseins zerbricht: wenn die Gemeinschaft mit ihm als der «Geist» verstanden werden darf, der als sein göttlicher Geist unserer Unvollkommenheit unendlich überlegen bleibt, als der uns einwohnende Geist aber uns innerlich zueigen wird.* Erst diese «Einwohnung des Geistes» läßt das «Herabsteigen des Gottessohnes» an uns wirksam werden, sodaß die «fremde Gerechtigkeit» des Ideals uns zueigen wird. Und so bestätigt sich die oben geäußerte Vermutung: Kants Aussagen über den Geist werden nur verständlich, indem sie als Versuche begriffen werden, denjenigen Grund zu benennen, der es möglich macht, daß aus der Gemeinschaft mit dem Ideal, d.h. mit der in einer fremden Person und ihrer Freiheit verkörperten Idee, die eigene Freiheit und Sittlichkeit des Menschen hervorgeht.

Dem sittlich Handelnden aber wird diese Gemeinschaft, der er ja die Fähigkeit zu allem, was ihm aufgetragen ist, allererst verdankt, nicht nur zum Inhalt einer Hoffnung, sondern zugleich zum Inhalt einer gegenwärtigen Erfahrung. *Erst die so verstandene «Einwohnung des Geistes» versöhnt jenen Gegensatz von Erfahrung und Hoffnung, an dem die Einheit des sittlichen Selbstbewußtseins, solange sie nur durch Postulate gesichert werden soll, immer wieder zerbricht.*

2.3. Divergenzen in Kants Aussagen über den Geist und ihre Auflösung durch weiterführende Interpretation

Wenn soeben der Versuch unternommen worden ist, den Aussagen Kants über den Geist Hinweise zu entnehmen, wie die Zweideutigkeiten seiner Christologie aufzulösen seien, so muß freilich hinzugefügt werden: Ähnliche, vielleicht noch größere Mehrdeutigkeiten kehren in seiner Pneumatologie wieder. Aber gerade dort, wo Kants Aussagen sich am deutlichsten zu widersprechen scheinen, machen sie einen Sachzusammenhang deutlich, in den diese Aussagen hineingehören. Kant nämlich hat vom «Geist» nicht nur als von jenem «Parakleten» gesprochen, der uns aus der drohenden «Trostlosigkeit» der sittlichen Selbstbeurteilung befreit und als «ein guter uns regierender Geist» Stetigkeit im sittlichen Fortschritt verheißt. Vielmehr finden sich bei ihm auch ganz andere Aussagen über den Geist; und es ist zu prüfen, ob der Anschein einer Divergenz zwischen diesen Aussagen durch eine weiterführende Interpretation überwunden werden kann.

Zunächst gibt es Aussagen, in denen «Geist» nichts anderes bedeutet als «sittlich reine Gesinnung», so etwa wenn gesagt wird, daß wir das Sittengesetz nicht nur dem Buchstaben, sondern dem Geiste nach erfüllen sollen (Vgl. KpV, V 72,10; 152,7 u.a.). Von einer Differenz zwischen dem, was wir uns selber sagen können, und dem, was ein «in uns regierender Geist» uns zusprechen muß, ist hier nicht die Rede; aber ein solcher Unterschied wird durch diese Stellen auch nicht ausgeschlossen.

Dagegen scheinen andere Aussagen über den Geist der Rede vom Tröster (Parakleten) unvermittelt zu widersprechen, so vor allem dann, wenn vom Geist als dem Richter gesprochen wird, dessen Strenge der Milde des «Menschensohns» gegenübersteht. Denn im Gegensatz zum Menschensohn (d.h.in Kants Interpretation: zur «Menschheit selbst», die «ihrer Einschränkung und Gebrechlichkeit sich bewußt» ist)

> «kann der Richter der Menschen in seiner Gottheit, d.h. wie er zu unserem Gewissen nach dem heiligen von uns anerkannten Gesetze und zu unserer eigenen Zurechnung spricht, vorgestellt (der heilige Geist), [...] nur als nach der Strenge des Gesetzes richtend gedacht werden, weil wir selbst, wieviel auf Rechnung unserer Gebrechlichkeit uns zugute kommen könne, schlechterdings nicht wissen, sondern bloß unsere Übertretung mit dem Bewußtsein

unserer Freiheit und der gänzlich uns zuschulden kommenden Verletzung unserer Pflicht vor Augen haben und so keinen Anlaß haben, in dem Richterspruche über uns Gütigkeit anzunehmen» (Rel., VI 140 Anm.1).

«Dieser Geist, durch welchen die Liebe Gottes als Seligmachers (eigentlich unsere dieser gemäße Gegenliebe) mit der Gottesfurcht vor ihm als Gesetzgeber [...] vereinigt wird, welcher also »als von beiden ausgehend« vorgestellt werden kann, ist [...] der eigentliche Richter der Menschen (vor ihrem Gewissen)» (Rel., VI 145 Anm.).

Der offensichtliche Widerspruch, der darin besteht, daß der Geist zugleich als Richter und als Tröster (Paraklet) der Menschen gedacht wird, läßt sich nicht anders auflösen als durch eine Interpretation, die zwar über Kants Aussagen hinausgeht, die es aber gestattet, alles, was er über den Geist sagt, in einen widerspruchsfreien Zusammenhang zu bringen. Einerseits nämlich sagt der Geist, als Richter verstanden, dem Menschen etwas, was dieser sich im Urteil seines Gewissens selber sagen muß und kann: Du bist frei und mußt deshalb deine Übertretung als «gänzlich dir zuschulden kommend» anerkennen (s.o.Rel., VI 140 Anm 1). Gerade dies aber, daß der Mensch sich, ganz gegen sein individuelles Interesse, im Gewissen selber verurteilt, statt sich nach Entschuldigungsgründen umzusehen, setzt jene «Reinheit der Gesinnung» schon voraus, die ihm, sofern er diese Verurteilung verdient, gerade fehlt. Insofern ist das Gewissensurteil in seiner Strenge schon eine Äußerung eines «uns regierenden guten Geistes», der ebendadurch, daß er uns zur ungeheuchelten Selbstverurteilung fähig macht, sich schon als der «Paraklet» erweist. Denn indem er uns fähig macht, zu sagen, was wir uns selber sagen müssen: daß wir sündige Menschen sind, was wir uns aber, in der Qualität des sündigen Menschen, gerade nicht selber sagen können (weil dazu Reinheit der Gesinnung schon vorausgesetzt wäre), sagt er uns zugleich zu, was wir uns nicht selber sagen können: daß die gute Gesinnung, die gerade aus dieser unserer strengen Selbstbeurteilung spricht und sich ebendadurch als Wirkung des Geistes erweist, uns auch der Stetigkeit unserer Besserung gewiß sein läßt — eine Gewißheit, die wir aus der Erfahrung, die wir mit uns selber machen, gerade nicht gewinnen könnten.

Indem wir so im Richterspruch des Gewissens, den wir über uns selber sprechen, das Urteil des Geistes erkennen, der uns zu solchem Richterspruch erst fähig macht, können wir unter dem Zuspruch des gleichen Geistes die Trostlosigkeit überwinden, in die die redliche Selbstbeurteilung, rein für sich genommen, uns fallen ließe. In der Tradition reformatorischer Theologie gesprochen: Daß wir zu jenem «secundus usus legis» fähig sind, durch den wir alle Selbstgerechtigkeit hinter uns lassen, ist selber schon eine Gabe jenes Geistes, dessen «Früchte in einem neuen Leben» der «tertius usus legis» beschreibt.

3. Rückblick und Ausblick

3.1. Rückverweis auf die einleitenden Thesen

Die hier vorgetragenen Überlegungen haben die beiden eingangs formulierten Thesen bestätigt und zugleich einen Vorschlag entwickelt, um die dort formulierte Aufgabe zu lösen.

Zur ersten These

Kants verstreute und dürftige Aussagen über den Geist haben, wie die erste These behauptete, ihren systematischen Ort im Kontext der Lehre von der Dialektik des praktischen Vernunftgebrauchs und von ihrer Auflösung. Die Aufgabe, innerhalb des so umrissenen Feldes diesen systematischen Ort näher zu bestimmen, hat sich in folgender Weise lösen lassen: *Der systematische Ort der kantischen «Pneumatologie» ist durch die Frage bestimmt, wie dem Menschen die Fähigkeit, den Forderungen des Sittengesetzes zu genügen, die ihm durch die Einsicht in den sittlichen Zustand seiner selbst und der Welt fraglich geworden ist, wirksam zugeeignet werden könne.* Diese Ortsbestimmung gestattet es, die bei Kant nur ansatzhaft entwickelte Pneumatologie weiterführend zu interpretieren.

Die Einwohnung des Geistes, sei er als Richter oder als Tröster gedacht, ist dazu bestimmt, den Widerstreit zwischen dem Gesetzgeber und dem Untertanen, dem Ankläger und dem Angeklagten in uns zu überwinden. Es scheint, im so interpretierten kantischen Kontext, die Eigenart des Geistes zu sein, daß er es ist, der den Menschen zu dem Worte befähigt, das er sich selber sagen muß, nämlich zum Urteil des Gewissens, und ihm eben dadurch, daß er ihn — unerachtet der Unreinheit seiner Gesinnung — zur Redlichkieit der Selbstbeurteilung fähig macht, zugleich die Verheißung zuspricht, die er sich nicht selber sagen kann. Diese Verheißung stiftet zunächst das Zutrauen in die eigene stetige Besserung der Gesinnung, dann aber auch die Hoffnung auf die Wirksamkeit der Tat. Denn nun wird man, Kants Anregungen aufgreifend und weiterführend, sagen können: Wie die reine Gesinnung, die aus dem Gewissensurteil des Menschen spricht, als Wirkung des Geistes verstanden werden muß, weil der Sünder, rein für sich genommen, zu dieser Gesinnungsreinheit nicht fähig wäre, so darf auch die Tat, die aus solcher reinen Gesinnung folgt, als ein Wirken des Geistes verstanden werden, das im menschlichen Handeln seine Erscheinungsgestalt gewinnt. Denn nur in der Kraft dieses Geistes wird das menschliche Handeln fähig, sein Ziel, die moralische Weltordnung, zwar nicht so hervorzubringen, wie ein Mittel seinen Zweck, wohl aber wirksam zu bezeugen: Die menschliche Tat wird zum signum rememorativum der Verheißung, zum signum demonstrativum gegenwärtiger Wirksamkeit des Geistes und damit zum signum prognosticum des kommenden Heils.

Und so bestätigt sich die an früherer Stelle geäußerte Vermutung: Kants Äußerungen über den Geist werden erst verständlich, wenn sie als Versuche begriffen werden, den Grund zu benennen, der der menschlichen Sittlichkeit jene Qualität verleiht, die nur mit Begriffen aus der christlichen Sakramentenlehre (signum rememorativum, demonstrativum et prognosticum) angemessen beschrieben werden kann.

Gewiß: Kant hat diese Ansätze zu einer philosophischen Rede vom Heiligen Geist nicht weiterentwickelt; er hat zur Lösung der hier angedeuteten Probleme (theologisch gesprochen: zur Deutung der wirksamen Zueignung einer «Gerechtigkeit, die nicht die unsrige ist» — Rel., VI 66,13f) gelegentlich den bloßen Hinweis auf das «Ideal des Gott wohlgefälligen Menschen» für hinreichend gehalten; in anderen Kontexten meinte er, sogar ohne diesen Hinweis (also auch ohne seine «Christologie») auszukommen. Doch zeigt eine nähere Betrachtung: Wo er auf solche pneumatologischen Aussagen ganz verzichtet, werden auch die beiden Fragen unbeantwortbar, «wie ein böser Baum gute Früchte bringen könne» (Rel.,VI 44f) und wie, unter den Bedingungen der bestehenden Welt, also bei Divergenz der Bedingungen für die Reinheit der Gesinnung und für die Wirksamkeit der Tat, aus reinen Gesinnungen die im höchsten Maße wirksame Tat hervorgehen solle, die der Heraufkunft einer neuen, moralischen Weltordnung dient. *Kant «bezahlt» also die mangelnde Explikation der bei ihm selbst angelegten philosophischen Pneumatologie mit der «Vergessenheit» wesentlicher, von ihm selbst benannter moralphilosophischer Probleme.*

Daß Kant diese Probleme selber benennt und die Ansätze zu ihrer Lösung bietet, macht eine weiterführende Interpretation seiner Aussagen möglich; daß dort, wo diese Explikation unterbleibt, die Probleme entweder unlösbar werden oder ganz in Vergessenheit geraten, macht diese weiterführender Interpretation nötig.

Zur zweiten These

Damit wird, wie die zweite der eingangs formulierten Thesen es behauptete, ein Kontext sichtbar, innerhalb dessen, über die Kant-Interpretation hinaus, ein philosophisches Sprechen vom Geiste, vielleicht sogar eine theologische Pneumatologie, möglich wird.

In philosophischer Hinsicht ist das Sprechen vom Geist die Benennung derjenigen Bedingung, deren Wirksamkeit vorausgesetzt werden muß, wenn der Mensch, der in sich den Gegensatz zwischen dem Gesetzgeber und dem Untertanen, dem Ankläger und dem Angeklagten erfährt, dennoch zur Reinheit der Gesinnung im Gewissensurteil, zur Zuversicht des Fortschritts zum Besseren und zur Wirksamkeit der sittlichen Handlung fähig sein soll. Ein abschließender Ausblick wird zeigen, daß eine so verstandene philosophische Pneumatologie sich auch in der Bearbeitung weiterer Probleme fruchtbar erweist, die Kant zwar gesehen und gelegentlich benannt, aber nicht weiter verfolgt hat.

Eine theologische Pneumatologie aber könnte von einem solchen philosophischen Reden vom Geiste Hinweise darauf erhalten, wie sie ihren eigenen Auftrag erfüllen kann. Denn auch die theologische Pneumatologie hat die Aufgabe, Gottes richtendes und zugleich rettendes Wort als eine Anrede verständlich zu machen, die den Menschen zur Erfüllung seines Auftrages in Gesinnung und Tat fähig macht. Und auch sie muß deutlich machen, wie dieses richtende und zugleich rettende Wort, das der Mensch sich von Gott sagen lassen muß, ihn so anreden kann, daß es ihn zum Wort des Glaubens als seinem, des Menschen, unvertretbar eigenem Wort und zur Eigen-Aktivität des sittlichen Urteils und der sittlichen Tat fähig macht. So bewährt sich auch im theologischen Kontext die Rede vom Geist darin, daß sie die Bedingung benennt, die das von Kant gesehene Problen lösbar macht, auch wenn eine theologische Pneumatologie sich in der Lösung dieser Aufgabe nicht erschöpft.

Anders ausgedrückt: Eine philosophische Pneumatologie, wie Kant sie in Ansätzen entwickelt, wird unter theologischen Gesichtspunkten *insofern* als völlig unannehmbar gelten müssen, als sie die Lehre vom Heiligen Geist (wie alle anderen Glaubensartikel) darauf *reduziert*, die Bedingungen zu benennen, durch die die sittliche Vernunft vor Selbstaufhebung bewahrt wird. Aber eine philosophische Pneumatologie, wie sie sich in Weiterführung kantischer Ansätze entwickeln läßt, kann auch für eine christliche Theologie hilfreich sein, insofern sie deutlich macht, daß jede Pneumatologie, was immer sonst ihre Inhalte sein mögen, mindestens auch dies leisten muß: zu zeigen, wie Gottes richtendes und rettendes Wort, das der Mensch sich nicht selber sagen kann, diesen Menschen gleichwohl zu denjenigen Akten des Urteilens und des Tuns fähig macht, die er selber vollziehen muß. Oder kurz gesagt: *Auch wenn eine theologische Pneumatologie sich nicht darin erschöpft, zu zeigen, wie aus dem «äußeren Wort» der göttlichen Anrede an den Menschen das «innere Leben» des Menschen werde, das sich in seinem Urteilen und Handeln als wirksam erweist, so muß doch eine theologische Pneumatologie sich dadurch bewähren, daß sie, unter anderem, auch diese Aufgabe erfüllt.*

3.2. Ausblick: Der Widerstand des Individuums gegen das Sittengesetz und seine Auflösung durch eine weiterentwickelte Pneumatologie

Vom soeben Gesagten aus läßt sich eine Brücke schlagen zu einem Problem, das Kant zwar angedeutet, aber nicht weiter verfolgt hat. Unter den Gründen, die bewirken, daß wir das Sittengesetz als einen Imperativ erfahren, hat er nicht nur unsere Sinnlichkeit genannt (und damit das «malum physicum» der Verzichtleistungen, die dieses Gesetz uns abverlangt), auch nicht nur unsere unreine Gesinnung (und damit das «malum morale» einer «Verkehrtheit», kraft derer wir geneigt sind, die Erfüllung unserer Neigungen und Bedürfnisse zur Bedingung für die Erfüllung des Sittengesetzes zu machen, statt umgekehrt alle Neigungen und Bedürfnisse der Bedingung des Sittengesetzes zu unterwerfen). Er sprach in diesem Zusammenhang auch von der Endlichkeit (also dem für uns ganz unüberwindlichen «malum metaphysicum» der Einschränkung unserer Existenz auf die in Raum und Zeit begrenzte menschliche Individualität).

Der innere Widerstand, den das Individuum überwinden muß, um dem Sittengesetz zu gehorchen, resultiert also nicht nur aus dem Gefühl des «Schmerzes» über die Verzichtleistungen, die das Sittengesetz uns abverlangt, auch nicht nur aus der «Verkehrtheit» unseres Willens, der das Bedingungsverhältnis zwischen Bedürfnisbefriedigung und Gehorsam gegen das Sittengesetz umkehrt, sondern ist auch ein Widerstand im Namen der Würde des Individuums, das sich dagegen wehrt, zum bloßen «Fall» unter einer Regel abgewertet zu werden.

Daraus aber folgt: Alle «Unreinheit der Gesinnung», die wir in der Tat in uns selber entdecken, wird daraus verständlich, daß auch egoistische Motive sich hinter diesem Anspruch des Individuums auf Würde gleichsam «verstecken» können. Unsere Abneigung gegen Verzichtleistungen und unsere Neigung, das Gute nur dann zu tun, wenn es keine allzu großen Opfer von uns verlangt, sehen gelegentlich diesem Anspruch auf Anerkennung unserer Würde und auf ein Leben, das dieser Würde entspricht, zum Verwechseln ähnlich. — Und wir sind auf eine verborgene Weise an derartigen Verwechselungen interessiert, weil sie uns gestatten, uns bei unserem Widerstand gegen das Sittengesetz ein gutes Gewissen einzureden. Darum wird dieser Widerstand so lange nicht überwunden werden, bis es auf überzeugende Weise gelingt, die Selbstlosigkeit, die das Sittengesetz vom Individuum verlangt, indem es ihm die *Rolle des reinen Repräsentanten aller Vernunftsubjekte* zuweist, mit der *Würde des Individuums als eines solchen* zu versöhnen.

Es wäre der Prüfung wert, ob nicht der Begriff des Geistes, wie er soeben in weiterführender Interpretation Kants entwickelt wurde, geeignet ist, diese Versöhnung zu leisten. «Geist» erschien hier als Grund derjenigen Gemeinschaft, die uns zur sittlichen Gesinnung und Tat fähig macht: der Gemeinschaft mit dem «Ideal», das wir als «Sohn Gottes» denken müssen, weil er und er allein der normativen Zielvorstellung des «Gott wohlgefälligen Menschen» einschränkungslos entspricht, gleichzeitig aber durch seine freiwillige Erniedrigung sich als freie Person erweist. Wenn Sittlichkeit auf dieser «Einwohnung des Geistes» beruht, dann wird man wohl schließen dürfen: Gemeinschaft mit dem «Sohne Gottes» bedeutet Befähigung zur Hingabe für «die Vielen» — also gerade zu jener Selbstlosigkeit, die das Sittengesetz verlangt. Die Fähigkeit zu solcher Selbstlosigkeit ist es, in der das Individuum die Wirksamkeit des «guten uns regierenden Geistes» wiedererkennt. Aber weil dieser Geist die Gemeinschaft mit dem «Sohn Gottes» in seiner unverwechselbaren Einmaligkeit ist, *erniedrigt er das Individuum nicht zum bloßen austauschbaren «Fall» eines «Vernunftsubjekts überhaupt», sondern wahrt auch ihm die Würde seiner Einmaligkeit.*

Es kann sich an dieser Stelle nicht darum handeln, diesen Vorschlag einer philosophischen oder theologischen Rede vom Geist als die allein mögliche Aufhebung der Dialektik des praktischen Vernunftgebrauchs auszuweisen. Es kann sich, im engen Rahmen eines einzelnen Vortrages, nur darum handeln, eine Denkmöglichkeit offenzuhalten. Und für den Versuch eines kritischen Lernens von Kant mag es bezeichnend sein, daß diese Denkmöglichkeit in der Auseinandersetzung mit ihm gefunden worden ist.

3.3 Methodische Schlußüberlegung: Die Frage nach dem epistemischen Status einer möglichen philosophischen Pneumatologie

Fragt man abschließend nach dem epistemischen Status derartiger philosophischer Aussagen über den Geist, also nach ihrer Stellung im Gesamtfelde dessen, was gewußt bzw. geglaubt werden kann, und nach der Weise, wie das, worüber diese Aussagen sprechen, uns «gegeben» ist, so wird man unterscheiden müssen: Diese Frage betrifft einmal die Weise, wie Kant selbst seine Aussagen über den Geist versteht, sodann die Weise, wie seine Aussagen vom Interpreten verstanden werden, schließlich die Bedeutung, die die hier versuchte weiterführende Interpretation Kants innerhalb einer Moralphilosophie oder Theologie gewinnen kann.

3.31. Die «philosophische Pneumatologie» im Selbstverständnis Kants

Kant selbst benennt die Probleme, die gelöst werden müssen, wenn verhindert werden soll, daß die Vernunft in ihrem praktischen Gebrauch sich selber aufhebt. Und insofern seine Aussagen über den Geist theoretische, aber als solche unerweisliche Sätze sind, die dazu bestimmt sind, den drohenden Widerspruch der Vernunft mit sich selbst aufzulösen und damit ihre Selbstaufhebung zu verhindern, sind sie Postulate in dem Sinne, in dem der Begriff des Postulats in der *Kritik der praktischen Vernunft* eingeführt wird. So kann Kant davon sprechen, daß die Lehre vom Geist — oder allgemeiner: die christliche Trinitätslehre — einem «Bedürfnisse der praktischen Vernunft gemäß ist» (Rel., VI 139,22). Und darin liegt gewiß eine Bezugnahme auf das Kapitel «Vom Fürwahrhalten aus einem Bedürfnisse der reinen Vernunft» (KpV, V 142ff), das er dort, in der *Kritik der praktischen Vernunft*, als «Fürwahrhalten in moralischer Absicht» definiert und zum Kennzeichen eines «reinen praktischen Vernunftglaubens» erklärt (KpV,V 146,4-6).

Freilich führt Kant nicht den Nachweis, daß seine Aussagen über den Geist die *einzig möglichen* Annahmen sind, durch die der drohende Selbstwiderspruch der Vernunft in ihrem praktischen Gebrauche aufgelöst werden kann. Für die Postulate der *Kritik der praktischen Vernunft* hat er diesen Nachweis ausdrücklich geführt; und für den «Urteilsspruch aus Gnaden», von dem er in der Religionsschrift spricht, hat er Argumente beigebracht, aus denen sich ein solcher Nachweis gewinnen ließe. Mit Bezug auf seine Aussagen über den Geist dagegen zeigt er zwar die Tauglichkeit, aber nicht die Unerläßlichkeit dieser Pneumatologie zur Auflösung der Frage, wie eine Gerechtigkeit, die wir uns bei redlicher Selbstbeurteilung nicht als die unsere zurechnen können, dennoch auf wirksame Weise uns zueigen werden kann. Insofern scheint er von seiner Pneumatologie nicht jenen «unzertrennlichen» Zusammenhang mit dem Sittengesetz zu fordern, der für ein Postulat, im Sinne der *Kritik der praktischen Vernunft*, charakteristisch ist.

Und so beschränkt er sich in seinem Urteil über die christliche Trinitätslehre auf die Feststellung, daß «die Benennung der verschiedenen [...] Persönlichkeit kein unschicklicher Ausdruck ist, welches Glaubenssymbol zugleich die ganze reine moralische Religion ausdrückt, die ohne diese Unterscheidung» [nämlich der drei Personen im einen Wesen Gottes] «Gefahr läuft [...] in einen anthropomorphistischen Fronglauben auszuarten» (Rel.,VI 141f). Der Glaube an den dreieinigen Gott ist also mit dem praktischen Vernunftglauben nicht nur vereinbar (»kein unschicklicher Ausdruck» desselben), sondern leistet ihm eine Hilfe, die er nicht leicht entbehren kann. Denn ohne die Unterscheidung der drei Personen würde der Mensch geneigt sein, Gott-Vater als dem göttlichen Gesetzgeber durch «Schmeichelei» eine Milderung seiner Ansprüche abgewinnen zu wollen, während die Versöhnung mit der strengen Forderung des Sittengesetzes nur vom Gerichts- und Rettungswort des Geistes erhofft werden darf.

Diese für den Vernunftglauben zwar nicht logisch notwendige, aber, wie die Menschen nun einmal sind, faktisch kaum entbehrliche Hilfe braucht der Philosoph nicht zu ersinnen; er findet sie, bei geeigneter Auslegung, in der christlichen Glaubensüberlieferung vor.

Damit wiederum hängt es zusammen, daß Kant den in der Bibel bezeugten Kirchenglauben zwar «vernünftig» auslegen, aber durch diese Auslegung nicht (oder wenigstens: auf alle absehbare Zeit nicht) ersetzen möchte. Darum wendet er sich noch im «Streit der Fakultäten» mit Nachdruck gegen «die Keckheit der Kraftgenies, welche diesem Leitbande des Kirchenglaubens sich jetzt schon entwachsen wähnen» (SF, VI 65). Der Dienst, den der Kirchenglaube — und mit ihm der Glaube an einen dreieinigen Gott — zur «Introduktion» des Vernunftglaubens leistet, ist auf alle absehbare Zeit unentbehrlich. Darum hat die philosophische Auslegung dieses Kirchenglaubens — und in diesem Zusammenhang die philosophische Pneumatologie — die Aufgabe, zu zeigen, was dieser Kirchenglaube zur Aufhebung der Vernunftdialektik leisten kann, ohne daß damit die Behauptung zurückgenommen würde, jeder derartige Kirchenglaube werde in einer unbestimmten Zukunft einem reinen Vernunftglauben Platz machen.

Der epistemische Status der philosophischen Pneumatologie, wie Kant selbst ihn versteht, kann daher in folgender Weise beschrieben werden: Es handelt sich um eine Auslegung eines wichtigen Inhalts des christlichen «Kirchenglaubens» im Lichte des reinen praktischen Vernunftglaubens. Ziel dieser Auslegung ist es, zu zeigen, daß auch dieser Glaubensinhalt zur Auflösung der praktischen Vernunftdialektik tauglich und, wenigstens für alle absehbare Zeit, unentbehrlich ist und insofern, einem Postulat vergleichbar, «einem praktischen Gesetz anhanget». Da jedoch nicht behauptet wird, der Glaube an den göttlichen Geist sei die *einzig mögliche* Bedingung für die Aufhebung der Vernunftdialektik, ist der Zusammenhang zwischen diesem Glaubensinhalt und dem Sittengesetz nicht «unlöslich». Und insofern ist der epistemische Status dieser philosophischen Auslegung eines christlichen Glaubensartikels schwächer als der eines Postulats. *Das, wovon diese philosophische Pneumatologie spricht, ist dem philosophischen Denken gegeben als der durch moralische Auslegung zu erhebende «vernünftige Sinn» eines historischen Kirchenglaubens, der sich als mögliche und auf absehbare Zeit nicht zu ersetzende Art ausweisen läßt, wie die Dialektik des praktischen Vernunftgebrauchs aufgehoben werden kann.*

3.32. Eine weiterführende Interpretation: Die philosophische Pneumatologie als «Bewährungsprobe» des reinen Vernunftglaubens?

Mit dem soeben Gesagten wird die weiterführende Frage berührt, warum Kant sich überhaupt in der Religionsschrift auf die Auslegung des christlichen «Kirchenglaubens» einläßt. Dazu soll an dieser Stelle nur insoweit Stellung genommen werden, als dies durch das spezielle Thema dieses Beitrags veranlaßt wird. Im Zusammenhang der kantischen Pneumatologie nämlich hat sich gezeigt: Kant will auf die Hilfe des «Kirchenglaubens» nicht verzichten, sofern dieser einerseits durch Auslegung im Lichte des reinen Vernunftglaubens von allen Momenten, die Kant für «abergläubisch» hält, «gereinigt» werden kann und sofern seine Aussagen sich andererseits zur Aufhebung der Vernunftdialektik als *tauglich und als (wenigstens vorläufig) unentbehrlich* erweisen. Darum geht Kant in seiner Auslegung der christlichen Glaubensüberlieferung über das hinaus, was sich, im Sinne einer streng verstandenen Postulatenlehre, *als bleibend notwendig* zur Aufhebung der Vernunftdialektik ausweisen läßt.

Doch legt die Weise, wie Kant sich um eine philosophische Aneignung der christlichen Lehre vom dreieinigen Gott und in diesem Rahmen um eine philosophische Pneumatologie bemüht, eine weiterführende Vermutung nahe: Die Postulate im strengen Sinne des Wortes — unerweisliche, aber zur Auflösung der praktischen Vernunftdialektik notwendige theoretische Sätze — könnten den Anschein erwecken, bloß selbstersonnene Annahmen zu sein, durch die ein bestimmter Philosoph, in diesem Falle Kant, selbstersonnene Schwierigkeiten zu lösen versucht. Soll es sich um eine wirklich unvermeidliche Vernunftdialektik handeln — und nicht bloß um irgendwelche durch Kants eigenes System erzeugte Schwierigkeiten —, dann muß sich die Spur davon auch außerhalb dieses Systems, ja außerhalb jeder Philosophie dort finden lassen, wo Menschen nicht nur auf die unbedingte Verpflichtungskraft des Sittengesetzes, sondern auch auf die grundsätzliche Schwierigkeit seiner Erfüllung aufmerksam geworden sind. Und soll es sich bei den Postulaten um wirklich unerläßliche Annahmen handeln, ohne die diese Vernunftdialektik nicht aufgelöst werden kann, dann muß sich ein wie auch immer gearteter Ausdruck dieser Vernunftannahmen überall dort finden, wo vernunftbegabte Menschen, im vollen Bewußtsein ihrer Unvollkommenheit und der Verkehrtheit der Welt, um sittliche Gesinnnung und Tat bemüht gewesen sind. Beides — das volle Bewußtsein von der Verpflichtungskraft des Sittengesetzes und von den Schwierigkeiten, die seiner Erfüllung entgegenstehen, aber auch die unverminderte Entschlossenheit, dem Sittengesetz zu gehorchen — sind nach Kants Überzeugung Unterscheidungsmerkmale der christlichen Religion. Hier, wenn irgendwo, müssen sich also Ausdrucksformen der Vernunftdialektik und ihrer Aufhebung finden lassen, wenn jene Dialektik und diese Aufhebung wirklich aus der «Natur der Vernunft fließen» und nicht Inhalte willkürlicher Systembildungen sind. *Diese Spuren eines Bewußtseins von der Vernunftdialektik und von den Bedingungen ihrer Aufhebung in den Zeugnissen des christlichen Glaubens aufzufinden und durch geeignete Auslegung ans Licht zu heben, wird so zu einer Bewährungsprobe des praktischen Vernunftglaubens.*

Und auch Kants Versuch einer philosophischen Aneignung der christlichen Pneumatologie ist im Zusammenhang dieser Bewährungsprobe zu verstehen. Denn dieser Versuch zeigt: Kant hat die Bewährungsprobe dort gesucht, wo ihr besonders große Schwierigkeiten entgegenstehen: bei der reformatorisch verstandenen paulinischen Rechtfertigungslehre. Diese, die den Reformatoren als die «Mitte der Schrift» galt, scheint dem moralischen Vernunftglauben geradewegs entgegengesetzt zu sein, besagt sie doch, daß der Mensch «allein aus Gnade, allein durch den Glauben, abseits von allen Werken des Gesetzes» vor Gott und durch ihn gerechtfertigt werde. Dennoch versucht Kant, «eine Deduktion der Idee einer Rechtfertigung» zu geben (Rel., VI 76,7f), indem er den «Urteilsspruch aus Gnade» als Bedingung verständlich macht, welche «die dritte und dem Anscheine nach größte Schwierigkeit» (Rel., VI 71,21) gegen die Erfüllbarkeit des Sittengesetzes auflösbar macht. Und er versucht weiterhin, gerade diejenigen beiden theologischen Aussagen philosophisch anzueignen, mit denen die reformatorische Theologie diese paulinische Lehre von der Rechtfertigung des Sünders ausgelegt hat: den Satz vom Menschen als «Sünder und Gerechter zugleich» (Vgl Rel., VI 74) und die Lehre von der «Zurechnung der fremden Gerechtigkeit» (Vgl.Rel., VI 66). Der erste dieser Sätze scheint dem obersten logischen Gesetz, dem Gesetz vom zu vermeidenden Widerspruch, entgegengesetzt zu sein und damit jene «Schlachtung der Vernunft» zu fordern, von der Luther in seiner Vorlesung zum Galaterbrief gesprochen hat (Weimarer Ausgabe 40/1 S. 362 u. 368). Der zweite Satz scheint Kants eigener Regel zu widerstreiten, wonach dem Menschen nichts zugerechnet werden kann, was nicht aus seiner eigenen guten oder bösen Tat hervorgeht (»Was der Mensch im moralischen Sinne ist oder werden soll, gut oder böse, dazu muß er sich selbst machen oder gemacht haben» — Rel., VI 44,17).

Indem Kant den doppelten Nachweis erbringt, daß diese scheinbar aller praktischen Vernunft widerstreitenden Glaubensaussagen in Wahrheit die unvermeidliche Dialektik des praktischen Vernunftgebrauchs zum Ausdruck bringen und daß die Lehre von dem göttlichen, aber dem Menschen innewohnenden Geist, in diesem Kontext verstanden, den Grund benennt, der diese Dialektik auflösbar macht, hat er seine These, daß die Vernunftreligion keine bloße Erfindung von Philosophen ist, sondern (nach dem Bild von den «konzentrischen Kreisen») den Kern der überlieferten Religionen ausmacht, gerade an dem Anwendungsfalle bewährt, der einer solchen Anwendung die größten Hindernisse entgegenzusetzen schien. *Der Versuch, die reformatorisch verstandene paulinische Rechtfertigungslehre im Lichte des «reinen praktischen Vernunftglaubens» auszulegen und ihr so eine mögliche (wenn auch nicht die einzig denkbare) Aufhebung der Dialektik des praktischen Vernunftgebrauchs abzugewinnen, wird so zu einer Bewährungprobe für diesen Vernunftglauben selbst, die umso überzeugender ausfällt, je unwahrschenlicher, einem ersten Hinblicke nach, das Gelingen eines solchen philosophischen Aneignungsversuchs aussehen mußte.*

3.33. Der epistemische Status der hier vorgelegten weiterführenden Kant-Interpretation

Von hier aus ist auch die Frage zu beantworten, welchen epistemischen Status die hier versuchte weiterführende Interpretation kantischer Ansätze zu einer philosophischen Pneumatologie beanspruchen könne.

Zunächst handelt es sich dabei, innerhalb der Kant-Interpretation, *um die Angabe eines Zusammenhangs zwischen Fragestellung und Lösungsangebot:* In dem Maße, in welchem sich Kants Darstellung der Vernunftdialektik so verschärft, daß das Problem einer «aliena iustitia» auftritt (d.h. die Frage nach einer sittlichen Qualität, die das Subjekt sich selbst nicht zusprechen kann, deren es aber bedarf, um dem Sittengesetz Genüge zu tun), gewinnt für ihn die christliche Lehre vom richtenden und zugleich tröstenden Geist, der vom menschlichen Geist verschieden ist und ihm zugleich, als Prinzip seiner eigenen, neuen Aktfähigkeit, «einwohnt», den Charakter eines Lösungsmodells; dieses kann, philosophisch gedeutet, auch für einen reinen praktischen Vernunftglauben nicht entbehrt werden. Im gleichen Maße, in welchem umgekehrt das Problem der Vernunftdialektik bei Kant zurücktritt (wie z.B.im «Streit der Fakultäten»), verliert auch die Aufgabe einer philosophischen Aneignung der christlichen Pneumatologie für ihn an Dringlichkeit. Insofern ist das (ansatzhafte) Auftreten und das spätere Zurücktreten einer solchen philosophischen Pneumatologie im Werke Kants zugleich ein Indikator für die Verschärfung bzw.Entschärfung seines Verständnisses von der drohenden Selbstaufhebung der praktischen Vernunft in ihrem «inneren Widerstreite».

Damit aber deutet sich eine Möglichkeit an, der hier versuchten weiterführenden Interpretation kantischer Ansätze zu einer philosophischen Pneumatologie noch eine weitere Bedeutung zu geben: *Was auf diese Weise zustandekommt, ist eine Angabe von Minimalforderungen, die einerseits an jede philosophische Theorie der sittlichen Subjektivität, andererseits an jede theologische Lehre vom Geist zu stellen sind.* Von jeder philosophischen Theorie der sittlichen Subjektivität darf gefordert werden, daß sie die Dialektik des praktischen Vernunftgebrauchs bis in jene Radikalität hinein nachzeichnet, die Kant dazu veranlaßt hat, ihre Auflösung in einer philosophischen Pneumatologie zu suchen. Und von jeder theologischen Lehre vom göttlichen Geist darf gefordert werden, daß sie das Problem, wie der göttliche Geist für den Menschen zur Quelle seines eigenen neuen Lebens werde, auch im Zusammenhang mit der «sittlichen Neugeburt» des Menschen aufwirft und so dem «Dritten Glaubensartikel», der vom Geiste handelt, zugleich eine Antwort auf die Frage entnimmt, die Kant gestellt hat: die Frage, wie der Mensch, ohne sich über sich selbst und den Zustand der Welt Illusionen zu machen, zur Reinheit der Selbstbeurteilung, zur Zuversicht der sittlichen Hoffnung und zur Wirksamkeit der sittlichen Tat fähig werde. Denn auch wenn weder Glaube noch Theologie darauf *reduziert* werden können, daß sie die Bedingungen benennen, die die sittliche Vernunft vor Selbstaufhebung bewahren, indem sie eine Aufhebung der praktischen Vernunftdialektik möglich machen, so ist es doch eine *Bewährungsprobe* für einen Glauben und eine Theologie, die von der Rechtfertigung des Sünders sprechen wollen, ob die Antworten, die sie geben, sich auch an der philosophischen Fassung des gleichen Problems als Lösungsangebote erweisen lassen.

Giovanni B. Sala

DIE LEHRE VON JESUS CHRISTUS IN KANTS RELIGIONSSCHRIFT

Erster Teil. Die Grundzüge der Kantischen Christologie

1. Im Anfang war ein Mißverständnis

Der Anfang des Christentums war durch ein folgenschweres Mißverständnis gekennzeichnet, insofern die Apostel Jesu, «an statt des heiligen Lehrers *praktische Religionslehre*, als das Wesentliche anzupreisen, *die Verehrung dieses Lehrers selbst* [...] angepriesen haben». So schrieb Kant 1775 an Johann Caspar Lavater in einem Brief, in dem die Grundidee der «Religion innerhalb der Grenzen der bloßen Vernunft» von 1793 schon mit klaren Konturen auftritt. Anderthalb Jahrhunderte später meinte Rudolf Bultmann, eine ähnliche Entdeckung gemacht zu haben: «Die Urgemeinde hat [...] die Verkündigung Jesu wieder aufgenommen und weiterverkündigt. Und sofern sie das getan hat, ist Jesus für sie der Lehrer und Prophet. Aber er ist für sie mehr: er ist zugleich der Messias; und so verkündigt sie [...] zugleich ihn selbst. Er, früher der *Träger* der Botschaft, ist jetzt selbst in die Botschaft einbezogen worden, ist ihr wesentlicher *Inhalt. Aus dem Verkündiger ist der Verkündigte geworden*»[1]. Infolgedessen ist eine neue Religion entstanden, in deren Mitte Jesus von Nazareth als Sohn Gottes steht.

Die Konsequenzen; die Kant und Bultmann aus dieser Entdeckung zogen, sind freilich verschieden: Kant setzte sich zum Ziel, die schicksalhafte Verwechslung rückgängig zu machen, nämlich von der Religion Christi (wo Christus das Objekt der «gottesdienstlichen» Religion ist) zurück zur «praktischen Religionslehre»; Bultmann dagegen versuchte, ein Christentum ohne den gnostischen Mythos des menschgewordenen, gestorbenen und auferstandenen Sohnes Gottes aus dem NT herauszuschälen.

Die Zeit war für das Unternehmen Kants reif. Es war die Zeit der Aufklärung, die die menschliche Vernunft zum alleingültigen Maßstab in allen Dingen erklärt hatte; und es war die Zeit des Deismus mit seiner Suche nach einer allgemeingültigen Religion, deren Inhalt vorwiegend ethisch sein sollte. Im folgenden werde ich Kants Lehre von Person und Werk Jesu Christi untersuchen, und zwar hauptsächlich in seiner «Religion innerhalb der Grenzen der bloßen Vernunft»[2].

[1] Rudolf Bultmann, *Theologie des Neuen Testaments*, Tübingen ^{5}1965, 35.

[2] Eine ausführlichere Studie über die Christologie Kants werde ich demnächst im *Gregorianum* veröffentlichen.

2. Die Reduktion der Religion auf Moral

Kants Schrift über die Religion ist kein religionsphilosophisches Werk im heute üblichen Sinn, d. h. keine methodisch-reflexe Erhellung der Möglichkeit von Religion im menschlichen Dasein; sie unterzieht vielmehr das Christentum als positive Religion einer Überprüfung mit der Absicht, aus dem System seiner Glaubenssätze durch deren kritisch-philosophische, oft symbolisierende Auslegung einen Inbegriff von Grundwahrheiten reiner Vernunftreligion zu gewinnen[3]. Diese Religion, zu der Kant auf dem Weg der bloßen, und zwar moralischen Vernunft gelangt, ist eine rein «moralische» Religion: die wahre Religion ist «die Religion des guten Lebenswandels», wie Kant bereits am Ende des ersten Stückes seiner Religionsschrift sagt (Rel., VI 51 u. ö.). Denn, erklärt Kant an einer anderen Stelle, «Religion ist derjenige Glaube, der das Wesentliche aller *Verehrung Gottes* in der *Moralität* des Menschen setzt» (SF, VII 49). Alles in der christlichen Religion, Geschichtliches und Übernatürliches, wird auf das Maß des Menschen herabgesetzt und in den Dienst seiner moralischen Vervollkommnung gestellt.

Hieraus leitet sich das hermeneutische Grundprinzip für die Auslegung der Bibel und der Lehre der Kirche ab, das im «Streit der Fakultäten» (VII 38-48) ausgeführt wird. «Schriftstellen» sowie auch Kirchenlehren müssen «zum Vorteil» der praktischen Vernunft ausgelegt werden (SF, VII 38).

Für die Untersuchung der christlichen Religion hat ein solcher moralischer Blickwinkel einschneidende Konsequenzen. Denn die Frage, die Kant an alle Mysterien der Offenbarung stellt, lautet: Was für eine Relevanz hat diese Lehre der Schrift bzw. dieses Dogma der Kirche für unser verantwortliches Verhalten? Sinn und realer Inhalt sämtlicher christlichen Lehren werden nach ihrer praktischen Tragweite bemessen, ja ihr gleichgesetzt. Das «für uns» (vgl. Rel., VI 139) stellt die durchgehende Perspektive der philosophisch-moralisch gewendeten christlichen Theologie Kants dar. In einem wohl verschiedenen geistesgeschichtlichen Kontext wirkt bei Kant das Erbe Luthers weiter. Auch für Luther gibt das «pro nobis» den Horizont seiner Theologie an.

Ist nun die Religion unter den Primat der Moral gestellt, so wundert es nicht, daß Kant diese Moralisierung durch alle christlichen Lehrsätze hindurch bis ins einzelne durchführt. Christus ist nicht der wesensgleiche Sohn Gottes, sondern «Chrestus»: der moralisch Nützliche ist[4]. Im zweiten Teil dieses Aufsatzes werde ich Kants «Christologie pro nobis» nach den einzelnen Mysterien Christi darlegen.

[3] Vgl. Hermann Noacks Einleitung zur Edition der «Religion» in der «Philosophischen Bibliothek», Hamburg [7]1961, LIII.

[4] V. McCarthy ist auf diese moralische Funktionalisierung des Mensch gewordenen Sohnes Gottes unter Benutzung der falschen Wiedergabe des Hoheitstitels Christus bei Svetonius und Tacitus eingegangen: «Christus as Chrestus in Rousseau and Kant», in: *Kant-Studien* 73 (1982) 191-207.

3. Der Inhalt der «Religion innerhalb der Grenzen der bloßen Vernunft»: eine philosophisch gewendete christliche Dogmatik

Die Religionschrift Kants ist eine christliche Theologie, wenn man die «materia circa quam» des Buches in Betracht zieht. Aber diese christliche Theologie, oder noch präziser, diese christliche Dogmatik wird vom Standpunkt der «bloßen» Vernunft aus entwickelt[5]. Das Ergebnis kann kein anderes sein, als daß von der geoffenbarten, christlichen Wahrheit nur noch das übrig bleibt, was für die Vernunft einsichtig und damit annehmbar ist. Das Ergebnis ist keine christliche Theologie mehr, sondern eben die von Kant angestrebte Lehre von der allgemeinen, natürlichen Religion, und diese selbst auf Moralität verkürzt.

Daß in der Religionschrift das Christentum allein untersucht wird, hängt von zwei Gründen ab. Erstens, von der Überzeugung Kants, daß allein das Christentum die Elemente einer reinen, moralischen Religion enthält. Zweitens vom Ziel, das Kant sich vorgesetzt hatte. Delekat bezeichnet dieses Ziel als «einen seelsorglichen Dienst an den Gebildeten»[6]. Denn die philosophischen Überzeugungen der Aufklärung mit ihrem Losungswort von einer Vernunft, der alles zu unterziehen ist, brachten die Gebildeten in Konflikt mit der Landesreligion. Diese verlangten zu wissen, was eigentlich die Religion, näherhin was das Christentum in seinen Lehrinhalten sei. Das existentielle Problem, das die Aufklärung herbeigerufen hatte, war nicht das der Religion, sondern das der geoffenbarten und dazu noch institutionalisierten Religion. Kant will die Mysterien des Christentums einer Prüfung unterziehen, um «den vernünftelnden Teil der Menschen [...] zur Annehmung derselben geneigt» zu machen[7]. Wir haben eine regelrechte christliche Theologie, freilich so, daß sie infolge der Kantischen «philosophischen» Auslegung von Schrift und kirchlicher Lehre (vgl. SF, VII 44) zu einer philosophisch-christlichen Theologie wird. Diese Redewendung mag widersprüchlich vorkommen; doch sie gibt eine Spannung wieder, die das ganze Werk durchzieht.

Die Zielsetzung und der wissenschaftliche Kontext der philosophischen Theologie Kants berechtigen uns, sie im folgenden (auch) unter einem streng dogmatischen Gesichtspunkt zu untersuchen. Dies scheint um so mehr zulässig im Falle der Christologie, für die die Vorlagen Kants die Dogmen der ersten ökumenischen Konzilien und die altkirchlichen Lehren über Jesus Christus sind, die das gemeinsame Gut aller christlichen Konfessionen ausmachen.

Die theologische Lehre von Person und Werk Jesu Christi hat zwei Vorausetzungen. Erstens eine heilsgeschichtliche, nämlich den Sündenfall, den Kant im 1. Stück behandelt. Dort wird das «peccatum originarium» (Rel. VI, 31) dahingehend erklärt, daß der Mensch «die sittliche Ordnung in Ansehung der Triebfedern einer freien Willkür» umgekehrt hat (Rel. VI, 30). «Die Triebfeder der Selbstliebe» ist «zur Bedingung der Befolgung des moralischen Gesetzes» geworden (Rel., VI 36). Zweitens eine ontologische Voraussetzung,

[5] Die «bloße» Vernunft, die zur Durchdringung der christlichen Lehre in Anspruch genommen wird, ist, wie Kant an Stäudlin unmittelbar nach der Veröffentlichung des Werkes erklärte, die praktisch-moralische Vernunft.

[6] Friedrich Delekat, *Immanuel Kant. Historisch-kritische Interpretation der Hauptschriften*, Heidelberg 1963, 343.

[7] »Vorredeentwürfe zur Religionsphilosophie«, XX 440.

nämlich die sog. ökonomische Trinität, insofern die sichtbare Sendung des Sohnes zur Erlösung der Welt (zusammen mit der unsichtbaren Sendung des Heiligen Geistes) zur Voraussetzung hat, daß Gott in drei Personen subsistiert. Nun aber steht auch das erhabenste Geheimnis des christlichen Glaubens bei Kant völlig unter dem vorhin besprochenen hermeneutischen Prinzip eines «praktischen Gebrauchs» für den Menschen (vgl. Rel., VI 137). Demzufolge entwickelt Kant in der «Allgemeinen Anmerkung» zum dritten Stück eine moralische Interpretation-Reduktion des Trinitätsdogmas; genauer gesagt vier solcher Interpretationen.

4. Präexistenz und Menschwerdung des Sohnes Gottes

Im zweiten Stück der Religionsschrift arbeitet Kant seine Auffassung von Person und Werk Jesu Christi aus. Das Stück trägt den Titel: «Von dem Kampf des guten Prinzips mit dem bösen um die Herrschaft über den Menschen». Das Erlösungswerk Christi soll im Bild eines Kampfes vorgetragen werden, und zwar nicht zwischen zwei Personen, wie wir erwarten würden, sondern zwischen zwei *Prinzipien*, die sich um die Herrschaft über den Menschen streiten. In der Ungewöhnlichkeit der Ausdrucksweise steckt bereits die Grundtendenz der Christologie Kants, «an die Stelle des historischen Jesus *die Idee* der Menschheit» zu setzen[8].

Den Ansatz für seine Darlegung von Jesus Christus nimmt Kant im Menschen als Zweck der Schöpfung: Endzweck, auf den hin Gott die Welt erschaffen hat, ist der Mensch als moralisches Wesen, weil nur ein solches Wesen eines unbedingten Wertes fähig ist, und zwar des Wertes eines guten Willens. An diese Lehre anknüpfend schildert Kant den Menschen, indem er zum Prolog des Johannesevangeliums und zum Hebräerbrief greift. Das Resultat ist eine Identifizierung des präexistenten und «in der Fülle der Zeit» (vgl. Gal 4, 4) Mensch gewordenen Logos Gottes mit dem Menschen als moralischem Wesen! «Die Menschheit [...] in ihrer ganzen Vollkommenheit» *ist* der «allein Gott wohlgefällige Mensch»; ist in Gott «von Ewigkeit her»; ist Gottes eingeborener Sohn», und durch sie ist alles geworden, was gemacht worden ist (Rel., VI 60)[9].

In diesem ersten Schritt der Christologie Kants fällt die abwechselnde Verwendung sowohl des Abstraktums «Menschheit» als auch des Konkretums «Mensch» auf. Der Grund dürfte darin liegen, daß Kant prinzipiell das biblische Konkretum, Jesus Christus, zu einem «*Ideal* der moralischen Vollkommenheit» macht, andererseits aber an Jesus von Nazareth als die historische Konkretisierung desselben Ideals (die «personifizierte Idee des guten Prinzips») soweit wie möglich festhalten möchte. Daraus ergibt sich ein Hin und Her im Verlauf des ganzen Buches zwischen dem Ideal der moralischen Vollkommenheit und dem historischen Jesus als Modell und Maßstab derselben Vollkommenheit.

«Diese Idee», schreibt Kant weiter, «hat ihre Realität in praktischer Beziehung vollständig in sich. Denn sie liegt in unserer moralisch gesetzgebenden Vernunft.» (Rel., VI.

[8] Delekat (siehe Anm. 6) 352.

[9] Dem Duktus der Stelle gemäß, nämlich der Ersetzung des Sohnes Gottes durch den Menschen als moralisches Wesen, wird Jo 1, 3, der von einen *causa instrumentalis* des Logos beim Schöpfungswerk spricht, im Sinne einer *causa finalis* interpretiert: Die Welt wurde um des Menschen willen geschaffen.

62) Also ist die Lehre von einem Wort, das vom Wesen Gottes ausgeht und die Menschheit angenommen hat (Rel., VI 60 f), nichts anderes als die biblische Vorstellungsweise für das, was der Mensch in sich selbst entdeckt: das moralische Gesetz oder die «moralisch gesetzgebende Vernunft». Das «*Übersinnliche* in uns», sagt Kant im «Streit der Fakultäten», wird für «*übernatürlich*, d. h. für etwas, was gar nicht in unserer Macht steht und uns als eigen zugehört» gehalten (SF, VII 58 f). Mit seiner Auslegung des Christentums «innerhalb der Grenzen der bloßen Vernunft» will Kant diese Verwechselung des Übersinnlichen in uns mit einem Übernatürlichen außer uns aufdecken und die nötigen Konsequenzen für die religiöse Praxis ziehen.

Die Gleichsetzung des göttlichen Logos mit der moralisch-praktischen Vernunft in uns setzt sich in eine entsprechende moralische Umdeutung der dogmatischen Lehre von der Menschwerdung Christi und seinen zwei Naturen fort. Das Geheimnis der Inkarnation und mit ihm die Zweinaturenlehre des Konzils von Chalkedon wird von Kant darin erblickt, daß «der von Natur böse Mensch» sich doch zum «Ideal der Heiligkeit» erhoben hat. Eine solche Vereinigung des Menschen mit dem Ideal der Heiligkeit setzt dieses Ideal in einen «Stand der Erniedrigung» gemäß dem, was Paulus im christologischen Hymnus des Philipperbriefes (2, 8) sagt: «Er erniedrigte sich». Unter der Wucht der Logik seiner immanent-moralischen Interpretation des Dogmas vom Sohn Gottes wundert es nicht, wenn Kant den Sohn Gottes des christologischen Hymnus von Paulus als «jenen *göttlich gesinnten Menschen*» bezeichnet. Die *seinsmäßige* Gottheit Christi wird zu einer göttlichen *Gesinnung* des Menschen aufgrund des moralischen Gesetzes in ihm (Rel., VI 61). Für die Anerkennung der Gottheit Jesu fehlt bei Kant, wie wir sahen, die ontologische Voraussetzung, nämlich das Dogma von Gott in drei Personen. Das Wort, das nach Johannes bei Gott war und selber Gott war, ist in Kants Auffassung von der Religion ein moralisches Ideal, das seinen Sitz in allen Menschen hat und das, wie wir sehen werden, in Jesus von Nazareth eine einzigartige Verwirklichung erfahren hat.

Ist einmal die Umwandlung der zweiten göttlichen Person ins moralische Ideal vollzogen, so wird der Glaube an Jesus Christus zu einem «*praktischen* Glauben» in dem Sinne, daß der Mensch aufgrund der moralischen Gesinnung, deren er sich bewußt ist, «*auf sich gegründetes Vertrauen setzen*» darf, «er würde [...] dem Urbilde der Menschheit unwandelbar anhängig [...] bleiben.» (Rel., VI 62). Kant will offensichtlich ein rationales Gegenstück zum theologalen Glauben, näherhin zur «fides fiducialis» Lutherischer Tradition finden. Infolge seiner immanenten Interpretation des Sohnes Gottes wandelt er die christliche Lehre von der Rechtfertigung durch den Glauben in ein Zutrauen des Menschen zu seiner eigenen Gesetzgebung um, in ein Vertrauen auf seine eigene «moralische Gesinnung».

5. Die Rolle des Historischen in der Christologie Kants

Der Umstand, daß Kant seine Christologie mit dem programmatischen Abschnitt über Jesus Christus als «personifizierte Idee des guten Prinzips» einleitet, wirft die Frage nach dem Historischen in seiner Religionsphilosophie und speziell in seiner Christologie auf. Seine Position bezüglich des Verhältnisses von Geschichte und Religion hat Kant selber in den «Vorarbeiten zum Streit der Fakultäten» auf die einprägsame Formel gebracht: «Alle Religion muß a priori aus der Vernunft entwickelt werden und das Historische dient nur zur Illustration, nicht zur Demonstration» (XXIII 437). Infolgedessen empfiehlt Kant, im Umgang mit der Heiligen Schrift, «nur das Moralische, dessen die Schriftstelle fähig ist, auszuheben, das Historische auf sich beruhen zu lassen» (XXIII 431). In der Tat führt Kant in seiner Religionsschrift all das Historische, das zur christlichen Heilsgeschichte gehört, so aus, daß es durch moralische Interpretation zum Teil beseitigt, zum Teil auf die Lehre des Sittengesetzes zurückgeführt wird. Allenfalls sieht Kant im historischen Glauben nur ein «Vehikel» (Rel., VI 118), oder ein «Leitmittel», das sich selbst im «reinen Religionsglauben» entbehrlich machen muß (Rel., VI 115).

Was für eine tiefgreifende Entscheidung Kant damit getroffen hat, erhellt daraus, daß das Christentum sich selbst als eine Heils*geschichte* versteht, so daß das Historische wesentlich zu ihm gehört. Allerdings bemerkt Bohatec, daß auch bei Kant trotz der apriorischen Prinzipien seiner Kritik «Idee und Geschichte, Vernunftglaube und Kirchenglaube nicht als absolute Gegensätze aufzufassen sind»[10]. Deshalb versucht Kant immer wieder, einen Platz für den Jesus des christlichen Glaubens zu finden, zwar nicht als Mensch gewordener Sohn Gottes, wohl aber als historische Verwirklichung des Ideals der ethischen Personalität. Es «muß auch eine Erfahrung möglich sein, in der das Beispiel von einem solchen Menschen gegeben werde» (Rel., VI 63), ein Mensch nämlich, dessen Leben mit jenem Ideal übereinstimmt. Andererseits aber ist der eigentliche Gegenstand des rechtfertigenden Glaubens nicht diese historische Person. «In der Erscheinung des Gottmenschen ist nicht das, was von ihm in die Sinne fällt oder durch Erfahrung erkannt werden kann, sondern das in unserer Vernunft liegende Urbild, welches wir dem letzteren *unterlegen* [...], eigentlich das Objekt des seligmachenden Glaubens, und ein solcher Glaube ist einerlei mit dem Prinzip eines Gott wohlgefälligen Lebenswandels» (Rel., VI 119). Wir unterlegen dem gottwohlgefälligen Menschen in der Erfahrung das in unserer Vernunft liegende Urbild, so daß der lebendige Glaube sich nicht auf die geschichtliche Person, sondern auf das Urbild, d. h. auf unsere Vernunftidee richtet! Historischer Glaube und lebendiger Glaube haben nicht dasselbe Objekt.

Zweiter Teil. Die Mysterien des Lebens Jesu

Ich habe Kants Lehre von Jesus Christus in ihren Grundzügen umrissen. Im folgenden werde ich kurz referieren, wie in der Religionsschrift das Leben Jesu nach seinen einzelnen Mysterien dargelegt wird. Zunächst aber sollen zwei Merkmale erwähnt werden, die Kants Wiedergabe der Geschichte Jesu auszeichnen.

Erstens, in seinen Ausführungen vermeidet Kant bis auf ganz wenige Ausnahmen den Namen «Jesus» sowie den zum Namen gewordenen Hoheitstitel «Christus». Statt dessen bedient er sich verschiedener Bezeichnungen oder Umschreibungen; am häufigsten wird Jesus «Lehrer» genannt, was gewiß darauf hinweist, daß bei ihm die ganze Bedeutung Jesu auf die eines Lehrers der Tugend geht.

Zweitens, Kant läßt gelegentlich einen leisen Zweifel an die historische Zuverlässigkeit der biblischen Quellen von Jesus durchblicken; wohl auch unter dem Einfluß der von

[10] Josef Bohatec, *Die Religionsphilosophie Kants in der «Religion innerhalb der Grenzen der bloßen Vernunft»*, Hamburg 1938, 10.

Lessing herausgegebenen Wolfenbütteler Fragmente. Aber nicht auf der historischen Kritik liegt das Hauptgewicht in den Ausführungen Kants über die christliche Religion, sondern auf der Interpretation - einer moralisch-symbolisierenden - des Historisch-Positiven im Christentum, insbesondere der Mysterien des Lebens Jesu.

6. Die jungfräuliche Geburt

Wenn man auch Jesu unübertreffliches «Beispiel eines Gott wohlgefälligen Menschen» einräumt, wie Kant es tut, «so würden wir doch nicht Ursache haben, an ihm etwas anderes als *einen natürlich gezeugten Menschen* anzunehmen» (Rel., VI 63). Denn, so wendet Kant ein, eine außernatürliche Zeugung würde die Funktion Jesu als eines moralischen Beispiels für uns «eher im Wege sein» (Rel., VI 64). Dies hindert allerdings nicht, in der biblischen Lehre von der Geburt Jesu aus der Jungfrau Maria einen Sinn zu sehen, wenn sie nämlich «als Symbol der sich selbst über die Versuchung zum Bösen erhebenden [...] Menschheit» (Rel., VI 80) verstanden wird.

7. Die Versuchung und die Sündenlosigkeit

In seiner Schilderung des Lebens Jesu kommt Kant mehrmals darauf zu sprechen, daß Jesus versucht wurde: Jesus als «Ideal der Gott wohlgefälligen Menschheit hat, «obgleich durch die größten Anlockungen versucht», dieses Ideal ohne Abstriche vorgelebt (Rel., VI 61). Aber um die Beispiel-Funktion des historischen Jesus nicht zunichte zu machen, wehrt sich Kant dagegen, daß man sich Jesus «als übermenschlich», d. h. als «im wirklichen Besitz» der Gottheit denkt (Rel., VI 64).

Zu dieser völligen Erhabenheit der geschichtlichen Realisierung der Idee des guten Prinzips gehört auch die neutestamentliche Lehre von der Sündenlosigkeit Jesu. Kant bezieht das Selbstzeugnis Jesu: «Wer von euch kann mir eine Sünde nachweisen?» (Joh 8, 46) auf dessen «lauterste Gesinnung». In Jesus, von dem hier nochmals sein echtes aber auch ausschließliches Menschsein hervorgehoben wird, deckt sich der Lebenswandel mit der Idee der moralischen Vollkommenheit (Rel., VI 65 f).

8. Die Predigt

Nach dem bisher Gesagten liegt es nahe zu erwarten, daß Kant seine Aufmerksamkeit bezüglich der Verkündigung Jesu auf die Partien richtet, die einen ethischen Inhalt haben. Alles andere fällt aus Kants Gesichtskreis weg, es sei denn, daß es sich moralisch-immanent verstehen läßt. Was Kant an der Predigt Jesu interessiert, sind deshalb die «ethisch-bürgerlichen Menschenpflichten (von Menschen gegen Menschen)», in deren Erfüllung allein ein echt religiöses Leben besteht (Rel., VI 154a); oder, wie wir «aus einer Schriftstelle für uns etwas zur Besserung ziehen können» (Rel. VI 43). Zu diesem Zweck eignet sich die Verkündigung Jesu am besten, da ja «unter allen öffentlichen Religionen, die es je gegeben hat, allein die christliche» eine «moralische Religion» ist (Rel., VI 52).

In seinem Versuch, einerseits die Religion in die Moral überzuleiten, und damit prinzipiell alles Übernatürliche und Historische als nicht zur wahren Religion gehörig hinzustellen, andererseits aber der Person und Lehre Jesu eine Rolle im Bereich der Religion soweit wie möglich einzuräumen, hält Kant die sog. göttliche Offenbarung, d. h. die Verkündigung Jesu, für relativ notwendig. Denn in seiner Verkündigung hat Jesus das geoffenbart, worauf die Menschen durch den Gebrauch ihrer Vernunft von selbst hätten kommen können und sollen, auch wenn nicht «so früh oder in so weiter Ausbreitung» (Rel., VI 155). Ist einmal aber diese Religion eingeführt, kann jeder sich von ihrer Wahrheit durch seine Vernunft überzeugen. Dem «Lehrer des Evangeliums» (Rel., VI 128 u. ö.) wird somit eine bahnbrechende Erkenntnis eingeräumt, aber auch nicht mehr.

Wesentlicher Bestandteil der Predigt Jesu ist für Kant die Korrektur, ja die totale Aufhebung der jüdischen Religion (vgl. Rel., VI 127). Wenn jedoch in der Verkündigung Jesu jüdische Elemente zu finden sind, so war dies ein Akkomodationsverfahren «zur Introduktion» der wahren Religion «unter Leuten, die ganz und blind am Alten hingen» (Rel., VI 162 f). Die Entartung des Christentums im Laufe der Jahrhunderte sei gerade darauf zurückzuführen, daß das, was am Anfang zur Introduktion des Christentums dienen sollte, «in der Folge zum Fundament einer allgemeinen Weltreligion gemacht worden» ist (Rel., VI 131).

9. Die Wunder

In der «Allgemeinen Anmerkung» des zweiten Stücks setzt sich Kant mit Wundern und Wunderglauben auseinander. Der erste Absatz handelt hauptsächlich von den in der Geschichte Jesu berichteten Wundern. Kant anerkennt an ihnen eine gewisse Funktion zur «Introduktion» der «moralischen Religion». Dies galt umso mehr im Hinblick auf die Anhänger der alttestamentlichen Religion, die ohne Wunder gar keine Autorität haben konnte. Angesichts dieser pädagogischen Funktion der Wunder Jesu hat es keinen Sinn, schreibt Kant, sie jetzt bestreiten zu wollen, wenn die wahre Religion einmal da ist und sich durch Vernunftgründe erhalten kann, so daß sie «keiner Wunder bedarf». Wogegen Kant sich «mit aller Macht» wehrt, ist, daß man «das Wissen, Glauben und Bekennen» der «historischen Nachrichten» von den Wundern Jesu «zum Religionsstücke» macht. In der Tat ist für Kant das Wunder als Zeichen einer absolut transzendenten Wirklichkeit funktionslos geworden, nachdem er zu Beginn seiner Christologie an die Stelle des Mensch gewordenen Sohnes Gottes die praktisch-moralische Vernunft des Menschen gesetzt hat.

10. Die Stiftung der Kirche

Im dritten Stück der Religionsschrift treffen wir unter dem Titel: «Gründung eines Reiches Gottes auf Erden» die Lehre von der Kirche. Für unser Thema der Christologie stellt sich die Frage, ob und in welchem Sinne Kant Jesus als Stifter der Kirche anerkennt. Für die Antwort auf diese Frage muß ein Doppeltes berücksichtigt werden.

Erstens die Beziehung der Kirche zur Religion. Genau genommen ist Jesus nicht der «Stifter der von allen Satzungen reinen, in aller Menschen Herz geschriebenen *Religion* (denn die ist nicht von willkürlichem Ursprunge)». Jesus hat nur eine Kirche gestiftet, allerdings, hebt Kant hervor, «die erste wahre Kirche» (Rel., VI 158), insofern diese Kirche mit ihrem historischen Glauben am besten als Vehikel zur Beförderung des reinen Religionsglaubens, d. h. der rein moralischen Religion dient (Rel., VI 106).

Zweitens, was trägt diese Kirche zur Überwindung des Bösen in seinem gesellschaftlichen Aspekt bei? Kant hat seinen Kirchenbegriff anhand eines Parallelismus mit dem juridischen Gemeinwesen entwickelt: Wie der Mensch von einem juridischen Naturzustand in die rechtlich-bürgerliche Gesellschaft übergetreten ist, um den Zustand des Krieges aller gegen alle zu überwinden, so soll er aus dem ethischen Naturzustand als einem «Zustand der inneren Sittenlosigkeit» (Rel, VI 97) in das ethische Gemeinwesen übergehen. Dieser Parallelismus führt Kant dazu, eine «*öffentliche* Gesetzgebung» (Rel., VI 98) als Konstitutivum für das ethische Gemeinwesen aufzustellen. Wer erläßt nun diese Gesetze? Nicht ein transzendenter Gesetzgeber, weil sonst ihre Verbindlichkeit von seinem Willen abhängen würde, und sie deshalb keine freien Gesetze (Tugendgesetze) wären. Kant löst diese Schwierigkeit dadurch, daß er die erforderten öffentlichen moralischen Gesetze mit den Pflichten identifiziert, die der Mensch als autonomes Subjekt sich selbst vorschreibt, insofern sie «zugleich als seine [Gottes] Gebote vorgestellt werden müssen» (Rel., VI 99). Damit aber löst sich dieses Konstitutivum der Kirche in eine «bloß innerliche» Gesetzgebung auf (Rel., VI 100), so daß auch die Realität der Kirche als ethisches Gemeinwesen weitgehend verschwindet und die Lehre von Jesus als Stifter der Kirche gegenstandslos wird.

11. Leiden und Tod Jesu als stellvertretende Genugtuung.

Kant kommt öfters auf das Leiden Jesu zu sprechen: Das Leiden ist ein Bestandteil von Jesus als Verwirklichung des Ideals der moralischen Vollkommenheit: «Obzwar selbst heilig und als solcher zu keiner Erduldung von Leiden verhaftet», hat Jesus diese übernommen, «um das Weltbeste zu befördern» (Rel., VI 61).

Besondere Aufmerksamkeit schenkt Kant dem Tode Jesu. Dieser Tod ist «*die Darstellung des guten Prinzips*, nämlich der Menschheit in ihrer moralischen Vollkommenheit». Weil nun das gute Prinzip immer schon in der moralischen Anlage jedes Menschen anwesend ist, sind alle Menschen aufgefordert «ebenso wie er [Jesus] allem dem ab[zu]sterben [...], was sie zum Nachteil der Sittlichkeit an das Erdenleben gefesselt hält». Das «ein für allemal» des erlösenden Todes Christi nach dem NT (Röm 6, 10; Heb 7, 27; 1 Pt 3, 18) ist zu einer an sich wiederholbaren und in der Tat geforderten *fortwährenden* Aktualisierung des moralischen Anspruchs in jedem Menschen gemacht (Rel., VI 82).

Mit dem Leiden und Tod Jesu verbindet die Theologie die Lehre von der stellvertretenden Genugtuung (Satisfaktion) als der heilsgeschichtlichen Bedeutung dieses Todes. Es handelt sich um eine fundamentale Wahrheit des christlichen Glaubens, dessen biblisches Fundament eines der am häufigsten wiederkehrenden Themen des NT bildet. Ich zitiere nur die bekannte Stelle bei Markus: «Denn auch der Menschensohn ist nicht gekommen, um sich dienen zu lassen, sondern um zu dienen und sein Leben hinzugeben als Lösegeld für viele.» (10, 45).

Genau dieses Dogma wurde im Kontext der Aufklärung mit ihrem Streben nach Emanzipation und Selbsterlösung als tief gegen die Vernunft empfunden. Kant äußert sich unumwunden mit folgenden Worten: «Diesen Glauben kann kein überlegender Mensch [...] in sich zuwege bringen» (Rel., VI 117). Aus demselben Grund erklärt sich, warum Kant öfters dieses Dogma behandelt, und warum er dreimal versucht, eine eigene, der Vernunft akzeptable Auslegung auszuarbeiten.

1) Im zweiten Stück der «Religion» (VI 71-78) stellt Kant die Frage: Wie kann der Mensch seine ursprüngliche Verschuldung (das radikale Böse) auslöschen? Die Verschuldung kann nicht von ihm persönlich getilgt werden. Denn, erstens, die Schuld als Quelle nie aufhörender Verletzungen des Sittengesetzes ist unendlich. Zweitens, der Mensch kann Gott kein Werk der Übergebühr zur Wiedergutmachung seiner Schuld vorweisen, weil es Pflicht des Menschen ist, «alles Gute zu tun, was in seinem Vermögen steht». Dieselbe Verschuldung kann nicht von einem anderen getilgt werden, weil eine moralische Verschuldung keine übertragbare Verbindlichkeit ist.

Zur Lösung der Schwierigkeit unterscheidet Kant in dem, der sich zum Guten gewendet hat, einen doppelten Menschen: physisch ist er derselbe strafbare Mensch wie früher; moralisch ist er ein anderer geworden. Gerade als neuer Mensch kann er die Strafe übernehmen und «in der Gesinnung des Sohnes Gottes» stellvertretend für den alten Menschen der göttlichen Gerechtigkeit Sühne leisten. Das Verdienst Christi ist also das Werk des Menschen selber, aber verstanden als eines neuen Menschen weil mit einer neuen Gesinnung. Die Erlösung des Menschen durch Jesus Christus, den Sohn Gottes, ist bei Kant zu einer Selbsterlösung des Menschen geworden.

2) Im dritten Stück setzt sich Kant erneut mit der stellvertretenden Genugtuung Christi auseinander, und zwar in einer Abteilung, die vom Übergang von der auf eine historische Offenbarung gegründeten Kirche zur rein moralischen Religion handelt. Es ist einleuchtend, daß ein solcher Übergang nur dann möglich ist, wenn sich der kirchlichen Soteriologie ein Sinn abgewinnen läßt, der mit der Lehre vom Menschen als moralischem Wesen vereinbar ist.

Der Gegensatz zwischen Soteriologie und Moral wird von Kant in der ihm beliebten Form einer Antinomie vorgelegt (Rel., VI 116-121). Die Thesis lautet: Der gute Lebenswandel muß vorhergehen, damit wir hoffen können, daß die von Christus geleistete Genugtuung uns zugute kommt. Die Antithesis lautet: Da der Mensch von Natur aus verderbt ist, «muß der Glaube an ein Verdienst, das nicht das seinige ist und wodurch er mit Gott versöhnt wird, vor aller Bestrebung zu guten Werken vorhergehen».

Dieser Streit läßt sich nicht theoretisch, wohl aber praktisch lösen. Denn die Befolgung jeder Menschenpflicht ist unbedingtes Gebot; infolgedessen müssen wir mit der Besserung des Lebens anfangen «als der obersten Bedingung, unter der allein ein seligmachender Glaube stattfinden kann». In der alten Kontroverse über die Beziehung von Natur und Gnade nimmt Kant die Position der (Semi)Pelagianer ein: Das «initium fidei» ist eine Leistung des Menschen, der durch sein natürliches Vermögen sich für die Gnade «qualifiziert».

Aber im nachhinein findet Kant doch noch eine theoretische Lösung der Antinomie. Denn er hat zu Beginn seiner Christologie die Person Jesu Christi ethisch-immanent gedeutet als das Ideal der moralischen Vollkommenheit in unserer praktischen Vernunft. Damit aber erweist sich der Glaube an die Genugtuung Christi in der Tat als Glaube an unsere eigene moralisch-gesetzgebende Vernunft, so daß der Anfang vom ersteren der Besserung unseres Lebens gleichkommt. Seligmachender Glaube (Glaube an den Gottmenschen) und rationaler Glaube (Glaube an unsere moralische Verfassung) sind «einerlei»! «Die Antinomie ist nur scheinbar.»

3) Zum dritten Mal befaßt sich Kant mit der Satisfaktionslehre in seiner zweiten Interpretation des Dreifaltigkeitsgeheimnisses (Rel., VI 143). Eine Annahme der stellvertretenden Genugtuung kann allenfalls nur in «moralisch-gläubiger» Absicht erfolgen, setzt aber im Menschen «eine gottgefällige Gesinnung» voraus, ersetzt sie nicht!

12. Die Auferstehung und Himmelfahrt

Was im NT über die Auferstehung und Himmelfahrt Jesu erzählt wird, ist nach Kants Dafürhalten eine «als Anhang hinzugefügte geheimere [...] Geschichte, die zur Religion innerhalb der Grenzen der bloßen Vernunft nicht benutzt werden kann (Rel., VI 128 f, Fußnote). Der Grund dieser negativen Einschätzung eines Mysteriums Jesu, von dem nach Paulus die Sinnhaftigkeit unseres Glaubens abhängt (1 Kor 15, 14), ist, daß es eine materialistische Auffassung von der Persönlichkeit des Menschen voraussetzt, sowohl in psychologischem Sinne (der Leib gilt als wesentlicher Bestandteil der Person) als auch in kosmologischem Sinne (die Person muß irgendwo sein). Demgegenüber ist für Kant die Hypothese des Spiritualismus, daß nämlich derselbe Mensch «dem Geiste nach» ohne Körper weiter leben wird, der Vernunft günstiger. Unter Voraussetzung des Spiritualismus kann die Vernunft kein Interesse dabei finden, «einen Körper [...] so geläutert er auch sein mag, [...] in Ewigkeit mitzuschleppen».

Dazu möchte ich bemerken: Nur auf der Basis des Realismus der Menschwerdung Gottes ist der Realismus der Auferstehung Christi sinnvoll und möglich. Das endgültige Heil des ganzen Menschen ist die Konsequenz davon, daß der Sohn Gottes wahrer Mensch geworden ist.

13. Die Wiederkunft

Wenn auch eine eigene Behandlung der Parusie in der Religionsschrift fehlt, finden sich doch in ihr mehrere kurze Ausführungen über die Wiederkunft des Sohnes Gottes als Weltrichters. An allen Stellen ist, trotz Verschiedenheit im Detail, eine gemeinsame Grundrichtung erkennbar: Der künftige Richter wird, wie bereits die Genugtuung Christi, ethisch-immanent, indem dieser Richter mit dem «aufwachenden Gewissen» des Menschen identifiziert und so der große Gerichtsprozeß in das Innere des Menschen vorverlegt wird (Rel., VI 77)[11]. Wie die Christologie Kants mit der Gleichsetzung von ewigem Sohn Gottes und «moralisch gesetzgebender Vernunft» im Menschen angefangen hat (Rel., VI 62),

[11] Andere Stellen zur Wiederkunft Christi in den Fußnoten Rel., VI 140 und 145 f, im Kontext der ersten bzw. dritten Interpretation des Trinitätsdogmas.

so endet sie konsequent mit einer Interpretation der Wiederkunft Christi als Richter, in der das Gewissen des Menschen diese Richterfunktion übernimmt.

Schlußbetrachtung

Wir haben die Interpretation Kants vom Christentum in ihrem Kern untersucht: die Lehre von Person und Werk Jesu Christi. Von der christlichen Religion wird mit Recht behauptet, sie sei keine Lehre, keine Realisierung einer Idee, sondern vielmehr Nachfolge einer Person: Jesus Christus. Diese Nachfolge hat ihren Ermöglichungsgrund und zugleich ihr Spezifikum darin, daß Jesus Christus als Sohn Gottes seinen Jüngern die Teilnahme an seiner Sohnschaft verleiht und sie dadurch zu Kindern Gottes macht. Nachfolge Christi ist Lebensgemeinschaft mit ihm. Wenn dies das Christentum nach dem NT ist, und wenn nach Kant Jesus nichts mehr als ein Mensch ist, der das in jedem Menschen eingeschriebene Sittengesetz verkündigt und exemplarisch vorgelebt hat, ist das Ausmaß der Reduktion nicht zu übersehen, der Kant das Christentum unterzogen hat. Genau genommen kann man bei ihm nicht mehr von Christentum sprechen.

Gewiß ist diese Reduktion bei Kant nicht das Resultat einer mutwilligen, destruktiven Haltung. Die Sympathie, ja die Bewunderung, die Kant für den Jesus des NT hegt, fällt auf. Mit Recht hat Bohatec bemerkt, daß Kant «seinem guten Prinzip, 'dem Abstraktum der Menschheit' [SF, VII 39a], Farben geliehen hat, die dem historischen Christusbild [...] entnommen sind. Das ideale Christusbild, das Urbild der Menschheit in ihrer moralischen Vollkommenheit, ist ein Reflex des historischen Christusbildes»[12].

Wenn nun trotzdem die reduktive Auslegung Kants vor der Person Jesu Christi nicht Halt macht, sondern eher sich in aller Schärfe auswirkt, dann ist m. E. keine andere Erklärung dieses Faktums möglich als eine geistesgeschichtliche, nämlich die «Gewalt der modernen antisupranaturalistischen Problemstellung», wie Troeltsch zutreffend formuliert hat[13]. Bei Kant, könnte man sagen, wird der Imperativ des Sittengesetzes in all seiner Kategorizität zur Geltung gebracht, aber ohne den Indikativ des neuen Lebens in Christus, wie es im NT der Fall ist. Für das neue, göttliche Leben des Gläubigen durch Christus, das sich in einem entsprechenden Ethos ausdrückt, hat Kant keinen Platz, ja keine Möglichkeit, nachdem er diesem Leben das Fundament entzogen hat: Jesus Christus, die zweite Person in Gott, die um unseres Heiles willen Mensch geworden ist.

Die Moral Kants ist die Moral des absolut autonomen Menschen, der ein echter Mensch gemäß dem ihm innewohnenden moralischen Gesetz (dem Gesetz seiner Freiheit) sein will - aber nicht mehr als ein Mensch! Ein solches Ziel als die eigentliche Zielrichtung derjenigen wahren Religion, die in Jesus von Nazareth ihren Gründer anerkennt, an den Tag zu bringen, war die Antriebskraft der philosophischen Bemühungen Kants um die Religion: die Überleitung der Christianitas in die Humanitas. Wenn Kant noch vom Christenglauben mit klar anerkennenden Worten spricht, so kann dies nicht darüber hin-

[12] Bohatec (siehe Anm. 10) 359.

[13] Ernst Troeltsch, «Das Historische in Kants Religionsphilosophie. Zugleich ein Beitrag zu den Untersuchungen über Kants Philosophie der Geschichte», in: *Kant-Studien* 9 (1904) 38.

wegtäuschen, daß er in diesem Glauben nur ein auf Zeit gültiges Vehikel der einst vollkommen sittlichen und ausschließlich menschlichen Vernunftreligion sieht: der «Religion des guten Lebenswandels».

Hans Michael Baumgartner

DAS «ETHISCHE GEMEINE WESEN» UND DIE KIRCHE IN KANTS «RELIGIONSSCHRIFT»*

Thema meines Vortrags ist: «Das »ethische gemeine Wesen« und die Einführung des Kirchenbegriffs in Kants Religionsschrift». Ich werde in einem ersten Teil eine Skizze der kantischen Herleitung des ethischen gemeinen Wesens versuchen: a) soll die Frage beantworten, weshalb ein ethisches gemeines Wesen notwendig ist, — notwendig im Sinne einer praktischen Idee und dadurch im Sinne einer speziellen Pflicht, einer Pflicht des Menschengeschlechts gegen sich selbst. b) fragt nach der Stellung des Begriffs der Kirche im Gang der Überlegungen Kants und c) enthält einige Bemerkungen zum Verhältnis von Kirchenglaube, Vernunftglaube und Reich Gottes. Der zweite Teil formuliert (in aller Kürze) abschließend einige ausgewählte philosophisch-kritische Anfragen an Kants Bestimmung von Kirche.

I

Im Dritten Stück seiner *Religion innerhalb der Grenzen der bloßen Vernunft* behandelt Kant die Frage, wie denn «der Sieg des guten Prinzips über das böse»[1] möglich sei. Er erörtert und beantwortet diese Frage in zwei Abteilungen (von denen ich vor allem die erste näher ins Auge fasse): nämlich erstens unter der Überschrift: «Philosophische Vorstellung des Siegs des guten Prinzips» [121 (VI 95)] und zweitens unter dem Titel: «Historische Vorstellung der allmählichen Gründung der Herrschaft des guten Prinzips» [163 (VI 124)]. Über die historische Vorstellung sei nur so viel angedeutet, daß dort Ursprung und Geschichte der christlichen Kirche diskutiert werden und daß sich dort auch die merkwürdigen und irritierenden Bemerkungen Kants über das Judentum finden, die heute eher stutzig machen: Das Judentum ist von seiner ganzen Struktur her nach Kant ein theokratisches Staatswesen mit Geboten als Zwangsgesetzen, ohne Beziehung auf moralische Gesinnung, d.h. ohne Religionsverfassung, und deshalb keine Kirche. Worauf sich also die christliche Kirche als auf ihre Herkunft bezieht, ist ein politisches Gemeinwesen, das auf einem historischen und statutarischen Offenbarungsglauben beruht und aufgrund seiner primären Verfassung kein ethisches Gemeinwesen symbolisieren, ebendeshalb auch für ein solches kein Vorläufer sein (zur Introduktion eines moralischen Religionsglaubens jedoch als ein solcher angesehen werden) kann [Vgl. insbes. 165ff. (VI 125ff.)].

* Aus Zeitgründen mußte - von stilistischen Verbesserungen abgesehen - die Vortragsfassung des Beitrags beibehalten werden.

1 Zitiert wird nach der zweiten Auflage der Religionsschrift (1794) in der Textfassung, die ihr Rudolf Malter gegeben hat: Reclam, Stuttgart 1974. Den Seitenangaben dieser Ausgabe werden die Seiten der Akademie-Ausgabe beigefügt. — 118 (VI 93).

a) Zur ersten Detailfrage: Weshalb ist ein «ethisches gemeines Wesen» notwendig? Kant setzt für den Begründungsgang voraus, daß die Menschen bereits sittlich geworden sind, d.h. aus der Knechtschaft unter der Sünde befreit sind [vgl. 118 (VI 93)], daß also jeder einzelne Mensch den Kampf des Guten und des Bösen bereits insoweit bestanden hat, daß er durch die Ausbildung einer guten Gesinnung von der Herrschaft des Bösen befreit ist. Aber diese Freiheit ist nicht gleichbedeutend mit der Aufhebung des Bösen schlechthin. Die Anfechtung durch das Böse bleibt. «Den Angriffen des letzteren bleibt der Mensch nichts destoweniger noch immer ausgesetzt» (118 [VI 93]). Obwohl sittlich, sind die Menschen «beständig angefochten» [a.a.O.]. Und zwar durch den einfachen Umstand, daß es andere gibt, daß der Mensch «unter Menschen ist» [119 (VI 94)], mit denen er in Verbindung steht. Es handelt sich nach Kant um einen «gefahrvollen Zustand» [118 (VI 93)], weil durch die jeweilige wechselseitige vergleichende Selbstliebe jeder einzelne sich im Lichte des anderen beurteilt und, wie wir schon aus dem Ersten Stück der Religionsschrift wissen, in die Gefahr gerät, der Anfechtung nachzugeben und sich unmoralisch zum anderen zu verhalten. «Es ist genug, daß Menschen da sind, daß sie ihn umgeben, und daß sie Menschen sind» [119 (VI 94)]. Selbst bei grundsätzlich sittlicher Gesinnung sind deshalb die sozialen Leidenschaften: Neid, Herrschaft, Habsucht, und die damit verbundene Feindseligkeit [a.a.O.] noch nicht ausgeschlossen. Es gilt also — und das ist der entscheidende Punkt — für die Individuen, sich aus diesem Zustand, der immer noch Gefahr für die (soziale) Sittlichkeit bietet, herauszuarbeiten. Wie kann diese Aufgabe gelöst werden? Kants Antwort ist: Nur dadurch, daß die Individuen sich vereinigen, also durch eine «bloß auf die Erhaltung der Moralität angelegte Gesellschaft» [119 (VI 94)], die dem Bösen entgegenwirkt und das Gute im Menschen befördert. Der Sieg des guten Prinzips ist also nur möglich «durch Errichtung und Ausbreitung einer Gesellschaft nach Tugendgesetzen und zum Behuf derselben» [a.a.O.]. Weil es sich um Tugendgesetze handelt, muß diese Gesellschaft das ganze Menschengeschlecht umschließen und kann sich nicht nur allein auf eine partikulare Gruppe oder auf mehrere beziehen; obwohl sie historisch gesehen von hier ihren Ausgang nimmt. Diese Gesellschaft ist so durch praktische Vernunft «dem ganzen Menschengeschlecht» [a.a.O.] «zur Aufgabe und zur Pflicht gemacht» [119f. (VI 94)].» Kant nennt sie eine «ethische Gesellschaft» oder auch — weil eine Gesellschaft immer nur unter öffentlichen Gesetzen sich verfassen und präsentieren kann — eine «ethisch-bürgerliche Gesellschaft» oder schließlich ein «ethisches gemeines Wesen» [120 (VI 94)]. Voraussetzung für sein Zustandekommen ist die Existenz eines «politisch gemeinen Wesens», weil ein ethisches gemeines Wesen, «ohne daß das letztere zum Grunde liegt, gar nicht zu Stande gebracht werden könnte» [a.a.O.]. Denn nur, wenn gleichsam das «Hobbes-Problem» der menschlichen Gesellschaft geklärt und bewältigt ist, kann überhaupt an eine alle Menschen verbindende ethische Gesellschaft gedacht werden. D.h.: Ohne eine politische Gesellschaft, ohne (letztlich) ein republikanisch nach selbstgegebenen Gesetzen äußerer Freiheit verfaßtes Staatswesen[2] ist auch ein «ethisches gemeines Wesen» nicht möglich. Zieht man die Existenz mehrerer politischer Gesellschaften, mehrerer Staaten auf der Erde in Betracht, dann wird sich in dem einen oder

[2] Vgl. hierzu: Kants Abhandlung *Idee zu einer allgemeinen Geschichte in weltbürgerlicher Absicht*, VIII 15-31.

anderen die Keimzelle des ethischen gemeinen Wesens befinden und von da aus auf die anderen ausbreiten. Da das Prinzip der Vereinigung dieser die ganze Menschheit umspannenden Gesellschaft die Tugend ist, kann man auch in einer gewissen Analogie von einem «ethischen Staat» bzw. einem «Reich der Tugend» [120 (VI 94f.)] sprechen.

Die Idee dieses ethischen gemeinen Wesens ist, wie wir gesehen haben, begründet im Verhältnis der Menschen zueinander, insofern sie sich zwar Tugendpflichten unterstellt, also das Sittengesetz zur obersten Maxime gemacht haben, dennoch aber füreinander aufgrund der bleibenden Anfechtung durch den Hang zum Bösen eine Bedrohung darstellen. Also ist die Idee dieses ethischen gemeinen Wesens ihrerseits wieder in der menschlichen Vernunft qua praktischer Vernunft begründet und hat objektive Realität als Pflicht «des menschlichen Geschlechts gegen sich selbst» [125 (VI 97)].

Kant, das muß man sich auch in unserem Zusammenhang vergegenwärtigen, ist weder in theoretischer noch in praktischer Hinsicht ein optimistischer Denker. Zutiefst von der Verderbtheit des Menschen und von der Realität und Wirkmächtigkeit des Bösen überzeugt, sieht er sich nicht imstande, das Gute im natürlichen Wesen des Menschen zu erkennen und zu begründen. So verfügt er auch nicht über einen aus der Natur des Menschen zu gewinnenden idealen Begriff der menschlichen Gesellschaft. Was der Mensch sein und werden soll, das sagt ihm ausschließlich sein praktisches Vernunftvermögen. Ebendeshalb geht Kant vom Kernproblem des menschlichen Zusammenlebens aus, nämlich von einem status naturae, den auch er — mit Hobbes — sich nicht anders vorstellen kann denn als einen status des Krieges aller gegen alle (als einen status belli omnium in omnes). Es ist eben dieser Gedanke, der modifiziert bei der Begründung des ethischen Gemeinwesens wiederkehrt.

Durch das als Pflicht begriffene ethische gemeine Wesen wird der ethische Naturzustand überwunden. Diese Formulierung knüpft an die hobbesianische Hintergrundperspektive an. Denn: Ein ethischer Naturzustand besteht — selbst wenn es schon rechtlich-politisch verfaßte Gemeinwesen gibt — solange, wie ein ethisches gemeines Wesen, eine Gesellschaft unter Tugendgesetzen, noch nicht eingerichtet ist. Der ethische Naturzustand wird von Kant ähnlich beschrieben wie der politisch-juridische. Jeder gibt sich im ethischen Naturzustand selbst das Gesetz. Jeder ist sein eigener Richter und daher der Richter vor allem jedes anderen. Es gibt keine äußeren öffentlichen (Tugend)Gesetze und keine öffentliche machthabende ethische Autorität, der gegenüber sie sich zu verantworten hätten. Die Menschen stehen unaufhörlich in Auseinandersetzung mit- und untereinander, und sie sind unaufhörlich befehdet durch das Böse, selbst bei gutem Willen. Nun kann der politische Staat bzw. der politische Gesetzgeber nur bei Strafe einer contradictio in adjecto die Bürger zwingen, den ethischen Naturzustand zu verlassen. Er kann es freilich wünschen. Deshalb ist er nicht der eigentliche Adressat des Problems. Als Voraussetzung des ethischen Gemeinwesens muß er wohl existieren; aber er selber, als Staat — als Republik unter öffentlichen Zwangsgesetzen, wie immer gut oder schlecht verfaßt — hat die Möglichkeit nicht, die Bürger zum ethischen gemeinen Wesen zu zwingen, da nämlich das letztere auf die Zwangsfreiheit der Tugendgesetze gebaut sein muß und nicht auf ein erzwungenes Verhalten der Menschen zueinander. Zwang ist nur nötig und berechtigt allein im Rahmen des politisch verfaßten gemeinen Wesens, taugt aber nicht für die darauf freilich bezogene Begründung eines ethischen gemeinen Wesens, also nicht für die Einrichtung eines ethisch-bürgerlichen Zustandes unter Tugendgesetzen und unter einer

— ebenso wie die staatliche — öffentlichen, gemeinsamen, aber moralischen Autorität. Darüber hinaus ist das ethische gemeine Wesen, weil Tugend das ganze menschliche Geschlecht angeht [vgl. 122 (VI 96)], auf alle Menschen, d.h. genauer: «auf das Ideal eines Ganzen aller Menschen bezogen» [a.a.O.]. Und auch dadurch unterscheidet es sich wesentlich von einem Staat. Denn es muß «Einhelligkeit mit allen Menschen, ja mit allen endlichen vernünftigen Wesen» [a.a.O.], angestrebt werden. Kant hat offensichtlich die Vorstellung, daß sich das ethische gemeine Wesen im Ausgang von kleinen Gruppen in schon bestehenden Staatswesen allmählich über die Erde hin verbreitet und schließlich alle vernünftigen Wesen überhaupt umfassen wird. Am Ende wird «ein absolutes ethisches Ganze» [a.a.O.] errichtet sein, im Vergleich zu dem jede partiale Gesellschaft, die sich unter Tugendgesetze stellt, sofern sie nicht schon die ganze Menschheit umfaßt, «nur eine Vorstellung oder ein Schema ist» [a.a.O.]. Denn jede partiale Gesellschaft unter ethischen Tugendgesetzen lebt im Verhältnis zu den anderen Gesellschaften dieses Typs immer noch im ethischen Naturzustand. Auch dieser Gedanke ist hobbesianisch: Wenn sich Republiken auf der politischen Ebene gebildet haben, dann ist das nächste aufzulösende Problem das Problem des Völkerrechtes. Erst wenn ein gemeinsamer Völkerbund installiert ist, ist der Zustand der Einzelstaaten zueinander nicht mehr Naturzustand. So analog im Verhältnis der partialen, kleinen ethischen Tugendgesellschaften im Verhältnis zum ethischen gemeinen Wesen überhaupt.

Allerdings trägt die Analogie auch nicht sehr viel weiter als eben gesagt. Im Hinblick auf die Staaten dieser Erde sind nämlich alle Data empirischer Art und bekannt, während zum ethischen gemeinen Wesen nicht nur alle Gattungen endlicher vernünftiger Wesen gehören sollen, sondern auch das unendliche sittliche, mächtige und heilige Wesen, Gott, ohne den als obersten Gesetzgeber und als moralischen Weltherrscher [vgl. 127f. (VI 99)] eine öffentliche Tugendgesetzgebung, also die Konstitution eines ethischen gemeinen Wesens, nicht gedacht werden kann. Außerdem ist nicht klar, welche Zeithorizonte im Spiel sind: allein die geschichtliche Zukunft oder auch (rückwirkend) die gesamte Vergangenheit, oder schließlich auch die jenseits der menschlich-geschichtlichen Zukunft liegende Ewigkeit.

Der Mensch hat also die Pflicht, aus dem ethischen Naturzustand herauszugehen, um ein ethisches gemeines Wesen zu errichten und Glied desselben zu werden. Aber: diese Pflicht, die jeder Mensch hat, ist eine Pflicht eigener Art: sie ist nicht eine solche von Menschen gegen Menschen. Sondern: es ist eine Pflicht «des menschlichen Geschlechtes gegen sich selbst» [125 (VI 97)]. Weil nämlich der einzelne nicht in der Lage ist, den ethischen Naturzustand «der öffentlichen wechselseitigen Befehdung der Tugendprinzipien» zu verlassen [124 (VI 97)], es aber doch Pflicht ist, das höchste gemeinschaftliche Gut zu befördern, so handelt es sich hier um eine Pflicht, deren Erfüllung nicht eigentlich in seiner Gewalt steht. Ein ethisches gemeines Wesen zu begründen, schließt auch den öffentlichen Erlaß von Tugendgesetzen ein, die aber bekanntlich nicht bloß ein äußeres Verhältnis der Menschen, sondern ihre Gesinnung und damit ihr inneres Verhältnis zueinander betreffen. Eben deswegen müßte jemand, der diese Gesetze erläßt, eine moralische Autorität besitzen, die jene von Menschen weit übersteigt; zugleich müßte er in der Lage sein, in das Innere der Menschen Einblick zu nehmen: und auch dies wäre für Menschen unmöglich. Es handelt sich also um eine Pflicht, die «der Art und dem Prinzip nach, von allen anderen unterschieden» ist [125 (VI 98)]. Sie bedarf darum der Voraussetzung der

«Idee» «eines höheren moralischen Wesens», das in der Lage ist, die für sich nicht ausreichenden Kräfte des einzelnen «zu einer gemeinsamen Wirkung» zu vereinigen [a.a.O.]. Es bedarf sonach im Hinblick auf die Begründung eines ethischen gemeinen Wesens, so wie es Kants Problemexposition vorgibt, der Existenz eines göttlichen, mächtigen und heiligen Wesens, das zugleich moralischer Gesetzgeber und «Herzenskündiger» [127 (VI 99)] sein kann. Im Blick auf den Ansatzpunkt beim ethischen gemeinen Wesen erscheint dieser Beweisgang als ein neuer Gottesbeweis Kants. Da das Konzept des ethischen gemeinen Wesens seinerseits jedoch nicht ohne den Begriff des höchsten Gutes, als des notwendigen Objekts des sittlichen Willens, begründet werden kann, wird man diesen Beweisgang als eine spezielle Modifikation des allgemeinen ethiko–theologischen Gottesbeweises anzusehen haben.

Ich betone: Aus der Problemstellung einer Begründung eines ethischen gemeinen Wesens muß eine Pflicht gedacht werden, die vom einzelnen Individuum, auch wenn es schon sittlich ist, nicht eigentlich realisiert werden kann. Deshalb auch, so fährt Kant ja in seiner »Deduktion« [vgl. 126-128 (VI 98-100)] fort, ist «der Begriff eines ethischen gemeinen Wesens [...] der Begriff von einem Volke Gottes unter ethischen Gesetzen» [126 (VI 100)]. In die Bestimmung des ethischen gemeinen Wesens muß Gott als notwendiger Gedanke, als Idee, miteinbezogen werden. Denn: Alle einzelnen müssen einer öffentlichen ethischen Gesetzgebung unterworfen werden, alle Gesetze müssen als Gebote eines gemeinschaftlichen Gesetzgebers angesehen werden können. Als ethische, auf Moralität bezogene Gesetze können sie nicht vom Menschen gegeben werden, also nicht, wie im politischen gemeinen Wesen, vom Volk. Der Gesetzgeber kann darum nur Gott sein als moralischer Weltherrscher. Nur durch ihn ist es gewährleistet, daß alle wahren sittlichen Pflichten zugleich auch Gebote, seine Gebote, sein können. Und eben deshalb muß hier von Religion gesprochen werden, da nun der Mensch alle Pflichten, die er als sittliches Wesen sich selbst gibt und hat, zugleich auch als göttliche Gebote erkennen und anerkennen kann.

b) Soweit der erste Gedankenkreis. Wie kommt es in diesem Konzept des ethischen gemeinen Wesens als eines Volkes Gottes nun zum Kirchenbegriff? Soll, wie es Pflicht ist, diese Idee eines Volkes Gottes realisiert werden, so kann dies nur von Gott selbst erwartet werden. Allerdings müssen die Menschen so daran mitwirken, als ob alles nur auf sie ankäme. Ignatius von Loyola steht hier Pate: Von seiten des Menschen muß so gehandelt werden, als ob alles auf ihn selbst ankäme; von Gott her ist jedoch alles ausschließlich sein Werk. Es ist also Pflicht der Menschengattung gegen sich selbst, zu der aber ihre Kräfte nicht zureichen, daß das Reich Gottes komme. So ist Religion notwendig, deren Gesetze öffentlich gemacht werden müssen, um ein ethisches gemeines Wesen zu gründen. Das Resultat dieses Gründungsvorgangs «unter Bedingungen der sinnlichen Menschennatur» [129 (VI 100)] ist die sichtbare Kirche, der die unsichtbare Kirche (als «bloße Idee» einer «Vereinigung aller Rechtschaffenen unter der göttlichen unmittelbaren aber moralischen Weltregierung» [130 (VI 101)]) zum Urbild dient. «Die sichtbare Kirche ist die wirkliche Vereinigung der Menschen zu einem Ganzen, das mit jenem Ideal zusammenstimmt» [130 (VI 101)]. Diese sichtbare Kirche wird von Kant formal beschrieben als die «sinnliche Form» des Reiches Gottes [vgl. 198 (VI 151)]. Auf die darin eingeschlossenen Bestimmungen ist in jeder Hinsicht zu achten: Sinnlichkeit, Formprinzip und Repräsentation des Reiches Gottes. In ihnen liegen auch im Grunde die Probleme des kantischen Konzepts, mindestens jedoch eine Reihe von offenen Fragen.

Zunächst aber zurück zur systematischen Entfaltung des kantischen Gedankens: «Unter menschlicher Veranstaltung» [129 (VI 100)] erhält die Idee des Reiches Gottes notwendig die sichtbare Gestalt einer Kirche, in bezug auf die also Gott selbst «Stifter» und «Urheber der Konstitution» ist, die Menschen aber, als «Glieder und freie Bürger dieses Reiches», «die Urheber der Organisation sind» [199 (VI 152)]. Kant sieht hier sehr deutlich, daß zu einer innerweltlichen Institution Konstitution und Gesetzgebung, die »idée directrice«, mit Maurice Hauriou gesprochen, gehören und dazu zugleich auch die Basisebene der Organisation. Kirche ist daher verstanden als sinnlichsichtbare Realisation der Idee des Volkes Gottes. Wenn das Urbild, «die erhabene nie völlig erreichbare Idee eines ethischen gemeinen Wesens» sich realisiert, erhält es bzw. sie notwendig sinnliche Form, wird konstituiert und organisiert «zu einer Anstalt» [129 (VI 100)] und ist so Realisation dieser Idee, «Repräsentantin eines Staats Gottes» [131 (VI 102)]. «Wahre (sichtbare) Kirche» ist sie genau dann, wenn sie «das (moralische) Reich Gottes auf Erden, soviel es durch Menschen geschehen kann, darstellt» [130 (VI 101)]. Aber diese Darstellung schließt ein, daß auch die wahre Kirche als Anstalt, als Organisation, auf Satzungen, Statuten und auf einen historischen Offenbarungs- bzw. auf einen Kirchenglauben gebaut ist [vgl. 132-142 (VI 102-109)]. Wobei sich nun allerdings die entscheidende Frage stellt, wie sich die Vorstellung einer wahren und zugleich sichtbaren Kirche, die doch von einem historischen Kirchenglauben ihren Ausgang nehmen muß, zu eben diesem Kirchenglauben und zu seinen Satzungen verhält, und ob der reine Religionsglaube, in den jeder Kirchenglaube (allmählich) übergehen soll, am Ende nicht doch jede Organisationsform einer sichtbaren (auch der wahren) Kirche aufhebt bzw. hinter sich läßt und zu einer unsichtbaren Kirche tendiert, — welche die Welt der Erfahrung übersteigt.

Genauer: Die Kriterien — Kant nennt sie «Erfordernisse» und «Kennzeichen» [130 (VI 101)] —, die eine sichtbare Kirche zu einer wahren Kirche machen, liegen darin beschlossen, daß Kirche das Reich Gottes auf Erden der Idee des ethischen gemeinen Wesens gemäß darstellen muß. Ist aber nicht jede sichtbare Kirche als geschichtliche und auf Geschichte bezogene ebenso wie als empirisch-soziale Realität auf einen historischen Kirchenglauben und auf Satzungen, auf «statutarische Gesetze», d.h. auf Organisation insgesamt gebaut? Dann aber besteht das eigentliche Problem in der Beurteilung von Kirchen nicht darin, ob Kirchenglaube und Statuten geeignet sind, sich schließlich selbst aufzulösen, sondern vielmehr darin, ob die je besondere Organisationsstruktur, vermöge deren Individuen in einer Kirche unter öffentlichen ethischen Gesetzen ihr gemeinsames Leben und ihren ethischen Auftrag gestalten und dieser Kirche als Mitglieder und Bürger angehören, der Idee des ethischen gemeinen Wesens widerspricht oder nicht. Historischer Offenbarungsglaube und entsprechende Statuten könnten neutral sein, sie könnten ihr entsprechen, sie könnten ihr widersprechen. Nur dort, wo ein Widerspruch vorliegt, wäre es sinnvoll zu fordern, Glaube bzw. Statuten zu korrigieren. Dies aber bedeutete die Verbesserung der sinnlichen Form, nicht ihre Auflösung zugunsten eines statuten- und geschichtsfreien reinen Religions- bzw. Vernunftglaubens. So verstanden sind die nach den Kategoriengruppen eingeteilten «Kennzeichen» der wahren Kirche nicht Bestimmungen eines Ideals (einer unsichtbaren Kirche), sondern Beurteilungskriterien aller sichtbaren: Der Quantität nach muß eine sichtbare Kirche allgemein sein, d.h. die Möglichkeit bzw. die Anlage zu numerischer Einheit enthalten; der Qualität nach muß sie bestimmt sein durch Lauterkeit, gereinigt von Aberglauben und Schwärmerei; der Relation nach muß sie unter dem Prinzip der Freiheit, sowohl nach innen wie nach außen, stehen; und der Modalität nach muß sie ihrer Konstitution nach unveränderlich sein.

Undeutlich und auch problematisch werden Kants Aussagen über das Verhältnis von reinem Religionsglauben (Vernunftglauben) und Kirche erst dort, wo er von der Notwendigkeit des allmählichen Übergangs des Kirchenglaubens «zur Alleinherrschaft des reinen Religionsglaubens» spricht und diesen Übergang als «Annäherung des Reiches Gottes» versteht [150ff. (VI 115ff.)]. In besonderer Weise springt diese Problematik in die Augen in einer Textpassage aus dem Einleitungsabschnitt des Viertes Stücks der Religionsschrift. Dort werden zunächst reine Vernunftreligion und sichtbare Kirche gegenübergestellt: «eine reine Vernunftreligion [...verstattet] nur die bloße Idee von einer Kirche (nämlich einer unsichtbaren)», während «die sichtbare [Kirche], die auf Satzungen gegründet ist, allein einer Organisation durch Menschen bedürftig und fähig ist». Deshalb gibt es in der ersten keinen Kirchendienst. Hingegen hat die sichtbare Kirche beamtete Kirchendiener. Jedoch kann «jede auf statutarischen Gesetzen errichtete Kirche nur sofern die wahre sein [...], als sie in sich ein Prinzip enthält, sich dem reinen Vernunftglauben [...] beständig zu nähern, und den Kirchenglauben (nach dem, was an ihm historisch ist), mit der Zeit entbehren zu können». Deshalb besteht der wahre Kirchendienst darin, daß die Kirchendiener «ihre Lehren und Anordnung jederzeit auf jenen letzten Zweck ([die reine Vernunftreligion als] einen öffentlichen Religionsglauben) richten» [alle Zitate 200 (VI 152f.)]. Die wahre Kirche und ihr Dienst zielen also notwendig auf die Selbstaufhebung der sichtbaren Kirche! Und dies nicht eschatologisch, sondern in dieser Welt und in einer kontinuierlichen Annäherung. Unversehens ist der reine Vernunftglaube vom Kriterium bzw. transzendentalen Formprinzip der sichtbaren Kirche zum geschichtlichen Idealziel geworden: ein Kategorienfehler, der vielen naiven Staats- und Geschichtsphilosophien zugrundeliegt. Die Kirche ist dazu da, sich in den Vernunftglauben aufzulösen. Die «Religion innerhalb der Grenzen der bloßen Vernunft» wird hier exklusiv zur allein seligmachenden reinen Vernunftreligion.

Ergebnis dieser Erörterungen ist mindestens dies, daß der Begriff der sichtbaren Kirche bei Kant zweideutig bleibt: Die sichtbare Kirche mit ihrem historischen Kirchenglauben, ihren Statuten und ihrer Organisation ist für den Menschen in dieser (sinnlichen) Welt notwendig, und sie soll sich zugleich schon in dieser Welt in die unsichtbare Kirche (in eine Idee also) auflösen.

c) Eine weitere Verdeutlichung des eben genannten Grundproblems des kantischen Kirchenkonzepts läßt sich — wie oben angedeutet — aus dem Verhältnis von Kirchenglaube, Vernunftglaube und Reich Gottes gewinnen. Die Problematik wird nämlich noch deutlicher, wenn man den Erörterungen folgt, in denen Kant zu begründen versucht, daß die Gründung einer Kirche «allemal von irgend einem historischen (Offenbarungs)-Glauben» [132 (VI 102)], d.h. von einem Kirchenglauben, ausgeht. Der Grund dafür liegt für Kant nun in einer besonderen «Schwäche der menschlichen Natur» [132 (VI 103)], einem Hang zur gottesdienstlichen Religion, so daß der reine Religionsglaube nicht ausreicht, um auf ihn allein eine Kirche zu gründen. Was bedeutet aber hier Schwäche? Daß wir nicht reine Vernunftwesen sind? Daß wir nicht anders können als alles, was wir speziell als Gemeinschaft realisieren sollen, unter den allgemeinen Bedingungen der Sinnlichkeit realisieren müssen, also unter Organisationsstrukturen irgendwelcher Art? Dies kann doch im Ernst nicht gemeint sein. Denn dann würde das Konzept einer sichtbaren Kirche überhaupt in sich verkehrt werden. Schwäche muß also zu tun haben mit dem Hang zum Bösen, der nicht den Offenbarungsglauben an ihm selbst, die sichtbare Kirche als solche betrifft, sondern die Möglichkeit ihrer Verkehrung in ein «erniedrigendes Zwangsmittel» [162 (VI 123)]. Dennoch bleibt Kants Position undeutlich. Denn der reine Vernunftglaube, die rein moralische Gesetzgebung ist, wie er an anderer Stelle sagt, «nicht allein die unumgängliche Bedingung aller wahren Religion überhaupt, sondern sie ist auch das, was diese selbst eigentlich ausmacht, und wozu die statutarische nur das Mittel ihrer Beförderung und Ausbreitung enthalten kann» [134f. (VI 104)]. Hat dann nicht doch die sichtbare Kirche bloß Übergangscharakter? Und geht sie nur aus faktischer Notwendigkeit dem reinen Religionsglauben einer unsichtbaren Kirche, dem wahren Reiche Gottes vorher? Dafür scheint die folgende Stelle zu sprechen: «Der Kirchenglaube geht also in der Bearbeitung der Menschen zu einem ethischen gemeinen Wesen natürlicherweise vor dem reinen Religionsglauben vorher», und er merkt an: «Moralischerweise sollte es umgekehrt zugehen» [137 (VI 106)]. Als Belege führt er an: «Tempel [...] waren eher, als Kirchen», «Priester [...] eher, als Geistliche» [138 (VI 106)]. So ist es nach seiner Ansicht «nicht zu ändern [...], daß [...] ein statutarischer Kirchenglaube dem reinen Religionsglauben als Vehikel und Mittel der öffentlichen Vereinigung der Menschen zur Beförderung der Religion des guten Lebenswandels beigegeben» werden muß [a.a.O.]. An anderer Stelle modifiziert Kant seine Begründung, wenn er ausführt, daß «irgendein historischer Kirchenglaube [...] «benutzt» werden müsse, weil es ein natürliches Bedürfnis aller Menschen gibt, «zu den höchsten Vernunftbegriffen und Gründen immer etwas Sinnlichhaltbares zu verlangen, (worauf man bei der Absicht, einen Glauben allgemein zu introduzieren, wirklich auch Rücksicht nehmen muß)» [142 (VI 109)]. Hier ergibt sich wiederum eine Undeutlichkeit im Blick auf Stellung und Bedeutung von Sinnlichkeit: Wenn der Mensch immer etwas «sinnlich Haltbares» verlangt, dann muß dies ja noch nichts eo ipso Destruktives, die Idee des ethischen gemeinen Wesens grundsätzlich Infragestellendes oder Behinderndes sein. Doch scheint es bei Kant einerseits so zu sein, daß das «sinnlich Haltbare», also die Angewiesenheit des Menschen auf das Symbolische, auf das Sinnliche, auf die Öffentlichkeit der Gesetzgebung, etc., kurz: auf das normale Leben auf dieser Erde, schon der Idee widerspricht. Andererseits betont er ausdrücklich, daß das Böse nicht in der Sinnlichkeit, sondern in der Verkehrung der Maximenordnung liegt. Dann aber muß er den Begriff des «sinnlich Haltbaren» und den der «Schwäche der menschlichen Natur» voneinander trennen, mindestens in der Bestimmung derselben wesentlich genauer werden. So aber bleibt der Gedanke der Sinnlichkeit bei ihm zweideutig.

Kehren wir zum Überlegungsgang Kants zurück. Aus dem genannten Bedürfnis ergibt sich gleichsam zwangsläufig, daß der Kirchenglaube nicht nur den reinen Religionsglauben «zum höchsten Ausleger» hat [142ff. (VI 109ff.)], da er verbindlich bestimmt, was eigentlich das Wahre im Kirchenglauben ist; sondern auch in ihn (in den reinen Religionsglauben) und zu dessen Alleinherrschaft allmählich übergehen müsse [vgl. 150ff. (VI 115ff.)]. Denn allein «der reine Religionsglaube, der sich gänzlich auf Vernunft gründet, kann als notwendig, mithin für den einzigen erkannt werden, der die wahre Kirche auszeichnet» [150 (VI 115)]. Der historische Kirchenglaube wird damit zum «Leitmittel» (a.a.O.), zum «Vehikel» [162 (VI 123)], zugleich «mit dem Bewußtsein, daß er bloß ein solches sei» [150 (VI 115)]. Er muß also «ein Prinzip bei sich führe[n], dem reinen

Religionsglauben sich kontinuierlich zu nähern, um jenes Leitmittel endlich entbehren zu können» [150f. (VI 115)]: Insoweit kann dann auch eine so beschaffene Kirche eine wahre Kirche sein [a.a.O.].

An dieser Stelle zeigt sich das grundlegende Problem von Kants geschichtsphilosophischer Konstruktion der Religion. Es kehrt wieder in der Geschichtsphilosophie vor allem des Deutschen Idealismus und schließlich mit gewissen, jedoch strukturneutralen Modifikationen in der Geschichtsphilosophie des marxistisch-leninistischen Sozialismus: Die Realisationsformen sei es der Kirche oder des Staats oder der Gesellschaft sind allesamt ungenügend, sie bleiben hinter der reinen Vernunftidee notwendigerweise zurück. Wie die wirklichen Kirchen bei Kant so auch der je »real existierende Sozialismus«: Ihre eigentliche Wahrheit ist die reine Vernunftreligion resp. die reine Vernunftgesellschaft. Also ist an der jeweiligen Idee festzuhalten; sie kann nie realisiert werden und erzeugt gerade deshalb immer wieder (nach Art einer permanenten Annäherung oder auch Revolution) neue geschichtliche Gestalten, die sie verwirklichen sollen, aber nicht können. Die Vernunftidee des ethischen gemeinen Wesens wird, so verstanden, immer wieder neue Kirchen erzeugen, die allesamt scheitern; denn sie können ihr schon der Konstruktion zufolge nie genügen; und so modificatis modificandis bei allen Konstrukten dieses Typs. Die Frage wäre, ob nicht vielleicht schon das Konstruktionsmuster: reine Vernunftidee als Ziel geschichtlicher Realität, verkehrt ist und nicht erst die ungenügende Realisation. Vielleicht ist auch die Idee eines reinen Religionsglaubens als Ziel und Prinzip der Auflösung historischer Kirchengestalten unter solchen Gesichtspunkten zu revidieren.

Das skizzierte Problem betrifft insonderheit den letzten Abschnitt der «philosophischen Vorstellung des Siegs des guten Prinzips unter Gründung eines Reichs Gottes auf Erden» [150-181 (VI 115-136)]. Es war schon oben davon die Rede, daß der allmähliche Übergang vom historischen Kirchenglauben zur Alleinherrschaft des reinen Religionsglaubens für Kant identisch ist mit der «Annäherung des Reiches Gottes». Diese Annäherung besteht in der universalen Ausbreitung der Religion des guten Lebenswandels, die sich des historischen Kirchenglaubens als eines bloßen Leitmittels bedient. Gegenüber dem reinen Religionsglauben erweist sich dabei der Kirchenglaube lediglich als nützliches Vehikel, er gehört jedoch nicht als wesentliches Stück zum seligmachenden Glauben hinzu. Vielmehr muß er schließlich in den reinen Religionsglauben, die reine Vernunftreligion, übergehen.

Dieser Sachverhalt ist das Ergebnis der kantischen Auflösung einer besonderen «Antinomie der menschlichen Vernunft mit ihr selbst» [152 (VI 116)]. Letztere läßt sich als die Frage formulieren, ob der historische Glaube an eine geschehende Genugtuung notwendig oder der reine Religionsglaube des guten Lebenswandels allein ausreichend sei. Kant legt den Widerstreit bei, indem er zeigt, daß die Antinomie nur eine scheinbare ist, «weil sie eben dieselbe praktische Idee [das Prinzip des guten Lebenswandels als Idee der Gott wohlgefälligen Menschheit] nur in verschiedener Beziehung genommen, durch einen Mißverstand für zwei verschiedene Prinzipien ansieht» [157 (VI 119)].

Kant resümiert seine Erörterungen abschließend:

> «Es ist also eine notwendige Folge der physischen und zugleich der moralischen Anlage in uns, welche letztere die Grundlage und zugleich Auslegerin aller Religion ist, daß diese endlich von allen empirischen Bestimmungsgründen, von allen Statuten, welche auf Geschichte beruhen, und die vermittelst eines Kirchenglaubens provisorisch die Menschen zur

Beförderung des Guten vereinigen, allmählich losgemacht werde, und so reine Vernunftreligion zuletzt überall herrsche, »damit Gott sei alles in allem«. [...] In dem Prinzip der reinen Vernunftreligion, als einer an alle Menschen beständig geschehenden göttlichen (ob zwar nicht empirischen) Offenbarung, muß der Grund zu jenem Überschritt zu jener neuen Ordnung der Dinge liegen, welche [...] durch allmählich fortgehende Reform zur Ausführung gebracht wird, so fern sie ein menschliches Werk sein soll. [...] Man kann [...] im Grunde sagen: »daß das Reich Gottes zu uns gekommen sei«, wenn auch nur das Prinzip des allmählichen Überganges des Kirchenglaubens zur allgemeinen Vernunftreligion, und so zu einem (göttlichen) ethischen Staat auf Erden, allgemein, und irgendwo auch öffentlich Wurzel gefaßt hat: obgleich die wirkliche Errichtung desselben noch in unendlicher Weite von uns entfernt liegt. Denn, weil dieses Prinzip den Grund einer kontinuierlichen Annäherung zu dieser Vollkommenheit enthält, so liegt in ihm als in einem sich entwickelnden, und in der Folge wiederum besamenden Keime das Ganze (unsichtbarer Weise), welches dereinst die Welt erleuchten und beherrschen soll» [159-161 (VI 121f.)].

Indem ich in kritischer Absicht Kants Formulierung hervorhebe, daß das Prinzip den Grund einer kontinuierlichen Annäherung enthält, so daß in ihm wie in einem Keim das Ganze liegt, beschließe ich die Erörterung von Kants systematischem Gedankengang.

II.

Schon im Verlauf der Darstellung von Kants Kirchentheorie mußte immer wieder auf damit verbundene Probleme hingewiesen werden. Ich möchte sie in diesem zweiten Teil aufnehmen und auf einige wesentliche Grundfragen zuspitzen, die nach meiner Ansicht an Kants Text zu stellen sind. Vermutlich sind sie insgesamt Facetten ein und desselben Problems.

Der erste Problemkreis bezieht sich auf das schon angesprochene Verhältnis von Vernunftidee und Geschichtsziel. Die Idee einer Religion des moralischen Lebenswandels ist Gegenstand einer transzendentalpraktischen Rechtfertigung aus reiner praktischer Vernunft. Damit ist ein reiner Vernunftglaube begründet, der sich unter der Bedingung der fortdauernden Befehdung des Menschen durch das Böse zur praktischen Idee eines ethischen gemeinen Wesens und unter der weiteren Bedingung der sinnlichen Menschennatur zum Begriff einer sichtbaren Kirche entfalten läßt. Damit ist aber nur gezeigt, daß die Idee eines reinen Religionsglaubens transzendentales Konstitutionsmoment einer sichtbaren und (ihrer Öffentlichkeit wegen) institutionell verfaßten Kirche ist — und nicht ihr Telos, ihr geschichtliches Ziel: da im letzteren Falle die sichtbare Kirche in eine unsichtbare aufgehoben würde und die sichtbare Kirche nur dazu da wäre, sich selbst überflüssig zu machen. Kants Theorie scheint in diesem Zusammenhang die Theorieebenen transzendentaler Begründung einerseits und historischer Analyse und Konstruktion andererseits zu vermischen. Seine Religionsphilosophie trägt daher utopische Züge. Die geschichtliche Realität bleibt darin unterbestimmt. In dieser Perspektive ist Kant durchaus Vorläufer der spekulativen Geschichtsphilosophie des Deutschen Idealismus, insbesondere der frühen Fichte und Schelling. Deren Konzept einer praktischen Selbstaufhebung des empirischen Ich ins absolute Ich verdankt sich demselben Kategorienfehler wie die Verwechslung von Religion als Idee der praktischen Vernunft und Religion als geschichtlicher Realität in der Form einer sinnlich-sichtbaren Kirche: ein Fehler, der insbesondere die Geschichtsphilosophie bis heute beirrt.

Der zweite Problemkreis hängt aufs engste mit dem ersten zusammen. Er bezieht sich auf eine Unstimmigkeit in der Verwendung der beiden Begriffe «Schema» und «Form»: Wenn die partiale und sinnliche Gestalt einer Kirche als Schema des reinen Religionsglaubens, d.h. eines absoluten ethischen Ganzen [123 (VI 96)] zu begreifen ist, muß dann nicht dieses Schema selber als eigenständige Realität gedacht werden? Der Begriff des Schemas ist doch ein notwendiger Vermittlungsbegriff zwischen Vernunftidee und sinnlicher Erfahrung. Er kann darum gerade nicht etwas bezeichnen, was seine zentrale Bestimmung darin hat, sich aufzulösen zugunsten einer Vernunftidee, deren Realisierung aber gerade an ein (sinnliches) Schema gebunden ist. Ähnlich steht es mit Kants Verwendung des Formbegriffs: Wenn die Idee eines Volkes Gottes «nicht anders als in der Form einer Kirche auszuführen» ist [129ff. (VI 100ff.)], und wenn die unsichtbare Kirche als bloße Idee jeder sichtbaren zum Urbild dient, dann kann das Abbild sich nicht in das Urbild auflösen: jedenfalls nicht im Rahmen einer transzendental-kritischen Philosophie. Liegt hier nicht ein verborgener Platonismus Kants?

Ein dritter Problempunkt ist die Konzeption der Idee einer kontinuierlichen Annäherung. Eine Annäherung kann nicht mit fortschreitender Selbstaufhebung identifiziert werden: vor allem nicht mit einer Selbstaufhebung des Empirisch-Sinnlichen. Was unter Annäherung zu denken wäre, ist das immer stärkere Hervortreten der Wirksamkeit des Vernunftprinzips im Sinnlichen: Das Sinnliche wird bestimmt und geprägt, nicht destruiert. In diesem Zusammenhang ist auch Kants Zweideutigkeit in der Bestimmung des Sinnlichen zu vermerken: Einerseits wird Sinnlichkeit positiv bestimmt als eigene Quelle der Erkenntnis und als eigene Realität, die durch Verstand und Vernunft strukturiert ist, deren die Vernunft (i.w.S.) sowohl im theoretischen wie im praktischen Feld bedarf; andererseits wird Sinnlichkeit negativ konnotiert, als Schwäche und als Hindernis der Moralität. Eine Aufhebung des Sinnlichen kann nur als Aufhebung der primären Bestimmung des Willens durch sinnliche Triebfedern konzipiert werden: nicht als Aufhebung der sinnlichen Sphäre in ihrer konstitutiven Bedeutung für menschliche und d.h. auch religiöse Erfahrung überhaupt.

Damit hängt ein vierter Problemkreis zusammen: Die Ebenendifferenz zwischen Transzendentalem und Empirischem ist konstitutiv für Kants Kritizismus. Wenn nun das Empirische oder das Historische (Kant unterscheidet noch nicht wünschenswert genau zwischen empirisch und historisch) jenes Feld ist, das durch die transzendentale Reflexion in seiner Konstitutions- und Wesensstruktur soll begriffen werden können, dann kann nicht das, was die transzendentale Theorie als Struktur ermittelt, selber zu einer empirischen Realität werden. Wenn nun der reine Religionsglaube dasjenige ist, wodurch überhaupt begriffen werden kann, was Kirche sein soll, dann kann er nicht am Schluß selbst als eigene sichtbare und geschichtliche Kirche auftreten. Das Empirische würde dadurch ins Transzendentale verschwinden, in es übergehen. Die sichtbare Kirche würde zur unsichtbaren Kirche: Die historische Realität zur Idee! Aber dann wäre auch das ethische Gemeinwesen als ein auf Konstitution, Organisation und Administration beruhendes gemeines Wesen unter öffentlichen Tugendgesetzen, die als von Gott gegeben erkannt sind, aufgehoben. Gerade der Begriff der Öffentlichkeit als Bestimmungsmoment des ethischen gemeinen Wesens müßte es verbieten, die institutionelle Realität der sichtbaren Kirche(n) in den reinen Religionsglauben zu überführen. In einer wie immer gedachten Eschatologie mag dies einen guten Sinn haben, in der empirisch-historischen Welt der menschlichen Erfahrung muß es als überschwänglich erscheinen. Gerade hier vermißt man bei Kant einen zureichenden Begriff sozialer und geschichtlicher Institutionen.

Die genannten Problemkreise lassen erkennen, daß Kants Religions- und Kirchentheorie philosophischer Kritik ausgesetzt ist. Dies führt zu der grundsätzlichen Frage, ob die Philosophie es sich zumuten kann, die soziale Realität, vor allem auch die religiöse soziale Realität »rational« in dem einfachen Sinne einer Deduktion aus reiner Vernunft zu rekonstruieren. Bedarf sie nicht für ihr Verständnis von Religion und Kirche einer spezifischen »Phänomenologie« im voraus, um überhaupt zu wissen, was sie rekonstruieren soll? Reicht die praktische Vernunft allein dazu aus? Bei Kant handelt es sich ja ohnehin eher um eine Konstruktion aus reiner Vernunft als um eine Rekonstruktion. Aber ist das nicht ein zu naives Verständnis der philosophischen Aufgabe und müßte nicht das Verhältnis von Glauben und Wissen weniger auf das Rationale (das praktisch Vernünftige) hin bestimmt und ausgearbeitet werden als vielmehr auf das Rationable (das Vernunftverträgliche)? Müßte also nicht eigentlich die Kompatibilität der Religionen und ihres Selbstverständnisses mit dem, was in der Philosophie aus Vernunftgründen entworfen werden kann, zur zentralen Frage gemacht werden? Rationabilität anstatt Rationalität: Ein solches philosophisches Programm wäre nicht nur der Eigenständigkeit der in sich wiederum komplexen Sphäre des Religiösen angemessen, es würde auch dazu beitragen, den nach wie vor naturwüchsigen Herrschaftsanspruch der Philosophen zu bezähmen und auf das der Philosophie Mögliche und Gemäße zu beschränken.

Kants Religionsschrift — so scheint mir — wird dem komplexen Verhältnis von religiösem Glauben und philosophischer Vernunft nicht gerecht. Geschichte, historische Gestaltungen und was ihr Ziel sein könnte, läßt sich nicht apriori deduzieren, Glaube nicht aus Vernunft herleiten. Eine «Religion innerhalb der Grenzen der bloßen Vernunft», die unversehens zur Exklusivität der reinen Vernunftreligion als dem eigentlichen Religionsglauben wird, ist ebensowohl eine moralisch-praktische Ausdünnung wie eine qualitative Verkümmerung der geschichtlichen und religiösen Erfahrung. Kant — so wird man sagen dürfen — war in Religionsdingen purer Rationalist. Ihm fehlte ein zureichendes Verständnis der Eigenständigkeit des Symbolischen und (mit Ausnahme seines Staatsbegriffs) des geschichtlich Institutionellen. So nimmt es nicht Wunder, daß seine Ekklesiologie Züge von Utopie trägt. Gerade in diesem Betracht aber wäre das Projekt der Aufklärung erst noch — als Aufklärung über sich selbst — zu vollenden.

Wilhelm Vossenkuhl

DIE PARADOXIE IN KANTS RELIGIONSSCHRIFT UND DIE ANSPRÜCHE DES MORALISCHEN GLAUBENS

Kant hat das Verhältnis zwischen Moral und Religion zugunsten der Moral entscheiden wollen. Die Kriterien der Moralität haben bei der Bestimmung des moralischen Glaubens einen klaren Vorrang. Die Autonomie des moralischen Subjekts schließt die systematische Autonomie der Moraltheorie ein. Die Folgen dieses Vorrangs zeigen sich in Kants Kritik des Kirchenglaubens, der Offenbarung und aller historischen Elemente der Religion.

Die Entscheidung für eine Moralreligion, deren Ansprüche sich nicht historisch, sondern rein rational rechtfertigen, ist aber weniger eindeutig, als es scheint. Die Paradoxie der Religionsschrift zwischen Kirchenglauben und moralischem Glauben könnte, wenn die Paradoxie unauflösbar wäre, die Ansprüche des rationalen moralischen Glaubens erschüttern. Kant versucht aber zu zeigen, daß diese Paradoxie lediglich scheinbar besteht. Damit scheint das letzte Hindernis für eine Moralreligion beseitigt und die Irrationalität historischer Ansprüche der Religion nachgewiesen zu sein.

Die Paradoxie ist zwar auflösbar, aber nicht so, wie Kant dies vorschlägt. Ein Blick auf die Ansprüche des moralischen Glaubens, wie Kant sie in der *Kritik der Urteilskraft* und in der Religionsschrift formuliert, macht deutlich, warum die Paradoxie nicht aufzulösen ist.

1. Der moralische Glaube an Gott

Kant erläutert in der Religionsschrift, welche Gründe es gibt, Gott als 'Stifter der Religion' und als 'Gesetzgeber der Moral' anzunehmen. Die Gründe ergeben sich aus dem Moralprinzip und dessen Rolle in der Welt. Kants Überlegungen sind verkürzt diese: Das, was das Moralprinzip vorschreibt, die Herrschaft des Guten in dieser Welt, ist nur in einem 'ethischen Staat', in einem «Reich der Tugend» (Rel.,VI 95) erreichbar; in einem solchen Gemeinwesen können keine menschlichen, äußerlich zwingenden Gesetze herrschen; deshalb müssen wir einen höheren Gesetzgeber annehmen; Gott muß als «moralischer Weltherrscher»(Rel.,VI 99) angenommen werden, weil es bei der moralischen Gesetzgebung um das Innere des Menschen gehe; das Innere lasse sich aber nicht durch äußere Gesetze beherrschen.

Diese Gründe, Gott als Religionsstifter anzunehmen, haben einen pragmatischen Charakter. Sie entsprechen der Lage, in der wir das Ziel der Revolution der Denkungsart, die moralische Gesinnung und Autonomie individuell noch nicht erreicht haben. Diese Gründe sind kein Beweis des Daseins Gottes. Sie sprechen lediglich für das Erfordernis einer gesetzgebenden Instanz, deren 'Gesinnung' transparent ist.

Kant bietet in der Religionsschrift keinen eigenen Beweis des Daseins Gottes an. Wir können annehmen, daß der 'moralische Beweis des Daseins Gottes' der *Kritik der Urteilskraft* (§ 87) gilt. Die Argumente für das Dasein Gottes sind für das Verständnis seiner Rolle als moralischer Gesetzgeber bedeutsam. Es geht hier nicht um die Frage, wie die Übereinstimmung zwischen Gottes Gesetzgebung und der menschlichen Autonomie zu verstehen ist.[3] Die moralischen Gründe für Gottes Existenz interessieren uns vielmehr, weil wir die Bedeutung des moralischen Glaubens verstehen müssen, um seine Ansprüche in der Religionsschrift beurteilen zu können.

Der moralische Gottesbeweis ist tatsächlich aufschlußreich für die Ansprüche des rationalen moralischen Glaubens. Der Beweis zeigt nämlich die systematischen Motive der Verbindung zwischen Moral und Religion, die in der Religionsschrift selbst nicht mehr erkennbar sind. Ohne eine Beurteilung dieser Motive fällt es schwer, die Paradoxie der Religionsschrift zu beurteilen.

1.1 Der moralische Gottesbeweis

Kant erläutert die moralischen Gründe, Gottes Dasein anzunehmen, in der Überzeugung, daß man diesem Beweis «leicht die Form der logischen Präcision anpassen kann»(KU, V 450). Dies trifft durchaus zu. Es spielen vor allem drei Annahmen eine Rolle (KU, V 450, 4-30):

(i) Das moralische Gesetz gilt notwendig.

(ii) Das moralische Gesetz bestimmt a priori einen Endzweck (das höchste durch Freiheit mögliche Gut in der Welt).

(iii) Wenn der Endzweck praktisch notwendig sein soll, ist die subjektive Annahme einer moralischen Weltursache (Gott) notwendig.

Die zweite Annahme ist reich an anspruchsvollen Bedingungen. Der Endzweck setzt die Verbindung von Glückseligkeit und Glückswürdigkeit voraus. Diese Verbindung können wir uns, argumentiert Kant, nicht als Produkt natürlicher Ursachen vorstellen. Die praktische Notwendigkeit des Endzwecks ist mit keiner physischen Möglichkeit theoretisch zu erklären. Deshalb ist die Annahme (iii) für Kant unausweichlich.

Es ist allerdings nicht ohne weiteres klar, daß die moralische Weltursache *notwendig* angenommen werden muß, selbst wenn das moralische Gesetz mit Kant als notwendig geltend akzeptiert wird. Der Übergang der Notwendigkeit des Moralgesetzes auf die Annahme Gottes als der moralischen Weltursache ist aus Kants kurzen Überlegungen nicht zu erkennen.

Wir können diesen Übergang zumindest seiner logischen Form nach mit einem modalen Argument rekonstruieren. Damit stellen wir eine der unterschiedlichen Möglichkeiten eines logischen Skeletts für Kants Argumentation vor. Die logische Rekonstruktion der Argumentation Kants für die Notwendigkeit einer moralischen Weltursache kann keine inhaltlichen, sondern nur formale Geltungsgründe beanspruchen. Es geht lediglich um die Beweisform und nicht um die Frage, wie es möglich ist, vom Moralgesetz auf Gott zu schließen.

[3] Auf diese Frage gehe ich ein in "The Paradox in Kant's Rational Religion", *Proceedings of the Aristotelian Society* NS 88 (1987/88), 179-92.

Um die Beweisform von Kants Argument möglichst übersichtlich vorstellen zu können, repräsentieren wir die drei oben beschriebenen Annahmen in sehr vereinfachter Form symbolisch. Da es nicht auf die Bedeutung der Annahmen, sondern nur auf deren logischen Zusammenhang ankommt, dürfen wir die Annahmen (i)-(iii) auf folgende drei Annahmen verkürzen:

(1) $\blacksquare$ M
(für: 'das moralische Gesetz M gilt notwendig')

(2) $(M \rightarrow E)$
(für: 'wenn das moralische Gesetz M gilt, dann bestimmt es a priori einen Endzweck E')

(3) $(E \rightarrow G)$
(für: 'wenn ein Endzweck E vorstellbar ist, gibt es eine moralische Weltursache G').

Wir gehen nun von der Gültigkeit des modallogischen Prinzips (MP) aus, daß die logische Folge von etwas Notwendigem selbst notwendig ist. Symbolisch ausgedrückt:

(MP) $((\blacksquare p \,\&\, (p \rightarrow q)) \rightarrow \blacksquare q)$.

Mit Hilfe dieses Prinzips dürfen wir folgern:

(4) $((\blacksquare M \,\&\, (M \rightarrow E)) \rightarrow \blacksquare E)$

(5) $\blacksquare E$

(6) $((\blacksquare E \,\&\, (E \rightarrow G)) \rightarrow \blacksquare G)$

(7) $\blacksquare G$.

Mit den Annahmen Kants und dem modallogischen Prinzip MP können wir dem moralischen Beweis also eine logische Form geben, die die Notwendigkeit der Annahme einer moralischen Weltursache zumindest formal plausibel macht. Dies ist allerdings für die epistemischen Voraussetzungen des Beweises und seine systematischen Konsequenzen nur von marginaler Bedeutung. Wir sind daher genötigt, die Überlegungen Kants genauer zu betrachten, die ihn zu den Annahmen (ii) und (iii) veranlassen.

Die Annahme (ii) macht Kant, weil er überzeugt ist, daß das moralische Gesetz uns Menschen a priori einen Endzweck bestimmt. Dieser Endzweck sei das «höchste durch Freiheit mögliche Gut in der Welt» (KU, V 450). Allerdings ist das moralische Gesetz nicht die alleinige Bedingung dafür, daß sich die Menschen den Endzweck zum Ziel setzen. Das Motiv jedes endlichen Subjekts, nach diesem Ziel zu streben, ist das «höchste in der Welt mögliche, [...], physische Gut» (KU, V 450).

Die Sittlichkeit schafft, nach Kants Ansicht, zwar erst die Glückswürdigkeit. Letztere kann dem einzelnen Subjekt aber nicht als Motiv seines Strebens nach dem Endzweck unterstellt werden. Wenn der Zusammenhang zwischen Glücksstreben und sittlichem Streben von der Aussicht auf Glück motiviert würde, wäre er nicht nur zirkulär, sondern obendrein unsittlich.

Sittliches Streben und Glücksstreben werden auch nicht vom Sittengesetz selbst vereinigt. Denn es gibt, so betont Kant, weder eine physische noch eine moralische Ursache, die hinreichend für die Vereinigung von Moralität und Glück wäre. Wir können uns diese Problemlage als doppelte Ungewißheit vorstellen. Es gibt weder im Falle des sittlichen Lebens, das die Würdigkeit glücklich zu sein bedingt, noch im Fall des tatsächlichen Glücks eine kalkulierbare Wahrscheinlichkeit für den Endzweck.

Weder das höchste physische noch das höchste moralische Gut sind jeweils für sich hinreichend für die Realisierung des Endzwecks. Freiheit und Natur sind also mit ihren jeweiligen Maxima nicht in der Lage das zu bewirken, was das moralische Gesetz als Ziel notwendig vorschreibt: das doppelte Maximum, das *summum bonum*.

Dieses allerhöchste Ziel wird, so argumentiert Kant, nur 'praktisch notwendig' gelten können, wenn es außer der Freiheit und der Natur eine weitere kausale Kraft gibt, die wir als Gewähr für den Endzweck annehmen können. Dies ist die «moralische Weltursache» (KU, V 450), die in der Genealogie der Ursachen eine Art 'Bedingung der Möglichkeit' der Vereinigung von Natur und Freiheit ist.

Kant kann freilich in diesem Kontext nicht, wie ich dies hier suggeriere, transzendental argumentieren. Denn Gott kann nicht als Erkenntnis-, sondern lediglich als Glaubens-Bedingung angenommen werden, und zwar als Bedingung des Glaubens an einen moralischen Endzweck. Dieser Glaube hat nämlich nur Sinn, wenn wir einen guten Grund für die Annahme haben, daß das uns auferlegte moralische Gesetz auch «ausführbar» ist.

Die *Ausführbarkeit* des moralischen Gesetzes setzt die *Kooperation der Natur* voraus, «weil ohne Beitritt der Natur zu einer in unserer Gewalt nicht stehenden Bedingung derselben die Bewirkung desselben unmöglich sein würde»(KU, V 455).

Kant nimmt hier die Natur nur indirekt als eine empirische Voraussetzung der Moral in Anspruch; indirekt deswegen, weil er die Bedingung der Natur selbst direkt beansprucht. Gott ist nicht deshalb ein moralischer Grund für die Kooperation der Natur zur Verwirklichung des Moralgesetzes, weil es ihn gibt. Die Annahme, daß es ihn gibt, ist vielmehr der einzige Grund für die Vermutung oder Hoffnung, daß die Natur der Moral gegenüber kooperativ ist.

Allein in diesem Sinn ist der Glaube an Gott moralisch. Wenn die Natur nicht kooperativ wäre, wäre die Verwirklichung des Moralgesetzes nicht möglich. Das Moralgesetz hätte dann keinen Sinn. Wenn das Moralgesetz also überhaupt Sinn haben soll, müssen wir Gott als Ursache der Natur und ihrer Disposition zur Kooperation annehmen. Wenn wir also hoffen dürfen, daß das Moralgesetz realisierbar ist, dann nur aufgrund einer Annahme, die der *Kohärenz der Moral und der Natur* dient. Gott ist eine Kohärenz--Bedingung der Moral.

Diesen direkten Zusammenhang zwischen dem Moralgesetz und Gott können wir übrigens der logischen Rekonstruktion des moralischen Gottesbeweises entnehmen. Wir können die Annahmen (2) und (3) aussagenlogisch vereinigen nach dem Muster:

$((p \rightarrow q) \,\&\, (q \rightarrow r) \rightarrow (p \rightarrow r))$

Dann gilt entsprechend als Vereinigung der Annahmen (2) und (3):

(3*) $(M \rightarrow G)$

Wir können dann bereits im nächsten Schritt aus der Notwendigkeit des Moralgesetzes auf die Notwendigkeit Gottes schließen:

(4*) $((\blacksquare M \,\&\, (M \rightarrow G) \rightarrow \blacksquare G))$

Die Annahme, daß der Endzweck notwendig ist, ist allerdings nur in der logischen Rekonstruktion redundant. Als epistemische Voraussetzung ist der Endzweck mit seinen beiden Maxima Sittlichkeit und Glück ganz und gar nicht redundant. Er ist im Gegenteil eine epistemisch unverzichtbare Voraussetzung für den moralischen Glauben an Gott.

Die logische Rekonstruktion verkürzt den Weg von der Notwendigkeit des Moralgesetzes zur Notwendigkeit der moralischen Weltursache formal korrekt und mit einer epistemischen Pointe. Sie besteht darin, daß die moralische Weltursache und die Natur--Kausalität auf eine einzige Ursache 'gekürzt' wird. Diese Pointe ist interessant, weil sie den Blick darauf lenkt, daß es letztlich nur um zwei Bedingungen der Verwirklichung des Moralgesetzes geht: Gott und Freiheit. Denn Gott figuriert in Kants Beweis allein als Welt- bzw. Naturursache, weil es die menschliche Freiheit ja nicht aufgrund der Schöpfung als Naturtatsache geben kann.[4]

Die Verkürzung der Ursachen einer Verwirklichung des Moralgesetzes auf Gott und Freiheit blendet jedoch nicht nur den Endzweck aus. Sie überspielt auch die Schwierigkeiten, die Kant ohne Gott mit der Realisierung des Moralgesetzes hat. Es lohnt sich, diese Schwierigkeiten zu betrachten, weil sie nicht nur die Bedeutung des moralischen Gottesbeweises unterstreichen, sondern den Status des Moralgesetzes für das menschliche Handeln beleuchten. Die besagten Schwierigkeiten lassen sich vielleicht am besten in der «Methodenlehre» der ersten Kritik erkennen.

1.2 Natur, Freiheit und Geschichte

Kant sieht die systematische Dualität der Bedingungen, unter denen das Moralgesetz verwirklicht werden kann, bereits in der «Methodenlehre» der ersten Kritik. Was wir hoffen dürfen, sagt er dort, sei gleichzeitig eine theoretische und praktische Frage. Es geht ihm hier zwar in erster Linie um die Glückseligkeit, denn auf sie richtet sich die mit dem moralischen Handeln verbundene menschliche Hoffnung.

Im Hintergrund steht aber ein Dilemma: Diese Hoffnung verhält sich zwar zum Moralgesetz so wie die theoretische Erkenntnis zu Naturgesetzen (KrV A805/B833), wir gewinnen daraus aber leider keine Gewißheit für unser Hoffen. Dieses Dilemma hat einen modalen Hintergrund. Für die theoretische Erkenntnis kann Kant beanspruchen, daß das, was aufgrund eines Naturgesetzes notwendig ist, auch wirklich ist; in symbolischer Schreibweise:

$(\blacksquare p \rightarrow p)$

Kant erwähnt diese Folgerung des Wirklichen aus dem gesetzmäßig Notwendigen (KrV A806/B834), läßt aber zunächst offen, inwieweit sie auch für den Zusammenhang zwischen Sittlichkeit und Glückseligkeit gilt. Wir können, in seinen Augen, schließlich doch nicht gewiß sein, daß sittlich gutes Handeln mit Glückseligkeit belohnt wird. Als Grund dafür sieht Kant die eingeschränkte Wirksamkeit der Vernunft in der Natur. Die Vernunft könne zwar freie Handlungen, aber keine Naturgesetze hervorbringen (KrV A807/8/B835/6). Für die Freiheit des moralischen Handelns gilt also nicht, daß die moralisch notwendige Handlung auch wirklich eine glückliche ist.

In der «Methodenlehre» der ersten Kritik können wir einige Grundlinien des späteren moralischen Gottesbeweises erkennen. Die argumentative Strategie geht aber nicht in Richtung auf einen moralischen Gottesbeweis. Kant nimmt zwar eine «höchste Vernunft» (KrV A810/B838) an, die gleichzeitig der Natur und dem Moralgesetz und damit der

[4] Kant erläutert dies in einer ausführlichen Anmerkung, vgl. KU, V 448f.

Hoffnung auf Glückseligkeit zugrundeliegt. Er hat aber die problematische Beziehung zwischen Moralgesetz und Glückseligkeit noch nicht so eingehend untersucht wie in der zweiten Kritik. Seine Hoffnung auf eine systematische Verknüpfung des höchsten moralischen und des höchsten physischen Guts scheint sich eher auf spekulative, theoretische als auf praktische Optionen zu richten.
Dennoch ist Kants Forderung, daß die Geltung des Moralgesetzes die Möglichkeit seiner Verwirklichung einschließen muß, bereits in der «Methodenlehre» der ersten Kritik klar. Die praktische Vernunft, so sagt er, enthalte:

> «Prinzipien der *Möglichkeit der Erfahrung*, nämlich solcher Handlungen, die den sittlichen Vorschriften gemäß in der *Geschichte* des Menschen anzutreffen sein *könnten*. Denn, da sie gebietet, daß solche geschehen sollen, so müssen sie auch geschehen können». (KrV A807/B835)

Wir treffen hier zweierlei Argumente an, zunächst ein transzendentales Argument, dessen Domäne auf die praktische Philosophie eingeschränkt ist. Es besagt, daß das Moralgesetz die Bedingung der geschichtlichen Möglichkeit des moralisch Handeln-Könnens sei. Zum zweiten finden wir das deontologische Prinzip, daß das Sollen das Können einschließt.

Beides zusammen ergibt die weitreichende These, daß die Verpflichtungen des Moralgesetzes historisch manifest werden können. Die Möglichkeit der moralischen Besserung, schließlich diejenige der 'Revolution der Denkungsart' ergeben sich scheinbar zwingend aus der Notwendigkeit des Moralgesetzes. Die Frage ist allerdings, um welche Art von Konsequenz es sich handelt. Wenn sie bedeutet, daß die Kooperation der Natur, ihr 'Beitritt' zu dem, wozu uns das moralische Gesetz instandsetzt, nicht relevant ist, wäre der moralische Gottesbeweis redundant. Betrachten wir diesen Zusammenhang genauer.

Die Folgerung des Könnens aus dem Sollen entspricht der modalen Folgerung des Möglichen aus dem Notwendigen. Die Frage ist, wie wir diese Folgerung verstehen. Symbolisch ausgedrückt sind zwei Versionen denkbar:
(i) $(\blacksquare p \rightarrow \blacklozenge p)$ und
(ii) $(\blacksquare p \rightarrow \neg \blacklozenge \neg p))$.
Die Folgerung (ii) ist gleichwertig mit der oben erwähnten Folgerung dessen, was ist, aus dem, was notwendig ist. Bezogen auf das Moralgesetz und seine Verwirklichung ist sie empirisch unplausibel, weil wir wissen, daß das moralisch gute Handeln nicht direkt aus der Notwendigkeit des Moralgesetzes folgt.

Die schwächere Version (i) können wir akzeptieren, falls es eine Zusatzbedingung gibt, die etwas über die Art der möglichen Verwirklichung des Moralgesetzes sagt. Dafür kommt in der «Methodenlehre» der ersten Kritik allein das transzendentale Argument in Frage. Es soll die historische Möglichkeit der Verwirklichung des Moralgesetzes gemeinsam mit dem deontischen Argument sichern. Es ist aber offen, wie das transzendentale Argument dies gemessen an der Frage, was wir hoffen dürfen, leisten kann.

Das deontische Argument trägt, wie wir sahen, nichts zur Frage, was wir hoffen dürfen, bei. Das transzendentale Argument kann dazu aber auch nichts beitragen. Kant lenkt mit diesem Argument unser Augenmerk zwar auf die geschichtliche Möglichkeit, das Moralgesetz zu verwirklichen. Unter welchen theoretischen Bedingungen bzw. unter welchen Natur-Bedingungen wir diese Möglichkeit wahrnehmen können, sagt das Argument aber nicht. Seine Domäne ist ja auf die praktische Philosophie beschränkt.

Kant bietet in der «Methodenlehre» der ersten Kritik also noch kein Argument dafür an, daß die Natur, insbesondere auch die menschliche, die Möglichkeit des moralischen Handelns zuläßt. Natur und Freiheit schließen sich zwar, wie Kant im Anschluß an die dritte Antinomie zeigen will, theoretisch nicht aus. Für ihr Zusammenwirken bei der Verwirklichung des Moralgesetzes gibt es aber noch keine überzeugenden Gründe.

Die systematische Lücke zwischen einer geschichtlich möglichen Realisierung des Moralgesetzes und den ihr gemäßen Bedingungen der Natur schließt erst der moralische Gottesbeweis. Er ist, wie die Beurteilung des transzendentalen und des deontischen Arguments der «Methodenlehre» der ersten Kritik zeigt, keineswegs redundant. Im Gegenteil, vor dem Beweis kann die historische Möglichkeit, daß wir durch unser Handeln das Moralgesetz verwirklichen, nicht angenommen werden.

Das entscheidende Defizit des transzendentalen und des deontischen Arguments ist, daß sie das Motiv der Glückseligkeit, das Streben nach dem höchsten physisch möglichen Gut, nicht berücksichtigen können. Dieses Streben macht den moralischen Gottesbeweis notwendig, weil die menschliche Natur von keinem anderen Argument auf das Moralgesetz bezogen werden kann.

2. Die Geschichte und der moralische Glaube

Die menschliche Möglichkeit, dem Moralgesetz in der Geschichte gerecht zu werden, ist in Kants Augen indirekt von unserer Natur, direkt aber von unserem moralischen Glauben an Gott abhängig. Wir können uns keine andere Bedingung der Überwindung der negativen moralischen Folgen unseres Glücksstrebens vorstellen. Unsere Natur, unser selbstsüchtiges Glücksstreben, bleibt ein unmittelbares Hindernis für die Moral. Deswegen bleibt unsere Natur auch dann, wenn wir der Idee der Selbstbestimmung genügen, eine indirekte Bedingung des moralischen Handelns. Dessen direkte Bedingung, die Möglichkeit der unmittelbaren Überwindung unserer natürlichen Neigungen, ist aber der moralische Glaube an Gott, der Glaube an die Möglichkeit, unsere Natur mit den von uns selbst gesetzten Forderungen der Moralität zu versöhnen. Dies ist die Pointe des moralischen Gottesbeweises und der systematischen Schwierigkeiten, die er lösen helfen soll.

Diese Pointe ist folgenreich. Sie verleiht dem moralischen Glauben ein eigenes und dazu beträchtliches systematisches Gewicht. Sie lenkt darüber hinaus unser Augenmerk auf die geschichtlichen Möglichkeiten des Menschen, moralisch zu handeln. Sie wertet schließlich die Moralreligion im Verhältnis zum Moralgesetz auf. Die Religion kann angesichts ihrer Bedeutung bei der Verwirklichung des Moralgesetzes diesem Gesetz nicht untergeordnet oder als Korollar zur Seite gestellt werden.

Dies würde dem unterschiedlichen theoretischen Status von Moralgesetz und moralischem Glauben nicht gerecht. Der moralische Glaube beantwortet die Frage, wie eine Verwirklichung des Moralgesetzes in der uns Menschen gegebenen Zeit möglich ist. Das Moralgesetz beantwortet die Frage, wie wir uns als frei handelnde Wesen verstehen können. Beide Fragen sind komplementär, und die eine ist nicht durch die andere substituierbar. Sie beziehen sich beide in unterschiedlicher Weise auf das Verhältnis zwischen Natur und Freiheit.

Im einen Fall geht es um die ungeschichtliche, im andern um die geschichtliche Bestimmung dieses Verhältnisses. Die geschichtliche Bestimmung ist in Gestalt des moralischen Glaubens diejenige und dabei die einzige, die uns auf die Verwirklichung des Moralgesetzes hoffen läßt. Wir können den moralischen Glauben als Manifestation der geschichtlichen Hoffnung auf das höchste Gut, auf Moralität und Glück verstehen.

Auf diesem Hintergrund erscheinen Kants Überlegungen zur Paradoxie in der Religionsschrift in einem anderen Licht. Wie immer wir diese Paradoxie beurteilen, sie kann jedenfalls nicht dazu führen, daß wir die geschichtliche Bedeutung des moralischen Glaubens ignorieren oder gar verneinen. Wir haben gesehen, daß die entscheidende Aufgabe des moralischen Glaubens eine geschichtliche ist. Würde sie infrage gestellt, würde die Verwirklichung des Moralgesetzes ebenfalls infrage gestellt.

2.1 Die Paradoxie der Religionsschrift

Der Paradoxie der Religionsschrift liegt die Frage zugrunde, wie wir Menschen uns moralisch bessern können. Kant erläutert, daß diese Möglichkeit der Idee eines Gott wohlgefälligen Menschen bzw. der Idee der Rechtfertigung des Menschen vor Gott entspreche. Aus eigener Kraft können wir uns aber nicht vor Gott rechtfertigen. Wir sind in dem, was wir moralisch leisten können von dem abhängig, was Gott uns an Gnade gewährt. Daraus entsteht für Kant ein Problem im Verhältnis zwischen Offenbarungs- und moralischem Glauben.

Kant nennt dieses Problem «eine merkwürdige Antinomie der menschlichen Vernunft mit ihr selbst» (Rel., VI 116). Diese Antinomie beschreibt er so: es sei

> «gar nicht einzusehen, wie ein vernünftiger Mensch, der sich strafschuldig weiß, im Ernst glauben könne, er habe nur nöthig, die Botschaft von einer für ihn geleisteten Genugthuung zu glauben, und sie (wie die Juristen sagen) utiliter anzunehmen, um seine Schuld als getilgt anzusehen» (Rel., VI 116).

Es wäre danach widersprüchlich, wenn jemand an die Tilgung seiner Schuld aufgrund der Offenbarung dieser Tilgung glauben würde. Vernünftig wäre es dagegen, wenn der Mensch glauben würde, seine Schuld werde ihm allein aufgrund seines Verdienstes erlassen.

Dies wiederum ist angesichts des menschlichen 'Hangs zum Bösen' ebenfalls zweifelhaft. Kant formuliert diesen von unserer Natur provozierten Zweifel so:

> «Wenn aber der Mensch von Natur verderbt ist, wie kann er glauben, aus sich, er mag sich auch bestreben wie er wolle, einen neuen, Gott wohlgefälligen Menschen zu machen» (Rel., VI 117).

Es stehen sich schließlich zwei unvereinbare Überzeugungen gegenüber, die wir in zwei Versionen vorstellen können:

1. Der Befreiung von Schuld muß ein gutes moralisches Leben vorhergehen.
2. Dem guten moralischen Leben muß die Befreiung von Schuld vorhergehen.

In der zweiten Version stellt sich der Widerspruch zwischen diesen Überzeugungen als Widerspruch zwischen zwei Arten des Glaubens dar:

1*. Der moralische Glaube muß dem Offenbarungsglauben vorhergehen.

2*. Der Offenbarungsglaube muß dem moralischen Glauben vorhergehen.

Kant hält diese Paradoxie mit theoretischen Mitteln nicht für lösbar. Für eine theoretische Lösung müßten wir die Ursachen erkennen können, die einen Menschen gut oder böse werden lassen (vgl. Rel., VI 117f.). Wüßten wir diese Ursachen, hätten wir auch die Mittel der moralischen Besserung in der Hand.

Wir haben aber, meint Kant, ein praktisches Wissen der Ursachen des Guten und Bösen. Wir wissen, daß es unsere absolute Pflicht ist, ein Leben zu führen, das dem Moralgesetz entspricht. Wir wissen auch, daß wir von Natur jenen 'Hang zum Bösen' in Gestalt der Selbstliebe haben. Das Wissen unserer Pflicht und unsere Freiheit ermöglichen uns, daß wir uns für das gute Leben entscheiden. Kant hat daher «keine Bedenken», was die praktische Lösung der Paradoxie angeht. Die jeweils ersten Sätze der Paradoxie sind in seinen Augen gültig, die zweiten nicht. Es gibt danach keine echte Paradoxie.

Im Sinn dieser Lösung betont Kant immer wieder, daß der Glaube an die geoffenbarte Befreiung von Schuld lediglich das «Vehikel für den reinen Religionsglauben» sei (Rel., VI 118), daß wir außer dem guten Lebenswandel nichts tun können, Gott wohlgefällig zu werden (Rel., VI 170), daß es nur einen rechten Weg gebe, den «von der Tugend zur Begnadigung»(Rel., VI 202).

Kant gesteht lediglich ein, daß wir den Kirchen- bzw. Offenbarungsglauben für unser 'theoretisches' Verständnis der Befreiung von Schuld benötigen; weil wir uns «die Entsündigung [...] nicht anders *begreiflich machen*» können (Rel., VI 118).

Bei dieser Beurteilung der Bedeutung des Kirchenglaubens geht Kant von der Vorstellungskraft der Menschen aus. Es ist insofern ein argumentum ad hominem, das die Rolle der Offenbarung nicht systematisch beurteilt. Tatsächlich haben geschichtliche Elemente wie die Offenbarung für den moralischen Glauben keine Bedeutung. Den Kirchenglauben charakterisiert Kant polemisch als «Fron- und Lohnglaube»(Rel., VI 115), der nicht moralisch sei.

2.2 Der moralische Glaube

Die Lösung der Paradoxie der Religionsschrift wiederholt lediglich die Forderungen des Moralgesetzes und ignoriert die systematischen Schwierigkeiten seiner Verwirklichung. Kant sieht die Moralreligion durch die Kirchenreligion und deren historische Elemente gefährdet. Diese Furcht motiviert eine allgemeine Verbannung historischer Elemente aus der Moralreligion. Der geschichtliche Charakter des moralischen Glaubens an Gott, der seiner eigenständigen systematischen Rolle neben dem Moralgesetz entspricht, scheint in der Religionsschrift unberücksichtigt zu bleiben.

Dies ist offenbar der Preis für die Lösung der Paradoxie. Genau genommen wäre dies der Preis der von Kant vorgeschlagenen Lösung, wenn diese haltbar wäre. Er gibt aber genügend Gründe, eben daran zu zweifeln. Wir finden sie in Kants Kriterien des moralischen Glaubens. Diese werde ich kurz darstellen.

Kant akzeptiert für den rationalen Glauben ein Merkmal aller Religionen, daß sie sich «unvermeidlich auf ein *Geheimniß*, d.i. auf etwas *Heiliges*» beziehen (Rel., VI 137). Dieses Heilige kenne zwar jeder Mensch, es sei aber theoretisch nicht erkennbar und deshalb auch nicht mitteilbar. Durch die praktische Vernunft sei es aber erkennbar. Allerdings sei es a priori nicht entscheidbar, ob es das Heilige gebe (Rel., VI 138).

Interessant ist Kants direkter Vergleich des Heiligen mit der Freiheit. Der Grund der Freiheit sei ein Geheimnis, weil wir ihn nicht erkennen können. Als Eigenschaft des Menschen sei die Freiheit aber kein Geheimnis, da sie jederman mitteilbar sei. Er fährt fort:

> «Aber eben diese Freiheit ist auch allein dasjenige, was, wenn sie auf das letzte Object der praktischen Vernunft, die Realisierung der Idee des moralischen Endzwecks, angewandt wird, uns unvermeidlich auf heilige Geheimnisse führt.» (Rel., VI 138, 20-24)

Eines dieser Geheimnisse ist, was Gott zur Verwirklichung des Endzwecks, der Glückseligkeit, tut. Wir bedürfen seiner Hilfe, wie wir anhand des moralischen Gottesbeweises sahen. Die Hilfe besteht in dem moralischen Glauben, daß wir historisch die Möglichkeit haben, aus eigener Kraft eine Übereinstimmung unserer Natur mit unserer Freiheit unter der Leitung des Moralgesetzes zu erreichen. Was immer der moralische Glaube an Gott dazu tut, wir nehmen an, er hilft den Endzweck zu verwirklichen. Wir wissen aber nicht, wie er dies bewerkstelligt. Es ist also ein Geheimnis, wie wir glückswürdig werden und damit auch eines, wie wir von unserer Schuld, von den Folgen unserer Natur, befreit werden.

Das Geheimnis steht in einer unmittelbaren Beziehung zum moralischen Glauben. Es ist kein beschreibbarer Inhalt dieses Glaubens, aber seine Bedingung. Kant erläutert die Beziehung des Geheimnisses zum moralischen Glauben so:

> «Nur das, was man zwar in praktischer Beziehung ganz wohl verstehen und einsehen kann, was aber in theoretischer Absicht [...] alle unsre Begriffe übersteigt, ist Geheimniß (in einer Beziehung) und kann doch (in einer andern) geoffenbart werden.» (Rel., VI 142)

Die praktische Vernunft wird nach dieser Erläuterung zur Instanz der Offenbarung. Die Geheimnisse, die sie offenbart, nennt Kant die der «Berufung», der «Genugtuung» und der «Erwählung» (Rel., VI 142f.). Sie betreffen, wie er sagt, die «moralische Lebensgeschichte jedes Menschen» (Rel., VI 143). Entscheidend an diesen Geheimnissen ist, daß sie die geschichtliche Möglichkeit der moralischen Integrität des Menschen und seine Befreiung von Schuld annehmen.

Dies ist nach der Paradoxie der Religionschrift und der von Kant vorgeschlagenen Lösung überraschend, weil wir eine ernsthafte Erwägung der 'stellvertretenden Genugtuung' nicht mehr erwarten. Die Hilfe eines Stellvertreters angesichts der eigenen Natur wird — als Geheimnis der Genugtuung — zwar nur angenommen, soweit sie «in moralischer Absicht notwendig» sei (Rel., VI 143). Die Hilfe wird aber annehmbar, nachdem sie zuvor gänzlich unannehmbar erschien. Wir werden aber auch von den weiteren Überlegungen Kants überrascht.

Der moralische Glaube enthält, so erläutert Kant, von der praktischen Vernunft geoffenbarte Geheimnisse, nämlich die der Gnade und der Befreiung von Schuld. Diese Annahme steht Kants grundsätzlicher Überzeugung entgegen, daß der Glaube an Geheimnisse religiöser Wahn sei (Rel., VI 194). Entweder enthält der moralische Glaube die Befreiung von Schuld als Geheimnis oder nicht. Im ersten Fall stehen wir erneut vor der Paradoxie, daß die Befreiung von Schuld dem moralisch guten Leben vorausgeht und nicht vorausgeht.

Kant ist sich dieser Wiederkehr der Paradoxie bewußt und versucht, sie mit seiner «Sicherheitsmaxime» zu vermeiden. Sie lautet:

> «Was, als Mittel, oder als Bedingung der Seligkeit mir nicht durch meine eigene Vernunft, sondern nur durch Offenbarung bekannt und vermittelst eines Geschichtsglaubens allein in meine Bekenntnisse aufgenommen werden kann, übrigens aber den reinen moralischen Grundsätzen nicht widerspricht, kann ich zwar nicht für gewiß glauben und betheuern, aber auch eben so wenig als gewiß falsch abweisen.» (Rel., VI 189)

Die Befreiung von Schuld kann demnach als geoffenbarte Bedingung des moralisch guten Lebens geglaubt, aber nicht für gewiß gehalten werden, soweit sie nicht den Grundsätzen der Moral widerspricht.

Letzteres ist zweifelhaft, wenn wir die Irrationalität des Glaubens an eine 'stellvertretende Genugtuung' ernst nehmen. Wenn wir dies als unvereinbar mit dem Moralgesetz erachten, gilt dies auch für den geoffenbarten Glauben an die Befreiung von Schuld. Auch die «Sicherheitsmaxime» kann daher die erneut auftauchende Paradoxie nicht abwenden.

Die «Sicherheitsmaxime» ist eine Art historischer Kompromiß zwischen den Ansprüchen des Moralgesetzes und dem Glauben an die Befreiung von Schuld. Nach dem Schicksal der Religionsschrift und den wohl auch für Kant voraussehbaren Schwierigkeiten seiner rigiden Kritik des Kirchenglaubens mag man ihm eine bewußt schonende Haltung gegenüber der Offenbarung der Befreiung von Schuld unterstellen.

Damit würden wir ihm aber Unrecht tun. Er betont, daß er die «Sicherheitsmaxime» als Garantie für «wahrhafte moralische Sicherheit» (Rel., VI 189) verstehe, einer Sicherheit vor dem Gewissen nämlich. Er scheut sich, diejenigen zu verurteilen, die den Glauben an die historisch geoffenbarte Erlösung mit dem Moralgesetz aus lauterer Gesinnung für vereinbar halten.

Der historische Kompromiß hat aber eine zweifache Schwäche. Er wendet zum einen gerade wegen seiner Ehrfurcht vor dem lauteren Kirchenglauben die erneut zutage getretene Paradoxie zwischen Kirchen- und moralischem Glauben nicht ab. Er wird im übrigen dem historischen Anspruch des moralischen Glaubens auf die Möglichkeit der Verwirklichung des Moralgesetzes nicht gerecht.

Dieser historische Anspruch des moralischen Glaubens, der sich aus dem moralischen Gottesbeweis rechtfertigt, darf freilich nicht mit den historischen Ansprüchen des Kirchenglaubens identifiziert werden. Aus dem Anspruch auf die mögliche Realisierung des Moralgesetzes läßt sich keine bestimmte historische Offenbarungsreligion ableiten. Ohne Zweifel schließt der historische Anspruch des moralischen Glaubens aber die Überwindbarkeit des Bösen durch den Glauben an Gott ein. Es bleibt lediglich offen, wie das Böse überwunden wird.

Für den Glauben an den 'Beitritt' der Natur zu den Forderungen der Moral gibt es aber keine Alternative. Dies ist, wie der moralische Gottesbeweis zeigt, eine Konsequenz des Moralgesetzes selbst. Kant greift den Gedanken des 'Beitritts' der Natur am Ende der Religionsschrift wieder auf, aber nur um dessen Unbegreiflichkeit zu betonen (Rel., VI 191). Dies entspricht nicht dem systematischen Gewicht des moralischen Glaubens, vor allem aber nicht dessen historischer Aufgabe.

Kant hat die Abhängigkeit des Moralgesetzes von der Möglichkeit seiner Verwirklichung, die er beim moralischen Gottesbeweis erkennt, in der Religionsschrift ignoriert.

Entsprechendes gilt für die Idee des Endzwecks. Es scheint, als habe er sich ohne Not in diese Lage gebracht, indem er die systematische Forderung des 'Beitritts' der Natur und der Überwindung des Bösen vorschnell mit dem christlichen Anspruch auf Erlösung durch Jesus Christus identifiziert. Die Historizität dieses geoffenbarten Anspruchs ist mit den ahistorischen, apriorischen Kriterien des Moralgesetzes unvereinbar. Wenn Kant diese Unverträglichkeit seiner Kritik an historischen Religionen zugrundelegt, gerät er aufgrund jener vorschnellen Identifikation nolens volens mit dem eigenen historischen Anspruch des moralischen Glaubens in Konflikt.

Die Konsequenz aus dieser Lage ist, daß Kant gegen den wohlverstandenen historischen Anspruch des moralischen Glaubens eine Unvereinbarkeit zwischen historischen und moralischen Ansprüchen vertreten muß. Mit der Paradoxie der Religionsschrift tut er dies, obwohl er ein Interesse daran haben sollte, die Frage der moralischen Besserung und die Hoffnung auf eine Verwirklichung des Moralgesetzes und auf Glück historisch zu verstehen.

Es lassen sich zumindest drei einander ergänzende Folgerungen aus dieser Lage ziehen: Kant hat zum ersten die Möglichkeit der Verwirklichung des Moralgesetzes und die Idee des höchsten Guts in der Religionsschrift nicht ernsthaft verfolgt. Er hat sich zum zweiten durch seine besorgte Kritik am Kirchenglauben und dessen schwärmerischen Varianten auf eine unhaltbare anti-historische Auffassung des moralischen Glaubens verpflichtet. Kant hat zum dritten recht, wenn er die Paradoxie der Religionschrift für unecht hält. Sie ist in der Tat unecht, weil es sie für den moralischen Glauben nicht geben kann, zumindest nicht in der ersten Variante.

Für die dritte Folgerung spricht der moralische Gottesbeweis, für die zweite die Paradoxie der Religionsschrift; und deren unhaltbare Lösung spricht für die erste der drei Folgerungen. Die Beantwortung der Frage, was wir hoffen dürfen, wird damit von der Religionsschrift nicht gefördert. Der Optimismus, den der moralische Gottesbeweis zur Beantwortung jener Frage weckt, ist verfrüht. Der moralische Glaube bleibt im Hinblick auf seine historische Aufgabe ein Fragment. Die Möglichkeit, das Moralgesetz mit und nicht gegen unsere Natur zu verwirklichen, erscheint nach der Religionsschrift als unwahrscheinlich und der Glaube an diese Möglichkeit entsprechend als unvernünftig.

Als 'Nebenwirkung' verlieren der moralische Glaube und die Idee des Endzwecks ihr systematisches Gewicht zugunsten des Moralgesetzes. Es wäre zu prüfen, ob die wechselseitige systematische Abhängigkeit zwischen dem Moralgesetz, dem Endzweck und dem moralischen Glauben diese Verschiebung toleriert. Ohne den Endzweck und den moralischen Glauben ist es im Rahmen von Kants Ethik schwer zu verstehen, was uns angesichts unserer Natur zum moralischen Handeln motivieren kann.

Wir können Kant aber uneingeschränkt zugeben, daß die Paradoxie von Kirchenglauben und moralischem Glauben lösbar ist. Es ist, wie Kant vermutet, eine scheinbare Paradoxie. Der Grund dafür ist aber nicht die Gültigkeit der einen und die Ungültigkeit der anderen Proposition. Die Paradoxie besteht nur deshalb scheinbar, weil sie gemessen an dem historischen Anspruch des moralischen Glaubens gar keine Grundlage hat.

Wenn wir den moralischen Gottesbeweis und Kants Überlegungen zur Rolle der Offenbarung in der Religionsschrift interpretierend miteinander verbinden, kann die Paradoxie der Religionsschrift gar nicht auftreten. Dann sind der Glauben an die geoffenbarte Befreiung von Schuld und die Selbstverpflichtung zum moralisch guten Leben kein Gegensatz, sondern ein Komplement.

Dieses Komplement wird von der Idee des höchsten Guts zu einem Ganzen verbunden, das wir uns in Gestalt zweier Maxima vorstellen, als Moralität und Glück. Auf deren Verbindung dürfen wir, wenn der moralische Gottesbeweis stichhaltig ist, hoffen. Ohne die Aussicht auf Glück brauchen wir nicht zu hoffen. Ohne die Mühe um das moralisch gute Leben haben wir nichts zu erhoffen. Mit der Moralität allein hat die Hoffnung aber kein Motiv und keinen Gegenstand. Diese Überzeugung liegt dem moralischen Gottesbeweis zugrunde. In der Religionsschrift tritt sie zugunsten einer zeitgeschichtlich virulenten Kritik an historischen Religionen in den Hintergrund. Die Folge davon ist die vermeintliche Paradoxie der Religionsschrift.

Friedo Ricken

KANON UND ORGANON
RELIGION UND OFFENBARUNG IM 'STREIT DER FAKULTÄTEN'

In der Vorrede zum *Streit der Fakultäten* verteidigt Kant das Anliegen seiner Religionsschrift gegen ein Mißverständnis. Der Titel laute bewußt 'Religion *innerhalb* der Grenzen der bloßen Vernunft' und nicht '*aus* bloßer Vernunft'. Es habe zusammenhängend dargestellt werden sollen, was «im Text der für geoffenbart geglaubten Religion, der Bibel, *auch durch bloße Vernunft* erkannt werden kann» (SF, VII 6,33f.). Worauf es mir ankommt ist der Dualismus, der in dieser Formulierung zum Ausdruck kommt. An anderer Stelle[1] verdeutlicht Kant ihn durch das Bild von zwei konzentrischen Kreisen. Die Offenbarung als der weitere Kreis kann die reine Vernunftreligion als den engeren Kreis in sich enthalten. Thema meines Beitrags ist das Verhältnis von reiner Vernunftreligion und Offenbarung im *Streit der Fakultäten*. Wenn wir von dem angedeuteten Dualismus ausgehen, läßt diese Frage sich folgendermaßen differenzieren: Wie weit reicht der innere Kreis der geoffenbarten Religion, der sich durch bloße Vernunft rekonstruieren[2] läßt? Ist diese Rekonstruktion reduktionistisch? Wie steht es mit der Rationalität des äußeren, nicht durch bloße Vernunft erkennbaren Bereichs?

Ich gehe zunächst auf die Gegenüberstellung der philosophischen und der theologischen Fakultät ein (I). Ein zweiter Schritt befaßt sich mit dem Verhältnis von Kirchenglauben und Religionsglauben (II). Schließlich frage ich in einer kritischen Auswertung, welche Elemente sich aus dem *Streit der Fakultäten* für eine Philosophie der Religion gewinnen lassen (III).

1. Die philosophische und die theologische Fakultät

Die einfachste Formel für den Vergleich der theologischen und der philosophischen Fakultät ist die Unterscheidung zwischen Nützlichkeit und Wahrheit[3]. Die kritische Prüfung der Wahrheitsfrage ist, wie zu zeigen sein wird, ausschließlich Aufgabe der philosophischen Fakultät. Die theologische Fakultät nützt zuerst und vor allem dem Staat. Was sie lehrt, interessiert die Regierung, und zwar deshalb, weil davon ihr Einfluß auf das Volk abhängt. Die Regierung behält sich deshalb das Recht vor, die Lehre der theologischen Fakultät zu sanktionieren. Die Einteilung der drei oberen Fakultäten ergibt sich

[1] Rel., VI 12,12.- Zum philosophie- und theologiegeschichtlichen Hintergrund siehe Max Wundt, *Kant als Metphysiker*, Stuttgart 1924, 441-446; Josef Bohatec, *Die Religionsphilosophie Kants in der «Religion innerhalb der Grenzen der bloßen Vernunft»*, Hamburg 1938, 41-60.

[2] Vgl. Vgl. die Charakterisierung der Aufgabe der Religionsschrift bei Wundt (siehe Anm.1) 436: Nicht «die Begründung der Religion steht zur Erörterung [..], sondern nur das Verhältnis der kritisch, d.h. aus den Bedingungen der Vernunft begründeten Religion zu der geschichtlichen, die sich auf Offenbarung beruft. Es handelt sich nur um eine Anwendung der kritisch gewonnenen Grundgedanken des Systems auf eine besondere geschichtliche Erscheinung.»

[3] SF, VII 28,4f.

aus den Triebfedern, deren sich die Regierung für ihren Einfluß auf das Volk bedienen kann. Die theologische Fakultät dient dem ewigen Wohl, die juristische dem bürgerlichen Wohl und die medizinische Fakultät dem Leibeswohl. Durch die öffentlichen Lehren, die das ewige Wohl betreffen, «kann die Regierung selbst auf das Innere der Gedanken und die verschlossensten Willensmeinungen der Untertanen, jene zu entdecken, diese zu lenken, den größten Einfluß haben» (SF, VII 21,26-22,2.). Die drei oberen Fakultäten richten sich in ihrer Lehre nach Statuten, die von der Willkür eines Oberen gesetzt sind und als solche nicht der Vernunft entspringen. Nur so ist ein Einfluß auf das Volk möglich, weil nur solche Statute schlechthin Gehorsam fordern können. Der (biblische) Theologe schöpft daher seine Lehren nicht aus der Vernunft, sondern aus der Heiligen Schrift. Sobald er mit Hilfe der Vernunft argumentiert, verletzt er die Autorität der durch ihn gebietenden Regierung[4].

Religion ist also ein «höchstwichtiges Staatsbedürfnis» (SF, VII 11,1). Das einzige berechtigte Interesse des Staates an der Religion ist, daß er durch sie «nützliche Bürger, gute Soldaten und überhaupt getreue Untertanen habe» (SF, VII 60,22f.). Die Bibel ist das «große Stiftungs- und Leitungsmittel der bürgerlichen Ordnung und Ruhe» (SF, VII 65,12f.). In «Ansehung der Eintracht und Ruhe des Volkes in einem Staat» muß die Regierung daran ein Interesse haben, daß die Bibel bei allem Wechsel der Meinungen «noch lange Zeit im Ansehen bleiben werde» (SF, VII 68,4-6). Ein durch «öffentliche Autorität sanktionierter Glaube» begründet «zugleich die bürgerliche Konstitution des Volkes» (VSF, XXIII 431,26f.). Die *Vorarbeiten* führen die Religion unter der Rubrik «Polizei» auf (VSF, XXIII 436,19).

Der Abschnitt über den gesetzwidrigen Streit der oberen Fakultäten mit der unteren[5] (d.i. der philosophischen) isoliert das Moment der Nützlichkeit von dem der Wahrheit. Er schildert einen Streit, in dem die Fakultäten ausschließlich dadurch Einfluß auf das Volk zu gewinnen versuchen, daß sie dessen Neigungen befriedigen. Würden die oberen Fakultäten in diesem Streit gewinnen, so wäre die Gesetzlosigkeit die Folge. Ich lese diesen Abschnitt als Kritik Kants an einer reinen, philosophisch nicht reflektierten Offenbarungstheologie. Das Volk geht «zu dem Gelehrten, wie zum Wahrsager und Zauberer [...], der mit übernatürlichen Dingen Bescheid weiß» (SF, VII 30,33f.). Die Geistlichen lehren das Volk, daß der Glaube, der sich an den Buchstaben hält ohne nach dem Sinn zu fragen, heilbringend sei und daß durch bestimmte Riten die Schuld von Verbrechen getilgt werden könne. Die *Vorarbeiten* unterstreichen, daß ein solcher Glaube dem Staat keine Sicherheit gebe, weil er «auf ein Volk welches auf solche Art gläubig zu sein unterichtet ist schlechterdings kein Vertrauen setzen könne» (VSF, XXIII 446,7f.). Die rein positive Theologie ist in der Versuchung, ihr Geschäft als «bloße Lohnkunst» zu treiben (VSF, XXIII 428,30). «Anstatt daß der Theologe zeigen soll wie der Mensch sich der Seligkeit würdig machen solle lehrt er wie er ihrer teilhaft werden könne ohne nach Würdigkeit zu fragen» (VSF, XXIII 427,23-25). Damit wird aber die Theologie des Aberglaubens bezichtigt, denn aller «Glaube an ein Mittel zur Erwerbung der Seligkeit, wenn

[4] SF, VII 22,17-23,22.
[5] SF, VII 29,23-32,12.

er nicht ein an sich durch reine Vernunft bewährtes Mittel ist, uns zu moralisch besseren Menschen zu machen ist Aberglaube» (VSF, XXIII 438,9-11).

Die philosophische Fakultät beansprucht, in allen Bereichen des menschlichen Wissens für die Wahrheitsfrage zuständig zu sein. Damit wird indirekt der theologischen Fakultät jede kritische Rationalität abgesprochen. Kant gliedert die philosophische Fakultät in zwei Departmente, das der historischen und das der reinen Vernunfterkenntnis. Zum historischen gehören u.a. die Geschichtswissenschaft und die empirische Naturwissenschaft. Die philosophische Fakultät erstreckt sich folglich auf alle Teile des menschlichen Wissens. Das bedeutet nicht, daß sie alles Wissen inhaltlich entwickelt und vorträgt; es besagt aber, daß das gesamte apriorische und empirische Wissen der oberen Fakultäten ihrer Kritik unterliegt. «Die philosophische Fakultät kann also alle Lehren in Anspruch nehmen, um ihre Wahrheit der Prüfung zu unterwerfen» (SF, VII 28,28f.)[6]. Die oberen Fakultäten könnten insofern von der Wahrheitsfrage absehen, als sie es mit Statuten zu tun haben, die auf der Willkür der Oberen beruhen. Der positivistische Jurist oder Theologe könnten sich also darauf berufen, daß sie entsprechend der Anordnung des Gesetzgebers bzw. der Kirche handeln. Aber auch so läßt die Wahrheitsfrage und damit die Zuständigkeit der philosophischen Fakultät sich nicht eliminieren. Denn wer sich auf eine Anordnung beruft, muß «durch ein *freies* Urteil» erkennen, «daß ein solcher Befehl wirklich ergangen, imgleichen daß er ihm zu gehorchen verpflichtet oder wenigstens befugt sei» (SF, VII 27,27-29).

Mit folgender Argumentation wird der theologischen Fakultät jegliche Kompetenz in der Wahrheitsfrage abgesprochen[7]: Ihre Lehren sind entweder historisch oder rational oder ästhetisch begründet; in jedem Fall ist es Aufgabe der philosophischen Fakultät, den Wahrheitsanspruch kritisch zu prüfen. Begründet der Theologe seine Lehren durch historische Ereignisse, so sagt ihm die philosophische Fakultät, daß die historische Kritik ihre Aufgabe ist. Versteht die Theologie sich dagegen trotz ihres historischen Gewandes als Vernunftwissenschaft, so ist es Aufgabe der philosophischen Fakultät, «die Vernunftgründe der Gesetzgebung aus dem historischen Vortrag herauszusuchen»(SF, VII 33,4f.). Beruft der Theologe sich auf ein Gefühl, so muß es der philosophischen Fakultät frei stehen, den Ursprung und Gehalt eines solchen Gefühls zu prüfen und «dieses vermeinte Gefühl auf Begriffe zu bringen» (SF,VII 33,14f.).

Die philosophische Fakultät bestreitet, daß die theologische Fakultät für die Schrift, auf welche diese sich für ihre Lehre beruft, zuständig sei. Daß Gott selbst durch die Bibel geredet habe, kann und darf der positive (»biblische») Theologe nicht begründen. Das ist, wie Kant annimmt[8], eine historische Tatsache und damit Gegenstand der philosophischen Fakultät. Die «oberste Auslegerin der Schrift» ist die Vernunft (SF,VII 41,6). Entsteht zwischen dem Theologen und dem Philosophen ein Streit über die Auslegung einer Schriftstelle, so liegt, wegen des moralischen Sinns der Schrift, die Entscheidung beim

[6] Vgl. SF, VII 36,2-5: «folglich den oberen Fakultäten kein Recht verstattet werden kann, ohne daß es der unteren zugleich erlaubt bleibe, ihre Bedenklichkeit über dasselbe an das gelehrte Publikum zu bringen».

[7] SF, VII 32,33-33,15.

[8] SF, VII 23,28-31.

Philosophen[9]. Es ist Sache der Philosophie und nicht der Theologie, die Grundsätze der Schriftauslegung zu bestimmen[10].

Der Vergleich mit der philosophischen Fakultät hat ein äußerst negatives Bild der theologischen Fakultät ergeben. Als Versuch, die Neigung nach dem ewigen Wohl ohne Rücksicht auf die Würdigkeit zu befriedigen, führt die rein positive Theologie zur Gesetzlosigkeit. Dem Sicherheitsbedürfnis des Staates kann sie nur in Verbindung mit einer Metaphysik der Sitten nützlich sein, d.h. wenn «der öffentliche Vortrag der Offenbarungslehren» zugleich einschärft, daß der «statutenmäßige Glaube nicht allein nicht genug sondern schlechterdings gar nichts für die Seligkeit wirke wenn nicht der rein moralische im guten Lebenswandel tätige Glaube die Endabsicht ausmacht» (VSF, XXIII 446,9-13). Die theologische Fakultät verfügt nicht über eigenständige, spezifische Rationalitätsmaßstäbe; nicht sie, sondern nur die philosophische Fakultät kann entscheiden, ob der Wahrheitsanspruch theologischer Lehren berechtigt ist.

2. Religionsglaube und Kirchenglaube

Ich habe oben angedeutet, daß für Kant die christliche Religion kein einheitliches Gebilde ist. Dieser Dualismus ist in den *Vorarbeiten* mit großer Deutlichkeit formuliert:

> «Die christliche Religion ist aus zwey heterogenen Theilen zusammengesetzt deren jeder für sich bestehend den Anderen entbehren könnte. Der erste ist die reine Moral als Lehre Gott zu dienen betrachtet, der Andere die biblische Religion, die im Glauben an Christum sein Verdienst und Mittleramt zwischen Gott und Menschen seine Wunder u. Genugtuung aus welchem Glauben denn auch die Sittlichkeit selbst wunderthätig hervorgehen soll — Beyde zusammen schmeltzen bringt ein bastardartiges Product hervor (religio hybrida) Denn es sind in der That zweierlei Religionen. Aber die eine zum Vehikel der Anderen doch ohne Glaubenszwang zu machen verletzt die Einheit nicht» (VSF, XXIII 432,34-433,8).

Der Text stellt zwei Formen der Religion einander gegenüber. Der Unterscheidungsgesichtspunkt ist hier kein formaler — was durch die bloße Vernunft erkannt werden kann und was nicht —, sondern ein inhaltlicher. Wir dürfen für die Interpretation den Schluß der Religionsschrift heranziehen, wo Kant zwischen dem Weg von der Begnadigung zur Tugend und dem von der Tugend zur Begnadigung unterscheidet[11]. Die biblische Religion wird an unserer Stelle als Weg von der Begnadigung zur Tugend charakterisiert. Es geht also nicht nur um zwei heterogene Teile, deren jeder ohne den anderen bestehen kann, sondern um zwei Wege, die einander ausschließen. Kant spricht dann von zwei Möglichkeiten, wie die beiden Teile miteinander verbunden werden könnten. Die eine ist die «Vermengung» (SF, VII 37,24) der heterogenen Teile, welche eine «religio hybrida» hervorbringt. Sie besteht darin, daß beiden Teilen dieselbe Verbindlichkeit zugesprochen wird. Ein solcher Bastard ist die Lehre der theologischen Fakultät. Sie unterscheidet nicht

[9] SF, VII 38,14-17; VII 24,5-7: «Den Sprüchen der Schrift einen mit dem Ausdruck nicht genau zusammentreffenden, sondern etwa einen moralischen Sinn unterzulegen, kann er [der biblische Theologe] auch nicht befugt sein».

[10] SF, VII 38,17-24.

[11] Rel. VI 202,3f.

zwischen dem Geschichtsglauben an das Verdienst Christi und dem Vernunftglauben, der den Weg von der Tugend zur Begnadigung vorschreibt. «Die biblisch-theologische Fakultät dringt nun darauf [auf den Geschichtsglauben] als göttliche Offenbarung in gleichem Maße, als wenn der Glaube desselben zur Religion gehörte. Die philosophische aber widerstreitet jener in Ansehung dieser Vermengung» (SF, VII 37,19-24). Der Bastardreligion stellt Kant eine Einheit gegenüber, die den Unterschied der beiden Bestandteile wahren soll: Die biblische Religion solle als «Vehikel» des reinen Vernunftglaubens dienen; als solches dürfe sie aber keinerlei Verbindlichkeit beanspruchen. Aber wie ist es möglich, zwei inkompatible Bestandteile in der Einheit von Mittel und Zweck miteinander zu verbinden?

Versuchen wir zunächst, die beiden heterogenen Teile der christlichen Religion genauer zu charakterisieren. Kant bedient sich der Gegensätze 'zufällig-notwendig', 'empirisch-rational', 'Gewalt-Freiheit'. Dem Kirchenglauben, der «auf Gesetzen beruht, die aus der Willkür eines anderen ausfließen», steht der Religionsglaube gegenüber, «der auf inneren Gesetzen beruht, die sich aus jedes Menschen eigener Vernunft entwickeln lassen» (VII 36,12-16). Religion unterscheidet sich nicht inhaltlich, sondern nur formal von Moral; sie ist der Inbegriff «aller unserer Pflichten überhaupt als göttlicher Gebote». Der formale Unterschied besteht in der Betrachtung der Pflichten *als* göttlicher Gebote. Diese Betrachtungsweise entspringt der Gesetzgebung der reinen praktischen Vernunft. Sie erzeugt aus ihrer Gesetzgebung die Idee von Gott, um durch sie dem Sittengesetz «auf den menschlichen Willen zur Erfüllung aller seiner Pflichten Einfluß zu geben» (SF, VII 36,18-26). Aufgrund der materialen Identität mit dem Sittengesetz teilt die Religion mit diesem die Merkmale der Notwendigkeit, Allgemeinheit und Einzigkeit und die Gewißheit seiner Erkenntnis.

> «Glaubenssätze, welche zugleich als göttliche Gebote gedacht werden sollen, sind entweder bloß *statuarisch*, mithin für uns zufällig und Offenbarungslehren, oder *moralisch*, mithin mit dem Bewußtsein ihrer Notwendigkeit verbunden und a priori erkennbar, d.i. *Vernunftlehren* des Glaubens.» (SF, VII 49,25-29)

Der «reine Religionsglaube» hat «rechtmäßigen Anspruch auf Allgemeingültigkeit» (SF, VII 50,1f.). Der Begriff der Religion erfordert «Allgemeinheit und Einheit der wesentlichen Glaubensmaximen» (SF, VII 52,8f.). Die Vernunft hat die Aufgabe, «*Allgemeinheit, Einheit* und *Notwendigkeit* der Glaubenslehren» aufzuzeigen, «die das Wesentliche einer Religion überhaupt ausmachen, welches im Moralisch-Paktischen [...] besteht» (SF, VII 8,36-9,1). «Es ist nur eine Religion»(VSF, XXIII 431,1). «Was zur Religion gezählt soll muß ganz gewiß seyn mithin kann es nur in moralischen Grundsätzen bestehen denn ich muß vor meinem Gewissen es verantworten» (VSF, XXIII 436,29-32). «Religion (als auf moralische Begriffe gegründet) [muß] für sich vollständig und zweifelsfrei sein» (SF, VII 44,19f.). Der Fehler des Kirchenglaubens besteht darin, seine Statute für wesentliche Stücke der Religion zu halten, «mithin den Empirism in Glaubenssachen dem Rationalism unterzuschieben, und so das bloß Zufällige für an sich notwendig auszugeben» (SF, VII 50,6-8). Der reine Religionsglaube ist «mit dem Bewußtsein der Freiheit verbunden», während der «Kirchenglaube über die Gewissen Gewalt ausübt» (SF, VII 51,12f.).

Die Relation, welche die beiden heterogenen Bestandteile der christlichen Religion zu einer Einheit verbinden soll, ohne daß dadurch deren Verschiedenheit aufgehoben wird, ist die von Mittel und Zweck. Der geoffenbarte Glaube bzw. die biblische Theologie ist

«Vehikel» oder «Organon» des reinen Religionsglaubens. Kants Antwort auf die Frage, wie die biblische Theologie rational sein könne, lautet: Sie kann es nur, wenn sie sich als «Organon» des reinen Religionsglaubens versteht, das nach diesem als seinem «Kanon» zu beurteilen ist[12]. Die wohl ausführlichste und genauste Formulierung dieses Zusammenhangs im *Streit der Fakultäten* ist die Definition von 'Glaubenssatz':

> «Unter Glaubenssätzen versteht man nicht, was geglaubt werden soll (denn das Glauben verstattet keinen Imperativ), sondern das, was in praktischer (moralischer) Absicht anzunehmen möglich und zweckmäßig, obgleich eben nicht erweislich ist, mithin nur geglaubt werden kann. Nehme ich das Glauben ohne diese moralische Rücksicht, bloß in der Bedeutung eines theoretischen Fürwahrhaltens [...] zu einem Prinzip an, so ist ein solcher Glaube, weil er weder einen besseren Menschen macht noch einen solchen beweiset, gar kein Stück der *Religion*; ward er aber nur als durch Furcht und Hoffnung aufgedrungen in der Seele erkünstelt, so ist er der Aufrichtigkeit, mithin auch der Religion zuwider.» (SF, VII 42,3-15)

Das Zitat nennt drei Forderungen, denen ein Glaubensatz, der den Anspruch erhebt, zur Religion zu gehören, entsprechen muß. Erstens darf sein Inhalt dem moralischen Gesetz nicht widersprechen. Er muß zweitens einem Leben nach dem Sittengesetz förderlich sein. Kant betont drittens, daß ein solcher Glaube nicht vorgeschrieben werden kann. Damit wendet er sich gegen einen Glauben, der «über die Gewissen Gewalt ausübt» (SF, VII 51,13). Das Vehikel muß ohne «Glaubenszwang» (VSF, XXIII 433,7f.) angenommen werden. «Daß aber ein Geschichtsglaube Pflicht sei und zur Seligkeit gehöre, ist Aberglaube» (SF, VII 65,24f.). Während der reine Vernunftglaube zum Gegenstand hat, was wir tun sollen, kann davon, daß wir auf historische Beweisgründe hin Offenbarungslehren glauben *sollen*, nicht die Rede sein[13].

Werfen wir einen Blick darauf, welche Funktionen Kant dem Vehikel im einzelnen zuschreibt. Es dient dazu, «den *theoretischen* Mangel des reinen Vernunftglaubens, den dieser nicht ableugnet, [...] zu ergänzen». Aber dieses theoretischen Ergänzung kommt keinerlei Allgemeingültigkeit zu. Wodurch dieses «Vernunftbedürfnis» befriedigt wird, ist nach Personen und Zeiten verschieden (SF, VII 9,5-11). Wie sehr das Vehikel zeitgebunden ist, wird daraus deutlich, daß es an sich irrige, aber zu einer bestimmten Zeit gängige Auffassungen aufnimmt, sofern sie nicht wesentlich gegen die Religion verstoßen, um einen Konflikt mit dem Weltbild einer bestimmten Zeit nach Möglichkeit zu vermeiden. Oder es bedient sich, wie z.B. bei der typologischen Auslegung des Alten Testaments durch Autoren des Neuen Testaments, der Vorliebe eines Volkes für dessen alten Kirchenglauben, um einen neuen einzführen[14]. Die statuarischen Lehren des Organon haben einen psychologische Funktion: Sie sind «Formen der Vorstellungsart des göttlichen Willens, um ihm Einfluß auf die Gemüter zu verschaffen» (SF, VII 36,30f). Diese «Form» der Aufnahme in die praktische Gesinnung ist von der «Materie» der Offenbarung, ihrem «inneren moralischen Gehalt» zu unterscheiden (SF, VII 50,25-27).

Die Zweck-Mittel-Beziehung erlaubt eine kritische Bewertung der verschiedenen Formen des Kirchenglaubens. Kant wendet sich gegen die Synkretisten, «die durch Zusammenschmelzung verschiedener Glaubensarten allen genug zu tun meinen». In der

[12] VSF, XXIII 433,7f.; SF, VII 36,32-37,5.
[13] SF, VII 9,1-3.
[14] SF, VII 37,26-38,3.

synkretistischen Auffassung, ein Kirchenglaube sei so gut wie der andere, sieht er «die äußerste Geringschätzung der Religion». Denn wie das Vehikel der Religion beschaffen sei, sei für diese keine gleichgültige Sache. Das Vehikel kann der Religion mehr oder weniger entsprechen. Dem Synkretismus ist ein echter Ökumenismus zwischen aufgeklärten Katholiken und Protestanten entgegenzustellen, die einander als Glaubensbrüder ansehen, «ohne sich jedoch zu vermengen». Ihr Anliegen ist, «die Förmlichkeiten des Glaubens [...] der Würde ihres Zwecks, nämlich der Religion selbst» näher zu bringen (SF, VII 51,25-52,23).

Das Organon schlechthin der Vernunftreligion ist die Bibel. Sie qualifiziert sich dazu durch den Einfluß, den sie seit jeher auf das Herz der Menschen ausgeübt hat, d.h. durch ihre einzigartige Fähigkeit, die moralischen Triebfedern zu erwecken. Weil sie unübertroffenes Organ der reinen Religion ist, ist es berechtigt und sogar notwendig, sie als Leitfaden des Kirchenglaubens zu benutzen.[15]

Wiederholt ist bisher das Wort 'Offenbarung' gebraucht worden, ohne daß der Begriff geklärt wurde. Das ist jetzt nachzuholen. Die leitende Frage dabei ist, was sich aus diesem Begriff für das Verhältnis von Kanon und Organon ergibt. Die Vorrede zur zweiten Auflage der Religionsschrift stellt die Offenbarung als «*historisches System*» dem «reinen *Vernunftsystem* der Religion» gegenüber (Rel. VI 12,18-21). Entsprechend ordnet Kant im dritten Stück der Religionsschrift der Offenbarung den historischen Glauben zu, den er mit dem Kirchenglauben gleichsetzt und vom reinen Religionsglauben unterscheidet[16]. Dieser Offenbarungsbegriff findet sich auch im *Streit der Fakultäten.* Die Offenbarung ist der Inbegriff der «statuarische[n] Lehren, die nicht aus der Vernunft entspringen können, d.i. verschiedene Formen der Vorstellungsart des göttlichen Willens» (SF, VII 36,28-31).

Aber hier deutet sich bereits eine Differenzierung des Begriffs an, indem zwischen dem göttlichen Willen und seiner Vorstellungsart unterschieden wird. Kant bedient sich für diese Unterscheidung der Begriffe Materie und Form: Materie der Offenbarung ist das Sittengesetz, Form das Vehikel seiner Aufnahme in die sittliche Gesinnung[17]. Für die Interpretation ist die Vorrede zur zweiten Auflage der Religionsschrift hilfreich. Kant vergleicht dort Offenbarung und Vernunftreligion mit zwei konzentrischen Kreisen. Die Offenbarung als der weitere Kreis *könne* die reine Vernunftreligion als engeren Kreis in sich begreifen, aber nicht umgekehrt. Ob dies der Fall ist, können wir dadurch feststellen, daß wir «die Offenbarung, *als historisches System*, an moralische Begriffe bloß fragmentarisch halten und sehen, ob dieses nicht zu demselben reinen *Vernunftsystem* der Religion zurück führe» (Rel., VI 12,18-21). Trifft das, wie beim Christentum, zu, so ist die betreffende Religion objektiv gesehen eine natürliche Religion, obwohl sie durch eine Offenbarung als historischem System eingeführt wurde und deshalb subjektiv gesehen eine geoffenbarte Religion ist[18].

15 SF, VII 64,27-34; VSF, XXIII 453,11-20; vgl. SF, VII 68,21-24.

16 *Die Religion* VI 104,13-19; 105,8-11.

17 SF, VII 50,24-27.

18 Rel., VI 155,30-156,9.

Aber ist auch eine sowohl subjektiv als auch objektiv ausschließlich in einer historischen Offenbarung begründete Religion denkbar? Diese Möglichkeit schließt Kant aufgrund seines Religionsbegriffs und aufgrund des Begriffs der Offenbarung aus. Religion, die auschließlich aus einem historischen System bestände, wäre für ihn eine contradictio in terminis, und zwar deshalb, weil der Begriff der Religion ein reiner Vernunftbegriff ist. Es kann nach Kant keine geoffenbarte Religion geben, die nicht wenigstens gewisse Prinzipien der natürlichen enthält[19]. Die Widersprüchlichkeit einer Offenbarung ohne natürliche Religion läßt sich jedoch bereits am Begriff der Offenbarung aufweisen. Offenbarung wird notwendig als göttliche Offenbarung verstanden. Das aber erfordert, die historische Überlieferung «nicht bloß nach Grundsätzen der Geschichtslehren [...] theoretisch, sondern nach Vernunftbegriffen praktisch» auszulegen; «denn daß eine Offenbarung göttlich sei, kann nie durch Kennzeichen, welche die Erfahrung an die Hand gibt, eingesehen werden» (SF, VII 46,14-21). Jede Offenbarung muß sich der Kritik der Vernunftreligion unterwerfen. Erst die Vernunftreligion kann sie überhaupt als Offenbarung ausweisen. Das bloß Historische in ihr muß im Licht der praktischen Prinzipien gelesen und entsprechend seiner Tauglichkeit als Mittel für den praktischen Zweck bewertet werden; die Form der Offenbarung muß sich an deren Materie bewähren.

Man kann fragen, wie hoch Kant die subjektive Bedeutung der Offenbarung einschätzt. Es wäre denkbar, daß bestimmte geschichtliche Ereignisse, was den subjektiven Erkenntnisvorgang im Unterschied zur Begründung angeht, notwendige Bedingung sind, um zur Erkenntnis des Sittengesetzes zu kommen[20]. Die These würde dann lauten, daß nicht nur, unter der Rücksicht der Geltung, jede geoffenbarte Religion eine natürliche Religion ist, sondern daß auch, unter der Rücksicht der Genese, jede natürliche Religion eine geoffenbarte Religion. Dem würde Kant nicht zustimmen. Der Offenbarung kommt nur eine eingeschränkte subjektive Bedeutung zu. Die Menschen hätten «durch den bloßen Gebrauch ihrer Vernunft» auf die natürliche Religion «*kommen können* und *sollen*, ob sie zwar nicht so früh, oder in so weiter Ausbreitung, als verlangt wird, auf dieselbe gekommen sein *würden*»[21].

Das beste Beispiel für die skizzierten Zusammenhänge ist wiederum die Bibel, die Urkunde einer Offenbarung schlechthin. Sie verdient aufbewahrt und benutzt zu werden «*gleich als ob sie eine göttliche Offenbarung wäre*». Als solche ist sie ausgewiesen durch ihren mit der Vernunftreligion übereinstimmenden moralischen Inhalt und durch ihren Einfluß auf die moralischen Triebfedern. Ihre menschlichen Geschichtserzählungen müssen «im Zusammenhang des Ganzen [...] verständlich gemacht», d.h. auf die Göttlichkeit ihres moralischen Inhalts hin interpretiert werden (SF, VII 64,27-65,7). Die Bibel ist ein «Mittel der Einführung» der Vernunftreligion unter Menschen. Sie ist den moralischen Vorschriften der Vernunft «in Ansehung ihrer öffentlichen Ausbreitung und inniglicher Belebung förderlich». Deshalb kann sie als «Vehikel» zur Religion gezählt

[19] Rel. VI 156,9-25.

[20] Diese Möglichkeit formuliert Kant in seinem Brief an Fichte vom 2. Februar 1792: «weil man annehmen kann, daß, ob es gleich möglich ist, sie, wenn sie einmal da sind, auch durch die Vernunft einzusehen, ohne Offenbarung aber die Vernunft doch nicht von selbst darauf gekommen sein würde, diese Artikel zu *introduciren*» (XI 321,21-25).

[21] Rel., VI 155,32-34; vgl.KU, V 472,32-37.

werden, und als solches mag sie «auch für übernatürliche Offenbarung angenommen werden» (SF, VII 44,21-45,5).

Kehren wir zum Streit zwischen den Philosophen und den Theologen zurück, und fragen wir, welches Territorium der Friedensvertrag zwischen den beiden Fakultäten der Theologie beläßt. Ich möchte zunächst nochmals auf Kants entscheidenden Vorwurf gegen die theologische Fakultät eingehen. Er gipfelt darin, daß sie an die Stelle der Religion die Superstition oder das Heidentum setzt. Religion und Heidentum sind einander ausschließende Begriffe. «Religion ist derjenige Glaube, der das *Wesentliche* aller Verehrung Gottes in der Moralität des Menschen setzt; Heidentum, der es nicht darin setzt» (SF, VII 49,18-20). Eine Form des Heidentums besteht darin, daß der Glaube etwas anderes als die sittliche Gesinnung des Menschen zum Bestandteil der Religion macht. «Gott verehren als Idee ist Religion aber als Idol durch cultus, der nicht auf uns selbst sondern auf ihn gerichtet ist, ist Superstition.» (VSF, XXIII 433,9f.). Die Unterscheidung zwischen Kanon und Organon hat gezeigt, daß der historische Glaube durchaus eine Funktion für die Religion hat. Weil aber die biblisch-theologische Fakultät diese Unterscheidung nicht beachtet und dem Vehikel des Geschichtsglauben denselben unbedingten Wert beilegt wie dem Sittengesetz, pervertiert sie die Religion in Superstition (SF, VII 37,20-23). In diesem Zusammenhang findet sich ein versteckter, aber fundamentaler Angriff auf die Paulinische Lehre, daß das sittlich gute Handeln eine Frucht der Rechtfertigung aus dem Glauben ist. Kant insistiert darauf, daß die Tugend ihre Wurzel nicht in einem biblischen Glauben haben könne, sondern daß sie ihre eigene Wurzel haben müsse. Es sei Heidentum, an Sätze zu glauben, von denen

> «die Vernunft nichts sagt, und welche zu bekennen [...] der schlechteste und nichtwürdigste Mensch in eben demselben Grad tauglich ist als der beste [...]: sie mögen auch einen noch so großen Nachtrab von Tugenden, als die aus der wundervollen Kraft der ersteren entsprängen (mithin ihre eigene Wurzel nicht haben), anhängen, als sie immer wollen» (SF, VII 51,2-7).

Zur Unterscheidung zwischen Kanon und Organon ist nur die philosophische Fakultät imstande. Sie allein kann die statuarischen Lehren in ihrer Tauglichkeit als Mittel für die moralische Gesinnung beurteilen. Was «die dazu hinwirkende Mittel betrifft diese sittlichgute (Gott wohlgefällige) Verfassung durch das was die Erfahrung in der biblischen Geschichte bisher als das kräftigste bewährt gefunden hat auszufinden und darzulegen [so gehört das] als historisches Erkenntnis zur philosophischen Fakultät» (VSF, XXIII 452,8-12). Der einzige Existenzgrund der theologischen Fakultät ist das Interesse des Staates an einem statuarischen Glauben. «Denn statuarische Vorschriften der Regierung in Ansehung der öffentlich vorzutragenden Lehren werden immer sein müssen» (SF, VII 33,26-28). Der theologischen Fakultät bleibt so nur die Aufgabe, ihre Schüler für die Belehrung des Volkes im statuarischen Glauben auszubilden[22]. Jede kritische Kompetenz wird ihr abgesprochen. Kant fordert, der Kirchenglaube solle in den Religionsglauben übergehen. Als dessen Vehikel sei er an sich veränderlich und müsse «einer allmählichen Reinigung bis zur Kongruenz mit dem letzteren fähig bleiben» (SF, VII 42,25f.). Die *Vorarbeiten* bringen eine pragmatische Überlegung: Beim jetzigen Stand der Dinge könne

[22] VSF, XXIII 452,3f.

das Vehikel nicht im öffentlichen Vortrag angefochten werden. Dem müßte eine gewaltsame Revolution vorausgehen, deren Ausgang ungewiß sei. So sei es das Vernünftigste, eine Reform zu versuchen: das Moralische einer Schriftstelle herauszuheben und das Historische auf sich beruhen zu lassen[23].

In einer unveröffentlichten Vorarbeit zum *Streit der Fakultäten* heißt es: «Die unterste Fakultät muß einmal die oberste werden, d.h. alles der Gesetzgebung der Vernunft unterwerfen»[24]. Ziel der Entwicklung muß es sein, daß die Beurteilung der statuarischen Vorschriften der Regierung und die Beratung der Machthabenden ausschließlich der philosophischen Fakultät übertragen wird, weil die Regierung «in der Freiheit der philosophischen Fakultät und der ihr daraus erwachsenden Einsicht, besser als in ihrer eigenen absoluten Autorität, Mittel zur Erreichung ihrer Zwecke antreffen würde» (SF, VII 35,24-27). Damit wäre aber die theologische Fakultät allenfalls noch ein Vollzugsorgan der philosophischen.

Meine Interpretation hat die Dominanz des reinen Vernunftglaubens gegenüber dem Kirchenglauben betont. Er ist der Maßstab, anhand dessen zu entscheiden ist, was von der historischen Offenbarung als Vehikel brauchbar ist. Der *Streit der Fakultäten* zeichnet ein rationalistisches Bild der Religion. Er unterstreicht die Gefahr, daß das Vehikel sich verselbständigen und damit Gegenstand der Superstition werden könne. Damit setze ich einen anderen Akzent als die Interpretationen der Kantischen Religionsphilosophie, welche die positive Bedeutung und die grundsätzliche Unentbehrlichkeit des Vehikels betonen. Als Beispiel seien Wilhelm Dilthey und Ernst Troeltsch genannt. Beide berufen sich vor allem auf die Aussagen der Religionsschrift über den Schematismus der Analogie. Wir «bedürfen, um uns übersinnliche Beschaffenheiten faßlich zu machen, immer einer gewissen Analogie mit Naturwesen [...] Das ist der *Schematism der Analogie* (zur Erläuterung), den wir nicht entbehren können» (Rel., VI 65,6-20). Nach Dilthey eröffnet Kants Werk «einen tieferen Einblick in die Struktur des Christentums als irgendein anderes der Aufklärungszeit, ja es tritt nach rückwärts allein mit Pascal in Verhältnis wie nach vorwärts mit Schleiermacher»[25]. Die Religion, so Troeltsch, habe nach Kant «rationale Notwendigkeit, aber nie rein rationale, von aller Sinnlichkeit und psychologischen Intensivierung unabhängige Wirklichkeit. Sie bedarf des anthropomorphen Bildes oder Schematismus der Analogie oder des versinnlichenden Symbols, durch welche sie erst mitteilungsfähig, motivationskräftig, organisatorisch und belebend wird»[26]. Der rein formale Rationalismus enthalte überall «die Voraussetzung einer gemeinsamen verborgenen Wurzel des Rationalen und Empirischen»[27]. *Der Streit der Fakultäten* enthält Hinweise, die eine solche Interpretation stützen, z.B. die Unterscheidung von Materie und Form, die Forderung, das Vehikel müsse der Vernunftreligion entsprechen und die Aussagen über die Bibel als Werk der Vorsehung und ihre Wirkung auf das Herz der

[23] VSF, XXIII 431,9-18.

[24] Bayrische Staatsbibliothek, Kantiana, Hagen 23. Siehe Reinhardt Brandt, Zum «*Streit der Fakultäten*», in: Reinhardt Brandt/Werner Stark (Hg.), *Kant-Forschungen* Bd. 1, Hamburg 1987, 31-78.

[25] Wilhelm Dilthey, *Der Streit Kants mit der Censur über das Recht freier Religionsforschung*, in: AGPh 3 (1890) 418-450; 433.

[26] Ernst Troeltsch, *Das Historische in Kants Religionsphilosophie*, in: Kantstudien 9 (1904) 21-154; 140.

[27] Troeltsch (siehe Anm.26) 146.

Menschen[28]. Aber ihnen steht das Wort von den zwei «heterogenen Teilen» des Christentums (VSF, XXIII 432,34) entgegen. Aber selbst wenn man diese Interpretation akzeptiert, ist die anfangs gestellte Frage nach der Rationalität des äußeren Kreises der Offenbarung negativ zu beantworten. Er ist nicht der Vernunft, sondern ausschließlich der Vorstellung zuzuordnen. Das «Historische dient nur zur Illustration nicht zur Demonstration»[29].

3. Elemente einer Philosophie der Religion

Welche Bausteine für eine Religionsphilosophie lassen sich aus dem *Streit der Fakultäten* gewinnen? Bevor ich einige kritische Fragen an Kant stelle, möchte ich vier Punkte nennen, in denen ich ihm zustimme.

(1.) Kant stellt in aller Eindringlichkeit die Frage nach der Rationalität des Kirchenglaubens und der Theologie. Rationalitätsbegriffe zu entwickeln ist Aufgabe der Philosophie, und insofern ist Kant zuzustimmen, daß die philosophische Fakultät dazu dient, die theologische zu «kontrollieren» (SF, VII 28,3). Der Glaube muß sittlich verantwortet werden können. Dazu muß der Mensch «durch ein *freies* Urteil erkennen», daß er «verpflichtet oder wenigtens befugt sei» zu glauben (SF, VII 27,27-30). Eine andere Frage ist, ob der im *Streit der Fakultäten* entwickelte Rationalitätsbegriff dem Kirchenglauben gerecht wird.

(2.) Kant betont den notwendigen Zusammenhang zwischen Glauben und Handeln. Alles «kommt in der Religion aufs *Tun* an» (SF,VII 41,36f.). Dadurch grenzt er die Religion von jeder Form des Aberglaubens und der Magie ab. Der religiöse Glaube darf nicht zu einem «faulen Vertrauen» (Rel., VI 161,7.) führen; er muß sich vielmehr im Handeln bewähren. Dabei muß zunächst offenbleiben, wie der notwendige Zusammenhang zwischen Religion und Tun näher zu bestimmen ist und ob tatsächlich «das *Wesentliche* aller Verehrung Gottes» in die «Moralität des Menschen» zu setzen ist (SF, VII 49,18f.).

(3.) Die «Moral kann zwar mit ihrer Regel, aber nicht mit der Endabsicht, welche eben dieselbe auferlegt, ohne Theologie bestehen, ohne die Vernunft in Ansehung der letzteren im Bloßen zu lassen» (KU, V 485,4-7). Ohne die Frage zu entscheiden, ob die Ethik der einzige Zugang zum Gottesbegriff sei, kann man jedenfalls behaupten, daß die Moralphilosophie ohne Theologie ein Torso bleibt. Wir haben ein natürliches Bedürfnis nach einem Endzweck unseres Handelns, der vor der Vernunft gerechtfertigt werden kann. Erst dadurch, daß wir einen Sinn des sittlichen Handelns erkennen, gewinnt unsere sittliche Entscheidung ihre volle Kraft[30].

(4.) Kant nennt ein notwendiges, wenn auch nicht hinreichendes Kriterium für die Rationalität eines Kirchenglaubens: die Vereinbarkeit mit den moralischen Normen. Conditio sine qua non dafür, daß eine Offenbarung göttlich sei, «ist immer die Überein-

[28] SF, VII 64,15-65,7.
[29] VSF, XXIII 437,37.
[30] Rel., VI 5,15-19.

stimmung mit dem, was die Vernunft für Gott anständig erklärt» (SF, VII 46,22f.). Schriftstellen, welche Sätze enthalten, die der praktischen Vernunft widersprechen, müssen zum Vorteil der praktischen Vernunft ausgelegt werden[31]. Er gibt ein negatives Kriterium für die Beurteilung von Visionen und Auditionen: Wenn das, was durch sie geboten wird, gegen das moralische Gesetz verstößt, «so mag die Erscheinung ihm noch so majestätisch, und die ganze Natur überschreitend dünken: er muß sie doch für Täuschung halten» (SF, VII 63,15-18). Die Gewißheit des Offenbarungsglaubens ist immer geringer als die des sittlichen Urteils:

> «Die Offenbarung ist ihm doch nur durch Menschen zugekommen, und von diesen ausgelegt, und schiene sie ihm auch von Gott selbst gekommen zu sein (wie der an Abraham ergangene Befehl, seinen eigenen Sohn wie ein Schaf zu schlachten), so ist es wenigstens doch möglich, daß hier Irrtum vorwalte. Alsdann aber würde er es auf die Gefahr wagen, etwas zu tun, was höchst unrecht sein würde, und hierin eben handelt er gewissenlos.»[32]

Für meine Kritik möchte ich ausgehen von drei für die Religionsphilosophie des *Streits der Fakultäten* charakteristischen Merkmalen. Das ist erstens der rationalistische Religionsbegriff, zweitens der Dualismus von Religionsglaube und Offenbarungsglaube und drittens die Zweck-Mittel-Beziehung zwischen beiden. Alle drei ergeben sich aus Kants Konzeption des Verhältnisses von Religion und Moralität, das wohl am prägnantesten in dem Satz formuliert ist, Religion «sei derjenige Glaube, der das *Wesentliche* aller Verehrung Gottes in der Moralität des Menschen setzt». Ein Glaube, der etwas anderes als die Gesinnung eines sittlichen Lebenswandels zum «Religionsstück» macht, ist nach Kant bereits eine Form des Heidentums (SF VII 49,18-24). Alle drei Charakteristika bringen notwendig eine Abwertung der historischen Elemente einer Religion mit sich: Im Bereich der Geschichte haben wir es weder mit apriorischen noch mit präskriptiven Aussagen zu tun.

Eine Kritik an Kants Ansatz muß versuchen, das Verhältnis von Religion und Moral anders zu gewichten, ohne dabei deren notwendigen Zusammenhang aufzugeben. Sie steht dabei vor der schwierigen Aufgabe, einen Begriff der Religion zu entwickeln und zu rechtfertigen. Weil ich darauf nicht eingehen kann, ist das Folgende nicht mehr als eine grobe These. Ich sehe das Wesentliche der jüdisch-christlichen Religion in einem bedingungslosen Vertrauen, wie es z.B. in Ps 23, Ps 91 oder in Rm 8 formuliert ist. Ist dieses unbedingte Vertrauen lediglich ein Mittel, um das moralische Gesetz zu erfüllen? Es ist sicher die Voraussetzung allen sittlichen Handelns, und es muß sich durch das sittliche Handeln ausweisen, aber darin erschöpft es sich nicht. Wir haben es hier nicht nur mit der Einstellung zur sittlichen Norm zu tun, sondern mit der umfassenden Einstellung, die ich zu meinem eigenen Leben und zur Welt als ganzer einnehme. Dieses Vertrauen ist der Grundakt meines bewußten Lebens, aus dem dann auch das sittliche Handeln entspringt. Es ist mein Selbstverhältnis und mein Weltverhältnis.

Wie steht es mit der Rationalität dieses unbedingten Vertrauen? Welche Funktion haben hier Vernunftglaube und geschichtlicher Offenbarungsglaube? Eine letzte Einstellung zur Welt ist ein Horizont, von dem her alles andere gesehen und interpretiert wird und der

[31] SF, VII 38,28-32.

[32] Rel., VI 187,4-10; vgl. SF, VII 63,32-38.

deshalb letztlich nur einer pragmatischen Rechtfertigung fähig ist. Die entscheidende Legitimation der umfassenden Sinnvoraussetzung besteht darin, daß sie sich im sittlichen Handeln bewährt. Die Trennungslinie zwischen einem Vernunftglauben und einem historischen Offenbarungsglauben kann nicht so scharf gezogen werden, wie Kant das tut. Es ist Kant zuzustimmen, daß die Frage nach dem Sinn und der Sinnlosigkeit des Handelns sich unvermeidlich aufdrängt, sobald der Mensch über Recht und Unrecht zu reflektieren beginnt[33]. Das Phänomen des Sittlichen ist der ursprüngliche und zentrale Zugang zum unbedingten Vertrauen, auf den kein Offenbarungsglaube verzichten kann. Die Aufgabe des Offenbarungsglaubens oder genauer der Offenbarungstheologie besteht darin, diesen Ansatz zu einer umfassenden Sicht des menschlichen Lebens, der Welt und der Geschichte zu entfalten, um auf diese Weise das unbedingte Vertrauen zu rechtfertigen. Sie ordnet das moralische Sinnpostulat in eine Gesamtsicht ein und befreit es so aus seiner Isolierung. Damit erweist die Offenbarungstheologie sich als notwendige Ergänzung und als Bestätigung der moralischen Theologie. Für ihre Rationalität möchte ich drei Kriterien nennen: erstens die Tatsache, daß sie die für die Vernunft unausweichliche moralische Sinnfrage weiterführt, zweitens der Grad der inneren Kohärenz und drittens die Fähigkeit, vor allem negative anthropologische Grundphänomene, z.B. erlittenes Unrecht, Leid, Schuld, Krankheit, Tod, als sinnvoll zu deuten.

Finden sich bei Kant Hinweise, daß der Dualismus von Religionsglaube und Geschichtsglaube in der hier angedeuteten Richtung überwunden werden kann? Eine Stelle in der Vorrede zum *Streit der Fakultäten* kann so gelesen werden, daß der Offenbarungsglaube eine Ergänzung des Vernunftglaubens ist. Er ergänze «den *theoretischen* Mangel des reinen Vernunftglaubens» und trage so, wenn auch relativ auf die jeweiligen Zeitumstände und Personen, zur «Befriedigung eines Vernunftbedürfnisses» bei (SF VII 9,5-11).

Ansetzen könnte man auch bei der Definition des Glaubens in der *Kritik der Urteilskraft*:

> «*Glaube* (als Habitus, nicht als Actus) ist die moralische Denkungsart der Vernunft im Fürwahrhalten desjenigen, was für das theoretische Erkenntnis unzugänglich ist. Es ist also der beharrliche Grundsatz des Gemüts, das, was zur Möglichkeit des höchsten moralischen Endzwecks als Bedingung vorauszusetzen notwendig ist, wegen der Verbindlichkeit zu demselben als wahr anzunehmen; ob zwar die Möglichkeit desselben, aber eben so wohl auch die Unmöglichkeit, von uns nicht eingesehen werden kann.» (KU, V 471,3-472,3)

Die Stelle nennt zwei Bedingungen für die Vernünftigkeit eines Glaubens: Erstens muß der geglaubte Sachverhalt eine notwendige Beziehung zum höchsten moralischen Endzweck haben, und zweitens darf er nicht als unmöglich erkannt werden können. Ob auch ein Offenbarungsglauben dieser Rationalitätsforderung entspricht, hängt davon ab, wie die erste Bedingung interpretiert wird. Wie ist die Beziehung eines geglaubten Sachverhalts zum moralischen Endzweck genauer zu bestimmen? Wie schwach darf der Notwendigkeitsbegriff sein? Muß der geglaubte Sachverhalt tatsächlich eine notwendige Bedingung zu Erreichung des moralischen Endzwecks sein, oder genügt eine hinreichende Bedingung? Reicht der reine Vernunftglaube aus, um alle «Hindernis[se] der moralischen Entschließung» (Rel. VI 5,18) zu beseitigen, oder sind dazu auch dem reinen Vernunft-

[33] KU, V 458,5-459,9.

glauben nicht zugängliche theologische Aussagen, wie z.B. Vergebung und Erlösung, notwendig? Um ein Beispiel aus der Religionssschrift zu bringen: Wir erkennen auf der einen Seite die Unmöglichkeit, uns durch unseren Lebenswandel jemals vor Gott für gerechtfertigt zu halten, und auf der anderen Seite die Notwendigkeit einer solchen vor ihm gültigen Gerechtigkeit[34]. Die Vernunft kann diesen Zwiespalt erkennen, aber ist sie auch imstande, ihn aufzulösen? Läßt sich mit einer zwingenden rationalen Argumentation die Paulinische These ausschließen, daß das moralische Gesetz als solches keinerlei Verheißung mit sich führt, sondern vielmehr die Aufgabe hat, den Menschen seiner Schuld vor Gott zu überführen (Rm 3,19f.)?

Hingewiesen sei schließlich auf die «Sicherheitsmaxime» der Religionsschrift. Sie lautet:

> «Was, als Mittel oder Bedingung der Seligkeit, mir nicht durch meine eigene Vernunft, sondern nur durch Offenbarung bekannt, und vermittelst eines Geschichtsglaubens allein in meine Bekenntnisse aufgenommen werden kann, übrigens aber den reinen moralischen Grundsätzen nicht widerspricht, kann ich zwar nicht für gewiß glauben und beteuern, aber eben so wenig als gewiß falsch abtun. Gleichwohl, ohne hierüber etwas zu bestimmen, rechne ich darauf, daß, was darin Heilbringendes enthalten sein mag, mir, sofern ich mich nicht etwa durch den Mangel der moralischen Gesinnung in einem guten Lebenswandel dessen unwürdig mache, zu gute kommen werde.» (Rel. VI 189,4-13)

In dieser Maxime wird die Unterscheidung von Vernunftglaube und Geschichtsglauben aufrechterhalten. Aber es wird die Möglichkeit offengelassen, daß durch den Offenbarungsglauben Mittel oder Bedingungen der Seligkeit bekannt werden, die der Vernunftglaube nicht kennt. Sofern sie den sittlichen Grundsätzen nicht widersprechen, ist es sittlich erlaubt, auf diese Mittel zu rechnen. Dieser Offenbarungsglaube hat nicht die Gewißheit des Vernunftglaubens. Dennoch «rechne» ich mit den Verheißungen der Offenbarung. Insofern der Offenbarungsglauben über den reinen Vernunftglauben hinaus Mittel zur Seligkeit nennt, ist er eine Ergänzung und nicht lediglich ein Vehikel des Vernunftglaubens.

[34] Rel., VI 163,29-31.

Reiner Wimmer

DIE RELIGIONSPHILOSOPHIE DES 'OPUS POSTUMUM'

1. Der Übergang zur Vollendung der Transzendentalphilosophie

Kants religionsphilosophische Erörterungen haben nicht mit den Publikationen der 90er Jahre, mit der Theodizee- (1791) und der Religionsschrift (1793), dem Essay 'Das Ende aller Dinge' (1794) und dem ersten Abschnitt des 'Streits der Fakultäten' (1798) ihren Abschluß gefunden. Kant setzt die Beschäftigung mit der religionsphilosophischen Thematik in seinen letzten Lebensjahren fort. Seine diesbezüglichen Aufzeichnungen sind uns in einem, Fragment gebliebenen, Nachlaßwerk, dem sogenannten 'Opus postumum', überliefert, und zwar in folgender zeitlicher Abfolge[1]: Erste vereinzelte religionsphilosophische Bemerkungen finden sich in den Manuskripten der Konvolute X und XI aus der Zeit zwischen August 1799 und April 1800. Häufiger werden sie in den Papieren des VII. Konvoluts, vor allem im V. Bogen, von April bis Dezember 1800[2], bis sie schließlich den Hauptstoff von Kants letzten philosophischen Bemühungen in der Zeit von Dezember 1800 bis Februar 1803 ausmachen. Diese Notizen finden sich in Konvolut I. Dieses Konvolut ist in Bd. XXI, S. 1-158, der Ak.-Ausg. der Schriften Kants ediert, die übrigen genannten Konvolute in Bd. XXII (Konvolut VII: S. 1-131, Konvolut X: S. 277-421, Konvolut XI: S. 423-539).

Für die zeitliche und die systematische Einordnung der religionsphilosophischen Reflexionen Kants ist noch folgendes Detail von Bedeutung: Die ersten acht Bogen des VII. Konvoluts sind von Kant der Reihe nach mit «Beylage I, II, III, ..., VIII» gekennzeichnet worden (den 9. und 10. Bogen hat er nicht mehr so bezeichnet). Die Beilage V kam ihm aber offenbar abhanden und rutschte ins X. Konvolut, und zwar an den Schluß (19. Bogen), dessen Manuskripte er zusammen mit denen des XI. Konvoluts unmittelbar vor denen des VII. Konvoluts abgefaßt hatte. Er vermißte diese Beilage nach Abschluß der Arbeit an den Manuskripten des VII. Konvoluts und verfertigte eine neue auf einem Brief Wasianskis an ihn (XXII 48-65). Sie paßt nun aber nicht mehr in den Fluß der in diesem

[1] Vgl. die Übersicht am Schluß von Bd. XXII der Akademieausgabe. Zur Überlieferungs- und Beurteilungsgeschichte des 'Opus postumum' vgl. Erich Adickes, *Kants 'Opus postumum', dargestellt und* beurteilt, Berlin 1920 (Kant-Studien, Erg.-Heft 50), 1-154, sowie Gerhard Lehmann, *Einleitung* (zur kritischen Ausgabe des 'Opus postumum' in der Akademieausgabe von Kants 'Gesammelten Schriften'), Berlin 1938, Bd. XXII, 751-789; außerdem Lehmann, *Geschichte eines Manuskripts* (1935), und: *Zur Frage der Spätentwicklung Kants* (1963), in: Lehmann, *Beiträge zur Geschichte und Interpretation der Philosophie Kants*, Berlin 1969, 45-50 und 392-408. — Die vorliegende Untersuchung zur Religionsphilosophie des 'Opus postumum' stellt eine Überarbeitung und, besonders im letzten Viertel, kritische Revision des dritten Teils meiner Studie *Kants kritische Religionsphilosophie*, Berlin/New York 1990 (Kant-Studien, Erg.-Heft 124), dar.

[2] Dies die Datierung von Adickes 1920 (siehe Anm. 1), 149 und 626 Anm. 2, im Unterschied zu der von Reicke. Lehmann schließt sich Adickes an (XXII 817 [zu XXII 76, Anm. zu Z. 2]) , der die Abfassung wenigstens eines Teils der Manuskripte dieses Konvoluts auf die Zeit vor dem 22.2.1800 verlegt.

Konvolut niedergelegten Gedanken, weshalb sie Mathieu «Pseudobeilage V» nennt[3]. Aufgrund ihrer inhaltlichen (und zeitlichen) Nachbarschaft zu den religionsphilosophischen Reflexionen des I. Konvoluts bezeichnet Mathieu sie zu recht als «theologische Beilage»[4].

Der besonders gegen Ende hin fragmentarische, ja zum Teil verworrene Charakter der religionsphilosophischen Überlegungen Kants gestattet weder eine stringente genetische oder systematische Rekonstruktion und Interpretation noch eine abschließende Beurteilung. Trotzdem ist ihre grundsätzliche Bedeutung nicht zu leugnen, die in Zusammenhang mit dem Kant seit der ersten Kritik vorschwebenden Abschluß seiner Transzendentalphilosophie in einem die theoretische und die praktische Vernunft umfassenden *System* der Metaphysik der Natur und der Freiheit gesehen werden muß[5]. Während die im 'Opus postumum' niedergelegten frühen Aufzeichnungen (ca. 1796-1800) lediglich eine von Kant in seinem «System der kritischen Philosophie» aufgedeckte «Lücke» zu schließen suchen, die den «Übergang»[6] von der Metaphysik der Natur bzw. den 'Metaphysischen Anfangsgründen der Naturwissenschaft' (1786) und der 'Kritik der (teleologischen) Urteilskraft' (1790) zur Physik sowie die mit der reflektierenden Urteilskraft verknüpfte Thematik der theoretischen (technisch praktischen) «Selbstsetzung» des Menschen betrifft, beschäftigen sich die späten, in Konvolut VII, V. Bogen, und Konvolut I versammelten Notizen in Anknüpfung an das Thema der moralisch praktischen «Selbstsetzung» des Menschen, d.h. seiner moralischen Selbstkonstitution, mit einem anders gearteten «Übergang», nämlich dem «Übergang zur Vollendung»[7] der Transzendentalphilosophie in ihrem «höchsten Standpunkt»[8].

Vor allem dieser zweifache Übergang wurde gelegentlich zum Anlaß für die These herangezogen, Kants Nachlaßwerk enthalte Vorarbeiten für zwei verschiedene von ihm geplante Werke[9]. Mit Adickes und anderen Interpreten[10] erscheint mir jedoch die An-

[3] Vittorio Mathieu, *Kants 'Opus postumum'*, Frankfurt a.M. 1989, 250.

[4] Ebd. 257, 265.

[5] Vgl. KrV,A xxf., B xxii-xxiv, xxxvi, xliii; A 840, 850 = B 868, 878; GMS, IV 391,24-28; KpV, V 3f.; 161,30; KU, Erste Fassung der Einleitung sowie V 175f.

[6] Brief an Garve vom 21.9.1798 in [1]XII 254 = [2]XII 257; Opus postumum, XXII 45,16f.; 49,8; 75,8f.; 87,14 usw.; XXI 14,11f.; 17,20f.: Punkt 1 und 2; 45,1; 59,21; 61,15; 62,1,3; 85,14; 102,18; 116,4; 117,4,6; 125,1,17,21; 207,1; 373,2; siehe Index XXII 729-733 s.v. 'Übergang'.

[7] XXI 9,9-15; vgl. 14,8-14; 17,21-24: Punkt 3 und 4; 102,17-25.

[8] XXII 63,7f.; XXI 23,17-19; 32,10-12; 34,I0-16; 35,1-3; 38,17-30 u.ö. Zum genetisch-systematischen Aufbau des 'Opus postumum' vgl. Adickes 1920 (siehe Anm. 1), 36-154, sowie folgende Studien Lehmanns: *Das philosophische Grundproblem in Kants Nachlalßwerk* (1937) , wieder abgedruckt in Lehmann 1969 (siehe Anm. 1), 272-288; Zur Problemanalyse in Kants Nachlaßwerk (1961), wieder abgedruckt in Lehmann, *Kants Tugenden. Neue Beiträge zur Geschichte und Interpretation der Philosophie Kants*, Berlin/New York 1980, 96-110; außerdem: *Einleitung*, und *Zur Frage der Spätentwicklung Kants* (siehe Anm. 1).

[9] So Albrecht Krause (*Das nachgelassene Werk I. Kants, mit Belegen populärwissenschaftlich dargestellt*, Frankfurt a.M./Lahr 1888), Hans Vaihinger (Rez. von Krause 1888, in: Archiv für Geschichte der Philosophie 4 [1891],731-736) und Karl Vorländer (*Immanuel* Kant: Der Mann und das Werk, Hamburg 1924/1977, II 288). Dem Anschein nach findet sich diese Auffassung auch bei Adickes, der in seiner Interpretation des 'Opus postumum' einen «vorwiegend naturwissenschaftliche[n] und naturphilosophische[n] Teil» (Konvolute II-VI, VIII-XII) von einem «metaphysisch- erkenntnistheoretische[n] Teil» (Konvolute VII, I) abhebt (1920 [siehe Amn. 1], 155 und 592). Doch widerlegt er die Zwei-Werke-These Krauses und Vaihingers ebd. 600-604 und 732-737.

nahme plausibler, Kant habe immer nur ein einziges Werk im Auge gehabt[11]. Es waren sowohl die immanente Dynamik der einander hervortreibenden, sich erweiternden und vertiefenden Fragestellungen als auch die nachweisbaren äußeren Anstöße durch die junge Philosophengeneration eines Fichte oder Schelling, die Kant über die jeweils erreichten Positionen oder die ins Auge gefaßten Abschlüsse hinaustrugen.

Worin ist der genannte «höchste Standpunkt der Transzendentalphilosophie» zu suchen? Er besteht darin, den Menschen als den Vollzug der Einheit von Natur und Freiheit zu denken und zu begreifen. Das drückt sich im Nachlaßwerk Kants unter anderem so aus, daß der Mensch sich als Idee, näher hin als dritte, verknüpfende Idee, als «copula» (XXI $27_{10\text{-}12}$, 37_2), der Ideen von Welt und Gott ansehen muß. Zahllos sind Kants Bemühungen, sich das systematische Verhältnis dieser drei Ideen zueinander schematisch zu vergegenwärtigen[12]. Beispielhaft seien folgende Wendungen angeführt:

> «Drei Prinzipien: Gott, die Welt und der Begriff des sie vereinigenden Subjekts, welches in diese Begriffe synthetische Einheit bringt (a priori), indem die Vernunft jene transzendentale Einheit selbst macht. [...] — *Gott, die Welt, und Ich, Gott*, die *Welt*, und der *Geist* des Menschen als das, was die erstere verbindet: die moralisch-praktische Vernunft mit ihrem kategorischen Imperativ. [...] — Der Transzendentalphilosophie höchster Standpunkt ist, was Gott und die Welt unter Einem Prinzip synthetisch vereinigt» (XXI $23_{1\text{-}8,\ 17f.}$).

> «Gott und die Welt sind die beiden Objekte der Transzendentalphilosophie und (Subjekt, Prädikat und copula) ist der denkende *Mensch*. Das Subjekt, der sie in einem Satze verbindet. — Dieses sind logische Verhältnisse in einem Satze nicht die Existenz der Objekte betreffend, sondern bloß das Formale der Verhältnisse, diese Objekte zur synthetischen Einheit zu bringen: Gott, die Welt und Ich, der Mensch ein Weltwesen selbst, beide verbindend» ($37_{1\text{-}6}$).

«Der höchste Standpunkt der Transzendentalphilosophie
im System der Ideen
Gott
die *Welt*
und der seiner Pflicht angemessene
Mensch
in der Welt» ($54_{1\text{-}8}$).

> «Transzendentalphilosophie ist das subjektive Prinzip sich selbst zu einem System konstituierenden Ideen von Objekten der reinen Vernunft und ihrer Autonomie nach den Begriffen: ens summum, summa intelligentia, summum bonum — *Welt, Menschenpflicht und Gott.* — Sie ist das Prinzip der durchgängigen Bestimmung der Vernunft zur theoretisch-spekulativen und zugleich moralisch-praktischen Vernunft in Begründung der Einheit des unbedingten Ganzen als des All (universum) der Dinge in ihrer synthetischen Einheit nach Begriffen a

10 Lehmann, *Einleitung* (siehe Anm. 1), 767-772; Mathieu (siehe Anm. 3), 250-252; Burkhard Tuschling, *Metaphysische und transzendentale Dynamik in Kants 'Opus postumum'*, Berlin/New York 1971 (Quellen und Studien zur Philosophie, Bd. 3), 9-14, 122.

11 Vgl. Kants Gliederung einer Einleitunng dazu: XXI 61,14-22, sowie manche seiner Äußerungen zum Umfang, der Transzendentalphilosophie, z.B. XXII 49,16-20; XXI 67,18-27 und 72,5-74,6.

12 Vgl. XXI 23; 24,23-29; 27,3-12; 31,2-5,18-22; 32,10-12; 34,10-16; 35,1-3; 36,27f.; 37,1-6; 38f.; 42,18ff.; 46; 47,1-5; 54,2-8 usw. bis S. 94.

priori der Elemente derselben: Gott, die Welt und der dem Pflichtgesetz unterworfene Mensch in der Welt» (79_{25}-80_{4}).

In Kants klassischer Systematik gefaßt gehört der Mensch, als «Idee» (XXI 48_{30}-49_{2}, $84_{27f.}$; vgl. 94_{15-23}) betrachtet, dem noumenalen Bereich an, insofern er das transzendentale Einheitsprinzip (der Ideen) von Gott und Welt darstellt, weil er Vernunft- und Freiheitswesen ist. Seine Vernunft wirke nach zwei Seiten: Als moralisch-praktische Vernunft ist sie absoluter Gesetzgeber und Richter und verweist auf (die Idee von) Gott, als technisch-praktische Vernunft ist sie die Verknüpfung von Moralität und Welt (vgl. XXII 64_{17-20}). Entsprechend wirke auch der Wille, von Kant gewöhnlich 'Willkür' genannt: Als sittliches Entscheidungsvermögen, dem praktische oder moralische Freiheit eignet, macht der Mensch sich selbst in einem absoluten Entscheidungsakt zu einem unbedingt guten oder zu einem unbedingt bösen Wesen und entspricht bzw. widerspricht so (der Idee von) Gott als vollkommenem Wesen; mit dem Handlungsvermögen, das mit sogenannter 'kosmologischer' Freiheit ausgestattet ist, besitzt der Mensch die Fähigkeit, nach eigenem Belieben und Gutdünken in den Lauf der Dinge einzugreifen, eine Reihe von Ereignissen in der Welt allererst in Gang zu setzen bzw. Ereignisabfolgen zu unterdrücken, anzuhalten oder umzulenken, um sie so ggf. seinen moralischen oder unmoralischen Grundsätzen, von Kant 'Maximen' genannt, wenigstens ein Stück weit, zu unterwerfen. In diesen Tätigkeiten vollzieht sich nach Kant der Mensch als Synthese der transzendentalen Ideen von Gott und Welt. Kant sucht diese Synthese — vielleicht unter dem Einfluß der frühen Idealisten Fichte und Schelling — als *Selbstsetzung* zu begreifen[13]. Das ist ein seltsamer Vorgang: Der Mensch setzt sich selbst, indem er Fremdes aus sich heraus und sich gegenüberstellt, um sich in notwendigem Bezug darauf vollziehen und begreifen zu können. Aber ist es nicht das Eigene, das der Mensch sich so gegenüberstellt? Und wird es nicht in Selbstvollzug und Selbstbegriff wieder zum Eigenen? Der Verdacht erhebt sich, daß die von Kant behauptete apriorische Notwendigkeit einer transzendentalen Setzung der Ideen Gottes und der Welt, zumindest was die Gottesidee betrifft, nur dem Scheine nach besteht, sich einem Rest von Metaphysik verdankt. Ist nicht eine transzendentale Anthropologie denkbar, in der die Zwei-Einheit von menschlicher Natur und Freiheit, von technischer und moralischer Vernunft als Ganzheit eines Lebensvollzugs in moralischer Orientierung ohne Ausgriff auf die Idee von Gott erschöpfend verstanden wird?

Schlagworthaft verkürzt handelt es sich um die Frage, ob die Idee Gottes oder die Idee des Menschen die Bedingung der Möglichkeit der Einheit von Natur und Freiheit, von Welt und Geist, von Rezeptivität und Spontaneität, von Sinnlichkeit und Sittlichkeit ist. Besteht der höchste Standpunkt der Transzendentalphilosophie in einer transzendentalen Theologie oder in einer transzendentalen Anthropologie? Ist Gott die Bedingung dafür, daß der Mensch die Einheit von Natur und Freiheit ist und sich dementsprechend begreifen kann, oder ist der Mensch im Vollzug seiner Selbstkonstitution als Welt- und Geistwesen die Bedingung dafür, den Begriff Gottes denken zu können, und zwar als das aller Grenzen ledige, unendlich vollkommene Wesen? Im ersteren Falle scheint die

[13] Zur Genese der Lehre von der Selbstsetzung vgl. Adickes 1920 (siehe Anm. 1), 604-669; zu ihrer Interpretation vgl. Mathieu (siehe Anm. 3), 162-188.

transzendentale Theologie die transzendentale Anthropologie innerhalb einer transzendentalen Philosophle zu fundieren, im letzteren Falle wäre das Fundierungsverhältnis umgekehrt, ja würde, wie angedeutet, auf eine Identifizierung beider hinauslaufen. So scheint sich einerseits der Mensch nicht ohne Gott begreifen zu können — andererseits scheint der Gottesbegriff zum Selbstverständnis des Menschen aber nichts Entscheidendes beizutragen; er könnte als lediglich vorübergehend notwendige, sich ideen- und kulturgeschichtlichen Bedingungen verdankende, im Prinzip aber vermeidbare Personifizierung und Vergegenständlichung gewisser Aspekte der Selbstauffassung des Menschen, vor allem seiner moralischen Anlage und des ihr entsprechenden Ideals eines moralisch vollkommenen Wesens — Gott als vollkommen gutes Wesen, das außerdem moralischer Gesetzgeber und Richter ist —, verstanden werden. Die Selbstaufklärung des Menschen über den wahren Status und die wahre Natur des von ihm gebildeten Gottesbegriffs würde diesen des Scheins der Unabdingbarkeit für das menschliche Selbstverständnis entkleiden und seine Entbehrlichkeit z.B. mit der Begründung aufweisen, daß er zur Verbindlichkeit des Moralgesetzes nichts beitrage. Kant ist ja von dem Absolutheitscharakter der moralischen Verpflichtung zutiefst überzeugt, einer Verpflichtung, die sich durch nichts, auch nicht den Glauben an einen göttlichen Gesetzgeber steigern läßt, weil nicht die Göttlichkeit ihres Ergangenseins ihre Unbedingtheit, sondern die Unbedingtheit ihre Göttlichkeit begründet[14]. Aber dies schließt nicht aus, moralische Forderungen als göttliche Gebote aufzufassen[15]. Nur ändert diese Auffassung nichts an der Art, mit der sie verpflichten.

Spricht man dann in diesem Zusammenhang von der 'Anthropologisierung' der Idee von Gott, so sind zwei Bedeutungen dieses Ausdrucks zu unterscheiden: Zum einen geht es um jene Anthropologisierung, die dem transzendental philosophischen Verfahren selbst eigen ist im Gegenzug zu einer realistisch-metaphysischen Auffassung der Gottesidee; zum anderen kann es sich um ihre Anthropologisierung im Sinne ihrer Zurücknahme und Ersetzung durch rein anthropologische Äquivalente handeln. Man könnte diese Problematik mit Hilfe von Kants Terminologie aus seinem Nachlaßwerk auch so formulieren: Ist die transzendentale Anthropologie im Rahmen der Transzendentalphilosophie ihrerseits in einer transzendentalen Theologie zu begründen oder bedarf es einer solchen Begründung nicht, weil die Transzendentalphilosophie mit der transzendentalen Anthropologie zusammenfällt, die angebliche Notwendigkeit einer transzendentalen Theologie also gar nicht besteht?

Das von Kant in den religionsphilosophischen Erörterungen seiner letzten Lebensjahre ins Auge gefaßte zentrale Problem ist m.E. nun das der Möglichkeit (und damit Notwendigkeit) einer transzendentalen Theologie: Läßt sich die Rede von Gott als anthropologisch (und das heißt als transzendental philosophisch) notwendig und somit als tran-

[14] Vgl. Wimmer 1990 (siehe Anm. 1), §18.

[15] Vgl. XXII 51,18ff.; 53,5f.; 54,12ff.; 56,1f.; 57,16f.,24f.; 58,7f.,30-32; 61,19; 64,25f.; 108,24f.; 109,22f.; 111,21f.; 113,22; 116,20-26; 117,5,11f.; 118,12f.; 120,1,9-15; 121,15-22; 122,3-8; 125,13-15; 126,1-3; 127,13ff.; 128,13-21; 129,12-20; 130,24-29; XXI 12,1f.; 15,8f.,24f.; 17,2f.,12-15; 21,23f.; 22,28-31; 28,11-17 mit Anm.; 30,8f.; 50,21; 74,9. Genauso hatte Kant schon durchgehend in seinen veröffentlichten Schriften zur Moral- und Religionsphilosophie formuliert (Stellenangaben bei Wimmer 1990 [siehe Anm. 1], 172).

szendental begründet und gerechtfertigt oder ganz im Gegenteil als schierer transzendentaler Schein, als bloße Selbstprojektion der menschlichen Natur, als ihre Selbstobjektivation oder Selbstvergegenständlichung erweisen, so wie Bruno Bauer, D.F. Strauß, Feuerbach, Marx und Nietzsche, unbeschadet der Verschiedenheit ihrer Ansätze, einer Anthropologisierung des Gottesgedankens im Sinne seiner Eliminierung das Wort reden? Kants Ringen mit diesem Problem führt, soweit ich sehe, zu keinem eindeutigen Ergebnis. Das möchte ich anhand einer Analyse der Texte in der zeitlichen Folge ihrer Abfassung zeigen. Entgegen früheren Äußerungen[16] bin ich nun nicht mehr der Meinung, Kant habe am Ende seines Lebens über die angedeutete Alternative hinaus geblickt, wenn er vereinzelt Wendungen benutzt, die an das Argument Anselms von Canterbury für das Dasein Gottes erinnern, von Kant als 'ontologischer Gottesbeweis' bezeichnet. Aufgrund einer erneuten Analyse der Texte bin ich vielmehr zu der Auffassung gelangt, daß Kant rechtens der Überzeugung sein konnte, mit derartigen Formulierungen seiner bleibenden transzendental philosophischen Orientierung einen völlig angemessenen Ausdruck zu geben. Allerdings behebt diese Orientierung von sich aus noch nicht die aufgezeigte religionsphilosophische Zweideutigkeit, weil Kant — abgesehen von seinem klassischen Begründungsversuch, den er mit seiner Postulatenlehre unternimmt, mit dem er aber aus verschiedenen Gründen nicht ganz erfolgreich sein kann[17] — es unterläßt, die behauptete Notwendigkeit einer transzendentalen Theologie in praktisch-moralischer Hinsicht auch wirklich einsichtig zu machen.

2. Der höchste Standpunkt der Transzendentalphilosophie: transzendentaltheologische Fundierung der Anthropologie oder anthropologische Eliminierung des Gottesbegriffs?

Am Beginn seiner Überlegungen zu dem, was Kant «die höchste Stufe der Transzendentalphilosophie» oder auch ihren «höchsten Standpunkt» oder «Gegenstand» nennt, nämlich auf dem V. Bogen des VII. Konvoluts, notiert er, diese Stufe bestehe in «der synthetischen Erkenntnis aus reinen Begriffen» und habe zur Aufgabe die Beantwortung der beiden Fragen: «1. Was ist Gott? 2. Ist ein Gott?» (XXII $63_{2\text{-}4}$). Ein späterer Zusatz (s. Apparat zu Z. 7-8 ebd.) hält noch einmal verdeutlichend fest: «Der Transzendentalphilosophie höchster Standpunkt: *Transzendentale Theologie*»[18]. Auch zu Beginn des I. Konvoluts ist es die transzendentale Theologie mit den ihr eigenen beiden Fragen nach dem Wesen oder dem Begriff und nach der Existenz Gottes, die «den Übergang zur Vollendung» der Transzendentalphilosophie darstellt (XXI $9_{9\text{-}20}$). Hier wie auch an einer späteren Stelle (24_{10}), an der die Wendung 'transzendentale Theologie' vorkommt, bleibt allerdings unklar, wie Kant sich das Verhältnis von Gott und Welt bzw. das von

[16] Wimmer 1990 (siehe Anm. 1), 15, 224.

[17] Vgl. Wimmer 1990 (siehe Anm. 1), §5.

[18] Zu diesem Terminus vgl. KrV A 631-642 = B 659-670; siehe auch KrV A 846 = B 874: «transzendentale Gotteserkenntnis».

transzendentaler Theologie und transzendentaler Kosmologie — so Kants Ausdruck an letzter Stelle — denkt. An der erst genannten Stelle aus dem VII. Konvolut scheint dieses Verhältnis als Kausalbeziehung Gottes zur Welt im Sinne des jüdisch-christlichen Glaubens an die Erschaffung der Welt durch Gott gedacht zu sein (XXII $63_{9\text{-}17}$; vgl. noch XXI $34_{1f.}$ und $53_{26\text{-}28}$). Andere, sehr viel zahlreichere Bemerkungen lehnen eine solche an der theoretisch-spekulativen oder technisch-praktischen Vernunft orientierten Vorstellung zugunsten einer moralisch-praktischen Rechtfertigung des Gottesbegriffs jedoch ausdrücklich ab[19].

Die beiden ersten der angeführten Texte, die den Ausdruck 'transzendentale Theologie' enthalten, sowie deren nähere und entferntere Kontexte sprechen nur von zwei Ideen, nämlich denen Gottes und der Welt, um deren Verhältnisbestimmung es auf der höchsten Stufe der Transzendentalphilosophie gehe. Nicht als ob Kant den Begriff des Menschen im Umfeld dieser Texte unbedacht ließe; aber wenn er hier Gott und Welt vergleichend nebeneinander stellt, um für beide — wie auch sonst immer wieder — Einzigkeit zu reklamieren — es sei nämlich ein begrifflicher Widerspruch, im Plural von 'Welten' oder 'Göttern' zu reden, weil beide begrifflich «Maxima» seien, nämlich «das Ganze» der Sinnenwesen oder «der Inbegriff aller Sinnenwesen» bzw. das summum ens, die summa intelligentia und das summum bonum bedeuteten (VII. Konvolut, V. Bogen, und I. Konvolut passim) —, oder wenn er in den fraglichen Reflexionen und darüber hinaus den Versuch unternimmt, beide Ideen zueinander in Beziehung zu setzen, dann geschieht dies nicht mit Hilfe des Begriffs vom Menschen als der Idee der Vereinigung von Gott und Welt bzw. von Freiheit und Natur. Erst im Umfeld der dritten genannten Stelle, also erst auf dem II. Bogen des I. Konvoluts, erweitert Kant die Zweiheit der betrachteten 'Begriffe', 'Ideen' oder 'Prinzipien' zur Dreiheit, wie es sein transzendentalphilosophischer Ansatz auch erfordert: «Drei Prinzipien: Gott, die Welt und der Begriff des sie vereinigenden Subjekts, welches in diese Begriffe synthetische Einheit bringt (a priori), indem die Vernunft jene transzendentale Einheit selbst macht» (XXI $23_{1\text{-}3}$). Diese Vernunft, sofern sie die Ideen von Gott und Welt aus sich heraussetzt und miteinander vermittelt, wird fast durchgängig als moralisch-praktische apostrophiert; insofern ist die Behauptung von Vorländer und Ritzel irrig[20], Kant knüpfe unmittelbar an die transzendentale Dialektik der 'Kritik der reinen Vernunft' an. Kants Reflektieren ist vielmehr durch die transzendentale Moralphilosophie hindurchgegangen und speist sich aus dem sittlichen Bewußtsein und der dadurch begründeten transzendentalen Freiheit.

Aber wenn Kant die praktisch-moralische Notwendigkeit der Bildung des Gottesbegriffs betont, so hat die Formulierung etwas Zweideutiges, mit der er diese Notwendigkeit in der Religionsschrift wiedergibt, daß nämlich «ein jeder Mensch sich einen *Gott mache*, ja nach moralischen Begriffen [...] sich einen solchen selbst machen müsse»[21]. Die Unvermeidbarkeit dieses Begriffs würde nicht daran hindern, ihn als transzendentalen

[19] Vgl. XXII 53,3-6; 55,6-14; 58,10-12; 60,3-7; 61,12-14; 62,10-15; 63,22-28; XXI 21,1-7,25-32; 24,7f.; 91,16-27; 94,15-19; 147,15-18.

[20] Vorländer (siehe Anm. 9), II 293; Wolfgang Ritzel, *Kants «Opus postumum*', in: Vorländer 1977 (siehe Anm. 9), 405-464, hier 407; richtig ebd. 450/451.

[21] Rel., VI 168 Anm. 2; vgl. 'Opus postumum' XXII 126,1-3; 130,29; XXI 21,32; 43,18-21; 83,1f.; 145,3,26f.; 153,1-13; 154,9-11.

Schein zu decouvrieren. Aber in der klassischen Periode seines Denkens betrachtete Kant diese Notwendigkeit aufgrund seiner Postulatenlehre als legitimiert. Wie steht es damit zur Zeit seiner Arbeit am Nachlaßwerk?

Zunächst mag auffallen, daß im 'Opus postumum' die Postulatenlehre nur dreimal angesprochen wird (XXII 116_{20-26}; XXI 140_{7-12}, 147_{15-18}). Und auch jener Begriff, der dieser Lehre zum Ausgangspunkt dient, nämlich der des bonum consummatum, des höchsten (abgeleiteten) Guts — der moralischen Welt oder des Reichs Gottes —, taucht explizit nur an zwei Stellen auf (XXI 22_{18-24}, 149_{18-24}; vgl. aber noch $11_{1f.}$ und 52_{26f}; auch 157_{16f}?). An der ersten Stelle wird Gott als 'das ursprüngliche höchste Gut' und die Welt, die «das *Ganze* der Sinnenwesen» bedeutet, als 'das abgeleitete höchste Gut' bezeichnet, insofern es seinen Ursprung Gott verdankt[22], wobei Kant im übrigen hier wie auch andern Orts im 'Opus postumum' Gott und Welt selbst noch einmal unter die Bezeichnungen «Universum», «das All der Dinge» oder «das All der Wesen» zusammenfaßt (vgl. XXI $29_{21-24, 28}$, 30_{2}, 38_{24}, $43_{18, 27f.}$ u.ö.; anders $30_{18ff.}$, 33_{25-29}). An der zweiten Stelle heißt es:

> «Daß die *Philosophie (Weisheitslehre)* im Deutschen *Weltweisheit* genannt wurde, kommt daher, weil Weisheit, die Wissenschaft in ihr, den *Endzweck* (das höchste Gut) beabsichtigt. — Da nun Weisheit, in strikter Bedeutung, nur *Gott* beigelegt werden kann und ein solches Wesen zugleich mit aller *Macht* begabt sein muß, weil ohne diese der Endzweck (das höchste Gut) eine Idee ohne Realität sein würde, so wird der Satz: *es ist ein Gott, ein Existenzialsatz.*»

Es ist also wohl nicht anzunehmen, daß Kant seine Postulatenlehre definitiv aufgegeben hätte[23]. Aber ihr fast völliges Fehlen bedarf doch der Erklärung. Sie ist nicht[24] in jener Anthropologisierung des Gottesbegriffs zu suchen, die dem transzendental philosophischen Ansatz in Kants Verständnis immanent ist, sondern entweder in dem immer wieder probierten Gedanken einer Anthropologisierung der Gottesidee im Sinne ihrer Eliminierung[25], der, hätte Kant ihn für schlagend gehalten, natürlich seine Postulatenlehre hätte obsolet erscheinen lassen; oder Kant suchte einen unmittelbareren Zugang zum Gottesbegriff als jener von ihm früher beschrittene, auf dem Gott lediglich als Garant einer vom Menschen geforderten, aber von ihm nicht realisierbaren moralischen Welt in den Blick kommt. Kant sieht diesen direkteren Zugang in der Personifizierung der Unbedingtheitserfahrung des moralischen Bewußtseins, der er vielfältigen Ausdruck verleiht (vgl. XXII 48_{20-22}, $49_{21f.,23-26}$, 50_{11-15}, 51_{9-12}; XXI $15_{26f.}$, $22_{30f.}$, $41_{6f.}$, 50_{19-22} usw.), weswegen die

[22] Vgl. auch Kants wiederholten Hinweis, daß Gott und Welt nicht Correlata, sondern Subordinata seien: XXII 51,11-15; 55,4; 62,5f.; 63,9-18; 117,20f.; XXI 19,20f.; anders XXII 50,1f. und XXI 144,8f.

[23] Gegen Adickes 1920 (siehe Anm. 1), 720, 832f., 846-848, der in Kants Begriff des bonum consummatum, wie schon bei Schopenhauer, eine eudaimonistisch-hedonistische Inkonsistenz der Moral- und Religionsphilosophie Knts sieht, die er im 'Opus postumum' rückgängig mache. Adickes' Auffassung wird am gründlichsten von George Schrader (*Kant's Presumed Repudiation of the 'Moral Argument' in the 'Opus postumum'. An Eximination of Ardickes'Interpretation*, in: Philosophy 26 [1951], 228-241) widerlegt.

[24] Gegen eine frühere Annahme von mir (1990 [siehe Anm. 1], 228).

[25] In diesem Sinne deutet Adela Cortina (*Die Auflösung des religiösen Gottesbegriffs im 'Opus postumum' Kants*, in: Kant-Studien 75 [1984], 280-293) die Gotteslehre Kants im 'Opus postumum'.

Pflichten des Menschen so anzusehen sind, als ob sie göttliche Gebote seien[26]. Dieser Zugang hat den Vorzug, den Gottesbegriff nicht funktional aufzufassen, so daß er dem religiösen Bewußtsein gerechter wird, das darauf besteht, an Gott nicht um der Realisierung einer moralischen Welt willen zu glauben und ihn deswegen zu verehren und zu lieben[27]. Er hat aber den Nachteil, keine wirkliche Begründung mehr für die Notwendigkeit der Annahme des Gottesbegriffs bzw. des Übergangs einer transzendentalen Anthropologie zu einer transzendentalen Theologie innerhalb einer transzendentalen Philosophie bereitzustellen. Nach der kritischen Destruktion des transzendenten Realismus der rationalistischen Theologie der Scholastik und der Leibniz-Wolffschen Schule — eine Destruktion, die im Nachlaßwerk in einem modern anmutenden Sinnlosigkeitsverdacht gegen transzendent gemeinte Worte gipfelt (XXI $75_{26\text{-}29}$; vgl. $72_{13\text{-}19}$, $74_{1\text{-}6}$) — kommt es so bei Kant auch zu einer Destruktion des bislang transzendental moralisch motivierten Gottesbegriffs; denn zumindest der Tendenz gewisser Überlegungen Kants nach wird, wie gleich zu dokumentieren ist, die Zurücknahme des Gottesbegriffs, seine schließliche Gleichsetzung mit der allen Menschen gemeinsamen moralisch-praktischen Vernunft bzw. dem von ihr hervorgebrachten Ideal, eingeleitet. Auf dieser Folie wird dann Kants wiederholte Formel vom «Deus in nobis» verständlich (vgl. XXII $108_{25f.}$, 120_{21}, $130_{4f.}$; XXI $25_{3\text{-}8}$, $150_{4f.}$)[28].

Im 'Opus postumum' ist häufig in einem dem Anschein nach direkten Zugriff von Gott selbst die Rede, z.B. wenn gefragt wird: «Was ist Gott?» und «Ist ein Gott?» (XXI 9). Aber die sich an solche und ähnliche Frage- und Problemstellungen anschließenden Bemerkungen sprechen in der Regel statt von Gott genauer von dem Begriff, den wir uns von ihm faktisch machen oder angeblich machen müssen. So heißt es beispielsweise in Beantwortung der ersten Frage:

> «Der Begriff von *Gott* ist der von einer *Person*, mithin eines Wesens, das Rechte hat, gegen die kein anderer Recht besitzt». Auf demselben Bogen ist ein wenig später zu lesen: «In dem Begriffe von Gott denkt man sich eine Person, d.i. ein vernünftiges Wesen, was *erstlich* Rechte besitzt, aber, *zweitens*, ohne auf Pflichten eingeschränkt zu sein» ($10_{19\text{-}21}$).

Ähnliche Äußerungen desselben Inhalts finden sich immer wieder[29].

[26] Hier berührt Vaihingers Behauptung eines Als-ob-Standpunktes bei Kant durchaus ein wichtiges Moment von Kants Position (vgl. *Philosophie des Als-ob*, Berlin 1911). Obwohl Adickes Vaihingers Deutung, ablehnt (1920 [siehe Anm. 1], 776-833, sowie *Kant und die Als-ob-Philosophie*, Stuttgart 1927), kommt er ihr doch insofern nahe, als er glaubt, neben Kants *philosophischem* — d.h. in seinem Falle: subjektivistischem — Standpunkt einen dem entgegengesetzten *persönlichen*, und zwar realistisch-objektivistischen Standpunkt stellen zu können. Gegen subjektivistische Interpretationen des Gottesbegriffs in Kants Nachlaßwerk argumentiert Bernard M.G. Reardon (*Kant as Philosophical Theologian*, London 1988, 164-166), der sich dabei auf Schrader (siehe Anm. 23) stützt. Für die systematische Kritik an Vaihingers Kant-Deutung ist noch Heinrich Scholz' Untersuchung *Die Religionsphilosophie des Als-ob. Eine Nachprüfung Kants und des idealistischen Positivismus*, Leipzig 1921, wichtig.

[27] Vgl. die bedeutsame Kritik von Heinrich Scholz am funktionalistischen Ansatz der klassischen-kritischen Religionsphilosophie Kants: *Religionsphilosophie*, Berlin 1921,134-149 (zweite neuverfaßte Ausgabe Berlin 1922,73-88 Nachdruck der zweiten Ausgabe Berlin 1974).

[28] Vgl. auch die sich die Wendung des Paulus in Apg 17,28 zueigen machende Formel «In ihm [= dem moralischen Menschen] leben, weben und sind wir» (XXII 55,12-14; 62,3f.; 118,11-13 sowie SF, VII 48,5).

[29] Vgl. XXII 48,13ff.; 49,19-24; 51, 13-17; 53,8f.; 55,23ff.; 56,5; 121,7f.; XXI 17,4f.; 21,27; 149,13-17.

An einer Stelle wird der auf Gott angewandte Personbegriff aber deutlich als anthropomorph charakterisiert, wenn man das dort vorkommende Wort 'vorgestellt' betont und den folgenden Satz, mit dem aber im Manuskript ein neuer Absatz beginnt, als nähere Kennzeichnung der Vorstellung von Gott als Person ansieht:

> «Gott ist eine Idee der bloßen reinen Vernunft, kein Gegenstand der Sinne [...], vorgestellt als eine *Person,* die aber nicht *beleidigt* werden kann. — Wir müssen uns ein Wesen machen, gegen welches wir Dankbarkeit, Verehrung sowie auch Wohltätigkeit ausüben» können (XXI 144_{1-5}).

Der hier unterstellte psychologische Personbegriff ist aber ein anderer als der oben und sonst im Nachlaßwerk in bezug auf Gott (und den Menschen) benutzte *moralische* Personbegriff. Dieser bestimmt Gott als das Wesen, das nur moralische Rechte, aber keine moralischen Pflichten hat (während die Menschen zueinander im Verhältnis wechselseitigen moralischen Verpflichtetseins stehen und insofern einander zugleich moralische Rechte einräumen).

Man könnte die systematische Bedeutung dieses Personbegriffs in bezug auf Gott und der sich daraus ergebenden Vorstellung eines menschlichen Verpflichtetseins Gott gegenüber im 'Opus postumum' unklar finden und zur Klärung auf die Religionsschrift und vor allem auf den «Beschluß» der 'Metaphysik der Sitten' verweisen[30]. Kants Position läuft hier darauf hinaus, um der Wahrung der moralischen Autonomie des Menschen willen die Vorstellung von Gottes Urheberschaft des Sittengesetzes als eine Selbstobjektivation der moralisch-praktischen Vernunft des Menschen zu begreifen. Im Begriff von Gott als moralischem Gesetzgeber stellt die menschliche Vernunft sich dem eigenen Willen als absoluten Gebieter vor. In dieser Perspektive wird die Frage nach der Existenz Gottes gegenstandslos. Wenn Kant allerdings immer wieder betont, der Begriff von Gott sei «von uns selbst» geschaffen und Gott dürfe nicht als «eine besondere, außer dem Menschen existierende Substanz» angesehen werden[31], so ist eine solche Äußerung durchaus zweideutig: Sie kann im vorhin entfalteten Sinne als Irrealisierung des Gottesbegriffs verstanden werden; sie läßt sich aber ebenso gut im transzendentalphilosophischen Sinne als Abwehr realistisch-metaphysischer Vorstellungen begreifen.

Das Ausmaß des Schwebezustands von Kants Reflexionen zwischen einer Irrealisierung des Gottesbegriffs einerseits und Kants Behauptung der transzendentalen 'Realität', weil Geltung dieses Begriffs andererseits läßt sich nur durch die Einzelanalyse der wesentlichen Texte sichtbar machen. Dem wollen wir uns nun zuwenden.

3. Einzelanalyse der religionsphilosophischen Reflexionen Kants im Nachlaßwerk

Die nun folgenden Analysen gehen insoweit chronologisch vor, als sie sich zunächst den wenigen außerhalb des V. Bogens des VII. Konvoluts anzutreffenden religions-

[30] MS, Tugendlehre VI 486-491;vgl. ebd. 443/444.

[31] XXII 52,11f.; 60,15f.; 108,11-27; 123,1-5 (anders: 122,24-28); 123,24-28; 125,28-126,3; 128,3-8,13-18,25-28; 130,29; XXI 17,8f.,14f.; 21,29-32 (anders: 49,9-11); 144,1-6.

philosophischen Reflexionen Kants, dann den im V. Bogen enthaltenen, schließlich den im I. Konvolut versammelten Notizen zuwenden, und zwar in der dort dargebotenen Reihenfolge. Dabei werden aber nur solche Bemerkungen Kants berücksichtigt, die über bloße kantische Kurz- und Standardformulierungen hinausgehen und eine gewisse gedankliche Bewegung oder Entwicklung erkennen lassen.

Außerhalb des V. Bogens finden sich im VII. Konvolut lediglich auf dem IX. Bogen (XXII 101-115) bedeutsame Reflexionen Kants zum Gottesbegriff, die aber nur teilweise untereinander gedanklich verknüpft sind. Sie setzen dort auf der dritten Seite ein. Zunächst wird betont, daß Gott «nicht eine Substanz, sondern die personifizierte Idee des Rechts und Wohlwollens» sei, kein «hypothetisches Ding zur Erklärung der Phänomene», sondern «ein Axiom der reinen praktischen Vernunft, sich selbst als Prinzip der Handlungen zu setzen» ($108_{11\text{-}18}$). Die Schlußwendung soll wohl besagen, daß sich die Vernunft im Gottesbegriff nicht nur als autonom, als unbedingt gesetzgebend begreift, sondern auch als schlechthin spontan, nämlich als Urheber von Handlungen und Handlungsgrundsätzen (Maximen). Aber Kant bleibt nicht bei dieser Identitätsthese stehen; er fährt nämlich fort:

> «Der Begriff von Gott ist die Idee von einem über alle Weltwesen physisch und moralisch machthabenden Wesen [...]. Daß ein solches Wesen sei, zeigt die moralisch-praktische Vernunft im *kategorischen Imperativ* in der Freiheit unter Gesetzen in der Erkenntnis aller Pflichten als göttlicher Gebote. Diese Idee ist das Gefühl der Gegenwart der Gottheit im Menschen. Wir würden ein solches Pflichtgefühl nicht haben ohne Imperativ» (Z. 19-27).

Für ein deutlicheres Verständnis dieser Sätze, vor allem was Kants kritische Einstellung zu Ausdrücken wie 'Pflichtgefühl' oder 'Gefühl der göttlichen Gegenwart' betrifft, ist folgende Passage des X. Bogens heranzuziehen:

> «Es gibt kein Pflichtgefühl, aber wohl ein Gefühl aus der Vorstellung unserer Pflicht; denn diese ist eine Nötigung durch den kategorischen moralischen Imperativ. Zwangs-, nicht Liebespflicht. — In ihr, der Idee von Gott als moralischem Wesen, leben, weben und sind wir; angetrieben durchs Erkenntnis unserer Pflichten *als* göttlicher Gebote. — Der Begriff von Gott ist die Idee von einem moralischen Wesen, welches als ein solches richtend allgemein gebietend ist. Dieses ist nicht ein hypothetisches Ding, sondern die reine praktische Vernunft selbst in ihrer Persönlichkeit und mit ihren bewegenden Kräften in Ansehung der Weltwesen und ihren Kräften» ($118_{8\text{-}18}$).

Das moralische Pflichtgefühl enthält das Bewußtsein, einem unbedingten Gesetz unterworfen zu sein. Aber wenn der zuständige Gesetzgeber die moralisch-praktische Vernunft ist, wie kann sie Existenz und «Gegenwart der Gottheit im Menschen» zeigen? Ist nicht die Frage nach der Urheberschaft des Gesetzes mit dem Hinweis auf die Vernunft vollständig beantwortet? Kant aber verschärft seine Position zu der These: «Die bloße Idee von Gott ist zugleich ein Postulat seines Daseins. Ihn sich denken und zu glauben ist ein identischer Satz» ($109_{12f.}$). Der Ausdruck 'Postulat' kehrt in Abwandlungen innerhalb der nächsten Abschnitte wieder ($110_{3,7}$), aber erscheint auch auf dem folgenden Bogen ($116_{20\text{-}26}$). Wie ist die These zu verstehen und zu rechtfertigen, die bloße Idee von Gott sei zugleich ein Postulat seines Daseins bzw. Gott denken und ihn (sein Dasein) glauben sei ein und dasselbe?

Die unmittelbar auf den zitierten Text folgenden Notizen sind zu unklar, als daß sie zu seinem Verständnis beitragen könnten. Der Erläuterung der angedeuteten These kann auch nicht der Hinweis darauf dienen, daß Kant zu Beginn der nächsten, vierten Seite desselben IX. Bogens im Zusammenhang mit der Existenz Gottes von analytischer Identität spricht (111_{25}); denn bei aller sonstigen Unklarheit des dort Gesagten läßt sich dem unmittelbar Folgenden eindeutig entnehmen, daß von der rein logischen Ableitung der Einzigkeit Gottes aus seinem Begriff die Rede ist. Aber einige Sätze später finden sich Äußerungen zum synthetisch-apriorischen Charakter der Behauptung des Daseins Gottes. Dort heißt es von dem Satz 'Es ist ein Gott', er sei ein «synthetischer Grundsatz aus Begriffen», und zwar der praktischen Philosophie ($112_{11ff.}$). Hinzugefügt wird, daß diese apriorische Synthese aus Begriffen «nicht durch Konstruktion der Begriffe, denn das wäre Mathematik», sondern — so ist wohl dem Zusammenhang zu entnehmen — durch Aufnahme des in der moralisch-praktischen Vernunft gegebenen apriorischen kategorischen Imperativs zu geschehen habe. Wenn dann gesagt wird: «Ein notwendiges Wesen ist das, von dem der Begriff zugleich ein hinreichender Beweisgrund seiner Existenz ist. Ein solcher Satz muß auf der Identität beruhen» ($113_{3\text{-}5}$), so gibt Kant zwar in durchaus zweideutiger Ausdrucksweise den Kern des sogenannten 'ontologischen' Arguments für Gottes Existenz wieder. Man muß Kant hier aber wohl aus dem Kontext seines transzendental philosophischen Ansatzes heraus eine Neuinterpretation des von ihm in seiner Descartes-Leibnizschen Form stets strikt abgelehnten Arguments unterstellen. Nun wird ja nicht mehr aus dem bloßen Begriff eines 'größten' Sachverhalts — Anselms «id quo nihil maius cogitari potest» — mit Hilfe einer kategorialen Fehleinordnung der Existenzbehauptung unter die Eigenschaften dieses Sachverhalts auf sein Bestehen geschlossen[32], sondern es werden in der Vorstellung Kants der Begriff Gottes und die Aussage der Existenz Gottes durch den Begriff des unbedingten Sittengesetzes, das zugleich 'Faktum' ist, miteinander vermittelt, 'synthetisiert'. Die Synthese ist deswegen möglich, weil keine Realdistinktion zwischen dem Begriff und der Geltung des Sittengesetzes besteht; sein Begriff ist sein Dasein — so ließe sich sagen. Wenn nun der Begriff Gottes nichts anderes als eine Vergegenständlichung und Personifizierung des Sittengesetzes bzw. der Vernunft ist, die dieses Gesetz erläßt, dann ist klar, daß er an der 'Geltungsrealität' dieses Gesetzes bzw. der gesetzgeberischen Vernunft partizipiert. Allerdings weist der von mir bewußt gewählte Ausdruck 'Geltungsrealität' darauf hin, um welche Art von 'Existenz' es sich bei diesem 'Aufweis' der Existenz Gottes handelt. Gott kommt demnach keine andere Existenzweise zu als jene, die auch für das Sittengesetz gilt. Insofern wird es einerseits sinnlos, nach dem Selbstverständlichen, daß Gott existiert, noch eigens zu fragen und es gar zu problematisieren, weil wir nach Kant auch nicht am 'Faktum' des Sittengesetzes (und das heißt: an seiner Geltung!) zweifeln können; andererseits aber zeigt sich, daß und wie die Anthropologisierung des Gottesbegriffs das traditionelle Verständnis der Behauptung von Gottes Existenz verändert. Allerdings geht diese Rechnung aus zwei Gründen nicht wirklich auf: 1. gehört zum traditionellen Verständnis des Gottesbegriffs das Attribut der physischen Allmacht, das aber gerade (dem Begriff) der moralisch-praktischen Vernunft sowie ihrem Ideal der sittlichen Vollkommenheit nicht notwendig zukommt. Es ist vielmehr wesentlich für die moralisch-

[32] Vgl. meinen Artikel 'Gottesbeweis, ontologischer', in: Jürgen Mittelstraß (Hrsg.), *Enzyklopädie Philosophie und Wissenschaftstheorie*, Bd. I, Mannheim/Wien/Zürich 1980, 800-804.

praktische Vernunft, sich ihrerseits inhaltlich an den realen Bedingungen zu orientieren, die für die Realisierung ihrer Erlasse notwendig und hinreichend sind: (Moralisches) Sollen setzt Können voraus! 2. bleibt die transzendentale Notwendigkeit zur Bildung des Gottesbegriffs unaufgewiesen.

Mit der vorgetragenen Deutung erhalten die fraglichen Reflexionen Kants, die er auf der dritten und vierten Seite des IX. Bogens niedergelegt hat, soweit sie die Atmosphäre eines anselmischen Arguments umgibt, eine in seinen Augen sicher unproblematische , weil dem traditionellen Verständnis nicht mehr verhaftete Auslegung. Ob diese Auslegung für alle Stellen im 'Opus postumum' möglich und sinnvoll ist, die Anlaß geben, Anselms Argument zu assoziieren, wird sich zeigen müssen. — Betrachten wir nun die religionsphilosophisch wichtigsten Äußerungen Kants auf dem V. Bogen des VII. Konvoluts!

Hier ist auf der zweiten Seite zu lesen:

> «Der kategorische Imperativ setzt nicht eine zu oberst gebietende Substanz voraus, die außer mir wäre, sondern ist ein Gebot oder Verbot meiner eigenen Vernunft. — Dem ungeachtet ist er doch als von einem Wesen ausgehend, was über alle unwiderstehliche Gewalt hat, anzusehen» (XXII $51_{2\text{-}6}$).

Der erste Satz ist klar und eindeutig; der zweite Satz wirft Fragen auf: Das «Wesen», von dem hier die Rede ist, das «über alle unwiderstehliche Gewalt hat», kann nicht «meine eigene Vernunft» sein. Wer ist aber dann dieses Wesen? Und warum müssen wir außer unserer Vernunft noch einen anderen Ursprung des kategorischen Imperativs annehmen?

Der auf den zitierten Text folgende, von ihm jedoch abgesetzte Abschnitt lautet in seinen ersten drei Sätzen:

> «1. Was sagt der Begriff von Gott? 2. Ist ein Gott? 3. Ist die Existenz Gottes a priori, d.i. als unbedingt notwendig, gegeben (nicht bloß gedacht, d.i. ein Gedankending, ens rationis, um gewisse Folgerungsbegriffe darauf zu gründen, wie z.B. der Wärmestoff ein hypothetisches Wesen)?» (ebd. Z. 7-11)

Ausgeschlossen wird in der Erläuterung zur dritten Frage ein Verständnis der Existenz Gottes als einer zur Erklärung von (physischen oder metaphysischen) Sachverhalten beigebrachten Hypothese. Andererseits scheint diese Frage nach der Möglichkeit eines apriorischen Beweises für die objektiv verstandene Existenz Gottes zu fragen. Ein apriorischer Beweis aber scheint nach kantischen Bedingungen nur transzendental, und zwar transzendental moralisch, möglich zu sein; die 'Objektivität' der 'Existenz' Gottes wäre dann, wie schon erläutert, die Geltungsobjektivität des Begriffs von ihm. Dem muß auch nicht Kants Erwägung widersprechen, daß die erfragte Existenz Gottes «nicht bloß gedacht, d.i. ein Gedankending, ens rationis» sein dürfe; denn seine Abwehr richtet sich hier gegen theoretisch begründete Existenzannahmen (vgl. auch XXI 52_{30}-53_{1}), wo doch nur praktisch-moralisch gerechtfertigte zulässig sind. Ansonsten hat er nämlich keine Schwierigkeiten, das Resultat einer transzendental moralischen Folgerung — Gott bzw. die Idee von ihm — in einem durch den transzendental philosophischen Standpunkt ermöglichten positiven Verständnis dieses Ausdrucks als 'ens rationis', als 'Gedankending' zu bezeichnen[33], wobei die Existenz Gottes und das Gedachtsein seines Begriffs bzw. der Idee von ihm von Kant offenbar identifiziert werden (s. XXI $51_{2f.}$; vgl. $49_{1f.}$, 56_{3-6}).

Die nächste Seite desselben Bogens bringt nach Bemerkungen zur Selbstkonstitution des Menschen — «Das Erkenntnis seiner Selbst als einer Person, die sich selbst zum Prinzip konstituiert und ihres Selbst Urheberin ist» ($54_{3f.}$) — und zur Göttlichkeit dieser sich selbst denkenden und gesetzgebenden Person (Z. 5-8) einen ausdrücklich so genannten 'Erweis' der transzendentalphilosophischen und moralisch-praktischen Notwendigkeit des Gottesbegriffs:

> «Alle Gebote, die den Menschen durch den kategorischen Imperativ verbinden und reine praktische Gesetze zur absoluten Pflicht (unerbittlicher innerer Obliegenheit) machen, die von keiner Rücksicht auf innere oder äußere Vorteile abhängen, sind heilige Pflichten, d.i. sie sind *als* Gebote eines von der Natur unabhängigen unbedingt gebietenden Wesens anzusehen. — Nun enthält die Idee von einem nach moralisch-praktischen Gesetzen gebietenden Wesen das Ideal einer *Person*, die zugleich Beziehung auf die Natur als Sinnengegenstand alle *Gewalt* hat; einen Ausspruch des kategorischen Imperativs aller Pflichtgebote nach dem Prinzip der reinen Vernunft, folglich nicht aus empirischen Triebfedern der Weltbestimmung. — Nun sind aber nur zwei aktive Prinzipien denkbar, welche als Ursachen dieser Erscheinungen gedacht werden können: *Gott* und die *Welt.* Also ist die Idee der moralisch-praktischen Vernunft im kategorischen Imperativ das Ideal von Gott. — Es ist also zwar nicht das Dasein Gottes als einer besonders existierenden Substanz, aber doch die Beziehung auf einen solchen Begriff als zur Transzendentalphilosophie gehörend hierdurch hinreichend (in praktischer Rücksicht) erwiesen» (54_{9}-55_{1}).

Den entscheidenden Schritt in diesem 'Erweis' markiert der Satz: «Nun sind aber nur zwei aktive Prinzipien denkbar, welche als Ursachen dieser Erscheinungen gedacht werden können: *Gott* und die *Welt*». Da die Welt als Ursache nicht in Frage kommt — - was Kant nach dem zuvor über die Naturunabhängigkeit und -Überlegenheit des kategorischen Imperativs Gesagten stillschweigend voraussetzen kann —, bleibt angeblich nur noch Gott. Aber gibt es nicht die von Kant andernorts ausdrücklich ventilierte Möglichkeit, daß die moralisch-praktische Vernunft selbst der Urheber des Gottesbegriffs ist, in dem sie ihr eigenes Wesen sich gegenüberstellt, um sich selbst zu begreifen? Der Hypothese der Selbstobjektivierung scheint allerdings entgegenzustehen, daß im Gottesbegriff ein Wesen gedacht wird, das in bezug auf die Natur «alle Gewalt hat»; denn sowohl das Erkenntnis- als auch das Handlungsvermögen des Menschen ist begrenzt. Das Wort 'Gewalt' hat dem üblichen Sprachgebrauch nach, den Kant an dieser Stelle aufnimmt, eine doppelte, nämlich einerseits physische, andererseits rechtliche und moralische Bedeutung. Allgewalt im physischen Sinne kommt nur Gott zu und gehört zum Begriff von ihm; Allgewalt im vernunftrechtlichen und moralischen Sinn kommt dagegen nicht nur Gott, sondern auch dem Menschen zu, jedenfalls soweit ihm auf diesen Gebieten mit Kant gesetzgeberische und richterliche Autonomie zuzusprechen ist. Die aus dieser begrifflichen Situation zu ziehenden Konsequenzen liegen auf der Hand: während der Gottesbegriff in der letztgenannten Hinsicht — zumindest im Hinblick auf das Selbstverständnis des Menschen als vernunftrechtlichen und -moralischen Gesetzgebers

[33] Vgl. XXI 27,14-22; 32,14-29; 33,17-29; 35,8-16; 43,18-21; außerdem vgl. 20,3-12,22-29; 23,13f.; 34,21-25; 43,12f.; 63,7-11; 96,12-16; anders 41,8f.

und Richters — überflüssig ist, kann ihm in der erstgenannten Hinsicht eine unabdingbare Bedeutung zukommen, etwa als Garant einer moralischen Welt oder wenn man die Möglichkeit einer moralischen Metanoia vom Bösen zum Guten widerspruchsfrei zu denken versucht[34].

Lediglich durch einen kurzen fragmentarischen späteren Zusatz (s. Apparat zu 55_5) vom gerade analysierten Text abgehoben beginnt ein Abschnitt ($55_{6\text{-}14}$), der u.a. sagt, daß Gott — nicht: der Begriff Gottes — als «ein transzendentales Ideal [...] aus der Transzendentalphilosophie als einem synthetischen Satz a priori aus reinem Begriffe [...] hervorgeht», und hinzufügt: «Daß ein solches Wesen existiere, kann nicht geleugnet werden; aber [es kann] nicht behauptet werden, daß es außer dem vernünftig denkenden Menschen existiere. In Ihm (dem moralisch nach Pflichtgeboten unserer selbst denkenden Menschen) leben (sentimus), weben (agimus) und sind wir (existimus)»[35]. Interpretiert man diese Äußerungen konsequent anthropologisch, erweisen sie sich als trivial: Gott 'existiert', und zwar als bloße Selbstobjektivation der moralischen Vernunft; und insofern existiert er nicht «außer dem vernünftig denkenden Menschen». Und wenn die Vernunft diese Vergegenständlichung und Verdoppelung ihrer selbst zurücknimmt, so könnte man sagen, daß sie diesen begrifflichen Gott gleichsam 'vernichtet'. Der letzte Satz des Zitats spricht es dann in diesem Sinne noch einmal unüberbietbar klar aus, daß Gott (bzw. der Begriff oder die Idee von ihm) nichts anderes als die moralisch-praktische Vernunft (bzw. der Begriff oder die Idee von ihr oder ihr Ideal) ist, der (bzw. dem) wir uns verpflichtet wissen.

Wenige Zeilen später kehrt die Aussage wieder, daß Gott nicht wirklich ein vom Menschen geschiedenes Wesen sei, sondern als moralischer Gebieter und Richter nur wie «eine besondere Substanz» *erscheine:*

> «Es ist ein aktives, [...] dem Menschen einwohnendes, [...] als Geist begleitendes Prinzip im Menschen, der [zu beziehen auf 'Geist' oder 'Prinzip'] gleich als eine besondere Substanz nach dem Gesetze der moralisch-praktischen Vernunft über ihn unwiderstehlich gebietet, ihn, den Menschen in Ansehung seines Tuns und Lassens durch seine eigne Taten entschuldigt oder verdammt» ($55_{17\text{-}23}$).

Auf derselben Seite heißt es dann noch einmal in gleichem Sinne: «Der kategorische Imperativ setzt nicht eine höchst gebietende Substanz voraus, die außer mir ist, sondern in meiner Vernunft liegt» ($56_{14f.}$).

Auf der nächsten Seite desselben Manuskriptbogens notiert Kant:

> «Was Gott an sich für ein Wesen sei, erreicht die menschliche Vernunft nicht: Nur das Verhältnis (das moralische) bezeichnet ihn, so daß seine Natur für uns unerforschlich und allvollkommen ist (Ens summum, summa intelligentia, summum bonum), lauter moralische [Eigenschaften], die aber seine Natur unerreichbar lassen. [...] Also ist das Erkenntnis dieses Wesens nicht für das theoretische, sondern nur fürs Praktische erweiternd. Er ist unerforschlich (imperscrutabilis)» (57_{26}-58_{12}).

Daher ist es auch nicht möglich, Gott als Offenbarer der moralischen Pflichten *als* göttlicher Gebote zu erkennen, «als ob man ein solches Gebot oder Verbot wirklich

[34] Dazu vgl. Wimmer 1990 (siehe Anm. 1), §§ 14 und 15.

[35] Zum letzten Satz vgl. Apg 17,28 (siehe Anm. 28).

erhalten hätte» (ebd. Z. 8f.)[36]. Demnach kommen die in traditioneller griechischer Metaphysik Gott zugeschriebenen Eigenschaften ihm nicht an sich zu, sondern drücken das moralische Lebens- und Gottesverständnis eines sich moralisch verpflichtenden Menschen aus. Auf diese Auffassung nimmt Kant, mehr oder weniger ausführlich, häufig Bezug[37]. Das 'Ansichsein' oder die 'Natur' oder das 'Wesen' Gottes (und damit der Begriff Gottes als solcher) ist für Kant ein Grenzbegriff, von dem konsequenterweise nicht einmal gesagt werden kann, ob er objektive Realität besitze. Aber die zitierte Stelle (57_{26}-58_{12}) redet in einem anderen Ton als die zuvor analysierten Äußerungen Kants, nämlich in dem seiner Vernunftkritiken, wo der theologischen Sprache eine objektiv gemeinte Bedeutung unterstellt wird, dieser Anspruch aber als nachweislich uneinlösbar zurückgewiesen wird. Insofern argumentiert er noch von einer Ebene aus, die er sonst in seinem Nachlaßwerk längst entweder zugunsten einer Anthropologisierung theologischer Aussagen oder zugunsten einer transzendentaltheologischen Orientierung verlassen hat.

Einen weiteren Einblick darin, wie Kant sich die Identität von Begriff und Realität Gottes denkt, gibt er auf der fünften Seite desselben V. Bogens, wenn er formuliert: «[...] der Gedanke von ihm ist zugleich der Glaube an ihn und seine Persönlichkeit» ($62_{1f.}$). Natürlich ist, wie der engere und weitere Kontext der Darlegungen Kants zeigt, mit 'der Gedanke von Gott' kein beliebiges, moralisch unverbindliches Denken gemeint, für das Begriff und Sache, Denken und Leben auseinanderfallen (können oder müssen). Gerade dies ist ja mit der Gleichsetzung von Denken und Glauben bestritten.

Das auf dem V. Bogen zu Beginn der sechsten Seite angeschlagene Thema der Apriorität der Gotteserkenntnis, nämlich aus Begriffen, in denen sich das moralische Selbstverständnis des Menschen faßt, wird in einer Reihe von Überlegungen abgewandelt. Bemerkenswert ist da vor allem Kants Stellungnahme gegen eine Position, wie sie am präzisesten von Pascal im sogenannten 'Argument der Wette' ausgearbeitet wurde[38], in der der Glaube an Gott aufgrund eines Kosten-Nutzen-Kalküls gerechtfertigt erscheint:

> «Die Frage: ist ein Gott, ist, durch den Eigennutz der Schmeichelei laut ausgesprochen, bald beantwortet. Denn ist ein Gott, so hab ichs getroffen; ist keiner, so habe ich nichts verloren, nichts gewonnen außer im Gewissen etwas, wovon ich gestehen muß, ich wisse es nicht, doch als ob ich es wisse — Gott als *Herzenskündiger*» ($64_{12\text{-}16}$).

Der schwer verständliche zweite Teil des letzten Satzes (ab «außer im Gewissen») scheint anzudeuten, daß besagte Nutzenerwägung (neben ihrer offenbaren moralischen, ja sogar begrifflich grammatischen Unangemessenheit) dem Faktum des Gewissens widerspricht, das zwar kein Wissen (durch Erkenntnis) vermittelt, aber den Begriff von Gott als moralischem Richter enthält. — Des weiteren nimmt Kant gegen die Möglichkeit

[36] Zur Unmöglichkeit, das Ergangensein einer göttlichen Selbstoffenbarung zu erkennen — was die Rede von 'Offenbarung' selbst unmöglich macht — vgl. XXII 64,21-29; XXI 21,5-7; 74,11-13; 92,15f.; 142,9f.; 346,29-33 sowie Wimmer 1990 (siehe Anm. 1), § 19.

[37] Vgl. XXII 53,30ff.; 60,27ff.; 61,26ff.; 63,24ff.; 112,8f.; 116,12ff.; 117,4ff.,24f.; 123,27ff.; XXI 11,7f.; 13,7f.; 14,3ff.; 19,4ff.; 33,7ff.,17ff.; 50,5-12; 58,21-30; 63,3ff.; 83,26f.; 143,20-31; 144,10-15; 150,3f.,29f.; 152,2f.,15f.

[38] *Pensées*, ed. L. Brunschvicg, Frgt. 233; ed. J. Chevalier, Frgt. 451; ed. F. Strowski, Frgt. 83; zur möglichen Pascal-Kenntnis Kants vgl. Alois Winter, *Gebet und Gottesdienst bei Kant: Nicht* «Gunsterwerbung», sondern «Form aller Handlungen», in: Theologie und Philosophie 52 (1977), 341-377, hier 363 Anm. 148.

(der Erkennbarkeit) einer (vermeintlichen) Offenbarung des moralischen Willens Gottes Stellung ($64_{21\text{-}29}$), womit er frühere Einsichten wiederholt. — Schließlich bringt er noch einmal mit Nachdruck die metapsychische Realität und Unbedingtheit des Moralprinzips zur Geltung mit den Worten: «Es ist im Geiste des Menschen (nicht der Seele) ein Prinzip der Pflicht als kategorischer Imperativ, welches, schlechthin gebietend, das höchste gebietende ist [...]»($65_{8ff.}$).

Auch im I. Konvolut machen Kants Antwortversuche auf die Frage nach Gottes Dasein einen zwiespältigen Eindrucks. Daß Kant selbst diese Frage auch mit der Einnahme der transzendental-philosophischen Position nicht für erledigt ansieht, zeigen Äußerungen, wonach im Unterschied zu den Eigenschaften Gottes, die «analytisch in der von uns selbst Beschaffenen Idee des höchsten Wesens enthalten» seien, sich die Frage nach seiner Existenz trotz der Hinsicht in die anthropogene Herkunft der Gottesidee dennoch stelle: «Aber die Aufgabe der Transzendentalphilosophie bleibt noch immer unaufgelöst: *Ist ein Gott?*» ($17_{8\text{-}10}$; vgl. 53_{1f}). Diese Frage allerdings außerhalb des transzendental-philosophischen Standpunkts zu stellen, lehnt Kant getreu seinem kritischen Ansatz ab (vgl. $27_{21f.}$, $72_{16f.}$, $74_{5f.}$, $75_{26\text{-}29}$). Aber es gibt auch Bemerkungen, die darauf hindeuten, daß er innerhalb der transzendental-philosophischen Betrachtungsweise keinen Raum mehr für die Existenzfrage sieht: «Gott ist der Begriff von einem persönlichen Wesen. Ob ein solches existiere, wird in der Transzendentalphilosophie nicht gefragt» ($45_{26f.}$: vgl. $78_{17\text{-}19}$).

Auf den ersten beiden Bögen des I. Konvoluts finden sich Texte, die noch in anderer Hinsicht als einander widersprechend aufgefaßt werden können, wenn Gott z.B. Substantialität sowohl zugesprochen ($13_{2f.}$, $15_{26f.}$, 22_{10}) als auch abgesprochen wird ($17_{14f.}$, $21_{15f.}$, $22_{28f.}$, $23_{13f.}$), womit er wohl das eine Mal als von der moralisch-praktischen Vernunft des Menschen verschieden, das andere Mal aber als mit ihr identisch aufgefaßt wird. Letzterem entsprechend betont Kant dann ausdrücklich, daß Gott (und Welt) Vernunftideen seien und deshalb nicht als «Substanzen außer meinen Gedanken» angesehen werden dürften, sondern nur durch «das Denken» bestünden, «wodurch wir uns die Gegenstände selbst durch synthetische Erkenntnisse a priori aus Begriffen selbst machen und der gedachten Gegenstände subjektiv Selbstschöpfer sind» ($21_{25\text{-}32}$).

Unter den wegen ihrer Knappheit oftmals enigmatischen Notizen des I. Bogens findet sich eine, die ein anselmisches Flair umgibt. Sie lautet: «Die bloße Idee von ihm [= Gott] ist zugleich Beweis seiner Existenz» ($14_{6f.}$). Trägt die nähere Umgebung dieses Satzes etwas zu seinem Verständnis bei? Die Manuskriptseite, auf die er notiert ist, beginnt mit einer Reflexion über die Bedeutung des Gottesbegriffs in der Transzendentalphilosophie: «Unter dem Begriffe von Gott denkt sich die Transzendentalphilosophie eine Substanz von der größten Existenz» ($13_{2f.}$). Es verwundert, Kant hier in *transzendental-philosophischer* Absicht von Gott als einer «Substanz von der größten Existenz» reden zu sehen und diese in Wahrheit traditioneller Metaphysik verpflichtete Rede im folgenden auch nicht etwa umzudeuten in Richtung auf ein moralisches Verständnis des Gottesbegriffs, wodurch sie als metaphorische Rede erscheinen würde.

Der unmittelbar folgende Absatz, beginnend mit «Beide [nämlich (die Begriffe von) Gott und Welt] werden als ein Höchstes gedacht nach dem *transzendentalen Idealismus*» (Z. 11f.), ändert diese Orientierung nicht. Erst im dritten Abschnitt (Z. 21-28) wird, unverbunden mit dem Vorausgehenden, das moralische Sein des Menschen reflektiert: «Es existiert ein kategorischer Imperativ im Gemüte (mens) jedes Menschen». Der

Abschnitt schließt mit den Worten: «Nicht die technisch-praktische, sondern die moralisch-praktische Vernunft spricht los oder verdammt» — soll heißen: Nicht Klugheit und Geschicklichkeit in der Planung und Verwirklichung von selbst gesetzten Zielen sind die wesentlichen Maßstäbe für die Selbstbeurteilung eines Menschen, sondern die gegenüber partikularen Zwecksetzungen unbedingten moralischen Maßstäbe.

Darauf folgt eine wieder anders geartete, unser Thema nicht berührende, nichtsdestoweniger bemerkenswerte Notiz — bemerkenswert deshalb, weil sie Kants nüchterne Weltsicht, wie sie auch aus manchen seiner empirisch-anthropologischen und geschichtsphilosophischen Betrachtungen hervor scheint, widerspiegelt:

> «Die *Natur* verfährt mit dem Menschen despotisch. Menschen zerstören einander wie Wölfe; Pflanzen und Tiere überwachsen und ersticken einander. Die Natur achtet nicht der Pflege und Vorsorge, die sie bedürfen. Kriege zerstören, was lange Kunsthandlungen errichtet und gepflegt haben» (13_{29}-14_{2}).

Dann folgt jener Abschnitt, in dem sich die uns beschäftigende Aussage findet. Er besteht aus drei Sätzen, die voneinander durch einen Strich getrennt sind:

> «Ein Wesen, das ursprünglich für Natur und Freiheit allgemein gesetzgebend ist, ist Gott. — Nicht allein das höchste *Wesen,* sondern auch der höchste Verstand, [das höchste] *Gut* (der Heiligkeit nach). Ens Summum, summa intelligentia, Summum bonum. — Die bloße Idee von ihm ist zugleich Beweis seiner Existenz» ($14_{3\text{-}7}$).

Nach diesen sich auf den Gottesbegriff beziehenden Bemerkungen folgt schließlich ein Absatz (Z. 8-16), der im Unterschied zu den ersten beiden die Kants transzendentalem Idealismus eigene Thematik der Selbstkonstitution des transzendentalen Subjekts anspricht:

> «Unter allen Eigenschaften, die einem denkenden Wesen zukommen, ist die erste die, seiner selbst als einer *Person* bewußt zu sein, nach welcher das Subjekt nach dem transzendentalen Idealism sich selbst a priori zum Objekte konstituiert, nicht als in der Erscheinung gegeben im *Übergang von metaphysischen Anfangsgründen der Naturwissenschaft* zur Physik, sondern als Wesen, das seiner selbst Begründer und Urheber ist nach der Qualität der Persönlichkeit. Das *ich bin.* — Ich als Mensch bin mir Sinnenobjekt in Raum und der Zeit und zugleich Verstandesobjekt — *Bin eine Person:* folglich ein moralisches Wesen, das Rechte hat».

Offensichtlich trägt höchstens der engere Kontext, wenn auch eher indirekt, etwas zur Interpretation der Aussage Kants bei, die bloße Idee von Gott sei zugleich Beweis seiner Existenz. Unmittelbar vorher wird Gott als «ursprünglich für Natur und Freiheit allgemein gesetzgebend» verstanden und anschließend die Selbstsetzungsthematik behandelt. Diese Thematik ist nun aber zur Gesetzgebungsthematik in ein Verhältnis zu bringen. Die klassische Antwort Kants würde lauten, daß die Konstitution der Freiheit des Subjekts gerade im Akt der Selbstgesetzgebung geschieht: Freiheit ist Auto-nomie; die Gesetze der Vernunft sind Freiheitsgesetze, nämlich Gesetze aus Freiheit [der Vernunft] für die Freiheit [des Willens bzw. der Willkür][39]. Wie kann dann aber doch zugleich die Rede davon sein, daß *Gott* ursprünglicher Gesetzgeber für (Natur und) Freiheit ist? Besteht hier nicht ein unüberbrückbarer Widerspruch? Läßt er sich nicht allein dadurch ausräumen,

[39] Vgl. KrV A 802 = B 830; MS, Rechtslehre VI 214,13; MS, Tugendlehre VI 405, 21f.

daß man die eine Seite des Widerspruchs irrealisiert, entweder die Autonomie des Menschen preisgibt oder Gott anthropologisiert? In letzterem Falle wäre aber nicht mehr erlaubt, in realistischer Sprechweise von der 'Ursprünglichkeit' der göttlichen Gesetzgebung zu reden, und die Behauptung, die bloße Idee von Gott beweise seine Existenz, würde sich als Taschenspielertrick entpuppen, der an Banalität noch gewönne, sollte Kant die Betonung auf 'von Gott' gelegt haben und lediglich darauf hätte hinweisen wollen, daß diese Ausdrucksweise oberflächengrammatisch Gott als existierend vorstellt[40].

Stellt das 'anselmische' Verständnis des fraglichen Satzes, wie es Kopper artikuliert, eine Deutungsalternative dar? Kopper schreibt in einer Arbeit über 'Kants Gotteslehre'[41]:

> «Hier[42] ist es nun ausgesprochen, daß in der Idee Gottes das Sein Gottes liege. In der Idee von Gott ist Gott selbst in der Notwendigkeit seines Seins gegenwärtig. Das Denken Gottes ist Gegenwärtighaben des absoluten Bestehens[43]. Das war es, was der ontologische Beweis, der vom Begriff des allerrealsten Wesens ausgeht, nicht leisten konnte. Dieser Begriff konnte sich, weil er von der Erscheinungsordnung her gebildet war, nur im zufälligen Sein der Erscheinungsordnung erfüllen, er vermochte nicht auf Gottes notwendiges Sein zu weisen. Aber das Ideal, das hinter dem theoretischen Beweis steht, ist nun durchsichtig geworden, weil das Denken ganz in das eingekehrt ist, was die reine Vernunft für sich selbst sagt. Das Denken, das sich nicht mehr von den Dingen her auslegt, weiß um sein Herkommen aus der Gegenwart von Gottes Sein. Und so gewinnt Kant in diesem Wissen um die Gegenwart Gottes, die im Denken selbst geschieht, den ontologischen Beweis, so wie er seinem Anliegen nach seit Anselm gemeine war, zurück».

Gemeint war 1., daß sowohl der Gottgläubige als auch der Gottleugner dasselbe Verständnis des Gottesbegriffs haben müssen — Gott ist der, der nicht nicht existieren kann und dessen Eigenschaften nicht die Eigenschaften von Wesen sein können, die sehr wohl auch nicht existieren können —, soll von 'Behauptung' und 'Bestreitung desselben' überhaupt sinnvoll die Rede sein, daß aber 2. der Gottleugner dieses gemeinsame Verständnis genau in dem Augenblick aufkündigt, wo er dem Gottgläubigen widerspricht, so daß er durch den Akt seines Widersprechens eine notwendige Bedingung dieses Widerspruchs außer Kraft setzt, die innere Widersprüchlichkeit dieses Aktes jedoch 3. nicht sieht und deshalb 'insipiens' genannt zu werden verdient.

[40] Zu Kants diesbezüglicher Ansicht vgl. XXI 152,26f. und 153,9f.

[41] Joachim Kopper, *Kants Gotteslehre*, in: Kant-Studien 47 (1955/56), 31-61, hier 59f.; vgl. Kopper, *Reflexion und Raisonnement im ontologischen Gottesbeweis*, Köln 1962, 165.

[42] In Anm. 33, S. 59 seines Aufsatzes zu Kants Gotteslehre (siehe vorige Anm.) verweist Kopper außer auf die hier zur Besprechung anstehende Stelle noch auf vier weitere Stellen im I. Konvolut des 'Opus Postumum': 92, 140, 149 und 151. Er hat wohl folgende Texte im Auge: 92, 3-9; 140, 7-12; 149, 18-24 und 151, 11-15. Der vorletzte Text wurde schon besprochen (s.o. S. 8); er wiederholt die Postulatenlehre Kants. Die restlichen drei Texte werden ausführlich auf S. 26-30 behandelt.

[43] Hier verweist Kopper auf S. 36 von Bd. XXI der Akademieausgabe, meint näherhin wohl Z.7, wo es heißt, Gott werde im Begriff von ihm «als für sich bestehend gedacht». Um die Qualität von Koppers Bezugstext beurteilen zu können, sei er hier mit seinem Kontext wiedergegeben: «Die zunächst vorliegende Frage ist: woher kommt uns dieser Begriff? Er ist kein hypothetischer Begriff, um irgend andere Sätze zu unterstützen, sondern er ist als für sich (absolut) bestehend gedacht, wiewohl doch auch nicht ausgesprochen, als ob dadurch ein solches Wesen existiere. Der Begriff ist problematisch — Ganz etwas anderes wäre ein problematisches Wesen wie etwa der Wärmestoff, der nur ein Lückenbüßer ist, um sich und andere durch Hypothesen hinzuhalten, dergleichen man sich nicht erlauben muß» (36, 5-12).

Stützen nun aber die von Kopper heran gezogenen Stellen[44] seine Interpretation? Die ergiebigsten Texte sind die drei folgenden, noch zu interpretierenden, von denen her der im Augenblick analysierte Satz Licht empfängt: $92_{3\text{-}9}$, $140_{7\text{-}12}$, $151_{11\text{-}15}$. Es wird sich herausstellen, daß eine Deutung am Nächsten liegt, die sich — zumindest zunächst — in Kants transzendental-philosophischem Rahmen bewegt, aber über diesen hinausdrängt im Sinne einer wittgensteinianischen Transformation von Kants transzendental-philosophischem Verfahren. Fahren wir in der Analyse wichtiger Partien des I. Konvoluts fort!

Gegen Ende des II. Bogens im I. Konvolut findet sich offenbar ein Versuch Kants, die einander zum Teil, zumindest dem Anschein nach, widersprechenden Deutungen dessen, was es heißen kann, daß Gott existiert, unter der herausgehobenen Überschrift *«Es ist ein Gott»* miteinander zu vereinen. Dabei geht es Kant einmal darum zu klären, wie Gott zugleich mit dem Menschen identisch *und* von ihm unterschieden sein kann:

> «Es ist ein Wesen in mir, was von mir unterschieden im Kausal-Verhältnisse der Wirksamkeit (Nexus effectivus) auf mich steht (agit, fazit, operator), welches, selbst frei, d.i. ohne vom Naturgesetze im Raum und der Zeit abhängig zu sein, mich innerlich richtet (rechtfertigt oder verdammt), und ich, der Mensch, bin selbst dieses Wesen, und dieses nicht etwa eine Substanz außer mir und was das Befremdlichste ist: die Kausalität ist doch eine Bestimmung zur Tat in Freiheit (nicht als Naturnotwendigkeit)».

Kant fügt hinzu: «Diese unerklärliche innere Beschaffenheit entdeckt sich durch ein Faktum, den kategorischen Pflichtimperativ» ($25_{3\text{-}11}$).

Die Unterschiedenheit kommt demnach durch ein Handeln zustande: Das «Wesen in mir», Gott, richtet mich, meine Gesinnungen und Einstellungen, meine Handlungen und Unterlassungen; es richtet mich nach dem von ihm selbst erlassenen Gesetz, dem kategorischen Imperativ. Zugleich aber bin ich «selbst dieses Wesen», das mir das Gesetz vorschreibt und mich danach richtet. Diese legislative und juridikative Tätigkeit wird von Kant unangemessenerweise als Kausalhandeln begriffen, wodurch sich ihm das Problem stellt, wie dann noch die Entscheidungs- und Handlungsfreiheit des solchem Handeln unterworfenen Menschen möglich ist; «[...] und was das Befremdlichste ist: die Kausalität ist doch eine Bestimmung zur Tat in Freiheit (nicht als Naturnotwendigkeit)»[45].

Das mir das Gesetz gebende und mich richtende «Wesen in mir, was von mir unterschieden» ist, ist demnach Gott; zugleich aber bin «ich, der Mensch» «selbst dieses Wesen». Kant macht also Gebrauch von dem zunächst paradox erscheinenden Sachverhalt, daß ich zugleich Subjekt wie Objekt der moralischen Verpflichtung bin, und es kommt zu der seltsamen Aussage, daß ich mit Gott identisch bin, und zugleich zu ihrer Verneinung. Was die Auflösung der Paradoxie betrifft, daß ich sowohl als Subjekt wie als Objekt der moralischen Verpflichtung erscheine, so hat Kant selbst dazu das Notwendige schon in der 'Metaphysik der Sitten' gesagt: Es ist zwischen dem verpflichtenden und dem verpflichteten Ich zu unterscheiden[46]. Für die Identitätsaussage ergibt sich dann, daß nur das verpflichtende (und richtende) Ich mit Gott gleichgesetzt wird.

[44] siehe Anm, 41 und 42.

[45] Ähnlich sieht Kant das Problem 27,24ff. Andernorts bestreitet er die Möglichkeit, daß Gott einen Menschen moralisch gut machen kann (vgl. 34,7f.; 37,22f.; 58,3f., 21-24; 66,19-21; 83,21f.).

[46] MS, Tugendlehre VI 400f.; 417f.; 438-440.

Aber die Frage ist, ob wir den Gottesbegriff so verstehen (und ihn so verstehen dürfen oder gar müssen), daß diese Gleichsetzung zulässig wird. Man könnte mit manchen der Äußerungen Kants zwischen der Göttlichkeit im Sinne von absoluter und universaler Geltung der «Aussprüche der moralisch praktischen Vernunft», ihrer göttlichen Würde und Heiligkeit also (»dictamina sacrosancta»), und der Behauptung der Existenz Gottes unterscheiden, wie Kant es in dieser Notiz wieder nahelegt: «Göttlich sind alle Aussprüche der moralisch praktischen Vernunft (dictamina sacrosancta), weil sie den moralischen Imperativ (den kategorischen) enthalten und eben dadurch auch die Realität der Freiheit allein beweisen. Es ist aber nicht Gott in Substanz, von welchem die Existenz bewiesen wird» ($26_{15\text{-}19}$). Hier hätte das Attribut der Göttlichkeit seinen konventionellen, unanstößigen Charakter zurückerhalten, und die brisante Doppelfrage 1. nach der begrifflichen oder transzendental philosophischen Notwendigkeit der Bildung der Gottesidee und 2. nach Gottes Existenz bliebe, davon unberührt, bestehen.

Aber Kant löst im Fortgang seiner Reflexionen — der III. Bogen des I. Konvoluts enthält drei Ansätze der Formulierung des «höchsten Standpunkts» der Transzendentalphilosophie — beide Sichtweisen gerade nicht voneinander, sondern tendiert mehr und mehr dazu, sie miteinander zu identifizieren. Der Begriff Gottes ist danach eine «Idee», ein «Gedankending», ein «Ideal» der Vernunft, von dem nicht einmal mehr gefragt werden kann, ob es «unabhängig von meinem Denken existiere» (27_{16ff}). Obwohl die Formulierung nicht ganz klar ist, wenn Kant außerdem sagt, daß Gott das «Selbstgeschöpf» «einer sich selbst zu einem Gedankendinge konstituierenden Vernunft» sei (ebd. Z. 18f.), so meint er wohl, daß sich die Vernunft mit der Bildung des Gottesbegriffs als eines Begriffs, in dem sie sich selbst begreiflich wird, erst konstituiert (wobei 'Selbstgeschöpf' vielleicht das 'causa sui' der rationalistischen Metaphysik aufnimmt, nun aber nicht von Gott in bezug auf die Gottesidee ausgesagt wird). Das bedeutet denn wohl nichts anderes, als daß die Vernunft sich selbst als autonomen und absolut und universal verpflichtenden Gesetzgeber begreifen lernt; nur so und erst dann ist sie nach Kant Vernunft. In diesem Verständnis erübrigt sich die Frage nach einem von der menschlichen Vernunft unabhängigen Sein Gottes: Schließlich — so spiele Kant die Bedeutung der Frage herunter — sei es «in praktischer Rücksicht [...] völlig einerlei, ob man die Göttlichkeit des Gebots in der menschlichen Vernunft oder auch einer solchen Person zum Grunde legt, weil der Unterschied mehr eine Phraseologie als eine das Erkenntnis erweiternde Lehre ist» ($28_{11\text{-}17}$). Für die Unbedingtheit (»Göttlichkeit») des Moralgesetzes ist es insofern gleichgültig, als auch Gott und seinen Geboten Vernünftigkeit unterstellt wird, so daß es keine 'doppelte Wahrheit' im Sittlichen gibt, Theonomie die Autonomie der Vernunft nicht aus —, sondern einschließt.

Die zweite Fassung der Eingangsüberlegungen zum Abschluß der Transzendentalphilosophie auf der dritten Seite des III. Manuskript Bogens (XXI 32-34) setzt die Akzente insofern anders, als sie zwar daran fest hält, daß «Gott bloß als Gedankending (ens rationis) in der Philosophie angesehen werden soll», daß aber dieser Begriff die Prädikate der Substanzialität, Personalität und moralischen Kausalität analytisch notwendig in sich enthalten — «man mag nun annehmen, sie [= die Idee Gottes als einer Person] existiere oder nicht». Mit Blick auf das Attribut der Einigkeit wird dann ganz in Übereinstimmung mit den vorherrschenden Aussagen im VII. Konvolut dieser Begriff von Gott nach seinen Hauptinhalten — der Allmacht, der vollkommenen Erkenntnis und der moralischen Vollkommenheit — expliziert ($33_{2ff.,17ff.}$). Diese Aufgabe der Entwicklung des Gottesbegriffs hebt Kant in Abgrenzung zur (Aufgabe der) Anerkennung (der Existenz) Gottes hervor, wenn er den Anfang des 14. (13.) bzw. des 53. (52.) Psalms anführt: «Wenn es gleich 'Toren sind, die in ihrem Herzen sagen: es ist kein Gott', so mögen sie immer *unweise* sein; es liegt ihnen doch ob, über diesen Begriff und das, was er in sich enthält, nicht vorsätzlich *unwissend* sein zu wollen» ($32_{23\text{-}26}$) Kant hält hier also an der üblichen Unterscheidung zwischen dem Verstehen eines Begriffs und der Frage nach einem Gegenstand, der diesen Begriff erfüllt, auch im Hinblick auf den Gottesbegriff fest, während Anselm von Canterbury in seinem 'Proslogion' das Psalmwort gerade dazu benutzt zu zeigen, mit dem Gottesbegriff habe es jene einzigartige Bewandtnis, daß sein rechtes Verständnis die Anerkennung (der Existenz) Gottes einschließe.

Aus der dritten Fassung der höchsten Stufe der Transzendentalphilosophie auf dem III. Bogen sei zunächst eine eindrückliche Formulierung der Personalität Gottes angeführt, in der Kant eine Wendung aus dem Brief des Paulus an die Philipper (2,10) aufnimmt:

> «Unter *Gott* versteht man eine Person, die über alle vernünftige [Wesen] Gewalt hat. — Dieser Begriff bietet auch ein Maximum [gesetzgeberischer Gewalt] (potestatis legislatoriae) dar: ein Wesen, 'vor dem sich alle Knie beugen derer, die im Himmel, auf Erden usw. sind', das höchste Wesen, der Heilige, der nur ein Einiger sein kann» ($35_{24\text{-}28}$; vgl. $64_{8\text{-}11}$, $101_{17\text{-}20}$, $143_{1f.}$).

Außerdem sei aufmerksam gemacht auf Erwägungen Kants ($37_{1\text{-}10}$), zu denen ich auch die ersten Zeilen des IV. Bogens ziehen möchte ($38_{5\text{-}8}$), wonach zwischen den einander konträren Begriffen Gottes und der Welt «der denkende Mensch» (37_2) bzw. sein freier Wille (37_9) als «Copula» (37_2) oder als «Mittelbegriff» ($38_{6f.}$) vermittle, wobei es lediglich um «logische Verhältnisse» (37_3), um «Verhältnisse der Ideen in uns, nicht der Objekte außer uns» (38_8) gehe. Diese Erwägungen (vgl. auch $27_{5\text{-}12}$) sind es, die noch am ehesten etwas davon andeuten, wie Kant sich die Auflösung der transzendentalphilosophischen Aufgabe vorstellt, die Zweiheit von Gott und Welt bzw. die Dreiheit von Gott, Welt und Mensch als moralischem (denkendem und freiem) Wesen synthetisch in der Einheit eines Systems zu denken, für die ihm die angebliche Zusammensetzung des Satzes in Subjekt, Pradikat und Copula offenbar paradigmatisch ist. Seine eigentlichen Analysen beschäftigen sich dann transzendentalanthropologisch damit, wie im Menschen Gott und Welt zur Einheit kommen, und zwar so, daß sowohl Gott wie Welt als begriffliche Verselbständigungen dessen erscheinen, was der Mensch in Doppelnatur ist: moralisches Wesen und Weltwesen, so daß der Gottes- und der Weltbegriff lediglich diese menschliche Grundzweiheit spiegelt und der Mensch sich in diesen Ideen — recht verstanden — lediglich selbst begreift, sie jedoch als außerhalb seiner bestehend anzusehen eine unangemessene Objektivierung und Veräußerlichung darstellen würde.

Reflexionen auf diese Zweieinheit des Menschen finden sich auf dem IV. Bogen — der im übrigen fünf Anläufe zur Formulierung der Grundsätze des höchsten Standpunkts der Transzendentalphilosophie enthält (38ff., 42ff., 46ff., 50f., $52_{18ff.}$) —, wenn es etwa heißt: «Der Pflichtimperativ für den Menschen beweiset die Freiheit desselben und ist zugleich eine Hinweisung auf die Idee von Gott» ($41_{6f.}$), oder deutlicher, wobei allerdings 'der Geist des Menschen' an die Stelle von 'Gott' tritt:

> «Der Mensch (ein Weltwesen) ist zugleich ein Wesen, das Freiheit besitzt, welche Eigenschaft ganz außer den Kausalprinzipien der Welt ist und doch dem Menschen angehört. —

Es ist also ein Wesen über der Welt der *Geist* des Menschen, der jene Verhältnisse a priori in diesem Begriffe enthält» ($42_{2\text{-}6}$)

Der Wechsel zwischen 'Gott' und (menschlicher) 'Vernunft' oder 'Person' findet auch weiterhin statt (vgl. 42_{22ff}), bis es zur Behauptung der allem Anschein nach nur ideellen Wirklichkeit Gottes kommt: «[...] der Begriff von Gott ist aber bloß eine Idee, d.i. ein reiner Vernunftbegriff» ($43_{11f.}$) Aber das 'bloß' dieses Satzes muß nicht im Sinne einer Entrealisierung des Gottesbegriffs gelesen werden, als komme es Kant darauf an, sein bloßes Gedachtsein zu betonen. Die Betonung liegt eher auf 'Idee' und darauf, daß sie «ein reiner Vernunftbegriff» ist, der als *Prinzip* von Begrifflichkeit und von Gegenständlichkeit und des zwischen Begriff und Existenz von Gegenständen unterscheidenden Denkens nicht selber unter diese Unterscheidungen fallen kann, so daß die Frage nach der Existenz eines diesem Prinzip entsprechenden Sachverhalts sinnlos wird. Eine Bestätigung für diese transzendentaltheologische Auslegung bietet der folgende Satz, vom zitierten durch einen Gedankenstrich abgehoben: «Ein Ideal soll es [= die Idee Gottes] nicht genannt werden; denn das wäre bloß eine subjektive, nicht eine objektive Vorstellung, von deren Gegenstand jetzt geurteilt wird» (Z. 12-14). Auch die folgende Notiz, die als Reflexion über den Charakter eines derartigen transzendental philosophischen 'Gottesbeweises' gelesen werden kann, gehört hierher[47]: «apagogischer Beweis [Merkwürdiger Unterschied zwischen dem d i r e c t o d e r i n d i r e c t Beweisenden oder bestimmenden absurditas oppositi]» (Z. 15-17). Das heißt, bezogen auf vorliegende Fragestellung: Es ist absurd, in bezug auf die transzendentalen Bedingungen für die Unterscheidung von Denken und Sein diese Unterscheidung selbst noch einmal anzuwenden und einen Existenznachweis für jene Bedingungen zu fordern oder anzunehmen, sie existierten nicht. Insofern unterscheiden sich transzendentale (indirekte) von nicht transzendentalen (direkten) Existenznachweisen.

Die sich daran anschließenden Zeilen zielen auf die gleiche Einsicht:

«Das All der Wesen (Universums) ist Gott und die Welt. Sie sind beide nicht Gegenstände möglicher Erfahrung, sondern Ideen, selbstgeschaffene a priori Gedankendinge (entia rationis), und enthalten Prinzipien der systematischen Einheit des Denkens von Gegenständen» (Z. 18-21).

Das bedeutet doch, daß Gott und Welt nicht selber Gegenstände sind, und konsequenterweise läßt sich von solchen «Prinzipien der systematischen Einheit des Denkens von Gegenständen» — d.h. ihrer transzendentalen Konstitution — nicht fragen, ob sie existieren, so daß Kant zu recht behaupten kann: Ob Gott «existiere, wird in der Transzendentalphilosophie nicht gefragt» ($45_{26f.}$), und: «Es ist also ein Einiger-lebendiger Gott» (47_{27}).

Allerdings kann Kants Formulierung irritieren, Gott und Welt seien «selbstgeschaffene a priori Gedankendinge (entia rationis)». Sie sind es doch höchstens insofern, als der Philosoph in der Reflexion auf die Bedingungen der Möglichkeit des Denkens von Gegenständlichkeit diese Bedingungen vergegenständlichen muß. Oder entrichtet Kant auch hier wieder der anthropologisierend-eliminierenden Tendenz in seinem Denken Tribut? Darauf würde seine Bemerkung deuten, wonach der Gottesbegriff «bloß die Idee

[47] Ich zitiere getreu dem in der Akademieausgabe vorliegenden Text, ohne orthographische Korrekturen; die eckigen Klammern sind die des Originals.

zum Behuf gewisser Grundsätze» sei und Gott «ein ideales Wesen, was sich die Vernunft selbst schafft».(48_{2-5}).

Einen neuen Akzent setzt Kant mit folgender Bemerkung, die er aber, soweit ich sehe, nirgends sonst im 'Opus postumum ' näher ausführt oder erläutert: «Die Idee von Gott als lebendiger Gott ist nur das Schicksal, was dem Menschen unausbleiblich bevorsteht: Aber ihr nicht Persönlichkeit zu attribuieren» (49_{9-11})[48]. Diese Äußerung erinnert an antike, z.B. stoische, Gleichsetzungen von Gott und Fatum; aus neuerer Zeit könnte ihr Wittgensteins Tagebuchreflexion vom 8.7.1916 an die Seite gestellt werden, wonach wir das, wovon wir als Weltwesen abhängig sind, 'Gott' nennen könnten: «Gott wäre in diesem Sinne einfach das Schicksal oder, was dasselbe ist: die — von unserem Willen unabhängige — Welt». Hier, bei Kant wie bei Wittgenstein, scheint 'Gott' eine nicht-moralische Bedeutung unterlegt zu werden. Allerdings ist auch auf einen gewichtigen Unterschied zwischen den beiden Aussprüchen Kants und Wittgensteins zu achten: Kant spricht von dem «Schicksal, was dem Menschen unausbleiblich bevorsteht», Wittgenstein faßt es zeitlos-präsentisch auf. Vielleicht will Kant auf diese Weise eine *moralische* Bedeutung des Schicksals zum Ausdruck bringen: daß über den Menschen am Ende seiner Tage das Gericht ergeht, in dem ein bleibendes Urteil über sein Leben gesprochen wird. Damit würde das Schicksal wieder einen personalen Zug bekommen. Wenn Wittgenstein gegen Ende seines Tagebucheintrags meint: «Gewiß ist es richtig zu sagen: Das Gewissen ist die Stimme Gottes», so ist er fast unvermerkt in seinen Überlegungen von einem nicht-ethischen Verständnis des Wortes 'Gott' zu seinem ethischen Verständnis zurückgekehrt, das er zu Beginn seines Eintrags in einem eindrucksvollen Dreierschritt artikuliert hatte: «An einen Gott glauben heißt, die Frage nach dem Sinn des Lebens verstehen. — An einen Gott glauben heißt sehen, daß es mit den Tatsachen der Welt noch nicht abgetan ist. — An Gott glauben heißt sehen, daß das Leben einen Sinn hat». Diese Äußerungen Wittgensteins mögen im übrigen als Konkretisierung und als eine mögliche Weiterführung des transzendentaltheologischen Ansatzes Kants dienen, nämlich als Versuch, den Glauben an Gott als Glauben an die Sinnhaftigkeit des menschlichen Lebens im ganzen anzusehen[49]. Dadurch würde das Ethische aus seiner neuzeitlichen, vor allem durch Kant einerseits und den Utilitarismus andererseits inaugurierten und durchgesetzten Einschränkung auf das an bestimmten Handlung-, Einstellungs- und Situationstypen fest gemachte 'Moralische' gelöst und in den Rahmen einer das Leben im ganzen betreffenden Orientierung zurückgestellt, wie sie ansatzweise von den antiken Weisheitslehren mediterranen und fernöstlichen Zuschnitts und den spirituellen Lebenslehren der Hochreligionen vertreten werden.

Im vierten Entwurf des IV. Bogens zum Abschluß der Transzendentalphilosophie durch eine transzendentale Theologie ist zunächst bemerkenswert, daß Kant als 'Axiom' den Satz bezeichnet: «Der Begriff von Gott ist ein Prinzip der moralisch-praktischen Vernunft: Das Erkenntnis aller Menschenpflichten als göttlicher Gebote anzusehen», und als 'Theorem' den Satz: «Es ist ein aktives, aber übersinnliches Prinzip im Menschen,

[48] Vgl. in bezug auf die Verneinung der Personalität Gottes noch die Kurznotiz 113, 12f.

[49] Vgl. dazu meinen Essay *Gott und der Sinn des Lebens. Religions- und existenztherapeutische Reflexionen im Anschluß an Wittgenstein*, in: Jean-Pierre Wils (Hrsg.), *Religion im Umbruch*, Tübingen 1991.

welches unabhängig von der Natur und der Welt Kausalität dieser ihre Erscheinungen bestimmt und Freiheit heißt» ($50_{19\text{-}28}$). Man erwartet eher, daß der Gottesbegriff und die Anerkennung der moralischen Pflichten als göttlicher Gebote aus der Anerkennung ihres unbedingten Verpflichtungscharakters und aus der darin implizierten Anerkennung der moralischen Freiheit des Menschen folgen, als daß umgekehrt der Gottesbegriff als 'Axiom' erscheint. Aber man könnte den Kern des 'Axiom' genannten Satzes auch gerade darin sehen, die Abkünftigkeit des Gottesbegriffs aus der moralisch-praktischen Vernunft zu behaupten, und zwar in dem schon erörterten minimalen Sinne, daß in ihm die Unbedingtheit dieser Vernunft und einer ihr entsprechenden Lebensführung zum Ausdruck komme; dann wäre auch der Anschluß von Kants 'Theorem' nicht mehr befremdlich.

Durch eine kurze Zwischenbemerkung vom 'Theorem' getrennt findet sich der folgende, nur dem Anschein nach vieldeutige, nämlich im transzendentalen Sinne zu verstehende Satz: «Der kategorische Imperativ realisiert den Begriff von Gott, aber nur in moralisch-praktischer Rücksicht, nicht in Ansehung der Naturgegenstände» ($51_{2\text{-}4}$). In einer wenig später nieder geschriebenen Überlegung charakterisiert Kant, abweichend von seinen sonstigen Verlautbarungen, Ideen als

> «a priori durch reine Vernunft geschaffene Bilder (Anschauungen), welche vor der Erkenntnis der Dinge [...] vorhergehen. Sie sind die Urbilder (Prototyp), nach denen Spinoza alle Dinge ihren Formen nach in Gott sehen zu müssen dachte, d.i. in dem Formalen der Elemente, woraus wir uns Gott machen» (ebd. Z. 12-17).

Durch reine Vernunft geschaffene 'Bilder' oder 'Anschauungen'? Kant porträtiert hier offenbar nicht seine eigene Verwendung von 'Idee', sondern die Spinozas, nicht von 'Idee' in moralisch praktischer , sondern spekulativer, 'schwärmerischer', ja 'fanatischer' Bedeutung. Kant setzt sich im 'Opus postumum' immer wieder mit Spinozas (und Lichtenbergs) Idealismus auseinander[50]. Kant stellt fest, daß dieser absolute Idealismus mit dem absoluten Realismus zusammenfällt[51].

Am fünften Ansatz auf dem IV. Bogen des I. Konvoluts (XXI $52_{18ff.}$) zu einem «System der Ideen im höchsten Standpunkt der Transzendentalphilosophie» ist nur folgende Mehrfachfrage bemerkenswert:

> «Welche Begriffe enthält die Idee von Gott und woher kommt dem Menschen die Aufforderung, sich eine solche Idee als der Vernunft unentbehrlich aufzustellen, oder ist es eine frei problematische Dichtung und das Objekt gleich dem Wärmestoff ein hypothetisches Ding?»

Kant versucht an dieser Stelle nicht, die aufgeworfenen Fragen zu beantworten. Im übrigen bleibt, wie nun schon mehrfach hervorgehoben, die in der zweiten Teilfrage

50 Vgl. XXII 54, 7f.; 55, 1f.; 56, 13f.; 59, 21-24; 61, 2f.; 64, 6-11; XXI 12, 20f.; 13, 13f.; 15, 6f., 19-22; 19, 14f.; 39, 27; 43, 22-24; 48, 26f.; 50, 13-15; 52, 10; 55, 14f.; 64, 11-13; 87, 26-31 (zu Z. 29-31 vgl. XXII 796 z. St.); 98, 14f.; 99, 20-22; 101, 2-4, 10-12; 135, 29; zu Lichtenberg vgl. XXII 793 (zu XXI 12, 20) und 794f. (zu XXI 39, 27) sowie Adickes 1920 (siehe Anm. 1), 760-764, 833-845 und J. Dostal-Winkler. *Lichtenberg und Kant*, München 1924.

51 XXI 43, 22-24; 53, 8-13; 99, 20-22; in 53, 8-13 wird von 'Idealismus' und 'transzendentalem Egoismus' (= Solipsismus) gesprochen und gezeigt, daß sie, zu Ende gedacht, auf den lebensweltlichen Erfahrungsrealismus hinauslaufen; vgl. auch Ludwig Wittgenstein, *Logisch-philosophische Abhandlung*, Frankfurt a.M. 1960, §§ 5.62 und 5.64.

gemachte Unterstellung problematisch, wonach die Idee von Gott für die Vernunft unentbehrlich sei.

Die Bögen V-X des I. Konvoluts enthalten außer der mehrfachen Wiederaufnahme der Frage nach dem höchsten Standpunkt der Transzendentalphilosophie und einer Reihe von Reflexionen (vor allem XXI 119-141) zum Unterschied von Philosophie als Wissenschaft oder Wissenslehre und Philosophie als Weisheitslehre oder als Liebe zur Weisheit — auf die aber hier nicht eingegangen werden kann[52] — fast keine im engeren Sinne religionsphilosophische Überlegungen. Unter denen, die Kant anstellt, sei die folgende her ausgehoben und näher analysiert. Sie findet sich auf der zweiten Seite des VII. Bogens und lautet:

> «Daß diese Idee [= die Idee von Gott] objektive Realität habe, d.i. der Vernunft jedes nicht ganz tierisch verkrüppelten Menschen dem moralischen Gesetze gemäße Kraft habe und der Mensch zu sich selbst unausweichlich gestehen müsse: es ist ein und zwar nur Ein Gott, bedarf keines Beweises seiner Existenz gleich als eines Naturwesens, sondern liegt schon im entwickelten Begriffe dieser Idee nach dem Prinzip der Identität: die bloße Form macht hier das Sein des Dinges aus» ($92_{3\text{-}9}$).

Der Text steht in einem größeren, relativ geschlossenen Zusammenhang, in dem Kants Konzept der Transzendentalphilosophie erneut entfaltet wird: Sie soll

> «das Ganze der synthetischen Erkenntnis a priori aus Begriffen in einem System sowohl der theoretisch-spekulativen als moralisch-praktischen Vernunft unter einem Prinzip enthalten, durch welche das denkende Subjekt sich selbst in Idealism nicht als Sache, sondern als Person konstituiert und jenes Systems der Ideen selbst Urheber ist. (Ens summum, summa intelligentia, summum bonum). Das Eine und Alles in dem Einen sich zu denken ist nur ein idealistischer Akt, d.i. der Gegenstand dieser durch reine Vernunft beschaffenen Idee ist, was die Existenz betrifft, doch immer ein sachleerer Begriff. — Aber in der moralisch-praktischen [Vernunft] hat diese Idee Wirklichkeit vermöge der *Persönlichkeit,* die ihrem Begriffe identisch zukommt. — Die Idee von einem Wesen, das alles weiß, was alles vermag, alles moralisch Gute will und allen Weltwesen innigst gegenwärtig (omnipraesentissimum) ist, ist die Idee von Gott!» (91_{16}-92_{2}).

Hierauf folgt der auszulegende Passus.

Durch das Vorhergehende gewinnt er entschieden an Klarheit und Eindeutigkeit. Indem der Mensch Urheber des die Ideen der theoretischen und der moralisch-praktischen Vernunft in ein einziges System vereinigenden Prinzips ist, konstituiert er sich selbst als Person. Dieses Prinzip ist hier für Kant wohl der Gottesbegriff. Er ist nämlich keine Idee unter anderen, sondern jenes transzendentale Ideal, das alle übrigen Vernunftideen in sich zusammenschließt: ens summum, summa intelligentia, summum bonum, omnipotens, omnipraesens. «Das Eine und Alles in dem Einen sich zu denken», so sagt Kant, gibt dem «Gegenstand dieser durch reine Vernunft Beschaffenen Idee» jedoch noch keine Realität; erst «in der moralisch-praktischen [Vernunft] hat diese Idee Wirklichkeit». Kant spricht hier offenbar nicht von dem der Selbstkonstitution des Subjekts und der Urheberschaft des Gottesbegriffs nach-denkenden Denken, z.B. des Philosophierenden; vielmehr trägt er in das ursprüngliche Denken, in dem «das denkende Subjekt sich selbst [...] als Person konstituiert» und die Idee von Gott faßt, eine Unterscheidung: Die theoretisch-

[52] Dazu vgl. Wimmer 1990 (siehe Anm. 1), § 1.

spekulative Vernunft mag zwar zusammen mit der moralisch-praktischen Vernunft Urheber der Gottesidee sein — sie muß ja das von ihnen selbst geschaffene Prinzip ihrer beider Vereinigung abgeben; aber nur durch die moralisch praktische Vernunft «hat diese Idee Wirklichkeit», und zwar die Wirklichkeit einer Person («Persönlichkeit») aufgrund der Selbstkonstitution des Menschen «als Person». Aber es ist wichtig zu sehen, daß die Gottesidee nicht erst Folge dieser Selbstkonstitution ist, sondern ihr «Prinzip», so daß sich eine reziproke Konstitutionsbeziehung ergibt.

Diese Wiedergabe des kantischen Textes wirft eine Reihe von systematischen Problemen auf, von denen zwei hier genannt, aber nicht weiter behandelt werden sollen: 1. Kant unterscheidet zwischen der Person Gottes und der des Menschen; läßt sich die Person Gottes als «Prinzip» der Konstitution der menschlichen Person begreifen und die menschliche Person als «Urheber» der göttlichen Person? Der Sache nach beschäftigt Kant das Problem der Identität und Differenz von Gott und menschlicher Vernunft immer wieder, wie wir sahen. 2. Es fehlt in Kants Text die Berücksichtigung der anderen Totalitätsidee, nämlich der der Welt, deren Vereinigung mit der Gottesidee sonst stets das systematische Kernanliegen der transzendental philosophischen Bestrebungen Kants im 'Opus postumum' darstellt: Ein System wird ins Auge gefaßt, in dem Gott und Welt im Menschen ihre Einheit finden bzw. aus ihm hervorgehen. Die Ausführung dieses Programms haben sich dann Kants philosophische Nachfahren — Fichte, Schelling und Hegel noch zu seinen Lebzeiten angelegen sein lassen. Kants eigene Versuche im 'Opus postumum' setzen sich nicht nur mit dem spekulativen Idealismus Spinozas auseinander, sondern scheinen, zumindest teilweise, schon in Berührung und Auseinandersetzung mit der jungen Idealistengeneration zu erfolgen[53].

Bisher wurde aber noch nicht auf den Kerntext selbst eingegangen. Was heißt hier, die Idee von Gott sei mit seiner Existenz identisch und ihre bloße Form mache das Sein Gottes aus? Die «objektive Realität» dieser Idee darin zu sehen, daß die moralisch-praktische Vernunft sie aufstellen und als gültig anerkennen muß, sagt etwas über ihre rationale Geltung, nichts aber darüber, ob ihr ein Sein entspricht. Ihre Allgemeingültigkeit als ihre 'Existenz' anzusprechen, darf nicht dazu verleiten, 'Existenz' hier im üblichen Sinne, also univok, zu verstehen. Auch daß das moralische Gesetz nicht dadurch eine höhere Verbindlichkeit erlangt, daß der Mensch sich Gott als obersten moralischen Gesetzgeber denkt, erledigt dann noch nicht die Frage nach der Existenz Gottes, wenn man Gott nicht mit der menschlichen Vernunft gleichsetzt bzw. ihn nicht als bloße Vergegenständlichung ihrer selbst auffaßt. Die Frage nach der Existenz Gottes oder auch

[53] Siehe die Erwähnung Schellings in XXI 87, 29 (vgl. XXII 796 z.St.) und 97, 25f. (vgl. XXII 797 z.St.) und die Verwendung von Fichtes Titel 'Wissenschaftslehre' in XXI 155, 18 sowie Kants Kritik an Fichtes Wissenschaftslehre in XXI 207, 23-28; zu Kants scharfer öffentlicher Distanzierung von Fichtes Wissenschaftslehre am 7.8. 1799 (^{1}XII 396f. = ^{2}XII 370f.) vgl. Lehmann 1937 (siehe Anm. 8), 275 Anm. 11 sowie ausführlich H.J. de Vleeschauwer, *La déduction transcendentale dans l'œuvre de Kant*, Bd. III, Anvers/Paris/La Haye 1937, 491ff. (nach einem Hinweis von Lehmann 1963 [siehe Anm. 1], 395 Anm. 9); vgl. außerdem Lehmann, *Geschichte der nachkantischen Philosophie. Kritizismus und kritisches Motiv in den philosophischen Systemen des 19. und 20. Jahrhunderts*, Berlin 1931, 13ff.; Dietrich Mahnke, *Die Rationalisierung der Mystik bei Leibniz und Kant*, in: Blätter für Deutsche Philosophie 13 (1939/1940), 1-73, hier 60 Anm. 105 (zu Fichte) und 61 Anm. 106 (zu Schelling); Hermann Noack, *Einleitung* zu: *Immanuel Kants 'Die Religion innerhalb der Grenzen der bloßen Vernunft'* (Hrsg.: Karl Vorländer; Philos. Bibl. Bd. 45), Hamburg 1978, xi-lxx, hier lviii-lix.

nur die Betrachtung der moralischen Pflichten als Gebote Gottes ändert zwar nichts an ihrer Verbindlichkeit, weil allein Vernunft sie begründen kann, wohl aber an dem Verständnis des Menschen von sich selbst und seinem Leben im ganzen. Die Antwort auf die Gottesfrage macht zwar keinen Unterschied in bezug auf die Moral, wohl aber in bezug auf die Religion.

Eine Alternative zu dieser auf die Differenz von Sein und Sollen abhebenden Deutung stellt ein 'anselmisches' Verständnis der Stelle im Sinne ihrer transzendentaltheologischen Deutung dar, deren Notwendigkeit allerdings fraglich ist: Seine Existenz «liegt schon im entwickelten Begriffe dieser Idee nach dem Prinzip der Identität: die bloße Form macht hier das Sein des Dinges aus». Das heißt: Der Mensch kann nicht den transzendentalmoralischen Begriff Gottes denken und die 'Existenz' Gottes im Sinne der ethischen Geltung der Idee von ihm bestreiten (wollen). Das bedeutet dann doch auch, daß dieses Denken des Gottesbegriffs eine Weise der Kundgabe der Anwesenheit Gottes im Denken des Menschen ist, dem sein Leben entsprechen sollte. —

Erst der XI. Bogen des I. Konvoluts enthält wieder intensive Reflexionen Kants zur transzendentalen Theologie. Ich möchte mir hier ihre Aufzählung und Einzelanalyse ersparen[54] und nur auf jene drei Bemerkungen eingehen, die die Frage der Existenz Gottes im Geist Anselms von Canterbury zu behandeln scheinen.

Auf der ersten Seite des XI. Bogens heißt es unter Abschnitt C:

> «Ein *synthetisches Urteil a priori aus Begriffen,* welches also die *Existenz* eines Wesens *postuliert,* und zwar des Einigen Wesens (Eines und Alles in sich faßt), ist zwar nur eine Idee, die aber subjektiv als die Regel der höchsten Vollkommenheit eines Wesens (als Ens a priori omnimodo determinatum) *bedacht* werden muß. [Cuius *essentia* per ipsum *sui* conceptum *involvit existentiam*]» ($140_{7\text{-}12}$)[55].

Der Text ist schwierig, weil unklar ist, um was für ein synthetisches Urteil a priori es hier geht; man wird wohl am ehesten an den kategorischen Imperativ denken dürfen, vielleicht in der besonderen Form, in der er das höchste Gut zu verwirklichen oder wenigstens zu befördern befiehlt (Reich-der-Zwecke-Formel), wofür die Rede vom 'Postulieren' der Existenz Gottes spricht. Eine weitere Unsicherheit verbindet sich damit, daß rein syntaktisch 'ist zwar nur eine Idee' sich auf 'ein synthetisches Urteil a priori' bezieht, aus sachlichen Gründen jedoch als Aussage über den durch das apriorisch-synthetische Urteil als praktisch notwendig aufgewiesenen Gegenstand (das höchste Gut) oder das 'Einige Wesen' zu verstehen ist, weil ein apriorisch-synthetisches Urteil keine 'Idee', kein Begriff ist, sondern die *Geltung* einer Idee, eines Begriffs aufzeigt. Da es sich nach dem Verständnis Kants um die *praktisch-moralische* Geltung dieser Idee und nicht um ihre theoretisch-wissensmäßige handelt, ist sie theoretisch-wissensmäßig betrachtet *nur* eine Idee, nämlich bloß gedacht, die aber in praktisch-moralischer Hinsicht gedacht werden *muß,* weil sie unbedingt gilt.

Dieser Deutungsversuch bewegt sich ganz im Rahmen von Kants klassischer transzendental-theologischer Postulatenlehre mit den ihr eigenen Problemen[56], wenn er Kants

[54] Sie wurde schematisch in Wimmer 1990 (siehe Anm. 1), 254-259 vorgenommen.

[55] Die eckigen Klammern sind die des Originals.

[56] Dazu vgl. Wimmer 1990 (siehe Anm. 1), § 5.

Rede von einem einigen, höchst vollkommenen, gänzlich bestimmten Wesen, dessen Existenz postuliert bzw. aus seinem Begriff abgeleitet werden kann oder muß, als Rede über Gott versteht. Aber hier liegt die dritte Unklarheit: Von dem Namen oder Begriff Gottes wird nicht ausdrücklich Gebrauch gemacht. So fragt sich denn, ob die im Text vorkommenden, traditionell Gott zugesprochenen Attribute nicht ausschließlich «subjektiv als die Regel der höchsten Vollkommenheit» des *menschlichen* Wesens «gedacht werden» müssen. Die Verdoppelung des Ideals der moralischen Vollkommenheit wäre rückgängig gemacht, und der von Kant in eckige Klammern gesetzte Schlußsatz — wohl eine Anspielung auf Spinoza oder ein ungenaues Spinozazitat[57] — hätte eine unanstößige Bedeutung. Der aber verweist nun seinerseits gerade von dieser anthropologisierenden Interpretation fort, und zwar über Spinoza hinaus auf die anselmische Tradition des Gottesgedankens, so daß sich von diesem Schlußsatz aus eine alternative transzendental-theologische Deutung nahelegt.

Zu Beginn der vierten Seite desselben Bogens ist zu lesen: «Der Satz: es ist ein Gott, ist eine notwendige Hypothese der reinen praktischen Vernunft. Er ist auch der höchste Grundsatz der Transzendentalphilosophie gleich dem Grundsatze, welcher Mathematik u.». Hier bricht der Text ab, und in anderer Schrift folgt der Satz: «Das, dessen Existenz a priori schon mit seinem Begriffe identisch verbunden ist» ($151_{11\text{-}15}$).

Im Unterschied zum vorausgehend besprochenen Text ist hier nun ausdrücklich 1. von Gott und seiner Existenz die Rede, und es wird 2. nicht die Idee Gottes, sondern seine Existenz als «eine notwendige Hypothese der reinen praktischen Vernunft» und die Existenzaussage darüber hinaus als «der höchste Grundsatz der Transzendentalphilosophie» bezeichnet. In anderen Zusammenhängen scheint der Mensch bzw. der Begriff des Menschen, weil 'Copula', Synthese von Gott und Welt, als Vereinigungspunkt und Schlußstein des Systems der Transzendentalphilosophie, die «Anthropologie als Kopula zwischen Kosmo- und Theologie»[58] zu gelten, insofern sowohl der Gottes- wie der Weltbegriff als transzendental notwendige Setzungen des Menschen anzusehen sind. Wird aber von Gottes Existenz im traditionellen Verständnis gesprochen, dann kann nicht der Mensch, sondern nur Gott der Grund alles Wirklichen, auch des Menschen, sein. Weil jedoch der Mensch Gott nicht theoretisch kennen kann, sondern nur praktisch, ihn so aber kennen *muß,* ist er für ihn nach Kant «eine notwendige Hypothese». Aufgrund wessen diese Notwendigkeit besteht, sagt Kant im ersten und zweiten, allerdings nicht beendeten Satz des angeführten Textes nicht. Er scheint dies im darauffolgenden Satz auszusprechen, den ich auf Gott beziehe (und nicht etwa nur auf das Ideal der rein moralischen Vollkommenheit, das dann auch für den Menschen Geltung hat): «[Gott ist] das, dessen Existenz a priori schon mit seinem Begriffe identisch verbunden ist». Demnach muß der Mensch mit moralischer Notwendigkeit den Begriff Gottes und sein Dasein denken.

Diese Notwendigkeit bezeichnet Kant gewöhnlich als 'subjektiv'[59], womit er aber nicht meint, sie sei ungerechtfertigt, ein transzendentaler Schein, bloße Fiktion, reines Als-ob. Worauf beruht sie? Man könnte wieder auf den Gedanken kommen, den Begriff

[57] Vgl. Spinozas *Ethica*, pars prima, def. I, ax. II, VII.

[58] Mahnke (siehe Anm. 53), 68; vgl. 62.

[59] Siehe z.B. den vorherigen Text, 140, 10; vgl. Wimmer 1990 (siehe Anm. 1), § 5.

der reinen praktischen Vernunft und seine Geltung mit der Reich-der-Zwecke-Formel und dem Begriff des bonum consummatum (des höchsten abgeleiteten Guts), also in Kants klassischer transzendentaltheologischer Manier, zu explizieren. Dann wäre man, die Schwierigkeiten der Postulatenlehre allerdings unterschlagend, im Ausgang vom Begriff des unbedingt geltenden Moralgesetzes fast umstandslos bei der Aussage der Existenz Gottes als einer «notwendigen Hypothese» angelangt. Aber hätte man dann Kants anstößig scheinende Formel von Gott als dem, «dessen Existenz a priori schon mit seinem Begriffe identisch verbunden ist', noch ernst genommen? Deshalb besitzt die andere, im Geiste Anselms vorzutragende transzendentaltheologische Interpretationsmöglichkeit wohl die größere Plausibilität hier. Allerdings fehlt auch an dieser Stelle eine ausreichende Begründung für die Möglichkeit einer praktisch-moralischen Ableitung des Gottesbegriffs und seiner Geltung in solchem Geiste, der mit seiner Eliminierung inkompatibel ist.

Schließlich heißt es ebenfalls auf Seite 4 des XI. Bogens: «Gott ist nicht ein außer mir bestehendes Ding, sondern mein eigener *Gedanke.* Es ist ungereimt zu fragen, *ob* ein *Gott sei.* Ein Verbum personale ist zur Grammatik gehörig» ($153_{11\text{-}13}$). Wie den beiden zuvor analysierten Texten fehlt auch diesem eine Umgebung, die sein Verständnis erleichtern könnte. Daß Gott (und seine Existenz) 'mein eigener Gedanke' sei, kann man anderen Stellen im Nachlaßwerk gemäß so verstehen, daß der Mensch aufgrund seiner moralischen Vernunft Gott entweder (a) als Garanten der Realisierung des höchsten Guts (Postulatenlehre) oder (b) in vergegenständlichender personaler bzw. ideeller Verdoppelung der eigenen moralischen Anlage als moralischen Gesetzgeber und Richter bzw. als Ideal moralischer Vollkommenheit denkt. Im Falle (a) wird Gottes Existenz in einer praktisch-moralisch gewendeten Transzendentaltheologie eigens dargetan, im Falle (b) wird die in der Vergegenständlichung und Verdoppelung möglicherweise angelegte Vorstellung von der vom Menschen unabhängigen Existenz Gottes durch deren Aufhebung gerade zurückgenommen. Demnach wäre es ungereimt zu fragen, ob ein Gott sei», weil die Rede von moralischer Vernunft als einem 'Gesetzgeber' und 'Richter' lediglich eine façon de parler, ein «verbum personale» ist, das sich der Oberflächen-«Grammatik» unserer Sprache, der menschlichen Neigung zu personaler Konkretisierung verdankt.

Die sich im Umkreis der Argumentation Anselm von Canterbury bewegende transzendentaltheologische Deutungsalternative wird zwar von Kant auch an dieser Stelle weder entwickelt noch gar begründet. Aber sie ist zulässig, ja unabweisbar, falls es erlaubt ist, das Wort 'Grammatik' in Kants Text mit Wittgensteins Verständnis einer logisch-begrifflichen Tiefen-Grammatik zu verknüpfen, wonach das Wesen von etwas — in diesem Fall: wer oder was Gott ist — sich in der Grammatik der religiösen Lebensform gleichsam 'ausgesprochen' findet und diese Grammatik in der Religionsphilosophie oder in der Theologie reflektiert und analysiert werden kann[60]. Auch in dieser

[60] Ludwig Wittgenstein, *Philosophische Untersuchungen*, Frankfurt a.M. 1960, Teil I, §§ 371 und 373; vgl. meine Studie *Anselms 'Proslogion' als performativ-illokutionärer und als kognitiv-propositionaler Text und die zweifache Aufgabe der Theologie* in: Friedo Ricken (Hrsg.), *Klassische Gottesbeweise in der Sicht der gegenwärtigen Logik und Wissenschaftstheorie* (Münchener philosophische Studien, N.F., Bd. 4), Stuttgart 1991, 174-201.

transzendentaltheologischen Sicht wäre es «ungereimt zu fragen, *ob* ein *Gott sei*». Aber die Ungereimtheit dieser Frage bestünde nicht darin, daß man den Projektionscharakter der Vorstellung von Gott durchschaut hätte, sondern darin, daß man die Lebensform- oder Existenzbezogenheit des Begriffs von bzw. des Denkens an Gott, der insofern immer «*mein eigener* Gedanke» sein muß[61], erkennt. Insofern läßt sich Anselms Rede von der Notwendigkeit des Daseins Gottes nicht bestreiten.

Für Kant hatte ich seinerzeit in einem Ausmaß mit einem anselmischen Verständnis seines Sprechens von Gott gerechnet[62], das ich nach erneuter Analyse seiner Aussagen im Nachlaßwerk nicht mehr behaupten möchte. Selbst jene fünf Stellen, die anselmische Formulierungen aufweisen — nämlich XXI $14_{6f.}$, $92_{3\text{-}9}$, $140_{7\text{-}12}$, $151_{11\text{-}15}$ und $153_{11\text{-}13}$ —, sind, wie gezeigt, alles andere als eindeutig. Hinzukommt, daß Kant ihr partiell anselmisches Erscheinungsbild durch keine eigenen deutenden oder schlußfolgernden, begründenden oder widerlegenden Reden stützt oder als Mißverständnis entlarvt. Daß aber Kant solche Formulierungen überhaupt wagt, verdankt sich m.E. nicht bloß seiner Auseinandersetzung mit Spinoza und seinen spinozistischen Zeitgenossen, sondern vor allem seinem Bestreben, seine Transzendentalphilosophie durch eine transzendentalanthropologische Theologie zu vollenden. Allerdings ließen ihn seine schwindenden physischen und geistigen Kräfte kaum über Andeutungen und erste Ansätze zur Ausführung seines Programms hinausgelangen. Um aber trotzdem eine Vorstellung von dem systematischen Gehalt dieses Programms zu geben und die Richtung anzudeuten, die seine Ausarbeitung durch Kant genommen haben könnte, sei abschließend, nach einer systematisierenden Zusammenfassung der religionsphilosophischen Ansätze Kants im 'Opus postumum', ein Versuch unternommen, es aus dem transzendentalanthropologischen Grundansatz Kants heraus verständlich zu machen.

4. Systematisierende Zusammenfassung von Kants religionsphilosophischen Ansätzen im 'Opus postumum' und ihre Weiterführung im Sinne einer transzendentalanthropologischen Theologie

Kants transzendentalphilosophisches Denken, soweit es sich im 'Opus postumum' mit Fragen der Konstitution von Moral und Religion befaßt, vollzieht sich, so sahen wir, im Rahmen der Ausarbeitung einer transzendentalen Anthropologie, worin die transzendentale Ethik bzw. die transzendentale Theologie den «höchsten Standpunkt» der Transzendentalphilosophie bzw. ihre «Vollendung» darstellt. Aber an vielen Stellen des Nachlaßwerkes scheint Kant, wie dargelegt, für die *Eliminierung* des Gottesbegriffs aus den im Rahmen einer religiös-theistisch orientierten moralischen Kultur theonom gedeuteten moralischen Verpflichtungsphänomenen des Sollens, des Gebotes, des Gewissens zu plädieren. Gott als dem Menschen gegenüber externe Instanz, als Gebieter und Richter stellt dann lediglich eine Selbstobjektivation, eine personalisierende Vergegenständlichung

[61] Hervorhebungen von mir.
[62] Wimmer 1990 (siehe Anm. 1), § 30.

der autonomen moralisch-praktischen Vernunft dar, die zurückzunehmen ist, weil sie den Anschein von Heteronomie bei sich führt. Dieser Zug von Kants Religionskritik folgt im übrigen unmittelbar aus seiner Konzeption einer vernunftgeleiteten Ethik und ist insofern nicht überraschend. Würde sich aber seine transzendentale Anthropologie im 'Opus postumun' auf die so geartete kritische Analyse der moralischen Verpflichtungs- und Geltungsphänomene beschränken, dann fände eine transzendentale Theologie keinen Platz mehr in ihr.

Nun läßt sich aber neben dieser Position einer transzendentalen Anthropologie *ohne* Theologie eine Vielzahl von Ansatzpunkten für eine transzendentale Theologie innerhalb seiner transzendentalen Anthropologie ausmachen. Eine Unterteilung dieser Ansätze könnte so vorgenommen werden, daß man zwischen solchen unterscheidet, die den Gottesbegriff als notwendige Konsequenz aus bestimmten moralischen Geltungs- und Verpflichtungsphänomenen ansehen und entwickeln, und solchen, die dies nicht tun. Zur ersten Gruppe gehört die an einigen wenigen Stellen des 'Opus postumum' erwähnte Postulatenlehre der 'Kritik der praktischen Vernunft' sowie die gelegentlich anklingende Auffassung von Gott als dem Urheber der moralischen Anlage im Menschen (vgl. XXI $92_{3\text{-}9}$), der Kant verschiedentlich in dem von ihm selbst veröffentlichten moral- und religionsphilosophischen Werk äußerst beredt Ausdruck zu verleihen weiß[63]. Zur zweiten Gruppe von Ansätzen in Kants Nachlaßwerk, die den Gottesbegriff nicht oder nicht primär oder unmittelbar aus bestimmten moralischen Geltungs- und Verpflichtungserfahrungen entwickeln, gehören einerseits Stellen von der Art, daß Gott und Welt Correlata seien, die durch den Menschen verknüpft würden, andererseits Äußerungen, die überraschenderweise an Gedankengänge in Anselms 'Proslogion' gemahnen, wonach der rechtverstandene Begriff von Gott seine Realität enthalte. Diese beiden gegenüber jenen der ersten Gruppe nicht mehr funktionalistischen religionsphilosophischen Ansätze seien nun in ihrem begrifflich-systematischen Zusammenhang ein wenig entfaltet[64].

Da ist zunächst der Ausdruck 'Welt' oder 'die Welt'. Dieser Ausdruck ist bei Kant transzendental verwendet, nämlich im Sinne der Totalität all dessen, was prinzipiell der menschlichen Erfahrung und Erkenntnis zugänglich ist und sein Leben und seine Geschichte ausmacht oder ausmachen kann. Somit ist die Welt zwar nicht bloß Menge oder Summe der Gegenstände in ihr; sie ist aber auch nicht selbst ein Gegenstand; denn nur in ihr lassen sich Gegenstände, Zustände und Abläufe durch Zeige-, Kennzeichnungs- und Prädikationshandlungen ausgrenzen. Da die Welt kein Gegenstand ist, ist der Ausdruck 'die Welt' auch kein Eigenname, obwohl er so aussieht wie 'die Sonne' oder 'die Erde'. Den Gebrauch dieses Ausdrucks üben wir ähnlich wie das Wort 'Gegenstand' synsemantisch ein, d.h. in Sätzen wie dem, daß die Welt gut (bzw. schlecht) ist, daß sie von Gott geschaffen ist. Allerdings wird der einzigartige logische Status des Ausdrucks 'die Welt' durch die sprachliche Oberfläschengrammatik derartiger Sätze, die die Welt als Gegenstand (und 'die Welt' als Nominator) erscheinen lassen, dem ein Prädikator zu- oder abgesprochen wird, eingeebnet; sie erscheinen wie gewöhnlich deskriptive Sätze.

[63] Vgl. z.B. Rel., VI 49f.; MS, Tugendlehre VI 483; SF, VII 58f.; 'Von einem neuerdings erhobenen vornehmen Ton in der Philosophie', VIII 402f.; zur Analyse vgl. Wimmer 1990 (siehe Anm. 1), § 13.

[64] Zum folgenden ausführlicher Wimmer 1991 (siehe Anm. 60), 191-194.

Demgegenüber ist aber zu beachten, daß sie die Welt nicht im üblichen Sinne beschreiben oder über sie Feststellungen treffen, weil weder der Subjektausdruck noch die verwendeten Prädikatsausdrücke etwas Bestimmtes von etwas anderem unterscheiden. Sie dienen nicht mehr der Differenzierung von Sachverhalten, die nur *innerhalb* einer Welt vorgenommen werden kann; die Prädikatsausdrücke charakterisieren vielmehr die grundlegende Sicht der Welt im Blick eines einzelnen oder einer Gruppe von Menschen.

Wenn die Welt weder ein Gegenstand ist noch ein Sachverhalt, der von einem Gegenstand ausgesagt werden könnte, der Ausdruck 'die Welt' in dem hier gemeinten, alle Gegenstände und Sachverhalte umfassenden Sinne als weder Nominator noch Prädikator, sondern ein synsemantischer Ausdruck ist, dann ist auch der diesem Ausdruck entsprechende Ausdruck 'Gott' weder designativ noch prädikativ, sondern synsemantisch zu verstehen. Deshalb sind in diesem Verständnis Sätze wie 'Gott hat die Welt geschaffen' in dem üblichen, nämlich metaphysisch-objektivistischen Sinne aufgefaßt, unsinnig. Den (rechten) Gebrauch des Wortes 'Gott' erlernen wir u.a. in Redezusammenhängen, die anhand bestimmter Tätigkeiten oder Widerfahrnisse das lebenspraktische Selbst- und Weltverständnis eines Menschen zum Ausdruck bringen, z.B. durch Wendungen wie 'Gott ist grausam' oder 'Gott hat alles wohl gefügt'. Entsprechend beziehen sich auch Formulierungen wie 'Gott lebt' oder 'Gott ist da' bzw. 'Gott ist tot' oder 'Gott ist abwesend' auf ein ganzes Leben.

Insofern solche Sätze Ausdruck eines bestimmten Welt-, Lebens- und Selbstverständnisses sind, stellen sie entgegen dem sprachlichen Anschein überhaupt keine Aussagen, Feststellungen oder Behauptungen dar, die dann auch bejaht oder verneint, ggf. verifiziert oder falsifiziert werden könnten — Veri- wie Falsifikation sind hier allerdings schon aufgrund des gekennzeichneten besonderen Charakters des Subjektausdrucks ausgeschlossen —, sondern (u.U. mit bestimmten, z.B. rituellen Tätigkeiten verknüpfte) performative Sprechakte einer bestimmten Art, nämlich religiöse *Bekenntnisse*. Bekenntnisse dieser Art, in denen sich eine bestimmte Einstellung zum Leben im ganzen bekundet, lassen keine Begründungen zu, erfordern sie aber, recht verstanden, auch nicht, stellen sie doch den Bezugsrahmen dar, innerhalb dessen Einzelbegründungen überhaupt sinnvoll sind und einen Platz haben können, z.B. bezüglich der Forderung, ein bestimmtes Verhalten oder ein bestimmtes Situationsverständnis zu rechtfertigen. Bekenntnissätze der geschilderten Form als Aussagen, Feststellungen oder Behauptungen oder gar als Theorien oder Theoriestücke aufzufassen, bedeutet demnach ein völliges Mißverstehen ihrer Natur und Funktion. Schließlich ist noch anzumerken, daß der Bekenntnischarakter derartiger Äußerungen, mehr noch aber ihr existentialer Charakter eine konstitutive Sprecherbezogenheit einschließt — heideggerisch ausgedrückt: die Jemeinigkeit des Daseins —, so daß es angemessen ist, ja nahe liegt, sich dergestalt zu äußern: '*Ich* bin glücklich' oder 'Gott ist *mir* gnädig'. Aber sich so auszudrücken ist nicht notwendig, weil die Welt, das Leben, das Selbst, um das es geht, immer das eigene ist.

Richtet man von hier aus den Blick auf Anselms 'Proslogion', so fällt auf:

1. Das 'Proslogion' selbst hat Bekenntnischarakter. Es ist das Bekenntnis eines an Gott Glaubenden, der ein tieferes Verständnis seines Glaubens sucht. Dieses Bekenntnis hat die besondere Form des Gebetes: Es wird nicht nur durch Gebete eingeleitet und abgeschlossen, sondern es ist auch durchzogen von Anrufungen Gottes.

2. Der Bezugspunkt der Auseinandersetzung mit dem Toren hat seinerseits Bekenntnischarakter, wenn es mit Psalm 13/14 bzw. 52/53 heißt: «Der Tor spricht in seinem Herzen: 'Es ist kein Gott'». Es handelt sich um das Bekenntnis eines Ungläubigen. Natürlich bedeutet auch dieses Bekenntnis: Für mich gibt es keinen Gott.
3. Die Kennzeichnung Gottes als 'id quo maius cogitari nequit' muß, in transzendental-anthropologischer Perspektive, bezogen werden auf die Welt bzw. das Leben des Menschen im ganzen, und zwar in dem Sinne, daß Gott so zur Welt des Menschen bzw. zu seinem Leben gehört, daß er Welt und Leben schlechthin übersteigt, in bezug auf sie schlechthin inkommensurabel ist.
4. Andererseits gehört Gott für den wirklich Gläubigen so zu seinem Leben, daß er es ohne ihn nicht führen möchte; ohne ihn hätte das Leben für den Gläubigen keinen unbedingten Sinn oder Wert. Gott ist für ihn also in lebendigem Glauben stets gegenwärtig, stets anwesend, freilich in der für Gott charakteristischen Weise der Verborgenheit, der Transzendenz. 'Vere tu es deus absconditus!»[65]
5. Wie ein Mensch im Vollsinn nur für mich da ist und ich nur für ihn da bin, wenn ich ihm voll zugewandt bin, so ist Gott nur für den da, der an ihn in lebendigem Glauben glaubt. Das heißt aber gerade nicht, daß Gottes Dasein von der Einstellung des Glaubens zu ihm abhängt oder daß die Rede von seinem 'Dasein' oder seiner 'Existenz' lediglich ein uneigentlicher Ausdruck für die Einstellung des Glaubenden zu seinem eigenen Dasein darstellt. Vielmehr ist Gott als Gott, d.h. als derjenige geglaubt, dem sich das eigene Dasein in jeder Hinsicht verdankt und insofern von ihm absolut unabhängig ist, der nämlich im Unterschied zum eigenen kontingenten Dasein derjenige ist, der nicht nicht sein kann und ohne den nichts sein kann.
6. Aber dieser Begriff von Gott läßt sich nur in bezug auf das eigene Dasein, das Leben im ganzen, die Welt als ganze bilden; er läßt sich nur synsemantisch einführen. Allerdings zwingt nichts zu seiner Einführung bzw. zum Glauben an Gott und sein Dasein[66]. Die Rede von Gott bzw. die religiöse Lebensform ist so grundlegend, daß sie sich nicht auf etwas anderes zurückführen oder auf es gründen oder abstützen läßt; sie kann nicht weiter rational, z.B. transzendental, gerechtfertigt werden.
7. Das besagt aber nicht, daß man sich Gott bzw. dem religiösen Standpunkt gegenüber neutral verhalten könnte, vorausgesetzt, man hat wirklich erfaßt, worum es hier geht: Gott, dem sich alles verdankt und deshalb allem nahe ist, wenn auch wesentlich verhüllt aufgrund seiner Transzendenz. Ist so das eigene Dasein als das begriffen, das ohne Gott nicht sein kann, Gott also als der, ohne den nichts ist, dann wird begreiflich, daß es keine Diastase zwischen dem Begriff von Gott und seiner Existenz geben kann: Wenn, wie der Glaubende bekennt, ohne Gott nichts existiert, dann ist mit dem Begriff von ihm als dem Schöpfer von allem auch seine Existenz immer schon mitgesetzt und mitgeglaubt, so daß

[65] Jes. 45, 15 Vulg.; vgl. Blaise Pascal, *Pensées*, ed. L. Brunschvicg, Frgt. 242 und 585; ed. J. Chevalier, Frgt. 366 und 598; ed. F. Strowski, Frgt. 19 und 445.

[66] Gegen Peter Knauer, der meint, Beschreibung und Erklärung der Welt im ganzen stellten ein Widerspruchsproblem, zu dessen Auflösung die Annahme des Daseins Gottes erforderlich sei (*Verantwortung des Glaubens. Ein Gespräch mit Gerhard Ebeling aus katholischer Sicht* [Frankfurter theologische Studien Bd. 3], Frankfurt a.M. 1969, 43-45). Der Anschein von Widersprüchen kommt aber nur durch die Wahl des spezifischen aristotelisch-scholastischen Beschreibungsvokabulars zustande.

Kants Aussage gilt: Gott ist «das, dessen Existenz a priori schon mit seinem Begriffe identisch verbunden ist» (XXI $151_{14f.}$).

Auswahlbibliographie

A. Theologie- und philosophiegeschichtlicher Hintergrund

BARTH, Karl: Die protestantische Theologie im 19. Jahrhundert, ²Zollikon/Zürich 1952

BOHATEC, Josef: Die Religionsphilosophie Kants in der «Religion innerhalb der Grenzen der bloßen Vernunft». Mit besonderer Berücksichtigung ihrer theologisch-dogmatischen Quellen, Hamburg 1938, Nachdruck Hildesheim 1966

EBBINGHAUS, Julius: Luther und Kant, in: ders.: Gesammelte Schriften Bd. 3, hrsg. v. H. Oberer und G. Geismann, Bonn 1990, 39-75

LEMP, Otto: Das Problem der Theodicee in der Philosophie und Literatur des 18. Jahrhunderts bis auf Kant und Schiller, Leipzig 1910

LÖTZSCH, Frieder: Zur Genealogie der Frage «Was ist Aufklärung?». Mendelssohn, Kant und die Neologie, in: Theokratia. Jahrbuch des Institutum Judaicum Delitzschianum II, 1970-72, Festgabe für K.H. Rengstorf zum 70. Geburtstag, Leiden 1973, 307-322

LÖTZSCH, Frieder: Vernunft und Religion im Denken Kants. Lutherisches Erbe bei Immanuel Kant, Köln Wien 1976

SCHULTZ, Werner: Kant als Philosoph des Protestantismus, Hamburg-Bergstedt 1960

WINTER, Alois: Kant zwischen den Konfessionen, in: Theologie und Philosophie 50 (1975) 1-37

WINTER, Alois: Theologische Hintergründe der Philosophie Kants, in: Theologie und Philosophie 51 (1976) 1-51

B. Zur Entwicklung der Religionsphilosophie Kants

BEYER, Kurt: Kants Vorlesungen über die philosophische Religionslehre, Halle 1937

CORTINA, Adela: Die Auflösung des religiösen Gottesbegriffs im Opus postumum Kants, in: Kant-Studien 75 (1984) 280-293

LAMACCHIA, Ada: «Dio persona» nell' Opus Postumum di Kant, in: Annali della Facoltà di Lettere et Filosofia [Bari] VIII (1963) 27-48

LAMACCHIA, Ada: Le «Lezioni accademiche di filosofia della religione» di Emmanuele Kant, in: Annali della Facoltà di Lettere et Filosofia [Bari] IX (1964) 119-186

LAMACCHIA, Ada: La Filosofia della Religione in Kant. I: Da Dogmatismo teologico al Teismo morale (1775-1783), Manduria 1969

REDMANN, Horst-Günter: Gott und Welt. Die Schöpfungstheologie der vorkritischen Periode Kants, Göttingen 1962

SCHWEITZER, Albert: Die Religionsphilosophie Kants von der Kritik der reinen Vernunft bis zur Religion innerhalb der Grenzen der bloßen Vernunft, Freiburg i.Br. 1899, Nachdruck Hildesheim 1979

C. Allgemeine Darstellungen

BRUCH, Jean-Louis: La philosophie religieuse de Kant, Paris 1968

DESPLAND, M.: Kant on History and Religion, Montreal/London 1973

HALDER, Alois: Immanuel Kant: Religion im Verhältnis von Grund und Abgrund, in: ders./K. Kienzler/J. Möller (Hrsg.), Sein und Schein der Religion, Düsseldorf 1983, 16-38

MacKINNON, D.M.: Kant's Philosophy of Religion, in: Philosophy 50 (1975) 131-144

MANCINI, Italo: Kant e la teologia, Assisi o.J. [1975]

REARDON, B.M.G.: Kant as Philosophical Theologian, Basingstoke/London 1988

REBOUL, Olivier: Kant et la religion, in: Revue d'histoire et de philosophie religieuses 50 (1970) 137-153

SCHMALENBACH, Hermann: Kants Religion, Berlin 1929

SCHULZE, Martin: Kants Religion innerhalb der Grenzen der bloßen Vernunft, Königsberg 1927

SESSIONS, William Lad: Kant and Religious Belief, Kant-Studien 71 (1980) 455-468

TROELTSCH, Ernst: Das Historische in Kants Religionsphilosophie. Zugleich ein Beitrag zu den Untersuchungen über Kants Philosophie der Geschichte, in: Kant-Studien 9 (1904) 21-154

VANCOURT, R.: Kant et la solution rationaliste du problème des religions, in: Mélanges de science religieuse 22 (1965) 153-159; 24 (1967) 85-105

WEBB, Clement C.J.: Kant's Philosophy of Religion, Oxford 1926

WIMMER, Reiner: Kants kritische Religionsphilosophie, Berlin 1990

WOOD, Allen W.: Kant's Moral Religion , Ithaca, N.Y./London 1970

WUNDT, Max: Kant als Metaphysiker, Stuttgart 1924

ZAC, Sylvian: Religion naturelle et religions révelées selon Kant, in: Revue de métaphysique et de morale 73 (1968) 105-126

D. Das radikale Böse

ANDERSON-GOLD, S.: Kant's Rejection of Devilishness. The Limits of Human Volition, in: Idealistic Studies 14 (1984) 35-48

CARNOIS, B.: La cohérence de la doctrine kantienne de la liberté, Paris 1973

FITTBOGEN, Gottfried: Kants Lehre vom radikalen Bösen, Kant-Studien 12 (1907) 303-360

JASPERS, Karl: Das radikale Böse bei Kant, in: ders.: Über Bedingungen und Möglichkeiten eines neuen Humanismus, Stuttgart 1962, 53-81

KONHARDT, K.: Die Unbegreiflichkeit der Freiheit. Überlegungen zu Kants Lehre vom Bösen, in: Zeitschrift für philosophische Forschung 42 (1988) 397-416

LABERGE, Pierre: Kant et le problème du mal, in: Dialogue [Canada] 14 (1975) 319-331

LÖWITH, Karl: Die beste aller Welten und das radikal Böse im Menschen, in: ders.: Wissen, Glaube und Skepsis (= Sämtliche Schriften 3), Stuttgart 1985, 275-297

MICHALSON, Gordon E.: The Inscrutability of Moral Evil in Kant, in: The Thomist 51 (1987) 246-269

PLAT, J.: Het radicale kwaad en de bekering bij Kant, in: Tijdschrift voor Filosofie 40 (1978) 379-417

REBOUL, Oliver: Kant et le problème du mal, Montréal 1971

ROSENFIELD, D.L.: Du mal. Essai pour introduire en philosophie le concept de mal, Paris 1989

WATTÉ, Pierre: Structures philosophiques du péché originel. S. Augustin, S. Thomas, Kant, Gembloux 1974

C. Christologie

GILBERT, Paul: La Christologie sotériologique de Kant, in: Gregorianum 66 (1985) 491-514

MacCARTHY, Vincent A.: Quest for a Philosophical Jesus. Christianity and Philosophy in Rousseau, Kant, Hegel, and Schelling, Macon, Georgia 1986

MacCARTHY, Vincent A.: Christus as Chrestus in Rousseau and Kant, in: Kant-Studien 73 (1982) 191-207

RENZ, Horst: Geschichtsgedanke und Christusfrage. Zur Christusanschauung Kants und deren Fortbildung durch Hegel, Göttingen 1977

STAEPS, H.: Das Christusbild bei Kant, Kant-Studien 12 (1907) 104-116

TILLIETTE, Xavier: Le Christ de la philosophie. Prolégomènes à une christologie philosophique, Paris 1990

VENTURELLI, Domenico: La christologia filosofica di Kant, in: ders., Etica e fede filosofica. Studi sulla filosofia di Kant, Napoli 1989, 113-145

D. Kirche, Reich Gottes, Erlösung, Gnade, Hoffnung, Gebet

BLUMENBERG, Hans: Kant und die Frage nach dem «gnädigen Gott», in: Studium Generale 7 (1954) 554-570

HABICHLER, Alfred: Reich Gottes als Thema des Denkens bei Kant. Entwicklungsgeschichtliche und systematische Studie zur kantischen Reich-Gottes-Idee , Mainz 1991

MICHALSON, Gordon E.: Moral Regeneration and Divine Aid in Kant, in: Religious Studies 25 (1989) 259-270

MILZ, Bernhard: Dialektik der Vernunft in ihrem praktischen Gebrauch und Religionsphilosophie bei Kant, in: Theologie und Philosophie 63 (1988) 481-518

QUATTROCCHI, Pietro: Communità religiosa e società civile nel pensiero di Kant, Firenze 1975

ROSSI, P., Kant as a Christian Philosopher. Hope and the Symbols of Christian Faith, in: Philosophy Today 25 (1981) 24-33

SALA, Giovanni B.: Kant und die Theologie der Hoffnung, in: Theologie und Philosophie 56 (1981) 92-110

SCHAEFFLER, Richard: Was dürfen wir hoffen? Darmstadt 1979

SCHAEFFLER, Richard: Kant als Philosoph der Hoffnung, in: Theologie und Philosophie 56 (1981) 244-258

SCHILSON, Arno: Ethik und Geschichte. Die Metamorphose des 'Reiches Gottes' in Aufklärunung und Idealismus, in: Wißmann, Hans (Hg.), Zur Erschließung der Zukunft in den Relgionen, Würzburg 1991, 135-165

VOSSENKUHL, Wilhelm: The Paradox in Kant's Rational Religion, in: Proceedings of the Aristotelian Society NS 88 (1987/88) 179-192

WINTER, Alois: Gebet und Gottesdienst bei Kant: nicht «Gunstbewerbung», sondern «Form aller Handlungen», in: Theologie und Philosophie 52 (1977) 341-377

E. Kant und die Heilige Schrift

KAISER, Otto: Kants Anweisung zur Auslegung der Bibel. Ein Beitrag zur Geschichte der Hermeneutik, in: Neue Zeitschrift für systematische Theologie und religiöse Philosophie 11 (1969) 125-138

KATZER, Ernst: Kants Prinzipien der Bibelauslegung, in: Kant-Studien 18 (1913) 99-128

TERNAY, Henri d'Aviau de: Traces bibliques dans la loi morale chez Kant, Paris 1986

VINCENT, Gilbert: Kant et l'Ecriture, in: Revue d'histoire et de philosophie religieuses 55 (1975) 55-70

YOVEL, Y.: Bible Interpretation as Philosophical Praxis. A Study of Spinoza and Kant, in: Journal of the History of Philosophy 11 (1973) 189-212.

F. Wirkungsgeschichte, Vergleiche

CASULA, Mario: L'illuminismo critico. Contributo allo studio dell' influsso del criticismo kantiano sul pensiero morale e religioso in Germania tra il 1783 et il 1810, Milano 1967

FLÜGGE, Christian Wilhelm: Versuch einer historisch-kritischen Darstellung des bisherigen Einflusses der Kantischen Philosophie auf alle Zweige der wissenschaftlichen und praktischen Theologie, Hannover 1796, Nachdruck Hildesheim 1982

GREEN, Ronald M.: The Limits of the Ethical in Kierkegaard's 'The Concept of Anxiety' and Kant's 'Religion within the Limits of Reason Alone', in: Robert L. Perkins (ed.), International Kierkegaard Commentary: The Concept of Anxiety, Macon, Georgia 1985, 63-87

MALTER, Rudolf: Zeitgenössische Reaktionen auf Kants Religionsphilosophie. Eine Skizze zur Wirkungsgeschichte des Kantischen und des reformatorischen Denkens, in: Bucher, A.J./Drüe, H./Seebohm, Th.M.: bewußt sein. Gerhard Funke zu eigen, Bonn 1975, 145-167

OLIVIER, P.: Métaphysique et religion. Kant, Hegel, Heidegger, Etudes, in: Recherches de science religieuse 72 (1984) 219-242

Personenverzeichnis

Miriam Althammer, Anja K. Arend, Eike Wittrock (Hg.)

Moderner Tanz – revisited

Jahrbuch TanzForschung 2024

[transcript]

Unser besonderer Dank geht an die Musik und Kunst Privatuniversität der Stadt Wien (MUK), die Kulturstiftung Essen und die Folkwang Universität der Künste, die durch ihre Förderungen diese Veröffentlichung ermöglicht haben.

Bibliografische Information der Deutschen Nationalbibliothek
Die Deutsche Nationalbibliothek verzeichnet diese Publikation in der Deutschen Nationalbibliografie; detaillierte bibliografische Daten sind im Internet über https://dnb.dnb.de/ abrufbar.

Hermannstraße 26 | D-33602 Bielefeld | live@transcript-verlag.de

Umschlagkonzept: Kordula Röckenhaus
Umschlagabbildung: Der rumänische Tänzer Trixy Checais in einem seiner Solos in den 1930er Jahren. Foto aus der Schenkung von Andreea Roșca an das Archiv des National Dance Centre Bucharest (CNDB). Neu interpretiert wurde das Foto durch den Künstler Cornel Lazia im Rahmen des Projekts *Scanning the Archive* (2019). © Archiv des National Dance Centre Bucharest (CNDB)
Druck: Druckhaus Bechstein GmbH, Wetzlar
Wissenschaftlicher Beirat: Dr. Christina Rosenberg-Ahlhaus
Englisches Lektorat: Jazmina Figueroa
https://doi.org/10.14361/9783839438442
Print-ISBN: 978-3-8376-7593-1 | PDF-ISBN: 978-3-8394-3844-2

Gedruckt auf alterungsbeständigem Papier mit chlorfrei gebleichtem Zellstoff.

Inhalt

Connecting the Dots
Netzwerke

Bodies and Desires
Körper und Begehren

Learning Scenarios
Szenarien des Lernens

Anhang

Moderner Tanz – revisited

Netzwerke, Figuren, Theorien neu betrachten

Miriam Althammer, Anja K. Arend, Eike Wittrock

Abb. 1: Tanzende am Lago Maggiore bei Ascona. Von links nach rechts: Betty Baaron Samoa, Totimo (?), Isabelle Adderly (?), Katja Wulff, Maja Lederer, Rudolf Laban, Suzanne Perrottet. Fotografie: Johann Adam Meisenbach. 1914, Autochromplatte, Kunsthaus Zürich, Bibliothek, Nachlass Suzanne Perrottet, 1990 © Erben Johann Adam Meisenbach. https://digital.kunsthaus.ch/viewer/image/78924/

Eine Verkettung von Körpern, Ausfallschritt nach rechts, Arme angewinkelt. Vorne fast aufrecht, nach hinten immer stärker in die Knie gehend – als ob sie sich in die Tiefe des Raums (und der Zeit?) verkriechen würden. Sie tragen antikisierende Tuniken in den Farben des Regenbogens, in lila, gelb, grün, orange, rot, braun und blau, mit einfachen Kordeln zusammengebunden. Ein Reigen auf einer sattgrünen Graswiese, gerahmt von Bäumen mit gewaltigem Blätterwerk. Dahinter tiefblaugrünes Wasser und ein Bergpanorama, mit nur wenigen Häusern am Fuße. Es ist der Beginn einer Bewegung, in die verschiedene Personen unterschiedliche Energien einbringen. Nur die Person ganz vorne macht nicht wirklich mit. Betty, so heißt sie, schaut uns fragend an.

Das Bild dokumentiert eine der Ur-Szenen des Modernen Tanzes. Es gehört zu einer Reihe von Fotografien, die Johann Adam Meisenbach im Sommer 1914 auf dem Monte Verità kurz vor Ausbruch des 1. Weltkrieges aufnahm, um diese frühen Tanz-Experimente zu dokumentieren. Hier, in jener berühmten Kommune, Kooperative und Künstler*innen-Kolonie in Ascona am Rande des Lago Maggiore, versuchten Tänzer*innen wie Mary Wigman und Rudolf Laban gemeinsam mit Anarchist*innen, Nudist*innen, Pazifist*innen und Vegetarier*innen das Leben in all seinen Aspekten zu reformieren und eine gesellschaftliche Utopie zu realisieren – als Gegenentwurf zur gefühlten Entfremdung des urbanen Lebens und der Industrialisierung der Moderne des frühen 20. Jahrhunderts. Moderner Tanz – als künstlerisches Phänomen wie auch als pädagogische Praxis – entfaltete sich im Rahmen der Lebensreform, für die der Körper zentraler Ansatzpunkt war, um ›zurück zur Natur‹ zu gelangen. An Orten wie dem Monte Verità, Hellerau oder Loheland wurden nicht nur räumliche Utopien, sondern auch körperliche probiert, die auf individuellen Ausdruck und Freiheit zielten.

In der deutschsprachigen Tanzwissenschaft ist diese Lesart des Modernen Tanzes kanonisch geworden (vgl. Huschka 2012, Fleischle-Braun/Obermaier/Temme 2017). Doch spätestens seit 2022 die Praxis des Modernen Tanzes in Deutschland zum immateriellen Kulturerbe der Menschheit ernannt wurde, ist es an der Zeit diese – kulturpolitisch, aber auch epistemologisch – immer noch wirkmächtigen Narrative zu hinterfragen.[1] Insbesondere in Zeiten

1 Dieser Band dokumentiert die Ergebnisse der Jahrestagung der Gesellschaft für Tanzforschung *(Un-)Sichtbarkeiten – Moderner Tanz Re-Visited*, die vom 19.–21.09.2024 an der Folkwang Universität der Künste stattfand, und von den Herausgeber*innen gemeinsam mit Claudia Fleischle-Braun und Christiana Rosenberg-Ahlhaus organisiert wurde.

des Erstarkens rechtspopulistischer und rechtsextremer Politiken in Europa und den aktuellen Kriegen um Land, ethnische Zugehörigkeit und nationale Selbstbestimmung, die im Schatten imperialer Geschichte von postsowjetischen bis zu siedlerkolonialen Kontexten geführt werden, ist ein genauer und kritischer Umgang mit kulturellem Erbe unumgänglich.

Betty schaut uns an und fragt: Was machen wir hier? Was wollt ihr von mir? Was genau möchtet ihr von uns lernen? Wessen Erbe wird hier weitergegeben? Seid ihr überhaupt erbberechtigt? Und wie deutsch ist eigentlich der Moderne Tanz?

Mit diesem Band befragen wir eine über hundertjährige Tanztradition auf ihre Ideen, ihr Erbe und ihre Einbettung in heutige Diskurse. Wir knüpfen damit an eine Auseinandersetzung mit der Geschichte des Modernen Tanzes im nationalsozialistischen Deutschland an, die Autorinnen wie Marion Kant, Hedwig Müller, Patricia Stöckemann, Susan Manning und Laure Guilbert vor über 30 Jahren angestoßen haben (Müller/Stöckemann 1993, Kant/Karina 1996, Guilbert 2000, Manning 2006).[2] Und es war uns ein großes Anliegen, diese Beschäftigung mit internationalen Kolleg*innen zu teilen[3] und den Modernen Tanz in seiner Komplexität zu beschreiben.

In *Dancing on Violent Ground* untersucht Arabella Stanger, inwiefern die Utopien von euro-amerikanischem Bühnentanz mit *dispossession*, mit Praktiken der Enteignung, verbunden sind. Wie können »practices of dance – as joyful, healing and politically transgressive as they may be for the individuals who experience them, and as valorized as they are for these reasons in dance scholarship – can contribute to processes of violence?« (Stanger 2021: 5). Wie finden sich zum Beispiel die ambivalenten Ideologien des Siedlungsprojekts Monte Verità und der Lebensreform in Labans Praktiken wieder? Labans Tanz-Utopien, so Stanger, schmieden »intimate connections between body, soul, and natural landscape, animating some of the core convictions of *völkisch* thought: that human nature is indexed by its harmony with the natural world

Ein besonderer Dank geht an Aline Braun und Marius Ledwig für die Unterstützung bei der Durchführung der Konferenz.

2 Die Keynotes der Tagung wurden von Laure Guilbert, Susan Manning und Arzu Öztürkmen gehalten.

3 Tagungsteilnehmer*innen kamen u.a. aus Deutschland, Österreich, USA, England, Frankreich, Türkei, Russland, Litauen, Lettland, Rumänien, Polen, Griechenland, Israel, Argentinien, Chile und Brasilien.

and that to repair the atomized present is to root bodily experience, both physical and spiritual, in the land.« (Stanger 2021: 106, siehe auch Keilson 2019)

Die Präsenz von Betty Baaron Samoa, einer Schwarzen Frau, in Labans frühen Tanzexperimenten auf dem Monte Verità verkompliziert das Narrativ – hebelt aber keineswegs Stangers These aus, dass im Zentrum von Labans Projekt der Wiederherstellung von Menschlichkeit (»restoring human essence to humans«) der *weiße* nackte weibliche Körper steht (vgl. Stanger 2021: 107). Ganz im Gegenteil: die Position, die Betty in der Gruppe um Laban diskursiv zugewiesen wird (**Katja Schneider** in diesem Band, sowie Schneider 2023 und Diagne/Ruprecht/Wittrock 2022), untermauert Stangers These der rassistisch motivierten *dispossession* – der Enteignung, dem Absprechen der Zugehörigkeit zum Modernen Tanz. Betty verschwindet – aus bisher nicht geklärten Gründen – nach dem 1. Weltkrieg aus den Erzählungen.

Nicht jedem Körper wurde Zugang zur Utopie gewährt. Der Moderne Tanz war nie *weiß*, er wurde *weiß* gemacht. *Race* ist jedoch nur eine Dimension von Körperlichkeit, auf deren Basis Zugehörigkeiten zum utopischen Projekt der Moderne verhandelt werden. Den Zugang erschweren auch Herkunft und soziale Position, ›Stilhöhe‹, Behinderung und Sexualität. Meisenbachs Fotografie wirft so auch die Frage auf, innerhalb welcher Kartografien und Geografien der Moderne Tanz verortet wird und welche Regionen (Ästhetiken, Praktiken…) bisher peripheralisiert wurden.

Betty gehört für uns zum Modernen Tanz.[4] *Wie auch Elsa, Tile, Andrée, Tamara, Floria, Maga, Hilde, Wy, Aida, Carmen, Gertrude, Bob, Trixy, Selma, Azade, Isolde, Helba, Natalia, und alle anderen, deren Namen wir nicht kennen. Aber wer weiß, ob sie noch dazu gehören wollen, nach allem was passiert ist.*

Die Praxis, die wir mit diesem Band anstoßen möchten und für die die hier versammelten Beiträge einen Aufschlag bieten, ist ein *revisiting*. Die Moderne ist vielfältiger, komplexer und widersprüchlicher als bisher in der deutschsprachigen Tanzwissenschaft beschrieben, und sie ist ein schwieriges Erbe. Die Archive bieten eine Fülle an Materialien zu bisher unerzählten Aspekten, Figuren, Konstellationen und Praktiken wie auch Theoretisierungen und Histo-

---

4 Mariama Diagne hat an der LMU München das Betty Center for Movement Research ins Leben gerufen, das sich – im Namen von Betty – der »dezentrale[n] Bewegungsforschung von der Peripherie« her verschrieben hat. http://bettycenter.de

risierungen, die uns auffordern, sie erneut zu betrachten. Dies wollen wir in Netzwerken tun. Daher rufen wir zum *visiting* auf, zu gegenseitigen Besuchen.

Die Beiträge sind in fünf Kapiteln nach inhaltlichen Aspekten lose gruppiert. Initialen **Standortbestimmungen** folgend werden **Netzwerke**, **Körper und Begehren** untersucht, **Perspektivwechsel** vorgenommen und abschließend **Szenarien des Lernens** vorgestellt. Die Sprache dieses Bandes ist – jenseits dieser Einleitung – vornehmlich Englisch, was den internationalen Netzwerken der Moderne geschuldet ist und für die internationale Vernetzung der aktuellen Tanzforschung im deutschsprachigen Raum spricht.

In den letzten Jahren lässt sich eine verstärkte Auseinandersetzung mit Tanzgeschichte als kulturellem Erbe verzeichnen, sowohl auf künstlerischer, akademischer als auch auf kulturpolitischer Ebene. Initiativen der Kulturstiftung des Bundes, wie Tanzplan Deutschland, das Revival der Tanzkongresse und die Förderinitiative Tanzfonds Erbe, sowie schließlich die erfolgreiche Ernennung der Praxis des Modernen Tanzes in Deutschland zum immateriellen Kulturerbe der Menschheit, sind Bestrebungen, die Kunstform und Körperpraxis Tanz durch Historisierung aufzuwerten (vgl. Wittrock 2020, Petkovski 2023). Überraschend wenige dieser Projekte hatten ein Interesse daran, sich kritisch mit den Ideen nationalistischer Tanzgeschichtsschreibung auseinanderzusetzen. Sie schienen stattdessen darauf aus, Deutschland als besonderes Tanzland zu begreifen und beförderten damit (ungewollt) die Idee, dass Moderner und Zeitgenössischer Tanz irgendwie deutsch seien, statt deren transnationales Potenzial zu betonen. Wurde von Tanzerbe gesprochen, blieb meist ausgespart, was **Thomas Kampe** in seinem Beitrag über das Verhältnis von Tile Rössler und Gret Palucca »incovenient heritage« nennt.[5]

Zumindest im deutschen Erbrecht gibt es kein selektives Erben. Entweder wir erben alles, oder gar nichts.

»[H]istories of modern dance that integrate the nuance and detail of national approaches with the sweep and breadth of transnational approaches« (Manning 2025: 204) fordert Susan Manning in *Nation and World in Modern Dance* (2019). Manning rekurriert hier auf die Pluralität von Geschichtsschreibung

---

5 Zu den Projekten des Tanzfonds Erbe, die sich mit den ›lästigen‹ Aspekten des Erbes beschäftigt haben, zählen Jochen Rollers *The Source Code* (www.thesourcecode.de/), der *Versuch über das Turnen* vom Kollektiv Hauptaktion und das Julius-Hans-Spiegel-Zentrum.

allgemein und verweist auf die vielschichtigen Verschränkungen des Modernen Tanzes mit nationalen, nationalistischen, aber auch transnationalen Erzählungen und Identitätsstiftungen. In ihrem Text zu diesem Band exemplifiziert **Susan Manning** die unterschiedlichen Herangehensweisen in einem Vergleich von zwei tanzhistorischen Ausstellungsprojekten in Berlin und New York. Damit macht sie einleitend deutlich, was viele Beiträge dieses Bandes fordern: nämlich eine Ausdifferenzierung des Begriffs des Modernen Tanzes. Ein homogener Moderne-Begriff scheint schon länger obsolet, besonders in einer transnational und global ausgerichteten Tanzforschung. Doch wie lässt sich bei einer Pluralisierung von *modernities*/Modernen die Gefahr vermeiden, dass diese als voneinander unabhängig wahrgenommen werden? Wäre es nicht zu einfach, einer Moderne, die sich etwa mit den nationalsozialistischen Strömungen in der Weimarer Republik eingelassen hat, eine andere linke, systemkritische Moderne entgegenzustellen, die eine – unbequeme – gegen die andere – bequemere – auszutauschen? Um sowohl der Vielfalt der Modernen als auch ihrer Spezifik als Moderne gerecht zu werden, erscheint uns eine Abkehr von einem formalistisch geprägten Verständnis der Moderne gewinnbringend. Diese, auf dem US-amerikanischen Kunstkritiker Clement Greenberg basierende Betrachtung der Moderne als kontinuierliche Progression hin zur Abstraktion, prägt nach wie vor nicht nur die angloamerikanische, sondern auch die zentraleuropäische (Tanz-)Forschung seit Jahrzehnten.

Kate Elswit und Jens Giersdorf schlagen den Rückgriff auf Theodor W. Adornos Überlegungen zur Moderne vor, um gerade der für Deutschland zentralen Verbindung von Tanz und Politik nachzukommen. Elswit betont das Potenzial von Adornos Überlegungen zu einer stärkeren Einbeziehung des politischen und sozialen Kontexts in die Betrachtung der Kunst der Moderne, insbesondere für eine zeitgenössische Erinnerungskultur. (Elswit 2014: 142f.; siehe auch Giersdorf 2014: 83–90, und 2017)

Eine weitere Möglichkeit legt die bulgarische Historikerin, Balkanologin und Orientalistin Maria Todorova vor, wenn sie zwischen den Begriffen Moderne, Modernismus und Modernität differenziert. Während Modernismus häufig als kulturelle Reaktion auf die Herausforderungen der Moderne verstanden wird, beschreibt Modernität ein soziales und historisches Phänomen, das eng mit Industrialisierung, Urbanisierung, Kapitalismus und der Bildung von Nationalstaaten verknüpft ist. Besonders im Kontext Ost- und Südosteuropas bzw. Teilen des ehemaligen Osmanischen Reiches wird Modernität als verspätet oder »unvollständig« wahrgenommen, was zu Konzepten wie

»Rückständigkeit« und »plurale Modernitäten« führt. Todorova betont vor diesem Hintergrund, dass Modernität nicht homogen ist, sondern von unterschiedlichen historischen, kulturellen und politischen Dynamiken geprägt wird (vgl. Todorova 2010: 4–22; Todorova 2005: 140–164).

Einem Verständnis folgend, dass die Moderne nicht ausschließlich als formal-ästhetisch versteht, widmen sich zahlreiche Beiträge unseres Bandes gesellschaftlichen und politischen Kontexten. Die Moderne spiegelt sich im Tanz, und der Tanz spiegelt sich in der Moderne – und zwar in vielen Modernen: in Deutschlands brüchiger Geschichte, in Osteuropa zwischen osmanisch, slawisch, national und regional geprägten Identitäten, im Britischen Mandatsgebiet Palästina/Israel zwischen Kolonialismus, Staatsgründung und Kulturutopie. Die gerade in Europa eng mit imperial geprägten Gesellschafts- und Herrschaftsordnungen, einem enormen Bedeutungszuwachs von Nationalstaaten, aufkommenden nationalistischen bis faschistischen und autokratischen Bewegungen und letztendlich dem Zivilisationsbruch des Holocaust verbundene moderne Lebenserfahrung spiegelt sich unausweichlich in den Tanzmodernen – genauso aber auch die emanzipatorischen und utopischen Anteile dieser Bewegung wie Lebensreform, Emanzipationsbewegungen von Frauen und homosexuellen Männern oder Arbeiterkultur.

In vielen Regionen zeichnet sich die Moderne durch die Erfindung und Etablierung von Nationalstaaten aus. Unsere heutige Realität ist nach wie vor stark geprägt von dieser politisch-geografischen Einteilung der Welt in klar abgegrenzte politische und (imaginierte) kulturelle Einheiten, wie Benedict Anderson es benennt (siehe Anderson 2005). Diese Einteilung bildet nicht nur den Kontext der Entwicklungen des Modernen Tanzes, sondern wurde auch durch ihn geformt und inhaltlich ausgestaltet (und im Falle der UNESCO-Auszeichnung wird er das nach wie vor). Die Proklamation einer deutschen Tanzmoderne akzeptiert eine Gleichsetzung kultureller, ästhetischer und politischer Grenzen, die bei einer genaueren Betrachtung der historischen Quellen, wie dieser Band zeigt, in keiner Weise haltbar ist.

Und um welches Deutschland würde es sich hier denn eigentlich handeln? Das von 1914, 1920, 1934, 1943, 1946, 1950, 1983, 1991 oder 2025? Und in welchem Verhältnis stehen das Habsburger Reich, Österreich, die Schweiz, Polen und Litauen, Slowenien oder Serbien zu diesem Deutschland?

In Zeiten eines erstarkenden Geschichtsrevisionismus erscheint es uns notwendig, die mit der Konstruktion von Nation, Volk und nationaler Kultur –

mal loser, mal deutlicher – verbundenen Aspekte des Modernen Tanzes neu zu betrachten und mit einem Blick auf ihre transnationalen Verflechtungen zu perspektivieren. Denn allzu lang war die Geschichtsschreibung über den Modernen Tanz eine national-orientierte, in der das Verhältnis zur Nation selten gezielt thematisiert, aber in vielen Fällen unterschwellig als gegeben gesetzt wurde.

Identitäten werden kreiert durch Politiken im und über Tanz. Im so genannten ›Volksgut‹ – in Liedern, Tänzen, lokalen und ruralen Praktiken wurde nach mitunter als subversiv verstandenen neuen Identitäten gesucht, um diese weiter auszuformen und vor allem zu stärken. Tanz wurde so in vielen europäischen Ländern zum Träger nationaler Identitäten. Die Frage, wie Tanzpraktiken dazu beitrugen, Modernisierungsprozesse voranzutreiben, europäische bzw. globale Identitäten zu konstruieren, diese aber auch auf gefährliche Art und Weise zu essentialisieren, zeigen die Texte von **Miriam Althammer**, **Susanne Foellmer** und **Arzu Öztürkmen.** In ihrer Beschäftigung mit Archivmaterialien zu Maga Magazinović und Floria Capsali, die die Netzwerke und Übertragungswege von Praktiken in Südosteuropa nachzeichnen, verweist **Althammer** unter anderem darauf, welche Rolle Volkstänze in der Herausbildung kultureller (Tanz-)Identitäten einnehmen. **Foellmer** führt in ihrem Beitrag tänzerisch geformte Geh-Bewegungen der Moderne, jene von Isadora Duncan und Aida Overton Walker, eng, und macht deutlich, wie über den Tänzer*innen-Fuß rassifizierte ideologisch-ästhetische Unterscheidungen gezogen werden. Und **Öztürkmen** untersucht die türkische Tanzlandschaft in der Zeit der frühen Republik, und veranschaulicht, wie zentraleuropäische Konzepte der Gymnastik- und Lebensreformbewegung, westeuropäischer Gesellschaftstanz wie auch lokale Volkstanzpraktiken adaptiert und in Modernisierungsdiskursen eingesetzt wurden.

Diese Neuaushandlungen von (nationalen) Identitäten fanden mit, über und im Körper statt. Die Moderne begehrt also den Körper auf unterschiedlichen Ebenen: sei es als Gegenstand ästhetischer Auseinandersetzungen, als zu formalisierendes und strukturierendes Überbleibsel vormoderner Realitäten bis hin zur Frage nach dem ›gesunden‹ und ›richtigen‹ Körper, der nur allzu leicht in eugenische Denkmuster führen konnte (und kann). Sie begehrt ihn aber auch als widerständigen, emotionalen, sinnlichen, sexuellen und sexualisierten Körper (vgl. hierzu auch Althammer 2025, Wittrock 2018, 2021, 2022). Die Moderne begehrt den tanzenden Körper. Und vielleicht begehrt auch der tanzende Körper die Moderne. Ihm ist diese Ära nach wie vor durch Training, Geschichtsschreibung und Selbstbild eingeschrieben, er spürt darüber hinaus auch immer wieder aufs Neue das Bedürfnis, sie in sich und mit sich neu zu entwerfen.

Eindrücklich wird dies im Beitrag von **Lindsey Drury**, die am Beispiel eines Hamat'sa-Tanzes und Franz Boas' Imitation demonstriert, wie sich eine koloniale Moderne indigene Tanzpraktiken über das Motiv des Kannibalismus einverleibt – und dabei zugleich deren Widerstand und eigene Bewegungslogiken sichtbar macht. Auch **Friederike Hartge und Alina Saggerer** widmen sich diesem Begehren von und nach Körpern in ihrem *close reading* der tänzerischen Praktiken von Carmen Tórtola Valencia, die sowohl queer wie auch kolonial geprägt sind, und machen eine sapphische Perspektive auf. Weitere Detailblicke in die Körperideale des Modernen Tanzes bietet der Beitrag von **Anna Wieczorek**, die ausgehend von Werbematerialien die Körperbilder der Loheland-Schule und den Einfluss der Anthroposophie auf diese untersucht. Der Beitrag von **Jutta Krauß** macht sich in einer lustvollen, essayistischen Form auf die Suche danach, wie Unterwäsche die Praktiken des Modernen Tanzes geprägt haben könnte.

Wie vermittelt sich die Geschichte des Modernen Tanzes in all seiner Ambivalenz über den Körper? Was erinnert, vergisst, verdrängt oder ignoriert der Körper? Und welches Potenzial des kritischen Befragens, Durchkreuzens und Transformierens geht damit einher?

Mit diesen Fragen ist in der Tanzforschung auch die Verantwortung verknüpft, eine kritische historische Praxis als Möglichkeit der Auseinandersetzung zu entwickeln. Diese setzt nicht nur die Weitergabe und Vermittlung vergangener moderner Tanzpraktiken und ihren Transfer in zeitgenössische Kontexte voraus, sondern schließt eine Reflexion der Praktiken im Archiv und mit Historiografie mit ein (siehe hierzu auch Jahn/Wortelkamp/Wittrock 2016). Damit wird ein *revisiting* der Archive im buchstäblichen Sinn initiiert: sich den Quellen und Zeugnissen dieser Zeit erneut zuzuwenden und immer wieder Fragen an sie zu stellen, um das Erbe nicht als apolitisch zu kanonisieren, Re-Lektüren vorzunehmen und damit eine Pluralität von Modernen zu erzeugen. Dies veranschaulichen die Beiträge von **Anna Menslin** zur Tänzerin Helba Huara, die sie zufällig auf einem Zeitschriftencover von *The Dance Magazine* entdeckte, oder von **Marcela Mariana López Morales** entlang der Tänzerfiguren Isolde Klietmanns als besonderer Form der Tanznotation, ebenso wie über die Praxis des Entarchivierens und Wieder-Verkörperns von **Claudia Kappenberg und Thomas Kampe** am Beispiel von Hilde Holger.

Der Moderne Tanz hat durch die UNESCO-Auszeichnung in den vergangenen Jahren viele positive Zuschreibungen erhalten: er sei eine »generationenübergreifende, internationale und inklusive Praxis« und »eine sehr wichtige Kunstform, die für ein modernes, avantgardistisches und weltoffenes Deutschland steht« (Claudia Roth 2022). Subsumiert wurden damit die »Stil- und Vermittlungsformen der Rhythmus- und Ausdruckstanzbewegung«, die sich über ihre Praxis, über Performativität sowie über ihre bildenden Aspekte definiert (vgl. Kämpfe 2024: 162f.). Doch wer hat dieses Erbe produziert? Und wie soll nun mit dieser Form der Standardisierung umgegangen werden? Das befragt der Beitrag von **Aline Braun** unter dem Hinweis auf die stark normatisierenden Effekte der Einschreibung durch die UNESCO von einem sehr heterogenen Erbe, das durch die Auszeichnung nun einem einzigen Land – Deutschland – zugewiesen wurde.

Vor diesem Hintergrund thematisiert unser Band auch, wie die von Vicky Kämpfe aufgeführten Merkmale des Modernen Tanzes (Praxis, Performativität, bildende Aspekte) in transnationalen bzw. globalen Kontexten wirkten, welchen Einfluss sie auf Künstler*innen und Gesellschaften außerhalb eines zentraleuropäischen Kontexts hatten und wie sie adaptiert und modifiziert wurden, um für diverse (Körper-)Politiken zu dienen. Dabei werfen wir den Blick nicht nur auf eine Ausübung tänzerischer, körperbildender Praktiken und ihre Vermittlung, sondern möchten vor allem Impulse für eine kritische Erinnerungskultur setzen. Dies tut etwa **Katja Schneider** mit ihrer Untersuchung der Erfolgskategorien im Tanz am Beispiel der Ausbildungsbiografien von Clotilde von Derp, Betty Baaron Samoa und Anita Zahn. Nachdrücklich demonstriert auch **Ellen Jeffrey** als neurodivergente Tänzerin in ihrem Beitrag, wie Bewegungsmuster zwischen Arbeiten und Tanzen, Selbststimulation und Schlafen entlang Labans theoretischer Ansätze wirken. Die Praxis des Modernen Tanzes als kulturelles Erbe nicht nur lebendig zu halten, sondern es multiperspektivisch zu befragen, ist in diesem Sinn von enormer inhaltlicher Relevanz.

Eines unserer Anliegen ist es, dazu anzuregen, sich mit den lästigen (*inconvenient*) Aspekten des Modernen Tanzes sowohl im Kontext des Dritten Reiches als auch auf transnationaler bzw. globaler Ebene zu beschäftigen, um Themen auf ihre potenziellen Anknüpfungspunkte für rechtsextreme Ideologien hin zu befragen und so einer abermaligen politisch-ideologischen Vereinnahmung von Tanz entgegentreten zu können. Inwiefern moderne Tanzpraktiken mit totalitären Regimen verbunden waren und wie Artistic Research dieses politische Spannungsfeld ausloten kann, zeigt der Beitrag von **Sasha Portyannikova**.

In der intellektuellen Auseinandersetzung wie auch in den Bewegungs- und Körperkonzepten des Ausdruckstanzes und der Rhythmik- und Gymnastikbewegung wird die ideologische Hingabe ihrer Protagonist*innen zum Nationalsozialismus deutlich. Sie nutzten Tanz als Instrument, um einen homogenen Volkskörper zu formen und sich – sowohl in seinen inividualistischen Tendenzen wie auch gemeinschaftsbildenden Idealen – als Teil einer größeren Gemeinschaft zu verstehen. In vielen Fällen taten sie eben nicht nur das, was die NS-Kulturpolitik von ihnen verlangte, sondern gestalteten diese mit ihrer Kunst und ihren pädagogisch-bildenden Ansätzen wie auch politischen Überzeugungen aktiv mit. Der Moderne Tanz ist nicht zu verstehen und in unsere Zeit zu überführen, ohne das Verhältnis, das Involviertsein in und/oder den Widerstand seiner Protagonist*innen gegen das nationalsozialistische Deutschland offenzulegen.

»Worauf die Ausdruckstänzer sich berufen hatten, nämlich daß der Tanz Ausdruck seiner Zeit sei, bewahrheitete sich in den Jahren der nationalsozialistischen Herrschaft genauso wie in der Weimarer Republik« (Müller/Stöckemann 1993: 108), schreiben Hedwig Müller und Patricia Stöckemann im Ausstellungskatalog »*... jeder Mensch ist ein Tänzer.*« *Ausdruckstanz in Deutschland zwischen 1900 und 1945*, der eine der ersten deutschsprachigen Auseinandersetzungen mit Tanz und Nationalsozialismus darstellt und zur Ausstellung *Weltenfriede – Jugendglück. Vom Ausdruckstanz zum Olympischen Festspiel* erschien.[6] Als Ausdruck seiner Zeit eröffnet der Moderne Tanz mit seinen zunächst als experimentell und avantgardistisch gelesenen Ansätzen ein breites wie auch komplexes körperpolitisches Spektrum, das zahlreiche Fragen aufwirft:

Wie wurden bestimmte Körperideale geformt? Welche Arbeiten können als proto-faschistisch betrachtet werden und inwiefern legen sie rassentheoretische bzw. essenzialistische

---

6 Die Ausstellung fand 1993 an der Akademie der Künste Berlin statt und zeigte, wie sich die reformorientierte und künstlerisch-experimentelle Ausdruckstanz-Bewegung unter dem Nationalsozialismus wandelte: Der Ausdruckstanz wurde Teil einer ›Volksgemeinschaft‹-Ideologie und diente letztlich zur Ausgrenzung und Gleichschaltung. Neben dieser umfassenden Beschäftigung gab es in der deutschsprachigen Tanzwissenschaft einige wenige vorsichtige Annäherungen an die Frage einer möglichen Nazi-Ästhetik bzw. einer nationalen Idee von Tanz; vgl. Jeschke/Vettermann 2000: 55–61; Oberzaucher-Schüller 2016: 145–165.

Ansätze offen? Gab es eine Nazi-Ästhetik im Tanz[7] *und wie wurden faschistische Ideologisierung in Bezug auf Körper- und Bewegungskonzepte politisch genutzt?*

Es ist insbesondere den Tanzwissenschaftlerinnen Marion Kant, Laure Guilbert und Susan Manning zu verdanken, wie Mark Franko 2006 schreibt, dass der Ausdruckstanz eben auch aus der Perspektive des aufkommenden Faschismus beforscht wurde. Und doch scheint diese Perspektive allzu gern vergessen zu werden, wenn man sich mit all den positiven Errungenschaften des Modernen Tanzes befasst. »Only when these dance scholars lifted the veil and rewrote history could we begin to perceive dance in the full light of the political. They have inaugurated an area of inquiry that requires further work.« (Franko 2006: 3) Wie sich dem Wissen um die Verflechtungen von Tanz mit Ideologien, den Politiken des Körpers und der Bewegung angenähert und so eine Neuperspektivierung – wie sie von internationalen Tanzwissenschaftler*innen gefordert wird – vorgenommen werden kann, zeigen zahlreiche der hier versammelten Beiträge. Sie führen diese Neuperspektivierungen weiter in plurale, transnationale und globale Perspektiven, mit künstlerischer Kreativität und mit einem kritischen Bewusstsein für gegenwärtige Krisen.

Dabei ist es wichtiger denn je, in einer Zeit, in der nationalistische und faschistische Diskurse wieder Aufwind erfahren, gemeinsam und kollaborativ an jenen Fragen zu arbeiten, Netzwerke zu etablieren, die eigene Geschichte einer kritischen Revision zu unterziehen und so Grenzen zu überschreiten – nicht nur Ländergrenzen, sondern auch Sprachgrenzen und ästhetische Grenzen: um zur aktiven Auseinandersetzung anzuregen, welche Praktiken, wann und wo die Moderne und den modernen Menschen konstituierten und welche politischen Implikationen damit einhergingen; demnach Geschichtsschreibungen des Modernen Tanzes zu entwerfen, die sowohl die Nuancen und Details nationaler Perspektiven als auch die Weite und den Überblick transnationaler Ansätze miteinander verbinden (vgl. Manning 2025: 204).

Für dieses gemeinsame – kollaborative – Arbeiten existieren bisher keine dezidierten methodologischen Ansätze in der Tanzforschung, wie Timmy De Laet in *(Re)Making Dance History Together: Working Towards a Collaborative Historiography of Dance* schreibt.[8] Seinen Begriff der Kollaboration ausborgend,

---

7 Vgl. Kant 2016.

8 De Laet beschreibt Zusammenarbeit (*collaboration*) als zentrales Element choreografischer Prozesse, also etwa in *choreographic reenactments*, die in den vergangenen 20 Jahren zu einer Form der Historiografie geworden sind, in der Vergangenheit, Gegen-

möchten wir den Stellenwert dieser Zusammenarbeit, des gemeinsamen Denkens und Forschens in der Interaktion mit verschiedenen Akteur*innen, Materialien und Medien, für ein ›Geschichte-Machen‹ im Sinn einer *entangled history* unterstreichen.[9] Dabei wird Kollaboration zu einer Methode, um bisher marginalisierte Narrative sichtbar zu machen, interdisziplinäre Dialoge anzustoßen, Makro- und Mikrogeschichten unter globaler Perspektive miteinzubeziehen und dadurch neue, plurale Formen von Tanzhistoriografie zu erproben. Ansatzpunkt könnte laut De Laet insbesondere die Bedeutung einer *body-to-body transmission* (De Laet 2022: 21) sein, was in der tanzhistoriografischen Forschung etwa über Oral History als performativen Akt des Teilens von Erinnerung (vgl. Althammer 2024) oder des gegenseitigen *visitings* und über Begegnungen im und über das Archiv oder den Einbezug von Formen der Wiederverkörperung geschehen kann und viele der hier versammelten Beiträge kennzeichnet.

Gerade in Ländern, in denen Tanzwissenschaft keine eigenständige Disziplin ist und Archive bzw. archivähnliche Strukturen unter prekären Bedingungen Quellen sammeln und bewahren, ist Zusammenarbeit und Kollaboration von essenzieller wissenschaftspolitischer Bedeutung. In den vergangenen Jahren sind zunehmend Bestrebungen aufgetaucht, die Moderne in Europa neu zu bestimmen – gerade in den östlichen Teilen Europas, um die eigene Tanzgeschichte zu erfassen und sichtbar zu machen (wie es etwa das *National Dance Centre Bucharest* mit Reenactments und Ausstellungen macht), um Strategien des *reclaiming* (vgl. Kosiński et al. 2023) zu verfolgen und um sich der

wart und künstlerische Praxis ausgehandelt werden. Kollaboration ist für ihn demnach ein methodisches Prinzip, nicht im Sinn einer Zusammenarbeit als Team in einem Forschungsprojekt, sondern vielmehr, wie die Forschung selbst für andere Akteur*innen sowie für die Interaktion zwischen verschiedenen Arten von Medien (einschließlich Text, Ton, Objekten, Bild, Bewegung, Stimme und einem verkörperten Wissen) geöffnet werden kann; De Laet 2022: 20–23; 36–38.

9 *Entangled history* beschreibt eine Herangehensweise an die Geschichte der Moderne, die die wechselseitige Konstitution von Metropole und Kolonie im Rahmen des Imperialismus als Voraussetzung nimmt, um sowohl globale wie auch intraeuropäische Verflechtungen zu beschreiben. Dabei werden die Gemeinsamkeiten und Austauschbeziehungen zwischen unterschiedlichen geografischen Räumen betont, die wiederum Grenzziehungen und Brüche produzieren, die die darunter liegenden Interaktionen verdecken. »Es geht […] darum, zur De-Zentrierung des ›Westens‹ beizutragen, indem die teleologischen Erzählungen der Moderne und Modernisierung kompliziert und ihre Gewißheiten und selbstgenügsame Paradigmen in Frage gestellt werden.« (Conrad/Randeria 2002: 14).

dezidierten Umschreibung einer kanonisierten Tanzgeschichte zu widmen. In *Re-Writing Dance Modernism* postuliert Wojciech Klimczyk, dass er als polnischer Wissenschaftler Modernismus nicht als unmittelbare, eigene Erfahrung begreift, sondern als Konzept, das retrospektiv von einer (westlich geprägten) Geschichtsschreibung definiert wurde. Als palimpsestartige Überlagerung sei die Tanzmoderne, so Klimczyk, nicht ›getanzt‹ (*doing dancing*), sondern durch ein Zusammenspiel von Praxis und theoretischer Rahmung nachträglich formuliert worden (vgl. Klimczyk 2022b).

Wie kann also ein doing dancing zu einem erweiterten Verständnis der Moderne beitragen? Was machen multiple Modernen zu einem Modell, das die Diversität von Modernisierungsprozessen, ihre sozialen und politischen Umwälzungen und die damit verbundenen unterschiedlichen Zeitlichkeiten und Räume mit einbezieht?

Ein *revisiting* der Moderne vollzieht sich in den hier versammelten Beiträgen auch über die Neubetrachtung von Aspekten und Techniken des Modernen Tanzes und die Überprüfung ihrer Relevanz für zeitgenössische Praktiken: **Simeon Ohlsen** erfasst die Methoden Rosalia Chladeks mithilfe somatischer Prinzipien, während **Antja Kennedy** über Irmgard Bartenieffs Erweiterung von Labans Ansätzen nachdenkt. Einen Transfer des modernen Tanzerbes in zeitgenössische Kontexte wagen die Beiträge von **Claudia Fleischle-Braun und Christiana Rosenberg-Alhaus** über das multimediale Vermittlungsprojekt *Tanz-Souvenirs und Zeit-Geister* der AG Moderner Tanz, **Sebastian Matthias und Eva Blaschke** mit ihrer Lesart von TikTok als zeitgenössischem Ausdruckstanz sowie **Dieter Heitkamp** in einer künstlerischen Auseinandersetzung mit François Delsarte und Ted Shawn.

Dieser Band verfolgt eine doppelte Perspektive: einerseits möchten wir uns mit den diversen, internationalen Beiträgen von der oft üblichen Verknüpfung von Modernem Tanz mit einer nationalen Geschichtsschreibung lösen und so die weit verflochtenen Transfer- und Zirkulationsprozesse sichtbar machen, wie die Beiträge von **Anastasia Nabokina** und **Valda Vidzemniece** am Beispiel Russlands bzw. Litauens zeigen. Andererseits ist es gerade im Hinblick auf die nationalsozialistische Vergangenheit der Rhythmik- und Ausdruckstanzbewegung wichtig, die Rolle Deutschlands und seine politische Verantwortung innerhalb dieser Netzwerke zu thematisieren und seine dominante Rolle als nationale Einheit im Tanzkanon zugleich aufzulösen. Denn erst in jener doppelten Perspektive lässt sich nachvollziehen, welchen Einfluss der Moderne Tanz auf transnationaler bzw. globaler Ebene hatte und gleichermaßen welche sozialen Werte und politischen Implikationen dieser in den jeweiligen lokalen Kontexten produzierte (vgl. Reynoso 2023: 7; Klimczyk 2022a: 297f.).

So umkreisen viele Beiträge auch die Frage nach dem Verhältnis von Tanzgeschichte und (modernen) Geografien. Wie **Anna Leon** betont, setzt eine angemessene Einordnung von Künstler*innen wie der Tänzerin Elsa Enkel in einer pluralen Moderne nicht nur die Erweiterung bestehender Narrative voraus, sondern vielmehr eine tiefgreifende Transformation der historiografischen Strukturen selbst. In diesem Zusammenhang weist sie auf die Problematik des post-osmanischen Raums hin, der in vielen nationalen wie auch transnationalen Kontextualisierungen kaum Berücksichtigung findet. Ein Fokus auf Zirkulationsprozesse und inter- und transkulturelle Ansätze in Gebieten vergangener Imperien erfordert den Einsatz globaler Theorien, um sich dem Modernen Tanz anzunähern und seine transnationalen Verflechtungen offenzulegen. Im Zusammenhang damit steht auch die Beschäftigung mit Peripherien, auf die eine kritische Perspektive von **Sofia Muñoz Carneiro und Andrés Grumann Sölter** am Beispiel ihres Forschungsprojekts *Desenfoque* geworfen wird. Entlang der Spuren von Kurt Jooss und von deutschen Ausdruckstänzer*innen in Chile diskutiert ihr Beitrag das Konzept der Peripheralisierung nicht nur im geografischen Sinn, sondern auch in Bezug auf Zeit, Techniken und narrative Prozesse.

All diese Fragen wird unser Sammelband nicht abschließend beantworten können. Doch wir hoffen, Impulse zu setzen, wie es während des Symposiums die Eröffnungs-Keynote von Laure Guilbert tat. Mit dem Titel *Geographies and Memories of Central European Dance – 20th-21st Centuries* entfalteten sich ihre Fragen und Anliegen zu einem kritischen wie auch verantwortungsvollen Umgang mit Modernem Tanz als immateriellem Kulturerbe der Menschheit in unterschiedlichen Spielarten und Perspektivierungen auf eine Weise, die wir während der Planung nicht für möglich gehalten hatten. Unser Sammelband ist eine Einladung, ähnlich der drei intensiven Tage während des Symposiums im September 2024, darüber nachzudenken, wie eine (Wieder-)Beschäftigung mit den Quellen und Zeugnissen des Modernen Tanzes in lokalen, transnationalen wie auch globalen Kontexten aussehen könnte: Neu und quer gelesen, auf Vergessenes und Verdrängtes überprüft und in andere Relationalitäten gesetzt, können sich überraschende Deutungen ergeben. Dabei werden Ereignisse aus der Perspektive von Verflechtungen betrachtet, die Wege und Spuren von Künstler*innen nicht mehr in nationalgeschichtliche Erzählungen einbetten, sondern stattdessen im Sinn einer *entangled history* Zeiten und Räume neu denkt.

Wie wir Tanzgeschichte schreiben und vermitteln, Narrative zusammenführen und in Erinnerung rufen, wie wir mit unseren Materialien umgehen, welche Archive wir aufsuchen, mit welchen Künstler*innen wir uns beschäftigen und aus welchen Perspektiven wir dies tun, ist von Bedeutung (siehe auch Manning in diesem Band). Wir laden dazu ein, sich mit den Spielarten des Modernen Tanzes neu auseinanderzusetzen, sie in einer disziplinären, geografischen und künstlerischen Offenheit wahrzunehmen, ihre politischen Implikationen miteinzubeziehen und Begehren in und nach der Moderne zu folgen. *Revisiting* Modernen Tanz. Erst so wird es möglich, die Vergangenheit in der Gegenwart eben nicht nur einfach zu wiederholen, sondern sie in jeder Gegenwart in neuer Form (aktiv) zu gestalten und begreifbar zu machen.

Literatur

Althammer, Miriam (2024): *Szenarien des Übergangs. Zeitgenössischer Tanz in Südosteuropa zwischen Institution und künstlerischer Praxis*, Scenae, Baden-Baden: Rombach Wissenschaft.

Althammer, Miriam (2025): Getanzte De/Stabilisierungen weiblicher Körperentwürfe: Die ›Amazonen‹ der Gymnastikschule Loheland zwischen Androgynität und faschistischer Ideologisierung, in: Miriam Althammer/Irene Brandenburg/Claudia Jeschke/Nicole Haitzinger (Hg.): *Tanz &Archiv: Forschungsreisen (Kriegerinnen...)*, Heft 11, München: epodium, Druck i.V.

Anderson, Benedict (2005): *Die Erfindung der Nation. Zur Karriere eines folgenreichen Konzepts*, 2. Aufl. der Neuausgabe von 1996, Frankfurt a.M.: Campus.

Arend, Anja K. (2025): Tanz bei Tournemire. Zur Pariser Inszenierung von *Les Dieux sont morts*, in: Philip Feldhordt/Matthias Geuting/Stefan Keym (Hg.): *Poesie und Mystik. Beiträge zum Schaffen von Charles Tournemire*, Hildesheim: Georg Olms, Druck i.V.

Arend, Anja K./Geuting, Matthias (2025): Khamma, in: Elisabeth Schmierer (Hg.): *Claude Debussy. Interpretationen seiner Werke*, Lilienthal: Laaber, Druck i.V.

Conrad, Sebastian/Randeria, Shalini (2002): Einleitung. Geteilte Geschichten –Europa in einer postkolonialen Welt, in: dies. (Hg.): *Jenseits des Eurozentrismus. Postkoloniale Perspektiven in den Geschichts- und Kulturwissenschaften*, Frankfurt/New York: Campus, S. 9–49.

De Laet, Timmy (2022): (Re)Making Dance History Together: Working Towards a Collaborative Historiography of Dance, in: Cristina Baldacci et al. (Hg.): *On Reenactment: Concepts, Methodologies, Tools*, Torino: Accademia University Press.

Diagne, Mariama/Ruprecht, Lucia/Wittrock, Eike (2022): Editors' Note: Speculations on the Queerness of Dance Modernism, in: *Dance Research Journal*, Jg. 54, Nr. 2, S. 1–9. https://doi.org/10.1017/S0149767722000213

Elswit, Kate (2014): *Watching Weimar Dance*, New York: Oxford University Press.

Fleischle-Braun, Claudia/Obermaier, Krystyna/Temme, Denise (2017): *Zum immateriellen Kulturerbe des Modernen Tanzes: Konzepte – Konkretisierungen – Perspektiven*, Bielefeld: transcript.

Franco, Susanne (2007): Ausdruckstanz: Traditions, Translations, Transmissions, in: dies./Marina Nordera (Hg.): *Dance Discourses: Keywords in Dance Research*, London/New York: Routledge, S. 80–98.

Franco, Susanne (2018): The Motion of Memory, the Question of History: Recreating Rudolf Laban's Choreographic Legacy, in: Mark Franko (Hg.): *The Oxford Handbook of Dance and Reenactment*, New York: Oxford Handbooks.

Franko, Mark (2006): Dance and the Political. States of Exception, in: *Dance Research Journal*, Jg. 38, Nr. 1&2, S. 3–18. https://doi.org/10.1017/S0149767700007300

Giersdorf, Jens (2014a): *Volkseigene Körper. Ostdeutscher Tanz seit 1945*, Bielefeld: transcript.

Giersdorf, Jens Richard (2017): Is It OK to Dance on Graves? Modernism and Socialist Realism Revisited, in: Rebekah J. Kowal/Gerald Siegmund/Randy Martin (Hg.): *The Oxford Handbook of Dance and Politics*, New York: Oxford Handbooks, S. 603–626.

Guilbert, Laure (1998): Tanz, in: Claus-Dieter Krohn/Patrik von zur Mühlen/Gerhard Paul/Lutz Winckler (Hg.): *Handbuch der deutschsprachigen Emigration 1933–1945*, Darmstadt: Wissenschaftliche Buchgesellschaft, S. 1103–1112.

Guilbert, Laure (2000): *Danser avec le IIIe Reich. Les danseurs modernes sous le nazisme*, Brüssel: Éditions Complexe.

Guilbert, Laure (2009): Tänzer im Dritten Reich: zwischen Erinnerung und Vergessenheit. Konfrontation mit der Geschichtskonstruktion, in: Claudia Jeschke/Nicole Haitzinger (Hg.): *Tanz & Archiv: ForschungsReisen (Biografik)*, München: epodium, S. 120–129.

Guilbert, Laure (2016): The Fallout of Choreographic Signs/Der Nachlass von choreographischen Zeichen. Zasha Colah in Conversation with Laure Guilbert, in: Zasha Colah/Steirischer Herbst (Hg.): *Body Luggage. Migration of*

Gestures – Migration von Gesten, Ausstellungskatalog, Berlin: Archive Books, S. 145–153 und 185–195.

Huschka, Sabine (2012): *Moderner Tanz: Konzepte, Stile, Utopien*, Reinbek: Rowohlt.

Jahn, Tessa/Wortelkamp, Isa/Wittrock, Eike (2016): *Tanzfotografie. Historiografische Reflexionen der Moderne*, Bielefeld: transcript.

Jeschke, Claudia/Vettermann, Gabi (2000): Between Institutions and Aesthetics: Choreographing Germaness?, in: *Europe Dancing. Perspectives on Theatre Dance and Cultural Identity*, S. 55–72.

Kant, Marion (2016): German Gymnastics, Modern German Dance, and Nazi Aesthetics, in: *Dance Research Journal* Jg. 48, Nr. 2, S. 3–25. https://doi.org/10.1017/S0149767716000164

Karina, Lilian/Kant, Marion (1996): *Tanz Unterm Hakenkreuz: Eine Dokumentation*, Berlin: Henschel.

Keilson, Ana Isabel (2019): The Embodied Conservatism of Rudolf Laban, 1919–1926, in: *Dance Research Journal* Jg. 51, Nr. 2, S. 18–34. https://www.jstor.org/stable/48633651.

Kämpfe, Vicky (2024): Moderner Tanz in Deutschland. Seine Vermittlung und kreative Praxis als lebendiges Tanz-Erbe, in: *Paragrana*, Jg. 33, Nr. 2, S. 159–171. https://doi.org/10.1515/para-2024-0032.

Kämpfe, Vicky (2025): Modern Dance Created in Germany: The Safeguarding and Creative Practice of Dance Heritage, in: Christoph Wulf (Hg.): *Handbook on Intangible Cultural Practices as Global Strategies for the Future*, Berlin: Springer, S. 417–28. https://doi.org/10.1007/978-3-031-72123-6.

Klimczyk, Wojciech (2022a): Re-writing Dance Modernism: Networks, in: Julia Hoczyk/ders. (Hg.): *Re-writing Dance Modernism: Networks*, Kraków: Wydawnictwo Uniwersytetu Jagiellońskiego, S. 297–317.

Klimczyk, Wojciech (2022b): Palimpsests: Dance Modernisms, in: Julia Hoczyk/ders. (Hg.): *Re-writing Dance Modernism: Networks*, Kraków: Wydawnictwo Uniwersytetu Jagiellońskiego, S. 321–341.

Kosiński, Dariusz et al./Theatre Institute | Performance Research Books (Hg.) (2023): *Reclaimed Avant-Garde. A Lexicon of the Central-Eastern European Interwar Theatre Avant-garde*, Warsaw: Aberystwyth.

Manning, Susan (2006): *Ecstasy and the Demon: The Dances of Mary Wigman* [1993], University of Minnesota Press.

Manning, Susan (2017): Modern Dance in the Third Reich, Redux, in: Rebekah J. Kowal/Gerald Siegmund/Randy Martin (Hg.): *The Oxford Handbook of Dance and Politics*, New York: Oxford Handbooks, S. 395–415.

Manning, Susan (2025): *Dancing on the Fault Lines of History. Selected Essays*, Ann Arbor: University of Michigan Press.

Müller, Hedwig/Stöckemann, Patricia (1993): *»... jeder Mensch ist ein Tänzer.« Ausdruckstanz in Deutschland zwischen 1900 und 1945*, Gießen: Anabas.

Oberzaucher-Schüller, Gunhild (2011): Dramaturgy and Form of the ›German Ballet‹: Examination of a National Socialist Genre, in: Alexandra Kolb (Hg.): *Dance and Politics*, Bern: Peter Lang S. 145–165.

Petkovski, Filip (2023): How ›Modern‹ Has German Modern Dance Remained? The Case with the 2022 UNESCO Inscription, in: *Dance Chronicle*, Jg. 46, Nr. 3, S. 239–62. doi:10.1080/01472526.2023.2248851.

Reynoso, Jose Luis (2023): *Dancing Mestizo Modernisms: Choreographing Postcolonial and Postrevolutionary Mexico*, New York: Oxford.

Schneider, Katja (2023). »Eine dunkle Halb-Münchnerin«? Zu Archiv, Diskurs und Pragmatik, in: dies./Micha Purucker/Daniela Rippl (Hg.), *Housing the Temporary. Zugänge zur eigenen Geschichte. Tanz, Performance, Archiv*, München: Allitera Verlag, S. 124–141.

Stanger, Arabella (2021): *Dancing on Violent Ground. Utopia as Dispossession in Euro-American Theater Dance*, Evanston: Northwestern University Press.

Toepfer, Karl (1997): *Empire of Ecstasy: Nudity and Movement in German Body Culture, 1910–1935*, Berkeley: University of California Press. http://ark.cdlib.org/ark:/13030/ft167nb0sp/.

Todorova, Maria (2005): The Trap of Backwardness: Modernity, Temporality, and the Study of Eastern European Nationalism, in: *Slavic Review*, Jg. 64, Nr. 1, S. 140–164. https://doi.org/10.2307/3650070

Todorova, Maria (2010): Modernism, in: *Modernism: The Creation of Nation-States*, Budapest: Central European University Press, S. 4–22. https://books.openedition.org/ceup/1955.

Wittrock, Eike (2018): Bittersweet Memories. Looking for Queer Evidence in the Archives, in: Gurur Ertem/Sandra Noeth (Hg.): *Bodies of Evidence. Ethics, Aesthetics, and Politics of Movement*, Wien: Passagen, S. 217–227.

Wittrock, Eike (2020): Fremdes Erbe: Nelisiwe Xaba and German Dance Heritage, in: *TDR: The Drama Review*, Jg. 64, Nr. 2, S. 38–53. https://muse.jhu.edu/article/75536.

Wittrock, Eike (2021): Julius Hans Spiegel: Das andere Erbe der Moderne, in: Museum Folkwang (Hg.): *Global Groove. Art, Dance, Performance & Protest*, München: Hirmer, S. 308–315.

Wittrock, Eike (2022): Some Faggy Gestures, oder: Die Hände von Joachim von Seewitz, in: Isa Wortelkamp (Hg.): *Tanz in Bildern. Plurale Konstellationen der Fotografie*, Bielefeld: transcript, S. 207–226.

Positionings
Standortbestimmungen

Revisioning and Exhibiting Modern Dance Histories

Susan Manning

How we tell dance history matters. It matters for aspiring artists so they have a sense of where they are entering the historical narrative and how they might have an artistic impact. It matters for dance advocates and dance funders so they have a sense of how their policies and monies might shape ongoing developments. And it matters for cultural historians so they can recognise the interconnections between dance, the other arts, and the body politic.

Where we tell dance history matters, too. Traditionally, we have narrated dance histories through well-illustrated publications. But documentary films have also played a large role in narrating dance histories, as have museum exhibitions. In fact, museums have the potential to draw new publics to dance history, and over the last decade have played an increasingly significant role in dance historiography. Among recent examples are the 2018 exhibit at the *Museum of Modern Art* in New York, *Judson Dance Theater: The Work is Never Done*, and the 2024 exhibit at the *Whitney Museum* in New York, *Edges of Ailey*. Catalogues for both shows feature new research and locate Judson and Ailey within broad networks of artists from other fields. (Janevski/Lax 2018; Edwards 2024)

This essay compares two recent exhibits that move beyond a single artist or movement and attempt a revisionist look at modern dance overall: the 2019 exhibit at the *Akademie der Künste* on Hanseatenweg in Berlin, *Das Jahrhundert des Tanzes/The Century of Dance*, and the 2023 exhibit at the *New York Public Library for the Performing Arts*, *Border Crossings: Exile and American Modern Dance, 1900–1955*. As I will argue, the two exhibits reveal differing historiographic preoccupations and differing ways of remaking the modern dance canon. Yet both exhibits push at the parameters of the nation-state that have typically contained the stories of German and American modern dance.

In many ways, the experience of the two exhibits was radically different. *The Century of Dance* was focused, intentionally limited in the number of objects and artists included, yet its surrounding program was immense, several dozen performances, workshops, lectures, and roundtables. In fact, the exhibit was one part of the month-long series *Was der Körper erinnert/What the Body Remembers*. In contrast, *Border Crossings* was sprawling, encompassing so many different perspectives that the viewer was initially confused and wondered if the theme could even contain all the photos, films, and texts in the exhibit. Yet the surrounding program for the exhibit at the *New York Public Library* was sparse, with just a few lectures over the course of several months and a two-day scholarly symposium on the West Coast after the exhibit moved to the *University of California, Santa Barbara*, the home university of its lead curator.

Das Jahrhundert des Tanzes/The Century of Dance

To understand how *The Century of Dance* rescripts German dance history, recall two earlier exhibits at the *Akademie der Künste* on Hanseatenweg that together sketched the history of German theatre dance from 1900 to 2000. In 1993, Hedwig Müller and Patricia Stöckemann curated *"Weltenfriede-Jugendglück:" Vom Ausdruckstanz zum Olympischen Festspiel*, and ten years later, the duo was joined by Ralf Stabel to curate *Krokodil im Schwanensee: Tanz in Deutschland seit 1945*. Both exhibits included nearly 1,000 objects, featured dozens of artists, were organised chronologically, and yielded invaluable catalogues.

"Weltenfriede-Jugendglück," retitled *Jeder Mensch ist ein Tänzer: Ausdruckstanz in Deutschland zwischen 1900 und 1945* when published as a catalogue, started with the origins of Ausdruckstanz in the life reform movement, the dancing of female soloists, Émile Jaques-Dalcroze's Hellerau, and Mary Wigman and Rudolf Laban's collaboration on Monte Verita. The exhibit then continued to the *Dancers Congresses* of 1927, 1928, and 1930, when up to a thousand dancers gathered to debate the aesthetic and social dimensions of Ausdruckstanz. The exhibit proceeded to document the Gleichschaltung (reorganisation) of the early years of National Socialist rule, the participation of many leading dancers in the festivals at the 1936 Berlin Olympic Games, dancers in the *FrontTheater* and even in the camps—and the emigration of artists due to their Jewish heritage, their leftist commitments, or both. The published catalogue narrated this history, reprinting primary documents from the *Dancers Congresses* and the Nazi period, so readers could trace the horrific transformation of ideas and practices before and after 1933. (Müller/Stöckemann 1993)

One decade later, *Krokodil im Schwanensee* continued the history of German theatrical dance after 1945. The opening gallery displayed a map of the occupied zones and photos of works created during the occupation. Two extensive, large central galleries then documented theatre dance in East and West Germany after 1949, often juxtaposing images from the two Germanies on opposing sides of the gallery, demonstrating what the back cover of the exhibit guide called "parallels yet at a distance" (Akademie der Künste 2003). The building of the Berlin Wall in 1961 marked a transition between the two central galleries, as the narrative first demonstrated the predominance of ballet in both Germanies and then highlighted the more experimental spirit of the 1970s and 1980s. A final gallery, titled "Wir sind ein Volk," plotted the range of styles since reunification. Chapters in the published catalogue reiterated the juxtaposition of histories East and West, alternating chapters on dance in the DDR and BRD. (Müller et al. 2003)

Needless to say, *Jeder Mensch ist ein Tänzer* and *Krokodil im Schwanensee* focused on the nation and on how the complexities, violence, and trauma of a national history impacted dance history—from the implosion of the Wilhelmine Empire in World War I to the fragile democracy of the Weimar Republic to the dictatorship of Hitler's regime to the destruction of World War II and the postwar division of East and West to the Fall of the Wall and reunification.

In 2019, thirty years after reunification, the exhibit *The Century of Dance* told a very different story of the twentieth century. Gone was chronology, and the world now shared space with the nation. The exhibit featured "around 75" objects canonising a group of German artists against the backdrop—to quote the exhibit guide—of "the international context of modern dance through more than 100 photographic and film documents, indicating the creativity and impact of the developments in dance in Europe, the United States, and around the world" (Akademie der Künste 2019: 3). Visiting the exhibit, I found it both challenging and compelling to examine the carefully selected objects while also taking in the multiscreen projection: a few of the projected photos and films amplified the objects, while most were not linked to the objects, at least not directly. It was an immersive experience, with images, objects, and sounds creating myriad associations and dissociations. The moving images were not captioned, in contrast to the objects, so I had to rely on my own familiarity with dance history alongside the exhibit guide.[1] The Akademie der Künste also published a bilingual catalogue of the 100 artists, providing statements by all artists and photos of most. (Odenthal 2019)

---

1 For views of the exhibition, see https://www.adk.de/de/projekte/2019/tanzerbe/ausstellung.htm

From the dozens and dozens of German dancers profiled in the 1993 and 2003 exhibits, *The Century of Dance* selected fewer than twenty to represent through archival remains. In the darkened exhibit hall, visitors saw masks used by Mary Wigman, Jean Weidt, and Arila Siegert; notations for dances by Rudolf Laban and Kurt Jooss; Oskar Schlemmer's drawings for *Triadisches Ballett*; choreographic notebooks by Valeska Gert, Dore Hoyer, Johann Kresnik, and Reinhild Hoffmann; stage design models for Gerhard Bohner and Susanne Linke; Gret Palucca's identity badge for the 1936 Berlin Olympic Games; Harald Kreutzberg's photo album from his 1934 international tour; a musical score used by Tatjana Gsovsky; and a typescript on the founding of *Tanzfabrik Berlin*.

If we take this group of artists as a canon, it's notable in several ways. First, Ausdruckstanz and Tanztheater predominate, with the ballet boom of the post-war years represented only by Tatjana Gsovsky, who was known for her distinctive and influential blend of modern dance and ballet. The *Ballettwunder* of Stuttgart is nowhere to be seen, nor is contemporary ballet. Second, although there are three artists who lived and worked in the DDR—Jean Weidt, Gret Palucca, and Arila Siegert—all had connections to Ausdruckstanz. Weidt and Palucca through their training in the Weimar years, and Siegert through her training with Palucca. In fact, the exhibit guide emphasises Siegert's resistance to the DDR in the last few years of the regime. There was no artist, like Tom Schilling, whose career unfolded wholly within the DDR. Third, the impact of the Nazi period is acknowledged in the exhibit, not only by programs for the Olympic festivals on display but also by mentions of the exile of Weidt, Jooss, Laban, and Gert. In other words, the sociopolitical events that shaped the dance histories of the 1993 and 2003 exhibits were noted, although they were no longer determinative.

If the objects compose a national canon of Ausdruckstanz and Tanztheater, then the multiscreen film projection constitutes an international canon. In this way, *The Century of Dance* juxtaposes and integrates nation and world. On the one hand, the design of the exhibition suggests that there is an international movement of experimental theatre dance, to which the canonised German choreographers contributed their innovations. On the other hand, the roster of artists also suggests that Germany has long served as a centre for global artists, as nearly all the international artists have connections to the German scene, whether through pedagogical pedigree, extended residence, regular touring, or visits.

At issue in this exhibit—and in other efforts to script a transnational history of modern dance—is how to narrate the interactions between artists from the Global North and the Global South without defaulting to the problematic trope of the West and the Rest. Consider the artists of colour featured in the film projection, listed in the exhibit guide, but not identified on screen: Germaine Acogny has regularly appeared in Germany and collaborated with Susanne Linke on *Le Coq est Mort*. Chandralekha befriended Pina Bausch when her troupe toured India, and Chandra's troupe made its last appearance in Germany just before her death. Padmini Chettur danced with Chandra's company for a decade before launching her own choreographic career, and she presented a solo, *Philosophical Enactment I*, as part of *What the Body Remembers*. Ōno Kazuo and Hijikata Tatsumi studied in Tokyo with Eguchi Takaya, who had studied at the Wigman School in the early 1930s. In fact, Hijikata may well have been influenced by Katherine Dunham when she toured Japan in 1957. Min Tanaka studied with Hijikata, and Sankai Juku, Seburo Teshigawara, and Carlotta Ikeda have taken the butoh aesthetic in different directions, and often performed in Germany. As part of *What the Body Remembers*, Takao Kawaguchi performed *The Sick Dancer*, based on Hijikata's singular notations.

Kofi Kôkô, born in Benin, lives and works in Europe; for *What the Body Remembers*, he recreated Asadata Dafora's *The Ostrich*, passed on to him by Charles Moore. Ismael Ivo, born in Sao Paulo, later joined the Alvin Ailey company and spent many years working in Europe, collaborating with Kôkô, Johann Kresnik, and Sankai Juku founder Ushio Amagatsu, among others, and cofounding *ImPulsTanz*. Bill T. Jones and the *Arnie Zane Company* have performed at *ImPulsTanz*, as well as elsewhere in Europe. Hwai-min Lin, founder of *Cloud Gate Theatre* in Taiwan, started studying dance seriously at the *University of Iowa*, where he was enrolled in the MFA program in writing, and later trained at the Martha Graham School. Ea Sola, a Vietnamese dancer who grew up in Paris, once studied with Min Tanaka before creating her own work on the repression of war memories in Vietnam. Kusumo Sardono studied traditional Javanese dance growing up in Indonesia, then studied modern dance in New York, before creating his own distinctive dance theatre.

In other words, *The Century of Dance* emphasises the interconnections between artists of colour and white artists. In one sense, the exhibit summarises the funding scheme Tanzfonds Erbe, documentation of which surrounds the entry to the exhibit. At the same time, the range of international artists gestures toward the global dissemination of dance modernisms. In this way, the exhibit anticipates the decolonial turn that has become so significant over the last few years, in both dance studies and dance making.

Border Crossings at the New York Public Library

In contrast to the single gallery devoted to *The Century of Dance*, the 2023 exhibit *Border Crossings: Exile and American Modern Dance 1900 to 1955* stretched across several galleries at the *New York Public Library for the Performing Arts*. Roughly the same size as *Jeder Mensch ist ein Tänzer* and *Krokodil im Schwanensee*, the New York exhibit only loosely relied on chronology, despite the date span in its title. Rather, the exhibit clustered artists and works under more than a dozen topics, from "Jazz Modernism" and "Race and Ballet" to "US-Mexico Crossings" and "Transglobal Crossings Asia" to "The Labor Stage: Radical Dance 1928–1946" and "Bodies of War: Refugees, Exile, and Internment." In this way, the exhibit moved in multiple directions simultaneously.[2]

On my first visit, I found the curatorial concept somewhat baffling, since "border crossings" and "exile" referred not only to artists' travel across national borders but also to artists' crossing of social divides, notably the social divides of race and class in US culture during the first half of the twentieth century. An opening wall text explained curator Ninotchka Bennahum's intention:

> Border Crossings challenges previous histories of modern dance to consider how war, inequality, and injustice shaped 20th c performance art. The exhibition demonstrates how exiled or marginalized artists catalyzed modern dance—its ethos, vision, and design—giving voice to crucial issues of geopolitical circumstance and structural racism. Crossing borders—physical, geographic, racial, national, artistic, spiritual—either by choice or by force became a historical circumstance out of people's control. How artists crossed borders, for what reason, by what means, and to what ends, shaped political ideologies that were translated into choreography.

In one sense, this redefinition of "border crossings" and "exile" became so broad as to become almost meaningless. Many clusters could easily have generated exhibits of their own. In fact, some of the material recalled earlier exhibits, most especially Victoria Phillips' 2012 exhibit on *Politics and the Dancing Body* at the *Library of Congress* and Kiri Avelar's 2021 exhibit on *José Limón: The Mestizo as Ambassador* at the *New York Public Library*. A number of artists appeared in more than one cluster. For example, Limón's choreography was central to the cluster

2 For photos of the exhibition, see https://www.nypl.org/events/exhibitions/bordercrossings

on "US-Mexico Crossings", but his costume for *Emperor Jones* also appeared in the cluster on "Trespassing and Cultural Appropriation." Similarly, Ted Shawn's documentation of dance in Asia formed part of the video loop for "Transglobal Crossings Asia," but his costume for *Xochtil* also appeared in "Trespassing and Cultural Appropriation." For visitors to the exhibit without in-depth knowledge of modern dance historiography, such juxtapositions were likely confusing.[3]

But for a visitor steeped in modern dance historiography, like myself, the sprawling exhibit summarised three decades of revisionist scholarship, my own included. I tracked five scholarly trends through the exhibit. First, the exhibit breaks down the mid-century distinction between "ethnic dance" and "modern dance"—drawing on Bennahum's own work on Spanish dancers who fled Franco's fascism, notably La Argentina and Carmen Amaya, and on Rebecca Rossen's research in *Dancing Jewish* (Bennahum 2000; Rossen 2014). In the exhibit, Ram Gopal, Si-Lan Chen, and Yeichi Nimura all become part of an expanded canon of American modernism.

Second, the exhibit highlights artists engaged in the leftist dance movement of the 1930s—a movement that was largely written out of US dance history during the Cold War. Here, the exhibit draws on the pioneering research of Stacey Prickett, Ellen Graff, and Victoria Phillips (Prickett 2013; Graff 1997; Phillips 2012). In fact, Phillips' own exhibit at the *Library of Congress* also portrayed leftist dance works by Edith Segal, Jane Dudley, Helen Tamiris, and Anna Sokolow, among others.

Third, the exhibit integrates the many Black artists whose stories were told separately during the heyday of the Black Arts historiography from the mid-1960s to the mid-1980s. In this regard, my own research as well as research by John Perpener and Thomas F. DeFrantz is crucial (Manning 2004; Perpener 2001; DeFrantz 2004). In fact, the artists featured in a cluster of their

3 My description refers only to the installation of the exhibit in New York, co-curated by Bruce Robertson. The exhibit also travelled to the *University of California-Santa Barbara*, where it took a different form, even including a different set of objects. A two-day scholarly symposium accompanied the exhibit in Santa Barbara, and many of the speakers also published essays in an anthology coedited by curator Ninotchka Bennahum and Rena Heinrich with the same title as the exhibit (2023). However, the anthology was not a catalogue per se, since it did not document the exhibit. In other words, visitors to the Santa Barbara installation had more resources for interpreting the exhibit than did visitors to the installation at the *New York Public Library for the Performing Arts*.

own—Katherine Dunham, Pearl Primus, and Syvilla Fort—demonstrate the centrality of Black artists to mid-century American modern dance.

Fourth, the exhibit values notable educators as well as leading choreographers, challenging many scholars' bias toward the choreographic work as the measure of value. The cluster on "Dance Education" features the many leftist and emigree dancers who opened their studios to students of colour and documents an interracial dance group founded in Madison, Wisconsin, after World War II, a group that included Mary Hinkson and Matt Turney, who later joined Martha Graham's company.

Fifth, the exhibit encompasses dance artists located outside New York City, challenging the New York bias of the choreocentric canon. In addition to the dance group in Madison, the exhibit integrates artists based in Los Angeles (Lester Horton, Janet Collins, Carmelita Maracci), San Francisco (Anna Halprin), and Chicago (Ruth Page).

Synthesising three decades of revisionist scholarship, *Border Crossings* makes significant moves of its own. First, it decisively expands the canon beyond the historiography codified during the Cold War years, a historiography that started with Isadora Duncan and Denishawn, moved to the Bennington choreographers Martha Graham, Doris Humphrey, Charles Weidman, and Hanya Holm, and culminated with the formalist turn taken by Merce Cunningham, Alvin Nikolais, and Paul Taylor, among others.[4] Indeed, these artists make only occasional appearances in *Border Crossings*. In their place, the exhibit selects a new group of artists to canonise, crystallising a multiracial canon of artists devoted to social engagement.

The introductory wall of the exhibit features five artists who stand as leaders of the new canon. Janet Collins, a Black dancer trained in both ballet and modern dance, crossed borders of race, genre, and also religion in her engagement with Jewish subject matter. José Limón, a Mexican immigrant of European and Indigenous heritage and protégé of Doris Humphrey, thematised the border crossing of his immigrant background by staging works on Mexican and European subjects. Katherine Dunham, a Black modernist whose signature technique fused Africanist and Eurocentric influences, led her company on international tours before settling in East Saint Louis in the mid-1960s, where she developed dance training as a tool for community redevelopment.

4 The opening essay in my 2025 collection, *Dancing on the Fault Lines of History: Selected Essays*, discusses the Cold War historiography at length.

Si-Lan Chen, a dancer of Chinese and African heritage born in Trinidad, created a significant body of revolutionary dance in the Soviet Union in the early 1930s, which she then performed in the US and on tour after her immigration in 1936. Jane Dudley, an early member of Martha Graham's company and a leading leftist dancer, was forced to relocate to London during the Red Scare, where she became an influential educator.

Among the many dancers featured in the exhibit, these artists crossed not only national borders but also internal boundaries within the US, especially the internal boundaries of race and ethnicity. These artists also crossed boundaries between dance genres, integrating ballet, Spanish dance, Asian dance styles, and Africanist elements with the modern dance methods and vocabularies developed by Mary Wigman, Martha Graham, and Doris Humphrey, among others. In contrast to the formalist aesthetic valued by Cold War historiography, these artists deployed fusion aesthetics in their bid to connect dance to social change.

Future Research

How and where we tell dance history matters. At the *Akademie der Künste* in 2019, we encounter a newly limited canon of German modern dancers against a background of international modernists who have connections to the German scene. At the *New York Public Library* in 2023, we encounter a newly expansive canon of American modern dancers that includes immigrant and émigré dancers and foregrounds choreographers committed to social justice. Both exhibits feature a nation as a crossroads of the world.

Is this the history of modern dance and dance modernism that we want to teach aspiring artists today? Is this what José Luis Reynoso means by the concept "transnational nationalism" that he develops in his study *Dancing Mestizo Modernisms* (Reynoso 2023)—an understanding of how international influences become localised in response to specific conditions in specific times and places? Is the challenge for us now to narrate the circulation of embodied methods and ideas between Tokyo, Jakarta, Shanghai, Chennai, St. Petersburg, Tel Aviv, Warsaw, Berlin, Prague, Paris, London, New York, Chicago, San Francisco, Los Angeles, Mexico City, Havana, Kingston, São Paulo, Santiago, and Buenos Aires?

I shift to the first-person plural because history is written by cohorts of scholars as much as by individual researchers. How we write and teach and tell dance history matters to us all.

References

Akademie der Künste (2003): *Ausstellungsverzeichnis. Krokodil im Schwanensee: Tanz in Deutschland seit 1945*, Berlin: Saladruck.

Akademie der Künste (2019): *Exhibition. The Century of Dance*, Berlin: Akademie der Künste.

Avelar, Kiri (2021): *José Limón. The Mestizo as Ambassador,* Exhibit at New York Public Library for the Performing Arts. Digital exhibit [online] https://libguides.nypl.org/c.php?g=1192006&p=8719304 [09.01.2025].

Bennahum, Ninotchka (2000): *Antonia Merce, "La Argentina". Flamenco and the Spanish Avant Garde*, Hannover, NH: University Press of New England.

Bennahum, Ninotchka/Heinrich, Rena (Eds.) (2023): *Border Crossings. Exile and American Modern Dance 1900 to 1955,* New York: New York Public Library for the Performing Arts.

DeFrantz, Thomas F. (2004): *Dancing Revelations. Alvin Ailey's Embodiment of African American Culture*, New York: Oxford University Press.

Edwards, Adrienne (Ed.) (2024): *Edges of Ailey*, New York: Whitney Museum of Art.

Graff, Ellen (1997): *Stepping Left. Dance and Politics in New York City*, 1928–1944, Durham: Duke University Press.

Janevski, Ana/Lax, Thomas (Eds) (2018): *Judson Dance Theater. The Work Is Never Done*, New York: Museum of Modern Art.

Manning, Susan (2004): *Modern Dance, Negro Dance. Race in Motion*, Minneapolis: University of Minnesota Press.

Manning, Susan (2025): *Dancing on the Fault Lines of History. Selected Essays*, Ann Arbor: University of Michigan Press.

Müller, Hedwig/Stöckemann, Patricia (1993): *Jeder Mensch ist ein Tänzer. Ausdruckstanz in Deutschland zwischen 1900 und 1945*, Frankfurt: Anabas Verlag.

Müller, Hedwig/Stöckemann, Patricia/Stabel, Ralf (2003): *Krokodil im Schwanensee. Tanz in Deutschland seit 1945,* Frankfurt: Anabas Verlag.

Odenthal, Johannes (Ed.) (2019): *Das Jahrhundert des Tanzes/The Century of Dance,* Berlin: Akademie der Künste.

Perpener, John (2001): *African-American Concert Dance. The Harlem Renaissance and Beyond*, Urbana: University of Illinois Press.

Phillips, Victoria (2012): *Politics and the Dancing Body*. Exhibit at the Music Division, Library of Congress. Digital exhibit [online] https://www.loc.gov/exhibits/politics-and-dance/overview.html [09.01.2025].

Prickett, Stacey (2013): *Embodied Politics. Dance, Protest and Identities*, Hampshire: Dance Books.

Reynoso, José Luis (2023): *Dancing Mestizo Modernisms. Choreographing Postcolonial and Postrevolutionary Mexico*, New York: Oxford University Press.

Rossen, Rebecca (2014): *Dancing Jewish. Jewish Identity in American Modern and Postmodern Dance*, New York: Oxford University Press.

Where Is She?

Post-Ottoman Dance Modernity, or How to Speak From a Place That is Not[1]

Anna Leon

9 July 1916. The Athenian culture magazine *Τέχνη και θέατρον* (*Art and Theatre*) publishes an image of Elsa Enkel (Fig. 1) in the blockbuster revue *Ξιφίρ Φαλέρ* (*Xifir Faler*).[2] Enkel danced, sang, and acted in several roles in the piece; she had also assembled its dancing troupe, co-choreographed, and possibly participated in its production. Born in Hamburg in 1890, Enkel started her career on Viennese operetta stages in 1908 (Georgakaki 2013: 57), during the genre's "Silver Age," which was dominated by composers like Franz Lehár and Emmerich Kálmán, whose aesthetics she disseminated in Greece. She arrived in Athens in 1913 on tour with a Viennese troupe and quickly became a superstar of Greek light musical theatre[3]. In most of the late 1910s, she was averaging more than ten productions per year, performing with the Ελληνικός Μουσικός Θίασος (Greek Musical Ensemble) that added her name to its title. *Xifir Faler* was a high point in her career, which only waned out around a decade later.

1 This text is part of the *Peripheralised Dance Modernities* research group's contribution. Other members contributing to this volume are Miriam Althammer, Sofia Muñoz Carneiro, Arzu Öztürkmen, and Sasha Portyannikova.

2 The words have no literal meaning in Greek.

3 'Light musical theatre' refers mainly to operetta and επιθεώρηση (*epitheorisi*, the Greek version of revue theatre), in opposition to prose/dramatic theatre. It is a term that can already be found in early twentieth century sources.

Fig. 1: Elsa Enkel in Xifir Faler. Τέχνη και θέατρον (Art and Theatre), 09.07.1916. MIET, ELIA library. Digitised in Lekythos (catalogue of Cypriot collections organised by subject): https://lekythos.library.ucy.ac.cy/handle/10797/26488.

Despite her impressive path and widespread popularity, historicising Enkel within dance modernity is a recent and still incomplete endeavour. She is acknowledged in Greek theatre history (e.g., Maraka 2006; Georgakaki 2013), but is often excluded from the country's *dance* historiography, partly because it is dominated by modern dance understood as a genre (influenced by German expressionism and Dalcroze-based eurhythmics), obscuring the diversity of Greek dance modernity. In English-language dance history, Enkel was until recently virtually absent (cf. Leon 2024 for an extensive account).

To articulate Enkel's position in dance modernity, it is not information one lacks: the *Xifir Faler* picture is part of an extensive universe of sources giving a surprisingly satisfactory image of her work. Nor is it interest that is lacking: critical dance studies have in recent years programmatically set their perspective towards underacknowledged histories, engaging with New Modernist Studies' invitation to expand modernism spatially to avoid its Eurocentric bias, as well as temporally and vertically, away from its focus on 'high' art (Mao/Walkowitz 2008; in dance studies e.g., Burt/Huxley 2020). But to adequately articulate Enkel's position in an expanded dance modernity also needs an intervention in what we might call the 'historiographic infrastructure', the very frameworks that undergird the narrativisation of dance history. That is, it needs a shift from a "merely expansionist or additive" approach towards a "transformational" one (Stanford Friedman 2010: 474), taking into account that modernity was/is experienced and given meaning differently in (and within) different contexts, in ways that expanding a fixed Western 'high' art notion to extra-canonical practices cannot adequately address.

Here, reflecting mostly on the spatial expansion of (dance) modernism, I will engage with a seemingly simple question: *Where is Elsa Enkel in this image?*, to tease out some of the 'infrastructural' work that dance historiography has to do to make hitherto underacknowledged figures articulable within it. I ask this question because space is neither natural nor neutral; because before asking where, in which place, something happened—someone danced—we must understand in what spatial framework the question is asked and what the framework does to the question. Space is constructed: it is made and unmade, by material practices—war and extraction, travel and cultivation, exile and displacement, and by dance too (cf. Stanger 2021)—and by epistemic operations: cartography, geography, historiography, all create representations and ways of thinking of space that make certain narratives possible while precluding others. Asking *Where is Elsa Enkel?* is a way of probing the spaces where we place dance histories and the narratives that emerge from them (Part I); and tracing the dance histories that struggle to emerge, as their spaces have been materially and epistemically rendered impossible (Part II).

I ask *Where is Elsa Enkel?* Sitting at my desk in Vienna, where she started her career, writing a book to be published in Germany, where she was born. On the shelves behind me are books that come from Athens, where she worked for several years; and in the desk's lower drawer is my passport, a Greek one, that both gets me access to that desk in Vienna and places me, in ways intersectionally modulated, in a realm that is "not quite—not right" (Vujanović 2014: 55) European. Under my screen sits a photograph of an embroidery that has been passed on within my family for generations, embroidered when the family was Ottoman, rather than Greek; its design is typical, or so I'm told, of the Jews of Ioannina, a lineage that places me in a realm that is also "not quite—not right" Greek. This text writes Elsa Enkel into the post-Ottoman space; for "not quite, not right" is one of the reasons why her story can, as we stand, only partly be told.

Part I: Where Is She?

I could place Enkel in the local scale of Athens and its suburbs, where *Xifir Faler* premiered. This would allow a granular look into the micro-dance-landscape of the Greek capital, tracking Enkel's various connections within it: to Marika Kotopouli's canonical theatre company, to whom Enkel taught operetta choreographies; to the Kenedy dancers, a music-hall ballet ensemble that performed in her productions; to individual performers like actress Xeni Damaskou and choreographer Eleni Yusova, both of whom Enkel seems to have provided a career launchpad to. A local focus would allow us to envision the interwovenness of the Athenian scene, which, like other parts of dance modernity, albeit in underacknowledged ways, cannot be fully grasped through contemporary genre categories and even less 'high' and 'low' art hierarchies. The micro-ecology around Enkel manifests extensive circulations between lyrical and light musical theatre, both of which she worked in, and between classical ballet, music-hall ballet, social dances like the waltz, and Greek traditional dances, all of which she dipped her toes into. Adding texture and complexity to our understanding of the Athenian scene, a local spatial framework would enact Mao and Walkowitz' (2008) vertical expansion of modernism to 'low' art forms, acknowledging the key role that practices relegated as commodified mass culture played in (dance) modernity, and blurring the hierarchical category boundaries (such as 'high'/'low', 'art'/'pop') that modernism has invented.

I could place Enkel on the national scale of Greece. I have little sympathy for national dance histories and their potential to support national myth-making. But to frame Enkel in 'Greek' dance modernity is to affirm the existence of Greek dance modernity. This remains relevant when 'Greek' dance is still associated with North American or Western European dancers, grounding *their* modernity on an idealised vision of Greek antiquity while remaining largely uninterested in Greek modernity. Isadora Duncan's account of her first trip to Greece in 1903 is almost too strong a case in point: the trip happened, on her brother Raymond's insistence, with means "as primitive as possible," to "resemble that of Ulysses" as the Duncans explained to their local drivers in *ancient* Greek (Duncan 2013 [1927]: 97f.). The colonial undertones of Duncan's perspective on modern Greek people are excruciatingly clear: after the Homeric voyage, "[t]he inhabitants all came down to the beach to greet us, and the first landing of Christopher Columbus in America could not have caused more astonishment among the natives." (Duncan 2013 [1927]: 100) To insist on Enkel's dancing—far removed from antique references, deeply ingrained in modern Greeks' entertainment habits— as *Greek* dance is not only to expand the modernist canon beyond Duncan but also to challenge the coloniality of such discourse through a description of the reality that Duncan was too short-sighted to see.

I could place Enkel on a translocal scale, circulating between Vienna and Athens. This would allow to trace how Enkel filtered Viennese choreographic aesthetics to the Athenian dance landscape, for instance spreading the popularisation of the waltz; and, vice versa, how a practitioner artistically socialised in Silver-Age-operetta in Vienna adapted her aesthetics through the inclusion of material locally relevant to Athens, for instance performing, in the intermissions of operettas, traditional Greek dances that her Athenian audiences were used to. A translocal perspective would also allow multidirectional links to appear, complicating the Athens-Vienna line with further connections to London and Istanbul, both of which provided dancers to Enkel and the company she led with Greek impresario Apostolos Kontaratos. A translocal perspective would therefore acknowledge exchanges and permeabilities, as well as dance modernity's fundamental reliance on travel and mobility, without transforming this acknowledgement into an exercise of cumulating pre-existing national histories.

I could place Enkel on a transnational scale, between Germany, where she was born, and Greece. Transnational histories, too, can account for circulations and recontextualisations of material; even more crucially, they can account for state-instigated or -sanctioned choreographic circulations. A transnational framework would draw attention to the fact that the Enkel-Kontaratos troupe was heavily subsidised by the Greek palace (cf. Seiragakis 2018) at a time when the country was deeply divided by polarised royalist-republican politics with conflicting strategic directions on a transnational level. This division came to a climax around the time when *Xifir Faler* premiered, around the question of whether and how Greece would enter World War I. The German-leaning king advocated neutrality in support of the Central Powers, while Prime Minister Eleftherios Venizelos promoted entering the war on the side of the Entente. *Xifir Faler* took a pro-monarchy stance, staging a personification of Neutrality, and Enkel herself headed a military parade accompanied by a royalist anthem. A transnational dance history can engage with how nation-state relations materially influence what dance is produced and shown, shifting from reinforcing the ubiquity of the nation-state as a unit of political and territorial organisation towards an assessment of that ubiquity's impacts.

I could place Enkel on an imperial scale, oscillating between the Habsburg and Ottoman empires. Having left Vienna while it was still the Habsburg capital, she arrived in Greece when the country was in the process of autonomising itself from the Ottoman empire: large swathes of what is today northern Greece were Ottoman until the Balkan Wars of 1912–13, while Greece's position in World War I was largely dependent on its irredentist ambitions to annex further imperial territories. Enkel also toured from Athens to Eastern Mediterranean cities like Smyrna while they were still Ottoman. Placing her in an imperial framework would highlight networks of touring, commerce, and transportation that stemmed from imperial geographies, allowing dance practices to circulate even as empires were crumbling. It would push to ask how genres like early-twentieth-century Viennese operetta shifted from imperial funding to a market logic, while still performatively negotiating imperial imaginaries in a changing world order (cf. Baranello 2021). And it would draw attention to a way of understanding space that made particular sense for Enkel and her contemporaries, still transitioning from subjects of empires to citizens of nation-states.

I could place Enkel on a global scale, viewing her circulations as part of a wide-reaching planetary network. Enkel's genre of predilection, operetta, was part of "global trade routes," a "transposable commodity" that was widely exported by an industry circulating culture in ways comparable to the circulation of people and products (Becker 2017: 7). And so Enkel's work could be seen as a small part of how operetta melodies and choreographic phrases, performers and producers, bourgeois morals and waltzy aesthetics travelled around the planet. Such a framework would allow for the interweaving of operetta and its dance with other flows of globally circulating products, from eyeliner to coal. This would mean acknowledging dance's belonging in capitalist networks of exchange—one commodity among others—and focussing on how dance's circulations depended on these networks: dance modernity would not have been what it was without the shipping industry and the fossil fuels powering it; without audio-visual media circulating images of dancers and hit songs, schooling audiences in globalised-Eurocentric aesthetics and shaping their expectations of leisure and pleasure.

Part II: Where Is She?

All of these spatialisation choices—national, sub-national, supra-national—are valid: these are all spaces that existed then, or existed since then, their scales often coexisting (cf. Ram 2016). They all make meaningful histories emerge. But Enkel also existed in a space that never fully came to exist and whose histories remain largely untold: the post-Ottoman space.

The Ottoman Empire lasted for just over six centuries, until 1922. While its territorial boundaries shifted during this time, it encompassed large parts of Southeast Europe, West Asia, and North Africa. The process of its dissolution was lengthy: Greece was recognised by Western states as an independent country in 1830, a century before the Ottoman Empire officially ceased to exist. The territories gradually leaving the Ottoman Empire transitioned either into nation-states (e.g., Greece, Serbia, Bulgaria) or through the expansion of Western European quasi-colonial control (e.g., the French mandate in Lebanon and Syria, the British mandate in Palestine).

In the process, the post-Ottoman space was erased, to be replaced by these new geographies. This erasure was material, and violently so: if we only look at the case of Greece, it implicated wartime with few respites from 1912 (First Balkan War) to 1922 (the end of the Greco-Turkish war); mass exile of refugees; forced population exchanges between Muslims in newly-Greek territories and Christians in Ottoman/to-be-Turkish territories; mass killings. The erasure was also epistemic (cf. Wigen 2018). The nation-states emerging from the Ottoman Empire worked hard to construct national histories, casting the Ottoman years as a dark age of slavery and disregarding commonalities between former Ottoman populations. National languages replaced Ottoman multilingualism; national identities replaced Ottoman multi-ethnic, multi-religious societies. Western European discourse and knowledge production also worked hard to counter or delegitimise Ottoman heritage. Orientalist stereotypes continue to conceal complex forms of life in the empire. Western academic disciplines partition the world in ways that overlook the existence of an area tied to a common Ottoman history (e.g., the Balkans and the so-called 'Middle East' are studied separately). This results in scarce support for research (networks, grants, conferences, publications) on the post-Ottoman realm as such.

In dance studies, there is hardly any awareness of the post-Ottoman space as a meaningful framework and virtually no publications mapping post-Ottoman dance forms and their interrelations, despite researchers tracing transnational dance histories in post-Ottoman regions (e.g., Stavrou Karayanni 2004 on so-called belly dance). This is partly, I would like to suggest, because of the largely successful, albeit incomplete, erasure of post-Ottoman spatiality itself: we have to ask what space is given before asking what happened in the given space; we have to ask what space is not given to understand why it is hard to access what happened within it. How to tell Enkel's story in a post-Ottoman space that has been rendered epistemically marginal, if not invisible? I would like to close this text with a few, far from exhaustive, suggestions.

A post-Ottoman dance history requires a spatial framework that is neither imperial nor national, one that sees the transition from empire to nation-state less as a teleological path than as a process of negotiating imperial, national, and other imaginaries, engaging with nation-states' failure to grapple with post-imperial legacies. In such a spatial framework, dance history could ask how dance engaged with these negotiations of transition, and what dances allowed for other post-imperial imaginaries than the national one. It could look at Enkel and see a practitioner touring a nationally named troupe—the *Greek* Musical Ensemble —with works by Ottoman artists (like Armenian composer Tigran Tchouhadjian), enacting deep entanglements of empire and nation that complicate narratives of the latter replacing the former.

A post-Ottoman dance history requires a spatial framework which is neither clearly Western nor clearly Eastern; which sees a space forced to be available for the line demarcating the two to be (re)drawn, acknowledging how an assignation of Western-ness (e.g., to Greece through the valorisation of Greek antiquity in Western genealogical narratives) coexists with a negation of its completeness and with the requirement to repudiate orientalised parts of the self. In such a spatial framework, dance history could ask how dance negotiated that demarcating line, how it enacted and challenged, within the same body, Westernising *and* orientalist tropes. It could look at Enkel and see a practitioner actively participating in a process of aesthetic Westernisation, forming modern Greek tastes in Habsburg idioms, *and* adapting those idioms to address her audiences' hesitations towards Westernising forces.

A post-Ottoman dance history requires a spatial framework not aligned with clear-cut divisions of colonising and colonised territories; which can recognise that, while not colonised, Greece was subject to widespread Western political intervention and that some ethnically-Greek-identifying populations were colonial subjects (e.g., in parts of Cyprus until 1960); and which simultaneously remembers that early-twentieth-century Greece also had imperialist projects. In such a spatial framework, dance history could ask how dance negotiated positions of victim and perpetrator, irredentist expansion and domestic insecurity. It could look at Enkel and see a practitioner whose work was entangled with Western interventionism—a German-born dancer funded by Greece's German-leaning, Danish-origin king—while also celebrating in her performance (notably in *Xifir Faler*'s military parade), dreams of Greek expansionism.

A post-Ottoman dance history requires a spatial epistemology of the in-between: one that refuses to choose between the space that was unmade and the space that was made, in order to inhabit the potential space (cf. Azoulay 2019) that Enkel and her contemporaries might have seen, even if we might not. This is part of the 'infrastructural' work that dance studies need to do, to make figures like Enkel articulable within dance modernity: ask where within the multiple spatialities of modernity she is; but also where she cannot fully be, for modernity was also an undoing of space that rendered certain narratives untellable.

This research was funded in whole or in part by the Austrian Science Fund (FWF) [T1336-G]. For the purpose of open access, the author has applied a CC BY public copyright license to any Author Accepted Manuscript version arising from this submission.

References

Azoulay, Ariella Aïsha (2019): *Potential History. Unlearning Imperialism*, London: Verso.

Baranello, Micaela (2021): *The Operetta Empire. Music Theater in Early Twentieth-Century Vienna*, Oakland: University of California Press.

Becker, Tobias (2017): Globalizing Operetta before the First World War, in *The Opera Quarterly* Vol. 33 No. 1, pp. 7–27. doi: 10.1093/oq/kbx014

Burt, Ramsay/Huxley, Michael (2020): *Dance, Modernism, and Modernity*, Oxfordshire: Routledge.

Duncan, Isadora (2013 [1927]): *My Life*, New York: Liveright.

Georgakaki, Konstantza (2013): *I Efimeri Goitia tis Epitheorisis* [The Ephemeral Charm of Revue Theatre], Athens: Polaris.

Leon, Anna (2024): Palace protégée and pop-star: Elsa Enkel in Greece, 1913–1933, in: *Theatralia* Vol. 27 No. 2, pp. 64–79. doi: 10.5817/TY2024-2-5

Mao, Douglas/Walkowitz, Rebecca (2008): The New Modernist Studies, in: *PMLA* Vol. 123 No. 3, pp. 737–748.

Maraka, Lila (2006): O Horos stin Elliniki Theatriki Epitheorisi. [Dance in Greek Revue Theatre], in: *Paravasis* 7, pp. 79–88.

Ram, Harsha (2016): The Scale of Global Modernisms: Imperial, National, Regional, Local, in: *PMLA* Vol. 135, No. 5, pp. 1372–85.

Seiragakis, Manolis (2018): *Integrating major (Inter)national Greek Composers during the National Schism. The Greek Music Theatre Company of Apostolos Contaratos, 1915–1917*. Unpublished conference presentation.

Stanford Friedman, Susan (2010): Planetarity: Musing Modernist Studies, *Modernism/Modernity,* Vol. 17, No. 3, pp. 471–499. doi: 10.1353/mod.2010.0003

Stanger, Arabella (2021): *Dancing on Violent Ground. Utopia as Dispossession in Euro-American Theater Dance*, Evanston: Northwestern University Press.

Stavrou Karayanni, Stavros (2004): *Dancing Fear and Desire. Race, Sexuality & Imperial Politics in Middle Eastern Dance*, Ontario: Wilfrid Laurier University Press.

Unknown artist (1916): Photograph of Elsa Enkel in *Xifir Faler*, in *Tehni kai Theatron* (*Art and Theatre*) No. 7. National Bank of Greece Cultural Foundation, Hellenic Literary and Historical Archive Library (MIET, ELIA library). Digitised in Lekythos (catalogue of Cypriot collections organised by subject): https://lekythos.library.ucy.ac.cy/handle/10797/26488.

Vujanović, Ana (2014): Not quite—not right. Eastern/Western dance (on contemporary dance in Serbia), in: Joanna Szymajda (Ed.), *European Dance since 1989.* Communitas *and the Other*, Oxon: Routledge, pp. 55–66.

Wigen, Einar (2018): Post-Ottoman studies. An area studies that never was, in: Joakim Parslow/Eva Csato/Emel Türker/Einar Wigen (Eds.), *Building Bridges to Turkish: Essays in Honour of Bernt Brendemoen*, n/a: Harrassowitz Verlag, pp. 313–326. doi: 10.2307/j.ctvh4zh3p.26

Facets of Good News

Perspectives on the UNESCO Intangible Cultural Heritage of Humanity

Aline Braun

In 2022, the practice of Modern Dance in Germany was inscribed on UNESCO's Representative List of Intangible Cultural Heritage of Humanity. This designation signifies recognition of the art form as part of humanity's shared cultural patrimony and, by situating Modern Dance in Germany within the framework of the 2003 UNESCO Convention for the Safeguarding of Intangible Cultural Heritage (ICH), this inscription affirms its value as a living practice that has significant historical, cultural, and social dimensions. Convinced of the positive impact of inscribing Modern Dance as Intangible Cultural Heritage and its fundamental cultural significance as a practice, my contribution seeks to raise a few issues and questions in order to encourage further dialogue on UNESCO's heritagisation process. This inscription implies a selection of practices and therefore the exclusion of others—what is worth saving and what can be forgotten. While aiming to preserve and highlight the value of certain cultural elements, one can wonder if this process instead imposes normative frameworks on what is deemed valuable. Could this process of heritagisation, by selecting what is worth preserving, ultimately contribute to a standardised view of culture and a rewriting of cultural narratives?

Discourse and Heritage

The UNESCO 2003 Convention defines intangible cultural heritage as encompassing "practices, representations, expressions, knowledge, [and] skills—as well as the instruments, objects, artefacts and cultural spaces associated therewith—that communities, groups and, in some cases, individuals recognise as part of their cultural heritage."[1] These manifestations span five vast key domains: oral traditions, performing arts, social practices and rituals, knowledge systems, and traditional craftsmanship. Modern Dance in Germany, as a performing art, falls squarely within this definition, recognised not only for its artistic expression but also for its role in shaping social and cultural identities.

Dance scholar Filip Petkovski asserts that no cultural practice is heritage by itself but "becomes heritage because of the discourses that recognise it as such" (Petkovski 2023: 17). This highlights the constructed nature of cultural heritage, framing heritagisation as a process of producing meaning. Heritage is therefore not an inherent quality but rather a status conferred through recognition, framing, and institutional discourse. Cultural practices do not become heritage on their own but are dependent on external factors: they need to be legitimised by an external agency, here through institutional discourse. UNESCO plays a pivotal role in this process, as it creates the possibility of this discourse while also establishing its framework at all stages of the process, by defining criteria, selecting practices for inscription, and asserting their global significance. 'Who *makes* the heritage?' is, therefore, a powerful question as UNESCO not only safeguards intangible cultural practices but also shapes how they are valued, perceived, and transmitted, influencing our very own understanding of world culture and the ways in which we represent and relate to the cultures of others. Consequently, UNESCO acts as a powerful cultural gatekeeper, whose preservation efforts are intertwined with the construction of heritage narratives that align with broader global agendas.

Purposes and Recognition

The recognition of Modern Dance in Germany as Intangible Cultural Heritage by UNESCO in 2022 extends far beyond the realm of preservation. It carries profound social, political, and cultural significance, serving multiple purposes that include fostering recognition and visibility, safeguarding a living tradition and historical value, and promoting community involvement in preserving cultural identity. One of the key objectives of the nomination and recognition of Modern Dance in Germany is to enhance its visibility and legitimacy on both

---

1 This definition is issued from: UNESCO (2003) *Convention for the Safeguarding of the Intangible Cultural Heritage*. Available at: https://ich.unesco.org/en/convention [30.08.2024].

national and global levels, transforming it into an internationally recognised symbol of Germany's cultural contributions. The choices of UNESCO, therefore, influence the global attractiveness and soft power of a country, reinforcing its importance on both local and international scales.

Although already acknowledged in the dance world prior to this UNESCO recognition, this designation positions the practice as one of universal value, underscoring its relevance and influence beyond the dance sphere as a global cultural practice. As this phenomenon generates cultural capital, it enhances Germany's international standing while affirming the universal value of Modern Dance as an art form. (Meissner 2025)

Recontextualisation of Practices

Contrary to the initial aims of this recognition, the inscription of intangible cultural heritage opens a broader discussion on the purposes, implications, and challenges of such recognition. As heritage is not an intrinsic quality of cultural practices, but a social construction shaped by deliberate decisions and power dynamics, the nomination process reflects these subjectivities, involving choices about what is deemed valuable, authentic, and worthy of preservation (Gillman 2010: 66; Petkovski 2023: 4). The selective nature of UNESCO's Representative List creates hierarchies that prioritise, preserves and legitimises certain cultural expressions but excludes others. While the selected elements are publicly celebrated, this process also reveals its own arbitrariness: it underscores the tension between legitimising one vision of cultural heritage and marginalising others, therefore leaving unrecognised practices vulnerable to being forgotten. How can one determine that one practice is significantly more important than another? Of course, Modern Dance in Germany is undoubtedly of great significance, but other valuable dance forms exist that are not included on that list.

Cultural intangible practices are inherently fluid and malleable, continually evolving over time. Vicky Kämpfe, as an example, notes that "Modern Dance is open in style and changeable in its form" (Kämpfe 2025: 420). Given this, the idea of establishing fixed criteria appears paradoxical, raising the question of how a rigid framework can be applied to these practices to definitively affirm or deny their value. In contrast to the fluidity of intangible heritage, as a practice that circulates between places and people, the selection process also raises significant questions about ownership. Unlike tangible heritage, which can be tied to specific locations, intangible heritage transcends geographic, cultural, and national boundaries, challenging any claim of belonging and going beyond conventional notions of national culture and ownership. How can one claim the belonging of an intangible heritage to one nation only? Created in Germany, the history of Modern Dance is deeply intertwined with artistic movements worldwide, particularly in Central and Eastern Europe, Latin America, and the United States. This interconnectedness makes it challenging to attribute the practice to a single nation. While efforts to present Modern Dance as a shared heritage of German-speaking and Central European countries were considered, they were ultimately abandoned due to formal and pragmatic constraints, leaving for now unresolved the broader transnational nature of the practice (Petkovski 2023: 11). This dilemma underscores the paradox inherent in UNESCO's Representative List, which attributes cultural practices to specific nations while the practices themselves often defy such fixed categorisation. This friction emerges from the application process and its systemic framework, as the national governments are responsible for applying. By gaining a new and recognised status, an intangible practice consequently also becomes linked to a specific nation, while these processes should be distinct. 'Who *makes* the heritage?' is therefore a central question all along the process, as the application itself raises critical questions about agency and the power to define and represent one's heritage. The act of inscription reshapes Modern Dance's identity, aligning it with political and cultural agendas and emphasising its global significance. This tension reflects the complexities of using intangible heritage as a tool for constructing and negotiating cultural identity in a globalised world. While initially aiming to safeguard intangible practices and protect traditions from being overshadowed by dominant cultural trends, the UNESCO process actually recontextualises practices such as Modern Dance within a global framework, recognising its cultural significance but simultaneously inscribing the practice in a new geographical and historical context. Attributing fixed geographical borders and a new globalised status to a practice potentially obscures its hidden narratives and alternative histories. The emphasis on individual heritage elements often erases other possible interpretations and histories, highlighting the subjective and political nature of what is recognised as heritage.

This recognition allows Germany to position itself as a custodian of cultural excellence, enhancing its international reputation and leveraging cultural capital for soft power. Germany bolsters its national identity and competitiveness on the world stage by aligning itself with globally celebrated heritage icons.

While paradoxically attributing a practice to a specific area, the process actually recontextualises the practice within a global framework. The recontextualisation of Modern Dance as an Intangible Heritage of UNESCO inscribes this practice in a set of values from around the globe, such as the French baguette or the glassblowing in Venice. Yes, all these elements share the common characteristic of being intangible and align with the five key areas of the List. However, their practices are unrelated, creating an artificial framework designed to represent our world's cultural heritage. UNESCO thus curates a globalised framework of cultural standards. Despite the List showcasing a broad diversity of practices, the selection process appears reductive, maybe even stereotypical, compared to the rich cultural panorama of intangible practices. Furthermore, the act of selecting and listing these elements also hides the specificities and unique qualities of each of these practices, potentially leading to a homogenisation of heritage and a stereotyped view of culture.

Evolution and Stakeholders

The designation of Modern Dance in Germany as Intangible Cultural Heritage underscores the tensions between evolution and preservation, as well as tradition and modernity. Modern Dance's designation as Intangible Cultural Heritage highlights its role as a bridge between tradition and modernity. Initially breaking historical norms, its heritagisation reframes it as a tradition, blending innovation with continuity. This duality challenges conventional definitions of heritage and aligns with the idea of "invented traditions," where practices are constructed or reframed to serve cultural or political purposes, creating ambiguity around both the concept of tradition and the practice itself (Hobsbawm/Ranger 2002). While the act of safeguarding cultural practices aims to ensure their longevity and visibility, it simultaneously risks freezing their dynamic and evolving nature: the redefinition of Modern Dance in Germany within a specific heritage framework may impose rigid interpretations of what the practice "should be," constraining its ability to adapt to contemporary cultural and social contexts. While the safeguarding efforts encourage preservation, they may institutionalise or formalise a practice that historically resisted standardisation.

The nomination of Modern Dance in Germany, on one side, acknowledges its connection to communities, historical contexts, and collective identities, demonstrating that heritage encompasses broader dimensions beyond the practice itself. On the other hand, the preservation process reveals tensions between practitioners, institutions, and states. The contributions of practitioners, such as choreographers, archivists, or scholars, and in the case of inscribing Modern Dance in Germany, are essential for the UNESCO application process. Still, the inscription remains shaped by institutional and political priorities, following a highly bureaucratic process that is subject to state approval (Hanke 2025: 259). The UNESCO inscription is therefore more a process of bureaucratic experts than of the practitioners themselves. Practitioners, becoming official heritage stakeholders after the recognition of their practice, have to navigate parameters set by UNESCO and national bodies, risking the prioritisation of institutional narratives over the practice's intrinsic values: applications depend on written documentation and static files rather than direct engagement with the living practice and its community, sidelining practitioners who lack the resources to engage with bureaucratic requirements. 'Who *makes* the heritage?' Contrary to the UNESCO goal to promote the participatory nature and sense of community among practitioners of intangible heritage, this formalisation reinforces institutional dominance in shaping heritage narratives, paradoxically alienating communities whose expressions are being safeguarded. To truly support these practices, an ongoing dialogue between political and institutional actors and practitioners must be nurtured (Kämpfe 2025: 425).

While having many positive aspects for preservation and soft power, the heritagisation of the practice of Modern Dance in Germany exemplifies the intricate balance between highlighting cultural practices and navigating the broader implications of institutional recognition and political agendas. The UNESCO selection of Intangible Heritage undeniably carries the weight of preserving cultural traces for the future. One can wonder if this process of heritagisation truly fosters cultural diversity and dialogue while embracing the fluid nature of cultural heritage: the inscription of a practice provides visibility, legitimacy, and cultural capital, but it also raises questions about ownership, agency, and the evolving nature of heritage. To address these tensions, a more inclusive and reflexive approach is needed and discussed, as mentioned by Eva Kuminková, Ľubica Voľanská, and Martín Andrade Pérez—one that values the interconnectedness and fluidity of cultural practices while ensuring that the voices of communities and practitioners remain central to the heritage discourse, fostering a more equitable and authentic understanding of cultural heritage in a globalised world (Kuminková et al. 2025). 'How can an intangible practice evolve after its recognition as Intangible Cultural Heritage?' should be a central question in order for Modern Dance to continue to evolve as a "living cultural heritage" (Kämpfe 2025: 426).

References

Bakka, Egil/Gediminas Karoblis (2021): Decolonising or Recolonising: Struggles on Cultural Heritage, in: *Dance Research*, Vol. 39, No. 2, pp. 247–63. https://doi.org/10.3366/drs.2021.0345.

Bortolotto, Chiara (2007): From Objects to Processes: UNESCO's Intangible Cultural Heritage, in: *Journal of Museum Ethnography* 19, pp. 21–33.

Eichler, Jessika (2021): Intangible Cultural Heritage, Inequalities and Participation: Who Decides on Heritage?, in: *International Journal of Human Rights*, Vol. 25, No. 5, pp. 793–814. https://doi.org/10.1080/13642987.2020.1822821

Gillmann, Derek (2010): *The Idea of Cultural Heritage*. Cambridge: Cambridge University Press.

Hanke, Benjamin (2025): Expanding Cultural Participation Through the 2003 UNESCO Convention in Germany's Multi-level Governance System, in: Christoph Wulf (Ed.), *Handbook on Intangible Cultural Practices as Global Strategies for the Future*, Berlin: Springer, pp. 257–70. https://doi.org/10.1007/978-3-031-72123-6.

Hobsbawm, Eric/Ranger, Terence (2002): *The Invention of Tradition*. Cambridge: Cambridge University Press.

Iacono, Valeria Lo/Brown, David H.K. (2016): Beyond Binarism: Exploring a Model of a Living Cultural Heritage for Dance, in: *Dance Research*, Vol. 34, No. 1, pp. 84–105. https://doi.org/10.3366/drs.2016.0147.

Kämpfe, Vicky (2025): Modern Dance Created in Germany: The Safeguarding and Creative Practice of Dance Heritage, in: Christoph Wulf (Ed.), *Handbook on Intangible Cultural Practices as Global Strategies for the Future*, Berlin: Springer, pp. 417–28. https://doi.org/10.1007/978-3-031-72123-6.

Kirshenblatt-Gimblett, Barbara (1995): Theorizing Heritage, in: *Ethnomusicology*, Vol. 39, No. 3, pp. 367–80. https://doi.org/10.2307/924627.

Kuminková, Eva/Voľanská, Ľubica/Andrade Pérez, Martín (2025): On Reaching a Consensus: A Paradigm for the Inscription of Elements on the UNESCO Lists of Intangible Cultural Heritage, in: Christoph Wulf (Ed.), *Handbook on Intangible Cultural Practices as Global Strategies for the Future*, Berlin: Springer, pp. 193–220. https://doi.org/10.1007/978-3-031-72123-6.

Meissner, Marlen (2017): Intangible Cultural Heritage and Sustainable Development: The Valorisation of Heritage Practices, in: *Heritage and Society*, pp. 1–25. https://doi.org/10.1007/978-3-030-79938-0.

Meissner, Marlen (2025): Giving a Voice to the People: Intangible Cultural Heritage in Transformation and Structural Change, in: Christoph Wulf (Ed.), *Handbook on Intangible Cultural Practices as Global Strategies for the Future*, Berlin: Springer, pp. 69–82. https://doi.org/10.1007/978-3-031-72123-6.

Petkovski, Filip (2023): How Modern Has German Modern Dance Remained? The Case with the 2022 UNESCO Inscription, in: *Dance Chronicle*, Vol. 46, No. 3, pp. 1–24. https://doi.org/10.1080/01472526.2023.2248851.

Pietrobruno, Sheenagh (2009): Cultural Research and Intangible Heritage, in: *Culture Unbound: Journal of Current Cultural Research*, Vol. 1, No. 1, pp. 227–47. https://doi.org/10.3384/cu.2000.1525.09113227.

Schlicher, Susanne (1997): West German Dance Theatre: Paths from the Twenties to the Present, in: *Modern Dance in Germany and the United States: Crosscurrents and Influences*, London: Routledge, pp. 59–78.

Vrdoljak, Ana (2025): *Minorities, Cultural Rights and the Protection of Intangible Cultural Heritage*, Paper presented at the ESIL (European Society of International Law) Research Forum on International Law Contemporary Issues.

Wulf, Christoph (2025): Intangible Cultural Heritage: Challenges and Expectations, in: Christoph Wulf (Ed.), *Handbook on Intangible Cultural Practices as Global Strategies for the Future*, Berlin: Springer, pp. 429–39. https://doi.org/10.1007/978-3-031-72123-6.

Tracing Fertile Ground
The Dancer Tile Rössler

Thomas Kampe

This chapter revisions the work of the displaced Jewish dancer Tile Rössler (1907–1959) in the historical canon, addressing hidden histories of European Modern Dance marked by persecution, exile, and trans-locality. It questions system-affirming developments of Modern Dance in Germany from 1933 to 1945, furthering Marion Kant's assertion that "most German dancers and choreographers were eager to join the cause voluntarily and to support the regime" (Kant 2016: 18) and reflects on contemporary trouble in confronting its entanglement with Nazi cultural politics.

Tile Rössler was born in 1907 in Tarnow, Poland, grew up in Berlin, and studied gymnastics and dance with Irmgard Meyer and Gret Palucca in Dresden. Rössler was one of the directors of *Palucca-Schule* from 1931 to 1933 but was dismissed in April 1933. She emigrated to Tel Aviv in June 1933, where she taught and performed until she died in 1959. This chapter is based on archival research at the *Akademie der Künste* in Berlin and the *Beit Ariela Dance Library* in Tel Aviv, exploring documents related to Rössler's dismissal and post-1945 correspondence.[1] It raises questions about her relationship with Gret Palucca within the complex cultural and political context of the period.

(In-)Visibilities

In her online presentation Birgit Peter calls for a discourse on the "inconvenient legacy" of the "NS history" in the theatre and dance fields, and to make visible "stories of exclusion" and the relation between institutions, "histories of

1 All *Archiv der Akademie der Künste* material cited is referenced with a *SAdK* folder number.

power" and "the history of masking or concealment" in the context of racialisation of culture.[2] This seems relevant for a review of Modern Dance in Germany during the Nazi period—particularly in the light of its UNESCO recognition as intangible cultural heritage, and the aim of the 2024 gtf symposium to critically revise the politics of Modern Dance. How can we challenge narratives that resist addressing its entanglement with Nazi politics through masking or omitting historical truths?

Fig. 1: Tile Rössler, Postcard to Gret Palucca, Interlaken 1947, SAdK Gret-Palucca-Archiv, Palucca 5441–1, photographer unknown, © SAdK

2 Peter, Birgit/Waibel, Eva: Archiv und theaterhistorische Sammlung des Instituts für Theater-, Film- und Medienwissenschaft der Universität Wien, online presentation at *Sammlung trifft Forschung V: Geringe Ressourcen, kleine Archive? Sammlungen der Szenischen Künste* Friday, 22 November 2024. (Translated by the author)

Official contemporary online literature around the UNESCO award does not refer to such entanglement, suggesting a de-historicised recognition process Vicky Kämpfe indicates that a "Responsibility for a Living Dance Heritage" depends on methods of "safeguarding" (Kämpfe 2025: 404), through critical examination, reflection, and openness to evolving definitions of intangible cultural heritage, yet her writing equally fails to refer to a situating of Modern Dance in the Third Reich. How can we safeguard the unmasking of the uncomfortable narratives of collusion between Rösslers' mentor and employer—Palucca—and Nazi racialist cultural politics that led to Rössler's dismissal?

Tracing

Working with archival material on Rössler's legacy reveals an incomplete mosaic across Germany and Israel. The *Palucca Hochschule für Tanz Dresden* archive holds no trace of the Jewish former *Palucca-Schule* director Rössler. Beit Ariela's files include dance photos, costume sketches, letters, and essays from her 1944 teacher training course, but offer little information on her dismissal from *Palucca-Schule* or her departure from Germany in 1933. A handwritten letter by Palucca to Rössler, ca. 1930, reveals a tender tone: "I am delighted [...] oh Tile, this is wonderful. I am so happy [...] Your Palucca."[3] The archive of the *Akademie der Künste* holds key documents on Rössler in its Palucca files, including a handwritten biography, her school examination papers, and employment records from 1928/9. Additional materials include press releases, notices of her co-directorship in 1931 and of her return to work in January 1933 after an illness. A 1947 postcard from Rössler to Palucca from Switzerland reads: "After an eternity. In old love. Your Tile (Thiele Rößler, former student and colleague)."[4] (SAdK Palucca 5441–2)

Several documents illuminate the politics shaping Rössler's and Palucca's professional relationship. A letter from *Palucca-Schule* to Franz Hilker, Director of *Deutscher Körperbildungsverband (D.K.V.)*, states that "Frau Rössler had to leave the school" while emphasising that the summer course will proceed "as usual"

---

3 *Tehillah Rossler Archive* of *The Israeli Dance Archive at Beit Ariela*, Tel Aviv. All Beit Ariela archive material translated from German by the author; see also Rotman (2011) for a discussion on this letter.

4 All *SAdK* archive material translated from the German language by the author.

with "Frau Palucca teaching in July in person." (SAdK Palucca 6556–2) In July 1933, press releases sent to the Nazi newspapers *Völkischer Beobachter* and *Der Angriff* confirmed the directorship change.

Two letters from 1958 between the displaced Jewish teacher Selma Weissbrod and the *Palucca-Schule* are relevant. Weissbrod requests support for a pension application for the seriously ill Rössler in Israel, seeking certification of her studies and employment at the school. The school's brief response offers no admission of Rössler's position as student or director, citing the loss of pre-1945 records in the Dresden bombings. However, all relevant documents are still accessible in the *SADdK* archives. In 1958 Socialist Germany, Palucca leaves no written traces of her inconvenient past. (SAdK Palucca 5302)

Free and Uninhibited

The SAdK archive material sheds light on Rössler's work as a student, teacher of "practical vocational training classes," and director of *Palucca-Schule.* (SAdK Palucca 6056–9) Her 1928 examination papers reveal her humanist pedagogical vision of working "with her students" to "give all students the opportunity to be free and uninhibited in our lessons." (Rössler 1928; SAdK Palucca 6810) Her beautiful writing appraises the "diversity" and "differences" found in the dance culture of the period. (ibid) Her reflexive model for educating dance pedagogues, which "should allow the students to observe applied pedagogy," and hold, "discussion evenings where students can talk about dance problems and exchange their opinions," (ibid) is echoed in the examination essays written in German by her 1944 Tel Aviv teacher-training students held in the *Beit Ariela Archives*.

Fig. 2: Tile Rössler teaching in Tel Aviv. © Gideon Weinstein; Photo Reichman, date unknown; The Israeli Dance Archive at Beit Ariela, Tehillah Rossler Archive BAL-121-023-3-3_0001

Speculating

The precise circumstances of Rössler's dismissal from *Palucca-Schule* are unclear. What happened between January, when Rössler returned to work after an illness, and April 1933, when *Palucca-Schule* informs the *Körperbildungsverband (D.K.V.)* that "Fräulein Rössler had to leave our school" (SADK Palucca 6556)? The *D.K.V.* was part of the antisemitic *Kampfbund für deutsche Kultur – Fighting League for German Culture*. Its *Fachgruppe Körperbildung und Tanz – Department of Physical Education and Dance* was led by Modern Dance and gymnastics Nazi-ideologues Jo Vischer-Klamt and Rudolf Bode. Bode had adopted antisemitic, Völkish-nationalist, white-supremacist and anti-rationalist ideologies in his gymnastics method and took a lead role in developing *German Gymnastics* during the Nazi period. He proposed that "only a physical education that addresses this duality of soil and blood will be able to survive in the future" (Bode 1933, in Kant 2016: 18).

Nazi cultural politics towards dance was driven by racial ideology, with Modern Dancers and theorists active as "writers of dance ideology" (Guilbert 2012, in Kant 2016: 6) promoting dance as a "race question" (Böhme 1933, in Karina/Kant 2004: 95) with "passionate devotion to the work of our leader Adolf Hitler" (1936, in Müller/Stöckemann, 1993: 122–123). Theorist Fritz Böhme saw the German dancer as a "political soldier," 'völkisch vorbildlich' – (exemplary volkish), part of a "people marching" with "a firm step which will sooner or later crush everything which, from a German point of view, is a movement grimace" (ibid).

By April 1933, the regime had launched mass arrests, boycotted Jewish businesses, and enacted laws to suspend civil liberties, consolidating Hitler's dictatorial rule. On April 7th, 1933, the *Law for the Restoration of the Professional Civil Service* excluded Jews and political opponents from public positions. Meanwhile, Nazi powers offered rewards of funding and employment to compliant *Aryan* institutions and individual *Volksgenossen* who demonstrated "selfless cooperation in the building of the German Dance"[5] (Palucca 1935; SAdK Palucca 6060). In early April, in the hope of state recognition, the schools of Trümpy, Wigman, and Palucca merged into the *Wigman-Schulgruppe im D.K.V.*, joining the *Kampfbund für deutsche Kultur*. In July, they ask past students to join this new organisation:

> To make a contribution so that our work will find fruitful realisation in the formation of the People's Community (Volksgemeinschaft). [...] Personal [sic: personnel] and professional prerequisites for fitness for such membership (the Aryan paragraph) will be strictly enforced. (Wigman et al.1933, in Karina/Kant 2004: 195–196)

In line with this, Palucca dismissed Rössler from her post before dismissing her Jewish agent, August Bernstein.

> Dear Mr. Bernstein [...] I hope that you can also put yourself in my shoes. You must have realised in the last few weeks that I have done everything in my power to maintain our relationship; now the situation is such that I am being forced to do so by the state (Palucca 1933, in Stabel 2019: 57).[6]

5 Press release Palucca-Schule to *Völkischer Beobachter*, 7 September 1935.

6 Palucca to Bernstein 1 August 1933. Translated from the original German by the author.

Ralf Stabel (ibid) proposes that we can only speculate on how Palucca dismissed Rössler. Can we speculate that Palucca asked Rössler also to *put yourself in my shoes* to justify the dismissal? Did Palucca confess her hidden Jewish heritage—her mother was Jewish—and persuade Rössler that this was the time for her Zionist dream to take root in the "fertile fields" of Palestine, as Rössler had wished for in her 1928 school essay (Rössler 1928; SAdK Palucca 6058)? Yonat Rotman (2011) notes the affectionate tone in written communication between Rössler and Palucca between 1930 and 1947. Can we speculate that, in their intimate dialogue, the dismissal was amicable but outwardly presented as Palucca's "fruitful" contribution to the "formation of the new *Volksgemeinschaft*" (Wigman et al.1933, in Karina/Kant 2004: 195–196), marking the *Entjudung* (Un-Jewing) of German Modern Dance?

"Because the Hebrew music is my music [...]"[7]

Though Palucca later referred to herself repeatedly as "the most German dancer," endorsed by SS magazine *Das Schwarze Korps* in 1936, we find very little *völkisch-nationalist-blood-and-soil*-thinking in her writings (Stabel 2019: 78). In contrast, Rössler's early writings reveal an ideological language similar in tone to the *völkisch* orientation found in the writings of Böhme and others before 1933.

> Dance must become popular [volkstümlich], its language must be understood by the people [Volk], [...] when the time is right, dance, which is the language and expression of a people [Ausdruck eines Volkes], can be independent enough to assert itself as pure dance even without music. (Rössler 1928, SAdK 6810)

Rössler's 1928 writings reveal her ambition to emigrate to Palestine, to educate her "Volk," described as "fertile fields," in "settlements" and "colonies" of a land not without people (ibid). This was prepared by her training in floriculture and horticulture from 1925 to 1926. Her stance as a Zionist dance thinker echoes the call of Modern Dance pioneer Margalit Ornstein for the construction of a liberated "New Jew" in Palestine through dance and gymnastics in 1921 (Ornstein 1921, in Aldor 2012: 48).

7 Rössler, T. (1928): Was ist mein Ziel? (SAdK Palucca 6810)

Rössler's *volkstümlich* dance concerns and earth-bound metaphors sit close to the race ideology of Artur Ruppin, the German *father* of the kibbutzim movement and director of the Jewish Agency in Palestine of the period, who had adopted racial eugenic theories to frame his ideas about Jewish white purity and Zionist identity.[8] He viewed Zionism and a return *to working the land* as solutions to the challenges Jews faced in Europe. Ruppin prioritised *selective settlement* in Palestine, favouring healthy, skilled immigrants, especially in agriculture. In August 1933, he met with Nazi racial theorist Hans F. K. Günther, mentor to Heinrich Himmler. Ruppin described Günther as "very kind [...] and agreed with me that the Jews were not inferior but different [andersartig] and that the Jewish question should be dealt with in a respectable manner" (Ruppin 1933, in Falk 2017: 125). Can this reluctant moment of history help us understand the parting of Gret Palucca and Tile Rössler in 1933? Did Palucca propose Rössler's dismissal—the school's *Jewish question*—as *dealt with respectably*?

Love/Betrayal/Erasure

Researching Rössler's diasporic journey was painfully moving and disorienting. Reading her 1944 Tel Aviv teacher-training students' essays of hope in times of extermination was breathtaking. Discovering beautiful photos of a lost body in German Modern Dance was exhilarating. The journey through the SAdK material was painful, unpacking folders with endless self-congratulatory press-releases by *Palucca-Schule* addressed to Nazi institutions of power was nauseating. Holding the letter to *D.K.V.* stating "Rössler had to leave the school" in my hand felt like death. Deciphering her beautiful handwritten 1928 essays, to discover that she had wanted to join her Hebrew people, her music and melody, felt like a salvation—a flower opening to find the light. The loving letter and card exchanges between Palucca and Rössler from 1930 and 1947 brought humanity back into the reading—had they been lovers? The tender friendship between Rössler and Palucca seemed coldly betrayed when reading the Weissbrod/Palucca exchange from 1958, with all traces of their professional relations erased.

8 For further discussion on intersection between Zionist cultural policies and National Socialism, see Greenstein (2022) and Sand (2011).

Fig. 3: Tile Rössler Dance Study ca 1935. Photo M. Schwarz, Tel Aviv, date unknown; The Israeli Dance Archive at Beit Ariela, Tehillah Rossler Archive BAL-121-023-2-3_0023, © M. Schwarz; The Israeli Dance Archive at Beit Ariela.

Unmasking

Arabella Stanger's book *Dancing on Violent Ground* (2021), like the work of Guilbert, Kant, and others, highlights the dual role of Modern Dance as both a site of resistance and oppression. Stanger critiques a tendency in dance scholarship to celebrate utopia without acknowledging the "violent ground" on which such ideals are built. Her call for a critical negativity challenges heritage narratives that prioritise formal innovation over political implications entangled with violence, colonialism, dispossession and the erasure of marginalised realities (2021: 4). By centering Rössler's story and the violent ground of her relations with Palucca, this research aims to unsettle sanitised narratives surrounding the history of Modern Dance in Germany. It activates a call to revisit its inconvenient heritage further.

With thanks to the late Yael Barkai, and to Gaby Aldor, Laure Guilbert, Marion Kant, Judith Ingber, Yona Rotman, Henia Rottenberg, Irene Sieben, Helene Herold, and Stephan Dörschel of SAdK; Victoria Khodorkovsky of Beit Ariela Dance Archives; Bianca Gleiniger of Palucca Hochschule Archiv, Dresden; Lisa Ullmann Travelling Scholarship Fund.
The Tehillah Rossler Archive, deposited at the Israeli Dance Archive in Beit Ariela, is available digitally as part of the collaboration between The Tel-Aviv-Yafo Municipality, The Israel Ministry of Heritage, The National Library of Israel, and the Judaica collection at Harvard University Library.

References

Aldor, Gaby (2012): *Wie tanzt nun ein Kamel? Die Geschichte der Ornstein-Familie und die Erfindung des modernen israelischen Tanztheaters*, Vienna: Mandelbaum Verlag.

Erdmann-Rajski, Katja (2001): Review of *Gret Palucca. Tanz und Zeiterfahrung in Deutschland im 20. Jahrhundert: Weimarer Republik, Nationalsozialismus, Deutsche Demokratische Republik*, in: *Dance Research* Vol. 1, No. 2, pp. 128–32.

Falk, Raphael (2017): *Zionism and the Biology of Jews*, Berlin: Springer International Publishing.

Greenstein, Tony (2022): *Zionism During the Holocaust: The Weaponisation of Memory in the Service of State and Nation*, London: New Generation Publishing.

Guilbert, Laure (2012): *Danser avec le Troisième Reich: Les danseurs modernes sous le Nazisme*, Paris: Versailles Éditeurs.

Kämpfe, Vicky (2025): Modern Dance Created in Germany: The Safeguarding and Creative Practice of Dance Heritage, in: Christoph Wulf (Ed.), *Handbook on Intangible Cultural Practices as Global Strategies for the Future*, Berlin: Springer Heritage Studies, pp. 417–28. https://doi.org/10.1007/978-3-031-72123-6_22.

Kant, Marion (2016): German Gymnastics, Modern German Dance, and Nazi Aesthetics, in: *Dance Research Journal* 48 (2), pp. 4–25. https://doi.org/10.1017/S0149767716000290.

Karina, Lilian/Kant, Marion (1996): *Tanz unterm Hakenkreuz: Eine Dokumentation*, Berlin: Henschel Verlag.

Karina, Lilian/Kant, Marion (2004): *Hitler's Dancers: German Modern Dance and the Third Reich*, translated by John Steinberg. New York: Berghahn Books.

Müller, Hedwig/Stöckemann, Patricia (1993): *Jeder Mensch ist ein Tänzer: Ausdruckstanz in Deutschland zwischen 1900 und 1945*, Gießen: Anabas.

Rotman, Yonat (2011): Three Letters to Tehila Rössler, in: *Dance Today* 21, pp. 69–71.

Sächsisches Archiv der darstellenden Künste (SADK), Palucca Collection, File 5302, *Letter exchange between Selma Weissbrod and Palucca Schule Dresden*, 09.07 & 23.08 1958 (SAdK Palucca 5302).

Sächsisches Archiv der darstellenden Künste (SADK), Palucca Collection, File 5441–2, *Postcard Tile Rössler to Gret Palucca, Interlaken*, 1947 (SAdK Palucca 5441–2).

Sächsisches Archiv der darstellenden Künste (SADK), Palucca Collection, File 6056–9, *Press-release PALUCCA SCHULE Sekretariat*, 18.12.1931 (SAdK Palucca 6056–9).

Sächsisches Archiv der darstellenden Künste (SADK), Palucca Collection, File 6556–2, *Letter from Palucca-Schule to Franz Hilker, Director of Deutscher Körperbildungsverband (D.K.V.)*, 22.04.1933 (SAdK Palucca 6556–2).

Sächsisches Archiv der darstellenden Künste (SADK), Palucca Collection, File 6810, *Examination papers Tile Rössler Palucca Schule*, 1928 (SAdK Palucca 6810).

Sand, Shlomo (2011): *Die Erfindung des jüdischen Volkes: Israels Gründungsmythos auf dem Prüfstand*, Berlin: Propyläen.

Stabel, Ralf (2019): *Gret Palucca: Tanz in Deutschland 1902–1993*, Hildesheim: Georg Olms.

Stanger, Arabella (2021): *Dancing on Violent Ground: Utopia as Dispossession in Euro-American Dance*, Evanston, IL: Northwestern University Press.

Connecting the Dots

Netzwerke

Oral History, Notations, and a Report from Belgrade

Anarchiving Transnational Dance Modernities Across Geographies in Southeast Europe[1]

Miriam Althammer

In January 2023, while researching the estate of Valeria Kratina in the *German Dance Archive Cologne*, a six-page manuscript fell into my hands: "Belgrad, 1921, Ein Abend Tanzkunst, Frl. Valeria Kratina", as documented in Maga Magazinović's program notes (Ein Abend Tanzkunst, 1921, Deutsches Tanzarchiv Köln: Nachlass Valeria Kratina, DTK 58 [2.4]). The manuscript's final page bore the signature of Maga Magazinović and appears to be a handwritten draft for a later newspaper report about a performance by the Valeria Kratina dance group in Belgrade. Maga Magazinović was a name I had already come across in my Oral History research on dance in Southeast Europe: as a seemingly 'lost and forgotten' dance history, hard to find in either localised or international contexts, although she, as a former Laban student, was the first to spread his doctrine in the Balkans.

Apart from her, many dancers were trained in Central European contexts and then started their own dance "modernities" in the territories of the former Ottoman Empire. In my contribution, I would like to present a critique of histories that focus on modern dance as a Central European phenomenon, using examples of two dancers and the Oral Histories I have collected on Southeast European dance histories from the twentieth and twenty-first centuries (see Althammer 2024; 2025).

The overarching framework underpinning this research is anarchiving (de Laet 2020). This practice seeks to create a topographic understanding and thus reformulate the relation between history and space (rather than time). In my

1 This text is part of the *Peripheralised Dance Modernities* research group's contribution. Other members contributing to this volume are Anna Leon, Sofia Muñoz Carneiro, Arzu Öztürkmen, and Sasha Portyannikova.

case, this is achieved by emphasising the local dimensions of archival materials and their epistemological framework and utilising the specific link between materiality and mediality inherent in the sources. Hereby, the archival materials are examined in terms of their content and agency within the following conditions: the collection and object histories, as well as their specific locations, and the precarious state of dance archives in Southeast Europe. The central tenet of this research endeavour does not lie in the mere act of accessing an archive, in the conventional sense of a repository, but rather in the performative detours, multifaceted translations, and intricacies that accompany this process. The fundamental question guiding this research is: How do I choose, shape, and work with my materials?

A Report from Belgrade: German Modern Dance through the Lens of Maga Magazinović

The report[2] of Maga Magazinović (1882–1968) serves as a prime example of the transnational dimension of modern dance in Europe and its impact on local contexts, such as Belgrade. It symbolises the advent of modern dance in the region and offers a lens through which to examine German modern dance, with a focus on Magazinović. However, her life story has been viewed primarily from the perspective of feminism and socialism, as she was among the first women to study at the University of Belgrade and then began working as a journalist, actively campaigning for emancipation, women's as well as workers' rights. From 1909, she pursued her education as a student of Max Reinhardt and Isadora Duncan in Berlin, regularly attending circles led by Rudolf Steiner, as well as the Günther School in Munich and taking courses in Hellerau and Monte Verità. With her school founded in Belgrade in 1924, she envisioned "the emancipation of the body […] through a 'new dance' combination of gymnastics, sculpture, rhythm, feminism and physical culture as education" (Vujanović 2014: 56).

2 It is catalogued in the folder 'Programm-Material' of the Kratina dance group of the Hellerau-Laxenburg School. It has not yet been possible to establish how the report ended up in this collection. The two were fellow students of Jaques-Dalcroze in Hellerau in 1912 and certainly met again in later years of training with Rudolf Laban and Mary Wigman.

As my first—and accidental—archive find, it refers to the practice of anarchiving and to materials that only become 'locatable' through this process. This change of perspective is based on a cross-reading of the holdings and a speculation about where archival materials might be stored. In the case of Magazinović, I primarily plan to follow the traces of her education to find more documents. She has spent a long time in Germany and Switzerland and, as the report shows, had an excellent knowledge of the German language. She wrote many texts in German; she undertook translations of manuals, curricula, and books, with the intention of actively shaping the foundations of modern dance in Southeast Europe.

Above all, Magazinović's manuscript offers a knowledgeable insight into Kratina's artistic signature and how she further developed Dalcroze's principles, relating her choreographies to those of Laban and Wigman. Magazinović uses the article to provide a contextual framework for the 'modern, new, non-traditional art of dance', "thereby distinguishing it from the assumptions of other authors who have described the guest performance as a 'ballet evening'." She concludes her article:

> Ein Gastspiel ernster Tanzkünstlerinnen, wie es Frl. Kratina ist, ist für Belgrad sehr kostbar. Durch solche Gastspiele wird jener Nebel und Verirrung niedergeschlagen beim Publikum und bei den Rezensenten, die in den letzten Jahren durch das Missverständnis des Wortes Ballett geschaffen wurde; nur auf diese Art würde man ein Kunstmass auch für unsere eigenen Kreationen auf dem Gebiete der nicht-balletttischen Tanzkunst erreichen.[3] (DTK 58 [2.4])

Her report meticulously delineates how she conceptualises her accumulated knowledge in relation to fellow student Valeria Kratina. This clarifies that records are not passive products of human or archival activity. Instead, an agency of the material revealed through the practice of anarchiving becomes explicit once again—as does Magazinović's gesture of journalistic writing. In this way, she distorts the often perceived one-sided transmission of knowledge

3 "A guest performance by serious dance artists such as Miss Kratina is of great value to Belgrade. Through such guest appearances, the fog and confusion that have arisen among the public and critics in recent years—due to a misunderstanding of the term 'ballet'—are dispelled. Only in this way can a standard of artistic measurement be established for our own creations in the field of non-balletic dance art." (Translation by the author)

(from centre to periphery). She counters it with a self-formed memory, thus creating a context for her school that resonates in the bodies of the dancers in Belgrade to this day.

Rethinking with Oral History: Narrating the Lost and Forgotten

In 2015 and 2016, I conducted 50 Oral Histories with dancer-choreographers in Bucharest, Belgrade, Ljubljana, Skopje, Sofia, and Zagreb. During this research, it became evident that when discussing the contemporary state of dance in Southeast Europe, reference is frequently made to the absent history of dance in the twentieth century, to a dance modernity that is regarded as 'lost and forgotten'. In addressing the subject, I adopt a performative approach, which entails testing, exploring, and commenting on these seemingly 'lost and forgotten' dance histories. This is informed by the model of multidirectional memory (Rothberg 2009), which I use to conceptualise Oral History as a form of collaborative research and self-reflexive sharing.

Concurrently, the perspective of the seemingly 'lost and forgotten' is also a reference to what the Bulgarian cultural scientist Alexander Kiossev has described as a form of 'self-colonising cultures' that defines itself through an absence:

> *The Others – i.e. the neighbours, Europe, the civilised world, etc. – possess all that we lack; they are all that we are not.* The identity of this culture is initially marked, and even constituted by, the pain, the shame – and to formulate it more generally – by the *trauma* of this global absence. The origin of this culture arises as a painful presence of absences and its history could be narrated, in short, as a centuries-old effort to make up for and eliminate the traumatic absences. (Kiossev 1995: 1–2)

My Oral Histories follow this effort, challenging the traditional logic of archives by creating multiple narratives from the findings and thus rethinking historiography. As such, they are a practice to elaborate, communicate and develop alternative knowledge formations, therefore becoming a concept that allows dance itself to theorise: as a way of locating itself and reflecting on terminologies, concepts of body and movement and their history—addressing the aspects of processuality and affect in the transmission of lived experience.

Between Avant-Garde and Folklore: Dance Manifestations from Floria Capsali

The second finding in my practice of anarchiving is different notes, drawings, and sketches from the Romanian dancer Floria Capsali (1900–1982), in which, viewed as forms of notation, concepts of movement and the dancing body emerge.

This time it was not an accidental find, but a look at the collection of a dancer who I was told about in many interviews: as a pioneer of modern dance, as the namesake of the *Choreographic High School in Bucharest*, but also in relation to her collection itself, which forms the foundation of the archives of the *National Centre for Dance Bucharest (CNDB)*. Literally rescued from the bin, it testifies to a vibrant dance modernity from the 1920s onwards. Floria Capsali received her dance training, alongside acting and singing classes, in Bucharest and Paris. Her teachers included Enrico Cecchetti, later Rudolf Laban, as well as Mary Wigman. She also studied the methods of Émile Jacques-Dalcroze and Raymond Duncan. Her teaching, which included ballet, improvisation, gymnastics, acrobatics, rhythmics, and eurythmy, influenced several generations of Romanian dancers.

Transferring this body knowledge was one of the main concerns of her teaching in Bucharest, where she collected information on dance and pedagogy, reproduced various movement systems, and translated manuals. A dossier written by Floria Capsali during her time in Paris, from 1922 to 1928, already marks the intended transfer of knowledge and its beginning through conscious collecting. Her notes mainly concern the creation of a *Histoire de la danse* with a detailed work plan and systematic approaches. Composed of various notes that form a draft for a later teaching plan, the textuality of the dossier refers not only to the books she has read but also to the performances she has experienced and the training she has received. In the dossier, she specifies the different dance forms she encountered, moving from an initial orientation towards ballet to a growing interest in the so-called avant-garde, *les danses modernes*. To substantiate these specifications of different dance forms, she sought to present pedagogical concepts and also analyse documents and photographs. A list of the bibliography for dance history follows this. A recurrent theme in her listings is the potential for documentation, notation, and photography, indicating an early inclination towards a mediating and archival approach.

The section on *Danses contemporaines* is one of the most extensive, as it contains notes, newspaper clippings, and her initial attempts to draw body figures from performances she had seen. In particular, she pays attention to the performances of Clotilde and Alexander Sacharoff. The notes and drawings that were created during the performances are not always easy to decipher, as comments convey her impressions of what she has seen. What is particularly interesting about these drawings is that they reflect Floria Caspsali's visual experience. They are body studies, vaguely sketched out, but they reveal more about her interest and understanding of modern dance. The drawings do not show mere line figures of the body, but instead outlines that suggest individual poses, postures, and movements and thus also depict movement options. Following the fleeting lines, Capsali's drawings reveal an observation and impression of concepts of movement and the body through the poses and postures of the Sacharoffs, articulating a desire to document practices during the period of dance modernity.

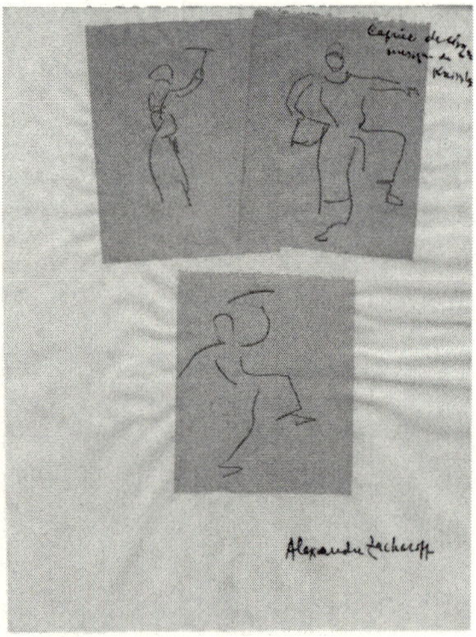

Fig. 1 and 2: Sketches of the Sacharoffs' dance performances in Paris, Théâtre des Champs Elysées, Clotilde et Alexander Zacharoff, 1928 (performance of 18th or 25th November) © CNDB Archives/Floria Capsali Collection

Likewise, they appear to be a preparation and a basis for her later attempts at notation in the context of rural folklore (see Capsali 1932). The transition towards rural folklore and the stylised folk dances that emerged from it in 1927 is regarded by the local secondary literature on dance in Romania as a distinctive feature that fosters the development of a choreographic language rooted in the assets of folk culture. In the case of Floria Capsali, this transition occurred as part of field research on Romanian rural folk culture with the sociology professor Dimitrie Gusti, who brought together various scientists, artists, and composers in his team.

After this, Capsali published an article about the dances observed in a village in northern Romania. This article was accompanied by descriptions of movements, images, and texts pertaining to the socio-cultural background of the region, as well as illustrations created by her husband, the sculptor Mac Constantinescu, who was also a member of the field research team. The article suggests that Capsali was particularly interested in capturing impressions of rural folk culture against the backdrop of an emerging nation-state, and in recording these both visually and textually. This approach was not intended to be a retrospective documentation, but rather a possibility of knowledge transfer and transformation in an artistic context.

The article is structured as a conventional dance analysis, with technical descriptions of popular choreographies in the first part and a classification from a socio-cultural perspective in the second part. In accordance with her work plan for the *Histoire de la danse*, different forms of dance are identified as the choreographic repertoire of the village. The analysis reveals her external perspective as a 'cultured' dancer, which is evident in two ways. Firstly, she sees the villagers as dependent on their local geography and distinguishes between ancient rituals and modern cultural dances. Secondly, she takes a positive view of the modernisation processes of dances in this period, using the notion of local and cosmopolitan. In this differentiation made by Capsali, it becomes clear that for her, the cosmopolitan (Bucharest) stands for modernity.

The local dances in the village instead reveal her interest in the collected choreographic repertoire as artistic material, using it for staged rituals and stylised folk dances within ballet. Therefore, her ethnographic research and analysis are not an expression of a search for a universal notation system for folk dances. Rather, it articulates her artistic research and cultural and aesthetic-theoretical efforts to establish dance as an artistic medium in Romania. This culminated in the founding of the Romanian National Ballet in 1938. This initiative specifically engaged with Romanian themes, exposing the concepts of language, nation, folk, culture, and civilisation that were dominant at the time in the young nation of Greater Romania, navigating between multiculturalism and nationalism. Following the development of her notational ideas, the compilation of the two documentary approaches can therefore provide a historical basis for observing, describing, and analysing the shift from avant-garde modern dance to folklore.

Decentering the Perspective: Entanglements of Bodies in Space

To decenter the perspective on modern dance as a Central European phenomenon, my research focuses on five female dance figures in the context of dance modernism in Southeast Europe, exploring new modalities of materiality, community, sources, and their relationalities. By shifting the focus to the material culture of these histories through the practice of anarchiving, it becomes visible how the interweaving of transimperial and later transnational dimensions functioned within them.

Drawing attention to these dimensions demonstrates how intertwined the histories were and how the aesthetics of modern dance in Southeast Europe were shaped by the circulation of ideas from the canonical representatives of Central European modern dance. The integration of gymnastics, expressionist dance, and folkloric elements catalysed modernisation processes in the nascent nation-states of the former Ottoman Empire, thereby fostering the conceptualisation of these young and multiethnic nations (such as Great Romania or the Kingdom of Yugoslavia) as a unified political body.

This multi-ethnicity and the transition from imperial sub-regions to national entities in a reorganising Europe are linked to an oscillation between images of self and other and between different translations, in terms of language, aesthetics, and local traditions. Incorporating folk dance practices and regional traditions, in particular, gave rise to spatial and choreographic images in the interzone between empire and nation. These practices exerted a substantial influence on the formation of identity within these emerging societies, contributing to the stabilisation of a national identity in subsequent socialist regimes. Consequently, they also gave rise to divergent narratives within the fractured societies of Southeast Europe during the twentieth century (see Assmann 2012: 20–23; Assmann 2008: 99–102).

Rather than reinforcing the narrative of the West and the Rest, the dynamics associated throughout Southeast Europe, along with modernity in Central

Europe, are used to unfold and locate the dense layers of entanglements of bodies in different spaces. Concerning the negotiation processes inherent in the dance histories to be analysed, and thus to the ways in which the circulation of ideas and practices and the physical inscriptions can be made tangible through certain dance and movement concepts, the practice of anarchiving takes over to create options for uncovering relations and moving between the different contexts. By establishing various kinds of narrative construction and creating new archives while undermining existing ones through fragments of findings, the practice of anarchiving allows for remembrance beyond the hegemonic canonisation of modern dance in Europe and illuminates its transnational dimensions.

Conclusion

By juxtaposing two specific materials and examining them as archival materials, it is possible to illuminate what has not yet been discovered, what cannot be traced, and what was found by accident, as well as their intertwined histories in the newly forming Europe of that time.

Spanning various spatial contexts, the materials tell of their exchange contexts and move along a range of collection and object histories. But also of importance: they bear witness to concepts imported from Central European modernism to studies in Paris, Berlin, Munich, or Salzburg, as well as to perceptive experiences and inspirations. In this way, the materials invariably give rise to the question of how "alien values and civilisational models" (Kiossev 1995: 2) were imported, in the sense of self-colonisation, and how, even in dealing with local—mostly then rural and folk dance-based—practices, "the own authenticity through these foreign models" (Kiossev 1995: 2) was subverted and thus colonised.

In both cases, the circulation of knowledge and the transmission of dance practices between individuals and across geographical boundaries appear to manifest as a form of relationality, characterised by the overlapping and interweaving of knowledge systems. This contrasts with the notion of the 'absence' of self-colonisation described earlier.

In the local context of Belgrade, Maga Magazinović's documents are readily available and mostly indexed. However, the connection to her transnational heritage, and thus to the presumed materials in the German-speaking context, has been lost. This absence, in turn, evokes a less profound sense of dislocation than a divided European memory, resulting in a biased canonisation. Furthermore, her report draws attention to the speculative and eclectic nature of numerous movement practices of the period, and it raises a compelling question about the potential for embodied transnational research in the context of these *anarchived* materials.

In the case of Floria Capsali, her artistic practice is characterised by a primary reflection of the close relationship between Bucharest and Paris, and thus also of the tensions between westernisation in a former Ottoman context and the development of 'own' approaches. Of particular interest is the notation of the folk dances, which prompts the question of how to conceptualise different dance genres, styles, and practices. This is because they indicate the extent to which her modernist understanding of dance was combined with influences from other localities. Her modernist understanding of dance in question was shaped in Paris as well as in intellectual circles through the lens of a nation-state movement of Great Romania. This combination of influences can be seen in the folk dances (in the form of stylised folk dances, for example) as well as in the reflections on dance in Romania.

Using these qualities as a conceptual framework, with a focus on the local dimensions of the materials, could disrupt the imagined space of East and West. This disruption can be used as a means of critiquing the established history from an epistemological perspective, thereby facilitating a detachment from the reproduction of a renewed canon. In this respect, these local histories do not aspire to become master histories. Instead, they remain in their specific locality and create a different epistemological framework around various places and bodies. Orientation through and via other materials serves to situate the 'hidden narratives' through the lens of Maga Magazinović, with the fleeting lines of Floria Capsali, and in following and moving the memories.

References

Althammer, Miriam (2025): Performing the Memories. Methodologies on Archiving, Recalling and Foretelling with Oral History in Dance and Performance, in: *Divadelní Revue. The Body in Art. Challenges of Contemporary Body-Based Arts*, Vol. 36, No. 1, pp. 9–25.

Althammer, Miriam (2024): *Szenarien des Übergangs. Zeitgenössischer Tanz in Südosteuropa zwischen Institution und künstlerischer Praxis*, Scenae, Bd. 23, Baden-Baden: Rombach Wissenschaft.

Assmann, Aleida (2012): To Remember or to Forget: Which Way Out of a Shared History of Violence?, in: Aleida Assmann/Linda Shortt (Ed.), *Memory and Political Change*, New York: Palgrave Macmillan, pp. 17–34.

Assmann, Aleida (2008): Canon and Archive, in: Astrid Erll/Ansgar Nünning (Ed.), *Cultural Memory Studies: An International and Interdisciplinary Handbook*, Berlin/New York: De Gruyter, pp. 97–107.

Capsali, Floria (1932): Jocurile din comuna fundul moldovei (Bucovina), in: *Arhiva pentru știința și reforma socială*, nr. 1–4, Anul 10, Bucureşti, pp. 413–427.

Capsali, Floria. Dossier "Histoire de la danse" (1922–1928). Archive of the National Dance Center Bucharest (CNDB): Estate Floria Capsali.

De Laet, Timmy (2020): The Anarchive of Contemporary Dance: Toward a Topographic Understanding of Choreography, in: Stacy Prickett/Helen Thomas (Ed.), *The Routledge Companion to Dance Studies*, Oxon and New York: Routledge, pp. 177–190.

Kiossev, Alexander (1995): Notes on the Self-Colonising Cultures, pp. 1–8, published in the book *Cultural Aspects of the Modernisation Process*, Oslo, 1995. Re-printed in *Bulgariaavangarda*, Salon Verlag, Kraeftemessen II, 1998, re-printed in *After the Wall. Art and Culture in post-communist Europe*. Modern Museum, Stockholm 1999.

Magazinović, Maga. Ein Abend Tanzkunst. Belgrad, 1921. Deutsches Tanzarchiv Köln: Nachlass Valeria Kratina, DTK 58 (2.4).

Rothberg, Michael (2009): *Multidirectional Memory: Remembering the Holocaust in the Age of Decolonization*. Stanford: Stanford University Press.

Vujanović, Ana (2014): Not quite—not right Eastern Western Dance Scene, in: Joanna Szymajda (Ed.), *European Dance Since 1989. Communitas and the Other*, London: Routledge, pp. 55–65.

The Basement Dances of Hilde Holger

Past/Present/Future

Thomas Kampe, Claudia Kappenberg

Introduction

The research project *Basement Dances* aims to preserve the legacy of Modern Dancer and pedagogue Hilde Holger (1905–2001) and to revitalise it through artistic practice. The project extends Kampe's recent research, *Releasing The Archive* (2014–2020), with Carol Brown (AUS) on the work of choreographer Gertrud Bodenwieser, Holger's mentor in Vienna. The work tested how a nearly-lost early modernist dance legacy can be un-archived and re-embodied in contemporary forms. Kappenberg draws on her research into Screendance and choreo-cinematic approaches to archival audio-visual material. Screendancing this history becomes a dance of framing and reframing, signification and deconstruction, to bring the past into dialogue with the present. Holger, born Hilde Sofer, was a prominent Jewish dancer, choreographer, and teacher in Vienna before World War II, committed to social equality in her pedagogy and choreographic practice. After the Nazi 'Anschluss' she left Austria in 1939 for exile in India. After ten years in Bombay, she settled in London in 1948 where she taught in her basement studio in Camden Town until she died in 2001.

In this chapter, historical and analytical sections compiled by Kampe will alternate with Kappenberg's reflections on the creative processes and challenges that emerged while collating and editing a video essay about Holger's life and work. As artists, scholars, and educators, we are interested in rearticulating and contemporising Holger's approach to dance training and education. How do we re-activate the nearly lost heritage of a persecuted, excluded, and displaced dance artist as a meaningful counter-narrative against dominant modern dance perspectives?

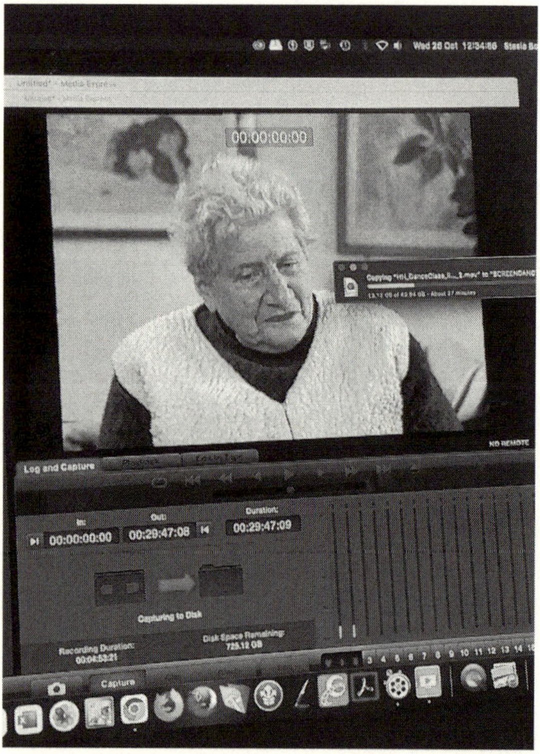

Fig. 1: Hilde Holger, Interview with Liz Aggiss, London 1993; Screenshot 2023 © Claudia Kappenberg

Viennese Roots
Thomas Kampe

Hilde Holger worked as a pedagogue for seventy-five years. She ran three schools—in Vienna (1926–1939), Mumbai (1941–1948) and in London (1948–2001)—each designed as "an institution for full professional training as well as for amateurs who have a taste for dancing" (Holger 1939). Holger was influenced by her studies with Modern Dance pioneer Gertrud Bodenwieser (1890–1959) at the Vienna State Academy and was a member of Bodenwieser's first *Tanzgruppe* between 1921 and 1926. Bodenwieser experimented with expressive dance approaches—"Der Tanz des Eigenen Ichs" (the dance of the own self)—understood as "an affirmation, the final expression of one's own self" (Bodenwieser 1925: 34–35). She had developed an academic model of dance training as cross-arts education, encouraging individual expression through movement, collaboration, and experimentation.

In 1926 Holger opened the *Neue Schule für Bewegungskunst* (New School for Movement Art) with colleague Grete Kollmann at Ratibor Palais in Vienna, offering an ambitious syllabus—"courses in rhythmic gymnastics and artistic dance for lay people and professionals. All theoretical and practical subjects of the professional training for dancers and pedagogues" (Holger 1926). The vision of Holger's early Viennese school served as a working model for the rest of her career:

> Dance today must have relations to music, to sculpture and to poetry. Like them, it can justify its existence only if it gives rise to profound emotions. It is not 'Art for Art's sake' and it is not meant only for the eyes but for the soul. Modern dance is seeking new paths and modes of expression. (Holger 1939)

Fig. 2: Poster of Neue Schule für Bewegungskunst (1926) Emil Karl Maenner, Austria, © Thomas Kampe

Gathering of Media
Claudia Kappenberg

The archival media we have collected includes various historical recordings such as a 1979 16mm film of Holger's choreographies performed in a white gallery space, reconstructions of various solos and Holger choreographing a duet, radio- and video-interviews, as well as some 50 hours of footage of classes from the early 1990s which we recently digitised. In 2023 we travelled to Vienna to retrace Holger's steps, visiting Ratibor Palace, site of Holger's first school, and researching in the archive of the Theatermuseum Vienna; in 2024 I filmed Holger's daughter Primavera Boman and dance scholar Marion Kant sorting through the many boxes and bags of costumes and documents that have remained in Holger's house in Camden Town. During a research trip to Mumbai (formerly known as Bombay) in 2024, I documented relevant places and atmospheres in the city, completing the circle of cities and places in which Holger had lived.

Guided by thematic associations and resonances rather than linear constructs, the final film will feel more like a collage than a historical account, playing with the *now* of cinematic time and space alongside the *then* of historical records and still images. The facts of Holger's displacements will be complemented by the *nowness* of moments in class, Holger's unique presence, and the practice of improvising, to facilitate a critical engagement with historical narration and a curious and pensive spectating. (cf. Mulvey 2006: 189)

Exile
Thomas Kampe

In 1939, when Austrian exit visas for Jews were very hard to come by, Holger was able to secure a Visa to India. After two difficult years she opened her *School of Art for Modern Movement* in Mumbai in 1941 driven by values where "dance has a unique place within education—because it forms three of the most important structures of our personality: the expression of the body, the mind, and the soul" (Holger 1947).

Her article in the *Bombay News* in 1947, titled *Contemporary Dance,* reveals a "dance of the present and the future" of "unlimited means of creation":

> Modern Dance is grounded in dynamism, tension and relaxation, a falling and recovering, defined through the natural rhythms of the breath, the wave, a curling inward and outwards, etc. The core of movement is the torso [...], the fulfilment of Modern Dance is the flowing movement. Each movement of a body part origins in our body center [...]. (ibid)

Holger also studied Indian dance with Madame Menaka. Inspired by traditional movements and instruments, she improvised with them in her own way, suggesting to her Indian dance students not to copy Western dance but to explore their own traditions.

Revisiting the Past
Claudia Kappenberg

Early in 2024, I revisited the basement of Holger's house, which served as her studio and where we gathered for Saturday classes during the 1990s. The space had been renovated a few years ago but was unfinished, with bare plaster walls, hovering between past and present—no longer the former dance studio and neither something new.

Encountering a house full of boxes and bags, old suitcases and hat boxes felt like walking into 'unmade' history, and it struck me how much this disarray was perhaps the most real representation of our past (Kappenberg 2022–2024). Mindful of the apposite disarray, I searched for ways to connect the different video images and scenes, but not to impose an order. The half-renovated basement emerged as a significant place to contain other spaces, past and present, its pink plaster walls a canvas upon which stories could be projected. Their plainness and emptiness seemed to conjure the quality of a still image. Projecting moving images of dance improvisations into this space also became a means to play with and invert the traditional constellation in documentaries on screen by which photographs tend to represent the *then,* and moving images bring in the *now*.

Creative Contemporary Dance
Thomas Kampe

After leaving India for London in 1948, Holger continues her cross-arts academy model, trains with Sigurd Leeder, and shares performances with other exiled colleagues. A 1970s prospectus for *The Hilde Holger School of Modern Dance* sets out a six-term curriculum for "Full professional Education for Stage Dancers" including: *Body Technique, Dance Technique, Rhythmics, Improvisation, Ballet (Classical Technique), Creative Dance (Contemporary Style), History of Dance.* The prospectus outlines "special training for children" with grants available for "gifted and deserving" children (Holger 1970s). The school's *non-professional classes* for adults aimed to train the body "after one's individuality [...], making one free from all physical and psychological limitations." Holger offered "classes for working persons at reduced fees" with "Physical Training, Reducing Gymnastic [for weight loss TK], Rhythmics, Expression Dance & Mime & Movement (for Actors and Singers)" (Holger 1970s). By the 1980s, she renamed her school to *Hilde Holger School of European Creative Contemporary Dance* and runs classes for children, lay people, and a Saturday class for experienced dancers.

Fig. 3: The Basement, video still (Claudia Kappenberg, 2024), dancer Thomas Kampe and Philip Smith © Claudia Kappenberg

Scenes From a Video Provisionally Entitled Basement Dances
Claudia Kappenberg

A wide shot of the basement shows the renovated staircase and a layer of quiet voices implies that a class is about to begin. (Kappenberg 2024) A smaller image from the 1990s is superimposed, showing Holger coming down the same staircase, reminiscing on Vienna as well as starting the class in the usual way with pliés at the barre. Supporting herself by the bannister and helped by a stick, Holger directs the dancers: "And over and up, in the second. – Thank you, darling, for the musical instruments [which another dancer has laid out for her]. Over and up, other side." Holger continues to make her way to her chair in small steps, and with her back to the class, she continues: "Fourth position. And over and up...."

The image cuts to a later stage in the class where two dancers are in the middle. Holger develops a theme of angular movements, with arms and legs at a right angle to the torso while turning side to side and twisting up and down. Another cut shows a group of dancers in a circle, continuing with this movement but also adding half turns in the direction of the circle.

Eventually the image of the class fades out and the screen shows only the part of the space where Holger would have sat, watching and directing. A voice-over comments, "This is a dance of gestures, but how do the gestures relate to the story? Can the gestures distance themselves from what we know and what we've heard? Can they unfold in the present, acknowledge and talk to the past, but refuse to be of the past?"

A new section begins in which the plaster walls frame a smaller image of the disarray upstairs, with the camera panning over boxes and a large cloth covering a cupboard. This image becomes the frame for a third scene in which six dancers are lying on the floor of a plain white space, an extract from Holger's 16mm film from 1979. (Holger/Halford 1979) Small movements of the fingers and feet and a raising of the torsos are accompanied by a piece of music by Giuseppe Torelli, before a voice over makes a connection between the six dancers and an earlier scenario in Vienna in 1938. As a Jewish dancer and pedagogue, Holger had been asked to close her school following the Nazi 'Anschluss' in April 1938. Offered to teach secretly in the basement of his studio by painter Felix Harta, Holger continued to run classes in hiding until she left Austria in 1939. A Radio Bremen interview with Holger gives insight into her experience of the time and provides a context for the images on screen:

> I said to my students, you go downstairs one by one—and of course we always had a sword hanging above our heads, but these were the most interesting and beautiful hours I'd say, where we could free ourselves from the terrible times in which we lived, because we could immerse ourselves in the dance. (Holger 1991)

Basement Dances
Thomas Kampe

During the last 15 years of her life, Holger struggled with severe arthritis, preventing her from demonstrating class material in full-bodied ways. She taught from a chair or from a stairlift that led into her studio. Her classes were concerned with creation in the present, and functioned as *Erinnerungsraum* (a space for memory and commemoration) reconnecting past practice with the imagination of her younger students. Many students of Holger's last international group were of German-speaking, UK-Jewish or Israeli cultural heritage with a distinct interest in working with the last active *Zeitzeuge* (living witness) of exile European Modern Dance in the UK. They are now, in turn, the final witnesses with a lived experience of such practice.

Holger's Saturday classes followed a fairly set structure with variations and developments of simple class themes. Classes would begin with a *barre* section, followed by standing—or floor—work and travelling exercises, including combinations of steps, balances, or turns. Holger demonstrated through hand gestures and action- and space-oriented verbal cues that entailed little somatic information. Students explored tasks through trial, error, and feedback in a lively, laboratory-like setting, guided by their attentive, at times impatient octogenarian teacher.

The technical class beginnings were followed by creative explorations—often joyful, exuberant, full of play and discovery—with time given to each student to experiment and perform. Students were often placed in a circle—a Bodenwieser modality—to share material, or interact with each other or with objects such as sticks, hoops, or at times camping mats. Each class culminated in improvisations or compositions around given themes, at times abstract, often nature-based—birds, turtles, whales, trees—or simple stories and artistic topics —the Bauhaus or the Dutch painter Mondrian—Holger wanted to explore creating a new choreography or recreation.

Modern Barre
Thomas Kampe

Holger's barre work echoed Bodenwieser and Leeder's Modern Dance barre approaches and was structured in variations and developments of set themes, arranged from simple ideas to complex challenges in coordination and body shaping.[1] Beginning exercises included agility- and strength-training of legs through weight bearing into deep folds in various positions, weight shifting and balancing, and leg gestures in various directions and height levels, in dialogue with torso moves and arm gestures. Holger's eclectic work included use of the barre to lean in and away from, torso movements with forward, backwards, and side-bends, and wave-like movements from pelvis to "the head as part of the vertebrae included in the movement's flow" (Holger 1953).

Her barre work involved swing variations between inward and outward rotation of limbs in figures of eight, with spatial variations into contrasting directions and planes. Spatial forms of gestures and swings would include circles, half circles, *Schlinge*—a reversible loop, and linear and angular patterns. Exercises involved combinations of travelling moves—turns, steps, jumps, and lunges forward and backwards, first executed with an upright torso, and then with a demanding off-balance torso shape. Students were challenged to engage dynamically in the vertical dimension—sliding or falling to the ground while holding on to the barre—and executing jumps in various directions and combinations along the barre.

Holger's barre served as a preparation for students to be daring and skilfully eccentric, as in off-centre, yet precise in shaping, rhythm, and spacing of their movements. Barre practice focused students on exploring, performing for, and observing each other with commitment, sensitivity, and generosity, a tuning for interactive co-creation that formed the heart of Holger's classes.

1 Bodenwieser's influence by and interpretations of the work of Delsarte, Jaques-Dalcroze, Mensendieck and Laban can be witnessed through Holger's use of principles of harmony, opposition and sequence, torso activation and wave-like whole-body movements, as well as contrasts in dynamics and spatial orientation.

A Magic Space
Claudia Kappenberg

Another section of the basement video begins with an out-of-focus image of the plaster walls in the basement which gradually comes into focus. A voiceover reflects: "Not everything is in focus in this archival project and many details and stories have been lost. How then do we allow the past to speak, how do we transmit its legacies and build on its endeavours? Also, how do we let go of the legacies and make space for something new?" The camera pans left along the walls, past where Holger used to sit and past the staircase that leads down into the basement. The voiceover continues: "The studio was a kind of nowhere space of possibilities and wayward shapes, and that was its magic. What mattered were the dances that emerged here and then, the shape of the dancers as they followed one another or a body echoing the curve of a hoop."

Piano music, improvised live during Holger's classes by pianist David Sutton-Anderson, slowly fades in alongside an image of dancer Andrew James dancing with a hoop—footage dating back to the 1990s classes. The same place, thirty years apart. A theatre lamp illuminates the plaster walls and further appears to delineate the place in which Andrew James performs, as if shining a light onto the past.

Transfer
Thomas Kampe, Claudia Kappenberg

What remains of Holger's practice for future endeavours? Holger was a dance maker who forged a creative embodied practice over seventy-five years. Her interdisciplinary approach to dancers frequently working in connection with objects and each other constituted a de-centred, relational body in motion. Her studio work—those *basement dances*—were part of her artistic practice. Her writings and practice reveal a modernist body coding inherited through the Bodenwieser lineage and expanded through ongoing enquiry and engagement with the visual and performing arts, as well as the diverse cultures of Austria, its continental context, India, and the UK.

During a residency at DOCK 11 in Berlin early 2025, we teamed up with Australian Bodenwieser-trained dancer James Batchelor to sift through, scrutinise, categorise, and re-embody some of the extensive class material of Holger's practice. Her bold physicality and choreographic sincerity seem to have lost none of their rigour and stand as a manifesto for her humanist outlook and determined co-creative spirit. Our next task is to facilitate further encounters, re-enactments, and screenings for Holger's pedagogy, forming a resource for creative practice and bringing together a *dance of the present and the future* while celebrating the memory of her marginalised legacy.

This chapter is dedicated to the late choreographer and Hilde Holger's student, Wolfgang Stange, who passed away in 2024.

References

Bodenwieser, Gertrud (1925): Der Tanz des Eigenen Ichs, in: *Die Bühne*, Heft 17, pp. 34–35.

Hirschbach, Denny/Takvorian, Rick (1990): *Die Kraft des Tanzes: Hilde Holger: Wien–Bombay–London*, Bremen: Zeichen und Spuren.

Holger, Hilde (1926): *Neue Schule für Bewegungskunst* (1926); poster.

Holger, Hilde (1939): *Dance in Europe*, A lecture given in Bombay on 8th November 1939 (Hilde Holger Archives).

Holger, Hilde (1947): *Contemporary Dance*, Evening News Bombay 19.2.1947.

Holger, Hilde (1953): *Hilde Holger on Bodenwieser* (Hilde Holger Archives).

Holger, Hilde (1970s): *The Hilde Holger School of Modern Dance*, School Prospectus.

Holger, Hilde (1979): *Inspirations*. 16mm film. Chor. H. Holger. Film M. Halford.

Holger, Hilde (1991): Hilde Holger, interview by E. Franke, Radio Bremen.

Kampe, Thomas (2012): Between three worlds – The choreographer Hilde Holger, in: Charmian Brinson/Richard Dove (Eds.), *German-speaking exiles in the performing arts in Britain after 1933*, Yearbook of the Research Centre for German and Austrian Exile Studies, 14. Rodopi: Amsterdam, pp. 187–206.

Kappenberg, Claudia (2022–2024): *Basement Dances*, project webpage. https://www.ckappenberg.info/basement-dances.

Kappenberg, Claudia (2024): *The Basement*, video 7.06min, colour, sound https://vimeo.com/1027080740?share=copy#t=0.

Mulvey, Laura (2006): *Death 24x a Second, Stillness and the Moving Image*. London: Reaktion Books Ltd.

Transnational Dimension of Modern Dance

Traces of Ausdruckstanz in Latvia

Valda Vidzemniece

In the 1920s and 1930s, the topicality of German modern dance was proven by the fact that many foreign students learned innovative dance methods in German dance schools, thus marking the path of transnational exchange, the transmission of dance theories, and the adoption and assimilation of these practices in new cultural environments. Summer courses and seminars held by dance schools, as well as dancers' congresses, were attended by many interested parties from abroad. The traces of Ausdruckstanz concepts can also be found in the Latvian dance scene. In the 1920s, new dance schools and studios appeared in Latvia one by one, and their characteristic feature was a mixture of different artistic concepts and pedagogical methods. Many dancers and teachers studied and improved their expressive dance skills in Germany for longer or shorter periods.

The aim of the study is to investigate how new knowledge and dance practices reached Latvia in the 1920s and 1930s, and to identify the people and events that contributed to the development of the latest modern dance trends in the local cultural environment.

Latvian dancers had the opportunity to get acquainted with the methods of German dance schools in practical classes in their homeland as well, as in the first half of the 1920s there was a branch of Mary Wigman's school in Rīga, thus, it can be assumed that representatives of Ausdruckstanz saw Latvia as a potential field of activity where new dance ideas could find response. This is also confirmed by the fact that two German dance teachers worked in Liepāja (Libau) in the late 1920s and early 1930s. Those were Lotte Fehr and Ilse Loesch, who had been educated in Rudolf Laban's schools.

German Dance Teachers in Liepāja

In 1927, the *Art Society* was founded in Liepāja, and within it, a *Dance and Gymnastics* section was established. To get acquainted with the innovations in dance, the *Art Society* invited Lotte Fehr to lead dance and gymnastics classes (*Kurzemes Vārds* 1927: 4). After one year, in 1928, Ilse Loesch, a collaborator of Laban and an assistant at the *Berlin Choreographic Institute* (*Choreographisches Institut*), came to Liepāja. Along with practical activities, she gave lectures and published theoretical articles explaining the basic principles of Laban's theories and his efforts to create a universal dance notation system. For example, the newspaper *Libausche Zeitung* published an article about dance and its structural elements, *Der Tanz und seine Elemente* (Loesch 1928: 2).[1] On October 24, 1928, when Laban's chamber dance group, led by Dusia Bereska, gave a guest performance in the *Liepāja City Theatre*, Loesch and her students also performed together with the guest artists. In the same year, Ilse Loesch staged dances in the *City Theatre* for the Christmas fairy tale *The Enchanted Cake* (*Libausche Zeitung* 1928: 4).

In 1929, the regular concert of the *Liepāja Symphony Orchestra* was introduced by an art dance evening provided by Loesch's students. The review published in the newspaper *Jaunais rīts* was restrained; the correspondent noted stylistic similarities between the performances and the latest dance trends. He was not convinced about the aesthetic quality of the concert but stated that this kind of practice should be evaluated positively (Silvestrus 1929: 4).

Egon Friedrichs, a correspondent for *Strādnieku Avīze*, expressed a less conservative and more appreciative opinion; the concert by Loesch's dance group was a positive surprise for him (cf. Friedrichs 1929: 4). A year later, the same reviewer admitted that definite progress can be felt in the Loesch students' performances, which shows great and persistent work. Ilse Loesch had performed several times with her dance group and in solo concerts. In general, Friedrichs positively evaluated the concert he saw, admitting that the audience's approval was great (cf. Friedrichs 1930: 4). Very often, the reviewers' articles had educational value; some correspondents were even familiar with Laban's theoretical writings; thus, they could explain the artistic concept of Ausdruckstanz and help to understand the new dance phenomenon. 1930 was Loesch's last year in

1 In the 1920s and 1930s, periodicals in Latvia were published in 10 languages, including German language; historically first periodicals in German language in Latvian territory were issued already in the 17th century.

Liepāja, because in 1931 she returned to Germany, founded a small dance group, and worked as a leader of movement choirs (Preston-Dunlop 2008: 167).

A Branch of the Mary Wigman School

The fact that in 1924 and 1925 a branch of Mary Wigman's school operated in Rīga shows the influence of German modern dance in Latvia. It was led by Wally Grell-Magito (1903–1987), who came from a German-Baltic family. The information about the school's activities and school announcements can be found in Latvian periodicals (*Rigasche Rundschau* 1924: 3) and concert programs (RMM 1924, RMM 1925). The school was in Rīga, *Mednieku* street No. 1. Wally Grell-Magito herself studied at Wigman's Dresden school (*Latvis* 1924: 4). In the period 1922–1924, she also worked at M. Kaulinsh dance school (*M. Kauliņa deju skola*) and A. Aschmane *Music and Eurythmic school* (*A. Ašmanes mūzikas un ritmikas skola*), staging dances for students, receiving good reviews in the press columns (Kauliņš 1924: 2; Arnolds 1922: 3).

Wally Maria Georgia Grell was born on August 24, 1903 (Register 1902–1922). During her life, she had changed her name many times. In 1924, she performed under the name Wy Grell-Magito, but in the next year's concert program, we can read Wy Magito. In 1924, Wally Grell married Victor Bernhardt-Magito, and her passport shows the name Wally Maria Bernhardt-Magito (LVVA 1929b).[2] In an article published in 1925, Wigman summarised the achievements of her school and wrote that during the existence of the Dresden school, several excellent professional dancers and dance teachers had grown up. She named only two in this article—Hanya Holm and Wy Magito. The teacher's own assessment is a confirmation of Magito's talent as an artist and competence as a pedagogue (Wigman 1984/1925: 85).

On February 21, 1924, Magito gave a solo dance concert at the *Latvian National Theatre* (RMM 1924). The reviewer of the newspaper *Latvis* Olģerts Liepiņš states that the dancer has good technique, in which you can recognise Wigman's school. Magito loves "dances of ecstatic expression; she is in her element in the dance with the poignant gong. … Remarkable accuracy of rhythm and a clear sense of musical phrasing" (O. L. 1924: 4). The author of the review

2 Further—Wally Magito. In the 1930s, the dancer performed in Western Europe under the names Wy Magito and Suria Magito; when she married Michel Saint-Denis, she became Suria Saint-Denis.

published in the newspaper *Rigasche Rundschau* emphasised the expressionistic nature of Magito's productions, which was reflected in the expressive gestures, dance forms, themes, and saw a strong influence of Mary Wigman (p. v. 1924: 5). On January 8, 1925, Magito performed with 15 of her students at the *National Theatre*, and newspapers' reviews emphasised the fact that only the best students took part in the concert. The reviewer Edvīns Mednis stressed the choreographer's sense of modernity: "Magito's dance style differs from ordinary creations of dance plastique. It is as edgy and abrupt as the modern century" (Mednis 1925: 4). According to the reviewer, Magito's students have achieved a certain technical and artistic quality.

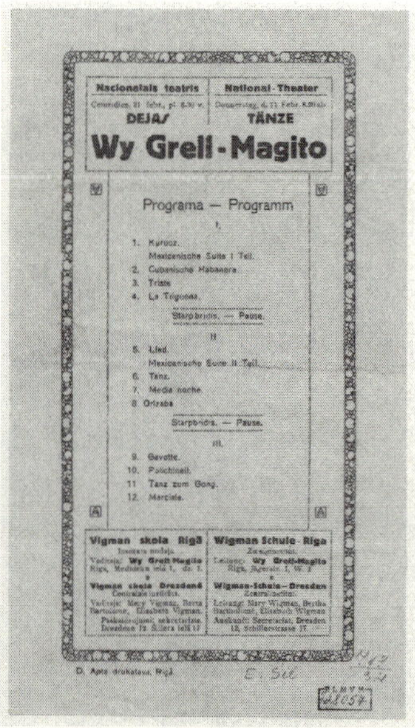
Nacionalais teatris | National-Theater
DEJAS | TÄNZE
Wy Grell-Magito
Programa — Programm
I.
1. Kuruoz.
Mexicanische Suite I Teil.
2. Cubanische Habanera.
3. Triste.
4. La Trigueña.
Starpbrīdis. — Pause.
II.
5. Lied.
Mexicanische Suite II Teil.
6. Tanz.
7. Media noche.
8. Orizaba.
Starpbrīdis. — Pause.
III.
9. Gavotte.
10. Polichinell.
11. Tanz zum Gong.
12. Marciale.
Vigman skola Rigā | Wigman Schule Riga
Vadītaja: Wy Grell-Magito | Leitung: Wy Grell-Magito
Vigman skola Drezdenē | Wigman-Schule – Dresden
Vadītaja: Mary Vigman, Berta Bartolome, Elisabete Vigman. | Leitung: Mary Wigman, Bertha Bartholomé, Elisabeth Wigman
Auskunft: Secretariat, Dresden 12, Schillerstrasse 17.
D. Apts drukatava, Rigā

Fig. 1: Wy Grell-Magito's concert program, 1924; RMM [RTMVM]

Nacionalais Teatris | National-Theater
DEJAS | TÄNZE
WIGMAN SKOLAS, DREZDENE - RIGA | DER WIGMAN-SCHULE, DRESDEN-RIGA
Vadītāja | Leitung
WY MAGITO
Grupa und zolo dejas | Gruppen- und Einzeltänze
Wy Magito | Wy Magito
ar savām skolniecēm | mit ihren Schülerinnen
PROGRAMA
1. Animato — Grupa
6. Burleske — Tamara Grell
7. (Gefesselt) — Fridl Leonhard
8. (Slavisch) — Anastasia Zarenko
PAUSE
9. Groteske — Boris Kirchhoff
10. Melodie — Tamara Grell
13. Svētcelojums (Pilgergang)
14. Rondeau
15. Neredzamais (Der Unsichtbare)
16. Pljaska
Grupa un Wy Magito
Gruppe und Wy Magito
Koncertflīģelis — Neldnera. | Konzertflügel — Neldner.
Wigman skola, Drezdene-Rīga | Wigman-Schule, Dresden-Riga
Izglītošanās dejas mākslā | Berufsausbildung in Tanz

Fig. 2: W. Magito's and her students' concert program, 1925; RMM [RTMVM]

In the following years, there is no more news about the activities of the Wigman's school. Judging by the available information, the Rīga school operated for only a few years, from 1924 to 1925 or 1926. In the first half of the 1920s, Latvian dance schools were still dominated by the aesthetics of dance plastique and Dalcroze Eurhythmics. Wally Magito and the activities of the school she led marked the process of the transnational circulation of knowledge, as all reviewers acknowledged a strong influence from Wigman. The school was a short-lived but significant phenomenon in the further development of dance in Latvia.

Wally Magito's husband, painter and sculptor Victor Magito, had created masks and costume sketches for his wife's dance performances. He also collaborated with Mary Wigman and created costume sketches and masks for Wigman's dance company, including the famous *Witch Dance*, which was seen in the artist's guest performances in Rīga in 1926 (*Rīgas Ziņas* 1926: 6). Wally Magito continued her career in Western Europe, her artistic activities of the late 1920s and the 1930s undeniably showed the appreciation and international success of her creative work. Her performances demonstrated a very individual and contemporary understanding of dance.

Development of Ausdruckstanz Practices

In the 1930s, Magito's older sister, Gertrude Domanget-Lietz, was also a well-known figure in the Latvian dance scene. Gertrude Emily Johanna Grell was born on March 3, 1900, in Rīga (Register 1892–1902; LVVA 1929a). Domanget-Lietz, like her sister, studied dance in Germany with Wigman, so she was well-accustomed to German modern dance concepts and methods. It was reflected in her creative and pedagogical activities (W.o.Z. 1932: 6). In 1929, Domanget-Litz taught body technique at the *Institute of Physical Education of the Latvian People's University*. For many years, her pedagogic activity was related to physical education; she led classes for ladies at the Latvian Gymnastic Association (1934–1938), teaching body technique and 'art dance'. She also staged performances for national celebrations and other events in which her students participated. Movement choirs were one of the artistic activities that Domanget-Lietz practised with her students (*Sporta Pasaule* 1936: 7).

In 1932, she started to lead an art dance studio together with her partner Zigfrīds Elcbergs, a graduate of Laban's *Choreographic Institute*, also a student of Kurt Jooss (Mākslas deja 1938: 6). The concert of Domanget-Lietz's and Elcberg's students took place on November 11, 1932, in the *Deutsches Drama* theatre. The announcement of the concert states that "Domanget's studio is already well known in the community. It is attended by those who want to devote themselves to the serious dance art" (*Dailes Magazina* 1932: 29). The concert included performances with music, without music or accompanied by gong sounds. The productions were characterised by their definite rhythmicality, clarity, providing a thematically and stylistically broad spectrum, from solemn and gently lyrical dances to the grotesque. According to reviewers, the ideas of movement choir productions were legible. Among all the students, one dancer stood out in their artistic performance, whose name the correspondent of the *Rigasche Rundschau* recommended to remember: Henn Haas (W.o.Z. 1932: 6).

However, in the review from 1934, it was reported that the concert of their students "was the most valuable event that has been seen in dance this season". In the first part of the evening, the "seriously created symbolic modern ballet *Legend* [of the King and the Sinner] was shown, in which every spectator could see serious work, a clear idea and intelligently created movement" (*Aizkulises* 1934: 4). This dance performance was said to be much more interesting than the *National Ballet* productions of that year (1933/1934). In the second part of the concert, there was a divertissement, in which choreographies composed by the students were also very successfully presented. Tamara Grell, Vera Jānula, Henn Haas, and Hermanis Štelmahers are mentioned among the most talented students. The author expressed his belief that a student's success is a testimony to the talent and abilities of their teachers.

Voldemārs Āboltiņš wrote that the *Legend of the King and the Sinner* was created as a circle game of medieval clock figures. It is said to be a marionette style without the detail of realism, without the specification of a specific time and space, without the emphasis of individuality and a specific psychological experience. "Not concreteness, but the ability of universal humanity to associate in each: drives, feelings, will, mind... culture, civilisation" (Āboltiņš 1934: 6). Āboltiņš stresses that the characters are abstracted and generalised, highlighting the most critical features of characters and their behaviour. The performance uses symbols that are understandable to the audience. The reviewer saw the style of the *Legend* as mystical and surrealistic, and he states that innovations in dance could be criticised to a certain extent, "but not ignored and slandered – or passed by in silence" (Āboltiņš 1934: 6).

He mentions that the show has "specially composed and arranged" music, but there is no indication of the composer of the music. It can be noted that the relationship between movement and music is quite loose, because "most of the movements are not subject to music"; thus, the dance performance lacks the traditional approach to music. Āboltiņš concludes that all artistic means are used purposefully and give an excellent result; the performance *Legend* is an artistically significant achievement. (Āboltiņš 1934: 6) He praises the students' self-created compositions observed in the second part of the concert, and although foreign influences sometimes appear there, the mastery of technique and composition is clearly visible.

The most interesting person at the concert was Domanget-Lietz herself, an excellent dancer, especially in her well-developed character dances, a successful choreographer, and artistic director. There were many spectators at the concert, and the response was excellent. (cf. И. E. 1936: 6) As can be seen from concert programs (RMM 1936), in the repertoire of Domanget-Lietz, stylisations—ethnic dances and interpretations of different historical eras took an important place, the presence of the grotesque could also be seen, and this did not contradict the modern trends of dance in Europe. In 1939, she, with her partner Hermanis Štelmahers, gave a concert, part of which consisted of Indian dance performances. From the reviews, it can be noted that the dancers pay more attention to the study of traditional dances and delve more into the stylistics of the performance, resulting in the assessment "it would be difficult to distinguish them from real Indian dancers" (Upenieks 1939: 12). Possibly, that in August 1939, Domanget-Lietz gave her last performance in Latvia. Her name appears on the list of repatriated persons in the action that was taken based on the agreement between Latvia and Germany for the repatriation of citizens of German nationality. (*Valdības Vēstnesis* 1939: 21)[3]

Domanget-Lietz's collaborator, Zigfrīds Elcbergs, at the beginning of the 1930s was a lecturer at the *Institute of Physical Education*, where he conducted movement choir classes, but at the end of the 1930s he worked in Liepāja. In 1938, he offered a wide program of subjects, which included: body work, theory of space harmony, expressive dance, dance composition, dance notation, movement choir, gymnastics for adults, and dance classes for children. (*Kurzemes Vārds* 1938: 6) Such courses as space harmony, expressive dance, dance notation, and movement choirs are disciplines characterising German modern dance and Laban's dance theory, which Elcbergs introduced into Latvian dance practice.

---

3 The exodus of German-Baltics is a continuation of a series of events related to the cooperation between the Union of Soviet Socialist Republics (USSR) and National Socialist Germany, including the Molotov-Ribbentrop Pact signed on August 23, 1939, on the division of spheres of interest in Eastern Europe. The exodus campaigns were part of Nazi Germany's purposefully organized so-called "Back to the country!" (Heim ins Reich!) policy, which aimed to unite the nation's living resources on the eve of the Nazis' planned reorganization of Europe.

Tamara Johanna Antuanete Grell, the youngest daughter of the Grells' family (born in 1904, LVVA 1930), like both her sisters, Wally and Gertrude, had also chosen dance as the field of her professional activity. Initially, she learned dance skills with her sister Magito. In the early 1930s, she studied with her older sister Gertrude Domanget-Lietz, participated in concerts, and was respected as one of the most capable dancers who had already created her own choreographies. In the mid-1930s, Tamara Grell and her dance partner Henn Haas started an independent career. (Held 1935: 15) They moved to Germany, studied at Wigman school and Trümpy-Günter school in Berlin, passed all exams to become certified dancers of the *German State Theatre Chamber*, and continued their careers abroad. Henn Haas also had teaching practice during these years. In 1935 and 1936, he worked at A. Aschmane *Music and Eurythmic school*, implementing new knowledge into Latvian dance pedagogy. (*Rigasche Rundschau* 1935: 7; *Rigasche Rundschau* 1936: 7) The *Rigasche Rundschau* confidently announces that anyone who follows the careers of local German dance artists will be proud to see these two names: Tamara Grell and Henn Haas. (*Rigasche Rundschau* 1937: 4) It must be said that information about the activities of both dancers in Germany and their success in the dance field cannot be found in Latvian newspapers; only periodicals in the German language wrote about the dancers.

Conclusion

In general, taking in account transnational circulation of knowledge, it can be said that in the 1920s and 1930s, the theoretical and artistic concepts of Ausdruckstanz were adapted by Latvian dancers, it included a new solution of the relationship between dance and music, very individual movement language, the significance of expressive gestures in revealing the dance content, variation and development of movement motif as compositional solution in creating a dance form, movement choirs as a specific dance form, new aspects of dance content.

Looking back to the beginning of the century, it should be noted that the first knowledge and the first practical experience in innovative movement practices are associated with Russian dance schools and educational institutions of the time. For example, the internationally known Latvian dancer Mila Cirul began her dancing career in Moscow. During the period of Latvian independence (1918–1940), the interest of Latvian dancers was directed towards the West, mainly Germany, France, and England. In 1930, Gertrude Domanget-Lietz participated in the *Third German Dancers' Congress* in Munich and published an article in the journal *Fiziskā audzināšana* (Physical Education), where she shared her impressions of the event. Another dancer from Latvia—Sam Hior (Samual Friedlander)—travelled to the congress with the financial support of the *Cultural Foundation*, and Mila Cirul performed in the *Congress*, being already a part of the German dance scene, a member of Margarete Wallmann's group (*Margarete Wallmann Tanzgruppe*). The events like this congress clearly showed the transnational dimension of modern dance.

Modern dance in Latvia during the 1920s and 1930s can be observed alongside dance events in Germany. The concepts of German modern dance developed in Latvia mainly thanks to German dance teachers, who worked here, as well as thanks to Latvian dance masters, who studied in German schools and immediately put to the test innovations and implemented them into their creative work and pedagogical practices in Latvian dance schools. The study shows the spread, the topicality, and the significance of German modern dance.

References

Āboltiņš, V. (1934): Deju – pantomīmu koncerts. Domanžē-Līcis un Elcberga deju grupa. *Latvija,* May 4, p. 6.

Aizkulises (1934): Domanžē-Līcis un Elcberga vakars, May 4, p. 4.

Arnolds, J. [Graubiņš, J.] (1922): Annas Ašman skolnieku vakars Nac. teātrī. *Latvis*, December 21, p. 3.

Dailes Magazina (1932): Sludinājums: Ģ. Domanžē-Līcis, Z. Elcbergs. No. 25, p. 29.

Friedrichs, E. (1929): Kora un Ilzes Loesch dejas vakars Liepājas Filharmonijā. *Strādnieku Avīze,* August 7, p. 4.

Friedrichs, E. (1930): Ilzes Loesch mākslas deju vakars. *Strādnieku Avīze,* April 3, p. 4.

Held, M. (1935): Tanzabend Tamara Grell und Henn Haas. *Rigasche Post*, October 13, p. 15.

И. Е. [Ефимов, И.] (1936): О хореографической индивидуальности Г. Доманже-Литц и ее учеников. *Сегодня Вечером*, April 24, p. 6.

Kauliņš, M. (1924): Izglītības ministrijas pārziņā M. Kauliņa baleta, plastikas un salona deju skola. *Latvijas Kareivis*, January 10, p. 4.

Kurzemes Vārds (1927): Liepājas dzīve, December 11, p. 4.

Kurzemes Vārds (1938): Mākslas deja, April 30, p. 6.

Latvis (1924): Mākslas dzīve: V. Magito, February 20, p. 4.
Libausche Zeitung (1928): Lokales: I. Loesch, December 8, p. 4.
Loesch, I. (1928): Der Tanz und seine Elemente, *Libausche Zeitung*, October 13, p. 2.
LVVA – Latvijas Valsts Vēstures arhīvs (1929a): *Ģertrūde Domanžē-Līcis pase*. Rīga: 2996. fonds, 11. apraksts, 18997/1. lieta.
LVVA – Latvijas Valsts Vēstures arhīvs (1929b): *Valija Marija Bernharde-Magito pase.* Rīga: 3234. fonds, 33. apraksts, 5720. lieta.
LVVA – Latvijas Valsts Vēstures arhīvs (1930): *Tamāra Grell pase*. Rīga: 2996. fonds, 7. apraksts, 29036. lieta.
Mednis, E. (1925): Wy Magito deju vakars. *Rīgas Ziņas*, January 9, p. 4.
O. L. (1924): Mākslas dzīve. *Latvis*, February 23, p. 4.
p. v. (1924): Tanzabend Wy Grell-Magito. *Rigasche Rundschau*, February 22, p. 5.
Preston-Dunlop, Valerie (2008): *Rudolf Laban: An Extraordinary Life*, Hampshire: Dance Books, p. 167.
Register 1892–1902. Rīgas evaņģēliski-luteriskās Mārtiņa baznīcas draudzes grāmata. Available: http://www.lvva-raduraksti.lv/lv/menu/lv/2/ig/3/ie/2006/book/7732.html [August 20, 2024].
Register 1902–1922. Rīgas evaņģēliski-luteriskās Mārtiņa baznīcas draudzes grāmata. Available: http://www.lvva-raduraksti.lv/lv/menu/lv/2/ig/3/ie/2006/book/7734.html [August 20, 2024].
Rigasche Rundschau (1924): Zweiginstitut der Wigman-Schule, January 11, p. 3.
Rigasche Rundschau (1935): Schule Anna Aschmanis, September 5, p. 7.
Rigasche Rundschau (1936): Schule Anna Aschmanis, September 7, p. 7.
Rigasche Rundschau (1937): Erfolg! Tamara Grell und Henn Haas in Deutschland, November 25, p. 4.
Rīgas Ziņas (1926), Mērijas Vigman, October 8, p. 6.
RMM – Rakstniecības un mūzikas muzejs [Latvijas Nacionālais rakstniecības un mūzikas muzejs] (1924): *Dejas. Wy Grell-Magito: koncerts Nacionālajā teātrī 21. februārī, programma*. Rīga: E. Siliņas fonds, inventāra nr. 228057.
RMM – Rakstniecības un mūzikas muzejs [Latvijas Nacionālais rakstniecības un mūzikas muzejs] (1925): *Marijas Vigmanes skolas Drēzdene-Rīga vadītājas Wy Magito un viņas audzēkņu deju vakars Nacionālajā teātrī 8. janvārī, programma.* Rīga: E. Siliņas fonds, inventāra nr. 228037.
RMM – Rakstniecības un mūzikas muzejs [Latvijas Nacionālais rakstniecības un mūzikas muzejs] (1936): *Deju vakars Nacionālā teātrī: Ģertrūdes Domanžē-Līcis un Zigfrīda Elcberga concerts 23. aprīlī, programma*. Rīga: E. Siliņas fonds, inventāra Nr. 228078.

Silvestrus (1929): Māksla, in: *Jaunais Rīts,* August 5, p. 4.

Sporta Pasaule (1936): LVB ieiet 10. gadā, March 30, p. 7.

Upenieks, V. (1939): Māksla. *Brīvā Zeme*, in: *Rigasche Rundschau*, March 28, p. 12.

Valdības Vēstnesis (1939): Repatriētās personas, November 6, 21.

Wigman, Mary (1984): We are standing at the Beginning (1925), in: Walter Sorell (Ed.), *The Mary Wigman Book: Her Writings*, Middletown: Wesleyan University Press, 81–85.

W. o. Z. (1932): Schüler-Tanzabend, in: *Rigasche Rundschau*, November 12, p. 6.

Broken Plans

The Project for a Science of Movement and Dance of the Choreological Laboratory of the State Academy of Artistic Sciences in Moscow (1922–1930)

Anastasia Nabokina

In June 1928, Kurt Jooss received a message from Aleksei Sidorov in Moscow:

> Deep dissatisfaction is guiding my pen today. I must recognise that all our carefully laid plans have failed. Almost none of us will have the opportunity to attend your beautiful congress, which has such an interesting programme (DTK 54220: 1).[1]

This letter, recently found in the Deutsche Tanzarchiv Köln (DTK), concerned the participation of Soviet dancers in the *Second International Congress of New Dance* in Essen (June 1928), which Jooss organised. One of the goals of the congress was to integrate the German dance community, showcase different dance styles and schools, and invite foreign guests to participate (Stöckemann 2001: 108). One evening in the four-day programme was to be devoted entirely to the New Russian Dance. There were also plans to show an exhibition entitled *The Art of Movement* in Essen. This exhibition was held by the *State Academy of Artistic Sciences (GAKhN)* in Moscow in January 1928 and included photographs of German dancers. Sidorov, the official representative of *GAKhN*, was to give a lecture and planned to discuss the history of New Russian Dance, including the latest experiments and the social and cultural conditions in which the art of movement was developing in the USSR at that time. He also intended to

1 The correspondence was originally written in German. Unpublished archival material and quotations from Russian publications translated by the author.

present the results of the research conducted at the *Choreological Laboratory of GAKhN*. In the same letter, he wrote:

> The Laboratory has been in existence for five years now, and in that time it has done a lot of good work, something that is missing in Germany. For me, a collector of German books on dance who values the German art of dance as highly as possible, it is clear that the science of dance, choreology, does not yet exist and that our Academy is probably a forerunner in Europe (DTK 54220: 3).

Unfortunately, the plans for an evening of Russian choreography fell through. Soviet authorities concluded that the artists proposed by the Academy to participate in the congress "cannot be representatives of revolutionary art" (RSALA 941–17-16: 14). In 1929, as part of the purge of the soviet system, the *GAKhN* was taken under official control. Initially, members of the academy were forced to shed their idealistic attitudes and adopt Marxist methodology. The reorganisation of the Academy that followed led to its closure in 1930, and alongside this, the Choreological Laboratory ceased its activity. The project for a new science of dance and movement—choreology—developed by the Academy's staff was never continued in Russia.

What were the specifics of the project of the science of dance about which Aleksei Sidorov wrote in his letter to Jooss? What methodology did the researchers of the *GAKhN Choreological Laboratory* use? Did their project have anything in common with Rudolf Laban's choreology?

In this article, I give a short overview of the experiments carried out in the *Choreological Laboratory*. It includes new material on research into the psychology of creativity conducted in the Laboratory. The second aim will discuss the correspondence between Russian and German theorists. This will make it possible not only to talk about the similarities of the projects developed but also to pose the question of mutual inspiration and interaction. This is an absolutely necessary step if we wish to create a more detailed map of European modernist dance in the future and talk about networks of cooperation or transfer of dance knowledge in early 20th-century Europe.

Dance Space and Time

The *GAKhN Choreological Laboratory* was an innovative, also on a European scale, research institution which brought choreographers and theoreticians together, creating institutional conditions for the study of dance and movement. The section was established in 1922 on the initiative of the academy's scientific secretary, Aleksei Sidorov (art historian), and at the request of a committee set up specifically for this purpose, comprised of Gustav Shpet (philosopher), Leonid Sabaneev (composer) and Natalia Tian (dancer). The very composition of the committee indicates the intention to combine findings from various disciplines. As Sidorov pointed out in a text written to summarise the three years of the academy's work, "art history is a theory resulting from the close collaboration of the theorist and the artist and the focus on the latter's work" (Sidorov 2017a: 20). He also emphasised: "The new art history should be synthetic, encompassing different directions of human artistic creation, and organic, taking into account all functions of the creative act and perception" (Sidorov 2017b: 140). Accordingly, he claimed that the work of the academy is guided by the "will to experiment", and the *Choreological Laboratory* was to become a unit that would develop and justify a methodology of research on the art of dance through scientific experiments (Sidorov 2017a: 35, 81).

This indicates the influence of the concept of the new science of art (German: Kunstwissenschaft), which was developed at that time in Germany by Max Dessoir, Emil Utitz, Heinrich Wölfflin, and others. Dessoir and Utitz defined art as a cultural field equal to science. The research involved not only philosophers and art historians but also representatives of other disciplines as well as artists interested in theory (Collenberg-Plotnikov 2017). The same principle guided the work of the Russian academy. The founders, who included the painter Wassily Kandinsky, the philosophers Semyon Frank and Gustav Speth, the art historians Alexander Gabrichevsky and Aleksei Sidorov, and other representatives of humanities and natural sciences, intended the Academy to become an institution of interdisciplinary art history, uniting science, art, and cultural policy. The Academy consisted of three departments: Sociological, Philosophical, and Physico-Psychological. Each of them had five sections: literary, musical, theatrical, decorative, and spatial arts (architecture, painting, sculpture). To bring together scientific thoughts from different fields, lectures were often given in joint sessions and in collaboration with artists. A priority area of research was the analysis of the various elements of art and the mechanisms of their impact on the viewer.

The *Physico-Psychological Department*, the academy's first organisational unit, was founded by Wassily Kandinsky. He was interested in the psychology of creativity and saw the work of art as a psychophysical object and believed that the task of the academy staff was to search for the internal laws that govern the art form, or in other words, to find the synthetic core of art (RSALA 941-1-3: 6). Dance—and movement more broadly—played one of the key roles in the formula of art that Kandinsky was developing at the time. Kandinsky was already experimenting with the combination of music, painting, and dance in Munich before World War I, in collaboration with Alexander Sacharoff and Thomas Hartmann. "It is essential to establish a link between the movement of lines and the movement of the human body," he wrote (Misler 2017: 43). He suggested that such observations should be recorded not only in words but also represented graphically. These notes were to be the material for a "dictionary of abstract movements" (2017: 43). Kandinsky continued his research in Germany, recording Gret Palucca's dancing in photographs and drawings (Kandinsky 1926). In Moscow, his idea was pursued at the *Choreological Laboratory*.

The head of the Laboratory, Alexander Larionov, said in December 1923:

> We mean to study dance as an art, existing simultaneously in space and time. Its spatial aspect is already being studied at the Laboratory; work on the temporal aspect is the next task. [...] There is also the question of studying the psychological basis. The psychological issue is one of the most important issues. (RSALA 941–17-2: 14)

The study of the spatial dimension of the art of movement can be interpreted through the texts written at the time by Kandinsky, whose basic elements of painting—point, line, plane—also played a role in the Laboratory's experiments. In December 1921, in a lecture at the *GAKhN*, Kandinsky said: "Line is a point resulting from movement being subordinate to various forces, and this defines the essence and character of separate lines" (Kandinsky 2002: 202). The studies conducted at the *Choreological Laboratory* divided the dance piece into phases (initial, culminating, and final) and points—static moments between which movement develops. Research of the spatial aspect included experiments exploring trajectories of movement, as well as attempts to describe the meaning of shapes—triangle, circle, square, rhombus, etc.—formed by the dancers' silhouettes. To this end, each pose was outlined and the aesthetic and psychological significance of the resultant figures was analysed.

Fig. 1: Vasily Romanovich Zhivago, Nikolay Ivanovich Vlasievsky, Studies of Movement in Geometrical Figures, 1910–1926, The Museum of Fine Arts, Houston, Museum purchase funded by the Caroline Wiess Law Accessions Endowment, The Manfred Heiting Collection, 2002.2931. Photograph © The Museum of Fine Arts, Houston; Will Michels.

Among other things, this approach impacted the analysis of the perception of a choreographic work. In 1925–1927, a study of the perception of poses and the shapes they formed in dance performances was conducted at the laboratory. It was in the form of a survey and showed the viewers' preference for simple figures (cf. RSALA 941–17-15: 74–77). Descriptions of the psychological meaning of geometric figures in Kandinsky's texts of the time may have played an essential role in this analysis. He described the triangle as a "form with the highest degree of acuity", the circle as "the most unstable form" which "has the most depth", while the square is characterised by "inner movement" (RSALA 941-1-3: 6). The dancer's mental processes inherent during the execution of the particular movement were also studied and observed. According to the instructions prepared for the research, the performer should have focused on his or her own experiences, feelings, emotions, desires, and thoughts. Then, following the psychoanalytic method of free association, the dancer had to describe and dictate these experiences to the observer (RSALA 941–17-3: 18–21).

Studies of the spatial dimension of the art of dance were part of the work on movement notation systems. At the same time as Laban was working on his *Kinetography*, five different methods were developed at the *Choreological Laboratory*, including Larionov's analytical system and Sidorov's synthetic system. Sidorov was also involved in dance photography, which, along with documenting dance on film, was an important interest of the Laboratory's researchers. Based on the research conducted in 1926–1927, he presented a series of photo scenarios of movements, i.e., a sequence of images that develops a specific narrative (RSALA 941–17-14: 80f.). Larionov also used his graphs of choreographic works to study the problem of symmetry in dance. These experiments allowed him to create a comparative method for studying different dance styles and to define dance as a movement built symmetrically in relation to the three axes inside the human figure. He referred to this architectural formula as the general "principle of artistic composition of movement" (RSALA 941–17-14: 83).

Fig. 2: Nikolay Ivanovich Vlasievsky, Study of Movement, Symmetry, c. 1925, gelatin silver print, The Museum of Fine Arts, Houston, museum purchase funded by the Caroline Wiess Law Accessions Endowment, The Manfred Heiting Collection, 2002.2937. Photograph © The Museum of Fine Arts, Houston; Will Michels.

The results of the experiments were presented in Moscow from 1925 to 1928 at four exhibitions titled *The Art of Movement* (the last of which was international in scope). In addition to the compositional charts and diagrams, developed in accordance with various notation systems and depicting the graphical interpretation of movement, the exhibitions showed registrations of work movements made by means of cyclographs at the *Central Institute of Labour*, as well as artistic representations of dance—sculptures, drawings, paintings, and photographs.

Work on the temporal dimension of the art of dance included an examination of the coincidence of musical and dance rhythms, matching movements to the rhythm seen in paintings and bas-reliefs, and analysing the similarities between dance rhythms and the rhythm of activities performed by workers. There were experiments in which individual gestures were coordinated with a chord, tremolo, specific musical scale, etc., and the correlation between dance rhythms and the rhythms of poetic works was analysed (cf. RSALA

941–17-5: 1–7). Rhythm was conceived as a universal principle, organising life in all its manifestations and forms, according to the principle: "Creativity has its origin in intuition, [...] every form is a visualised rhythm" (RSALA 941–12-52: 40). The issue of rhythm brought the Russian researchers closer to unravelling the mystery of "a certain 'X', which, as it were, does not submit to precise observation" (Kandinsky 2002: 200–201). The mystery of a work of art that is sometimes created only by impulse, as if by chance and, paradoxically, contrary to artistic technique, was of particular interest not only to Kandinsky but also to Alexei Sidorov.

Unconscious Rhythmic Inspiration

At one of the very first meetings of the *Choreological Laboratory*, Aleksei Sidorov tries to define a new scientific discipline—choreology—and establishes the purpose of the work. He says then:

> Until now, no one has realised that artistic dance is formed from spontaneous and random movements. The study of rules that govern this process is the task of our Laboratory (RSALA 941–17-2: 6).

He believes dance is a "play of the body" (RSALA 941–17-2: 32), organising space and imbuing the image with rhythm. It is therefore necessary to study the body as a material of art and examine the forces that move it. In one of the discussions, Sidorov remarks: "... it is not the body that dances, ... but the person..." (RSALA 941–17-2: 17). Movement in his view is always the movement of a human being "perceiving around him a particular space, a regularity and an active element" (RSALA 941–17-3: 25). You can enter, intrude upon or squeeze into this space, violating its boundaries and interacting with all the elements within it, or you can just glide along its surface. For this reason, gait may be harmonious (expressed in the coordination of all bodily movements), rhythmic (artistically formed, emphasising certain characteristic gestures and steps), constrained or reserved, smooth or mechanical, heavy or light, submissive, measured, prancing, etc. Sidorov linked the external impression of a movement with the psychological conditions of the person who performed it, with intentionality, the will to make a specific gesture, and with plastic receptivity to the influence of internal impulses and desires. In other words, he was developing a psychology of gait or a kind of characterology. At the turn of the century, the study of personality traits (characterology)—from the philosophical concept of Julius Bahnsen to psychoanalytic theories—was well-established and highly topical. At the same time, another prominent member of the *GAKhN*, the psychoanalyst and head of the *Russian Psychoanalytical Society*, Ivan Ermakov[2] was also working on texts on the psychology of gait. Observing behavioural peculiarities such as gait, gesture, manner of speaking, or dress was also valuable for artistic experimentation with acting techniques, including for the choreographers of New Russian Dance.

Defining the fundamental elements of the various arts and establishing the rules for the composition of an artistic work was the primary task for the *GAKhN* researchers. Sidorov called the step the basic element of dance. As an art historian, he created his definition of dance based on a comparison of different styles, from ballet to the new dance schools. *Le pas* (a step in French) is a fundamental element of ballet. Running and walking were the basis of the dance of Isadora Duncan and her Russian followers. *Gehen* and *Laufen* were not only central to many gymnastic systems but also to the methods of Rudolf Laban and Mary Wigman, which, according to Marion Kant, were based on the nationalist ideas of Friedrich Ludwig Jahn and his *Turnen* (Kant 2016: 12–15). The ideological underpinnings of dance that developed first in the Russian Empire and later after the October Revolution, as well as the ideology that was articulated in the artists' texts and the reviews of their work, require further study. Nevertheless, it should be noted that the principles of the *soviet man's dance* were the subject of active discussion in the Laboratory, as several members were part of a *commission to investigate dance as a physical education method*. Sidorov, however, was against combining dance and sport:

> Sports-like features should not be forced on dance because the time has long gone since it was persecuted and had to be replaced with gymnastics, and the term' physical education was used to camouflage the term *dance* (RSALA 941–17-14: 85).

Following his logic of the search for the reasons why spontaneous and random movements take on artistic meaning, he proposed to define dance as "artistically organised gait" (RSALA 941–17-3: 7). The study of gait and its deriva-

---

2 I would like to thank S. F. Sirotkin, head of the Department of Clinical Psychology and Psychoanalysis at the Udmurt State University, a researcher working in the I. D. Ermakov archives in Izhevsk, for this information.

tives—running, jumping, turning, etc.,—and the related movements of the body and hands became a constant focus of the experimental work carried out until the end of the Laboratory's existence. It was less about technique and more about the artistic impressions created by the individual steps.

If dance is the rhythmisation of a visual image, then the question arises about the source of rhythm and the cause of movement. Sidorov was interested in psychoanalysis, headed the *Section of Experimental Aesthetics* at the *Institute of Psychoneurology* in Moscow (RSALA 941–17-3: 8), and was even one of the initiators of the founding of the *Russian Psychoanalytic Society* (1922), so he situated the sources of the movement in the unconscious:

> The fact that rhythmic inspiration is unconscious, not directly related to music, that it is always determined by an internal cause and the person's predisposition, is proved by what may be the most extraordinary and interesting phenomenon in contemporary dance: the experiments with the mysterious 'Madeleine', dancing under hypnosis. [...] Now, after the discovery of psychoanalysis, we know that the unconscious is the source of all creativity (Sidorov 1923: 36 f.).

Experiments with hypnosis were most likely continued at the *Choreological Laboratory*, as indicated by the inclusion of the subject in the bibliography on the art of movement that the researchers completed. The bibliography included thirteen large sections on various topics ("Dance and hypnosis" was discussed in the third section). This classification was described by Larionov as a "list of problems of choreology" and read as follows:

1) General theory of the art of movement
2) Physical foundations of movement
3) Sense of movement and its psychopathology
4) Labour movements
5) Physical education
6) Circus art
7) History and ethnography of artistic dance
8) Rhythm
9) Systems of movement notation
10) Props for artistic dance
11) Dramatic movements

12) Mass movements
13) General bibliography of the art of movement
(RSALA 941–17-17: 40–47).

These plans showed astonishing momentum. The scientific project of the *GAKhN Choreological Laboratory* was based on the work of the dancers and choreographers of the New Russian Dance. From the very beginning, it enjoyed strong institutional and scientific support. It had the character of an interdisciplinary reflection on the culture of movement and was clearly intended to become a new academic discipline. Other initiatives by Sidorov and Larionov included the idea of establishing *Higher Courses in Physical Culture* under the auspices of the academy, which offered degrees in eurhythmics, choreography, and free dance (1924). In 1928, there was an attempt to found a *Museum of Choreology* and a *Society for the Art of Modern Dance*, which was intended not only to integrate practitioners and theoreticians of the art of movement but also to promote interest in the high level of teaching among the wider public. In January 1928, the *Choreological Laboratory* held the fourth *Art of Movement* exhibition, which featured exhibits from Germany, Austria, and France in addition to Russian materials. Joseph Stalin's cultural revolution began shortly afterwards. Members of the academy and the *Choreological Laboratory*, who managed to survive the repressions that followed, never mentioned the experiments of the early part of the century afterwards.

Broken Plans

Rudolf Laban said in 1920:

> Every period of cultural decline bears the mark of an incompatibility between physical and psychological tensions in human beings [...]. We, the people of today, are past this internal rift [...], we are approaching a dance that will be a kind of synthesis of the spirit and healthy willpower (DTK 55462).

Aleksei Sidorov also stated: "On the threshold of a new life, a new dance kindles the guiding lights" (Sidorov 1923: 62). It is worth noting here that the two theorists agreed with respect to the role of dance in culture. Of course, there are also certain similarities in their approaches to dance research. In the thought of both Laban and the scholars of the *GAKhN Choreological Laboratory*, the concepts of space, time, energy, and movement dynamics played an important role. Given this community of ideas, one might ask whether they knew each other, or in other words, how much they knew about their parallel projects. As for the contacts between German and Russian theorists, previous works on European modernist dance only make references to the fact that Kandinsky and Laban lived on the same street in Munich before World War I (with the implication that they may have known each other or at least known about each other) and suggestions that they may have met in an art commune on Monte Verità. (Leyko 2012; Sirotkina 2023)

Undoubtedly, Kandinsky was an important figure in the story of New Russian Dance, but there were also direct contacts between the theoreticians of the *Choreological Laboratory* and the German choreographers. Currently, the exchange of letters and telegrams in the run-up to the fourth exhibition, *Art of Movement,* in 1928, is known. Sidorov corresponded with Kurt Jooss and, most importantly, he corresponded directly with Rudolf Laban. The Moscow archive of the State Central Theatre Museum named after A.A. Bakhrushin contains several letters, which have remained unnoticed by researchers so far. In December 1927, Rudolf Laban asked Sidorov to send him information materials from the *Choreological Laboratory* and assured him of his continued interest in exchanging ideas and experiences (GTSTMB 517–135: 40f.). Then, after the exhibition in February 1928, he wrote to Sidorov:

> I was very pleased to hear that my work in Moscow met with so much understanding and interest. [...] As a whole, our work is very extensive, both artistically, scientifically, and educationally, so I would be very grateful if you would let me know which part of this work would be of most interest to you in the planned publication (GTSTMB 517–135: 40–43).

Indeed, in October 1927, the Laboratory scientists were discussing plans to publish the book in German (RSALA 941-17-15: 6). We do not know if and when any materials about the work of the Russian theorists reached Laban, and whether Sidorov received the German choreographer's texts. However, this correspondence not only indicates a mutual interest but also the existence of joint plans, which unfortunately could not be realised due to the political situation at the time. This is undoubtedly a subject worthy of further research. Answering the question of mutual inspiration and influence may yield interesting results. In the aforementioned letter to Kurt Jooss, Sidorov gave a brief "picture of the dance of the new Russia" (which, unfortunately, he was unable to do at the congress), listing the names of the dancers and schools of Russian dance that were initially scheduled to perform in Essen. Of particular note is the following quote: "Pure solo dance or rather 'chamber dance' in the style of Rudolf von Laban is cultivated in Moscow by Irina Chernetskaya, the most famous dancer in Soviet Russia, and her young but brilliant student Irina Dubrovskaya" (DTK 54220: 2f.). In 1925, Rudolf Laban argued: "The new Russian art of dance is strongly based on Slavic folk dance" (Laban 1925: 356). Could he have seen in Berlin performances by Vera Maya's studio, which toured there in the mid-1920s? This choreographer was one of the first to note the potential of folk dances. She also introduced elements of acrobatics and ballet technique into her performances. Her school was so active at the time that the *All-Union Society for Cultural Relations of the USSR* directed foreign students (including those from Germany) interested in Soviet dance to her classes (RSALA 2694-1-22: 45). Looking at specific dates in the history of the development of both choreologies, it is essential to note that they were mainly competing projects. Except that Laban's focus was on the theory of dance, while Sidorov's was on the theory of the art history of movement. Further research may detail the mutual exchange of theoretical and practical knowledge between German and Russian dancers and reveal an exchange of ideas about the organisation of institutional dance research.

References

Collenberg-Plotnikov, Bernadette (2017): Estetika i obshcheye iskusstvoznaniye: Nemetskiye teorii obshchego iskusstvoznaniya kak istochnik kontseptual'nykh novatsiy GAKHN, in: N. Plotnikov/N. Podzemskaia N. (Eds.), *Iskusstvo kak yazyk – yazyki iskusstva I*, Moscow: Novoe literaturnoe obozrenie, pp. 143–71.

Deutsches Tanzarchiv Köln (DTK), Jooss, Kurt (1901–1979) *Korrespondenzen und Briefe, Brief von A.A. Sidorov an K. Jooss, 1928*. Köln: Catalogue number: Documents 54220.

Deutsches Tanzarchiv Köln (DTK), Laban, Rudolf von (1879–1958) *Vortrag von Rudolf von Laban, Die Rolle des Tanzes im heutigen Kunstleben*, 1920, Köln: Catalogue number: Documents Best. 227, 55462.

Kandinsky, Wassily (1926): Tanzkurven: Zu den Tänzen der Palucca, in: *Das Kunstblatt*, 10 (3), pp. 117–21.

Kandinsky, Wassily (2002): The Primary Elements of Painting, in: *Experiment*, 8 (1), pp. 199–230.

Kant, Marion (2016): German Gymnastics, Modern German Dance, and Nazi Aesthetics, in: *Dance Research Journal*, 48 (2), pp. 4–25. doi:10.1017/S0149767716000290.

Laban, Rudolf (1925): Der Tanz als Eigenkunst, in: *Zeitschrift für Ästhetik und allgemeine Kunstwissenschaft*, 19, pp. 356–64. doi:10.11588/diglit.3819.31.

Leyko, Małgorzata (2012): *Teatr w krainie utopii: Monte Verità, Mathildenhöhe, Hellerau, Goetheanum, Bauhaus*, Gdańsk: słowo/obraz terytoria.

Misler, Nicoletta (2017): *The Russian Art of Movement: 1920–1930*, translated by J.E. Bowlt, J.E. Turin: Allemandi.

Sidorov, Aleksei (1923): *Sovremennyi tanets*. Moscow: Pervina.

Sidorov, Aleksei (2017a): Tri goda Rossiiskoi akademii khudozhestvennykh nauk, 1921–1924, in: N. Plotnikov/N. Podzemskaia N. (Eds.), *Iskusstvo kak yazyk – yazyki iskusstva II*, Moscow: Novoe literaturnoe obozrenie, pp. 18–10.

Sidorov, Aleksei (2017b): Osnovy organicheskoi istorii iskusstv: Tezisy, in: N. Plotnikov/N. Podzemskaia N. (Eds.), *Iskusstvo kak yazyk – yazyki iskusstva II*, Moscow: Novoe literaturnoe obozrenie, pp. 140–141.

Sirotkina, Irina (2023): Signs for a Science: Aleksei Sidorov's Choreology, in: *Studies in East European Thought* 75, pp. 283–301. doi:10.1007/s11212-021-09428-z

Stöckemann, Patricia (2001): *Etwas ganz Neues muß nun entstehen: Kurt Jooss und das Tanztheater*, München: K. Kieser Verlag.

State Central Theatre Museum named after A.A. Bakhrushin (GTSTMB), Choreologicheskaja laboratorija GAKHN (1922–1929) *Vystavki Iskusstvo Dvizhenija, 1925–1928*, Moscow: Catalogue number: Documents. f. 517 ed. khr. 135.

Russian State Archive for Literature and Art (RSALA), GAKHN Collection (1921–1931) *Protokoly zasedanij Choreologicheskoj laboratorii, 1922–1929*, Moscow: Catalogue number: Documents. f. 941 op. 17.

Russian State Archive for Literature and Art (RSALA), Archives of V. Iving (1910–1952), *Vera Majja, Spektakli V. Majja, 1925–1928*, Moscow: Catalogue number: Documents. f. 2694 op. 1 ed. khr. 22.

Das Projekt *Tanz-Souvenirs und Zeit-Geister* des Netzwerks Moderner Tanz

Claudia Fleischle-Braun, Christiana Rosenberg-Ahlhaus

Das multimediale Vermittlungsprojekt *Tanz-Souvenirs und Zeit-Geister* richtet sich an eine breite Zielgruppe. Es möchte Tanzgruppen, Tanzaktive und Interessierte in Kultureinrichtungen oder in Schulen anregen, sich in innovativer und kreativ-poetischer Weise mit dem Tanzerbe der Moderne zu beschäftigen. Es wurde als eine Maßnahme der Kulturellen Bildung initiiert, um den Modernen Tanz mit seinem immateriellen Tanzerbe im öffentlichen Bewusstsein bekannter und im analogen wie auch im digitalen Raum sichtbarer zu machen. Des Weiteren soll diese Initiative dazu anregen, die künstlerischen und pädagogischen Potenziale dieser Ausdrucksform im gegenwärtigen tanzpädagogischen und gesellschaftlichen Kontext neu zu reflektieren.[1]

Die Idee

Wie können tanzgeschichtliche Dokumente (Bilder, Filmausschnitte, Musikstücke, Texte oder Programmankündigungen etc.) des Modernen Tanzes, die üblicherweise in Sammlungen oder Archiven schlummern, zu neuem Leben erweckt werden? Wie könnte ein tanzgeschichtliches Zeugnis, das uns an ein bestimmtes Ereignis oder an eine Person erinnern will und welches wir als ein Souvenir oder Andenken betrachten können, uns dazu anregen, mit unserer Fantasie und den Bewegungen unseres Körpers etwas aus seiner Geschichte oder auch eine neue Geschichte zu erzählen? Erinnerungsstücke, Dokumente und Archivalien des Modernen Tanzes werden also zu »Zeit-Geistern«, sie werden als Ausgangspunkt genommen, um mittels körperlicher Bewegung eine Botschaft oder einen Gedanken choreografisch umzusetzen oder auch eine

1 Vgl. dazu u.a. Vicky Kämpfe (2025).

kleine Geschichte zu erzählen, die sowohl fiktionale Elemente als auch konkrete tanzhistorische Fakten enthalten kann.[2]

Nachdem die Praxis des Modernen Tanzes 2022 durch die UNESCO in die weltweite Liste des immateriellen Kulturerbes aufgenommen worden war, hat die neu entstandene *Arbeitsgruppe Moderner Tanz* ein Konzept für ein Bildungs- und Vermittlungsangebot entwickelt, das sich an Grundsätzen der Partizipation und Kollaboration orientiert.[3]

Tanzinteressierte Menschen aller Altersgruppen sollen ermuntert werden, den Modernen Tanz als eine künstlerisch-kreative Ausdrucksform zu erproben. Darüber hinaus soll zusätzliches Hintergrundwissen zu seinem vielschichtigen Erbe vermittelt werden. In didaktischer Perspektive sollen dazu bevorzugt gemeinschaftlich-kooperative Arbeitsformen und subjektorientierte Vermittlungsweisen sowie forschende Praktiken und experimentelle Vermittlungskonstellationen zum Einsatz kommen, des Weiteren interdisziplinäre und transmediale Praktiken.[4]

Unsere Intentionen

Das Programmangebot *Tanz-Souvenirs und Zeit-Geister* möchte schulische und außerschulische Tanzgruppen anregen, sich auf kreativ-innovative Weise mit Themen und Aspekten des Modernen Tanzes zu befassen. Es richtet sich an alle Altersgruppen, auch generationsübergreifend. Das organisatorische Setting kann je nach institutioneller Einbindung und des jeweiligen Arrangements des Tanzangebots verschieden sein. Bewusst werden Anknüpfungspunkte am historischen Erbe des Modernen Tanzes und somit auch dessen Erinnerungskultur gesucht. Im Sinne des *Dance Literacy*-Bildungskonzepts kann durch eine solche kreative und ästhetisch-reflexive Auseinandersetzung mit tanz-

2 Zu dieser Idee und Begrifflichkeit wurden wir durch das spartenübergreifende Kulturvermittlungs-Projekt *Les Souffleurs de Temps* angeregt, das vom Schweizer Bundesamt für Kultur in der Sektion »Kulturerbe 2023« ausgezeichnet wurde.

3 Vgl. dazu ausführlicher Mathias Dreyer (2023) sowie Yvonne Hardt (2022: 165–180).

4 Solche konzeptionellen Orientierungspunkte zeitgenössischer Tanzpädagogik finden sich bisweilen auch in Vermittlungsansätzen der Tanzmoderne, z.B. Jenny Gertz (1926), Martin Gleisner (1928), Ilse Loesch (1990), Barbara Mettler (1984), Wendy Slater (1973), Karin Waehner (1993).

geschichtlichen Themenbeispielen das eigene Körper- und Bewegungswissen und auch das eigene Tanzverständnis erweitert werden.[5]

Für die beteiligten Aktiven besteht in diesem Vermittlungsprojekt die Aufgabe darin, aus den thematischen Vorgaben und den jeweils spezifischen Bezugnahmen oder individuellen Bewegungserfahrungen eine Studie bzw. ein kurzes Tanzstück zu entwickeln und in Form eines digitalen Contents (Videoclip oder Podcast) zu dokumentieren.

Die erste Pilotphase (2023/24)

Als inhaltlicher Ausgangspunkt und als Leitthema für das Programmkonzept wurden von uns die Materialtänze von Manda von Kreibig (1901–1989) ausgewählt, die sie am *Bauhaus* in Dessau und am *Landestheater Braunschweig* in den 1930er Jahren realisiert hatte.[6] Im Anschluss an die Ausschreibung wurde das Konzept im ersten Halbjahr 2024 von neun Mitgliedern des *Netzwerks Moderner Tanz* mit verschiedenen Zielgruppen und in unterschiedlichen Regionen sowie institutionellen Kontexten erprobt. Alle Projekte sind inzwischen abgeschlossen und die Links zu den produzierten Videoclips sind auf einer Webseite publiziert.[7] Die videografischen Aufzeichnungen der von den Netzwerkpartner*innen mit ganz unterschiedlichen Zielgruppen erarbeiteten Recherchen und Tanzstücke zeigen nicht nur die jeweilige Besonderheit der Tanzprojekte auf, sondern es werden außerdem lokalspezifische und situationsbedingte Entscheidungen erkennbar. Vor allem aber wird in den performativen Produktionen für den Betrachtenden eine Bandbreite von ungewöhnlichen Ausgestaltungen ersichtlich und es können individuelle

---

5 Vgl. zu diesem Bildungskonzept u.a. Nana Eger (2011: 185–208).

6 Zur professionellen Biografie von Manda von Kreibig siehe u.a. Claudia Fleischle-Braun (2020: 77–91). Wir hatten bewusst einen Themenschwerpunkt vorgeschlagen, der nicht im Fokus der beteiligten Trägerorganisationen lag, aber dennoch einen experimentellen Zugang erlaubte. 2023/24 wurde zudem im Dessauer Bauhausgebäude die von Isa Rosenberger konzipierte Ausstellung *Manda* gezeigt, die ebenfalls eine künstlerische und historische Rückerinnerung an das Bauhaus und an die Tänzerin beabsichtigte. Siehe dazu https://bauhaus-dessau.de/ausstellungen/manda/.

7 Siehe dazu https://netzwerk-modernertanz.org/category/projekte/. An dieser Stelle danken wir Kathleen Barberio, Ronald Blum, Ute Bühler, Rée de Smit, Gabriela Jüttner, Tina Lizius, Janine Schneider, Katharina Stoye und Cornelia Widmer sehr herzlich für ihre engagierte Mitarbeit bei der Durchführung und Auswertung des Pilotprojekts.

Ästhetiken und bisweilen auch überraschend anmutende Deutungen des vorgegebenen Rahmenthemas entdeckt werden.[8]

> Die Stäbe am Körper evozieren das Bild der Kriegerin.
> In *Mikado* lasse ich sie zu Boden fallen.
> Die Tänzer stehen jetzt mit leeren Händen da, die Speere noch zu ihren Füßen. Eine Befreiung hat stattgefunden.
> (Janine Schneider *Mikado – Fall der Figuren*)

Während der Erprobungsphase wurde das Programmkonzept in insgesamt sechs digitalen Meetings konkretisiert und weiterentwickelt. Beim abschließenden Auswertungsgespräch wurde insbesondere die Frage der internen oder auch externen Auswirkungen des realisierten Projekts diskutiert. Übereinstimmend haben alle beteiligten Kooperationspartner*innen im Umfeld ihrer Einrichtung und bei den Mitgliedern ihrer Tanzgruppen eine erhöhte Aufmerksamkeit gegenüber dem Modernen Tanz als künstlerische Ausdrucksform registriert. Einige der beteiligten Gruppen präsentierten ihre Produktionen zum Beispiel in Showings oder in öffentlichen Räumen. Durch diese Maßnahmen und Interventionen konnten zusätzlich zum Kreis der Sympathisant*innen weitere neugierige Tanzinteressierte angesprochen werden.

Es geht weiter: Implementierung und Verbreitung des Vermittlungs- und Bildungsprogramms (2025/26) mit dem Themencluster SCHWARM. VOGEL_FREI

Vorgesehen ist, in einem nächsten Schritt 2025 dieses Projekt der ästhetisch-kulturellen Bildung mit dem inhaltlichen Themenschwerpunkt *SCHWARM. VOGEL_FREI* bundesweit auszuschreiben und zu verbreiten.[9] Im Themencluster sind vielerlei Interpretationsspielräume gegeben, sei es musikalisch, literarisch, narrativ-darstellend, mimetisch oder abstrahierend. In der tänzerisch-choreografischen und digital-medialen Umsetzung kann die Vielfalt

---

8 Vgl. zum Aspekt der Werkrezeption von Performances auch Wicki Bernhadt (2016: 419–424).

9 Siehe dazu die Ausschreibung von *Tanz-Souvenirs und Zeitgeister* 2025 des Netzwerks Moderner Tanz (2024).

von Bewegungsaktivitäten von Vögeln erprobt werden oder es könnten ausgewählte Thematiken wie beispielsweise das soziale Zusammenleben, Natur und Umwelt im Mittelpunkt der tänzerischen Auseinandersetzung stehen.

Als *Tanz-Souvenirs* werden folgende tanzhistorische Referenzen vorgeschlagen: *Der Feuervogel* (Musik: Igor Stravinsky 1910), *Der gefangene Vogel*, in der Interpretation von Niddy Impekoven (um 1920, Musik: Bruno Hartl) und von Sigurd Leeder (1949, Musik: Toccata von Aram Katschaturjan), *L'Oiseau-qui n'existe-pas* (1963, Musik: Paul Arma) von Karin Waehner, *Beach Birds* (1991, Musik: John Cage FOUR^3) von Merce Cunningham und *Bird Dances* (2024) der zeitgenössischen Choreografin Kareth Schaffer. Diese können erste Impulse für die eigene kreative Auseinandersetzung geben, indem Assoziationen, Erinnerungen und Ideen miteinander verknüpft und von den Aktiven jeweils eigenständig in neue fiktionale Werkstücke weiterverarbeitet werden.

Unser Ziel: eine tanzwissenschaftliche Begleitforschung

Im Zusammenhang mit dem neu entstandenen Themencluster für 2025/26 ist eine theoriebasierte Evaluierung vorgesehen, die vor allem implizite Vorannahmen und spezifische tanzpädagogische Fragestellungen betrifft. In einer mehrdimensionalen Vorgehensweise sollen prozessorientierte Fragestellungen untersucht werden, die mit der Auseinandersetzung mit dem (im)materiellen Erbe verbunden sind.[10] Es wären Antworten auf folgende übergreifende Fragestellung zu finden: Worin liegen besondere Bildungspotenziale und -werte, wenn wir uns körperlich, kreativ und reflexiv mit tanzgeschichtlichen Themen auseinandersetzen und uns konkret mit archiviertem Material des Modernen Tanzes beschäftigen?

Hierzu möchten wir thesenartig einige Überlegungen vorstellen: Durch das Bildungs- und Vermittlungsprogramm *Tanz-Souvenirs und Zeit-Geister* werden beispielhaft und in experimenteller Weise Erfahrungen und Wissen über Tanz und somit auch über unser Verhältnis zur Welt vermittelt.[11]

10 Vgl. u.a. Yvonne Hardt (2023: 231–236) und (2016: 155–169), Gitta Barthel (2019: 224–248) sowie Susanne Giel (2013) und (2016: 149–162).

11 Vgl. zu diesem Aspekt u.a. Christina Young Yoder (2018). Erfahrungen aus künstlerischen TANZFONDS ERBE-Projekte zum Tanz im 20. Jahrhundert und tanzhistoriografische Studien zu Reenactment und Rekonstruktion von Tanzwerken sowie zur körperlichen und choreografischen Aneignung und Artikulation von Tanzwissen – exemplarisch sei hier auf Julia Wehren (2016) sowie auf den von Mark Franko herausgegebenen

Tanzinteressierte Menschen können dadurch im Sinne des *Dance Literacy*-Bildungskonzepts ihre Kompetenzen und ihren Wissenshorizont auf dem Gebiet des Tanzes und seinen Geschichte(n) erweitern. Durch das neu konzipierte Programm möchten die Trägereinrichtungen des Modernen Tanzes Gelegenheiten schaffen, um u.a. Wissen darüber weiterzugeben, wie Tanzkünstler*innen der Moderne ihr Bewegungsvokabular erzeugt, ihr Tanztraining optimiert und ihr künstlerisches Schaffen entwickelt haben. Durch die Auseinandersetzung mit ausgewählten Archivdokumenten können die beteiligten Tanzenden bisweilen auch erfahren, mit welchen Herausforderungen die Akteur*innen der Tanzmoderne konfrontiert waren und unter welchen gesellschaftspolitischen Umständen sie gearbeitet haben.

Zudem können Tanzende im Rahmen dieser Projekte ihren eigenen fiktionalen oder zukunftsgerichteten (Tanz-)Visionen Raum geben. Auf diese Weise findet das choreografische Arbeiten Bezugspunkte in der Vergangenheit und weist gleichzeitig in die Zukunft. Die hierfür wesentlichen Prozesse können als Erinnerung und Wieder-Entdeckung sowie als Re- oder als Neukonstruktion verstanden werden.[12] So formuliert Maaike Bleeker in ihrem Artikel *(Re)enacting: Thinking Through Movement* »often, the aim of reenactments is not to make present what was once there [...], to revive a work [...], or to offer a new interpretation of it [...], but rather to engage with work created in the past from the perspective of the present.« (Bleeker 2017: 219). Eine solche Auseinandersetzung fand auch in unserem Vermittlungsprojekt statt:

> Den vierzehn Jugendlichen war es kaum bewusst: Sie haben durch ihre Choreografie *Sticks around* Tanz-Vergangenheit in die Zukunft getragen – ganz selbstverständlich, auf alte und neue Weise zugleich.
> (Ronald Blum *Sticks around*)

Nicht zuletzt kann in der Auseinandersetzung mit dem Tanzerbe der Moderne ersichtlich werden, in welcher Vielfalt sich der Moderne Tanz manifestiert hat. Verbindungen zwischen vergangener und heute ausgeübter Tanzpraxis können Tanzenden bewusst werden, über den Weg der kinästhetischen Wahrneh-

---

Sammelband (2017) verwiesen – liefern hierzu einige Anhaltspunkte. Unser Interessensfokus liegt vor allem auf der Suche nach adäquaten Formaten und Programme für die Vermittlung des immateriellen Erbes bewegungs- und tanzkultureller Formen im Kontext der Kulturellen Bildung.

12 Vgl. dazu u.a. Claudia Fleischle-Braun (2017: 31–52).

mung erfahren oder auch über das Körpergedächtnis aktiviert werden.[13] Dies kann Tanzstudierenden oder Tanzaktiven ein Gefühl von Kohärenz und Identität geben, ein Aspekt, der u.a. auch im UNESCO-Übereinkommen zur Erhaltung des Immateriellen Kulturerbes (2003) hervorgehoben wird. Der Moderne Tanz und dessen Traditionslinien lassen sich über einige Generationen hinweg zurückverfolgen.[14] Wenn Tanzende mehr über die Entstehung und Entwicklung ihrer Tanzform erfahren haben und wissen, wie einzelne Personen mit Ereignissen in ihrer jeweiligen Welt und Zeit interagierten, lassen sich manche der Fragen, die wir an die Tanzgeschichte oder an die Erinnerung daran stellen, mit mehr Hintergrundwissen beantworten.[15]

> Ein dritter Zwischenraum, eine Art (neutrale) »Grauzone« ermöglichte es mir, nach einer (quellen-)kritischen Auseinandersetzung mit dem politisch fragwürdigen Schriftwechsel Manda v. Kreibigs (Zone der Dunkelheit) und dem kollektiven Bedürfnis nach Verdrängung in den Nachkriegsjahren, einen neutralen Raum zu eröffnen.
> (Katharina Stoye, *Somatic.Dialogues*)[16]

Dieses Wissen kann dem einzelnen Individuum helfen, eigene Präferenzen im aktuellen künstlerischen Schaffen oder in persönlichen Denk- und Lebensweisen zu klären. Die Beschäftigung mit dem Modernen Tanz forderte nicht nur in seinen Anfängen von den Akteur*innen das Überdenken gesellschaftlicher Werte und künstlerischer Normen, dazu fordert er auch in unserer heutigen Zeit immer wieder heraus. Die hier im Ausblick angerissenen Aspekte sollen im Rahmen des Vermittlungsprojektes 2025/26 weiter erforscht werden. Entsprechend dem Ansatz einer kooperativen Praxisforschung streben wir einen kollegialen Dialog mit verschiedenen Forschungseinrichtungen an.[17]

---

13 Vermutlich können professionelle Tänzer*innen i.d.R. auf eine andere Körpergeschichte(n) und Erinnerungen ihres Körpergedächtnisses zurückgreifen als nicht professionell Tanzende.

14 Vgl. zu diesem Aspekt beispielhaft die Geschichte der Jooss-Leeder-Methode in Stephan Brinkmann (2012), hier insbesondere S. 227–293.

15 Vgl. Laure Gilberts Vortrag beim gtf-Symposium *(Un-)Sichtbarkeiten – Moderner Tanz Re-Visited* (2024) sowie die Tanz-Collage *Die Unsichtbaren* von John Neumeier für das Bundesjugendballett (2022). Zur aktuellen Erinnerungskultur siehe Aleida Assmann (2016).

16 Vgl. dazu die bereits in Anmerkung 6 genannte Quelle.

17 Vgl. dazu Claudia Fleischle-Braun (2016: 49–51) und https://netzwerk-modernertanz.org/category/projekte.

Literatur

Adam, Hubertus/Schöne, Sally (Hg.) (2019): *Ausdruckstanz und Bauhausbühne*, Hannover: Museum August Kestner.

Assmann, Aleida (2016): *Das neue Unbehagen an der Erinnerungskultur. Eine Intervention*, München: C.H. Beck.

Barthel, Gitta (2019): Reflexive und kritische Choreografievermittlung in künstlerisch-edukativen Kontexten, in: Yvonne Hardt/Anna Stern (Hg.), *Körper – Feedback – Bildung. Modi und Konstellationen tänzerischer Wissens- und Vermittlungspraktiken*, München: Kopäd, S. 224–248.

Bernhardt, Wicki (2016): Warum machen die das? Gedanken zum lustvollen Nichtverstehen in Performance, in: Marianne Steffen-Wittek/Dorothea Weise/Dierk Zaiser (Hg.), *Rhythmik – Musik und Bewegung. Transdisziplinäre Perspektiven*, Bielefeld: transcript, S. 419–424.

Bleeker, Maaike (2017): (Re)enacting Thinking in Movement, in: Mark Franko (Hg.), *The Oxford Handbook of Dance and Reenactment*, Oxford: University Press, S. 215–227.

Brinkmann, Stephan (2012): *Bewegung erinnern. Gedächtnisformen im Tanz*, Bielefeld: transcript.

Dreyer, Matthias (2023): Kulturelle Teilhabe/Vermittlung, in: Beate Hochholdinger-Reiterer/Christina Thurner/Julia Wehren (Hg.), *Theater und Tanz. Handbuch für Wissenschaft und Studium*, Baden-Baden: Nomos, S. 593–599.

Eger, Nana (2011): Tanz*Literacy* und Bildungsinstitutionen – anhand internationaler Beispiele, in: Yvonne Hardt/Martin Stern (Hg.), *Choreographie und Institution. Zeitgenössischer Tanz zwischen Ästhetik, Produktion und Vermittlung*, Bielefeld: transcript, S. 185–208.

Fleischle-Braun, Claudia (2016): Das Erbe der Tanzmoderne im zeitgenössischen Kontext, in: Sabine Quinten/Stephanie Schroedter (Hg.), *Tanzpraxis in der Forschung – Tanz als Forschungspraxis*, Bielefeld: transcript, S. 49–59.

Fleischle-Braun, Claudia (2017): Zum tanzpädagogischen Erbe des Modernen Tanzes und dessen Weitergabe, in: Claudia Fleischle- Braun/Krystyna Obermaier/Denise Temme (Hg.), *Zum immateriellen Erbe des Modernen Tanzes. Konzepte – Konkretisierungen – Perspektiven*, Bielefeld: transcript, S. 31–52.

Fleischle-Braun, Claudia (2020): Bewegungsgestaltung zwischen Material und Körper in Manda von Kreibigs Tanzwerken, in: *SportZeiten. Sport in Geschichte, Kultur und Gesellschaft* 20, 3, S. 77–92.

Fleischle-Braun, Claudia (2023): *Tanz-Souvenirs und Zeit-Geister*. Exposé für ein multimediales choreografisches Gestaltungs-Projekt.

Franko, Mark (2017) (Hg.): *The Oxford Handbook of Dance and Reenactment*, Oxford: University Press.

Giel, Susanne (2013): *Theoriebasierte Evaluation: Konzepte und methodische Umsetzungen*, Göttingen: Waxmann.

Giel, Susanne (2016): Vom Nutzen der Programmtheorie in Evaluationen im Schulkontext, in: *DDS – Die Deutsche Schule*, Heft 2, S. 149–62.

Gertz, Jenny (1926): Tanz und Kind, in: *Die Schönheit*, mit Bildern geschmückte Zeitschrift für Kunst und Leben, Heft 2, 1926, S. 49–61. [online] https://stefischmid.de/2017/09/23/tanz-und-kind-von-jenny-gertz/ [28.12.2024].

Gleisner, Martin (1928): *Tanz für alle*, Leipzig: Hesse & Becker.

Hardt, Yvonne (2016): Praxis begreifen. Eine praxeologische Perspektive auf Praktiken und Episteme des Wissens und Forschens im Kontext tänzerischer Vermittlung, in: Susanne Quinten/Stephanie Schroedter (Hg.), *Tanzpraxis in der Forschung – Tanzpraxis als Forschungspraxis. Choreographie – Improvisation – Exploration*, Bielefeld: transcript, S. 155–169.

Hardt, Yvonne (2022): Teilnehmen – Teilhaben – Teilgeben. Eine kritische Reflexion von Diskursen und Praktiken der Partizipation im Tanz, in: Sevi Bayraktar/Mariama Diagne/Yvonne Hardt/Sabine Kaross/Jutta Krauß (Hg.), *Tanzen/Teilen – Sharing/Dancing*, Bielefeld: transcript, S. 165–180.

Hardt, Yvonne (2023): Praxeologie, in: Beate Hochholdinger-Reiterer/Christina Thurner/Julia Wehren (Hg.), *Theater und Tanz. Handbuch für Wissenschaft und Studium*, Baden-Baden: Nomos, S. 231–236.

https://bauhaus-dessau.de/ausstellungen/manda/ [online] [17.02.2025].

https://netzwerk-modernertanz.org [online] [17.02.2025].

https://tanzfonds.de/projekte/ [online] [02.02.2025].

Kämpfe, Vicky (2025): Modern Dance Created in Germany: The Safeguarding and Creative Practice of Dance Heritage, in: Christoph Wulf (Hg.), *Handbook on Intangible Cultural Practices as Global Strategies for the Future. Twenty Years of the UNESCO Convention*, Berlin: Springer Nature, S. 217–228.

Lösch, Ilse (1990): *Mit Leib und Seele. Erlebte Vergangenheit des Ausdruckstanzes*, Berlin: Henschel.

Mettler, Barbara (1984): *Tanz als Lebenselement*, Zürich: Pan.

Netzwerk Moderner Tanz (2024): TANZ-SOUVENIRS UND ZEIT-GEISTER 2024. [online] https://netzwerk-modernertanz.org/aktuelles/ [28.12.2024].

Netzwerk Moderner Tanz (2024): TANZ-SOUVENIRS UND ZEIT-GEISTER 2025 des Netzwerks Moderner Tanz [online] https://netzwerk-modernertanz.org/wp-content/uploads/2024/10/Vogel.Schwarm-Vogel_Frei.pdf [28.12.2024].

Slater, Wendy (1987): *Teaching Modern Educational Dance,* Plymouth: Macdonald & Evans.

Waehner, Karin (1993): *Outillage chorégraphique. Manuel de composition,* Paris: Vigot.

Wehren, Julia (2016): *Körper als Archiv in Bewegung. Choreografie als historiografische Praxis,* Bielefeld: transcript.

Young Yoder, Christina (2018): Learning from the Past to Define the Future: The Importance of Dance History, in: *IDA* Mar 8. [online] https://www.impactdanceadjudicators.com/post/2018/03/08/learning-from-the-past-to-define-the-future-the-importance-of-dance-history [28.12.2024].

Bodies and Desires
Körper und Begehren

Cannibal Choreographies

Anthropology, Anthropophagy, and Modernist Dance in the Americas

Lindsey Drury

> There was a fearful story they told us children. Our mothers told us that the whites were killing everybody and eating them. So we were all afraid of them.
>
> *Sarah Winnemucca, Life Among the Piutes (1883)*

In 1895, the anthropologist Franz Boas posed for the camera (Fig. 1). Barefooted, bare-chested, arms reaching in a low V-shape, squatted within a hoop, perched upon a table covered in dark cloth, mouth agape, eyebrows furrowed, with eyes cast upward, as if looking impossibly toward some unseeable place far above him, the anthropologist mimics the movement of an initiate Hamat'sa dancer of Kwakwa̱ka̱'wakw Indigenous coastal communities whose ancestral lands lie within present-day British Columbia. On the back of the photograph of Boas is written, "Kwakiutl Indian ceremony for expelling cannibals."[1] Boas' body attempts to capture a masterful theatrical moment in which the cannibal is expelled—when the crouched body of the possessed dancer bursts through a screen the size of the back wall of the performance space. The Hamat'sa initiate, who has made contact with a cannibal other-outsider named Baxbakwalanuxsiwae in the forest, is reintroduced to Kwakwa̱ka̱'wakw society by emerging through the screen. Among settler publics,

1 See: https://learninglab.si.edu/resources/view/408048#more-info. Kwakiutl is an antiquated term, and not in current use.

exposed to live Hamat'sa performances and life-size dioramas that Boas and George Hunt (Tlingit) organized for world's fairs and museums, the popular name for Hamat'sa was the "cannibal dance".

Fig. 1: Franz Boas posing for figure in USNM (National Museum of Natural History) exhibit entitled "Hamats'a coming out of secret room". 1895 or before. Negative MNH 8300, © National Anthropological Archives, Smithsonian Institution.

In the late nineteenth and early twentieth centuries, there were a great many cannibal figures appearing within dances, follies, films, human zoo performances, and traveling wild west shows, as well as in novels, and visual arts throughout the Americas (Berglund 2006). Drawing on the work of Jack Forbes, literary scholar Carol Edelman Warrior (Ninilchik) has described settler narrativization of Indigenous cannibals as "a flexible tool that demonized peoples who were objects of European imperialism" (2015: 16). In the performance tradition of settler colonial narration, cannibalism served as a mark of primitivity, savagery, and Indigenous otherhood (Berglund 2006). Cannibalism operated as a fleshy border at the edge of civilization.

The term itself arises from the earliest colonial encounters in the Americas. As the Jamaican author Safiya Sinclair wrote in her book of poetry, *Cannibal*:

> The word "cannibal," the English variant of the Spanish word *canibal*, comes from the word *caribal*, a reference to the native Carib people in the West Indies, who Columbus thought ate human flesh, and from whom the word 'Caribbean' originated. By virtue of being *Caribbean*, all 'West Indian' people are already, in a purely linguistic sense, born savage. (2016, xi)

Stories of cannibals, as Sinclair's quote shows, are fundamental to the colonial narration of civilization and savagery of the Americas (Restall 2021 [2004]; Seed 2001; Slotkin 1973).

Hamat'sa is likewise connected to stories of cannibals. The dance dramatizes engagement with mythological cannibal monsters and has been connected with cannibal narratives widely circulated among Northwest Coast Indigenous peoples, as well as Athabaskan, and Algonquin-speaking peoples extended across central and eastern Canada and parts of the US. Boas believed that narrative structures connected to Hamat'sa, "must have been carried over enormous distances from tribe to tribe" (1897: 662). As well, Indigenous reports of the cannibalism of colonists extend back to the sixteenth century (Wolff 1969). By the nineteenth century, scary stories about settler cannibals with lust for native flesh were told by Indigenous parents to their children (Winnemucca 1883: 11). Such stories may have been used to prepare children for violent settler raids.

In a very basic sense, the colonial violence in the Americas perpetrated by colonists against Indigenous peoples is metabolic; Settler coloniality set out to consume Indigeneity, and toward that end, pursued assimilation, eradication, and integration of Indigenous bodies into the dominant, invader society. Within that society, assimilation, eradication, and integration are also fundamental to the way the fields of anthropology and performance have been identified as modernist. The new, the antiquated, the ancestral, the foreign, the primitive—modernist practices mix and remix methods of assimilating, eradicating, and integrating these concepts to reshape an imagined modernity that can only exist by sampling from what is prescribed, in turn, as non-modern. Modernism can thus in part be understood as a social body that hungers for times, places, and peoples considered 'other' to it. Modernity eats what it imagines the 'rest' world to be: its food.

Herein, I trace a small network of colonial cannibal choreographies, derived from colonial metabolization of Kwakwa̱ka̱'wakw and Igorot (or Bontoc) Indigenous peoples. While the Kwakwa̱ka̱'wakw people of present day British Columbian coastal regions and Igorot people of the mountains of present-day northern Philippines are culturally and geographically remote from each other, they became related by context, language, and embodied gesture in cannibal dances presented to settler publics in North America. The initial stages of this emerged among world's fairs—including the 1893 *Chicago World's Fair*, the 1895 *Atlanta World's Fair*, and the 1904 *Saint Louis World's Fair*, also known as the *Louisiana Purchase Exposition*. A series of depictions of 'cannibal dance' developed from these—taking shape as tourist performances, photographs, dioramas, and stage shows. First arising from modernist anthropology, and later emerging within modernist dance, these productions cannibalized Indigenous cultural materials to construct modernist forms that performed Indigenous performance as non-modern.

Arresting the Cannibal Gesture

In the important book *Writing the Hamat'sa* (2021), historian Aaron Glass made an argument about ethnographic images and descriptions of Hamat'sa in the age of mechanical reproduction. Contending that ethnographic images and ideas about Hamat'sa became recursive and standardized in circulation, Glass argued that such materials both dehistoricized and decontextualized the practice in settler imagination. Hamat'sa dance drama was transformed, Glass reasoned, into an emblem of Indigenous primitivity. "Not only are ethnographic objectifications severed from their original contexts of production," wrote Glass, "but they also feed on themselves, cannibalistically and cumulatively, until they end up creating a picture of cultural life far removed from its source" (2021: 24).

The image at the beginning of this contribution of Boas mimicking the Hamat'sa initiate interacts complexly with Glass' argument. The photo was taken as a part of a series made for the construction of a diorama depicting the Hamat'sa dance drama for installation at the *National Museum in Washington*

D.C., the 1895 *Atlanta World's Fair*, and other public displays. The resulting diorama, which included multiple figures of Indigenous performers modelled on Boas' body, was made through close work with the Tlinkit Indigenous ethnologist George Hunt, who, in consort with Boas, also acted as the primary organizer of the Kwakwa̱ka̱'wakw performance group at the *Chicago World's Fair* in 1893 (Wilner 2022: 127).

The diorama produced by use of this image proved to be a profoundly emblematic and popular depiction of Hamat'sa. Since then, the images of Boas that were used to design the diorama have been printed and reprinted in books on the German-American anthropologist, the history of anthropology, and natural historical museum displays. Yet, what the image of Boas itself captures is not a falsified picture of cultural life, but a moment in the process by which such a falsified picture was created. As literary scholar Christopher Bracken wrote in his 1997 *The Potlatch Papers*, Boas assumed "the Kwakwaka'wakw are a people and a culture who live just beyond the westernmost limit of the West" (1997: 10). Boas further viewed the impacts of Kwakwa̱ka̱'wakw exchange with settlers as a process that erased their indigeneity (Bracken 1997: 9).[2] To preserve the authenticity of Hamat'sa, Boas's early work sought to isolate its performance from colonial incursion even as it directly exposed Kwakwa̱ka̱'wakw performers and the Hamat'sa dance itself to massive settler audiences. This necessitated that the dance drama be, in its performance before settler publics, as well as in anthropological renderings, something unaware of colonization, as blind to settler audiences as the mannequins posed within Boas' "cannibal dance" diorama. The dioramic depictions of Kwakwa̱ka̱'wakw performance culture that Boas produced—intended to preserve fragments of a culture resigned by settler society to eradication—were thus detained from movement and arrested in time not only as a physical result of the dioramic form, but at their conceptual basis.

Nonetheless, as Glass has argued, Hamat'sa dances were for Kwakwa̱ka̱'wakw people a dance connected to the violence of colonial modernity.[3]

---

2 Bracken, for example, describes how Boas considered Indigenous people wearing Western dress in Victoria as, "not sufficiently authentic to be proper objects for serious ethnographic inquiry" (1997: 9).

3 As Glass claims in *Writing the Hamat'sa: Ethnography, Colonialism, and the Cannibal Dance*, increasing engagement with colonial forces not only conditioned the advent and appeal of the Hamat'sa among the Kwakwa̱ka̱'wakw but also established some of the terms of their entry into modernity" (2021: 36).

The Kwakwa̱ka̱'wakw only obtained the rights to the dance from northerly neighboring communities within the nineteenth century. (Glass 2021: 46) They then altered its performance in ways that explicitly addressed their present, colonial conditions. Glass articulated how "the novel ritual itself helped the Kwakwa̱ka̱'wakw mediate aspects of colonial encroachment" (2021: 46). In the simplest sense, the Hamat'sa used dance and choreography to practice or rehearse separating power from uncontrolled violence during a colonial period profoundly shaped by the intermingling of the two. In the nineteenth century, violent consumption and unending appetites for land and resources could quite easily (and most directly) be associated with settler colonialism.

The moment when power is separated from violence is precisely what is captured in the diorama that resulted from Boas' series of poses before the camera in 1895. The moment of Hamat'sa dance depicted in the diorama—arrested, yet three-dimensional and lifesize—shows the Hamat'sa having just burst forth from an intricately carved screen at the back of the performance space. Female relatives of the cannibal Hamat'sa are standing on either side of the initiate, drawing him out from the screen, and into the collective ceremonial space of Kwakwa̱ka̱'wakw civilization. Their work in this moment is to subdue, domesticate, and thus re-acculturate the initiate after his contact with a cannibal outsider-other named Baxbakwalanuxsiwae, an uncivilized cannibal spirit whose body is covered with mouths, and whose call means simply 'eat'. The initiate dancer has already completed a period of engagement with Baxbakwalanuxsiwae the forest, for which he left the safety of his civilization. Now, the initiate is being retrained to repress the cannibalistic urges he attained through interaction with Baxbakwalanuxsiwae. To fit in within his society, he engages in a practice of systematic suppression of the cannibal urges that accompanied the acquisition of power from cannibal others. While the diorama was popularly understood by settler audiences as a 'cannibal dance' of Indigenous primitives to its settler audiences, the Hamat'sa was and is instead a dramatization of an Indigenous theory of primitivity which clarifies how the civilizing process can tame and control the powerful influence of the violent and savage outsider-other.

The consequence of Boas' anthropological approach to Hamat'sa preservation is that it transformed the dance drama from a performance which mediated the effects of exchange with 'primitive' cannibal outsider-others and Kwakwa̱ka̱'wakw civilization into a demonstration of the Kwakwa̱ka̱'wakw themselves as representatives of 'primitive' other-outsiders to settler society. The moment that Boas slipped into the role of the "cannibal dancer" to be photographed for the diorama, the anthropologist was involved in a metabolic process which aimed to transform how Indigenous cultural material would be consumed by settler publics. In other words, Boas's work was an anthropological cannibalization of the 'cannibal dance' that kept intact the dance's concept of the 'cannibal other' but ultimately changed who that 'other' was. The Hamat'sa was transformed by Boas' scholarly intervention from a Kwakwa̱ka̱'wakw performance representing 'primitive' outsider-others into a representation of the Kwakwa̱ka̱'wakw, now themselves frozen in the role of the 'primitive' outsider-other. As Glass notes, Boas' academic work thus contributed to a process whereby, "over time, the Hamat'sa ceremony and its initiate became the 'Cannibal Dance' performed by the 'Cannibal Dancer'" (2021: 138). Such a process is typical of salvage anthropology, which aimed to metabolize Indigenous cultures by separating preservable materials from the "vanishing race" (as Edward Curtis called Indigenous North Americans), who were marked within colonial politics for assimilation or extermination.

Cannibalizing the Cannibal Gesture

In 1898, when Spain sold the Philippines to the United States for $20 million, a new fascination with the 'natives' of the acquired US territory emerged (Parezo and Fowler 2007: 15). The *World's Fair* of 1904 in St. Louis marked the territorial acquisition by putting a thousand "Igorot" people—a loose term used to describe Indigenous peoples of the Bontoc region of the northern Philippine Island—in a display-village for six months as human zoo specimens. There, the community performed choreographed daily customs as well as fabricated "war dances" for settler audiences. In popular reading material produced for the 1904 St. Louis World's Fair, the Igorots were labeled "head-hunters", a term often associated with cannibalism and widely used to denote the proclivity for 'primitive' violence among colonized peoples.[4] Their exhibition in St. Louis was followed by a series of smaller exhibitions around the US—including Seattle (where two performers died) and Coney Island (DeCicco 2023). Organized by

4 One catalogue for the St. Louis world's fair includes the comment that, "One Igorot exhibit occupies the north wing. These are the head-hunters. Their head-hunting axe is somewhat like an American hatchet" (Newell, 1904: 5133).

the showman Truman Hunt, the traveling show included sensationalized false 'traditions' including a feast on dog meat.[5]

Fig. 2: "Cannibal Dancer Dogmeena" is pictured in the foreground of this group portrait of Amy Crocker Gouraud's performance group of the "Dance of All Nations". Omaha daily bee., January 18, 1914. © Library of Congress.

By 1914, the "headhunter" and "cannibal" labels became explicitly entangled with each other in North American settler popular media about Indigenous peoples. In that year, the legendary heiress, spiritual medium, and socialite Aimée Crocker put together the infamous *Dance of Nations*, which scandalized New York. The performance was headlined by a *Cannibal Dancer* who was billed as an Indigenous "Igorotte" from the mountains of the Philippines and given the stage name Dogmeena—assumedly because Igorot people drew large crowds due to newspaper reports and advertisements labelling them "dog-eaters" (Parezo and Fowler 2007: 183). The performer is depicted in the foreground of the above image from a newspaper, laying on her side (Fig. 3). Dogmeena was billed by Crocker as a "headhunter" who, smeared in coconut oil

5 Theresa DeCicco gives a good basic description of the traveling show, including the struggles of its performers for good working conditions, here: https://www.coneyislandmuseum.org/blog/the-igorot-village-of-coney-island. [21 January 2025].

and holding a spear, would pierce a skull placed on stage. With performances like Dogmeena's, the 'cannibal dance' was thus uprooted from its primary association in settler imagination with British Columbian coastal peoples, to become a colonial 'cannibal dancing' stock caricature that, minstrelizing Indigeneity, made the leap to the concert dance stage.

In the same year that Dogmeena's 'cannibal dance' expanded on sensationalized settler imaginaries of Igorot lifeways, an all-Indigenous cast performed in a film about the Kwakwa̱ka̱'wakw. The film was created by Edward Curtis and titled *In the Land of the Headhunters*, and it centered Kwakwa̱ka̱'wakw because they had been made famous among settlers by anthropologists like Boas for their performance of the Hamat'sa, or so-called 'cannibal dance'. The film involved extensive reconstructed dances from Kwakwa̱ka̱'wakw winter ceremonials outlawed under Canadian law, and starred family members of the ethnographer George Hunt, including Stanley Hunt as the character "Motana", Sarah Constance Smith Hunt as both "Naida" and "A Na'nalalal Dancer", and Francine Hunt (George Hunt's wife), who played a clam digger, captive, and wedding dancer in the film.[6]

In the four years prior to the performance of Dogmeena's dance and the publication of the film *In the Land of the Headhunters*, Edward Curtis further worked alongside the Koskimo Kwakwa̱ka̱'wakw people of Vancouver Island on a series of photographs, creating images for mass-dissemination that would solidify the Hamat'sa 'cannibal dance' as emblematic of Northwest Coast Indigenous peoples. In collaboration with Curtis and Hunt, the Indigenous performers worked to create a fictionalized documentation of Kwakwa̱ka̱'wakw performance culture and lifeways. The most famous image to emerge from the collection includes a re-rendering of Hamat'sa by an unidentified Koskimo man in the squatted, open-mouthed pose of the initiate with hands aloft, eyes rolled back. His pose recaptures the much of the gesture of Boas's squatted body from the earlier 1895 photo.

Curtis's work depicts a 'cannibal dance' as its subject matter, but it is also a 'cannibalization' of Indigenous dance, which spit out, in the place of the dance, an image of Indigeneity purposed for settler dissemination. As Glass has argued, however, critique of the cultural inaccuracies of Curtis' documentation of Indigenous North Americans, which involved much creative

---

6 Glass, Brad Evans, and Andrea Sanborn have created research site dedicated to the film through Rutgers—New Brunswick. See: https://www.curtisfilm.rutgers.edu/ [18 January 2025].

experimentation with the Indigenous cultural material, "has tended to grant Curtis sole authorship and control, completely ignoring the active participation and possibly strategic agency of the indigenous people who chose to sit and pose and dress up for him" (2009: 130). Indeed, settler imaginaries which cast Indigenous peoples into the role of the cannibal outsider-other were fortified by the performance labor of many Indigenous people, who built the fictionalized villages for human zoos at world's fairs, repurposed dances for tourist audiences, acted in films and posed their bodies for photographs. Analysis of the historical subjectivity and subjection of Indigenous performers requires careful attention to the complicated contours of exploitation and collaboration. Nonetheless, I argue that projects of colonial anthropology, documentation, exhibition, and staged dance—even when involving Indigenous bodies and subjectivities—produced choreographic material that was fed into a wider colonial system of filmic, photographic, and performance media that portrayed indigeneity itself as outsider and other to the colonial project of modernity.

As anthropologist Eduardo Viveiros de Castro has written, "'othering' is not the same kind of politico-metaphysical swindle everywhere" (2015: 42). A history of Indigenous cannibal stories and performances in the Americas contrasts with colonial 'cannibal dances' in the ways they have explored the intermingling of self and other (Walsh 1991). Among northerly Indigenous communities in the Americas, concepts of cannibals—such as that expressed in the Hamat'sa—comprise scary stories and dance dramas that showcase the cannibal as a dangerous, powerful, and often magical other-outsider, sometimes with a terrifying yet titillating taste for the flesh of children (Drury 2023; Steele 1992; Wallas/Whitaker 1989). These powerful outsider-others are controlled by appetite and socially debilitated by this. However, the cannibal outsider-other has great powers and abilities that can be respectfully incorporated into the community through controlled practices of ritual exchange. In the more southerly versions of Indigenous cannibal concepts, especially in Amazonia, ceremonial address and redress of enemies has been in some communities historically conducted by ingesting the enemy's body in ritual broths through which the outsider-other can be incorporated into one's own body and selfhood. Amazonian anthropophagy fostered ritual associations between the ingesting of flesh and communing with the enemy. There is also a concept of subjection at work as well in this—by eating the flesh of another, one becomes a vessel, and brings the other into oneself, relativizing the polarity of self and other.

In both approaches, northerly and southerly, cannibal concepts express the complexity and incompleteness of the roles of perpetrator and victim, insider and outsider, and investigate modes trespassing these roles through integration and exchange. These theories of the cannibal, which Viveiros de Castro calls "cannibal metaphysics", are also theories of how to deal with the violence that conditions the transmission of ideas (and embodiments) between foreign or opposed communities.

Cannibal Metaphysics

In Viveiros de Castro's important work *Cannibal Metaphysics* (2014), the anthropologist and theorist wrote that, "if it is always necessary to imagine an enemy—to construct the other as such—the objective is to *really* eat it … in order to construct the Self as other" (2014 [2009]: 149). There is a certain cosmic balance in this, a mutuality between self and other in the experience with otherization that emerges with Indigenous cannibal metaphysics. Nonetheless, there is also violence, a violence that is not overcome by honoring or showing indebtedness. One may give thanks for the sustenance one is given, however, your dinner cannot speak through you but gives you the energy to speak. "Every non-tribal anthropological theory is a *version* of an indigenous practice of knowledge" writes Viveiros de Castro, "the styles of thought proper to the collectives that we study are the motor force of anthropology" (2014 [2009]: 42). What I have been seeking toward in this contribution is a way of theorizing the site of cannibalization of Indigenous motor forces which were then metabolized into the colonial contexts within which dance modernisms in the Americas articulated their ideologies of dance. Now, however, I turn to critical perspectives on the colonial project that have arisen in epistemological resistance to a history of colonial cannibal figuration.

Viveiros de Castro's *Cannibal Metaphysics*, a seminal contribution to such epistemological resistance, owes much to *The Cannibalist Manifesto* (1928), first printed in the magazine *Revista de Antropofagia*. Written by the modernist Brazilian writer Oswald de Andrade, the *Manifesto* proposed the rise of a Latin American philosophy rooted in anthropophagy, or cannibalism and extended Indigenous cannibal metaphysics historically associated with the Tupinambe to articulate cannibalism as a ubiquitous act of modernity's carnal transformations of revenge, enchantment, and desire into law, science, and capitalism.

Andrade wrote:

> We already had justice, the codification of vengeance. Science, the codification of Magic. Cannibalism. The permanent transformation of the Tabu into a totem. [...] Everyday love and the capitalist way of life. Cannibalism. Absorption of the sacred enemy. To transform him into a totem. (1991 [1928]: 40, 43)

Read through the critical perspective of Andrade's *Manifesto*, the colonial 'cannibal dances' described herein point to Indigenous peoples as cannibals while engaging in the cannibalistic practice of absorbing a sacred enemy. Boas transformed a dance that practiced the control of cannibal violence and its endless appetites into a totem that could stand in for Kwakwa̱ka̱'wakw otherness and characterize them as cannibal dancers. Images and dances purposed for settler reception—such as those of Curtis and Dogmeena—likewise represented a people that settler society understood precisely as the enemy of the colonial project and its civilizational goals. Elements of something like sacredness of the enemy also appear within cannibal choreographies—especially in the ways that such works frame Indigenous peoples as worthy of fascination despite or because they were marked for systematic eradication.

References

Andrade, Oswald de (1991 [1928]): Cannibalist Manifesto, trans. Leslie Bary, in: *Latin American Literary Review*, Vol. 19, No. 38, pp. 38–47.

Berglund, Jeff (2006): *Cannibal Fictions: American Explorations of Colonialism, Race, Gender, and Sexuality*, Madison: University of Wisconsin Press.

Boas, Franz (1897): *The Social Organization and the Secret Societies of the Kwakiutl Indians*, Washington D.C.: U.S. Government Printing Office.

Bracken, Christopher (1997): *The Potlatch Papers: A Colonial Case Study*, Chicago: University of Chicago Press.

DeCicco, Theresa (2023): The Igorot Village of Coney Island, in: *The Coney Island Museum Blog*. https://www.coneyislandmuseum.org/blog [21 January 2025].

Drury, Lindsey (2023): The Transhistorical, Transcultural Life of Sausages: From medieval morescas to New Mexican Matachines with Aby Warburg, in: *postmedieval: a journal of medieval cultural studies*, Vol. 14, 2–3, pp. 513–541.

Evans, Brad/Glass, Aaron/Sandborn, Andrea (2006): *Edward Curtis Meets the Kwakwaka'wakw: In the Land of the Head Hunters* (website), Rutgers, The State University of New Jersey. https://www.curtisfilm.rutgers.edu/.

Forbes, Jack D. ([1979] 2008): *Columbus and Other Cannibals: The Wétiko Disease of Exploitation, Imperialism, and Terrorism*, New York: Seven Stories Press.

Glass, Aaron (2009): A Cannibal in the Archive: Performance, Materiality, and (In)Visibility in Unpublished Edward Curtis Photographs of the Kwakwaka'wakw Hamat'sa, in: *Visual Anthropology Review*, Vol. 25, Issue 2, pp. 128–149.

Glass, Aaron (2021): *Writing the Hamat'sa: Ethnography, Colonialism, and the Cannibal Dance*, Vancouver: University of British Columbia Press.

Newell, Alfred C (1904): The Phillipine Peoples, in: *The World's Work: The St. Louis Exposition*, New York: Doubleday, Page & Company, pp. 5128–5145.

Parezo, Nancy J./Fowler, Don D. (2007): *Anthropology Goes to the Fair: The 1904 Louisiana Purchase Exposition*, Lincoln: University of Nebraska Press. https://doi.org/10.2307/j.ctt1djmg8d.

Parsons, Elsie Clews/Beals, Ralph L. (1934): The Sacred Clowns of the Pueblo and Mayo-Yaqui Indians, in: *American Anthropologist* 36 (4), pp. 491–514.

Restall, Matthew (2021 [2004]): *Seven Myths of the Spanish Conquest*, New York: Oxford University Press.

Seed, Patricia (2001): *American Pentimento: The Invention of Indians and the Pursuit of Riches*, Minneapolis: University of Minnesota Press.

Sinclair, Safiya (2016): *Cannibal*, Lincoln: University of Nebraska Press.

Slotkin, Richard (1973): *Regeneration Through Violence: The Mythology of the American Frontier*, 1600–1860, Middletown: Wesleyan University Press.

Viveiros de Castro, Eduardo (2014 [2009]): *Cannibal Metaphysics*, Minneapolis: University of Minnesota Press.

Viveiros de Castro, Eduardo (2015): *The Relative Native: Essays on Indigenous Conceptual Worlds*, Paris: Hau Books.

Wallas, James and Pamela Whitaker (1989): *Kwakiutl Legends*, Surrey: Hancock House Publishing.

Warrior, Carol Edelman (2015): *Baring the Windigo's Teeth: The Fearsome Figure in Native American Narratives* (PhD Dissertation), Seattle: University of Washington.

Walsh, Martin W. (1991): From Cannibal to Clown: Observations on the Grotesque Mask in Woodland North America, in: *Journal of Ritual Studies*, Vol. 5, No. 1, pp. 27–50.

Wilner, Isaiah Lorado (2022): Body Knowledge, Part I: Dance, Anthropology, and the Erasure of History, in: *Journal of the History of Ideas,* Vol. 83, No. 1, pp. 111–142.

Winnamucca, Sarah (1883): *Life Among the Piutes: Their Wongs and Claims,* New York: Putnam's Sons.

Wolff, Thomas (1969): The Karankawa Indians: Their Conflict with the White Man in Texas, in: *Ethnohistory*, Vol. 16, No. 1, pp. 1–32.

Das Unsichtbare sichtbar machen – Underwear in Modern Dance

Ein Essay

Jutta Krauß

I. introduction

> Unterwäsche gehört, wie manches andere aus dem Alltag, zu der Gruppe von Sachzeugen, die nur geringe Spuren hinterlassen hat.
> *(Koch/Junker/Stille 1988: 8)*

Meine Suche nach Unterwäsche, die ehemals von Tänzer*innen des Modernen Tanzes getragen wurde, blieb bisher erfolglos. Unzählige Archive, die ich angefragt habe, besitzen aus dieser Zeit entweder keine originale Unterwäsche mehr oder können die textilen Dokumente nicht konkreten Tänzer*innen zuordnen. Meine Suche hält an, mit dem Ziel, ausgehend vom textilen Material, das Verhältnis von Bekleidung und Bewegung zu erforschen: Wie wurde »das ästhetische Konzept einer neuen Auffassung von tänzerischer Bewegung durch eine veränderte textile Gestaltung« (Brandstetter 1995: 120) hervorgebracht? »Welche schneidertechnischen Möglichkeiten gibt es, textil Bewegung zu gestalten?« (Lösel 2020: 32) Wie können »Kleidungsstücke selbst in Augenschein genommen werden« (Kraft 2020: 26), um objektbasiert Unterkleidung und Bewegung zu beforschen? Vom Material ausgehend wende ich meinen Blick auf das Darunterliegende: Was war unter den Kostümen? Was passte (überhaupt) unter die Kostüme von Tänzer*innen des Modernen Tanzes?

Diese Suchbewegung mündete in ein filmisches Erzählen.[1] Im Anschluss an Jonas Lüscher, welcher von einer universitären Denkweise kommend ins Erzählen flieht, flüchtete ich ins filmische Erzählen, damit »das Vage im Vagen bleiben darf, das Chaos ungeordnet, die Zerrissenheit nicht überwunden, sondern gelebt werden darf« (2020: 58). Ganz nah an meinem eigenen Körper wurde der Forschungsprozess filmisch aufgezeichnet und ästhetisch erweitert. Dem filmischen Erzählen und der essayistischen Darstellung ist mein persönliches Verfasstsein und »die Ansprache des *Körpers*« (Abraham 2016: 22, Herv. i.O.) eingeschrieben. Das Essay ist eine behutsame Annäherung an das filmische Erzählen, ein vages Schreiben über die Suchanfrage und das Suchen selbst. Dem essayistischen Prinzip folgend orientieren sich die Ausführungen »am Nichtlinearen und Fragmentarischen« (Henke et al. 2023: 16). Im Essay bilden sich blinde Flecken ab. Das Unabgeschlossene des Forschungsprozesses lädt zur Ergänzung um Vielstimmigkeit ein.

II. methods

> Warum nicht dich fragen, welchen Einfluss deine persönliche Situation auf Gedanken und Verhalten hatte?
> *(Kang 2024: 133)*

Mit den zugrunde gelegten Methoden verweise ich auf eine Forschungspraxis, in der das Forschen als subjektiv geprägte Konstruktion gedacht wird. Mein Verfasstsein fließt als Eigenlogik in gewohnte Forschungslogiken ein: Im Forschungsprozess gibt es einen klaren Ausgangspunkt und Methoden, doch anstatt von Erkenntnissen werden Einsichten in ein Unabgeschlossenes, in einen produktiven Unschärferaum geboten. Das Filmemachen und den Schreibprozess betrachte ich in Anlehnung an Anke Haarmann als »Kunst, die sich als Werkzeug der Einsicht versteht« (Haarmann 2019: 15). Das filmische Erzählen macht die »Gegenwart eines bildlichen Denkens und visuellen Argumen-

1 Der Film mit dem gleichnamigen Titel wurde am 20.09.2024 beim gtf-Symposium in Essen gezeigt. Die im Film dargestellte Beweglichkeit spiegelt nicht nur eine Suchbewegung wider, sondern auch die Umstände des Zustandekommens: die Einbeziehung der Forscherin und die sie umgebenden Menschen, den Konflikt zwischen dem Gesuchten und Nicht-Gefundenen als auch dem Aufheben der Dichotomie zwischen Theorie und Praxis.

tierens« (Haarmann 2019: 18) sichtbar. Der Schreibprozess erzeugt Einsichten, die »dem Zeigen, Sehen und Darstellen in der Praxis der bildenden Kunst terminologisch gerecht werden« (Haarmann 2019: 29). Beide verbindet eine hypertextuelle Struktur und Referenzialität.

> *zickzacking*: In this research time needs to be realigned, by meaning new, unexpected relationships in a space of research, in a way of *zickzacking*. No relationship that codified laws of chronology, but move free, has nothing to do with disorder, but invokes something else that comes before rules. I move in a space of imagination, interactions, like a cinema which plays a keyrole in crystallizing a flow of memory, presents, places and fictions (Krauß, Minute 2:05).

»*Situiertes Wissen*« (Haraway 1995: 80, Herv. i.O.) ermöglicht, die Beweglichkeit von Bedeutungen mit Körpern zu entdecken (1995: 79). Im Anschluss an Donna Haraway gehe ich davon aus, dass Wissen an Körpern verknüpft gedacht werden kann. Aussagen aus der eigenen Position heraus verorten und verkörpern Einsichten in (m)einem Selbst.

Es sind Erinnerungen, Erfahrungen und Einsichten aus meinem Lebensalltag, die autobiografisch und soziogeografisch eng mit der Herstellung und dem Hintersinn von Unterwäsche verbunden sind.[2]

III. lecture – insight a

> Körperkulturelle Konzepte und Praktiken manifestieren sich stets auch in der Kleiderkultur.
> *(Burri 2012: 116)*

Ich greife die Worte Anderer auf, mit der Möglichkeit, in Beziehung mit ihnen und der eigenen Suche zu sein. Die Zitatcollage gleicht im Film einem wissenschaftlichen Vortrag, einer Aufführung von Aussagen Anderer. Das folgen-

2 Das daraus entstandene Beziehungsgeflecht verbindet meine Großmutter, die in den 1920er/1930er Jahren in Heimarbeit Korsetts für die Firma *Triumph International* nähte, mit meiner Mutter, die mir in dem letzten Interview, das ich mit ihr geführt habe, davon erzählte und mit mir, die ich das Narrativ meiner Mutter und das Archiv der Firma *Triumph International* beforschte.

de fortlaufende Zitieren repräsentiert ein »relativ verbindliches Wissen, das durch ein ‚Mosaik von Zitaten' [Kristeva 1972: 348, zitiert nach Leeker 2023] in einem Text und durch dessen Verbindung zu anderen Texten erzeugt wird« (Leeker 2023: 225). Das Collagieren und Zitieren stellt Wissensbestände zur Geschichte der Unterwäsche im Kontext der Zeitgenossenschaft des Modernen Tanzes dar und gleichzeitig verweisen die *»Zitat-Serien«* (Leeker 2023: 226, Herv. i.O.) auf die Konstruktion der hier erzeugten Geschichte.[3]

Zitatcollage: »Ab 1810 wurde für fast 100 Jahre erneut das Korsett allgemein üblich. Nur zu den Künstler- und Reformkleidern (um 1898–1910) wurde ein nicht beengendes, unversteiftes Brustleibchen zusammen mit einem Hüftgürtel getragen.« (Loschek 2011: 135) »Um die Jahrhundertwende trug eine Frau allein an Unterwäsche etwa fünf Pfund Gewicht auf dem Leib. [...]. Die Kleiderreformbewegung, [...], setzte sich [...] insbesondere die Umgestaltung der weiblichen Unterwäsche zum Ziel.« (Junker/Stille 1988: 237) »Das Korsett wurde nicht nur in weicheren Varianten weitertradiert, es wurde in den 1920er Jahren vor allem auch in Büstenhalter und Hüftmieder übergeführt, [...]. Gleichzeitig wurde der Korsettierungsappell verinnerlicht. Mit der Lockerung der vestimentären Stützhilfen ging ein Aufruf zu körperkontrollierenden und körpermodellierenden Selbsttechnologien einher.« (Burri 2012: 134) »Auf der Suche nach einer Mode, die dem Körperbild der modernen, sich von den verschiedensten Korsettierungen befreienden Frau entspricht, begegnen sich die Körperkultur- und die Emanzipationsbewegung sowie die gerade auch auf neue Formen des ›Kostüms‹ ausgerichteten Reformbestrebungen des ›freien‹ Tanzes.« (Brandstetter 1995: 119, Herv. i.O.) »The corsets disappeared as a female ornament thanks to the work of artistic pioneers such as Isadora Duncan and Ruth St. Denis, or Martha Graham and Mary Wigman years later; [...]« (Matamoros 2021: 14). »Another double-folding hold by two ribbons crisscrossed around the torso, below the chest, accentuated the roundness of her [Isadora Duncan, J. K.] breasts and cleared the line of her neck and shoulders, while focusing all the attention on her legs and back.« (Matamoros 2021: 66)

3 Die stark verkürzte Geschichte der Unterwäsche enthält keine Spuren von Sex und Sexualität. Der erotische Reiz, der von Unterwäsche ausgehen kann, wie auch eigene, kritische Reaktionen auf die hier erzählte Geschichte spare ich aus.

IV. Reform-Leibchen – insight b

Die im Kontext des Reformkleiddiskurses verwendete Bezeichnung ›Leibchen‹, eigentlich ein volkstümlicher Ausdruck aus dem Kinderkleidervokabular, meinte eine Art lose sitzenden Korsettersatz, an dem ein Beinkleid angeknüpft werden konnte.
(Burri 2012: 133, Herv. i. O.)

V. archives – insight c

Was wäre das Bleibende?
(Brandstetter 2019: 283)

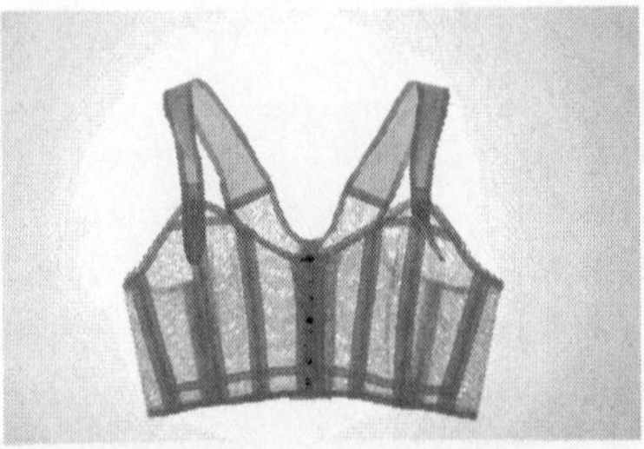
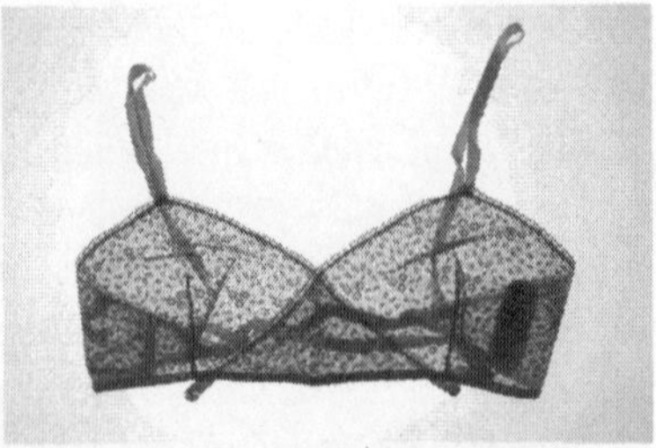

Abb. 1 & 2: Büstenhalter aus den 1920er Jahren, Triumph International © Archiv Triumph International

Die vorhandenen textilen Zeugnisse, welche im Archiv der Firma *Triumph International* aus den 1920er Jahren vorzufinden sind, stellen zeitspezifische Erscheinungen von Unterwäsche dar.[4] Der Rückgriff auf noch vorhandenes, textiles Material und historiografisches Wissen ermöglicht, rekonstruktive Reflexionen darüber, was Tänzer*innen unter ihrem Kostüm getragen haben könn-

4 In folgenden Archiven habe ich geforscht: *Triumph International* Heubach, *Miedermuseum Heubach* und *Von Parish Kostümbibliothek* München.

ten. Die »Einteilungen in historische Raum-Zeit-Gefüge« (Krauß 2023: 718) erlauben fiktive Verbindungen zwischen den archivierten Textilien und den Tänzer*innen[5]; unsichtbar – nur erahnbar – bleibt das in einer Performance zum Ausdruck kommende Beziehungsgeflecht zwischen Wäschestück, Körper und Bewegung.

VI. questions

> Wie gehen wir mit den Lücken im Archiv um?
> *(Brandstetter 2019: 295)*

Inwieweit wird bei der Umgestaltung von Unterwäsche im Kontext der Reformbewegung, die das Ablegen der bis dahin gewohnten Unterkleidung forderte, entlang des damaligen kulturellen Umfeldes Kleidung reproduziert? Welche gewählten historischen Vorbilder wurden für neue Entwürfe von Unterwäsche herangezogen? Behalten die Tänzer*innen des Modernen Tanzes dichotome Kleiderordnungen bei oder wagen sie Grenzverschiebungen? Welche soziokulturellen Markierungen sind in die damalige Unterwäsche eingearbeitet? Welche gesellschaftliche Zugehörigkeit kann mit dem miederlosen Körper assoziiert werden? Spiegelt sich die nicht mehr vorhandene Korsettierung des Leibes in einer eingeschriebenen Körpertechnik wider? Wurde die Stützkraft des Textils in die Körperhaltung oder in die tänzerische Bewegung überführt? Welche Konturen werden dem Körper durch Unterkleidung zugefügt? Modelliert das Textil den Körper oder formt der Körper das Textil? Trugen die Tänzer*innen Trikotkleidung? Wie elastisch und flexibel waren ihre Unterkleider? Welches performative Potenzial trägt die damalige Unterwäsche in sich?

5 Für die Beforschung des Beziehungsgeflechts zwischen der Unterwäsche und dem Tanz könnten auch Unterwäschewerbeanzeigen in Tanzzeitschriften und Programmheften der damaligen Zeit herangezogen werden, vgl. dazu *Elegante Welt*, Jg. 1922, Werbung von Forma Büstenhalter mit Niddy Impekoven und Maria Orska. Diesen Hinweis verdanke ich Eike Wittrock.

VII. conclusion

> Was tun wir, wenn es nichts zu erben gibt?
> *(Wirthmüller 2019: 264)*

Während meiner Forschung hielt ich kein Material in meinen Händen. Doch einige Unterwäschestücke aus der beforschten Zeit konnte ich selbst in Augenschein nehmen. Es bleibt vage, wie diese am Körper von Tänzer*innen ausgesehen haben könnten, denn die Textilien müssten auf Figurinen aufgezogen werden, um sie so plastisch werden zu lassen. Die Rekonstruktion von möglichen Bewegungen wäre mit einer Rekonstruktion der Wäsche, welche dann von heutigen Tänzer*innenkörpern getragen werden würde, möglich. Dennoch bliebe die Rekonstruktion etwaiger Bewegungen damaliger Körper und Wäschestücke nur erahnbar. Vielleicht erweckt der Gegenstand der filmischen Erzählung und essayistischen Darstellung eine Materialität. Mit dieser Suchbewegung bewege ich mich um eine Lücke, die sich anfühlt, als müsste sie gestopft werden. Vorsichtig webe ich ein Netz aus Möglichkeiten, wie das Material und die Schnitte der Unterwäsche gewesen sein könnten. Und darüber, ob die Tänzer*innen Unterwäsche getragen haben oder nicht. Möglicherweise waren die Tänzer*innen unter dem Kostüm barbusig und nackt.

> Das Edelste in der Kunst ist das Nackte.
> *(Duncan 2019: 76)*

Literatur

Abraham, Anke (2016): Künstlerisches Forschen in Wissenschaft und Bildung. Zur Anerkennung und Nutzung leiblich-sinnlicher Erkenntnispotenziale, in: Susanne Quinten/Stephanie Schroedter (Hg.), *Tanzpraxis in der Forschung – Tanz als Forschungspraxis. Choreographie, Improvisation, Exploration*, Bielefeld: transcript, S. 19–36. https://doi.org/10.1515/9783839436028.

Brandstetter, Gabriele (2019): Tanzarchive *in transition*, in: Johannes Odenthal (Hg.), *Das Jahrhundert des Tanzes*, Berlin: Alexander Verlag, S. 282–298.

Brandstetter, Gabriele (1995): *Tanz-Lektüren. Körperbilder und Raumfiguren der Avantgarde*. Frankfurt a.M.: Fischer Taschenbuch Verlag.

Burri, Monika (2012): *Bodywear. Geschichte der Trikotkleidung, 1850–2000*, Zürich: Chronos Verlag.

Duncan, Isadora (2019): Der Tanz der Zukunft, in: Johannes Odenthal (Hg.), *Das Jahrhundert des Tanzes. Ein Reader*, Berlin: Alexander Verlag, S. 76.

Haarmann, Anke (2019): *Artistic Research. Eine epistemologische Ästhetik*, Bielefeld: transcript. https://doi.org/10.1515/9783839446362.

Haraway, Donna (1995): *Die Neuerfindung der Natur. Primaten, Cyborgs und Frauen*, übersetzt von Dagmar Fink/Carmen Hammer/Helga Kelle/Anne Scheidhauer/Immanuel Stieß/Fred Wolf, Frankfurt a.M.: Campus.

Henke, Silvia/Mersch, Dieter/Strässle, Thomas/van der Meulen, Nicolaj/Wiesel, Jörg (2023): Ästhetik als Denken, als Praxis, als Kunst und Forschen. Einleitung, in: Silvia Henke/Dieter Mersch/Thomas Strässle/Nicolaj van der Meulen/Jörg Wiesel (Hg.), *Praktiken ästhetischen Denkens. 9 Essays zur Neuverhandlung von Kunst und Ästhetik*, Bielefeld: transcript, S. 4–24. https://doi.org/10.14361/9783839470886.

Junker, Almut/Stille, Eva (Hg.) (1988): *Zur Geschichte der Unterwäsche 1700–1960*, Historisches Museum Frankfurt, Frankfurt a.M.: Druckerei Huga Haßmüller.

Kang, Han (2024): *Griechischstunden*, 3. Auflage, Berlin: Aufbau Verlag.

Koch, Rainer/Junker, Almut/Stille, Eva (1988): Vorwort, in: Almut Junker/Eva Stille (Hg.), *Zur Geschichte der Unterwäsche 1700–1960*, Historisches Museum Frankfurt, Frankfurt a.M.: Druckerei Huga Haßmüller, S. 8–9.

Kraft, Kerstin (2020): Kleiderlese(n), in: Maren Ch. Härtel/Kerstin Kraft/Dorothee Linnemann/Regina Lösel (Hg.), *Kleider in Bewegung – Frauenmode seit 1850*, Historisches Museum Frankfurt, Petersberg: Michael Imhof Verlag, S. 26–31.

Krauß, Jutta (2024): *Das Unsichtbare sichtbar machen – underwear in modern dance*, Film.

Krauß, Jutta (2023): Kostüm, in: Beate Hochholdinger-Reiterer/Christina Thurner/Julia Wehren (Hg.), *Theater und Tanz. Handbuch für Wissenschaft und Studium*, Baden-Baden: Nomos, S. 713–723. https://doi.org/10.5771/9783748928553.

Leeker, Martina (2023): Reglementierte Fragilität und performende Unschärfe, in: Sandra Hofhues/Konstanze Schütze (Hg.), *Doing Research – Wissenschaftspraktiken zwischen Positionierung und Suchanfrage*, Bielefeld: transcript, S. 224–230. https://doi.org/10.1515/9783839456323.

Lösel, Regina (2020): En détail – vestimentäre Phänomene von Bewegung, in: Maren Ch. Härtel/Kerstin Kraft/Dorothee Linnemann/Regina Lösel (Hg.),

Kleider in Bewegung – Frauenmode seit 1850, Historisches Museum Frankfurt, Petersberg: Michael Imhof Verlag, S. 32–37.

Loschek, Ingrid (2011): *Reclams Mode- und Kostümlexikon*, 6. Erweiterte und aktualisierte Auflage, Stuttgart: Philipp Reclam jun.

Lüscher, Jonas (2020): *Ins Erzählen flüchten*, München: C.H. Beck.

Matamoros, Elna (2021): *Dance & Costumes. A History of Dressing Movement*, Berlin: Alexander Verlag.

Wirthmüller, Britta (2019): Was tun wir, wenn es nichts zu erben gibt? in: Johannes Odenthal (Hg.), *Das Jahrhundert des Tanzes. Ein Reader*, Berlin: Alexander Verlag, S. 264–267.

Naked or Shoed
The Foot as Pivotal Point in Dance Around 1900

Susanne Foellmer

"I believe in the religion of the beauty of the human foot," is how Isadora Duncan begins a lecture on *The Dance of the Future* in 1903, with an answer as to why she dances barefoot. (Duncan: 11)

Feet are physically and culturally significant 'carriers' in dance, they form the basis that gives dance its 'standing', so to speak—taken to a prominent on-point position in ballet and therefore brought back to the ground in the counter-movements of Isadora Duncan's so-called free dance—or so it seems. Dancing feet and their clothing are often at the centre of the histories and stories of dance: as fetish-like relics, for example, when (usually male) admirers collect ballet shoes of celebrated dancers and in turn give them to venerated dancers as gifts—such as two specimens of Anna Pavlova that were donated to Friderica Derra De Moroda, who then kept them in the archive that was founded soon afterwards in Salzburg (however, two ballet shoes that subsequently had a rather dubious provenance).[1]

Feet are a pivotal point for understanding historical and cultural developments in dance: "the feet seem to hold a key to understanding the dance values of several cultures: African American tapping feet; Indian slapping feet; ballet's pointed feet", to quote Brenda-Dixon Gottschild (2003: 130). In the development of modern dance around 1900, feet took centre stage. This is evident

1 Initially assumed to belong to Anna Pavlova, Xuan Wang-Reisinger, a student in a seminar I taught at the University in Salzburg (involving the use of the archives), detected that at least one of the shoes could not have been the one worn by the famous dancer. One obvious criterion was that the two shoes significantly differed in size. Seminar *ÜberReste. Tanz und seine (medialen) Artefakte* (On Remnants and Vestiges. Dance and Its (Media) Artefacts), B.A. and M.A. program Dance Studies and Musicology, winter term 2015/16, Paris Lodron University Salzburg: Presentation of students' archival research projects, 19–24 Jan 2016.

in Duncan's famous barefoot dances mentioned above and through which she developed her view of dance. It was based on the experience of 'nature' and a related, emancipatory idea of 'free' movement, especially female movement, because, according to Duncan: "[o]nly the movements of the naked body can be perfectly natural." (1903: 12) I will return to Duncan's quite problematic concept of nature later in this chapter.

However, dance modernism (also in the US) was characterised by parallel (counter-)movements that swung in exactly the opposite direction: namely, impeccable clothing and perfectly equipped feet in tap dance. The art form was further developed around the turn of the century, and in terms of emancipatory aspirations as well, not only by women but especially by Black American dancers.

In the following, I will sketch some traces of these movements, which developed alongside one another. Revisiting the much discussed and researched Duncan, I will look into her idea of nature and the connectedness with the ground through the bare foot as an ambivalent project: While demanding artistic and female emancipation through free dance, she understands women's rights in the context of a problematic essentialism which, in turn, is shifted by an acculturated and at the same time metaphysical understanding of nature. The foot, with or without a shoe, is precisely *not* nature, but rather the medium of modern dance developments that run parallel in various directions, and notably so in tap. Depicting these motions, I will also point out Duncan's attempts to defend her new dance form against Black American dance by outlining her engagement in nationalist and even racist thinking.

1.

To reiterate a well-known discourse: In her *Dance of the Future*, Duncan articulates the idea of free movement as a counter-model to ballet and in particular to ballerinas, who would be constricted and "deformed" both physically and by their clothing (1903: 14): "The school of the ballet of to-day [sic!] vainly striv[es] against the natural laws of gravitation" (13). Duncan takes these "natural laws" of gravity from an ancient conception of nature, the dances of Greek antiquity, which she studied on vase paintings, among other sources (1927: 67). Here, her remodelling of nature as a cultural concept (cf. Schulze 1999: 53) amalgamates with physical laws. Thus, "the ancient Greeks" would have been excellent "explorers of the laws of nature" (1903: 43), which in turn influenced their artistic development. Says Duncan:

> The Greeks [...] evolved their movements from the movement of nature, as we plainly see expressed in all the representations of the Greek gods, who, being no other than the representatives of natural forces, are always designed in a pose expressing the concentration and evolution of these forces. [...] Therefore dancing naked upon the earth I naturally fall into Greek positions, for Greek positions are only earth positions.[2] (1903: 18). [sic]

A scientifically inspired view of nature-as-art-as-nature (cf. Fensham 2011: 7)—Duncan mentions Charles Darwin at the beginning of her lecture—is combined here with a mythological idea of dance as well as influences from Nietzschean philosophy. In her memoirs (1927), she particularly refers to his remarks on the Dionysian, which the philosopher develops in *The Birth of Tragedy* (1909; Ragona 1994: 49). Scientifically grounded physical perspectives on the body and the "unhealthy" movements of ballet are combined with quasi-religious metaphysics, which also play into the cultic: Dance must "again" become a "high religious art", as it would have been with the Greeks at the time (1903: 24). This high art nevertheless originates from the body, or rather, the solar plexus as the centre of movement. This physical centre-point, however, aims into another, distant, immaterial sphere, as Mark Franko also notes: in "elusive, evanescent connections to an elsewhere" (2023: 9).[3]

Duncan grounds the reference to the earth on the bare foot—but this is also ambivalent: although she affirms the primacy of the flat foot, which should touch the ground in dance (1903: 17)—in a counter-movement to ballet—Duncan's conception of gravitas repeatedly takes off, so to speak, when she describes her ideas of Greek dances—or those of modern dance colleagues. She chooses Hermes, the messenger of the gods, of all figures, as a prime example of a natural gravitas that connects movement with the floor: "with the ball of his foot resting on the wind, giving the movement an eternal quality." (16) In her memoirs, Duncan also enthuses about the dance performances of Loïe Fuller, whose performance becomes an ethereal experience, as it were: "Before

---

2 Please see Anna Leon's argument on colonial aspects of Duncan's thinking in this volume.

3 Here, it would be worth taking a closer look at Duncan's body formulae of the raised arms and the robe in her *Dance of the Blessed Spirit* (1903): Both invoke Christian iconographies of blessing and elevation.

our very eyes she turned to many colored [sic!], shining orchids, to a wavering, flowing sea flower, and at length to a spiral-like lily, all the magic of Merlin, the sorcery of light, color [sic!], flowing form." (1927: 95) The idea of wave motion—already an essential figure for the idea of free movement in her lecture (1903: 12)—now becomes a flowing, yet ephemeral idea of dance in movements of light, fabric, and colour which, not least, covers large parts of the body, including the feet.[4]

Dee A. Reynolds remarks on the metaphysical impetus of dancers such as Duncan or Mary Wigman, which they deployed against ballet, and a sylph-like idea of lightness and weightlessness, which in turn, however, was produced with the greatest effort (1997: 247–249). In the brief observations above, it becomes clear that Duncan strives to bring dance from the point to the (flat) ground, but at the same time adheres to the idea of floating, flying, and flowing. Melissa Ragona emphasises that Duncan's world view later turned away from Dionysian ideas towards an experience of the sublime (1994: 60)—yet this move away from the ground is already inherent in Duncan's concept from the very beginning. In contrast to Wigman's danced ecstasies, somewhat later, for example, in her so-titled *Hexentanz* (1914/1926), whose movements figure the "body weight and tension" typical of expressive dance (Brandstetter 2015: 21), I would argue that Duncan cultivates a floating and even graceful aesthetics. Away from the (questionable) 'ideal' body of ballet towards the "strength and beauty of [women's] bodies and the relation of their bodies to the earth nature" (1903: 25), these are then shown in rather delicate, almost fragile movements, which Duncan herself promotes pictorially (Fig. 1): in the positions of the feet, in the free leg halfway up, and by an airily raised arm in her dance of the *Primavera*, which she modelled on Botticelli's painting (see Brandstetter 2015: 118–119). Thus, it is precisely not the gravitas claimed discursively by Duncan, but rather the "lightly striding" that characterises both her art and that of free dance at the turn of the century, as Gabriele Brandstetter emphasises (2015: 121). In opposition to the criticism of ballet's supposed weightlessness, the foot, although bare, nevertheless becomes an ambivalent body part in a liberation movement in dance.

---

4 I want to thank the editors of this volume for the remark.

Fig. 1: Isadora Duncan dancing in Primavera *(1900) Jerome Robbins Dance Division, The New York Public Library. The New York Public Library Digital Collections. 1900. https://digitalcollections.nypl.org/items/fea005e0-25c9-0139-a1df-0242ac110003*

Another problematic aspect is the understanding of nature as an acculturated concept that stems from Greek antiquity. Hanna Järvinen reminds us that the veneration of antiquity in modern dance, like that of Duncan, which is labelled as "universal" and therefore "neutral", is situated within a White genealogy. In this respect, it is not enough to consider the constructiveness of the understanding of nature in modernity, because: "this 'nature' explicitly signalled 'white' and 'civilised', with all the ideological underpinnings in class and race hierarchies of the late nineteenth century." (2023: n.p.) In this respect, Duncan's back-to-nature imperative is, indeed, not so much a 'return' to lose, formless motions in the fashion of "do what suits you best". This becomes evident in her example of children dancing, promoting to teach "movements which are natural to them" (1903: 22). Yet, such "nature" follows a rather ideological stance, marred by racist ideas: The claim that children's as well as female bodies shall be liberated from the restrictive art form of ballet, finding 'back' to their "original strength" (ibid.), is embedded in a program that promotes the advance of the fittest, "of the development of perfect mothers and the birth of healthy and beautiful children"[5] which Duncan, not least, relates to "a question of race". (1903: 23)

Once again, Greece is not chosen at random but embedded in the concept of an elevation of modern dance that was just developing. The aim was to ennoble it in comparison to dance forms perceived as entertainment, such as jig, ragtime, or the cakewalk, at the Vaudeville, in the ballrooms, and on theatre stages. According to Järvinen, dancers like Duncan felt that the European perception of dance from the US, being essentially created by Black dancers, needed to be changed:

> [...] these white dancers battled concurrent European ideas about what American dance was about. After the 'cakewalk craze' of the 1880s and 1890s, as well as the many Black performers touring Europe's unsegregated variety theatre circuit, many European dance advocates thought that the only genuinely new dances to emerge from America were those of [enslaved] Black [people] and their descendants. (2023: n.p.)

Thus, on the one hand, Greek antiquity, with its primacy of naked, 'natural' movement, serves as a countermodel to European dance formalism and its restrictive, chafing body technique, as Franko explains (2023). On the other hand, Duncan uses the Greek example and the concept of nature associated with it to equate it with an essentialist and racist idea of the wild and the primitive. A primitivism, however, that in a sense went through the Greek 'school', according to Duncan: "Man [...] will have to return to nakedness, not the unconscious nakedness of the savage, but to the conscious and acknowledged nakedness of the mature Man, whose body will be the harmonious expression of his spiritual being." (1903: 12–13) Such ideas also strongly remind one of an ableist narrative that posits the acculturated (and paradoxical) concept of a *naturally formed* body, that contains a 'healthy' mind, at the centre of her dancerly doctrine. In doing so, Duncan was not only differing from the avant-garde's enthusiasm for

5 I wish to thank the editors of this volume for the remark.

primitivism, such as that of the *Blaue Reiter* group later on. She countered what she saw as a "primitive" dance movement in the USA with the smoothed version of an "ethnic Hellenism" (Järvinen 2023: n.p.), especially later, in her writings of the 1920s, in which jazz and its "neurotic movements" are disavowed as the decadent, immoral "other" to the Greek, as Fiona Macintosh analyses (2011: 54–55).

This "other", however, is an essential part of US dance modernism that is usually sidelined: tap dance, which experienced a heyday in Duncan's time around 1900 and in those days, of all times, was known as "flat foot" dancing (Hill 2009: 22)—with one significant difference: it is not the supposedly natural barefoot form that is celebrated here: rather, the emphasis is on elaborate footwear.

2.

Flat foot dancing around 1900 is inspired by the polycentric rhythms of African provenance, such as the Giouba (Dixon-Gottschild 2003: 110) or the syncopated steps in the ring shouts, which created an alternative form for enslaved Black people to worship (ibid.: 114). Furthermore, influence comes from Irish jig and the clog dances of enslaved Black people working on North American plantations—movement repertoires that then reappear on Vaudeville stages (Hill 2009: 23, 33). Already in the first half of the 19th century, William Henry Lane achieved fame with his dances as the first Black man (in blackface) in P.T. Barnum's shows. On 8 May 1848, the Illustrated London News wonders in surprise: "how could he […] make his feet twinkle?" (in Dixon-Gottschild 2003: 109–110)

Initially in the context of minstrel shows, which painted a degrading, caricature-like picture of the so-called coon, in the stereotypical figure of "Master Juba" (Dixon-Gottschild 2003: 110), a countermovement developed around 1900 with the first Black stars of the scene, as Dorothy Berry describes: "Blacks playing whites playing blacks" (2020: n.p.). The duo George Walker and Bert Williams became nationally famous as the "Two Real Coons": in their Vaudeville shows—the first to work with an exclusively Black cast (Jackson 2019: 265)—they turned blackface around, so to speak, by painting their lips white. An ironic twist in the context of the still-limited room for manoeuvre given to Black performers.

Walker and Williams' appearance was also characterised by exquisite, tailor-made clothes, hats such as top hats, and high-quality shoes. (Fig. 2) This careful styling was necessary in three respects: firstly, it was about gaining acceptance on the theatre stage, which was otherwise reserved for White people. Black artists had previously been represented here, if at all, through racist attributions. Secondly, the intention also was to transform the physical image: for example, the supposedly "bad" feet of Black performers, which would be unsuitable for dancing—a prejudice that can still be found, especially in so-called "'white' dance forms" such as ballet, as Dixon-Gottschild explains (2003: 105). In this respect, the elaborate footwear in tap dance not only had the function of rhythmic, acoustic instruments (Dixon-Gottschild 2003: 108), but also aimed precisely at elevating Black dancing to the status of an accepted art form. Thirdly, as Constance Valis Hill notes, the careful choice of dress and elegant, sometimes mannered movements ironically commented on the enthusiasm for Europe and the endeavoured imitation of 'cultivated' attitudes by parts of the White American society (Hill 2009: 42). In terms of the ennoblement of rhythmic dancing, Hill refers to show partners such as Bob Cole and John Rosamund Johnson, also present around 1900, who decidedly rejected the stereotypical portrayals of Black people: "they presented themselves in a quiet and finished manner that was artistic to the minutest detail. Handsomely dressed in evening clothes [...] they fast became a success with white theatregoers" (2009: 42).

These performers thus belonged to the Black Bohemia, adopting an attitude that was not only stylistic but also corresponded to W.E.B. Du Bois' idea of the necessary aristocratic demeanour of a "rising race", as Berry emphasises (2020: n.p.). It is an attitude that, however, always takes place under the condition of "two-ness", that is, a "double-consciousness": in seeing oneself through the lense of White perception, as Du Bois puts it (Du Bois 1903: 3). At the same time, the dancing couple Charles Johnson and Dora Dean cause a furore: they help the so-called "class act" achieve fame, as Hill explains (2009: 42). Johnson and Dean attain celebrity through performances in immaculate clothing and with an elegant style of movement—a type of dance posture for which, however, White stars such as Fred Astaire would later gain worldwide reputation.[6]

---

6 And notoriously so, one could say. For example, Astaire applied stereotypical blackface in portraying figures such as "Bojangles of Harlem" in the film *Swing Time* from 1936. Conceived as an homage to Black dancer Bill Robinson, it also furthered the domination of White tap dancers over Black artists in mainstream popular culture (see Shiovitz 2023: 183–189).

Fig. 2: Portrait of entertainers Bert Williams and George Walker (ca. 1900–1909)
Bert Williams Portrait Collection, Schomburg Center for Research in Black Culture, Photographs and Prints Division, The New York Public Library. The New York Public Library Digital Collections. https://digitalcollections.nypl.org/items/a172b880-0ac0-0132-e7e8-58d385a7b928

But how can a connection be drawn between Isadora Duncan's so-called free dance and the rhythmic dances of Black performers? Remarkably, through the origins of Duncan's dance experience, partly by means of her movement repertoire and, not least, her emancipatory concerns. Among others, Aida Overton Walker, dancer and wife of George Walker, comes into play here (Fig. 3). Overton Walker rejected blackfacing, albeit inverted, from the outset (Jackson 2019: 267, 273): "Clean-faced and well-dressed", according to Hill

(2009: 42), she aimed to improve the image of Black women in the context of a social acceptance of "black rhythm dancing", as Hill describes it—and no longer in clubs at night, but at "prime time" on urban theatre stages (2009: 41). Overton Walker pursued her cause strategically: discursively, through articles such as those in the *Colored American Magazine*, in which she emphasised the potential of Black performers and, in particular, that of women. In an article on "Colored Men and Women on the Stage", she writes in 1905:

> I am aware of the fact that many well-meaning people dislike Stage life, especially our women. On this point I would say, [sic!] a woman does not lose her dignity today – as used to be the case –when she enters upon Stage life. In claiming Stage life as a profession, the emphasis should not be put upon the avocation, but rather upon the purpose for which you make the choice. (in Jackson 2019: 263– 264)

At this point, Overton Walker and Duncan meet to a certain extent, as both are concerned with a woman's right to make self-determined decisions, to choose, to work, and do so in connection with an aesthetic program. Mark Franko emphasises that Duncan's dance should always be understood against the backdrop of social conditions (2023: 14): "[she] performed women's rights", especially regarding the empowerment of (White) women to act publicly and to engage professionally (ibid.). However, Duncan's female essentialism would intrude on this commitment repeatedly, as seen in the equation of women with nature, which she later affirmed in her solo *Mother*, for example, around 1923 (Franko 2023: 17).

Overton Walker's efforts to establish Black and female rhythmic dance in the then newly forming canon of the (dance) arts are certainly strategic, as said, particularly through the establishment of the cakewalk for a broader audience. Introduced by Williams and Walker, and perfected by Overton Walker, the cakewalk, as a quasi-moderated form of the more expansive, physically ex-centric "buck and wing", was suited not only to establish itself in concert halls or on theatre stages such as on Broadway, and thus in White society, but also to elevate the dance of Black performers as a "core African American folk dance form into a quintessential black modernist expression", to quote Hill (2009: 34–38).

Fig. 3: Aida Overton Walker 1910–1914
Schomburg Center for Research in Black Culture, Photographs and Prints Division, The New York Public Library. The New York Public Library Digital Collections. https://digitalcollections.nypl.org/items/f4914180-fb1c-0131-5c5e-58d385a7bbd0

However, Overton Walker and her partner George Walker did not only play a decisive role in the recognition of Black dance but also contributed to a "dance mania" in which the cakewalk became socially acceptable for members of the White elite (Hill 2009: 34, 39)—in a photograph around 1903 (in Hill 2009: 38), one can see elegant, somewhat graceful leg and foot positions that also anticipate hopping. Inspired by exoticist curiosity, Overton Walker became the "go-to person" to learn this dance (Jackson 2019: 271). Social status was negotiated twice: Dancing Cakewalk emphasised the own position as being part of the White upper class, while at the same time this was associated with a personal "racial uplift" for Overton Walker, as Veronica Jackson explains (2019: 272)—also with regard to the promotion of women since Overton Walker was the first female choreographer of a Vaudeville show on Broadway, as early as 1898, according to Frank Cullen's encyclopedia (2007: 1209).

But as said, where do Overton Walker and Duncan converge here? Surprisingly, through their movement repertoires. The "pedestrian technique" of rag time dancing in ballrooms that Theresa Jill Buckland describes in terms of "walking" (2011: 62) and for which Overton Walker was famous, is reminiscent of Dee A. Reynolds' description of a reconstruction of Duncan's dances, in which walking played an important part, focusing on "natural movements" (1997: 252). Other forms of movement consisted of "running, hopping and jumping, [...] all free, flowing and joyful", according to Reynolds (ibid.). However, the cakewalk also features the same movement formulae.

Duncan's free dance and the rhythmic dance of the two Walkers, for example, seem far apart at first glance. But is that the case? A looser link is initially the gracefulness of the movements, emphasised by Duncan and described in Overton Walker's dances. In Duncan's work, this becomes literal in the dance of the *Primavera* as an "expressive model of *freier Tanz*," as Brandstetter summarises (2015: 120; emphasis ibid.). Overton Walker achieved 'official' acceptance precisely because of the gracefulness of her dance performances, which were so well received in the feuilletons (*Theatre Magazine* 1906, in Jackson 2019: 265). Even more, Overton Walker herself stressed the elaboration and grace of her dance, which she depicted as a "modern cakewalk," and thus, once again, promoted it from clubs to the stages of concert halls, such as the Grand Opera in New York (Hill 2009: 39). She also highlights the importance of perfect muscular control, whereby it is also necessary that "any effort or fatigue is concealed." (Overton Walker 1903: n.p.)

The attribution of gracefulness may be a loose coupling. However, it is noteworthy for marking both the development of modern (expressive) dance and the establishment of rhythm tap as a modern, serious art form. The concept of graceful and, thus, 'tamed' movement styles on both sides, however, is also grounded in movement-induced connections, namely the Irish jig, beyond the (primarily visual) aesthetic judgement of taste. A look inside Isadora Duncan's memoirs brings astonishing aspects to light. Around 1927, shortly before her unexpected death, she remembers her childhood. The occasion is the now allegedly erroneous categorisation of her dances as "Greek", as she complains. Duncan contradicts this and talks about her Irish grandmother, whose stories were always accompanied by native songs and dances, especially the jig, which Duncan had learned from her as a child (1927: 148). The skipping and jumping mentioned in Duncan's dances have one of their sources here, among others. Duncan, however, now situates this "homeland" of dance movement within a nationalist settler narrative to which her grandmother's dancing stories would be linked: "I fancy that into these Irish jigs had crept some of the heroic spirit of the Pioneer and the battle with the Redskins"—as she disparagingly remarks about Indigenous peoples (ibid.). In quick succession, Duncan then reports on her cultural "refinement" through travelling in Europe and the influences of Ludwig van Beethoven, Richard Wagner, and Friedrich Nietzsche. Against this background, she wishes her art of dance to be understood and which she explicitly contrasts with jazz culture, employing a harsh and thoroughly racist undertone towards this so-called "nondance" (in Ragona 1994: 59): "It seems to me monstrous that any one [sic!] should believe that the Jazz rhythm expresses America. Jazz rhythm expresses the primitive savage. […] And this dance will have nothing in it of the inane coquetry of the ballet, or the sensual convulsion of the Negro. It will be clean." (ibid.: 149)

Consequently, the "real American" dance (ibid.: 149) would be based neither in ballet nor in jazz, and Duncan now lets rhythm move completely from the feet to the solar plexus: "no rhythm from the waist down" is her credo (ibid.: 148). Duncan thus shifts her dance from an "ethnic Hellenism" (Järvinen 2023: n.p.) to the jig, employing defensive movements against what appears to be a successful Black dance culture—but in a White form that she postulates. By the end of the 1920s, this no longer had an aesthetic motivation only, but a particularly dance-political one: to position one's own art form in the cultural canon of a (White) America, and to turn the danced innovations from the feet upside down, so to speak.

With this, I want to conclude by joining Järvinen in arguing that the often White history of dance modernism needs to be put on a broader footing: Not only in juxtapositions of different aesthetic currents of the avant-gardes, but also and especially in their kinetic interweavings and influences on movement repertoires—in the sense of multiple modernities[7] between polyrhythms,

7 I want to thank Mariama Diagne for suggesting this terminology as well as for pointing me towards tap dance.

walking, leaps, so-called free movement, and targeted, at times strategic posing.

References

Berry, Dorothy (2020): When Black Celebrities Wore Blackface, in: *JSTOR Daily*, 12 Aug 2020. https://daily.jstor.org/when-black-celebrities-wore-blackface/ [27 Jan 2024].

Brandstetter, Gabriele (2015): *Poetics of Dance: Body, Image, and Space in the Historical Avant-Gardes* [1995], New York: Oxford University Press. https://doi-1org-1l95s0bhz0f61.erf.sbb.spk-berlin.de/10.1093/acprof:oso/9780199916559.001.0001.

Buckland, Theresa Jill (2011): From the Artificial to the Natural Body: Social Dancing in Britain, 1900–1914, in: Alexandra Carter/Rachel Fensham (Eds.), *Dancing Naturally: Nature, Neoclassicism and Modernity in Early Twentieth-Century Dance*, Basingstoke/New York: Palgrave Macmillan, pp. 58–72.

Cullen, Frank (2007): *Vaudeville Old and New: An Encyclopedia of Variety Performers in America*, Vol. 1 and 2, New York: Routledge.

Dixon Gottschild, Brenda (2003): *The Black Dancing Body. A Geography from Coon to Cool*, Basingstoke/New York: Palgrave Macmillan.

Du Bois, William Edward Burghardt (1903): *The Souls of Black Folk*. Chicago: A. C. McClurg & Co.

Duncan, Isadora (1903): *The Dance of the Future* (*Der Tanz der Zukunft*), bilingual; translated by Karl Federn, Leipzig: Eugen Diederichs.

Duncan, Isadora (1927): *My Life*. New York: Horace Liveright Inc.

Franko, Mark (2023): *Dancing Modernism/Performing Politics*, [revised version] Bloomington: Indiana University Press.

Hill, Constance Valis (2010): *Tap Dancing America. A Cultural History*, New York: Oxford University Press. https://doi.org/10.1093/acprof:oso/9780195390827.003.0002.

Jackson, Veronica (2019): Restructuring Respectability, Gender, and Power: Aida Overton Walker Performs a Black Feminist Resistance, in: *Journal of Transnational American Studies*, Vol. 10 No. 1, pp. 261–277. https://doi.org/10.5070/T8101044150.

Järvinen, Hanna (2023): *The Whiteness of Modern Dance, 1880s to 1930s: From Ethnic Hellenism to Kinesthetic Empathy*, Blog by Uniarts Helsinki, 13 Feb 2023, https://blogit.uniarts.fi/en/post/the-whiteness-of-modern-dance-

1880s-to-1930s-from-ethnic-hellenism-to-kinesthetic-empathy/ [17 Sept 2024].

Macintosh, Fiona (2011): The Ancient Greeks and the "Natural", in: Alexandra Carter/Rachel Fensham (Eds.), *Dancing Naturally: Nature, Neoclassicism and Modernity in Early Twentieth-Century Dance*, Basingstoke/New York: Palgrave Macmillan, pp. 43–57.

Nietzsche, Friedrich (1909): *The Birth of Tragedy: or Hellenism and Pessimism* [1872], in: *The complete works of Friedrich Nietzsche*, Edinburgh: Foulis.

Overton Walker, Aida (1903): How to Cake Walk, in: *The Tattler*, 1.7.1903. Reprinted in *The Syncopated Times*, 27.11. 2018, https://syncopatedtimes.com/how-to-cake-walk-by-aida-overton-walker-1903/ [17 Sept 2024].

Overton, Walker Aida (1905): Colored Men and Women on the Stage, in: *Colored American Magazine* Vol. 9 No. 4, pp. 571–75. Reprinted in: *The Black Experience in America: Negro Periodicals in the United States, 1840–1960*, New York: Negro University Press, 1969, pp. 617–21.

Ragona, Melissa (1994): Ecstasy, Primitivism, Modernity: Isadora Duncan and Mary Wigman, in: *American Studies*,Vol. 35 No. 1, pp. 47–62.

Reynolds, Dee A. (1997): Dancing Free: Women's Movements in Early Modern Dance, in: Lisa Rado (Ed.), *Modernism, Gender, and Culture: A Cultural Studies Approach*. New York: Garland Publishing, pp. 247–279.

Schulze, Janine (1999): *Dancing Bodies Dancing Gender. Tanz im 20. Jahrhundert aus der Perspektive der Gender-Theorie*, Dortmund: Edition Ebersbach.

Shiovitz, Brynn W. (2023): *Behind the Screen. Tap Dance, Race, and Invisibility During Hollywood's Golden Age*, New York: Oxford University Press.

Ambivalente Gesten
Carmen Tórtola Valencia zwischen Exotismus und sapphischem Begehren

Friederike Hartge, Alina Saggerer

»Each movement, each gesture, each pose recalls something intensely imagined, [...]« schrieb Enrique Guardiola[1] über die 1882 geborene Tänzerin Carmen Tórtola Valencia, die wichtigste Vertreterin des modernen Tanzes in Spanien zwischen 1908 und 1930. Im Reigen der Tänzer*innen der westlichen Tanzmoderne fiel uns Tórtola Valencia aufgrund ihres transnationalen Arbeitens auf, welches sie in den 1920er Jahren nach Lateinamerika führte.

(Tanz-)Historische Quellen der letzten 30 Jahre zu Tórtola Valencias Schaffen geben überwiegend Auskunft über ihr Auftreten und Aussehen, das bereits von Zeitgenoss*innen in Form von Gedichten und Gemälden festgehalten wurde, sowie über ihre gekonnte Selbstvermarktung. Eine tanzwissenschaftliche Auseinandersetzung mit ihrem Werk hat bisher wenig stattgefunden. In diesem Beitrag sollen Formen tänzerischer Aneignung, die Darstellung von sapphischem Begehren und die damit einhergehende Ambivalenz des exotisierenden gestischen Imaginären sowie das emanzipatorische Potenzial desselben betrachtet werden.

Tórtola Valencia bestritt und managte ihre Karriere unabhängig (vgl. Clúa 2016) und lebte die letzten Jahre ihres Lebens mit ihrer Partnerin Ángeles Magret-Vilá zusammen, welche sie adoptierte (vgl. Torrecilla Patiño/Molina Alarcón: 15) – möglicherweise, um ihr Zusammenleben gesellschaftlich zu legitimieren und ihr Erbe rechtlich abzusichern. Nun soll der Unsichtbarmachung queerer und insbesondere sapphischer Beziehungen und Personen in

1 Februar 1918 im *Cosmos Magazine Mensual* (Bargalló Sánchez/Bargalló Sánchez 2010: 41).

der (Tanz-)Geschichtsschreibung etwas entgegengesetzt werden, indem Tórtola Valencias Arbeit explizit als eine queere Praxis gelesen wird. Wir möchten Tórtola Valencia einem breiteren Publikum bekannt machen und zudem verdeutlichen, wie ihr sapphisches Begehren ihre künstlerische Arbeit geprägt hat. ›Sapphisch/sapphic‹[2] – seit der zweiten Hälfte des 19. Jahrhunderts ein in Vergessenheit geratener Begriff – erlebt seit ca. 2020 besonders online eine Renaissance. Die (Weiter-)Entwicklung des Begriffs beschreibt ein bestimmtes Verhalten, einen Ausdruck von dem Begehren, sich mit einer anderen Person auf besondere Art zu verbinden – früher vor allem unter Frauen, heute können z.B. auch trans Identitäten eingeschlossen sein. Dieses Begehren kann romantische und sexuelle Anziehung einschließen, geht aber darüber hinaus. Es ist eine tiefgreifende, fast überwältigende Erfahrung, ein Streben nach intensiver emotionaler Verbundenheit, die über Identitäts- und Sexualitätskategorien hinausgeht.[3] Da sich in Tórtola Valencias künstlerischer Arbeit die Vielschichtigkeit des sapphischen Begehrens widerspiegelt, soll auch sie in diesem zeitgenössischen Verständnis betrachtet werden.[4] In der Verbindung von diesem Begehren und der exotisierenden Aneignung anderer Kulturen entsteht ihre exzentrische Selbstdarstellung, deren rassistische Komponente sich in einer der wenigen fragmentarisch erhaltenen Film-Aufzeichnungen Tórtola Valencias, dem *Danza de Anitra*[5] (vgl. Clayton 2012: 47) zeigt. Anhand

2 Der Begriff entstand um 1500 als literarische Beschreibung für Sapphos poetischen Stil (vgl. McCann 2021) und entwickelte sich ab dem 19. Jahrhundert zu einem Ausdruck für weibliche Homoerotik (vgl. Dilts 2019; McCann 2021). Im frühen 20. Jahrhundert wurde er von lesbischen Intellektuellen wie Renée Vivien und Natalie Clifford Barney queerfeministisch umgedeutet und mit einer exklusiven, intellektuell geprägten Frauenkultur verknüpft, in der weibliche Kunst, Literatur und Gemeinschaften im Mittelpunkt standen (vgl. Dilts 2019; Dorf 2019). Diana Collecott erkannte, dass ›sapphisch‹ nicht nur eine sexuelle Praxis beschreibt, sondern auch Ästhetik und Intersubjektivität umfasst (vgl. Doan/Garrity 2006: 1–3). Sapphisch ist demnach kein Synonym für lesbisch oder weibliche Homosexualität. (Lesben können Sapphics sein, aber nicht alle Sapphics sind Lesben.)

3 Oft schwingt eine besondere Verbindung zum Femininen mit – etwa in Ästhetik, Sensibilität oder Begehren –, ohne jedoch strikt an eine bestimmte Identität oder Ausdrucksweise gebunden zu sein.

4 Begehren wird hier – im Unterschied zum Bedürfnis, das auf die Befriedigung ausgerichtet ist – als etwas verstanden, bei dem der Mangel und das Abwesende eine zentrale Rolle spielen.

5 Erstmals erwähnt wird der Tanz 1912 im Kontext einer Vorstellung im *Teatre Romea* in Barcelona.

dessen wird der Darstellung von Otherness und Exotismus durch Tórtola Valencias Körper nachgegangen.

Danza de Anitra entstand zur Musik von Edvard Griegs *Anitras Tanz* aus der *Peer Gynt Suite* von 1876. Grieg vertonte eine orientalistische Passage aus Henrik Ibsens Drama *Peer Gynt*, in der Anitra, die Tochter eines Beduinenhäuptlings in Marokko, Peer Gynt mit einem Tanz verführt.[6]

Der Filmausschnitt (Estamos de Lujo 2017) stammt aus dem knapp 25-minütigen Stummfilm *Pasionaria*[7]. Der knapp zweiminütige Filmausschnitt zeigt sie als erfolgreiche Künstlerin in Amerika. Der vierte Teil des Films wird mit »¡Redención!« (Befreiung) betitelt und schiebt den Ausschnitt des Solos *Danza de Anitra* in die Filmhandlung ein. Tórtola Valencia tanzt in einer bauchfreien Korsage und einer weiten Pluderhose, beide verziert mit Strass und Pailletten sowie mit einer ausladenden Frisur.[8] Damit entspricht das Kostüm dem damaligen, sexualisierten und opulenten westlichen Luxusbild orientalistischer Projektionen Ende des 19. und Anfang des 20. Jahrhunderts.

Neus Ribas beschreibt in ihrer Studie *Carmen Tórtola Valencia, la construcció dels personatges* (2018) die Entwicklung von Tórtola Valencias Bühnenfiguren, die in engem Zusammenhang mit den auf ihren Auftrittsreisen gesammelten kulturellen Artefakten standen. Ziel war es, ein eigenes Empfinden für vergangene Kulturen zu erlangen. Mit dem Einbezug des Interieurs ihres Hauses in ihr *self-fashioning* beglaubigte sie auch ihre tänzerische Arbeit und legitimierte die, ihrer Meinung nach, authentischen Inhalte, die sie dann wiederum verinnerlichte und mit ihrem Körper ausdrückte (vgl. Reynoso 2024: 158).

Zu Beginn des Filmausschnittes steht Tórtola Valencia in einem Ausfallschritt, in der linken Armbeuge hält sie eine große Rahmentrommel. Diese verlängert ihren Körper und dessen Linien, verbindet Körperteile miteinander und füllt zusätzlich die Bühne weiter aus (vgl. Jeschke et al. 2010: 98, 114).

---

6 Der Orientalismus ist eine verzerrte, oft romantisierte und stereotypisierte Sichtweise des 19. und 20. Jahrhunderts auf einen großen geografischen Raum, welche nicht durch die tatsächlichen Kulturen geprägt war, sondern durch westliche Fantasien und Vorurteile (siehe Said 1978).

7 1915 entstanden und in Barcelona von dem spanischen Regisseur und Drehbuchautors Juan María Codina gedreht (vgl. IMDb: Pasionaria). Tórtola Valencia spielt eine junge Frau, die nachts überfallen, vergewaltigt und daraufhin von ihrer Familie verstoßen wird. Ihr Tanzlehrer macht aus ihr die Künstlerin ›Tórtola Valencia‹, die mit exotisierenden Tänzen Erfolg in Amerika hat (vgl. European Film Gateway: Pasionaria).

8 Eine Version des Kostüms von *Danza de Anitra* ist im *Museu de les Arts Escèniques* in Barcelona erhalten.

In einem leichten *plié* und auf *demi-pointe* bewegt sie sich, die Trommel hin- und herbewegend. Im Laufe des Videos verändert sich die Dynamik: Tórtola Valencia tanzt auf einem Bein mit kleinen Sprüngen, das andere ist angewinkelt in einer *attitude devant*. Den Rücken beugt sie in einem leichten *cambré* nach hinten. Die destabilisierende Rückbeuge, integraler Bestandteil des modernen Tanzes, entspricht der Rundung der Trommel und ist die bacchantische Pathosformel per se. Diese Pose, die historisch mit Hysterie verbunden wird und damit für Leidenschaft und Weiblichkeit als bedrohliche und fremde Aspekte der Moderne steht (vgl. Brandstetter 2013: 196–199), ähnelt den orientalistischen Frauenbildern.

Die Denkfigur des Orientalismus ähnelt stereotypen Darstellungen von Weiblichkeit darin, dass beiden Handlungs- und Sprachfähigkeit abgesprochen wird (vgl. Dickinson 2017: 155ff.). Frauen als heidnische Verführerinnen wie Anitra, denen Attribute wie Irrationalität und etwas Geheimnisvolles, sowie Sinnlichkeit, sexuelle Freizügigkeit, Lust, Perversität, Mystik und Religion zugeschrieben wurden (vgl. Garland 1997: 9), bestimmten das europäische Orientbild. Durch ihren mystischen Blick, teilweise geschlossene Augen und sinnliche Posen entspricht die auf den Fotos des *Danza de Anitra*[9] besser erkennbare Mimik diesem konstruierten Bild.

Die beschriebenen Posen und Bewegungen sind weder ausschließlich Tórtola Valencias orientalistische Imaginationen noch die des modernen Tanzes. Ähnliche Bewegungen finden sich zum Beispiel bereits in dem in Indien verorteten klassischen Ballett *La Bayadère* Marius Petipas von 1877. Die stilisierten Schal- und Trommel-Tänze beruhen auf einer homogenisierten Idee von indischen Tempeltänzen und werden mithilfe klassischer Ballettschritte und stereotyper Darstellungen produziert. Die Ausfallschritte und Rückbeuge, die Haltung der Trommel, die *attitude devant* und leicht gebeugte Haltung im *plié* sowie die Schritte auf *demi-pointe*, die bei Tórtola Valencia zu sehen sind (vgl. Hentschke 1836: 243), sind dem klassischen Ballett überraschend ähnlich, grenzten sich Tanztechniken des modernen Tanzes zu Beginn des 20. Jahrhunderts sonst doch bewusst von diesem ab (vgl. Engelhardt 2014: 528).

Trotz der offensichtlichen Bezüge zum klassischen Ballettvokabular bezeichnete Tórtola Valencia ihre Tänze als Produkte ihrer Inspiration und auf der Beobachtung der ›Natur‹ basierend (vgl. Dickinson 2017: 69f.). Sie gab an, nie Tanzunterricht gehabt zu haben, aber durch das Beobachten von ›anderen Tänzer*innen‹ gelernt zu haben, wozu sicherlich auch Tänzer*innen

9 Auf der Homepage des *Escena Digital de Catalunya* online zu finden.

zum Beispiel aus Indien gezählt haben, die seit Ende des 19. Jahrhunderts in westeuropäischen Theatern gastierten (vgl. Brandstetter et al. 2019: 300–301). Schon zu Beginn des 19. Jahrhunderts faszinierten die indischen *Devadasis* das europäische Publikum. Die Tänzer*innen der Moderne schlossen sich dieser Begeisterung also lediglich an, wodurch ihre Tänze weniger unbekannt als häufig schon vertraut wirkten.

Michelle Clayton beschreibt, dass sich Tórtola Valencia auf der Suche nach dem Ursprung des Tanzes (vgl. Garland 1997: 3) einzelne Körperhaltungen vorstellte, die sie anschließend zu einer Sequenz aus Posen zusammenfügte, um durch ihren sich bewegenden Körper ein Gefühl des Reisens in die Vergangenheit oder an einen anderen Ort zu erzeugen. Zunehmend gewannen dafür ihre aufwändig selbst recherchierten und angefertigten Kostüme, Requisiten und die Musik an Bedeutung, um Gefühle und Bilder von unspezifischen exotisierenden Erzählungen und Kulturen zu kreieren (vgl. Clayton 2012: 37, 45). Ihre orientalisierenden Darstellungen blieben zwar ausgiebig recherchiert, aber stark von der europäischen Tanztradition beeinflusst.

Da Spanien bisweilen aufgrund der maurischen Vergangenheit von Zentraleuropa selbst orientalisiert wurde, sah sich Tórtola Valencia durch ihre Herkunft darin legitimiert, sich mit größerer Freiheit Tänzen jener Kulturen zu nähern, die im damaligen Diskurs als ›primitiv‹ markiert wurden. Also aus heutiger Perspektive formuliert: sie sich anzueignen.

Es ist hier also von einem exotistischen Imaginären zu sprechen, das sich auf gestischer Ebene abspielte. Zusätzlich wurde dieses exotische Imaginäre diskursiv und visuell, und im Falle Tórtola Valencias (Selbst-)Inszenierung ihrer Sammelleidenschaft in ihrem Wohnhaus, die sie mit vielen anderen teilte, ausgestellt. Ihre Sammelleidenschaft ist jedoch letztendlich nichts anderes als eine machtvolle Aneignung fremden Kulturgutes. Die gesammelten Objekte behielt sie für sich, stellte sie aus und entwickelte von ihnen inspiriert ihre Tänze, was wiederum als eine Form kolonialistischen Orientalismus bezeichnet werden könnte.

Aufgrund ihrer guten Ausbildung und des Besuches eines Internats (vgl. Garland 2000: 5), wird Tórtola Valencia mit relativ großer Sicherheit durch eigenen Unterricht oder durch besuchte Vorstellungen mit klassischem Ballett in Berührung gekommen sein. Sie gab zwar vor, keinen Tanzunterricht gehabt zu haben, dies lässt sich nicht zweifelsfrei verifizieren. In verschiedenen Kontexten wählte sie situativ passende Versionen aus, um ihre und die Herkunft ihrer Eltern zu beschreiben (vgl. Clayton 2012: 31f.). Sie schrieb ihre Narrative und ihre Wahrheit über sich und ihr Leben gerne selbst.

Die Konstruktion ihrer Kunst aus ihrem Inneren und der Natur heraus steht in einem Widerspruch zu ihrem Auftreten. In ihrer Person vereinigen sich Widersprüche, die sich durch ihre umfassende Bildung und ihre Herkunft gegenüber ihrem vorgegebenen Naturbezug sowie die Auseinandersetzung und gleichzeitige Aneignung anderer Kulturen zeigen. In dieser Gleichzeitigkeit ist sie ihren Zeitgenoss*innen in Darstellungen und Arbeitsweisen hinterher und voraus.

In dem Versuch, Tórtola Valencia als Person gerecht zu werden, entzieht sie sich immer wieder einer widerspruchsfreien Einordnung in die Tanzmoderne. Die genannten Widersprüche manifestieren sich in der Ambivalenz ihrer Gesten, die zugleich Ausdruck künstlerischer Eigenständigkeit und kultureller Aneignung sind. Festzuhalten bleibt, dass sich Tórtola Valencias exotisierende, orientalistische Projektionen in ihren Tänzen trotz einer neuen Kombination und Ergänzung gängiger Darstellungen sowie einer anderen Arbeitsweise nur wenig von den imperialistischen Darstellungen in Balletten des 19. Jahrhunderts unterschieden.[10] Ihre orientalistischen Tänze waren nur wenig emanzipatorischer und beinhalteten kulturelle Aneignung von ihrer Seite.

Zwischen 1920 und 1926 tourte Tórtola Valencia durch zahlreiche lateinamerikanische Länder und ließ sich dabei insbesondere vom präkolumbianischen Erbe inspirieren. Allerdings legte sie – wie am Beispiel des *Danza Incaica* deutlich wird – weniger Wert auf historische Genauigkeit, sondern vielmehr auf eine künstlerische Neuschöpfung, die dem westlichen Publikum eine idealisierte Vision der indigenen Kultur bieten sollte. Da nur wenige verlässliche Quellen zu präkolumbianischen Tänzen existierten, wäre eine genaue Rekonstruktion außerdem kaum möglich gewesen (vgl. Bargalló Sánchez/Bargalló Sánchez 2010: 39). Auch Reynoso geht in *Dancing Mestizo Modernisms* (2023) auf ihre Arbeit ein. Er beschreibt im Kontext Lateinamerikas die Verschmelzung indigener, folkloristischer und moderner Tanzelemente, die zur Modernisierung der kulturellen Identität und Nationenbildung Mexikos beitrugen.[11] Gleichzeitig wurden dadurch koloniales Erbe und soziale Hierarchien oft unbewusst reproduziert. Auf Fotos vom *Danza Incaica* sieht man sie in einem

10 Diese gaben nicht vor, andere Länder authentisch darzustellen, sondern übertrugen klassische Ballettschritte in exotisierende Kostüme und Bühnenbilder zu klassischer Musik.

11 Tórtola Valencia trat nicht nur in Mexiko auf, doch kann dieser Begriff auch auf andere lateinamerikanische Länder übertragen werden.

metallischen Kostüm, aus dem ihre muskulösen Beine hervortreten. Mit flachen Händen und angewinkelten Armen formt sie eine markante Z-Form. Es ist ein kriegerisches Bild, das im Gegensatz zu ihren anderen Tänzen mit androgynen Elementen und weniger mit Hyperfemininität spielt. Ihre Hände werden auf diesen Bildern, aber auch auf Abbildungen anderer Tänze, durch die Gestik und in Kombination mit den Materialien bewusst in den Fokus gerückt. Auf diesen verlängern die Hände mal locker elegant den Arm oder sind zu zwei spitzen Pfoten oder Krallen geformt. Doch auf den Fotografien des *Danza Incaica* sind die Hände flach, angespannt und kraftvoll (vgl. Abb. 1).

Abb. 1: Diego Goyzueta: Carmen Tórtola Valencia, Danza Incaica, Fotografie (1926) © Museu de les Arts Escèniques. Institut del Teatre.

Ihre Arbeit weist nicht nur eine exotisierende Komponente auf, sondern kann – wie bereits erwähnt – auch im Kontext ihres sapphischen Begehrens gelesen werden, das sich in ihrer Ästhetik widerspiegelt. Im Folgenden wird, mit Blick auf queere Popkultur und in Anerkennung ihrer Queerness, Eike Wittrocks Begriff der *faggy gestures* (Gesten schwuler Männlichkeit, die als effeminiert gelten, vgl. Wittrock 2022) um den der *sapphic gestures* erweitert.[12] »Alle Lesben haben einen Handfetisch. Alle Hände sind lesbisch«, behauptet Evan Tepest 2023 im queerfeministischen *Missy Magazine*. Im Internet geht seit einigen Jahren der Trend der *sapphic* bzw. *lesbian hands* viral: (Bewegt-)Bilder von sapphischen Händen, die langsam über ein Waschbecken gleiten, oder solche, die nichts tun, außer präsentiert zu werden und dennoch Hunderte Kommentare erhalten. Quasi queere *thirst traps*, die in vielen Zuschauer*innen eine Sehnsucht, ein Verlangen nach der Berührung von, Kontakt mit, Aktion dieser sapphischen Hände hervorrufen. Doch die Fixierung und Fetischisierung von Händen in der sapphischen Kultur ist keineswegs neu. Schon seit Jahrhunderten stellen sie ein sapphisches Symbol und einen Code dar. Sie sind nicht nur Körperteile, nicht nur Instrument. In ihren Gesten, in ihrer Berührung drückt sich ein Verlangen aus, das lesbische Identität und sexuelle Begierde widerspiegelt (vgl. Merck 2000: 131). Judith Roof sieht in Händen symbolische Ersatzobjekte für den Phallus, sie weist ihnen eine fetischisierende Funktion zu, da sie die Unmöglichkeit der phallischen Präsenz zwischen Frauen entschärfen (vgl. Roof 1991: 63). Teresa de Lauretis stimmt Roof bezüglich der Fetischfunktion zu, erweitert die Diskussion jedoch um eine alternative Sicht auf Fetisch und Verlust. Sie antwortet, dass ein Fetisch Mangel und Fantasie voraussetzt: den Mangel des lesbischen Fetischismus verortet sie im Verlust (sowohl des eigenen als auch anderen) Körpers und die Fantasie in der Leugnung eben dieses Verlustes (vgl. de Lauretis 1994: 243). In ihrer Fetischismus-Theorie betont de Lauretis nicht den Verlust des Penis, sondern den Verlust des begehrten Körpers selbst als »Triebfeder des lesbischen Fetischismus und damit dessen Loslösung von jeglicher notwendigen phallischen Referenz.« (Merck 2000: 123

12 Für die weitere Beschäftigung mit Händen in einem lesbischen Kontext vgl. Ruprecht, Lucia: A Second Gestural Revolution and Gesturing Hands in Rainer Maria Rilke, Auguste Rodin, Mary Wigman, and Tilly Losch., in: Dies. (Hg.), *Gestural Imaginaries: Dance and Cultural Theory in the Early Twentieth Century Gestural Imaginaries*, New York: Oxford University Press 2019, S. 51–70; Faber, Monika et al. (Hg.): *Tanz der Hände. Tilly Losch und Hedy Pfundmayr in Fotografien 1920–1935*, Wien: New Academic Press, 2014.

[übers. AS]) Hände sind ein Symbol für sapphische Lust, das außerhalb patriarchaler Vorstellungen von Sexualität liegt, ein Symbol sapphischer Erotik, das nicht den männlichen Blick zentriert, sondern ein alternatives unabhängiges Begehren schafft. Durch die Fantasie und die Vorstellungskraft, die den Verlust des Körpers kompensieren, wird die Geste zu einer imaginären (vgl. Ruprecht 2019). Wo auf Social Media einerseits versucht wird, visuelle und anatomische Attribute auszumachen, um sapphische Hände zu erkennen, wird andererseits dazu aufgefordert, *sapphic hands* gerade in ihrer Unterschiedlichkeit als Symbole für Stärke, Unabhängigkeit und Begehren zu feiern. Die Performance von *sapphic hands* kann sowohl auf einer Fotografie als auch in Videos eingefangen werden. In beiden Medien wird die Hand als Symbol für sapphische Erotik und sapphisches Begehren inszeniert. In den Videos auf Tiktok stehen die Hände an sich im Vordergrund, bei Tórtola Valencia sind sie Teil einer Gesamtinszenierung. Hier geht es nicht nur um die Hände an sich, sondern um die Art und Weise, wie sie in den Vordergrund gerückt werden. Die Darstellung dieses Moments, sei es in einem Bild oder in einem Video, kann die gestische Imagination ansprechen und so sapphisches Begehren evozieren. Als *sapphic gesture* kann jede Bewegung verstanden werden, die dieses Begehren nicht nur darstellt, sondern performativ erfahrbar macht – sei es in Tanz, Berührung oder einer körperlichen Geste der Sehnsucht.

Nach Juana María Rodríguez können Gesten im Tanzen, aber auch im sexuell-erotischen Kontext, Momente der Sehnsucht und des Verlangens festhalten, die über die unmittelbare Situation hinausgehen (vgl. Rodríguez 2014: 130f.). Sie sind mehr als Bewegungen; sie tragen das »ephemere Residuum« (Rodríguez 2014: 99 [übers. AS]) von Erinnerungen und Gefühlen in sich, die mit Verlust und dem Wunsch nach Nähe zu den verlorenen Körpern verbunden sind. Diese Momente können besonders für queere und sapphische Identitäten wichtig sein, da sie Räume schaffen, in denen eigene Formen des Begehrens und der Zugehörigkeit ausgedrückt und erfahren werden können. Die *sapphic gesture* kann einen solchen imaginären Raum eröffnen.

Wie kann das kritische Potenzial der *sapphic gesture* bei Tórtola Valencia entstehen, wenn ihre Inszenierungen stark auf die Sehgewohnheiten und Erwartungen des Publikums abgestimmt waren? Ist dieses Potenzial nur in der queeren Rezeption zugänglich? Wird sie in der weißen, heterosexuellen Rezeption zu einem vollständig sexualisierten, exotisierten Objekt degradiert, um rassistischen und misogynen Erwartungen zu entsprechen? Um diesen Fragen weiter nachzugehen, wäre eine intensivere Auseinandersetzung mit der Rezeption notwendig. Welche Vorstellungen und Zuschreibungen lassen sich in den Berichten von Zeitzeug*innen finden, die ihre Auftritte live erlebten? Lassen sich darin exotisierende und sexualisierte Wertungen finden? Oder lassen sich auch Hinweise auf ein Bewusstsein für die Ambivalenz und das Potenzial der *sapphic gesture* erkennen? Ihre Selbstvermarktung steht im Spannungsfeld von Selbstermächtigung und Widerstand einerseits und der von Theodor W. Adorno beschriebenen kapitalistischen Logik der Kulturindustrie andererseits. Sarah Banet-Weiser beschreibt eine ähnliche Ambivalenz, indem sie argumentiert, dass Authentizität, die auch von Tórtola Valencia beansprucht wird, selbst zur Marke werden kann, doch auch Narrative konstruiert, die soziale und politische Realitäten prägen und verändern können (vgl. Banet-Weiser 2012: xii). Die Ambivalenz in ihrem Werk zwischen exotisierenden Elementen und dem Potenzial der *sapphic gesture* lässt sich nicht vollständig auflösen. Diese kann als ein Versuch gelesen werden, Queerness und Anderssein zu betonen und so rassistische und misogyne Erwartungen zu hinterfragen und ihre Darstellung im Kontext queerer Narrative weiterzudenken.

Literatur

Avanthi Meduri (2019): Interweaving dance archives. Devadasis, Bayadères, and Nautch girls of 1838, in: Gabriele Brandstetter/Gerko Egert/Holger Hartung (Hg.), *Movements of Interweaving. Dance and Corporeality in Times of Travel and Migration*, London/New York: Routledge, S. 299–320.

Banet-Weiser, Sarah (2012): *Authentic™. The Politics of Ambivalence in a Brand Culture.* New York: New York University Press.

Bargalló Sánchez, Isabel/Bargalló Sánchez, Montserrat (2010): ¿Colección o inspiración? Los textiles americanos de Carmen Tórtola Valencia = Collection or inspiration? Carmen Tórtola Valencia's Latin American textiles, in: *Datatèxtil. Revista*, Nr. 22, S. 30–54.

Brandstetter, Gabriele (2013): *Tanz-Lektüren. Körperbilder und Raumfiguren der Avantgarde*, 2. Aufl., Freiburg i.Br./Berlin/Wien: Rombach Verlag.

Clayton, Michelle (2012): Touring History. Tórtola Valencia Between Europe and the Americas, in: *Dance Research Journal*, Jg. 44 Nr. 1, S. 29–49.

Clúa Ginés, Isabel (2016): *Cuerpos de escándalo. Celebridad femenina en el fin-de-siècle*, Barcelona: Icaria & Centre Dona i Literatura.

De Lauretis, Teresa (1994): *The Practice of Love. Lesbian Sexuality and Perverse Desire*, Bloomington: Indiana University Press.

Dickinson, Edward R. (2017): *Dancing in the Blood. Modern Dance and European Culture on the Eve of the First World War*, Cambridge, England: Cambridge University Press.

Dilts, Rebekkah (2019): (Un)veiling Sappho. Renée Vivien and Natalie Clifford Barney's Radical Translation Projects, in: *Refract*, Vol. 2 No. 1, S. 79–110.

Doan, Laura/Garrity, Jane (2006): Introduction, in: dies. (Hg.): *Sapphic Modernities. Sexuality, Women and National Culture*, New York: Palgrave, S. 1–13.

Dorf, Samuel N. (2009): Seeing Sappho in Paris. Operatic and Choreographic Adaptations of Sapphic Lives and Myths, in: *Music in Art*, Vol. 34, No. 1/2, S. 291–310.

Engelhardt, Molly (2014): The *Real* Bayadère Meets The Ballerina On The Western Stage, in: *Victorian Literature and Culture*, Jg. 42, Nr. 3, S. 509–534.

Estamos de Lujo (2017): *La única danza conservada de Tórtola Valencia* [YouTube], [online] https://www.youtube.com/watch?v=7qOYW2dIDQE&t=1s [25.03.2025].

European Film Gateway: Pasionaria. https://www.europeanfilmgateway.eu/de/detail/PASIONARIA/ivac::6b5724e2b08173b81604c9266ba3b659 [02.03.2025].

Garland, Iris (2000): Masquerade as exile: Tórtola Valencia, Dancer of the Belle Epoque, in: *Cairon: revista de estudios de danza*, Nr. 6, S. 7–15.

Hentschke, Theodor (1986): *Allgemeine Tanzkunst. Theorie und Geschichte, antike und moderne (gesellschaftliche und theatralische) Tanzkunst und Schilderung der meisten National- und Charaktertänze*, Reprint der Orig.-Ausg. 1836, Leipzig: Zentralantiquariat der Deutschen Demokratischen Republik.

IMDb: Pasionaria. https://www.imdb.com/de/title/tt0005869/ [02.03.2025].

Jeschke, Claudia/Vettermann, Gabi/Haitzinger, Nicole (2010): *Interaktion und Rhythmus. Zur Modellierung von Fremdheit im Tanztheater des 19. Jahrhunderts*, München: epodium Verlag.

Lanser, Susan S. (2016): 1928: Sapphic Modernity and the Sexuality of History, in: *Modernism/modernity* [online], https://modernismmodernity.org/forums/posts/1928-sapphic-modernity-and-sexuality-history [28.02.2025].

McCann, Chandra (2021): Why ›Sapphic‹ Is Back In Style, in: *autostraddle* [online], https://www.autostraddle.com/why-sapphic-is-back-in-style-definition-meaning-trend/ [28.02.2025].

Merck, Mandy (2000): *In Your Face. 9 Sexual Studies*, New York: New York University Press.

Reynoso, José Luis (2024): *Dancing Mestizo Modernisms. Choreographing Postcolonial and Postrevolutionary Mexico*, New York: Oxford University Press.

Ribas San Emeterio, Neus (2018): Carmen Tórtola Valencia, la construcció dels personatges, in: *Estudis escènics*, Nr. 43, S. 1–17.

Rodríguez, Juana María (2014): *Sexual Futures, Queer Gestures, and Other Latina Longings*, New York: New York University Press.

Roof, Judith (1991): *A Lure of Knowledge. Lesbian Sexuality and Theory*. New York: Columbia University Press.

Ruprecht, Lucia (2019): *Gestural Imaginaries. Dance and Cultural Theory in the Early Twentieth Century*, New York: Oxford University Press.

Tepest, Evan (2023): How to Hände, in: *Missy Magazine* [online] https://missy-magazine.de/blog/2023/08/21/how-to-haende/ [12.12.2024].

Torrecilla Patiño, Elia/Molina Alarcón, Miguel (2019): Tórtola Valencia, La Performer: Sus Acciones Entre La Danza Y La Performance Fuera Del Escenario, in: *AusArt*, Jg. 7, Nr. 2, S. 13–30.

Wittrock, Eike (2022): Some Faggy Gestures, oder: Die Hände von Joachim von Seewitz, in: Isa Wortelkamp (Hg.), *Tanz in Bildern. Plurale Konstellationen der Fotografie*, Bielefeld: transcript, S. 207–226.

Every Little Movement

Dieter Heitkamp

Die Lecture zu diesem Stück, gehalten auf dem gtf-Symposium, möchte ich meinem Lehrer, Kollegen und Freund Bob Rease widmen. In den frühen 1970ern kam Bob nach New York City. Er studierte am *Louis-Nikolais Dance Lab* und tanzte mit Ping Chong. Dann zog er für zwei Jahre nach Minneapolis, wo er mit *Nancy Hauser's Guild of the Performing Arts* arbeitete. 1977 ging Bob nach San Francisco und schloss sich *Mangrove an, a men's improvisational performance collective*. Ich lud ihn 1980 zu einem Workshop in die Tanzfabrik ein und nahm 1981 an Mangroves letztem Summer Intensive teil. 1982/83 zog Bob nach Berlin.

Gemeinsam choreografierten wir 1983 *projekt: 5 mann*, das im TAT Frankfurt im Rahmen von *Sternzeichen 2 – Homosexualität im Theater* Premiere hatte. Dieses Stück wurde dann Bestandteil von *mann tanzt*, einem Tanzfabrik Programm, das bis 1987 in Berlin und andernorts gezeigt wurde.

1991 starb Bob Rease an AIDS. Bei der Wohnungsauflösung stieß ich auf Ted Shawns Buch *Every Little Movement*. Das Buch hat mich seitdem begleitet und zum Experimentieren angeregt.

Das folgende Script mit Regie- und Musikanweisungen basiert auf der Fassung, die im Rahmen der Tanznacht Berlin am 8. September 2023 Premiere hatte.

Choreography: Dieter Heitkamp
Dance: Hojoon Moon
Musik: Jan Jelinek, *Zwischen*

face/head-trios **02:05**

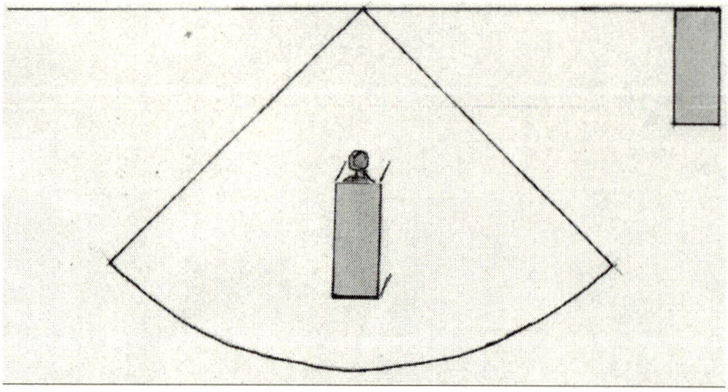

set up table 1 m from center stage front and walk to tablet

#1

silence tape 6 sec going from tablet behind table

1_07 – Ernst Jandl, What Are Your Plans For Language_ Revolution, Reform, Revolt **02:05**

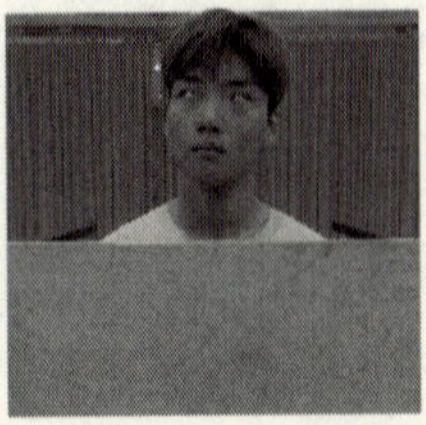

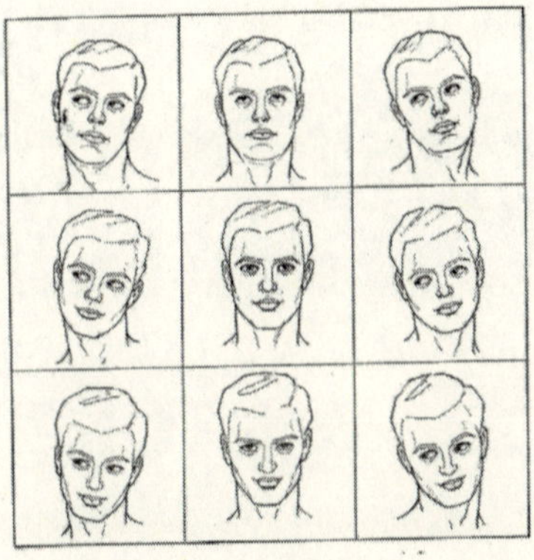

5–2–1–2–3–2–5–4–5–6–5–8–7–8–7–9–8–5

Pride or Revulsion
Stolz oder Abscheu

Exaltation Ecstacy
Erhöhung-Ekstase

Abandon or Vulgar Familiarity
Verlassenheit oder vulgäre Vertrautheit

Adverse criticism or a sensual examination
Negative Kritik oder eine sinnliche Untersuchung

Normal state
Normalzustand

Favorable criticism or tenderness
Positive Kritik oder Zärtlichkeit

Suspicion
Verdacht

Reflection Meditation
Relexion Meditation

Veneration or maternal tenderness
Verehrung oder mütterliche Zärtlichkeit

eyeball – lid – brows
holding hair up, tip of nose under table

eye – nose – mouth
circular move of face from corner B to corner C

front – back – top of head
choreography ending with back bend

lower body/upper body/head **01:20**

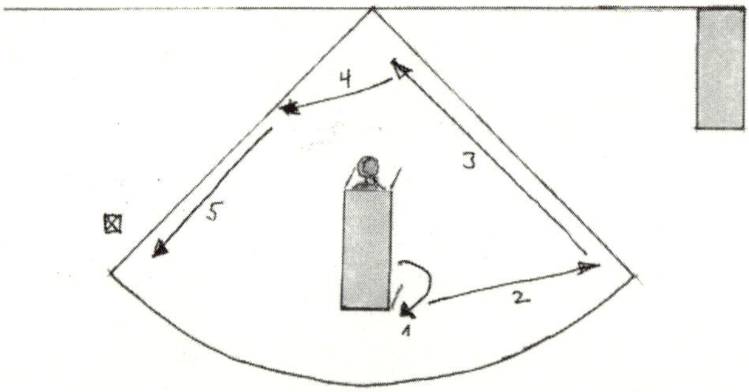

silence – what is the sound of the body?

1
_ entering from behind the table, body following the top of the head
2
_ moving from stillness to stillness,
Egon Schiele: lower body, upper body, head in different directions, specific hands, moving in direction of right corner C
3
_ moving along the left wall to the back, sometimes using the wall (back, head, upside down hand)

4
_ moving across fast to left wall, then in direction corner B, finding a stillness
5
_ going to tablet

transition lower body/upper body/head to upper body **00:30**

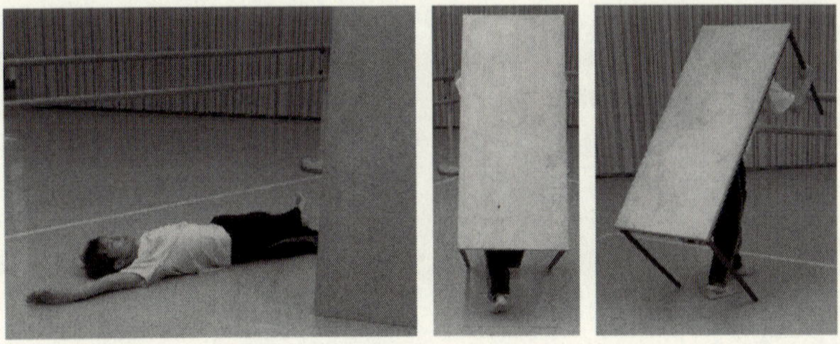

getting up and changing the table, leaning against the left wall for upper body section

#2
silence tape 20 sec going from tablet to table, transporting the table, onto stomach

table 80cm left/120 cm right wall

upper body **02:20**

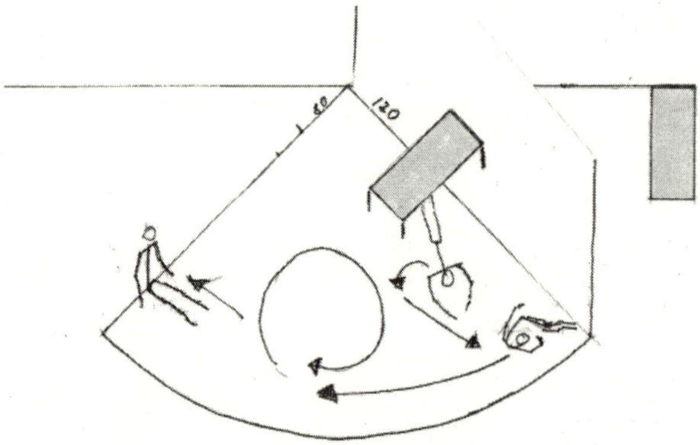

2_09 – Marcel Duchamp, Would You Like Or Expect People To Spin The Wheel On Your Kinetic Object Roue De Bicyclette

1

_ going down onto the stomach on the floor, hands reaching forward
locomoton/transport through space

2

_ initiating movements from fingers; than from hands, lower arms... noticing the resonance of their activities in the rest of the body;
_ are they moving body parts in place or through space, or are their activities causing movements of the entire body in place or through space? no use of legs and feet

3

_ reaching with left arm circular over to the back

4

_ moving from the shoulders in direction right corner C

5

_ rotation around shoulders

6

_ moving from the elbows to the center

7

_ circular move of the body

8
_ moving backward sitting to the left wall

from wall to first position leg chart using the first seconds of next track

9 charts legs & hands **02:58 _ 01:00**

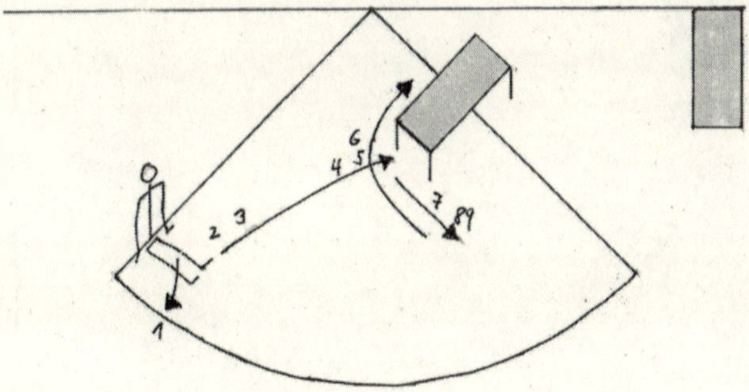

moving in silence into **1** –> music starts
3_02 - John Cage, I've Been Told To Ask You The Following Question Where Are You Going

1
_ 1–3 *Attitudes of the legs* along the left wall to table, 1 to 4,
4 crawling forwards,
5 in front and in correspondence to table, 90°turn
6 facing corner C
7 fast attack in direction of corner C,
8 in the same direction, 180° turn for
9 looking to left wall

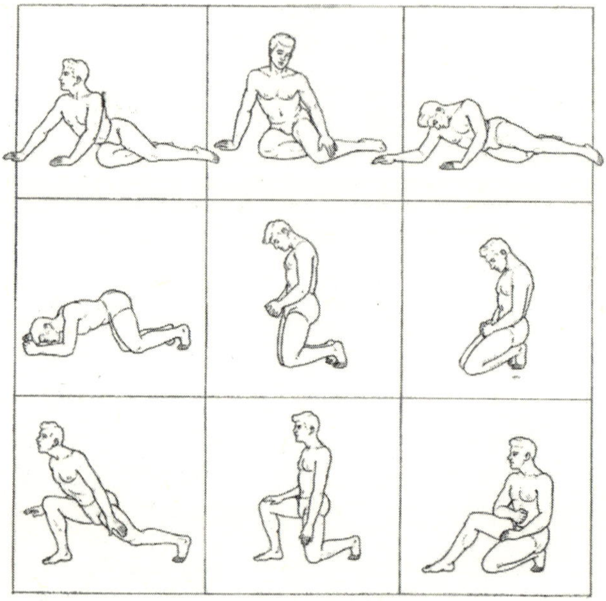

Vanquished but with hope of return besiegt, aber mit der Hoff-nung auf Rückkehr	Weakness Schwäche	Vanquished with no hope of return besiegt ohne Hoffnung auf Rückkehr
Submission Obeisance Unterwerfung Gehorsam	Humility Demut	Discouragement Entmutigung
Offensive attack Offensiver Angriff	Passive colorless Passiv farblos	Defensive Defensive

Standing up and walking circular to the left side of the table.

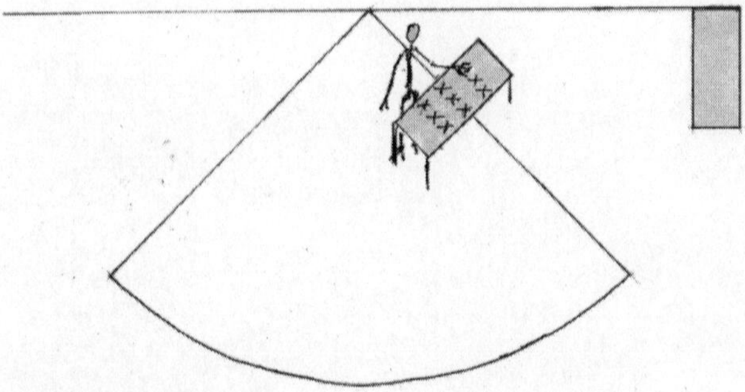

2

_ going through the hand chart 123/456/789 with left hand
during 5 (laughing) looking at the audience
after 9 looking at the audience

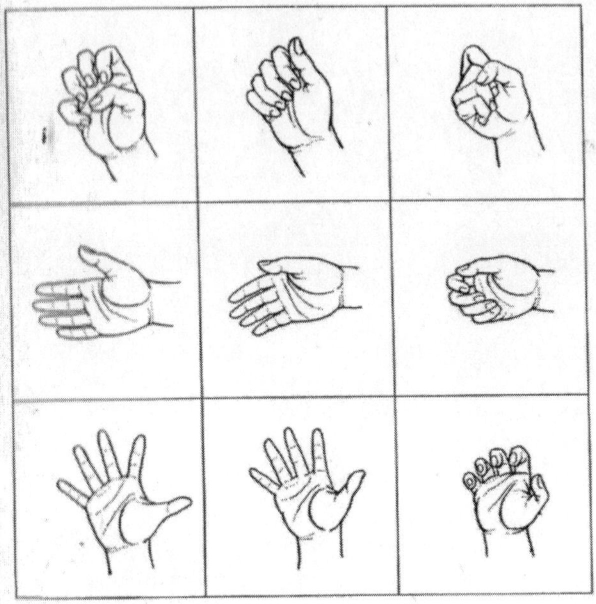

Convulsive state Krampfzustand	Authority Autorität	Strife – Conflict Streit – Konflikt
Expansion Erweiterung	Normal relaxed Normal entspannt Ausdeh-nung	Prostration Erschöpfung
Exasperation Verzweiflung	Exaltation Erhöhung	Execration Verfluchung

3

_ moving table to new position
standing on right side of table

4

_ the hand with palm down, which blesses,
the hand with palm up, which supports,
the hand with palm forward, which rejects,
music stops, continue in silence
the hand held vertically, which divides,
the clutching hand which means greed or possessiveness,
the outward going hand which is for both giving and receiving,
the forefinger pointed hand which indicates and directs,
the fist which threatens or imprecates, ...

5

_ moving behind the table

Delsarte has a most interesting chart of the relation of the hand to an imaginary cube in front of the body
palm of hand against face of cube nearest to the body, to reject
palm of hand on face of cube farthest away from body, to include, protect
palm of hand on top surface of cube to bless
palm of hand on bottom surface of cube to support
palm of hand on outside surface of side of cube, to hold, possess, include
palm of hand on inside of side surface of cube, to remove, set aside

6

_ pushing the table over to the right with a loud bang

oppositions/parallelism **02:30**

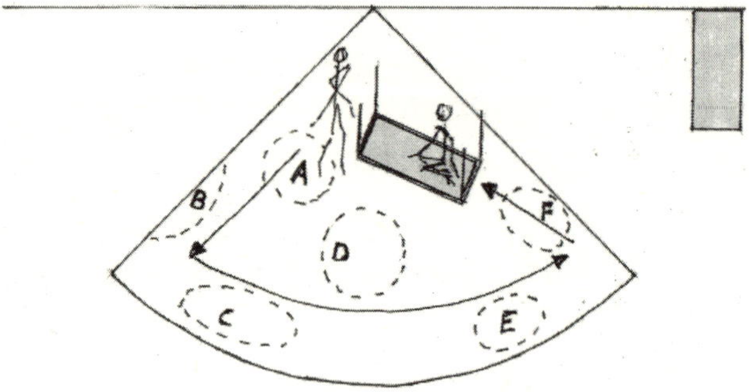

silence tape 4:30+ table move, going to tablet
starts with the upper side of table landing with a loud crash on the floor

1 *OPPOSITIONS*
are defined as any two parts of the body moving in opposite directions simultaneously

Soft tonus fast,
A_ moving low level, B_ back against wall on one leg, along the left wall to corner B, C_ a bit slower, D_ front to backwall, what is visible for audience, E_ smaller volume of movement, F_ bigger again, also on one leg.
Finding a stillness.
Stepping onto the underside of table.

2 *PARALLELISMS*
are defined as two parts of the body moving simultaneously in the same direction

Moving within an imagined cube (3 x 9 points), playing with tempo and volume.
Ending in a kneeling position from leg sequence.
Then stepping of table on the left small side.
Moving table to next position to the left.

Walking to the tablet.

#3

silence tape 6 sec from tablet to starting position onto back

lower body/locomotion through space **02:04**

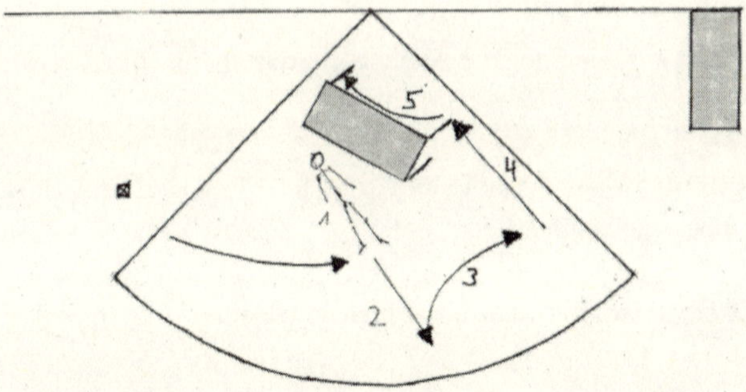

4_08 – Karlheinz Stockhausen, Which Difficulties Are Involved In Conserving Electronic Music On Magnetic Tape

1

_ on the floor, dancer on the back, releasing weight into the floor, feeling where the body is touching the floor and the support from the ground/the earth;
_ focusing on the breath, how the air and oxygen is travelling through the body, from the tip of the nose, through bronchial tubes, lungs, via arterial blood to every single cell in the body and via venuous blood back to lungs, through bronchial tubes out of the mouth;
_ initiating movements from the toes. than from feet and/or heals; observing the resonance and connections to other body parts; is there already movement through space happening with certain body parts? parallel to/on the floor or through the air?
_ continuing to initiate movement with lower legs; what other body parts are also involved? initiating movement from the knees; than from the thighs, sensing the connections to the pelvis and the rest of the body;
_ exploring different ways of using toes, feet and legs to move either body parts or the whole body through space;

_ do not use hands, arms, shoulders, head... only lower extremities, integrating the pelvis

2

_ pulling from the feet, moving diagonally forward

3

_ pushing from the feet, moving circular to the right wall, coming onto feet and knees

4

_ moving back to table along the right wall, initiating from feet, lower legs, knees, upper legs staying as low as possible

5

_ moving upright along the table, initiating, from feet, lower legs, knees, upper legs, disappearing behind the table.

silence tape 10 sec from behind the table to tablet

sitting **02:55**

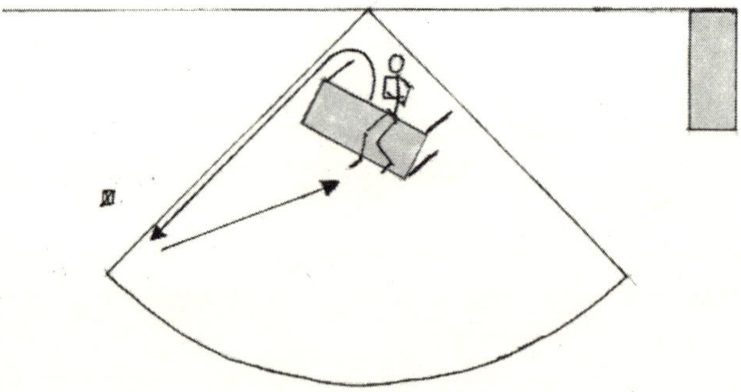

#4

silence tape 8 sec from tablet to standing before sitting position

5_03 – Hubert Fichte, Your Journey Through Life Has Been Full Of Twists And Turns. Please Tell Us When And Where This Journey Began

In his sections on the legs Giraudet gives more material than I found elsewhere. He starts off by saying, »the legs ought to be considered in the three positions of standing, kneeling, and **seated**.« page 112

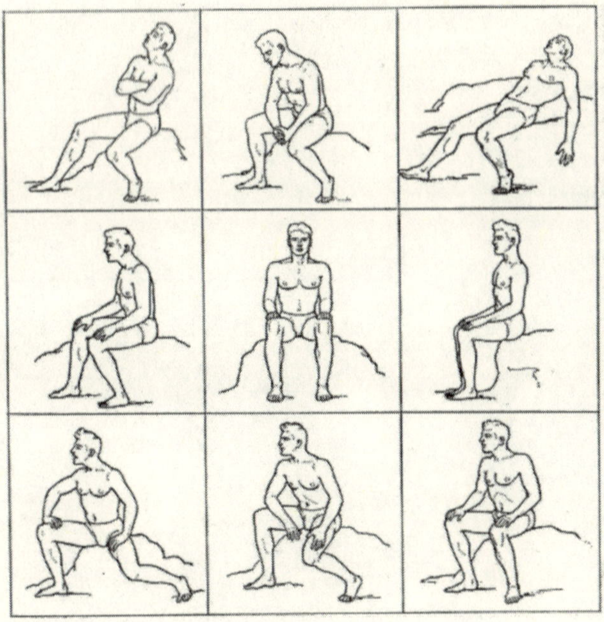

Defiance Trotz	Reflection Reflexion	Prostration Erschöpfung
Indecision Unentschlossenheit	Well-being Wohlbefinden	Humility Demut
Vehemence Attentive but disagreeing Vehemenz Aufmerksam, aber anderer Meinung	Expansion Eager Interest Erweiterung Großes Interesse	Colorless transitory Farblos Vorübergehend

Getting up behind the table,
going to the tablet, initiating the next music.
Going back to the table,
music starts, turning – looking at audience,
sitting down.
Going through the 9 images of the sitting chart.

Then going to corner B.

arm gestures

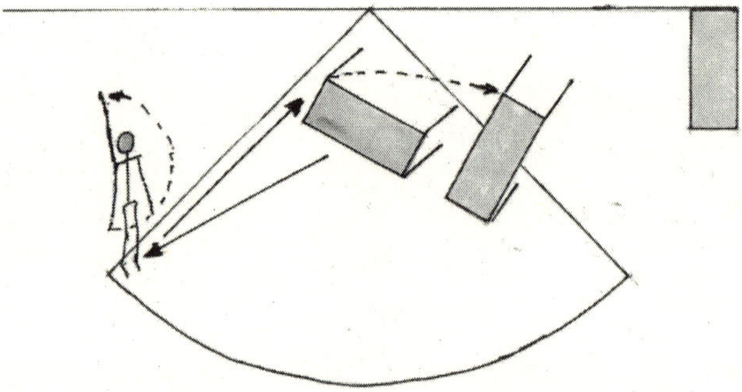

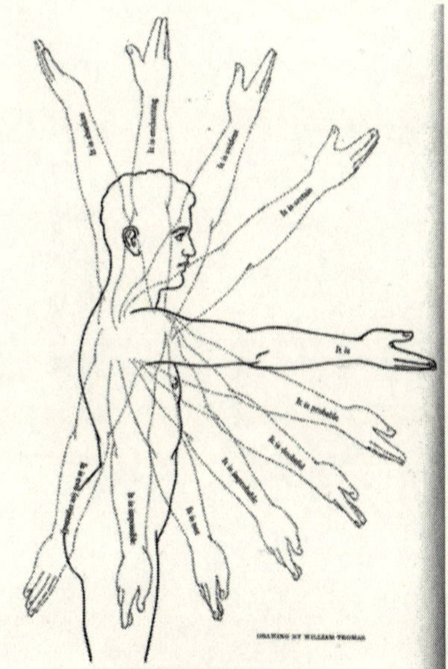

THE DEGREES OF AFFIRMATION

it is evil (or rejected)
it is impossible
it is not
it is improbable
it is doubtful
it is probable
it is
it is certain
it is evident
it is enchanting
it is absolute

Back to the wall, going through 11 arm positions. Saying the steps in Korean language. Going back to the table. Turning it to an upright position to the right.

standing

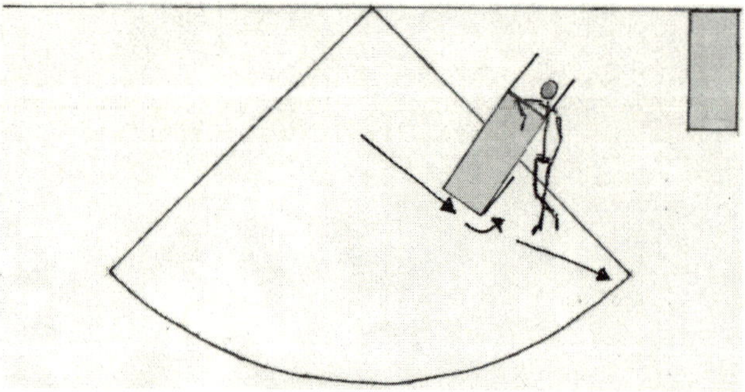

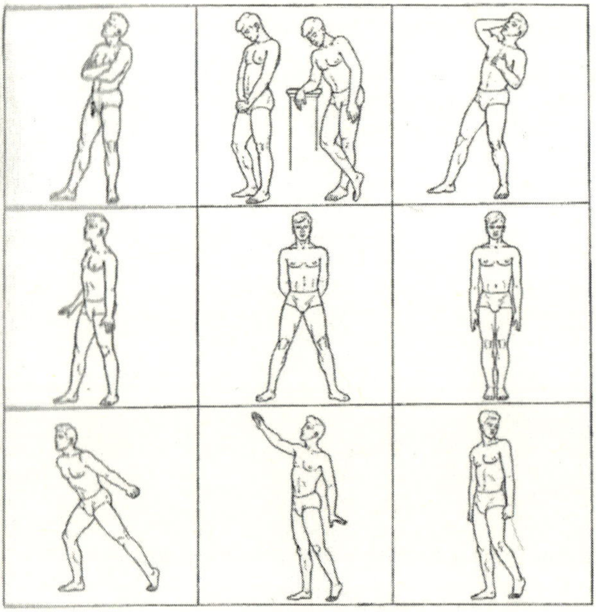

Defiance Trotz	Reflection Reflexion	Prostration Erschöpfung
Indecision Unentschlossenheit	Well-being or Drunkeness military »at ease« Wohlbefinden oder Trunkenheit militärische Entspannung	Military »attention« or child before parent respect to superior militärische Aufmerksamkeit oder Kind vor Eltern, Respekt gegenüber Vorgesetzten
Vehemence Attack Heftigkeit Attacke	Exaltation Expansion Erhöhung Erweiterung	Colorless or transitory state Farblos oder Übergangszustand

silence tape 30 sec for 4 positions into corner

successions **02:45**

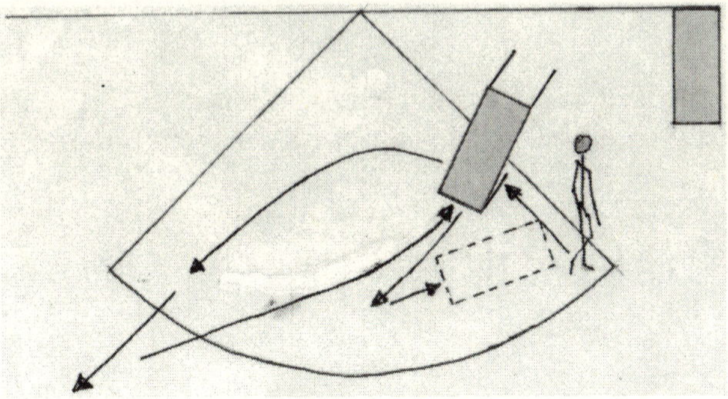

6_06 – Lady Gaga, You Once Said In An Interview That You Write Music For The Fashion Industry. Is Fashion As Important To You As Music?

SUCCESSIONS
are defined as any movement passing through the entire body, or any part of the body, which moves each muscle, bone, and joint as it comes to it – that is the fluid wavelike movement. Successions are of two major kinds – true successions which begin at a center and work outward and reverse successions which begin at an extremity and work inward toward the centre.

1
_ reverse succession
(rolling point of contact/showing where a tear is flowing)
moving with back to the audience along the left wall to the table (slow),
2
_ moving behind and in correspondence with the table,
3
_ moving fast with succession to corner B, than into the audience,
4
_ smaller movement,
5
_ swallowing the tear, following it on the inside of the body moving towards the table,
6
_ rolling point of contact between the body and the table. starting with the left hand,
7
_ sliding down the table, picking up the table, transporting it parallel to the ground, and putting it down, turning it over to new position in the right corner C.

silence tape 50 sec for table transport to new position and way to tablet

fingers **01:25**

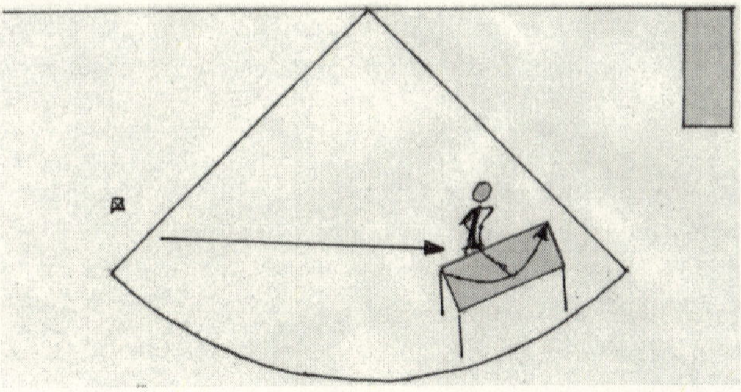

#5
silence tape 7 sec from tablet to start of finger
7_04 – Slavoj Žižek, What Signs Were There Of The Imminent Dissolution Of Yugoslavia

Finger
hand dividing,
the thumb, by its faculty of adjoining the other fingers, thumb 90° away from 4 other fingers,
left thumb pushing forward in a straight line,
right thumb crushing,

right index finger describing circular move from left lower corner to right lower corner,
stepping back with right leg right – index finger points into corner A,
stepping back to table, both index fingers in center of table, drawing a parallel line to the right and left side separating,
left index finger stays, moving over to the left lower corner of the table,

the middle finger examines by feel (sense of touch) and strokes along underside of metal pipe to the front, then strokes along the table top on the left side, with friction,

third line is stroking from the left middle finger up the arm
and along the left collarbone to sternum,

the ring finger examines for moisture by the feel, left ring finger on tongue, going over to right upper corner, and examining the underside of the lower right corner,

move both little fingers into the ears, creating a line through the head,
head rotation front back around vertical axis (Atlas).

Music stops

silence tape 48 sec fingers out of ears, sitting to lying on the floor, to jump onto table

prepositions/3 levels **03:36**

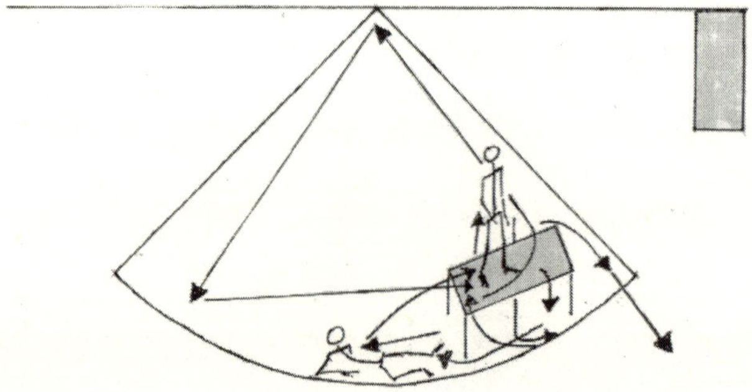

Prepositions
under, next to, over, on top, thru, ….
Using forms/shapes from the charts and sequences from the piece.

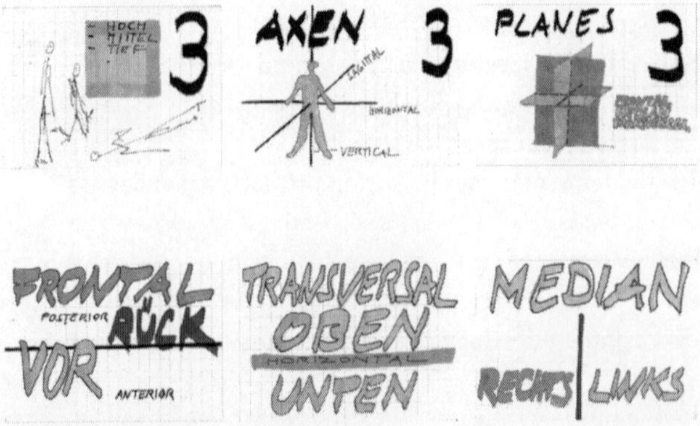

Sitting on the front right side of the table – reflecting,
normal upright sitting,
leg chart 1 position,
going off the table and onto the knees on the left side, head on table,
kneeing position – leg chart 5,
moving back away from the table, low level, looking up to imaginary person standing on top of the table,
getting up, jumping onto the table,

8_12 – Max Ernst, This Is The First Time In Twenty-five Years That You've Returned To Your Old Home Town, To The Cathedral In Cologne
silence tape 1 min from contact with the table to leaving the performance area (end)

Looking down on where the person was lying before,
5 standing chart – well-being,
1 standing chart – defiance,
parallelism sequence into flat on stomach on table head to left side,
450° rotation on table plane,
head and torso hanging from table, looking upside down at audience,
roll of the table, rotation onto stomach from left leg,
crawling forward with elbows under table,
4 leg chart crawling further,
into 9 leg chart – looking left,
moving with elbow along table to lower left corner,

coming into sitting position,
roll over shoulder, both legs up, landing behind the table,
turning to the right, running into corner A,
9 standing chart – colorless,
succession sequence to corner B, getting smaller, swallowing tear,
moving towards table music stops, continue in silence
from left lower corner of table, rolling point of contact from left hand over arm to back on the table,
sliding down onto knees, shoulders and head stay on the table, seeing the ceiling,
turning to the right, getting up, going to corner C, right hand still on the table,
9 standing chart – colorless – looking back at the space (after images),
leaving the performance area (end)

END

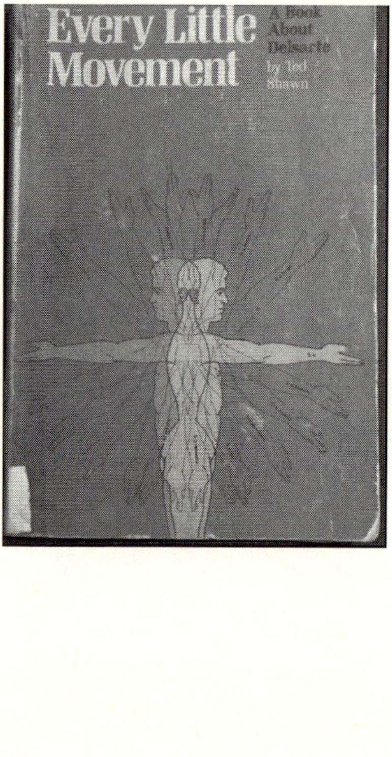

Change of Perspectives
Perspektivwechsel

Deconstructing the Ottoman-Turkish Desire for Modern Ways of Dancing

A Transnational Journey[1]

Arzu Öztürkmen

This study examines the general landscape of the dance field in Turkey during the early Republican era, with a focus on modern dance, gymnastics, and folk dance, and explores how they are used in modernisation discourses and practices. Ottoman cultural heritage has been a complex domain, given the wide range of nation-states and various cultural identities that emerged after the decline of the Ottoman Empire. Ballet, modern dance, and folk dances have been part of the discourses and practices of modernisation in the post-Ottoman world, where the memory of the Ottoman period is often approached as a 'Turkish yoke.' Based on library and archival research of publications on major institutions, choreographers, and dancers in Turkey, this essay aims to understand the Turkish desire for dancing in a 'modern manner.' Like the issue of women's emancipation, dance has become a symbolic cultural form at the turn of the twentieth century, particularly during the nation-building period. In the mid-nineteenth century, gymnastics became an important field associated with 'modern bodies,' characterised by well-defined biceps, chest, and calf muscles.

In the Ottoman-Turkish domain, Selim Sırrı (1874–1957) and his daughters Selma (1906–1943) and Azade (1908–2000) have been influential figures in promoting physical education, modern dance, and folk dances—which they recognised as central subjects of modernisation processes in the last years of the Ot-

---

1 The publication of this article was supported by BAP, Boğaziçi University Research Fund, for the Project (No. 23B09P1) *The Landscape of Dance in the Early Republican Era: Sites, Genres and Performers.*

toman Empire and the early Republican era.[2] The Ottoman Empire expanded across three continents, yet it failed to keep pace with modernisation. From a global history perspective, each territorial loss was connected to other imperial projects that differed in their modernisation projects. In her seminal work on modernity, historian Carol Gluck underscores the diversity of the modernisation experiences:

> [...] modernity is not a trope, theory, project, or destination, or if it sometimes seems to be all these things, it is never these things alone. It is, instead, a condition, historically produced over three centuries around the globe in processes of change that have not ended yet. Modernity is not optional in history, in that societies could not simply "choose" another regime of historicity for themselves, for such is the tyranny of modern times (Gluck 2011: 676).

Researching dance as an essential and symbolic cultural form of the early twentieth century in post-Ottoman geography requires a new understanding beyond the national—and often nationalist—paradigm. Dance had a central place in the modernisation experience in urban and folk practices; nation-building processes adopted these dance practices while assigning them new meanings.

Exposure to Modern Dance and the Gentrification of a Folk Dance Genre: Selim Sırrı Tarcan and His Daughters

Selim Sırrı Tarcan and his daughters, Selma and Azade, have been influential figures in bringing the notion of 'modernity' to the field of dance in Turkey. The role of Selim Sırrı has been influential, especially during the transition from the Ottoman to the Early Republican era. Selim Sırrı was sent to the renowned Galatasaray High School, where he learned French and was encouraged to partake in physical training by his instructor, Ali Faik Bey. Ali Faik was himself a graduate of Galatasaray, where he received comprehensive training from several French teachers, including M. Curel, M. Morioux, M. Martinetti, and M.

2 Until the surname law was accepted in 1934, people used their first name, adding their family title. Selim Sırrı and his daughters Selma and Azade took different surnames, respectively, Selim Sırrı *Tarcan*, Selma *Mimaroğlu* and Azade *Kent*. I use their first name in the article.

Stangalli. Each of these teachers had different expertise, which Ali Faik introduced to his students, one of them being Selim Sırrı. In the analysis of Ali Faik as the pioneering gymnast of the Ottoman Empire, scholars give detailed information about the diversity of the sports practised at Galatasaray. Accordingly, the first gymnastics teacher was a Frenchman, Monsieur Curel, who established a gym in the school in 1868, which he furbished with many types of sports equipment brought from France. Curel also pioneered in organising a sports festival, which will be followed by many others.

Fig. 1: Selim Sırrı teaching gymnastics in schools in the early 1900s. https://www.friendz10.com/tarih/olimpiyatlara-girisimiz-selim-sirri-tarcan-2184, [10 May 2025]

Monsieur Morioux, also a Frenchman, followed Curel, adding swimming and rowing next to gymnastics. Selim Sırrı remembers him as a master of types of equipment, including hardwood trapezes and gym rings, with a particular purpose to train athletes with hard biceps, chest and calf muscles. Later, an Italian teacher, Monsieur Martinetti, joined Galatasaray, focusing more on apparatus gymnastics. Both Morioux and Martinetti were also recruited to military schools in the mid-1870s. Finally, one should also mention Monsieur Stangalli, a Greek gymnast and a talented acrobat, who opened a private gym in Beyoğlu. Trained by all these gymnastics trainers, Ali Faik became the first Ottoman-Turkish teacher in Galatasaray, raising a generation of students in bodybuilding, organising sports festivals and competitions. This new generation was known as the Young Turks, including Selim Sırrı, Mazhar (Kazancı) and Rıza Tevfik. They were pioneers in opening sports clubs like the

Beşiktaş Jimnastik Kulübü and Fenerbahçe Kulübü, where gymnastics were practised and taught. (Dever/İslam/Sarı 2020; Şişman 1989; Tayga 1990, Yıldız 1979)

After completing his studies at Galatasaray High School, Selim Sırrı was sent to military school, where he joined the Young Turk movement.[3] Promoted as a captain in 1901, Selim Sırrı served in different military and teaching positions, while also writing articles on physical training in leading newspapers. Although he was a fervent activist for the Young Turks, his passion was more about training people in gymnastics. He accomplished his dream of opening the *Terbiye-i Bedeniye* school in 1908, in Istanbul, which he had equipped with a set of sports equipment he had ordered from abroad. He had also established contacts with the *International Olympic Committee*, which led to an invitation to Berlin for a meeting in May 1909, probably about the 1912 Summer Olympics in Stockholm.

When offered a temporary service abroad, Selim Sırrı requested to study physical training in Sweden. In 1909, he joined 1909 the *Gymnastiska Centralinstitutet*, Sweden's Royal Gymnastics Institute, which was founded by Pehr Henrik Ling in 1813. He expressed Sweden's impact on him, saying, "I went to Sweden with my muscles, I returned with my mind" (Tarcan 1954: 2). During the transition from the Ottoman to modern Turkey, Selim Sırrı had the privilege of travelling to Europe on several occasions, including the *International Congress on Physical Training* held in Paris in 1913. There, he saw Isadora Duncan perform, which influenced him greatly. (Tarcan 1948) He published his travel memoirs in several books and articles and pursued an active role in introducing early Republican audiences to European culture. (Selim Sırrı 1911, 1929, 1930)

3 The Young Turks aimed at a constitutionalist regime in the late Ottoman Empire against the absolutist reign of Sultan Abdulhamid II. In 1889, they established the *Committee of Union and Progress (CUP)*, a powerful oppositional organization. Despite being called "the Young Turks", the group had an ethnic diversity, and the so-called 1908 Young Turk Revolution happened in Macedonia, giving way to the Second Constitutional Era. See Ahmad 1988; Hanioglu 1995.

From Traditional *Zeybek* to 'Tarcan Zeybeği': Selim Sırrı's Choreographic Initiative

Selim Sırrı had developed a keen interest in *zeybek* dances in the late 1890s. In two essays that were published in 1922 by *Terbiye ve Oyun*, a pioneering scientific and pedagogical sports journal, and his book *Halk Dansları ve Tarcan Zeybeği* [Folk Dances and the Tarcan Zeybek] in 1926, he describes his journey into *zeybek* research and choreography.[4] Between 1896 and 1900, he was able to visit villages around Izmir and observe performances of the *zeybek* groups, participating at times in their dance events. However, the idea of gentrifying *zeybek* dances came later, when he observed how Swedish folk dances were stylised to be performed as social dances. Upon his return from Sweden, he gathered some soldiers in his own apartment, who showed Selim Sırrı some of their *zeybek* dance figures, which he described as follows:

> The arm movements, steps, and knee bends of those soldiers from Aydın, Ödemiş, Kilizmant, and Bursa did not really resemble one another; they were all the same in essence, but there were small differences in form and movements. They repeated the dance a couple of times, and each time they bent their knee at a random time. I asked them why. They told me they performed the way they felt it, that this was all instinctive and could not be predicted. (Tarcan 1948: 18)

Selim Sırrı was not satisfied with these performances and others that he observed in Izmir's surroundings. He thought these dances lacked the refinement seen in stylised Swedish dances, as the arm and leg movements alternated randomly. In 1916, he decided to choreograph a *zeybek* dance in a more "methodological" way, with predetermined figures, and a structured beginning and end. He first picked a folk song, '*Sarı Zeybek*', and sped up its rhythm:

> I gave the *zeybek*'s head an upward position and the shape of a pear to his hands while preserving the particularity of the *zeybek* dance's attitude and movements. I did not use sharp and rough movements; I paid attention to the harmony between the posture and the movements. I gave a waving movement from the top to the end of the arms. (Tarcan 1948: 28)

4 This was first published in Ottoman old script as a long article (Sırrı 1926). A larger version was published in 1948 in Latin Alphabet (Tarcan 1948).

Selim Sırrı's choreography, with predetermined figures, was actually envisioned as an easy-to learn ballroom dance genre to be performed by mixed couples and performed widely. He wanted to eliminate the so-called rough and sharp movements, as well as any improvisation. He believed that folk dances must have a permanent form like music and pass through a formal artistic filter. Teaching his *Tarcan Zeybeği* choreography to a mixed group of students, Selim Sırrı also gained Mustafa Kemal's (Atatürk) acclaim during a performance in Izmir in 1925. Mustafa Kemal asked Selim Sırrı to repeat his performance, first in a tuxedo suit and then accompanied by a woman student, praising him with the following words:

> Ladies and Gentlemen! Selim Sırrı Bey has given the *zeybek* dance a civilised form by reviving it. This master artist's work has matured and come to such a beautiful form that it can be liked and accepted by all of us to have its special place in our national and social life. From now on, we can tell the Europeans that we, too, have an excellent dance, and we can perform it in our ballrooms and representations. The *zeybek* dance can and must be performed with women in all kinds of social salons. (Tarcan 1948: 3)

The image of the national dance here was a 'social dance that could be performed nationally.'[5] Selim Sırrı's idea of modernisation was centred upon regularity, orderliness, and Western aesthetics. Exposure to European venues related to dance and physical training gave Selim Sırrı a unique, pioneering position in these fields, offering his daughters a privileged yet challenging path in dance studies and practices in Turkey.

Modern Movement Education from an Early Age: The Pioneering Journey of Selma and Azade Selim Sırrı

Selim Sırrı greatly emphasised the education of his daughters, Selma Selim Sırrı (1906–1943) and Azade Selim Sırrı (1908–2000). In an article he wrote in 1929, he gave a detailed account of how he and his wife raised their two daughters, taking pride in their health and strength: "We made them live close to nature," he stated, "they benefited from water, sun, air and movement" (Selim

5 Oral history reveals that Selim Sırrı's *Tarcan zeybeği* had been performed in Kırklareli, Balıkesir, Kars and Trabzon, as Selim Sırrı taught it in Teacher's Colleges. His students who worked in Anatolia spread *zeybek* dance in other regions' elementary schools.

Sırrı 1929: 21). In his comprehensive work on Selim Sırrı and his daughters, sports historian Tolga Şinoforoğlu uncovers critical details about the family's achievements. Accordingly, Azade and Selma went to Germany in 1927 to study at Anna Herman Schule, which was founded in Berlin in 1922 and adopted a movement method that approached gymnastics for mind and body rehabilitation. The curriculum included courses on anatomy, breathing, massage, as well as gymnastics, music, and sports (Şinoforoğlu 2021: 1670). Azade's former student, Nancy Atakan, reports that her sister, Selma, was more interested in rhythmic dance, while Azade focused more on a therapeutic type of movement. The sisters graduated in 1929 and returned to Istanbul. (Atakan 2016: 46)

As part of the late Ottoman and early Republican elite, Selma and Azade were well exposed to Western arts and ways of life. They grew up with a German nanny who tutored them in French and German. When schools closed during the First World War, their parents took charge of their education in Turkish literature and physical training. Selma and Azade engaged in choreography during the 1920s, an experience we learn about through Selma's booklet, *Selma Selim Sırrı Hanım'ın Bedii Raksları* [The Aesthetic Dances of Miss Selma Selim Sırrı] (Selma Selim Sırrı 1926). Selma recounted in her booklet that she took private dance lessons in Istanbul before she departed for Berlin, first from an American woman named Miss Filler and later from a Russian refugee, Mlle. Kovarski. After they returned from Berlin, the sisters opened a physical education venue in Istanbul in 1930, which prioritised and encouraged women's participation. This was a private enterprise that offered gymnastics, sports, and dance training and lectures, while also teaching physical education in several schools. Selma and Azade often appeared in printed media as role models of emancipated women of the early Republican era. In 1934, the sisters were invited to take charge of *Özsoy*'s choreography, Turkey's first national opera to be put on stage. (Yalçın 2000)

In 1935, Azade joined her father in radio broadcasting for physical education programs. (Şinoforoğlu 2021) The sisters' public appearances faded out by the 1950s. Selma died at a relatively early age in 1943. With considerable changes in state politics and the loss of his father in 1957, Azade retreated to private tutoring and moved to Austria in the 1980s, near his musician son, Fuat Kent. The landscape of dance had moved in other directions.

Selma Selim Sırrı Notion of *Bedii Raks*: Introducing Modern Dance as Aesthetic Dance

The booklet that Selma Selim Sırrı wrote on dance is a pioneering essay in introducing a 'modern' understanding of dance in Turkey. Published in 1926, the booklet was composed of two parts. The first part, *Bedii Rakslar* [Aesthetic Dances], provided a review of historical and modern dance forms, while the second part, *Raks Nasıl Öğrenilir?* [How Does One Learn to Dance?] elaborated on the process of dance training.

Fig. 2: Excerpts from Selma and Azade Selim Sırrı performing Selma's choreographies on Madame de Pompadour and Macbeth. Selma Selim Sırrı (1926) Selma Selim Sırrı Hanım'ın Bedii Raksları. İstanbul: Sevimli Ay Matbaası.

Selma referred to the concept of *mevzun raks*, a narrative dance genre translated as 'rhythmic dance'. She choreographed two pieces with Azade, both inspired by European history and literature. The first was on the life story of Madame de Pompadour, mistress of Louis XIV, and the second, a piece on Shakespeare's *Macbeth*, which Selma described as a "grotesque" dance, possibly referring to the tragic aspect of the piece (Selma Selim Sırrı 1926: 4).

In the first section of her booklet, Selma Selim Sırrı explained her own definition of dance as a stage production. Artistic performance ranked foremost in the hierarchy of movement systems, where she considered acrobatics less critical to movement studies:

> There is a rather bizarre idea that I keep hearing from sophisticated women. They tell me, 'We've seen a 12-year-old girl at the theatre. She was flying like a bird, twisting her body like a snake. Her body was so flexible that one thinks of her as boneless.' Usually, I hold myself to keep quiet. They just do not know that these children, whose bones are twisted into many shapes before they are even 15, end up later with curved backs and huge, ugly legs. (Selma Selim Sırrı 1926: 5)

This statement conformed to Isadora Duncan's definition of dance, where she despised those "who walked on their toes, put their legs over their heads, or bent their bodies all the way back" (Tarcan 1992: 177). For Selma Selim Sırrı, a significant difference existed between creative and social or ballroom dance. She identified herself primarily with creative dance and described social dance as a performance where dance was "consumed." Like Isadora Duncan, she legitimised her criticism with historical references to Ancient Greeks. She claimed that Ancient Greeks never treated dance as an activity in which one engaged merely for pleasure and entertainment: "What I mean by dance is not the foxtrot or any other international jumping! What I mean refers to the original meaning of the word as used in Ancient Greece, the aesthetic movements [*bedii hareketler*]" (Selma Selim Sırrı 1926: 5). In line with her reservations about perceiving dance just for pleasure, she underscored the communicative purpose of dance:

> Dance is not a mere accompaniment to music; it is not a simple harmony between sound and movement. This may be what is generally expected from dance, but this harmony should not be the purpose of dance. The purpose of dance is to express the sound, poetry, and harmony reflected in our souls, with our hands, feet, and head – in short, with all the movements that we can do with our body. (Selma Selim Sırrı 1926: 2)

Dance was not, therefore, something to be enjoyed or consumed by the viewer as mere entertainment, but it was a performer-centred and quintessential form of exercise. Selma conceded that not everyone could reach the most elevated form of dance, but enjoying movement in some form was the path to a healthy life:

> Everybody can do gymnastics and benefit from it. They may train their body every day with regular movements to strengthen the muscles, lungs, and heart, to a certain extent, to rectify the defects of the body. (Selma Selim Sırrı 1926: 5)

Moving as a gymnast led to a disciplined and aestheticised body, but one had to have a special talent to be a good dancer. Exercising on a regular basis simply created the infrastructure, which could only then be mobilised by talent. She harshly reproached women acrobats who displayed their bodies, rather than their art:

> There is no relationship whatsoever between these acrobat girls and ballerinas or rhythmic dances. If you undress these girls from their stage make-up and colorful costumes, throwing their legs here and there, you would get disgusted by the disproportion of their bodies. These do not perform the art of dance, but exhibit their body, as if they have one! (Selma Selim Sırrı 1926: 5)

For Selma Selim Sırrı, parts of the body could be bare while dancing; yet, one should not dance for the primary purpose of exhibiting the naked parts of the body. "Dance," she wrote, "should be used as a vehicle for displaying the beauty of a body, but only that of a well-exercised, well-trained, gymnast's body" (Selma Selim Sırrı 1926: 5). Here, she did not forget that talent was also essential for dancing. Still, that talent for dance did not guarantee a proportionate body.

Azade Selim Sırrı's Focus on Movement as Therapy

Azade Selim Sırrı worked closely with her elderly sister, Selma, in choreographing, and she also published articles on gymnastics (Azade Selim Sırrı, 1929, 1933). Nancy Atakan, who took private lessons from her between 1975 and 1980, and Nazlı Deniz Kuruoğlu during the 1980s, praised Azade's skills as a gymnastics teacher. Atakan mentions that Azade expressed that she was more interested in gymnastics than aesthetic dance, which she found therapeutic, an approach she had learned in the Anna Herman Schule. In a lecture she gave on her 2019 exhibition *Uygun Adım Marş!*, which was inspired by Azade's life story, Atakan also states that in time, Azade had developed "a unique system of teaching and a significant body of work that incorporated a hint of Ling gymnastics with yoga, pilates, and physical therapy."[6]

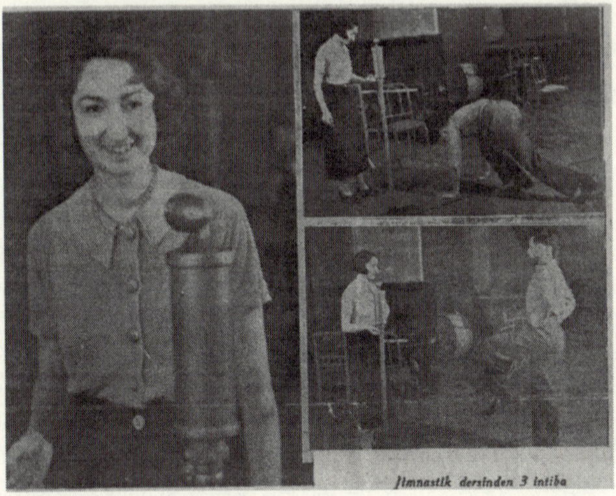

Fig. 3: Azade Kent teaching gymnastics lesson in Istanbul Radio studio, with the accompaniment of his student in 1935. Akşam newspaper, 10 April 1935.

One of Azade's most important contributions has been giving gymnastics lessons for women on the radio. Azade joined her father's gymnastics lessons, first to assist him and later to have specific slots for women's audiences. Selim Sırrı's radio lectures had, in fact, begun in 1930, covering a wide range of topics, including health, education, literature, music, and travel. In an early program, Selim Sırrı stated:

6 See https://guncelsanatarsivi.com/anlatilar-soylesi-serisi-nancy-atakan [25.01.2025].

> When I was describing gymnastics, I told you that, like food, it is necessary for everyone from birth to death, that our life is based on movement, but what matters most [is that] one must know the type and amount of that movement/food. Gymnastics is a national duty that all people, men, and women of all ages, are obliged to do every day [...]. Now I'm going to give you a program that everyone can do from the age of seven to the age of seventy: Mother, father, son, sibling, get together in the morning, and try to implement this program, and at the end of a month, you will have a difference in yourself and be satisfied. (Tarcan 1932, 130)

Tolga Şinoforoğlu informs us that father and daughter collaborated closely during the gymnastics radio lessons until Selim Sırrı was elected to the National Parliament in 1935. Accordingly, Selim Sırrı's lessons were broadcast for 30 minutes and Azade's for 20 minutes, both twice a week during the evening hours. (Şinoforoğlu 2021: 1670) The program was advertised in newspapers, announcing its hours, and became very popular over time. (*Akşam* 1933: 3) The gymnastics lessons introduced instructions on how to do basic exercises. These movements included rubbing the arms, legs, fingers, and belly to accelerate blood circulation, as well as revitalising the muscles. Instructions continued, suggesting to rotate the joints and stretch in various directions, finally ending with floor movements and breathing exercises (Çapan/Mutlu 2016: 235). Journalist Hikmet Feridun humorously mentions these lessons in the *Akşam* newspaper, perhaps also giving a hint on how the public perceived these programs: "Come on," he states, "now start walking on all fours, crawl, run, very well... Now undress, take off your jacket, untie your tie, even take off your shirt, let's start, Sir, stretch your legs on the floor where you sit" (*Akşam* 1935: 7). Another article mentions the challenge Azade faced in synchronising the spoken and performed movements:

> A new method enables the listeners to make the exercises easily. In the gymnastics classes given on Istanbul Radio so far, Ms. Azade Tarcan has been standing alone at the microphone. In such lectures, where Ms. Azade had some difficulty in describing the movements to be done, she applied a new procedure for the benefit of both herself and the audience. Namely, while she is teaching, she has a young athlete by her side and makes him do the movements on-site [in the radio studio] while she describes them on air. In this way, the young gymnastics teacher on the radio saves herself from addressing the void and gives a lesson to her student, Şefik, in front of her. Dur-

ing the last gymnastics lesson, we took two pictures of Mr. Şefik doing his moves (*Milliyet* 1935: 5).

The gymnastics radio programs ended when Istanbul Radio became nationalised. Thereafter, one understands that Azade moved on to giving private lessons for women and children. An advertisement in the *Akşam* newspaper in 1947 announced that Azade Tarcan Kent offered gymnastics classes for women and children as a source of health and beauty (*Akşam* 1947: 1). There are 12 classes per month, at the cost of 35 Liras. The ad also provides an open address in Nişantaşı, Ihlamur Yolu, and a telephone number.

What is known of Azade, the younger daughter of Selim Sırrı Tarcan, is somewhat limited. She followed her sister in her career as a dancer and physical trainer. She has specialised in Swedish Gymnastics, where she trained a group of young dancers in the early 1980s in Istanbul. There, she expressed her wish to retire and pass on her knowledge to the younger generation. One of her students, Nazlı Deniz Kuruoğlu, recalled her as a self-satisfied and highly disciplined teacher in her relationships with the students.

***

While Selim Sırrı and his daughters were engaged in dance and gymnastics in their intellectual way, Istanbul had different popular dance and ballet venues. *Kanto* was a dance genre performed to accompany traditional music played with Western instruments. In his historical survey of *Kanto*, Erik Blackthorne-O'Barr defines *Kanto* as "a genre of Turkish language musical theatre and dance which arose in Istanbul during the early 1880s, and was characterised by short, humorous songs of satirical or erotic nature" (Blackthorne-O'Barr 2018: iv). While the genre rose and fell in the popular entertainment venues of Istanbul, the city was exposed to a wholly new historical event, the migration of White Russians. Following the Bolshevik Revolution of 1917, 150,000 White Russians took refuge in Istanbul, leaving their titles, money, and properties behind. Some were ballet dancers who opened schools to train young Ottoman girls. Lydia Krassa Arzumanova, a graduate of the St. Petersburg Ballet School, opened a ballet school in Istanbul in 1920 and gave classical ballet performances with her students in Istanbul in the 1930s. She also joined the *Bedi-i Raks Grubu* [Aesthetic Dances Group] in the Eminönü People's House in Istanbul. (Ayvazoğlu 2022, 26) Similarly, Evgenya (Jenya) Nanasova was both performing and teaching ballet in Istanbul. (Ayvaz 1947: 3) One should also mention the Republican Balls, entertainment events that promoted social dancing among the general public, where genres such as the waltz, tango, or foxtrot were performed. (Duman 1997; Arı 2014; Olgun 2020)

Let us conclude by reminding ourselves how Atatürk promoted Western dance forms by performing himself on various occasions. Records show that he also hosted dancers in his exclusive dinner gatherings. Rafet Süreya Hanım, also known as Iris Worley, was one of them. She amazed the guests with a rather exotic dance, which was a popular European genre of the time. (Altay 2008: 406) The dance landscape in Turkey at the turn of the twentieth century warrants closer examination of its diverse genres, institutions, and pioneering figures, while situating them within contemporaneous global developments—a subject I explore further in a forthcoming research project.

References

Ahmad, Feroz (1988): War and Society under the Young Turks, 1908–18, in: *Review (Fernand Braudel Center)* Vol. 11, No. 2, pp. 265–286.

Akşam (1933): 'Selim Sırrı Bey Radyoda Konferanslarına Başlıyor', in: *Akşam*, 6 December.

Akşam (1935): 'Gymnastics Lesson 1 Hour ...', in: *Akşam*, 10 April.

Akşam (1947): Azade Tarcan Kent, Gymnastics Classes for women and children, as a source of health and beauty, in: *Akşam*, 12 January.

Altay, Fahrettin (2008): *10 Yıl Savaş ve Sonrası*, Eylem Yayınları.

Arı, Cemre (et al) (2014): Cumhuriyet Baloları, in: *Kebikeç*, 38, pp. 307–316.

Atakan, Nancy (2016): *Passing On*, Berlin: Kehrer Verlag.

Ayvaz, Hagop (1947) Evgenya Nanasof Beethowen'ın Sonat Patetik balesi, in: *Kulis*, 1 June.

Ayvazoğlu, Seda (2022): The Establishment of Turkish Ballet and First Original Works (1940–1970) , in: *International Journal of Humanities and Art Researches*, Vol. 7, No. 1, pp. 26–34.

Azade Selim Sırrı (1929): Bedii Jimnastik, in: *Vakit*, 4 October, pp. 1, 3.

Azade Selim Sırrı (1929): Avropa'da Ne Yaptınız?, in: *Muhit* Vol. 2, No. 13, pp. 982–983.

Blackthorne-O'Barr, Erik Aldritch Charlemagne (2018): *Song and stage, gender and nation: the emergence of Kanto in late Ottoman İstanbul*, MA Thesis, Sabancı University.

Çapan, M. Şevki/Mutlu, T. Osman (2016): Unutulmuş Bir Spor Adamını Anlamak: Konferanslarıyla Selim Sırrı Tarcan, in; *Spormetre,* Vol. 14, No. 2, pp. 235–241.

Dever, A./İslam, A./Sarı, Ş. (2020): İlk Türk Beden Eğitimi Öğretmeni: 'Şeyhül İdman' Ali Faik Üstünidman, in: *Journal of History School,* Vol. 45, pp. 952–969.

Duman, Doğan (1997): Cumhuriyet Baloları, in: *Toplumsal Tarih Dergisi,* 37, pp. 44–45.

Gluck, Carol (2011): The End of Elsewhere: Writing Modernity Now, in: *The American Historical Review,* Vol. 113, No. 3, pp. 676–687.

Hanioglu, Şükrü (1995): *The Young Turks in Opposition*, Oxford/New York: Oxford University Press.

Milliyet (1935): İstanbul Radyosu'nda Jimnastik Dersleri, in: *Milliyet,* 17 April.

Mutlu, Mustafa (2020): Beden Terbiyesi ve Spor Hayatında Selim Sırrı Tarcan (1874–1957), in: *Cumhuriyet Tarihi Araştırmaları Dergisi,* Vol. 16, No. 32, pp. 589–590.

Olgun, Arif (2020): Bir Modernleştirme Projesi Olarak Cumhuriyet Baloları, in: *Uluslararası Sosyal Araştırmalar Dergisi,* 13/70, pp. 554–566.

Selim Sırrı (1911): *Bizce mechul hayatlar: İsveç'de gördüklerim,* Istanbul: Şant Matbaası.

Selim Sırrı (1922): Zeybek Raksı I, in: *Terbiye ve Oyun,* 5(67), p. 5.

Selim Sırrı (1922): Zeybek Raksı II, in: *Terbiye ve Oyun,* 5(68), p. 6.

Selim Sırrı (1926): Yeni Zeybek Raksı, in: *Haftalık Mecmua,* 3:1.

Selim Sırrı (1929): *Garpta hayat,* Istanbul: Devlet Matbaası.

Selim Sırrı (1929): Evlatlarımı Nasıl Büyüttüm?: Bir Mürebbinin Tecrübesi, in: *Resimli Ay,* May issue, pp. 21–22.

Selim Sırrı (1930): *Bugünkü: Almanya,* Istanbul: Devlet Matbaası.

Selim Sırrı (1932): Radyo Konferanslarım I, Devlet Matbaası.

Selim Sırrı (1934): Radyo Konferanslarım II, Ülkü Matbaası.

Selim Sırrı (1935): Radyo Konferanslarım III, Ülkü Matbaası.

Selma Selim Sırrı (1926): *Selma Selim Sırrı Hanım'ın Bedii Raksları,* İstanbul: Sevimli Ay Matbaası.

Şinoforoğlu, Tolga (2021): Distance Education for the Public during Turkey's Early Republican Period: Physical Education Lessons on Radio, in: *The International Journal of the History of Sport,* Vol. 38, No. 16, pp. 1670–1687.

Şişman, Adnan (1989): *Galatasaray Mekteb-i Sultanisi'nin Kuruluşu ve İlk Eğitim Yılları 1868–1871,* Edebiyat Fakültesi yayınları.

Tarcan, Selim Sırrı (1948): *Halk Dansları ve Tarcan Zeybeği*, İstanbul: Ülkü Basımevi.

Tarcan, Selim Sırrı (1992): Halk Dansları ve Tarcan Zeybeği, in: *Folklora Doğru* 61, p. 177.

Tayga, Yunus (1990): *Türk Spor Tarihine Genel Bakış*, Ankara: Gençlik ve Spor Genel Müdürlüğü.

Yalçın, Emre (2000): Cumhuriyet Döneminin İlk Lirik Sahne Eseri: Özsoy Operası, in: *Hürriyet*, 12 December.

Yıldız, Doğan (1979): *Türk Spor Tarihi*, Istanbul: Ser yayıncılık.

Invisible Narratives of Isolde Klietmann

Marcela Mariana López Morales

Movementmachines.org[1] is a multimodal, user-centred web platform for dance that shows different choreographic working strategies. *Movementmachines.org* was created by Rose Breuss and funded by the *Austrian Federal Ministry of Education, Science, and Research* (*BMKÖES*). The project encompasses the research interests of a group of dancers and choreographers. The artists involved in this initiative began their work within the context of the Master's program in *Movement Research* at the *Institute of Dance Arts (IDA)* at the *Anton Bruckner Private University (ABPU)*. The research-oriented profile of this program, along with the expansion of the curriculum to include doctoral studies at *ABPU*, has created an inspiring space for experimentation at the *Dance Research Lab* and provided a platform for praxeological research in dance.

The website focuses on a conceptually comprehensible and sustainable method for storing dance repertoires and utilising digital tools in choreographic processes. Incorporating digital strategies alongside traditional dance practices can significantly enhance the visibility and impact of a dancer's work, hence broadening its accessibility. Several of the videos published have garnered over 2,800 views.

The project consists of five micro-studies, in which a group of dancers investigates largely unexplored (archival) materials connected to European Modern Dance. The central concept consists in the use of such (archival) materials as "movement machines—as a productive synthesis of extraction and production, of material/media to the dancing body and vice versa, of digitised to contemporary, idiosyncratic artistic gesture and vice versa" (Breuss 2024, under https://movementmachines.org/).

In the first micro-study, dancers Maria Shurkhal and Kai Chun Chuang explore the processes of creation through the practice of movements by Austrian

1 For more information please visit the website: *movementmachines.org*

choreographer Gertrud Bodenwieser in *Amalgamation of Movements: Gertrud Bodenwieser*. In the second micro-study entitled *The Art of Motion: Olga Szentpál*, dancers Boglárka Heim and Eszter Petrány engage artistically with specific dance terminology from the books *Tánc – A mozgásművészet könyve* (Dance – The Book of Art in Motion), published by Olga Szentpál and Mariús Rabinovszky, and the *Notations of Maria Szentpál* on Hungarian Dances. Besides, in *Gearing in to Madness: Andrei Jerschik*, Damián Cortés Alberti takes the dance piece *Mensch im Wahn* (a solo created in 1928 by Andrei Jerschik) to revalue the practice of notation in the artistic and research processes in dance today. In the fourth micro-study, Claudia Jeschke, Constantin Georgescu, and Rainer Krenstetter investigate, within the spectrum of intersecting histories, the trajectories of Vaslav Nijinsky in *Movement Machine: Vaslav Nijinsky*. Lastly, my contribution to *Petites Traces of Movements: Isolde Klietmann* focuses on small dancer figurines created by Isolde Klietmann, which serve as a unique form of dance notation, providing insights into movement, praxeology, and methodological possibilities. The study emphasises the dancer's role as an active researcher, exploring how engaging with these figurines through processes of reading, transferring, and creative-artistic re-signification can enrich contemporary dance practice and artistic research.

Mapping Migratory Traces

In 2021, I initiated a project that starts from a biographical perspective in the search for traces of Isolde Klietmann. Klietmann was born in Maribor, Slovenia, in 1908 and was part of the generation of dancers educated under the principles of the stylistic movement known as Viennese Ausdruckstanz. She was a student of Gertrud Bodenwieser at the *National Academy of Music and Performing Arts* in Vienna (now *mdw*) and a dancer in the dance groups of Ilse Larsen and *Tanzgruppe Bodenwieser*. Among many other things, she founded the *Abteilung für Modernen Tanz* at the *Musikschule des Musikvereins* in Linz in 1927, which was the institution that preceded the dance department at the *Bruckner Konservatorium* and is now the *IDA* at the *ABPU*. Isolde's life and artistic development were disrupted in 1938 with the rise of the National Socialist regime in Austria. Alongside her husband, Hans Mostny, who was Jewish and had managed until then his uncle Leopold Mostny's brandy and distilling business in Urfahr, Linz, Isolde was forced to flee the city. Their escape took them through Switzerland and France before settling in Mendoza, Argentina. Once in Mendoza, Klietmann resumed her work as a choreographer, but mainly as a dance pedagogue, establishing her own dance studio, *Escuela de Danzas y Gimnasia Rítmica, Estudio de Arte Coreográfico: Isolde Klietmann*. She continued to work in the dance field until she died in that city in 1996.

My ongoing artistic research on Isolde Klietmann's work focuses on tracing her migratory journey, using dance and its praxeology as the central theme. Klietmann emerges as a pivotal figure for exploring issues of knowledge transmission, appropriation, transformation, documentation, and the resignification of dance practices. To examine the relationship between archives and embodiment, I explore different modes of archiving in dance, including written documents, videos, photographs, oral testimonies, and the preservation of repertoires. The research is structured around two interconnected archival phases: the first focuses on historical documents available in Austria, whereas the second delves into archival resources in Mendoza.

Austria

Petites traces of movements: Isolde Klietmann[2] comprises and organises selected dance-specific material available in Austria. The case study focuses on little dancer figurines made out of paper by Klietmann (size 2.5 cm). The figurines are the only dance notation I could obtain in Austria, and to which I had access thanks to Monika Klietmann (niece of Klietmann) and Rose Breuss. The little dancers offer detailed insights into understanding movement, reflecting specific praxeological knowledge and methodological possibilities (cf. López Morales 2024, available at movementmachines.org). Their contours are meticulously crafted, featuring defined musculature, expressive hands, tensions, impulses, and dynamics. The figurines capture a moment in dance, akin to a photographic snapshot. The little dancers also reveal intentional arrangements in constructing groups or movement sequences.

The approach to the material seeks to explore the physical and motor mechanisms embedded in dance notation, with the aim of fostering a broader range of theoretical and praxeological reflections, while emphasising the "dancer's

2 For more information about the project and the artistic implication, please visit the website: movementmachines.org/petite-traces-of-movements-isolde-klietmann-by-marcela-lopez-morales/

role as an agential researcher of/in/through dance" (Jeschke 2017: 1). The engagement with the notation was based on:

- The reading process—explored through "kinesic intelligence" (Bolens 2012: 1)—involves a dynamic interplay between observation and motor experience in interpreting an image. This process necessitates that the dancer-researcher's body knowledge operates simultaneously as both the subject and the object of investigation (cf. López Morales 2023: 139f.). According to Breuss, "in the reading and interpretation processes of dancers, the structures and grammars of body-space-time-related actions and their variations are revealed" (Breuss 2023: 117).
- The transferring process "[...] emphasises the dancer's agency, which refers not only to the action of observing, reading or analysing dance (a primarily visual action) but to the possession of the motor representation of an observed action" (López Morales 2023: 140f.). The figurines present fragmentary information that invites readers to tap into their own embodied knowledge, body memory, physical experiences, and enacted movements. In contrast to conventional methods of transmitting dance, these processes unfold without the use of visual demonstrations or verbal instructions.
- Creative-artistic process involves transmediation, where historical materials, notations, and scores interact, allowing for their re-signification and re-contextualization within the layers of a choreographic composition. These processes allow for creating particular and situated contemporary choreographies, interacting with specific historical material. Choreography is "[...] considered as a syncretic construction of the multiple sediments of experience available to the dancer [...]" (Cortés Alberti 2023: 136). Simultaneously, the available information in the notations gives access to "a 'multiplicity' of emerging motor reservoirs of 'relations of elements as a modus of becoming'" (Breuss 2023: 123), establishing enriching tools in and for contemporary dance making and artistic research.

Mendoza

The ongoing artistic research in Mendoza began with my trip to Argentina in 2023, driven by transversal and transcultural collaborations with former students of Isolde—dancers, teachers, and/or current retirees. My attention was located in Mendoza, where I focused on the available repertoire kept alive in the bodies and practices of the former dancers. The testimonies were all by students who were part of the *Isolde Klietmann: Gimnasia, Danza, Arte Coreográfico* between the 1950s and the 1990s in Mendoza. Such testimonies were recorded, either individually or in groups, via a series of praxeological interviews.

The praxeological interviews were structured around praxeological principles, linking the analytical study to the exploration of compositional techniques, choreography, class exercises, class structures, pedagogical methods, and other aspects integral to the praxeology of dance. Likewise, such interviews were conducted in dance studios, creating a space for verbal and physical expression. As such, testimonies focused not only on oral recollections but also on embodied memories, acknowledging the body's significance in transmitting knowledge. The former dancers (re)created and (re)constructed spaces, gestures, and dances. In each narrative, they relate multiple truths, which is possible when one starts from the assumption of the existence of pluralities. Moreover, the praxeological interviews provide fascinating information complementing other sources, such as, among others, newspaper articles from Austria and Mendoza, photographs, and the above-mentioned figurines.

It should be noted that Mendoza is located in western Argentina, specifically in the Nuevo Cuyo region, and is 1042 kilometres away from Buenos Aires. This is not a minor detail, since the Autonomous City of Buenos Aires serves as the political and economic hub of the country. Recognised as the centre of artistic legitimacy in Argentina, Buenos Aires has historically overshadowed subaltern practices, often denying the simultaneity of regional movements. This process of "spatialisation of historical time" (Cadús 2022: 15) is evident in Argentina's dance historiography. This work, therefore, aims to decentralise the history of dance by amplifying the voices of those whose knowledge has remained unacknowledged.

In conclusion, the lecture performance at gtf aimed to highlight the following aspects of my research process:

- The diversity of archives. This was demonstrated during the lecture performance through the presentation of videos featuring interviews with testimonies, audio recordings, personal archives, memories, photographs, newspaper reports, and dance repertoires performed by me on stage, among other materials.
- Some questions that emerged throughout the development of my artistic research. In an alternating manner, I gave the audience sheets of paper

with questions that may not have definitive answers but are intended to share my reflections and concerns regarding the subject. Such questions were:

- Based on this case study, is it possible to problematise the tensions in constructing historiographic discourses on dance, in relation to the so-called geo-aesthectic centralities?
- How does the study of embodied performances enable the reflection of contemporary dynamics and situations of domination?
- What kind of praxeological contribution did Isolde take from her students/dancers to develop her dance methodology and pieces?
- What is relevant in the reconstruction: the search for and recovery of the original event, and/or what is constructed and reconstructed around the event?

- The existing spaces for intercultural and transcultural exchange. This was done by writing on paper the names of the twelve testimonies—former students of Klietmann—who materialised the dance practices and contributed to their realisation.
- The valuable layer of information that artistic processes can offer. During the presentation, I played video recordings of part of the praxeological interviews, which were intended to show the potential of oral testimonies and their bodily experiences, considering performers and testimonies as mobile body archives.

References

Althammer, Miriam/Arend, Anja K./Wieczorek, Anna (Eds.) (2023): *Scores. Zwischen Dokumentation, Vermittlung und Kreation*, München: epodium.

Bolens, Guillemette (2012): *The Style of Gestures. Embodiment and Cognition in Literary Narrative*, Baltimore: Johns Hopkins University Press.

Breuss, Rose (2025): *Movement Machines*, [online] https://movementmachines.org. [January 19, 2025].

Breuss, Rose/Cortés Alberti, Damián/López Morales, Marcela Mariana (2023): Atlas of Smooth Spaces: Notation, Communication and Composing Spaces in Audio-Corporeal Practices, in: Miriam Althammer/Anja K. Arend/Anna Wieczorek (Eds.), *Scores. Zwischen Dokumentation, Vermittlung und Kreation*, München: epodium, pp. 114–143.

Cadús, Eugenia (2022): Palabras preliminares: Una historia, múltiples voces, in: Eugenia Cadús (Ed.), *Danzas desobedientes: estudio sobre prácticas de las danzas en Buenos Aires, 1940–2018*, Ciudad Autónoma de Buenos Aires: Editorial de la Facultad de Filosofía y Letras Universidad de Buenos Aires, pp. 11–30.

Hager, Ulrike/Kumpar, Andreja/Moser, Katja/Wapper, Daniela (1999): *LINZ-TANZ: Ein Forschungsprojekt über Tanz in Linz der 4. Klasse Tanzpädagogik/Zeitgenössischerm Tanz am Bruckner Konservatorium Linz im Fach Ästhetik, Geschichte und Gegenwart des Tanzes,* unter der Leitung von Dr. Andrea Amort, Linz: Bruckner Konservatorium.

Jeschke, Claudia (2017): *Corporeal Scores as Non-Discrete Historiographies*, unpublished manuscript.

López Morales, Marcela: Petites traces of movements: Isolde Klietmann by Marcela López Morales, [online] in: https://movementmachines.org/petite-traces-of-movements-isolde-klietmann-by-marcela-lopez-morales/ [January 19, 2025].

Peripheralisation Within the Periphery[1]

Visual Traces of Transnational Modern Dance Histories in Chile

Sofia Muñoz Carneiro, Andrés Grumann Sölter

> Andrée Haas was born in Switzerland and began her musical studies with Blanche Selva in Paris, obtaining the qualifications of Rhythmic and Piano teacher, and then working as a rhythmic teacher at the Paris Opera Ballet. At the Jaques-Dalcroze Institute in Geneva, she obtained the qualifications of Superior Professor of Solfeggio and Professor of Rhythmic. Further, she carried out special studies at the Mary Wigman School in Dresden, Germany. With this rich musical and artistic background, Andrée Haas arrived in Chile, a country to which she gave forty-three years of teaching work, until her retirement in 1971. (Vicuña 1981: 157, our translation)

Peripheries

In the Chilean Newspaper *La Nación*, Juan Emar describes in 1924 Andrée Haas as a dance teacher with new ideas, new forms of education, and great sensibility, capable of inspiring her students to learn rhythmic and dance in her own school. She taught gymnastics, eurhythmics, free dance, choreography,

1 This text is part of the *Peripheralised Dance Modernities* research group's contribution. Other members contributing to this volume are Miriam Althammer, Anna Leon, Arzu Öztürkmen and Sasha Portyannikova. This text was also written in the framework of the Research Project *Desenfoque*. Under the name "Photographs of free dance, exoticism, and German expressionist dance for the historiographic rescue of Chilean dance before 1940", *Desenfoque* was granted with the National Fund for the Development of Culture and the Arts in Chile on 2021/22. It was led by Katja Schneider, Sofia Muñoz Carneiro, and Andres Grumann Sölter.

pantomime, and other techniques drawn from Émile Jaques-Dalcroze, Mary Wigman, and Rudolf Laban. In 1928, she worked at *Universidad de Chile*, at the Music department, teaching rhythmic classes to music students. Along with other dancers and choreographers, like Ignacio Del Pedregal and Elsa Martin, who also studied with Mary Wigman, Haas was connected with the independent scene of arts in Santiago de Chile and combined diverse activities in connection with different artists and organisations, like the *Association of Artists of Chile* (cf. Emar 1924: 5). She also conducted numerous dance presentations along with her colleague Elsa Martin, achieving great success. In the nineteen-thirties, Haas was considered and often described in newspapers and unofficial accounts as a key figure of the avant-garde arts in Chile.

Despite the recognition that Andrée Haas achieved at that time, later historical narratives seem not to have granted her the same acknowledgement. Her contribution is often described in terms of "preparing the ground" for what was going to happen later: the arrival of the Kurt Jooss Company in Santiago de Chile (cf. Montecinos 1962: 9). As it is well known, in 1933 Kurt Jooss was forced to leave Germany after refusing to dismiss his Jewish members from his company under the Nazi regime (cf. Stöckemann 2001: 173–174). In 1934, the Jooss Company was established in England at Dartington. Despite living in exile and the political situation in Europe, Jooss became a well-established figure, and the company toured through Europe, North and Latin America (cf. Partsch-Bergsohn, Bergsohn 2003: 64–66). In 1940, Jooss's company arrived in Chile during one of their tours, not being able to return to Great Britain because of the outbreak of the Second World War. In the winter season of that year, the company presented *The Green Table* (1932), which was not just a huge success due to its political character and expressionist dance style, documented by the Chilean press of the time, but also became a historical reference for the history of dance in Chile (cf. Cifuentes 2007: 65).[2] One year later, some of the members of that company (Ernst Uthoff, Lola Botka, and Rudolf Pescht) returned to Chile after touring, establishing, with other Chilean dancers, among them Andrée Haas, what is considered to be the first dance school in Chile attached to the university, the *Universidad de Chile*, and the *National Ballet*. The arrival of

2 In 1948 Kurt Jooss was invited to Chile. For that occasion, *The Green Table* was presented again but with the already established National Ballet. The press of the time considered the performance to be a great success, that included critical views about the war and its organizers (Bello 1948: 38–39).

the Jooss company, therefore, is described as a historic milestone for Chilean dance history that prompted a far-reaching process of professionalisation.

Because of the importance of these events, historical accounts give a justified relevance to this period and the following periods, underlining the influence of German modern dance (cf. Montecinos 1964: 15).[3] Interestingly, they do not acknowledge the complex interweaving of international connections, migrations, relationships, and contributions that took place before the arrival of Jooss' Company. In other words, most of these historical narratives do not take into consideration that the period before 1940 was also a phase of openness and intercontinental exchanges regarding artistic movements (especially expressionism, free dance, and exoticism), as if the history of dance in Chile had actually begun in 1940, with Ernst Uthoff as "the father of Chilean dance" as some authors describe him (Cifuentes 2007: 79).[4]

An explanation for this posterior reconstruction of historical accounts (that helped to create a historical canon of dance in Chile dating back to 1940) could be attempted regarding the relationship between the notions of institution and peripheralisation.

A useful approach regarding the notion of institution was developed by Jacques Derrida, who links this notion with that of "invention". The traditional notion of invention, suggests the author, implies an "inaugural act", that is, that something happens "for the first time". In *Psyche, Invention of the Other*, Derrida indicates that this inaugural act "presupposes the *public recognition of an origin*, more precisely, of an originality" (Derrida 2007: 28, our italics). This public recognition of an origin had to be certified and conferred, and it can only be done by a social community or an institution. (Derrida 2007: 5f.) In this sense, the matter of the invention is related to the institution or to a public instance that would be able to certify and establish an "inaugural act" or an origin

3 See, for instance, Yolanda Montecinos (1962): 'El Ballet Nacional Chileno'. Perspectiva histórica y humana, in: *Revista Musical Chilena*, Volumen 16, abril-junio, N° 80, pp. 9–30.

4 We are not understanding expressionism, free dance, and exoticism as three completely different and separate movements. They usually intertwine and can be found in the work of one artist. Nevertheless, on some occasions one might find them separately. As to the notion of exoticism, we are referring to the interest in cultures other than Western Cultures, especially oriental and indigenous cultures, which was also a focus of interest in Latinoamerica, as well as in the European and North American dance practices. See: Edward Ross Dickinson (2017): *Dancing in the Blood: Modern Dance and European Culture on the Eve of the First World War*, Cambridge: Cambridge University Press, pp. 154–59.

as such. The identification of an origin, Derrida states, presupposes furthermore the ideas of generation, engendering, and genealogy that are fundamental to its own process of legitimisation. The question that Derrida states and we found interesting to approach here was: "Who is excluded from the scene of invention?" (cf. Derrida 2007: 5f.) The relationship between invention and institution, therefore, requires a constant self-foundation through a community that institutes, legitimates, and manages this production of legitimisation and exclusion.[5]

The founding of a dance school attached to the University, and as a second step, the founding of a company that became a national organisation, *The National Ballet*, can be understood regarding the logic that rests in the necessity of an "inaugural act". This act implies the recognition of an origin or originality, that "peripheralises" other histories and other possible origins reducing it to one inaugural act: the arrival of the *Kurt Jooss Company* in 1940, which defines the beginning not just of the *Dance Department of the Universidad de Chile* but generates a genealogy of modern dance in Chile with its own founder, Ernst Uthoff.

Another key idea that might be useful to understand this process of historical exclusion is the notion of peripheralisation. As the sociologist Katrin Grossmann describes, peripheralisation is concerned with the "production of peripherality" regarding unequal power relations and disadvantages (Grossman et al. 2024: 8). But at the same time, the author describes how, following Manfred Kühn, these ideas tend to oversimplify power relations by assuming that peripheries are dependent and powerless. Grossman identifies, therefore, the necessity to analyse diverse modes of operations and local internal logics in connection with larger contexts in which peripheries operate. (cf. Grossman et al. 2024: 3) In the case of the history of dance in Chile, one can identify a process of peripheralisation related to the discourses concerning central European historical narratives. But at the same time, one can identify a process of peripheralisation within this periphery, in which the peripheralisation occurs in the processes related to the foundation of the institution, the *Dance Department of the Universidad de Chile*. What was peripheralised, therefore, were the local dance practices mentioned before, related to modern dance in Chile before the arrival of the *Jooss Company* in 1940. The concern, therefore, was to

5 This argumentation was followed in a paper by Katja Schneider and Sofia Muñoz Carneiro as a joint paper at IFTR conference 2018.

dive into this peripheral local practice and its modes of operation in an artistic context, that is, the work developed by different artists at that time, such as those of Andrée Haas and Elsa Martin. This concern, therefore, gave birth to the Research Project *Desenfoque*, dedicated to exploring modern dance practices in Chile before 1940, shedding light on local and peripheralised dance expressions, considering its transnational connections.

On the following, we would like to dive into this 'periphery' or peripheralised practice, starting with a photo taken of André Haas.

Project *Desenfoque* (Blur/Out of Focus)

Fig. 1: Andrée Haas, Photographer: Ignacio Hochhäusler[6]

6 This photograph is part of the archive of the Centro de Documentación de Artes Escénicas of the Teatro Municipal de Santiago and of the Archive Desenfoque: www.proyectodesenfoque.org

Andrée Haas' arms are crossed in front of her abdomen, pointing downwards diagonally around her waist. The hands accompany this gesture, generating a break in the angle of the line drawn by the arms. With the fingers together, the hands are extended, pointing downwards. The position of the arms and hands, combined with the gesture of the head turned back, generates a symmetry in the photographic image that produces a geometric character, resembling some manifestations of expressionist dance, such as some early works by Rudolf Laban or early photographed poses of Mary Wigman. Indeed, Andrée Haas' pose, with the inclination of the head, the eyes open, the gaze fixed and expectant, together with the blurriness of the image, gives the impression that the dancer is about to fall into a trance, reminding us of some poses of Mary Wigman, like some of those taken by Charlotte Rudolph in *Seraphisches Lied*, *Traumgestalt*, or states of ritualised trance in her dances. As mentioned at the beginning, Andrée Haas studied at the *Mary Wigman School* in Dresden, bringing with her this background and combining it with techniques drawn from Émile Jaques-Dalcroze and Rudolf Laban for her own teachings and presentations. In this sense, it is possible that Andrée Haas took inspiration from her time in Germany.

It is also important to mention that in the lower right corner of the photograph, one can see the signature with the surname "Hochhäusler" written. This image of André Haas was taken by the Austrian photographer Ignacio Hochhäusler, who emigrated to Chile in 1926 and stayed in the country until his death in 1983. Hochhäusler dedicated his life to photographing Chilean society and its artistic scene, developing his own photographic style, which caught the interest of dancers such as Andrée Haas and Elsa Martin. Particularly of interest was his ability to transform the photographic image into "an atmospheric landscape in movement" using a blurring technique, which related to a "dreamlike and sacred" character that these dancers sought during the 1920s and 1930s in Santiago de Chile. (Grumann-Sölter 2018: 17)

All the different elements that can be revealed throughout the analysis of the photograph of Andrée Haas are part of what was peripheralised from the historical narrative in Chile, like the relationship with Mary Wigman's principles or technique, the association with Ignacio Hochhäusler and his photographic aesthetic and techniques, and the artistic-cultural exchange. And so the "inaugural act" of modern dance in Chile is associated with Kurt Joos, with the *Green Table*, and not with Mary Wigman, even less with André Haas and her Chilean contemporaries, like Elsa Martin, who just 'prepared the ground' for what was going to happen in 1940.

Periphery or peripheralisation could be considered, therefore, not only regarding space and geography, but also regarding time, bodies, techniques, names, and processes that take place in connection with what comes to be considered the centre or central narrative. Peripheralisation, therefore, is connected to a certain movement of inclusion or exclusion, of legitimisation of narratives and origins.

Peripheralisation can also be a displaced or deferred practice, as something that happens afterwards, when constructing some sort of official history, like in the case of Chilean dance history. Andrée Haas was not peripheralised in her time. On the contrary, she achieved considerable recognition within Chilean society and had a successful dance school or academy alongside Elsa Martin, as described at the beginning. The peripheralisation occurred afterwards, within the posterior historiographical reconstruction of accounts of Chilean dance history or the official dominant narrative.

In addition to the photograph of Andrée Haas described before, one will find several images of Haas and other dancers and choreographers in Chile as well as from Elsa Martin, Yerka Luksic, Tona Engels (all of them were born in Chile and studied with Andrée Haas), other dancers that were touring or lived for a period of time in Chile, like Jan Kawesky (dancer of Ana Pavlova's company who decided to stay in Chile, taught in the 1920 and founded a dance academy with the Chilean dancer Doren Young) and dancers associated with ethnic or exoticist dance styles, like La Meri (an American ethnic dancer) that reveal a complex network of artistic, cultural, and international relations. These photographs, dispersed, partly published on the internet, partly from national or international archives, gave birth to the project *Desenfoque*, a project about peripheralised dance practices in Chile at the beginning of the 20th Century and the processes of migration and transnational exchanges between Chile and German-speaking countries. These photographic materials, which can be understood as visual traces of modern dance histories in Chile, open the possibility to approach the bodily and dance practices, aesthetics, uses of the body, and techniques involved in a transnational context. Approaching photographic materials as a contribution to historiographic accounts has been discussed in recent decades. In *Tanzfotografie. Historiografische Reflexionen der Moderne,* Tessa Jahn, Eike Wittrock, Isa Wortelkamp describe how photographs of dance are able to reflect history since they capture and transmit it into images that are conveyed to us photographically and choreographically (Jahn et al. 2016: 11 f.). In historiographical reflection, nevertheless, photographs must be comprehended considering different aspects that could limit the historical understanding, like considering the interests of the artists involved (if these photographs were taken for advertising purposes, for instance), which aspects of a reality are involved or not, and the technical limitations of the camera in a certain period in history. As Christina Thurner underlines, this is particularly important when approaching photographs of early modern dance since most of them were created in the photo studio or in nature, partly due to the technical limitations of the camera to be able to photograph during the performances at that time but, nevertheless, created a certain aesthetic of the modern that is to be found later on. (cf. Turner 2016: 29 f.) Taking into account these observations and considering the 'fixed' quality of the photograph in contrast to the ephemeral character of dance, dance photography is able to provide clues about expressions, techniques, costumes, tendencies, bodily language, and aesthetics. In the case of the dance photographs mentioned before, taken in Chile, the images also reveal the complex interweaving of exchanges and interconnections between artists, techniques, aesthetics, and places as a connected phenomenon in a global/local context.

The name of the project, *Desenfoque*, which means 'blur' (in German: *Die Unschärfe*), is connected to two main ideas, considering these interweavings in a global/local context. The first one connects the photographic technique and dance in a certain historical period (early 20th century), especially regarding free dance, exoticism in dance, and early German expressionism. In this period, photographers such as Charlotte Rudolph or Hugo Erfurt used the idea of 'blur' or *Unschärfe* as a photographic staging strategy to explore movement in what was captured by the camera. In several photographs, for instance, of the dancer Gret Palucca made by Charlotte Rudolph, we can identify how the hands are mainly out of focus, generating the sensation of movement. As the dance scholar Isa Wortelkamp underlines, the blur, *die Unschärfe*, became a photographic strategy to explore movement and to generate an "impression of reality" or "impression of movement" that became an artistic and aesthetic intention for dance photography (Wortelkamp 2016: 180 f.).

These ideas crossed the European continent and are to be found in several photographs of the late 1920s and 1930s in Chile, especially in those images taken by the photographer Ignacio Hochhäusler.[7] Nevertheless, Hochhäusler also explores the blurriness in other directions, as an aesthetic decision for generating a certain atmosphere. In the photograph described at the beginning of this section, one can see that the blurriness displayed around Andrée

7 See the link of the Project *Desenfoque*: www.projectodesenfoque.org

Haas' body is not used to highlight the impression of the movement of the body, but to generate a certain climate linked, one could suggest, to the idea of trance mentioned before (see Fig.1).

Secondly, "des-enfoque" in Spanish also refers to the action of displacement of the gaze, of changing the focus on something, of shifting the perspective. In this sense, *Desenfoque* is also a gesture of re-adjusting the lens regarding the history of dance in Chile, beginning from those archival materials that are being analysed with a new focus, showing a broader dimension of the work and network of the dancers concerned, as acknowledged until today. By paying attention to these photographs and analysing them, one can dive into the complexity of local practices that existed before Kurt Jooss' company arrival in Chile. What we propose is that before the visit of Kurt Jooss Company, there was a scenario of intercontinental exchange, where different artists involved can be identified, generating a local scene that was much richer and complex than that described until today.

To Peripheralise - Final Considerations

The idea of peripheralisation can be a helpful tool for considering a broader view of modernity in dance, with another cartography, especially when considered as a transnational and intercontinental phenomenon linked to diverse forms of migration, multiple ramifications, deterritorialisation, and interweavings of peripheralisation in different countries and continents. The notion of "global modernities," coined by Mark Franko, conveys this idea in connection with a new understanding of modern dance. The author explains that considering global modernities shifts and shakes the preconceived notions of time and space regarding a particular phenomenon since "dance in transnational perspective alters our perspective on modernity" (Franko 2013: 1). In the case of the project *Desenfoque*, it allowed us to understand some aspects of the development of modern dance in Chile before 1940, considering the complex interweaving of exchanges and interconnections between artists, techniques, aesthetics, and places as a connected phenomenon in a global/local context. This opened the possibility to dedicate attention to understanding local practices concerned with education, presentations, and artistic exchange, focusing on specific qualities like poses, modes of movement, and aesthetic-artistic approaches that emerge from the photographic material and have not been taken into consideration by the historiographical narrative about dance in Chile.

References

Bello, Enrique (1948): Representar la vida en su más pura forma, busca Kurt Jooss, in: *Zigzag* June 25 [online] www.memoriachilena.cl [12.03.2024], pp. 38, 39, 62.

Cifuentes, María (2007): *Historia Social de la Dana en Chile. Visiones, escuelas y discursos 1940–1990*, Santiago: Lom Ediciones.

Derrida, Jacques (2007): *Psyche, Invention of the other*, Stanford: Stanford University Press.

Emar, Jean (1924): Andree Haas, in: *La Nación*, November 7 [online] www.memoriachilena.cl [12.03.2024].

Franko, Mark (2013): Editor's note: Global Modernities, in: *Dance Research Journal*, Vol. 45, No. 1, pp. 1–3, [online] http://www.jstor.org/stable/23524721 [15.05.2024].

Grossman, Katrin et al. (2024): Self-responsibilization, the municipality, and the state: Peripheralization shaping local initiatives in shrinking small towns, in: *Cities: The International Journal of Urban Policy and Planning*, Vol. 150, No. 1, [online] www.researchgate.net [20.06.2024].

Grumann-Sölter, Andrés (2018): Fotografías de la danza. Su potencial disruptivo para la historiografía, in: Jose Manuel Izquierdo (Ed.), *Memoria visual de la danza en Chile 1850–1966*, Santiago: Ediciones Fondos de Cultura y las Artes, pp. 16–21.

Jahn, Tessa/Wittrock, Eike/Wortelkamp, Isa (2016): Bilder von Bewegung. Eine Einführung, in: Tessa Jahn/Eike Wittrock/Isa Wortelkamp (Eds.), *Tanzfotografie. Historiografische Reflexionen der Moderne*, Bielefeld: transcript, pp. 11–28.

Montecino[s], Yolanda (1962): 'El Ballet Nacional Chileno'. Perspectiva histórica y humana, in: *Revista Musical Chilena*, Vol. 16, No. 80, Santiago: Universidad de Chile, pp. 9–30.

Partsch-Bergsohn, Isa/Bergsohn, Harold (2003): *The Makers of Modern Dance in Germany: Rudolf Laban, Mary Wigman, Kurt Jooss*, Hightstown: Princeton Book Co.

Stöckemann, Patricia (2001): *Etwas ganz Neues muß nun entstehen: Kurt Jooss und das Tanztheater*, München: K. Kieser Verlag.

Thurner, Christina (2016): Quelle Tanzfotografie. Ein Dilemma der Historiografie, in: Tessa Jahn/Eike Wittrock/Isa Wortelkamp (Eds.), *Tanzfotografie. Historiografische Reflexionen der Moderne*, Bielefeld: transcript, pp. 29–40.

Vicuña, Magdalena (1981): In Memoriam. Andrée Haas (1903–1981), in: *Revista Musical Chilena*, Vol. 31 No. 153, Santiago: Universidad de Chile, pp. 157–158.

Wortelkamp, Isa (2016): Blinde Flecken. Historiographische Perspektiven auf Tanzfotographie, in: Tessa Jahn/Eike Wittrock/Isa Wortelkamp (Eds.), *Tanzfotografie. Historiografische Reflexionen der Moderne*, Bielefeld: transcript, pp. 175–186.

Helba Huara

One of Many Forgotten Dancers in Dance History

Anna Menslin

Introduction

The first time I stumbled upon the dancer Helba Huara was in spring 2024, when I was working in the *Derra de Moroda Dance Archives (DdMDA)* in Salzburg as part of a research project.[1] As I was working my way through the collections, I noticed a folder on the bottom of a shelf with the title *The Dance Magazine*. I pulled it out, and the next moment I was holding the February 1929 issue in my hand. In vibrant colours, Huara was illustrated on the cover in an expansive pose, as if she were using the front page of the magazine as a stage. Having never heard of her name before, I began to do some research and realised that very little was known about her and even less about her dances.

In the field of dance studies, certain figures remain forgotten and overshadowed. Huara is one such figure whose unique life and work irritate conventional narratives, disabusing us that many dance histories remain yet to be told and written. In this contribution, I propose using this archive as a starting point from which to follow the washed-out traces that lead to Huara and her life as a dancer. Using a qualitative historiographical approach and movement analysis, I examine the mechanisms of remembering and forgetting in dance history and archiving to understand why Huara has been overlooked. Possible reasons include her oeuvre, which can be situated within the categorisations of the 'grotesque' and 'exotic', her marginalisation due to racial and colonial dy-

1 Part of the research project with the title *Zeitschriften als Bühnen für den Tanz*, and original and reenacted images of Helba Huara, can be found in a digital exhibition on the website of the *Derra de Moroda Dance Archives*: https://ddmarchiv.eu/projekte/ausstellungen-2/zeitschriften-als-buehnen-fuer-den-tanz/ [online] [18.01.2025].

namics, limited information about her private life, lack of self-promotion, and absence of a teaching legacy.

Fig. 1: Helba Huara, painted by Carl Link (German-American illustrator, 1887–1968), Cover of the magazine "The Dance", Volume 11, No. 4, February 1929. University of Salzburg, Derra de Moroda Dance Archives.

The Role of Archives in Shaping Dance Narratives

How we tell histories is inseparable from how we engage with and within archives, as they not only store knowledge but also serve as active spaces where these knowledges are shaped and contested. As said, *The Dance Maga-*

zine issue featuring Helba Huara came to light in the Derra de Moroda Dance Archives—a carefully maintained and well-organised institution dedicated to dance. And yet, no one remembered it being in the holdings of the archive; it had not been indexed in library databases, and no further connections to the dancer could be established within the archive itself. This highlights how, even within such professionally curated archives, certain materials can fade from view, shaped not by neglect but by the structures and limits of archival systems themselves. Often, it is assumed that archives can preserve the past in its entirety, presenting an ideal of a complete and linear history. However, this assumption is fundamentally flawed. (Schmieder/Weidner 2017: 9) Archives are never complete, nor are they neutral: They are shaped by power dynamics that determine which stories are visible and which are silenced. (Lepecki 2016) They are shaped by selection, exclusion, and the active processes of deciding what is kept and what is discarded.

In this regard, it is also important to consider that certain sources, particularly dance magazines such as *The Dance Magazine* (USA), *Dancing Times* (UK), and *Der Tanz* (GER), have been largely overlooked in historical research. They were usually published once a month and combined reports on performances, portraits of dancers, fashion trends, social gossip and adverts for dance costumes or beauty products. Dance magazines not only documented but also shaped the public perception of dance of their time. These magazines catered to a broad audience, blending high art and popular culture, and showcased dancers as both artistic icons and lifestyle trendsetters. To stick more to *The Dance Magazine*, in which Helba Huara was featured on the front cover, it is to say that not much is known about this periodical. Even basic research proved to be a bit of a challenge. The magazine itself tells us that Macfadden published it in New York City, which is an exclusive issue magazine. The publishing house was founded in 1898 by Bernard Macfadden, and *The Dance Magazine* was not its only periodical specialising in dance. From 1923 to 1925, they published a magazine called *Dance Lover's Magazine*. From 1925 to 1930, the magazine's name was changed to *The Dance Magazine*. It was then published from 1930 to 1931 under the title *Dance Magazine of Stage and Screen*. The periodicals were published monthly and contained an average of 40 to 50 pages, which were black and white except for the front and back covers, which were always printed in colour.

Helba Huara's Life as a Dancer

Helba Huara was born as Helba Muñoz in Cusco, Peru, in 1900. Her mother was from Brazil, and her father, from whom the name Muñoz originates, was from Andalusia, Spain. She probably began dancing at a young age and performed in Peru, Argentina, and Bolivia, although it remains unknown what kind of technical training she received. (Zarraga 1927: 18) In 1924, she was photographed in the *Estudio de Arte Vargas Hermanos* by the Vargas brothers, an exclusive meeting place in Arequipa during the 1910s and 1920s characterised by a 'Western European' influence. People from high society, including many artists, met there.

Until then, Huaras' traces are very blurred and vague. With her transfer to New York City, this changes somewhat. In 1927, Huara had a significant engagement as a dancer and choreographer in the Broadway musical revue *A Night in Spain*, produced by the Shubert Brothers. In this revue, Huara performed the *Dance of Fate* and the *Dance of Snakes*; two solos that she had choreographed herself and for which the audience celebrated her and the press as a 'new' and 'exotic' dancer. (Bakshy 1927: 123; Martin 1929b: 182; Martin 1930: 182) From 1928 onwards, she frequently appeared in the press. For example, in announcements for dance events, alongside well-known names such as Nyota Inyoka, Uday Shankar, La Argentina and Martha Graham. (Anonymous 1932b; Sordet 1932: 3; Martin 1929a: 153) In her solo performances, she appears, on the one hand, as a 'Spanish' dancer, performing grotesque, dramatic pantomimes based on Andalusian and medieval themes, and her specially developed castanet technique, the origins of which are not mentioned. (Vadoyer 1934: 12; Anonymous 1931: 57; Anonymous 1932a: 598) On the other hand, she performed as an 'Inca dancer', in which she constructed ancient dances of her Incan ancestors, such as the *kachampa*. (Anonymous 1932c: 14; Anonymous 1934: 29; Béhague 1980: 9)

The reception of Huara as 'exotic' reflects not only the racialised and orientalist gaze of the time but also the colonialist framework within which her performances were situated. The staging and marketing of 'exotic' dancers were embedded in structures of othering and fetishisation, where the performer's racialised identity became a central element of her artistic capital. While Huara may have gained professional recognition through this framing, it is crucial to recognise that she was simultaneously subjected to the constraints and expectations of these racialised dynamics. Her success was thus shaped by structures that exoticised and commodified her identity, positioning her not only as an agent of her own artistic expression but also as a figure constrained by the colonialist and racist mechanisms of the time.

Huara's two main dance idioms—the 'Spanish' and the 'Incan'—could hardly be more different in what they physically require. In order to analyse this difference, a range of image material was consulted that documents both styles. This material was then examined through the lens of dance scholar Claudia Jeschke's method *Inventarisierung von Bewegung* (*Inventory of Movement*) (Jeschke 1999), which focuses on identifying and cataloguing movement characteristics and therefore provides a structured framework for distinguishing the specific physicalities and aesthetics of each idiom. Huara integrated expressive facial expressions and gestures into her dances to bring pantomimic narratives to life. In dances such as the *kachampa*—an Incan war dance which is still practised today—she used soft knees and a deeply anchored pelvis, while her leaps were powerful yet springy, and the slightly forward-leaning upper body emphasised the fighting stance. Her joints remained flexible, allowing for fluid, responsive movements. In 'Spanish' castanet dancing, her technique required strong torso control to execute the complex torsions of the spine in all directions, which optimally supported the fast, precise arm movements and the rhythmic sound of the castanets.

In her work, Huara consciously engaged with the grotesque as an expressive and aesthetic category. As dance scholar Susanne Foellmer has argued, the grotesque in dance emerges through bodily distortion, heightened expressivity, and the deliberate crossing of aesthetic and social boundaries. (see Foellmer 2015) In Huara's *kachampa*, the grounded stance, the forward-leaning upper body, and the combination of strength and flexibility created a physicality that could be read as aggressive or unsettling within 'Western' frameworks of dance. Similarly, the sharp torsions and precise yet almost excessive arm movements in her castanet dancing conveyed a theatrical intensity that challenged normative ideals of elegance and control. (Cheng 2015: 25) In addition, there were her exaggerated facial expressions.

This deliberate use of grotesque elements was likely part of Huara's artistic strategy, but it also intersected with contemporary expectations for 'exotic' and transgressive performances. While Huara's performances were undeniably innovative and expressive, her success must also be understood in relation to the exoticising and racially charged interests of the time. The "ugliness" and "grotesqueness" that critics often emphasised may have played into the 'Western' fascination with the 'other'—a fascination that both exoticised and commodified 'non-Western' identities. As seen in the *New York Times* review of

28 January 1929, her work was described as producing an "effect as of a fervid nightmare" and being a "deliberate ugliness of style", which were characteristics that played into popular expectations of 'primitive' or 'exotic' performances:

> Mme. Huara seen in weird Dancing: [...] She has assumed a deliberate ugliness of style which cannot be justified on any ground of esthetic vitality, for it masks a shallow intention. That it produces an effect as of a fervid nightmare. This is in no sense derogatory to Mme. Huara, for it is obviously, even obtrusively, declared to be her purpose with every movement of her body and every click of castanets. [...] But generally, there was a great deal of fury, a great deal of repetition, and a very small aesthetic accomplishment. [...] She is inherently a dancer of genuine theatrical power, and it is the more to be regretted that she chooses to expend her talent on so flamboyant a type of performance. (Anonym 1929: 16)

This critical reception reflects the complexity of Huara's place in the dance world: While I see her as an emancipated, self-expressive figure who used grotesque elements to challenge norms and transgress boundaries, her success was also shaped by the external expectations placed upon her. These included the demand for exoticised, 'primitive' performances that fit within the larger cultural narratives of the time, which often framed 'non-Western' bodies and expressions as sites for fascination, distortion, and commodification. (See Said 2003) Her performances resisted easy classification within 'Western' ideals of beauty and grace, precisely because they drew on expressive intensities, bodily distortions and partly unpopular movement vocabulary. Rather than signalling a lack of artistic depth, as the review suggests, Huara's engagement with the grotesque can be read as a deliberate and strategic act—one that positioned her work within a modernist exploration of bodily extremes and heightened emotionality. The ambivalence in the reception of her dancing thus reveals the tension between Huara's technical and expressive complexity and the racialised and exoticising gaze through which her work was interpreted.

Conclusion

Helba Huara's rise to fame in the 1920s was closely tied to the lens through which her performances were viewed. Her work was celebrated for its unique portrayal of the 'other' and the 'grotesque', but this same framing, along with the absence of a lasting teaching legacy, contributed to her marginalisation, even oblivion, in contemporary dance history. Huara's story underscores the importance of revisiting archival practices and how dance histories are shaped, particularly the narratives of artists whose legacies were constrained by the racial and colonial dynamics of their time. A deeper engagement with her work allows us to reconsider her significance in a pluralistic dance history.

References

Anonymous (1924): Danse Guerriére, in: *Midinette*, November 9, p. 29.

Anonymous (1929): Mme. Huara Seen in Weird Dancing, in: *New York Times*, January 28, p. 16.

Anonymous (1931): Danse, Culture, Physique, in: *La Semaine à Paris*, March 13, p. 57.

Anonymous (1932a): Helba Huara: Danseuse Péruvienne, in: *Vu*, April 20, p. 598.

Anonymous (1932b): Le monde qui danse, in: *Voilà*, September 24.

Anonymous (1932c): Die Tänzerin Helba Huara beim Kachampa, in: *Grazer Tagesblatt*, November 29, p. 14.

Bakshy, Alexander (1927): Through Alien Eyes: Observation and Comments of a Russian on Musical Comedies and Revue, American Style, in: *New York Times*, July 3, p. 123.

Béhague, Gérard (1980): South American Masked Dances: An Overview, in: *The World of Music* 22, no. 1, pp. 23–28.

Cheng, Anne Anlin (2015): *Second Skin: Josephine Baker and the Modern Surface*, Oxford: Oxford University Press.

Foellmer, Susanne (2015): *Am Rande der Körper: Inventuren des Unabgeschlossenen im zeitgenössischen Tanz*, Bielefeld: transcript.

Jeschke, Claudia (1999): *Tanz als Bewegungstext: Analysen zum Verhältnis von Tanztheater und Gesellschaftstanz (1910–1965)*, Tübingen: Niemeyer.

Lepecki, André (2016): *Singularities: Dance in the Age of Performance*, London: Routledge.

Martin, John (1929a): The Dance: The Recital, in: *New York Times*, March 3, p. 153.

Martin, John (1929b): Dance: The End of a Record Season, in: *New York Times*, May 19, p. 182.

Martin, John (1930): The Dance: Plans for the New Season, in: *New York Times*, September 21, p. 182.

Said, Edward (2003): *Orientalism*, London: Penguin Books.

Schmieder, Falko/Weidner, Daniel (Eds.) (2017): *Ränder des Archivs: Kulturwissenschaftliche Perspektiven auf das Entstehen und Vergehen von Archiven*, Berlin: Kulturverlag Kadmos.

Sordet, Dominiquen (1932): La Musoíque: Théâtre du Champs-Elysées, in: *L'Action française*, May 20, p. 3.

Vaudoyer, Jean-Louis (1934): Helba Huara, in: *Le magazine d'aujourd'hui*, March 14, p. 12.

Zarraga, Miguel de (1927): Helba Muñoz Huara, la celebrada artista hispanoperuana, in: *ABC en los Estados Unidos*, October 30, p. 18.

Artistic Dance Research on Soviet *Choreology* and Its Relevance in the Periphery and Isolation[1]

Sasha Portyannikova

> you are defenseless and weak
> against the repeating fall of the brick
> dance to its rhythm[2]

The *Choreological Laboratory* of *R/GAKhN*[3] was the place where, in 1923, artists and researchers came together to study how "from arbitrary and random movements artistic dance occurs" (Lindeman 1923) and declared: "Studying the patterns of these arbitrary movements is the task of our laboratory" (ibid). This ambitious plan allowed for academic reflection and further study of the movement practices and embodied knowledge accumulated prior to the revolution, as well as its further development. *R/GAKhN* seemed to signal the dawn of a new era of interaction between art and science, following Vassily Kandinsky's concept of studying the arts using the methodologies of natural sciences (Sirotkina 2023). It ended up being "reminiscent of Noah's Ark, in which Moscow intellectuals sheltered from the storms of the revolution"[4]

1 This text is part of the contribution of the *Peripheralised Dance Modernities* research group. Other members contributing to this volume are Miriam Althammer, Sofia Munoz Carneiro, Anna Leon, and Arzu Öztürkmen.

2 Coan-score, authored by participants of the laboratory *Soviet Gesture, SDVIG* St. Petersburg, 2024 (translated from Russian by the author of the article).

3 *R/GAKhN* stands for the *Russian/State Academy of Artistic Sciences*. In Russian, it is *Российская/Государственная Академия Художественных наук (Rossiiskaya/Gosudarstvennaya Akademiia Khudozhestvennykh Nauk)*. The acronym is formed using the first letters of the key words in Russian.

4 Many intellectuals fled during the revolution, fearing they would become targets of the class war under the Bolshevik government. Those who remained had to adapt to

(Sirotkina 2020: 20). That shelter was also the only place where they could study art, and so they did.

One hundred years later, a similar combination of circumstances and coping mechanisms takes place. In 2024, Russia is waging a war of aggression against Ukraine and has become peripheralised and isolated due to justified sanctions. Nevertheless, there are still places in Russia where people find it timely and relevant to be involved in artistic dance research. This paper will illustrate how artistic research can invite fellow artists to navigate the complex and uncomfortable maze of pasts and presents, while also serving as a pocket of resistance in a context where explicit political protest is inconceivable.

Choreological Laboratory and Its Forerunners

The *Choreological Laboratory* of *R/GAKhN* remains a little-known case for both dance historians and practitioners. Exemplary books and academic research spotlight that particular era and activities: Nicoletta Misler (2011), Irina Sirotkina (2021), Elizaveta Surits (1996), Anastasia Nabokina (2023), and some others tackle the connections with them (Narskij 2018; Yushkova 2019).

The *Choreological Laboratory* was an active department of *R/GAKhN* from 1923 to 1929—a specific period of Soviet history that is marked by the Russian avant-garde in visual arts, breakthroughs in cinema by Sergei Eisenstein, Lev Kuleshov and Dziga Vertov, and famous musical experiments by Dmitri Shostakovich, Arseny Avraamov and others. *R/GAKhN*, envisioned by Vassily Kandinsky, aimed to study the arts with scientific methods, meaning a positive approach (Sirotkina 2023). The members of the *Choreological Laboratory* determined Choreology as the science of dance. Following the positivist approach to dance study, the "elements" of dance should be investigated. The scope of movement practices at the *Choreological Laboratory* encompassed most of the experimental methods of that time, from musical movement to artistic and rhythmic gymnastics. The laboratory took a collegial approach to developing knowledge and movement systems as a cornerstone of its mission and comprised both permanent and affiliated members. The *Choreolaboratory*[5] was recognised

ever-changing regulations. Employment in an official institution like *R/GAKhN* helped to provide legitimacy but never guaranteed security.

5 *Choreolaboratory* is the shortening for *Choreological Laboratory*—both are equally used in historical documents.

as an important contributor to the international development of the dance experiments of that era, which is why it's members were on the list of the *New Russian Dance* programmed for the whole evening during *Tanzkongress* 1928 in Essen (Misler 2011: 387–392; Toepfer 1997: 313; Nabokina in this volume).

Sidorov emphasised, "[...] we should strive to develop a unifying system of gymnastics and abandon the path toward secret exercises practised and advertised in every studio as the one-and-only remedy" (Lizgunova 1926). Nevertheless, the atmosphere within the laboratory remained quite competitive, as passionate critiques and disagreements were quite common. This dynamic hindered the establishment of individually authored systems of movement, in contrast to colleagues in the West (such as Rudolf Laban, Rudolf Steiner, and Martha Graham and others),[6] who were often surrounded more by adoring followers than by critical peers (Plokhova/Portyannikova 2020: 34). Since 1924, the laboratory has also served as a legal umbrella for independent dance studios, which was crucial for their continued practice.[7]

Choreological Laboratory's dance experiments continued pre-revolutionary practices. The Russian nobility and educated elite, integrated into European culture, have a long history of experimenting with movement. Peter Lesgaft founded courses in gymnastics and fencing in 1877, Isadora Duncan performed in Russia from 1904, and Dalcroze rhythmics was adopted as early as 1907, when Nikolai Rimsky-Korsakov introduced the idea. By 1910, Prince Serge Wolkonsky had become a prominent advocate, launching eurhythmics courses in Petrograd in 1912 and publishing the magazine *Rhythmic Gymnastics Course Sheets* until the outbreak of World War I. Various movement schools emerged in Russia, including Francesca Beata's school (Moscow, 1909), Ella Rabenek's/Ellen Tels'[8] plastique classes (Moscow, 1910), Liudmila Alexeeva's studio (Moscow, 1913), *Geptachor* musical movement studio (St. Petersburg, 1914), Inna Chernetskaya's *Synthetic Dance Studio* (Moscow, 1915), and Vera Maya's Studio (1917). Nina Aleksandrova, a Dalcroze graduate, opened plastique movement courses (Moscow, 1913). Later, they were transformed into the *Rhythmical Institute* (from 1918/19 to 1923/24).

6 From the European perspective, this list of names may seem unrelated, but from the post-Soviet perspective those are the representatives of the Western canon.

7 In August 1924, a special committee in Moscow ordered the closing of all independent dance schools, studios, classes and groups (Misler 2011: 109–115).

8 Tels being the second half of Rabenek's maiden name (Surits 1996: 145) and European stage name (Toepfer 1997: 179).

Despite this rich foundation and extensive research by the *Choreological Laboratory*, dance experimentation faded after 1929, following the closure of the *R/GAKhN* due to accusations of not aligning with Marxist ideology (Iakimenko 2005). Many of the members and associates of the laboratory had to move to ideologically complementary activities, such as gymnastics, parades, or other events less connected to dance. Narskij registered some freedom of experimentation of amateur clubs in the following periods. Still, professional dance development was strictly limited to state-controlled ballet and folk ensembles (2018: 15). This is how this rich dance legacy was forgotten for many years, and the narrative of contemporary dance, rooted in experiments, mainly became associated with the Western practices that appeared in the post-Soviet territory following Perestroika in the 1990s (Kuryumova 2020; Baydina 2022; Gordeeva 2018).

Dance Research in the Archive and Open-Source

The Manual for the Practical Use of the Dance Archive (Plokhova/Portyannikova 2020) is the result of artistic dance research. It describes the method of recycling archival materials from the *Choreological Laboratory* into contemporary creative dance practices. The aim of this artistic research was not to reconstruct original dance practices, but to resonate with the choreographers' desire for artistic dance research and create an outcome that would inspire fellow dance artists. Jean Baudrillard's idea of the *simulacrum* served as a conceptual framework for approaching the text-based materials in the *Choreological Laboratory* archive.

Choreological Laboratory met weekly throughout the academic years from 1923 to 1929, fostering the exchange of movement concepts, experimental results, and theoretical insights. The minutes of these sessions, recorded by the secretary, capture the diverse discussions and debates among members; however, they often omit the text of the presentations (*reports* in official Soviet terminology). These minutes were the most critical archival resource in our artistic research methodology. Our central artistic research practice was *Report Simulations*, which involved repeating the actions registered in archival documents and *simulating* those they mention but do not register. It unfolds through the following steps:

a) reading the archival documents (minutes of the sitting sessions of the *Choreological Laboratory*);
b) developing movement tasks based on the read material (example see below);
c) practising the tasks in a group;
d) coming up with one's own version of the report on the researched topic (*report simulacrum*);
e) presenting the *report simulacrum* for the group;
f) participating in debates caused by the presentation.

One cycle of this practice typically lasts from one and a half to three hours.

There are also less time-consuming practices, e.g., formulating the sequenced task for movement research based on the data from the inventory list of photo negatives. For example, one of the photo negative captions is: "The transition from purely formal to expressive movement". Based on this, the proposed movement task suggests following the sequence:

i. *x* minutes of formal movement,
ii. *x* minutes of expressive movement;
iii. *x* minutes: transition from expressive to formal movement;
iv. *x* minutes: transition from formal to expressive movement.[9]

There are even shorter practices, e.g., the proposal to read the captions of some photographic negatives from the inventory as scores for improvisation:

1. Filling the circle with asymmetrical lines;
2. Forming a snapshot of a triangular space without a supporting frame;
3. Experiments in opposing different modes of expressivity;
4. Motifs of bending movement;
5. An expressive gesture of an elevated leg (*Russian State Archive for Literature and Art* 1924–25).[10]

As the reader may have experienced by now, grasping the point of these activities is difficult unless they have been practised. This emphasises the impor-

9 *x* varies from 1 to 7 minutes (even for every part), depending on the movement experience of the individuals practicing exercise.

10 Translated by the author.

tance of practice, which has extended beyond the realm of embodied knowledge.

For instance, in *The Ignorant Schoolmaster,* Jacques Rancière described the learning method that requires practising without knowledgeable supervision (1991: 1–18). This approach aligns with the activities of dance practitioners (including the author of this paper and colleagues) who face peripheralisation and infrastructural challenges. When local political and geographical contexts make it difficult to access practical knowledge about international dance development, self-colonial attitudes continue to prioritise knowledge produced in the West (Tlostanova et al. 2020: 17). The belief, as mentioned earlier, that contemporary dance is a Western phenomenon, which emerged in the post-Soviet territory primarily in the 1990s following Perestroika, contributes to the popularity and acknowledgement of techniques and aesthetics that are learned and mastered abroad. In the quest to learn and master this respected and valued embodied knowledge, artists navigate the maze of self-education by participating in short-term workshops led by Western teachers certified in *Gaga, Flying Low, Axis Syllabus*, and other techniques. Further development of learned material often takes the form of self-guided embodied research through open-access internet resources, individual and group practices, and reflective discursive sessions. This cycle of repetitive practising, discursifying, and practising again generates situated knowledge (Vasenina 2005; Kozonina 2021) that is deeply rooted in exchange and collaboration, nurtured by solidarity.

This creative and inventive approach to developing artistic methodologies was a result of the long-term peripheralisation of the cultural and artistic scene in Russia. Since the 2010s, international cultural exchange programs have been declining, prompting the artistic community to devise strategies for coping with increased isolation. Navigating diverse sources of information and developing solutions to enhance artistic practices based on those inputs became the foundation for researching archival materials from the *Choreological Laboratory* and conceptualising the practical tools described above.

Pitfalls of Soviet Legacy in 2024

Emphasising the importance of practice as a significant aspect of research and knowledge production, it is worth mentioning that a lack of contextual knowledge can become a substantial obstacle to executing certain practical tasks. Fellow dance artists experienced in dance research practices provided feedback to Daria Plokhova and me about the difficulties they encountered in navigating the hands-on part of *The Manual for the Practical Use of the Dance Archive* (Plokhova/Portyannikova 2020). From this struggle stemmed the decision to organise the *Soviet Gesture Laboratory* in the summer of 2024 in St. Petersburg to better understand how the manual could be read and engaged with, so the emotional stress caused by the text would not hinder the movement research.[11]

Russian propaganda actively appropriates the Soviet legacy, manipulates historical facts, and essentially controls the Soviet narrative, presenting Soviet times as a Golden Age and the dissolution of the Soviet Union as the most significant geopolitical catastrophe of the 20th century (the crimes of the Soviet regime are actively silenced). Consequently, anything associated with the Soviets is often viewed as pro-Putin. On the opposite political spectrum, among the people who do not support the current political regime, remembering and reminding about the repressions and crimes of the totalitarian Soviet state is a matter of honor, dignity, and personal feat (cases of Yurii Dmitriev (Reuters 2020), *Memorial* (AFP 2022), *GULAG museum* (Sauer 2024), *Perm-36* (Giesen 2015)). This confrontation is highly imbalanced regarding resources and power, causing severe polarisation of public opinion that significantly hinders productive and critical reflection on the Soviet past.[12] It is no wonder that for the broader educated and oppositional public, who aren't involved in profound research on the different periods of the Soviet past, the dominant image of the Soviet legacy in dance is represented by unified, disciplined bodies moving in hypnotising synchronous patterns, symbolising the absence of space for values of freedom, human rights, and individual expression.

Due to this tendentious use of Soviet heritage by current propaganda, the laboratory on the Soviet dance legacy as a part of an independent and oppo-

11 The laboratory was part of the independent contemporary dance festival *{DANCE CRAZY OF SELF and love}*. The festival is a self-organized initiative of independent dance artists and co-curators of *SDVIG*. *SDVIG* is an independent contemporary dance venue in St. Petersburg that operates without funding, relying solely on ticket sales and teaching classes. Both festivals and venues are known for their oppositional stance.

12 This polarization was especially noticeable for researchers with a decolonial perspective. After the resolution of the SU, intellectuals, including many former dissidents, finally got deserved positions in the public field and academia, filling the knowledge gap in many Soviet humanities. At the same time, however, the same intellectuals were not ready to reflect on colonialism in academic thought when the Western epistemes that they mastered, despite all of the obstacles, became a target for critique (Tlostanova 2020: 29).

sitional artistic venue was perceived as a paradox. Some laboratory students later confessed that they were so confused by the idea that artists of the experimental dance scene (known for their values of diversity, freedom of expression, and respect for human rights) could find something relevant in the legacy of the Soviet past that they signed up to the laboratory just to find out what exactly could it be. Similarly, some spectators and even fellow artists who attended the open studio performance expected to see a result that would align with one of the dominant narratives: the glorifying state narrative or the horrifying narrative of the opposition. Neither of the views was embodied, which surprisingly satisfied most of the participants and spectators.

Contradicting the emotionally charged expectations, the described artistic research highlights a legacy that challenges the dominant, manipulated narrative of the country's history. It emphasises the ideas of artistic freedom and embodies the radical politics of experimentation that occurred in the 1920s, despite being later suppressed. These forgotten episodes challenge the state's prevailing narratives, though they do not diminish the crimes committed by the Soviet regime. The procedure of *Report Simulations* (see *Dance research in the archive and open-source* in this paper) invites to reflect and contemplate on the complexity of the political and social environment that artists in the *Choreological Laboratory* had to navigate, it acknowledges their dedication to the dance study and research and the efforts to remain unbiased, while it still was possible. The procedure also allows for observing the dynamics and trajectory of the artistic language's development, as well as the deepening of research over the seven years of the *Choreolaboratory*'s existence, and the noticeable increase in the political agenda closer to the final days of the academy. The project invites fellow artists to navigate the complex and uncomfortable maze of pasts and present, where the art scene grapples with its multifaceted nature, and provokes fellow participants and spectators to formulate their own critical narratives.

Conclusion

(Post-)Soviet dance research, which engages with textual sources from the archives of lesser-known dance artists from the 1920s, carried out by peripheralised dance practitioners-researchers, establishes a new framework for interacting with the dance legacy. This approach emphasises the artistic research methods and the collaborative nature of a vibrant artistic scene, moving beyond the desire for canonisation or the perpetuation of a single genius's legacy.

It addresses histories that resemble a maze of political and social experiments, marked by failures, dead ends, and intermediate achievements that are cherished and woven into one's identity. By focusing on these complexities and showcasing how the interrupted legacy of dance experimentation can be evoked by practitioners and recycled in the tools, this study enriches a counternarrative to the paradigm of smooth, progressive cultural development in the First World. In the presented project, we showed how dance research existed, then faded, was evoked again, developed, and began to address the periods that were overlooked and remained uncomfortable. The suggested framework can be instrumental on the peripheries, where histories are marked by recent or ongoing military conflicts and regime changes, and for whom modernity's universalist claims serve as a tool for aesthetic and cultural hierarchisation. (Hundorova 2022; Tlostanova 2015: 40)

References

AFP (2022): Court Confirms Dissolution of Russia's Top Rights Group Memorial, in: *The Moscow Times*. [online] https://www.themoscowtimes.com/2022/03/22/court-confirms-dissolution-of-russias-top-rights-group-memorial-a77035 [2025–01-27]

Baydina, Darya V. (2022): Experimental Dance Scene in Russia: Periodization, New Issues and Current Genres of Modern Russian Dance, in: *International Journal of Cultural Research*, (4), pp. 70–82, doi:10.52173/2079-1100_2022_4_70.

Giesen, Anke (2015): Raskolotaya pamyat': otrazhenie konflikta vokrug «Memorial'nogo centra Perm' 36» v rossijskih media [Fractured Memory: Reflections of the Conflict over the Perm 36 Memorial Center in Russian Media], in: *The Journal of Social Policy Studies*, 13(3), pp. 363–376.

Gordeeva, Tatyana V. (2018): Emergence of the Cultural World of Domestic Contemporary Dance, in: *Bulletin of Vaganova Ballet Academy*, 3(56), pp. 60–74.

Hundorova, Tamara (2022): *How Peripheries Talk Amongst Themselves*. SONIAKH digest. [online] https://soniakh.com/index.php/2022/12/23/hundorova-how-peripheries-talk-amongst-themselves/ [2024–10-22]

Iakimenko, Iuliia N. (2005): Iz istorii chistok apparata. Akademiia Khudozhestvennykh Nauk v 1929–1932 gg [From the History of the 'Clean Up'of Administration], in: *Novyi istoricheskii vestnik*, 1(12), pp. 150–161.

Kozonina, Anna (2021): *Strannye tan͡tsy͡: teorii i istorii vokrug tan͡tse͡val'nogo performansa v Rossii [Strange Dances: Theories and Histories Around Dance Performance in Russia]*, Moscow: Garage.

Kuryumova, Natalia V. (2020): *Sovremennyj tanec v kul'ture XX veka: smena modelej telesnosti [Contemporary dance in the culture of the XX century: a change in the models of physicality]*, S.-Peterburg: Lan, Planet of Music.

Lindeman, Iosif Karlovich (1923): *Protokol zasedaniya Horeograficheskoj sekcii Akademii Hudozhestvennyh Nauk [Minutes of the meeting of the Choreographic Section of the Academy of Artistic Sciences]*, Moscow: Russian State Archive for Literature and Art. Fund 941 GAKHN: Inventory 17, Storage unit 2, Sheets 6–7.

Lizgunova, Olga (1926): *Gammy fizicheskih uprazhnenij/ s demonstraciej [Physical exercise scales/ with demonstration]*, Moscow: Russian State Archive for Literature and Art. Fund 941 GAKHN: Inventory 17, Storage unit 11, Sheets 48f.

Misler, Nicoletta (2011): *Vnachale bylo telo [In the beginning was the body]*, Moskva: Iskusstvo–XXI vek.

Nabokina, Anastasia (2023): *Pragnienie tańca : sztuka ruchu w kulturze rosyjskiego srebrnego wieku i jej konteksty psychoanalityczne [The desire to dance: the art of movement in the culture of the Russian silver age and its psychoanalytic contexts]*, Warszawa: Instytut Badań Literackich PAN. [online]: https://ruj.uj.edu.pl/xmlui/handle/item/313760.

Narskij, Igor Vladimirovich (2018): *Kak partija narod tantsevat uchila, kak balejtmestery ej pomogali i chto iz etogo vyshlo: Kulturnaja istorija sovetskoj tantsevalnoj samodejatelnosti [How the party taught the people how to dance, how the choreographers helped them, and what came out of it]*, Moskva: Novoe literaturnoe obozrenie.

Plokhova, Daria and Portyannikova, Alexandra (2020): *Rukovodstvo po prakticheskomu primeneniyu tanceval'nogo arhiva "Opyty horeologii", ili Kuda nas zavel "Sovetskij zhest" [Manual for the Practical Use of a Dance Archive: Experiments in Choreology, or Where the Soviet Gesture Has Led Us]*, Moscow: Garage. [online] https:/cdn-ec-static.garagemca.org/storage/tinymce_asset/3/6/3698/file-4846ded1-feff-42e5-b9ee-9d18c0858d40.pdf.

Rancière, Jacques (1991): *The ignorant schoolmaster: five lessons in intellectual emancipation*, Stanford: Stanford University Press.

Reuters (2020): Russian court jails gulag historian Yury Dmitriev for 13 years. *The Guardian*, [online] https://www.theguardian.com/world/2020/sep/29/russian-court-sentences-gulag-historian-yury-dmitriev-to-13-years-in-jail [2025–01-27].

Russian State Archive for Literature and Art (1924–25) *Opis' negativov horeologicheskoj laboratorii GAHN [Inventory of photo negatives of the Choreological laboratory of the State Academy of Arts of Russia (GAKhN)]*. Moscow: Russian State Archive for Literature and Art. Fund 941 GAKHN: Inventory 17, Storage unit 17, Sheet 10.

Sirotkina, Irina (2020): Kratkaja istoricheskaja spravka o Horeologicheskoj laboratorii [Brief historical background of the Choreological Laboratory], in: *Rukovodstvo po prakticheskomu primeneniyu tanceval'nogo arhiva "Opyty horeologii", ili Kuda nas zavel "Sovetskij zhest" [Manual for the Practical Use of a Dance Archive: Experiments in Choreology, or Where the Soviet Gesture Has Led Us]*, Moscow: Garage.

Sirotkina, Irina (2023): Signs for a science: Aleksei Sidorov's Choreology, in: *Studies in East European Thought*, 75(2), p. 283–301, doi:10.1007/s11212-021-09428-z.

Sirotkina, Irina (2021): *Svobodnyj tanec v Rossii: istorija i filosofija [Free Dance in Russia: History and Philosophy]*, Moskva: Novoe literaturnoe obozrenie.

Surits, Elizaveta (1996): Studios of plastic dance, in: *Experiment*, 2(1), p. 143–168, doi:10.1163/221173OX96X00081.

Tlostanova, Madina (2015): Can the post-Soviet think? On coloniality of knowledge, external imperial and double colonial difference, in: *Intersections*, 1(2), doi:10.17356/ieejsp.v1i2.38.

Tlostanova, Madina/ Vladimirovna Suleimenova/ Saule, Makhacheva, Taus/ Kahraman, Khaiv (2020): *Dekolonial'nost' bytija, znanija i oshhushhenija [Decoloniality of being, knowledge and sensing]*, Almaty: Center of Contemporary Culture Tselinny.

Toepfer, Karl (1997): *Empire of ecstasy: nudity and movement in German body culture, 1910–1935*, Berkeley/Los Angeles (Calif.), London: University of California Press.

Vasenina, Ekaterina (2005): *Rossijskij sovremennyj tanec: dialogi [Russian contemporary dance: dialogues]*, Moskva: Emergency Exit.

Yushkova, Elena (2019): *Aisedora Dunkan i vokrug: novye issledovaniia I materialy [Isadora Duncan. The Making of a Legend. New fascinating findings of the people and circumstances surrounding the dancing icon*, Ekaterinburg: Kabinetnyi uchenyi.

Learning Scenarios
Szenarien des Lernens

The After-Hours

Movement Patterns in a Wayward Body

Ellen Jeffrey

This is a piece of writing in three parts, exploring the relationship between working and dancing, and stimming and sleeping.[1]

This is Part One.

I grew up on a farm in the north of England and, even when I was quite young, I was allowed to work on the farm and help out in various small ways. The work would change throughout the year and very much depended upon the season, but what each task had in common was the repetitive nature of its undertaking. It was the first work I ever did, and maybe for this reason, certain aspects remain quite vivid in my memory—particularly the first time I was allowed to work by myself. In one section of the farm there were these huge wooden sheds, massive vast spaces that were full of birds, full of turkeys. When the birds first arrived on the farm, they arrived as little chicks, hundreds and hundreds of them, and they were kept in the very centre of these sheds, in small groups clustered around their feeding trays with huge heaters suspended from the ceiling to keep them warm. I'd begin every shift by first dipping my wellies—my boots—into a tub of white disinfectant just outside the shed, then putting on a pair of my dad's gloves, putting on a facemask, then walking half the length of the shed. Then I'd crouch down so that I was low enough to see the little soft bodies of the chicks all standing close together underneath the heaters. From here, I'd slowly walk round each pen, keeping my body low as I went, and my

1 This writing was first performed as part of the *Tanzquartier* Winter School conference, *Dance Class: on classism in dance and performance*, held in Vienna 12–14 January 2024, and published in *A Dance Mag*, Vol. 4, in Spring 2025.

job was simply to reach into the pen and pick up any of the chicks that had got knocked over, gently standing them back upright if they were still alive, and carefully removing them if they were not. I remember how I could tell straight away which of the chicks were dead, I could tell by how their little heads would loll at an odd angle in the cup of my hand, the neck already broken by the tread of the other chicks. I didn't always wear gloves, and I can remember how it felt to feel the soft weight of these small bodies pressing against my own skin, the strange spiky-ness of their huge feet and the pinpoint sharpness of their beaks. At the end of my shift, there'd be small piles of these bodies by the entrance to the shed, ready for another pair of hands to count-up and collect.

I stopped working on the farm when I moved to London to train as a contemporary dancer at *Trinity Laban Conservatoire*. Attending the audition at the age of 18 was the first time I'd ever been to London, and when he drove me down with all my stuff, it was also my dad's at the age of 48. In my first year at Laban, we had a class called *Choreological Studies* in which we learnt of the development of Rudolf Laban's theories around movement and the analysis of movement, including *Effort* (1947), the work he developed with F.C. Lawrence. *Effort* chronicles an analysis of human movement in the workplace, developed by Laban through observation of labour-intensive industries, including those in the factories of northern England. The particular spatial patterns and the nuanced movement dynamics that Laban describes were built from observing the gestures of these working bodies that moved always in relation to the machines and objects within the factory. The repetition of these gestures became the movement patterns that these bodies enacted and inhabited every minute, every hour, every day of their labour. And yet, in the clean, wide-open space of the London dance studio where myself and other students encountered Laban's work, we approached these dynamics and spatial forms as dance, as choreographic practices that embodied the creative possibilities of Laban's work but simultaneously disregarded the purpose that these movements once held, the purpose that once lay in the efficiency of their doing. Present alongside Laban as he continued his research was one of his students, Valerie Preston-Dunlop, who assisted in the observation and notation of movement patterns at a tile-making factory. Recalling her work at that time, Valerie described how some of the female factory workers "laboured hour on hour turning sand into tiles on heavy power press machines [...]. Some women took 11 seconds to press a tile, some 11.5, novices 13 seconds each 'choreographing' her own version of what had to be done. This phrase and its inhumanity I wrote in detail and it stuck in my mind" (Preston-Dunlop 2017: 37). Valerie was one of my teachers at Laban, approaching 80 at the time that she was teaching me, and even though she herself was not one of the factory workers, she had learnt the repetition of their motion in order to notate their movement, and she could still remember and demonstrate the sequence of gestures and the dynamic qualities of those gestures (what she later described as "this phrase and its inhumanity") that she'd held over the years in the muscle memory of her body. Valerie's presence in the studio acted as an essential thread of continuity between Laban's work in the factory and our attempts to embody those theories within the dance studio. And yet, we discussed movements of labour only within the historical context of Laban's work in the factories, almost as if this form of labour, and the bodies that held the knowledge of that labour, belonged to then, and there—and here, now, were bodies whose relevance to the studio space was the knowledge they held of dance. In his writings, Laban addresses this potential divide, describing a difference between "doing" and "dancing". He says that "Doing is purposeful and may be understood as signifying all action by which practical aims are pursued [...]. The purposeful struggle of ordinary doing prevails in work" (quoted in Thornton 1971: 31). Whereas on the other hand, he describes that whilst dancing appears "superfluous" to some, dancing is "essential in the recovery from the strain of doing" and is by no means "unnecessary for the actual preservation of life" (ibid.). What I appreciate in Laban's articulation of the relationship between doing and dancing is his assertion that they exist, always, in the same body, that a body knows both doing and dancing, and therefore these two things share "a common medium in movement directed by thought and emotion" (ibid.). But what I find disconcerting is the idea that dance exists as a means of "recovery from the strain of doing", as if, for bodies that labour, dance might simply be a means of preserving that body to do more, to re-engage with what Valerie called "the phrase and its inhumanity". And that dance beyond the purpose of recovery, dance for its own purpose, for the sake of its own doing with or without any creative or performative outputs, somehow existed elsewhere—in other spaces, and in other bodies.

This is Part Two.

When I was very small, before I started school, my mum used to let me play outside by myself in the back garden. The back garden led out onto the fields, so the only people who usually went past the garden were those heading out onto the farm and the couple who lived in the bungalow next door, a couple called Laurie and Winnie. When I was much older, my mum told me that one day Winnie had been stood by the garden wall watching me play, and when my mum came out of the house Winnie had told her, in less kind words, that she thought there was something wrong with me and I should be sent away. When I asked my mum what I had been doing to provoke this response from Winnie, my mum simply said, "You were just playing in the way that you always played". Needless to say, as a neurodivergent child I didn't always behave—or play—in a way that would be perceived as normal to others, and it was this, unspoken but understood between myself and my mum, that Winnie had found so disturbing. Repeated, fast gestures of rubbing my hands together, tapping my hands against furniture and objects and toys, flapping my hands, rocking forwards and backwards, making sounds but not words, these were habitual movement patterns—also known more commonly now as 'stimming'—that, as a child, I was largely unaware of doing, and certainly unaware that other people, other bodies, did things differently.

In England, around the same time that Laban's theories on movement were having an impact upon the working patterns and shift work of those labouring in the factories, his ideas were equally being explored and embodied—in different ways—in physical education classes in schools. Writing in the *Journal of the Physical Education Association* in 1951, W.L. Steel commented that they perceived this creative approach to movement positively when "the child is encouraged to express his own movements, in his own way, guided by the teacher," but that on the other hand "it may simply lead to selfishness and waywardness. What is essential is that the child should express himself in patterns which are socially acceptable" (quoted in Thornton 1971: 77). Of course, 1951 was some time ago, but what remains largely unchanged are the ideas on *the ways* in which a body should express itself—or rather, the ways in which a body should *be seen* expressing itself—or rather, *which* bodies should be seen expressing themselves—in "socially acceptable" movement patterns. If I were to analyse some of the actions associated with stimming, using choreological movement analysis, one of the traits that a lot of stimming actions share is a repeated movement dynamic that can be sustained over a period of time. That movement dynamic might be quite fast and have a sort of vibratory quality to the repetition, especially if the movement is gestural, or else it might have a swing-like quality, a sort of back-and-forth rocking, especially in the torso. But the repetition of these movements, the consistency in the dynamics and the speed at which stimming can happen can give the body an appearance of frantic-ness or being sort of out-of-control—even if it isn't, even if these movements are experienced by the body that does them as soothing, playful, or relaxing. When training as a contemporary dancer, and even now when attending professional classes in somatic movement practice and experiential anatomy, the developmental movement patterns observed in babies and children often form a template for the exercises and improvisations that are explored. Habitually, these are the developmental movement patterns of neurotypical children, and as a result they not only exclude the different dynamics, gestures and co-ordinations experienced by neurodiverse bodies in child development, but then as adults—in the dance class—these neurodiverse bodies are again further challenged by encountering movement patterns that might never have formed the blueprint of their own coordination development.

It's no longer 1951, but we're still training dancers according to "socially acceptable" movement patterns whereby that which is socially acceptable is defined by that which is neurotypical. In doing so, there's not only a lack of diversity in the developmental movement patterns that we share, learn and embody, but also a lack of diversity in the movement patterns that become visible as creative and performative forms of dance. If, according to Laban, dance is that which appears "superfluous" to some, but which is by no means "unnecessary for the actual preservation of life" (quoted in Thornton 1971: 31), then my stimming is my dancing. Taking place in the hours after work or social engagement, it's a dance for a wayward and frantic body, one whose stilted coordination still knows how to play in the way that it's always played.

This is Part Three.

At the age of 16, I got a part-time job alongside my older sister working as a waitress in a local hotel. We mostly worked the breakfast shift, starting at 6 am and finishing at 1 pm, but if there was a wedding or an event in the hotel then we would sometimes work evening shifts. I hated that job, I hated my uniform, I hated the way I wasn't allowed to roll up my sleeves even when it was boiling, and I hated that I had to wear a name-badge with the name 'Cecilia' on it because my boss never had the time to order a new one. But that job served me well, in the end, because for the next 10 years I found employment in many different hospitality roles both whilst I was training in contemporary dance and whilst I was freelancing. I worked in bars, cafes, theatres and restaurants, alongside many other dancers and artists. Of course, not all dancers were working other jobs—either they were able to find enough employment through performing or, as was most often the case, they had some financial support through family or a partner. By the time I was freelancing, the differences between those that worked outside of dance and those that didn't became, at times, a cause of friction. What made this particularly difficult was that we seemed to lack the skills—or the willingness—to talk about this openly. We all knew who worked shifts and who didn't, who could afford to go out for drinks and who couldn't, but we rarely spoke about these issues directly, almost as if by choosing what we spoke of—performance work, class, gigs, workshops, collaborations—we could also choose what version of our reality we brought to light. But this shared silence was also a shared shame, as if to work outside of the arts was the fault of each individual, a private and personal failure, rather than a result of economical circumstance and necessity.

Maria Fusco, in writing about classism, describes how a "Sense of worth isn't a skin that's given, it's grown through ongoing interactions with others" (2023: 28). The shifts that I worked gave me a sense of self-worth at work because the new skills that I learnt, and the speed with which I could execute them, were valued and understood—on a physical level—by the people I worked with. But by not allowing my body when it was present in the dance class to acknowledge all that it had embodied in the work shift—the movement patterns, the repetitions, the dynamics and the interactions—then I denied myself the opportunity as a dancer to gain any sense of self-worth from the work I was engaged with beyond the studio, from the movement my body knew from doing but not dancing. As a result, I effectively reinforced to my own body what I had learnt in training—that there was a hierarchy to the movement patterns that it knew in terms of where and how those movement patterns were of value. And I, like many others, therefore maintained a façade of separation in the spectrum of patterns that my body knew: patterns of doing, of working, of dancing, of stimming.

But whilst I might work to keep these parts of myself entirely separate in my waking hours, my body, at night, tells a different story. Sleep-walking and sleep-talking runs in my family, and whenever I've been particularly stressed or I'm working long shifts, I sometimes wake myself up—and wake others up—revisiting fragments of movements previously done in the daylight hours. In this, my body never discriminates. As it dreams, it can recall the gestures needed to make yet another double-shot-cappuccino-to-take-away (one hand reaching for a phantom cup, the other turning on an invisible coffee grinder) or the leg swing exercise I couldn't get right in the studio (a cross-lateral swing, then sitting up into an open fourth position, inadvertently removing the duvet from my sleeping partner in the process), and at any time, at any age, waking myself up with both arms raised, one hand placed on the other forearm, repetitively tapping, scratching, stimming. These fragments of movements blur and seep into one another, creating a night-time choreography that, whilst merely echoing all that was once embodied in the waking hours, effectively dismantles the supposed separation and hierarchies that those hours—and their places—imposed. Asleep, my body asserts every repeated gesture, every embodied movement pattern, to be all that it does, and all that it dances.

***

In reviewing the impact of Laban's work, dance scholar S. Thornton writes that "we are no longer solely concerned with what man does with movement but we are becoming increasingly aware of what movement does to man" (Thornton 1971: 36). As I sleep, my body isn't simply asserting its capacity to blur and merge the motions of all that it experiences, it is also asserting that there is an impact of these repetitions—one that is woven into the web of my nervous system, and resonating throughout the years of my livingness. But the impact of these repetitions does not end with the body, and for me this is at once devastating and hopeful. It feels to me that through the repetitions my body iterates, in each of the circumstances it finds itself—whether it's industrial farming, the hospitality industry, or institutional dance training—the iteration and re-iteration of my movement patterns form a part of that industry's ongoing-ness, they form a part of the scaffolding which holds that line of doing or dancing, that holds the method of that production in time and place. The small pile of dead turkey chicks that accumulated at the end of each of those shifts on the farm: they didn't die directly by the pressure of my hand or the tread of my foot, but I also know that—indirectly—they did. The patterns of those movements still resonate now as a quiet but ever-present hum in the kinaesthetic memory of my body, but so too do they resonate beyond it, in the industrial and ecological landscape of which those movements were a part. And there's a devastation in suggesting that what a body does—what a body does, over and over—is felt and held not only in the web of the nervous system but in the web of the ecosystem. But in the very intimacy of that connection between body and place, between who and where, there's also hope. My body knows what it has done. It dreams of it. It knows the weight of its gestures and all that it has enacted. And it might be controversial to suggest it, but—what a privilege. To hold that knowledge, that realisation, to know—how every movement matters.

References

Fusco, Maria (2023): *Who does not envy with us is against us*, Cornwall: Broken Sleep Books.

Laban, Rudolf/Lawrence, F.C. (1947): *Effort*, London: Macdonald & Evans.

Preston-Dunlop, Valerie (2017): *Moving with the times*, Hampshire: Dance Books Ltd.

Thornton, Samuel (1971): *A movement perspective of Rudolf Laban*, London: Macdonald & Evans.

Chladomatics

Das Chladek-System als somatische Methode

Simeon Ohlsen

Das von der Tänzerin Rosalia Chladek entwickelte Tanzsystem, dessen Anfänge in die 1930er Jahre zurückreichen, weist, so meine Hypothese, große Ähnlichkeiten mit somatischen Methoden auf. Diese Revision hat sich mir durch die intensive Auseinandersetzung mit dem Chladek-System im Studium *Zeitgenössische Tanzpädagogik* an der *MUK Wien* aufgrund folgender Ähnlichkeiten erschlossen: Sowohl einige somatische Methoden als auch das Chladek-System bauen auf Bewegungsprinzipien auf, die Grundlage für tanzkünstlerische Lernprozesse bilden. Diese Lernprozesse sind experimentell in dem Sinne, dass dem Individuum von der Lehrperson keine Bewegungen vorgegeben werden, sondern dass ausgehend von der Funktionalität der Bewegung tänzerisch exploriert und improvisiert wird.

Tanzwissenschaftliche Fachliteratur kontextualisiert das Chladek-System bislang nicht als somatische Methode. Literatur über das Chladek-System stammt weitgehend aus dem deutschsprachigen Raum mit einem starken Fokus auf Österreich, während Literatur zur somatischen Methode aus dem angelsächsischen Raum kommt. In meinem Artikel wird zunächst der Begriff der somatischen Methode und anschließend der des Chladek-Systems anhand der aktuellen Forschungsliteratur erörtert.[1] Anschließend werden Kerncharakteristika verglichen und Parallelen zwischen beiden Forschungsgegenständen gezogen. Grundmotivation für diese Auseinandersetzung ist die Frage, wie moderne Tanzpraktiken durch bisher unerforschte Kontexte und Parallelen im Sinne eines lebendigen Umgangs mit Tanztradition weiter erforscht werden können.

---

1 Dieser Text basiert auf meiner BA-Arbeit mit dem Titel *Chladomatics. Das Chladek-System als somatische Methode* an der *Musik und Kunst Privatuniversität der Stadt Wien (MUK)*.

Somatische Methode

Thomas Hanna gilt als Gründer der *Somatics*, wie das Feld der somatischen Methoden im englischsprachigen Raum genannt wird. Sein Versuch *Somatics* an eine vermeintliche somatische Tradition europäischer Philosophie anzubinden, wurde durch die Gründung des Instituts *Novato Institute for Somatic Research and Training* sowie des Journals *Somatics: Magazine-Journal of the Bodily Arts and Sciences* gemeinsam mit der Psychologin, Pädagogin und Wissenschaftlerin Eleanor Criswell unterstützt (vgl. Drury 2022: 6). Im Essay *What is Somatics?* wird der Begriff der *Somatics* von Hanna als das Feld, das sich mit dem Phänomen des *Soma* beschäftigt, definiert. *Soma* wird dabei als »the body as perceived from within by first-person perception« verstanden (Hanna 1986: 4f.). Während Hanna eine einprägsame und oft unhinterfragt bleibende Definition von *Somatics* liefert, welche sich auf die Körpereigenwahrnehmung fokussiert, wird diese Setzung in der aktuellen Forschung kritisch hinterfragt. Lindsey Drury bezeichnet das Schreiben Hannas als performativ, weil es über vermeintlich historische und terminologische Bezüge zur europäischen Philosophie erst die Basis für die Institutionalisierung und Verbreitung von *weißen Somatics* in den USA und Europa schuf (vgl. Drury 2022: 6). Die zentrale Bedeutung von Hannas Definition für die *Somatics* wird auch in der Wortwahl Martha Eddys in ihrer Abhandlung über die Geschichte der Somatics sichtbar: »In the 1970s Hanna coined the term ›somatics‹ to describe and unify these processes under one rubric«. (Eddy 2009: 7)

Eine der größten professionellen Vereinigungen im Bereich der *Somatics* ist die *ISMETA*, die *International Somatic Movement Education and Therapy Association*. Das allgemeine Ziel von somatischen Methoden wird dort wie folgt definiert: »to enhance human functioning and body-mind integration through movement awareness«. Jeweils eigene Prinzipien und Techniken werden über somatische Methoden vermittelt, wobei »postural and movement observations, experiential anatomy and physiology explorations, movement patterning and re-patterning communication and guidance through touch, verbal cues, and/or demonstration« Teil davon sein können (ISMETA, 2024).

Neben diesen allgemeinen Definitionen lohnt sich der Blick auf einzelne somatische Methoden. Bei der Entstehung somatischer Methoden zeigt sich, dass oft Einflüsse aus unterschiedlichen Disziplinen eingegangen sind. Wichtige Akteurinnen sind hier beispielsweise Margaret H'Doubler und Mabel Todd. H'Doubler hatte einen großen Einfluss darauf, dass moderner Tanz in die US-amerikanischen Universitäten Einzug hielt und beeinflusste die

Tanzpädagogik in den USA stark. Mabel Todd hingegen begründete *Ideokinesis* und legte so einen Grundstein für viele weitere somatische Methoden. Beide hatten u.a. folgende Gemeinsamkeiten: »H'Doubler and Todd both combined kinesiology, anatomy, evolutionary theory, and physics, and Todd's students also engaged in inquiry through physical action and experience«. (George 2020: 19)

Martha Eddy, die selbst eine eigene somatische Methode entwickelte, teilt somatische Methoden in zwei Generationen ein, aus denen wiederum weitere nachfolgende Methoden entstanden sind. Zur ersten Generation zählt sie F.M. Alexander, Moshe Feldenkrais, Mabel Todd, Irmgard Bartenieff, Charlotte Selver, Milton Trager, Gerda Alexander, und Ida Rolf (vgl. Eddy 2003: 12). Eddy setzt diejenigen Akteur*innen ins Zentrum, die vermeintlich somatische Methoden gegründet haben und dabei von verschiedenen Philosophien und Praktiken beeinflusst worden sind. Nachfolgend beschreibt sie die Fortsetzung und Weiterentwicklung von Ideen in einer zweiten Generation, die dann sogenannte »Somatic Movement Trainings« gegründet haben. Dazu zählt sie: Anna Halprin, Nancy Topf, Bonnie Bainbridge Cohen, Sondra Fraleigh, Emilie Conrad, Joan Skinner, Elaine Summers, and Judith Aston (vgl. Eddy 2003: 12). Das Chladek-System, das parallel zur ersten Generation der *Somatics* entsteht, erwähnt sie nicht.

Chladek-System

Das Chladek-System wird von der Tanzwissenschaftlerin Claudia Jeschke als »anatomisch-motorisch fundierte Tanzpädagogik« beschrieben, die nicht primär um »Beweglichkeit, sondern [...] darum bemüht [ist], die Ursachen und Impulse der Bewegung zu ermitteln« (Jeschke 2001). Dieses System entwickelte Rosalia Chladek während ihrer Lehrtätigkeit in der *Neuen Schule Hellerau* in Laxenburg bei Wien. Diese Schule war eine Nachfolgeinstitution der von Émile Jaques-Dalcroze gegründeten *Lehranstalt Hellerau* nahe Dresden zu Beginn des 20. Jahrhunderts (vgl. Artus/Paulissen-Kaspar 1999: 17). Das dort entwickelte Chladek-System vermeidet die Imitation. Die Lehrperson leitet dort vor allem durch stimmliche Begleitung an, ohne die konkrete Bewegung visuell/körperlich vorzugeben. Sie kann sowohl durch verbale Anleitung, also mit Hilfe von Sprache, als auch durch die Veränderung der Tonhöhe und Dynamik non-verbal anleiten (vgl. Oberzaucher-Schüller/Giel 2002: 130f.).

Folgende Prinzipien sind im Chladek-System zentral: »Schwerpunktveränderung, Bewegungsansatz und Körperverhalten. Besonderes Augenmerk gilt dem Thema der Spannungsdifferenzierung« (Amort 2020: 118f.). Schwerpunktveränderung bedeutet die Veränderung des Körperschwerpunktes in verschiedenen Raumebenen im Wechselspiel zwischen körperlicher Eigenenergie und Schwerkraft. Beim Bewegungsansatz zeigt sich besonders die Verbindung zu anatomischen Betrachtungen. Der »Ansatz« bezeichnet das Körperteil, von oder mit dem eine Bewegung initiiert wird. Er kann verschiedene Größen, Dauern und Richtungen der Energie enthalten. Auf die Bewegungsansätze reagiert der Körper mit unterschiedlichen Einstellungen, die als Körperverhalten bezeichnet werden: dem normalen, dem aktiven und dem passiven, dem gleichförmigen (unbeeinflussbaren) und dem labilen (beeinflussbaren) Körperverhalten. Spannungsdifferenzierung bezeichnet dabei den bewussten Umgang und die Gestaltung des Maßes an Spannung im Körper im Rahmen einer Spannungsskala, die von totaler Passivität bis zu totaler Aktivität reicht (vgl. Oberzaucher-Schüller/Giel 2002: 129).

Diese Prinzipien des Chladek-Systems finden unter Bedingungen statt, die als Gesetzmäßigkeiten bezeichnet werden und sich auf Chladeks Interpretation von Anatomie und Physik beziehen. Dabei spielt die Schwerkraft eine große Rolle, ebenso aber auch die Kraft, die im menschlichen Körper lokalisiert wird, die sogenannte Eigenenergie. Diese kann zwischen Passivität und Aktivität variieren. Weitere Gesetzmäßigkeiten, die sich auf die Physik beziehen, sind beispielsweise die Hebelwirkung, Schwungkraft, Zentripetal- und Zentrifugalkraft (vgl. Oberzaucher-Schüller/Giel 2002: 129).

Um die Gesetze der Schwerkraft und des Schwingens nachzuvollziehen, findet im Chladek-System der Beginn der tänzerischen Arbeit oft am Boden statt. Die Bodenlage unterstützt den Körper und dient dabei als gute Ausgangsstellung zur Erarbeitung elementarer Bewegungsprinzipien (vgl. Alexander/Groll 1965: 98). Chladeks Arbeit entwickelte sich später in ihrer Laufbahn zunehmend auch in Richtung Persönlichkeitsbildung, während sie zuvor meist viel stärker bühnenorientiert war (vgl. Artus 1985: 17–19).

Chladek-System als somatische Methode

Somatische Methoden zeichnen sich oft dadurch aus, dass sie eine Reihe von Prinzipien und ein bestimmtes Setting haben. Daraus kann sich ein festgelegter Handlungsrahmen entwickeln, aus dem schließlich eine eigene, individuell geformte Bewegung entsteht. Ein Beispiel ist die somatische Methode *Anatomical Releasing*. Diese Methode »replaced theme, emotional expression, and virtuosity with the logic of working with intrinsic movement principles« (George 2020: 29). Das Chladek-System ist ebenso auf Bewegungsprinzipien aufgebaut (Schwerpunktveränderung, Bewegungsansatz und Körperverhalten).

Die Spannungsdifferenzierung im Chladek-System ermöglicht die bewusste Regulation der Körperspannung von völliger Aktivität über neutrale Zustände bis hin zur völligen Passivität. Dieses Prinzip findet sich auch in somatischen Methoden, die zum Teil ein ähnliches Augenmerk auf die Wahrnehmung und bewusste Steuerung körperlicher Spannungszustände legen, wie beispielsweise in der *Eutonie* von Gerda Alexander. Dort wird, wie der Name schon sagt, unter anderem die Spannung der Muskulatur als physischer Ausgangspunkt genommen, um einen flexiblen Umgang mit Spannungsveränderungen im Körper zu üben (vgl. Eddy 2003: 13).

Zentral im Chladek-System ist die Konzentration auf Bewegungsprinzipien innerhalb von anatomisch-physiologischen Gesetzmäßigkeiten, die den Tanzenden als Maßstab oder Parameter in der Bewegung zur Verfügung stehen. Insbesondere die Fokussierung auf die Anatomie des Körpers und auf physikalische Gesetzmäßigkeiten stellt eine Parallele zu vielen somatischen Methoden dar. Somatische Methoden »instituted biological and mechanical constructs of the body as the guiding logic for dance classes« (George 2020: 1).

Ein weiterer Vergleichspunkt ist, dass die eigene Erfahrung und erfahrungsgeleitete Exploration im Zentrum, über der Erfüllung von Bewegungsformen steht. Somatische Methoden sind nach Hannas Definition stark auf die Erfahrung und Wahrnehmung des eigenen Körpers ausgerichtet. Besonders in den Methoden *Body-Mind-Centering* und *Authentic Movement* wird der Fokus auf individuelle Erfahrung und Empfindung auch dadurch gestärkt, dass keine Spiegel im Tanzstudio vorhanden sind (vgl. George 2020: 35). Parallel dazu ist für das Chladek-System folgendes bedeutsam: »[D]em eigenen Erspüren, Erfahren, Entdecken und Entwickeln von Bewegungen [wird] ein großer Stellenwert beigemessen« (Fleischle-Braun 2016: 622).

Chladeks System ist zudem nicht als Übungskanon gedacht. Es soll keine »formalästhetischen Kriterien« vorgeben und keine »Modeerscheinungen« einbeziehen, sondern unabhängig davon gelten (vgl. Chladek 2003: 39). Durch den Anspruch, frei von »weltanschaulichen Präferenzen« zu sein, ähnelt das Chladek-System dem Anspruch vieler somatischer Methoden, durch das Bild der Natürlichkeit einen universalistischen Anspruch an Bewegung zu stellen (vgl. George 2020: 138). Drurys Kritik greift genau hier ein, indem der universalistische Anspruch der *Somatics* als historische Codierung bezeichnet und kritisiert wird. Der *weiße* Bias wird teilweise explizit benannt, wie zum Beispiel bei Eddy. Dort wird dieser jedoch durch die Wahl der Beispiele und Marginalisierung oder Auslassung von nicht-*weißen* Expert*innen des Feldes der *Somatics* weitergeführt (vgl. Drury 2022: 18).

Conclusio

Die Auswertung der Literatur ergab, dass das Chladek-System mit somatischen Methoden vergleichbar ist. Diese Perspektive kann unter dem Gesichtspunkt eingenommen werden, dass sowohl die somatischen Methoden als auch das Chladek-System auf wenigen Bewegungsprinzipien aufgebaut sind und den Fokus auf individuelle Erfahrung und Wahrnehmung legen. Darüber hinaus besteht eine Ähnlichkeit im Anspruch, keine stilistischen Einschränkungen vorzunehmen. Auch das Selbstverständnis der vermeintlichen Objektivität mithilfe von Anleihen aus den Gebieten Anatomie und Physik weist große Ähnlichkeiten auf.

Durch die inhaltlichen Parallelen des Systems von Chladek zu den somatischen Methoden eröffnet sich ein erweiterter theoretisch-diskursiver Zugang zum Chladek-System, der eine Reflexion der bisherigen Praxis ermöglicht. Kritische Perspektiven auf somatische Methoden wie z.B. die Forschung von Drury und George könnten in Zukunft so auch ein erweitertes Verständnis des Chladek-Systems ergeben, wodurch die Aktualität und Relevanz von Tanzpraktiken der Moderne, wie dem Chladek-System, innerhalb des zeitgenössischen tänzerischen Praxis neu bewertet werden kann. Welches Körperbild ist im Chladek-System implizit enthalten und wie können universalistische Züge des Systems kritisch hinterfragt werden? Das könnten Themenfelder sein, welche durch die Kontextualisierung des Chladek-Systems als somatische Methode neu erschlossen werden und für die Zukunft dieser Praktik ein neuer Denkanstoß sein können.

Literatur

Amort, Andrea (2020): Rosalia Chladeks prägender Einfluss in der künstlerisch-pädagogischen (Aus-)Bildung der Wiener Tanzmoderne unter besonderer Berücksichtigung der politischen und künstlerischen Wende in den 1930er-Jahren sowie ihrer Leitungstätigkeit am Konservatorium von 1942 bis 1952, in: Susanne Zapke et al. (Hg.), *Die Musikschule der Stadt Wien im Nationalsozialismus: Eine »ideologische Lehr- und Lerngemeinschaft«*, Wien: Hollitzer, S. 117–147.

Artus, Hans-Gerd (1985): Lebendige Tradition im Ausdruckstanz. Interview mit Rosalia Chladek, in: *ballett international*, Jg. 8, Nr. 6–7, S. 17–19.

Artus, Hans-Gerd/Paulissen-Kaspar, Maud (1999): *Tänzerische Körperbildung: Lehrweise Rosalia Chladek*, Wilhelmshaven: Noetzel.

Chladek, Rosalia (2003): Erziehung durch Bewegung zum Ausdruckstanz, in: René Radrizzani (Hg.), *Rosalia Chladek: Schriften, Interviews*, Wilhelmshaven: Noetzel, S 69–78.

Drury, Lindsey (2022): What's in a Name? Somatics and the Historical Revisionism of Thomas Hanna, in: *Dance Research Journal*, 54 Nr. 1, S. 6–29. https://doi.org/10.1017/S0149767722000043. [online] https://www.cambridge.org/core/journals/dance-research-journal/article/abs/whats-in-a-name-somatics-and-the-historical-revisionism-of-thomas-hanna/F0D6AD6B6D3403A03DC141AA8CDC0F87 [19.01.2025].

Eddy, Martha (2009): A brief history of somatic practices and dance: Historical development of the field of somatic education and its relationship to dance, in: *Journal of Dance and Somatic Practices*, Jg. 1 Nr. 1, S. 5–27. [online] https://doi.org/10.1386/jdsp.1.1.5_1.

Fleischle-Braun, C. (2016): *Tanztechniken*, in Anette Hartmann, Monika Woitas (Hg.), *Das große Tanzlexikon: Personen, Werke, Tanzkulturen, Epochen*, Lilienthal: Laaber, S. 621–623.

George, Doran (2020): The Natural Body in Somatics Dance Training, in: Susan Leigh Foster (Hg.), *The Natural Body in Somatics Dance Training*, New York: Oxford University Press. https://doi.org/10.1093/oso/9780197538739.001.0001.

Hanna, Thomas (1986): What is Somatics?, in: *Somatics: Magazine-Journal of the Bodily Arts and Sciences*, Jg. 5 Nr. 4, S. 4–8.

ISMETA – The International Somatic Movement Education and Therapy Association (2024): About the profession, [online] https://ismeta.org/about-the-profession [30.03.2025].

Jeschke, S. (2001): *Ausdruckstanz,* in Sybille Dahms et al.(Hg.): *Tanz*, Kassel: Bärenreiter Metzler.

Oberzaucher-Schüller, Gunhild/Giel, Ingrid (2002): *Rosalia Chladek. Klassikerin des bewegten Ausdrucks*, München: K. Kieser.

#Me minutes after a meltdown
Verkörperte Memes auf TikTok als postdigitaler Ausdruckstanz?

Sebastian Matthias, Eva Blaschke

Im kurzen Video tritt Robby Arroyo Smith um die Ecke eines Flurs und tanzt rhythmisch zum Beyoncé Song Baby Boy *mit pulsierenden Bewegungen. Mit einem flirtenden Blick in einen Garderobenspiegel wirft er seinen Kopf zur Seite, um Schwung für eine Wendung zu nehmen und selbstbewusst von hinten der Kamera seine kreisenden Hüften zu zeigen. Das flirtende und selbstbewusste Auftreten steht in einem Widerspruch zu der Bildüberschrift* Me minutes after a meltdown *und gleichzeitig eröffnet dieser Widerspruch eine Projektionsfläche, in der die Betrachter*innen ihre eigenen Erfahrungen zwischen Überspielen des mentalen Zusammenbruchs und sprunghaften Gemütsverschiebungen in dieser Bewegung wiedererkennen können.*[1]

Me when...-Videos sind ein populäres Format auf TikTok, um eine konkrete Situation überraschend oder humorvoll zu erweitern, zu überschreiben oder zu rekontextualisieren. Die mit *Me when...* betitelten Tänze stellen meist eine alltägliche Situation dar, die einen besonderen emotionalen Zustand, subjektive Perspektive oder körperliches Erleben in Bewegung übersetzen. Ob die Darstellung der Situation als expressiv und nachvollziehbar empfunden wird, zeigt sich durch Herzen oder andere Social Media-Interaktionen, die ein Video erst viral gehen lassen.[2] Hierbei geht es nicht um die Originalität des Tanzes, da Arroyo Smith sich auf viele ähnliche Meme-Videos anderer Produzent*innen bezieht und sogar in seinem eigenen Profil ähnliche Videos versammelt, die im gleichen Setting, mit ähnlichen Bewegungen, ähnlicher

1 Siehe Video von Arroyo Smith auf TikTok: https://vm.tiktok.com/ZNew3vX9d/

2 Allein das oben beschriebene Video von Arroyo Smith wurde von 309.514 Nutzer*innen mit Herzen prämiert und 2.4 Millionen Mal gesehen.

Musik, sogar gleichen oder leicht abgewandelten Bildüberschriften[3] (*Me after crying* oder *Me gaslighting myself that everything is going great*[4]) erstellt wurden. Die Popularität von Smith als TikTok-Produzent ergibt sich aus dem Wiedererkennungswert seiner Videos oder wie Florian Schlittgen über *relateable memes* schreibt, aus »a certain kind of reception in which one can identify with or feel sympathy for what is expressed by the memes« (Schlittgen 2022: 282).

Wir möchten im folgenden Beitrag diese expressiven Meme-Tänze auf TikTok als eine aktuelle Form des tänzerischen und verkörperten Ausdrucks befragen. Unser Verständnis von Ausdruck schließt an die sprachtheoretischen Überlegungen von Roman Jacobson zu ästhetischen Funktionen von Kommunikation an, die die Kommunikation von Subjektpositionen, expressiven Valeur oder Emotionen als »emotiv oder expressiv« beschreibt (Holenstein 2016: 20). Unser Interesse ist es, die Praxis des Modernen Tanzes als eine historisch tänzerische Analysetechnik des Ausdrucks auch zum Verständnis von expressiven zeitgenössischen Tanzphänomenen zu nutzen.[5] Können eine Beziehung, Ähnlichkeiten oder Überschneidungen zwischen diesem post-digitalen Ausdruckstanz und dem historischen Modernen Tanz hergestellt werden? Hilft die Praxis des Modernen Tanzes TikTok-Videos als kulturelles Phänomen näher zu beleuchten?

Im Vergleich zur Praxis des Modernen Tanzes in der Tradition von Rudolf Laban[6] möchten wir diese verkörperten Memes unter drei Gesichtspunkten analysieren: Hinsichtlich von (a) spürendem Erkennen und Benennen von Körperbewegungen, (b) deren Übertreibung mit intensiviertem Fluss und (c) als

3 Über die Notwendigkeit eine Herstellung des*r Nutzer*in als eine Eigenmarke durch Wiederholungen einer ähnlichen Performance siehe Matthias 2024.

4 Siehe weitere Videos von Smith: https://vm.tiktok.com/ZNeERgpj5/ oder https://vm.tiktok.com/ZNeERwC2b/.

5 Der vorliegende Text und der Versuch, den Modernen Tanz in eine zeitgenössischen Zusammenhang zu bringen, wurde von der *AG Moderner Tanz* angeregt. Die *AG Moderner Tanz* ist ein europäisches Netzwerk von Akteur*innen des Modernen Tanzes verschiedener Richtungen, das die Anerkennung der Praxis des Modernen Tanzes als immaterielles UNESCO-Weltkulturerbe vorangetrieben und im November 2022 erreicht hat.

6 Wir beziehen uns im Folgenden auf die historische Ausformung der Improvisationstechnik von Laban. Unsere Perspektive ist jedoch durch unsere eigene Tanzpraxis geprägt, die auf der weiterentwickelten Form durch Irmgard Bartenieff und ihre Schüler*innen basiert. Diese von Laban begründete Technik ist heute als *Laban/Bartenieff-Bewegungsstudien (LBBS)* bekannt (Kennedy 2001: 2).

Technik der Singularisierung. Wir vergleichen damit nicht ein einzelnes TikTok-Video mit einer historischen Choreografie als kulturellem Artefakt, sondern bringen Labans Improvisationstechnik als Praxis mit der Rezeption, Verbreitung und Produktion von Memes in Beziehung.

Verkörperte Memes und Laban-Bewegungsimprovisation: spürendes Erkennen und Benennen von Körperbewegungen

Der Begriff *meme* wurde mit der Internetkultur populär und leitet sich vom biologischen Gen oder Englisch für *gene* ab und wurde zuerst von Richard Dawkins in *The selfish gene* (Dawkins 1976) als Begriff für kulturelle – anstatt genetische – Entwicklungsprozesse vorgeschlagen. Nach Limor Shifman bezieht sich ein Meme nicht auf ein einzelnes kulturelles Artefakt oder Werk, sondern ist ein »small element of cultural transformation« (Shifman 2014: 341), das in seinen verketteten Transformationsprozessen (a) eine gleichbleibende Form, einen gleichbleibenden Inhalt oder/und eine Haltung aufweist, das (b) im Bewusstsein anderer Versionen des Memes gestaltet und verstanden und das (c) im Internet verbreitet, kopiert und verändert wird (Shifman 2013: 41, übersetzt von SM). Durch die Verbreitung von Videos in den Sozialen Medien wie TikTok werden Memes als Videos von Tänzen oder anderen körperlichen Performances seit 2017 produziert. Memes beziehen sich in den Videos meist auf banale alltägliche Erfahrungen, deren gezeigte Körperbewegungen oder Haltungen ohne das Meme erst gar nicht als konkrete Erfahrung wahrgenommen würden. In Memes wird eine wiedererkennende Wahrnehmung produktiv, indem mit einem »This is literally me« (Schlittgen 2022: 282) eine Mimik, Haltung oder Körperbewegung im Video, wie z.B. beim körperlich dargestellten Blick aufs eigene Bankkonto, mit der eigenen subjektiven Erfahrung des Rezipienten zusammengebracht wird. In der künstlich, künstlerischen Körperdarstellung des Gesichtsausdrucks am Bankautomaten mit der dazugehörigen Bildüberschrift kann eine unbewusste körperliche Erfahrung der eigenen Situation von Rezipient*innen am Bankautomaten sprachlich benennbar und damit im Erfahrungshorizont der Rezipient*innen existent werden (Schlittgen 2022: 283). Um als ein TikTok-Meme charakterisiert zu werden, müssen Videos nicht nur angesehen oder unverändert geteilt werden – das wäre eine virale Nutzung –, sondern sie müssen in einer sich aneignenden Reproduktion in einem neuen eigenen Video von anderen Nutzer*innen vertanzt werden. In einem körperlich spürbaren Wiedererkennen des eigenen Alltags durch das

Meme bekommt der Tanz im Meme eine analytische Ebene, die auch im Modernen Tanz praktiziert wird.

Im Modernen Tanz hat Rudolf Laban zum Erkennen von Tanz und dessen expressivem Potenzial mit seiner Tanzschrift ein System angelegt, wonach jede Art von Tanz versteh- und beschreibbar werden soll. Der Tanz wird in verschiedene Kategorien wie Körper, Raum, Form, Antrieb, Phrasierung und Beziehung (Kennedy 2001: 5–7) aufgeteilt, die unterschiedlich verbunden werden, um z.B. individuelle Bewegungen erfassen zu können. Durch diese Kategorisierung sollen alle Tanzbewegungen mit abstrakten Begriffen analysiert und benennbar werden können. Über Improvisation von Einzelaspekten entlang dieses vorgegeben Analysemodells lernt jede*r Laban-Student*in z.B. bestimmte Qualitäten oder Dynamiken in Bewegungen als Antriebe (Laban 1982: 25) kennen, erkennt eigene Präferenzen und kann die eigenen und die Qualitäten anderer besser versprachlichen. Im Abgleich mit den abstrakten Kategorien und anderen Tanzenden wird der eigene Erfahrungshorizont vergegenwärtigt und in Form einer Selbstdistanzierung – im spürenden und versprachlichenden Erkennen der eigenen Bewegung erweitert. Es ermöglicht die Position und Handlung im konkreten Improvisationsmoment zu fassen und darüber künstlerisch zu entscheiden. In der freien Improvisation kann im Bewusstwerden der eigenen Bewegungsqualität auf dieses Wissen und Erkennen zurückgegriffen und die Improvisation weiter ausgestaltet werden.

Aus der Perspektive der Tanzimprovisation im Modernen Tanz erscheinen Memes als ein vergleichbares System oder Erkenntnisraster, das die eigene Erfahrung in einer konkreten Situation als Qualität spürend erkennbar und wahrnehmbar macht. Sie ermöglichen eine Distanz, in der die eigene Körpererfahrung hervortritt. Sie sind Ankerpunkte für neue Erfahrungsebenen, die die Handlungsoptionen erweitern. Ähnlich wie in der Tanzimprovisation, wenn Qualität als Antrieb beibehalten, aber dann mit Raumbezug oder Phrasierung variiert wird, sind Memes in ein Raster eingebettet. Ein Element, wie die Bildüberschrift oder die Körperbewegung bleibt dabei gleich, während andere Gestaltungsebenen verändert werden können. Die Praxis der Memes ist in diesem Sinne eine spielerische Improvisation, in der bestimmte Elemente in einer nachvollziehbaren Verkettung stehen, die ein Raster von Variationsmöglichkeiten aufspannt. Dieses Raster ermöglicht kulturelle Transformationen und eröffnet damit neue ausdifferenzier- und körperlich spürbare Erlebnismomente. Wenn diese Ausdifferenzierung im neuen Meme spürend und versprachlicht als eigene emotionale Erfahrung von Rezipienten wiedererkannt und verbreitet wird, kann das neue Meme zum Ankerpunkt für neue Transformationsoptionen werden. Im Modernen Tanz, wie auch in den Memes, ist es der Prozess des spürenden Erkennen und Benennen, der den Improvisationsprozess von Tanzbewegungen oder Meme-Transformationen antreibt. Beide Prozesse werden durch die vorgegebenen Variationsraster ermöglicht und gleichzeitig auf sie verengt. Die Raster begrenzen den potenziellen Erlebnishorizont, der durch Memes dargestellt und erfahrbar werden kann, sowie auch die Bewegungsmöglichkeiten der Tanzimprovisation.

Übertreibung mit intensiviertem Fluss

Antriebe können nach Laban nur von einer inneren Erfahrung heraus entstehen und werden mit bestimmter Intention und bewusster innerer Einstellung mit den immer vorhandenen Bewegungsfaktoren Schwerkraft bzw. Gewicht, Raum, Zeit und Fluss (Laban 1982: 19) als verschiedene Bewegungsqualitäten hervorgebracht. Laban genügt es nicht, eine Bewegung nur auszuführen, sondern sie muss von den Tanzenden gefühlt werden, um die spezifische Modalität einer Bewegungsqualität von anderen Qualitäten und deren Antriebs-Kombinationen unterscheiden zu lernen (Laban 1988: 14). Jeder Antrieb in der Bewegung fühlt sich unterschiedlich an, er bekommt mit dem verstärkenden Faktor des Flusses auch eine emotionale Ebene. Es ist Labans Versuch, emotionale Erfahrungen ästhetisch zu integrieren. In der Tanztherapie, die mit der Laban/Bartenieff-Bewegungsanalyse arbeitet, wird die emotionale Wirkung der Kombinationen von Antriebsfaktoren mit Fluss beobachtet und therapeutisch genutzt: »Im Flussfaktor drücken wir […] mehr oder weniger bewusst unsere innere Einstellung unseren Gefühlen gegenüber aus« (Klein 1993: 115). Laut Susanne Bender werden im »gebundenen Fluss« Gefühle unter Kontrolle gebracht und im »freien Fluss« kommen Emotionen ins Fließen. (Bender 2014: 12ff.) In Labans System wird mit der Betonung und tänzerischen Ausarbeitung des Flusses eine Technik entwickelt, die eine Emotion unmittelbar erfahrbar und ausdrückbar machen soll. Hierbei geht es weniger um eine Darstellung einer spezifischen Emotion wie Wut, sondern der Fluss lässt in der Bewegung die expressive Dimension von Bewegung zum Vorschein kommen. Wird z.B. bei einer stoßenden Bewegung der (freie) Fluss ergänzt und damit das Emotionale der Bewegung betont, so wird aus der aktionsartigen Bewegung, ein »gewaltiger Gefühlsausbruch, der für sich und andere gefährlich werden kann.« (Bender 2014:14) Wird der Fluss und damit die emotionale Dimension weiter betont und intensiviert, kann diese Erhöhung der Energie einen Antrieb – z.B. mit einer stoßenden Qualität – dramatisch oder virtuos aufgeladen werden. Es bildet sich im Tanz ein Bewegungsstil, der dramatisch, expressiv oder übertrieben wirkt und als tänzerischer Pathos wahrgenommen werden kann. Bewegungen werden durch die Intensivierung mit dem Antriebsfaktor Fluss so übertrieben und emotional getanzt, dass sie heute unnatürlich und künstlich wirken. Die Improvisation sieht sich damit mit einem Widerspruch konfrontiert, was Cornelia Zumbusch beim Pathos als das grundsätzliche Problem der Affektdarstellung beschreibt: Wahrgenommene schmerzhafte oder unkontrollierbare emotionale Erfahrungen sollen ästhetisch integriert, aber gleichzeitig »in der Darstellung ausbalanciert, eingehegt oder auf Distanz gebracht werden« (Zumbusch 2010: 13). Die unmittelbaren Affektdarstellungen werden bei Laban durch die Intensivierung des Flusses betont, die auch bei Smiths TikTok-Meme in einer Übertreibung der Bewegung nachzuweisen sind. Die Intensivierung wird zur Affektdarstellung genutzt, um jedoch in der Übertreibung ironisch verstanden zu werden. Sie schützt den Tanzenden vor einer Verletzlichkeit, weil sie eine Distanz zum Dargestellten schafft. Smith betont im Video durch eine Intensivierung der Hüftspannung seine Drehung und lädt sie damit dramatisch auf. Der dadurch erzeugte expressive Charakter der Drehung schlägt eine räumliche Brücke zum Publikum und verbindet sich mit einem adressierenden direkten Blick. Der Fluss ist im ganzen Tanz präsent und damit auch die verbundene Aufladung ins Emotionale. Durch die Übertreibung der Drehung durch die Intensivierung entsteht eine Distanz zum Gefühl in der Bildüberschrift und stellt damit ihre eigene Konstruiertheit aus. Gleichzeitig bleibt doch die Kommunikation des emotionalen Momentes intakt. In beiden Tanzformen entsteht ein Stil der Darstellung als besonders artifizielle Form, um dem grundsätzlichen Problem der Affektdarstellung zu begegnen.

Technik der Singularisierung

Me minutes after a meltdown im TikTok-Profil von Smith gehört zu einer Gruppe von sehr ähnlichen Videos, die von allen seinen Videos die meiste Aufmerksamkeit auf der Plattform erreichen konnten. Scheinbar empfinden Rezipient*innen die Darstellung seiner psychischen Zusammenbrüche als authentischen Ausdruck seiner Persönlichkeit. In der Replikation der erfolgreichen Videos versucht Smith an den eigenen viralen Trends anzuschließen. Der kollektivierte Außenblick in den erfolgreichen viralen Memes fixiert dabei seine

Subjektivität in einer bestimmten Persönlichkeit (Matthias 2024: 119). Gleichzeitig gibt es in seinem Profil unterschiedliche Versuche, an virale Trends anzuknüpfen. Um weiter auf TikTok gesehen zu werden, müssen Nutzer*innen immer wieder neue TikToks produzieren und individuelle Versionen einem Meme-Trend hinzufügen. Produzent*innen von Memes versuchen individuelle Ausformungen von Memes zu produzieren oder weiterentwickeln, um als besonders lustig, einzigartig oder ausdrucksstark in der Menge der Informationen hervorzustechen.

Internetkultur und soziale Medien sind dabei Teil einer *Gesellschaft der Singularitäten*: »Etwas gilt (nur dann) in der Welt [der Singularitäten], wenn es [...] affektiv anspricht und authentisch scheint. Konsequenterweise erwartet das spätmoderne Subjekt diese Einzigartigkeit auch von anderen Subjekten – und von sich selbst.« (Reckwitz 2017: 147) Reckwitz sieht diese Hervorhebung des Singulären bereits in der Moderne angelegt (ebd.: 28ff.) und der Moderne Tanz macht dies als Teil der Lebensreformbewegung besonders sichtbar. Um den einschränkenden Folgen von Industrialisierung und Verstädterung zu begegnen suchte Laban nach natürlichen Bewegungen zwischen Chaos und Ordnung, (Maletic 1987: 154; Laban 1982: 19) in denen nach Evelyn Dörr Tänzer*innen sich mit »freien Bewegungen [...] auf individuelle Weise tänzerisch entfalten können« (Dörr 2005: 71). Die Improvisation wurde als ein Weg zur Expressivität des eigenen singulären Inneren und der Suche nach den eigenen Stärken und Vorlieben verstanden. Durch das Bewegungssystem und besonders durch die Antriebsmöglichkeiten haben Tänzer*innen die Wahl zwischen verschiedenen Qualitäten, die sie als Instrument für die Improvisationsentscheidungen nutzen können. Welche Antriebe jede oder jeder persönlich am fruchtbarsten und leichtesten nutzen kann, macht die individuellen Neigungen systematisch für die Tanzenden bewusst. In diesem Sinne kann man den Modernen Tanz als eine Technik zum Suchen und Entwickeln der eigenen Individualität oder bereits der Singularisierung verstehen.[7] Zur Verifizierung zwischen Selbst- und Fremdwahrnehmung schauen sich Improvisierende gegenseitig die Tänze der anderen Übenden an. Damit hat der Blick von außen einen besonderen Stellenwert bei der individuellen Entwicklung: Der Außenblick wird zu einer legitimierenden Kraft, wenn die eigene tänzerische Präferenz als system-entsprechend und singulär erkannt wird. Die Ausbildung des Individuellen unterliegt so der Improvisationstechnik. Die Im-

7 Demgegenüber steht eine Faszination des Modernen Tanzes für »Massenphänomene und Führerschaft« (Huschka 2012: 54).

provisationstechnik zielt dabei auf eine Präsentation oder Aufführung ab, die die besonderen tänzerischen Fähigkeiten und individuellen Ausdrucksweisen z.B. als Solotanz ausstellen. Obwohl dem inneren Selbst der Tänzer*innen eine Kraft zur Individualisierung zugesprochen wird, wird Laban eine Autorenschaft des übergreifenden Systems der Improvisationstechnik zugeschrieben. Wenn bei Laban der Abgleich mit dem Analysemodell das Individuelle mit einer Norm verbindet, ist es bei TikTok der Algorithmus und die kollektive virale Rezeption, die das Singuläre mit dem Allgemeinen verschränkt. Vor dem Hintergrund des Modernen Tanzes können Memes auch als eine Technik der Individualitätsentwicklung oder der Singularisierung verstanden werden. Memes reihen sich in eine kulturellen Entwicklung hin zum Singulären bzw. Individuellen ein, die im Modernen Ausdruckstanz bereits angelegt ist. TikTok-Tänze in Form von *Me when…*-Memes sind als Singularisierungstechnik ein postdigitaler Ausdruckstanz, der sich wie seine moderne Form durch die Praxis von Erkennen und Benennung durch ein körperliches Spüren und einer Übertreibung im Flussfaktor als Distanz zur emotionalen Erfahrung auszeichnet.

Literatur

Bender, Susanne (2014): *Die psychophysische Bedeutung der Bewegung – ein Handbuch der Laban Bewegungsanalyse und des Kestenberg Movement Profils*, 3. Aufl, Berlin: Logos Verlag.

Dörr, Evelyn (2005): *Rudolf Laban – ein Porträt*, Norderstedt: Books on Demand GmbH.

Fleischle-Braun, Claudia (2000): *Der Moderne Tanz*, Butzbach-Griedel: Afra-Verlag.

Hartmann, Nicole (2024): Das Haus Tanztherapie: Abriss und Erhalt, Reparatur und Anbau – Eine kritische Auseinandersetzung mit den tänzerischen Wurzeln der Tanztherapie, in: *Körper Tanz Bewegung*, 2/2024, S. 46–58. http://dx.doi.org/10.2378/ktb2024.art09d.

Holenstein, Elmar (2016): Einführung, in: Roman Jakobson, *Poetik*, hg. von Elmar Holenstein und Tarcisius Schelbert, 5. Auflage. Frankfurt/M: Suhrkamp, S. 7–60.

Huschka, Sabine (2012): *Moderner Tanz. Konzepte – Stile – Utopien*, Reinbek bei Hamburg: Rowohlt.

Kennedy, Antja (2001): *Bewegtes Wissen – Laban/Bartenieff-Bewegungsstudien verstehen und erleben*, 1. Aufl., Berlin: Logos Verlag.

Kennedy, Antja (2024): Rudolf Labans Wirken zur Zeit des Nationalsozialismus – Ein geschichtlicher Abriss, in: *Körper Tanz Bewegung*, 4/2024, S. 159–172. DOI: 10.2378/ktb2024.art24d

Klein, Petra (1993): *Tanztherapie – Ein Weg zum ganzheitlichen Sein*, München: J. Pfeiffer Verlag.

Laban, Rudolf/Lawrence, F.C. (1947): *Effort – Economy in Body Movement*, 10. Aufl, Boston, MA: PLAYS, INC.

Laban, Rudolf (1982): *Der moderne Ausdruckstanz*, 5. Aufl., Wilhelmshaven: Florian Noetzel Verlag/Heinrichshofen-Bücher.

Laban, Rudolf (1988): *Die Kunst der Bewegung*, 3. Aufl., Wilhelmshaven: Florian Noetzel Verlag/Heinrichshofen-Bücher.

Maletic, Vera (1987): *Body – Space – Expression: The Development of Rudolf Laban's Movement and Dance Concepts*, Berlin: De Gruyter Mouton. https://doi.org/10.1515/9783110861839.

Matthias, Sebastian (2024): #madeyoulook: Demeanor and Movement Reception in TikTok Dance Trends, in: Yvonne Hardt/Marisa Joana Berg/Anna Chwialkowska/Ulrike Nestler (Hg.), *Virtual Ecologies – Digitalitäten Und Ökologien Im Tanz* (= Jahrbuch TanzForschung 2023), 1. Aufl., Bielefeld: transcript, S. 109–122. www.jstor.org/stable/jj.19255072.8.

Reckwitz, Andreas (2017): *Die Gesellschaft der Singularitäten. Zum Strukturwandel der Moderne*, Berlin: Suhrkamp.

Schlittgen, Florian (2022): You'll Never Feel Alone — Thoughts on Relatability, in: Chloë Arkenbout/Laurence Scherz (Hg.), *Critical Meme Reader #2: Memetic Tacticality*, Amsterdam: Institute of Network Cultures, S. 282–297. http://dx.doi.org/10.25969/mediarep/19282.

Shifman, Limor (2013): *Memes in Digital Culture*, Boston, Ma: MIT Press. DOI: https://doi.org/10.7551/mitpress/9429.001.0001.

Shifman, Limor (2014): The Cultural Logic of Photo-Based Meme Genres, in: *Journal of Visual Culture*, Jg.13 Nr. 3, S. 340–358. https://doi.org/10.1177/1470412914546577.

Zumbusch, Cornelia (2010): Probleme mit dem Pathos. Zur Einleitung, in: dies. (Hg.), *Pathos. Zur Geschichte einer problematischen Kategorie*, Berlin: Akademie Verlag, S. 7–24.

Irmgard Bartenieff's Expansion of Modern Dance in Laban's Tradition

Antja Kennedy

One of the many dancers in Rudolf Laban's tradition of central European Modern Dance who left Germany during the National Socialist era for the USA, mainly because of her half-Jewish, Russian-born husband, was Irmgard Bartenieff. The emigration of Bartenieff led to her training as a massage and physiotherapist. Through interweaving this knowledge with her dance experience, she was able to look at movement and dance in a new way, which went beyond what Laban was teaching. The result was the somatic work known as *Bartenieff Fundamentals* (BF), which is now an invisible part of many approaches in somatic movement, such as *Body-Mind-Centering,* and contemporary dance worldwide.

Dance Training in Laban's Tradition

Rudolf Laban worked with and through many collaborators. The initial collaborators in the 1910s were Maja Lederer, Susanne Perrottet, and Mary Wigman. In the 1920s, his principal collaborators included Dussia Bereska, Gertrude Snell, and Gertrude Loeszer, to name a few. Since Laban himself was not formally trained, it is to be assumed that many of the dance exercises in Laban's tradition originally came from these collaborators.

Most of his texts during the German period, up to 1937, were theoretical and philosophical, rather than exercise-oriented. The only place where Laban specifically details his dance training in this period is in the attachment "Praktische Übungen" (*Practical Exercises*), which accompanies his book *Gymnastik und Tanz* (1926). This attachment is an extra page four times larger than the book, so it is folded and loosely inserted inside the back cover of the book (from which it frequently falls out and gets lost).

After explaining his philosophical views on basic gymnastic concepts, movement culture, and worldview, he goes to the chapter on "anatomy as the basis of movement theory" (1926). In this chapter, he refers to the exercises, which are written on the four times larger extra page. In summary they are there to help strengthen the body and expand movement range. He states that one does not necessarily have to do the exercises in the order in which they are written. Furthermore between the exercises one can insert phases of rest/recuperation, as well as exercises with expression. He continues to say that "Bewegungsphantasie" (movement creativity) should be part of the training, as it opens up new ways that cannot be achieved through precision and drill (Laban 1926; Meinzenbach 2018: 56–57). In this way, he invites variation and supplementation. Nevertheless, he chose this order, and when one does them this way, it makes (bodily) sense.

The exact execution of the exercises done in the 1920s was not passed down through the generations of teachers. In the books of that era, which Laban published, there are no pictures of the actual exercises, but there are a few photos of people performing similar movements. These photos can give a clue as to how the exercises were executed.

To be able to reconstruct the exercises from the 1–2 sentences or words, one has to know some aspects of Laban's approach. My presumption is that the *Practical Exercises* can be explored using Laban's short and concise written instructions as if they were *Motifs*. In Laban-based *Motif Notation*, each person has the freedom to interpret the notation symbol(s) in their own way, as long as the main idea of what is described becomes apparent in the movement.

The *Practical Exercises* are divided into three categories: *Body*, *Space*, and "Ausdruck" (*Expression*). To clarify which parts of Laban's categories Bartenieff expanded, I will focus here on *Body* and one part of *Space*.

Body

In the first section, there are three subsections:

A. "Regulierung der Atmung" (*regulation of breath*) – Laban describes six simple movements of the arms, upper body, or whole body done standing and states precisely when to inhale and exhale.

B. "Kraftspannung" – Laban's made-up word, which literally translated means: *force-tension*.

In the first part, there are exercises about "Abspannung" (*decreasing tension*). Here, Laban describes seven standing exercises, from head to feet, where you shake or release the tension; so that the different body parts should do falling or swinging movements. In the second part, there are exercises about "Anspannung" (*increasing tension*). In these, Laban describes ten exercises (seven in standing, two in lying, and one on the knees) where tension or strength is necessary to do the exercise, e.g., lifting body parts away from gravity.

C. "Geschmeidigkeit" (*flexibility*/suppleness) and "Kraft" (power/*strength*) (1926/2018: 64). Here, Laban describes seven exercises in which flexibility is needed to bend in different directions, movements with impulsive phrasing, and jumps that require power/*strength*.

Space

There are three subsections, of which I will describe one that is related to *Body*: D. "Gleichgewicht" (*Balance*) – Here, Laban describes exercises in which the whole body must balance on one leg, whether in a standing position, moving through space, or with turns.

Laban states that this "new Gymnastics" (1926/2018: 85) uses exercises which are not about drill, but about harmony. "Harmony is only achieved when the individual parts of the movement are extracted and developed in the very subtle work." (1926/2018: 84). Here, Laban paves the way for Bartenieff's expansion.

Bartenieff's Expansion

Irmgard Bartenieff did her Laban Diploma in Germany in 1925. Since she danced in his choreographies *Ritterballett* and *Titan* at the *Magdeburg Dance Conference* in 1927, it is to be assumed that she knew Laban's dance training from the mid-1920s. In 1936, she immigrated to the United States, and after studying massage and physical therapy, she worked as a therapist in various hospitals around New York City. After World War II, she returned to study with Laban in England for five consecutive summers in the early 1950s.

By integrating her physical therapy with Laban's work, she developed the *Bartenieff Fundamentals of Movement (BF)*, which expanded the Laban category of *Body*. In her only book, *Body Movement—Coping with the Environment*, co-written with Dori Lewis (1980), she primarily writes about Laban's work (in Space, Effort, Shaping, and Phrasing). In the appendix of her book, she describes three preparatory exercises, her *Basic 6* with variations, and six more advanced *BF* exercises.

The three preparatory exercises start from an anatomical point of view (*Flexion-Extension, Abduction-Adduction, Internal-External Rotation)* of arm movements in the three planes (in *Space*) in standing. Next comes a sounding exercise (in lying, sitting, or standing) meant to increase awareness of the *breath* in relation to the "Inner Space" of the body (with no bodily movement). It prepares one for the idea that "movement rides on the flow of breath" (Bartenieff 1981: 232). The third is lying on your back and rocking from the heels to find the connection through the body to the head, integrating the complex interaction of all the body parts.

Fig. 1: Arm Circle in the Diagonal Knee Reach position (Kennedy 2010: 169)

The *Basic Six* exercises—*Thigh Lift, Pelvic Forward Shift, Pelvic Lateral Shift, Body Half, Knee Drop*, and *Arm Circles* (*Fig.*1)—are done lying on the floor so that the "concentration is on articulation and internal physiological changes" (1981: 230). The following six exercises become increasingly complex: going through changes in level, e.g., creeping *to standing level for locomotion* (Fig. 2), or adding the involvement of a partner, i.e., the *Seesaw*. In these body-focused sequences, all the other Laban categories (*Effort, Space, and Shape*) "begin to crystallize and become increasingly important [the] for adequate performance of the actions" (1981: 230). For all the 12 exercises Bartenieff focuses on effective movement and is very explicit not only about how the action is to be performed, but also about the purpose, function, and "experience" (i.e. proprioception and interoception), as well as the specific analysis of the Laban categories and added notes on important anatomical and physiological factors.

Fig. 2: Creeping to standing level change for locomotion (Kennedy 2010: 174)

Peggy Hackney, a student of Bartenieff, in her book *Making Connections–Total Body Integration through Bartenieff Fundamentals* (1998), expands this canon to describe in detail approximately 110 bodily-focused movement explorations and exercises that can be attributed to Bartenieff. Hackney organises her book through whole-body *patterns* and *connections* (*Breath, Core-Distal, Spinal, Homologous, Homolateral,* and *Cross-Lateral*), which align with motor patterns of childhood development. She states the goal of BF "is to facilitate a lively interplay of inner connectivity with outer expressivity to enrich life" (Hackney 1998: 34). She defines 12 principles of BF, which are in every movement: *connectivity, breath support, grounding, developmental progression, intent, complexity, inner-outer, function-expression, stability-mobility, exertion-recuperation, phrasing,* and *personal uniqueness* (1998: 49). I will briefly explain only the most essential principles for the reader to understand the relationship to Laban's *Practical Exercises.*

- *Connectivity:* "The whole body participates in any movement: different parts are either serving as movers or supporters of movement" (1998: 40). So, in any given movement, the whole body is connected. We can focus on articulation and differentiation of one body part, but the entire body is always involved.
- *Inner-Outer:* Impulses from the inner are expressed in movement towards the outer, and involvement in the outer world influences the inner state of the body-mind. "...[C]oherence exists between the *Inner* and the *Outer* [and therefore] movement has significance [and meaning]" (1998: 44). This can be seen as an interaction between feelings (*Inner*) and expression (*Outer*), as well as between the inner workings of the body (i.e. anatomy) and the outer appearance of a movement.

- *Phrasing*: A movement phrase generally consists of: 1. a preparation, where you clarify the intent, 2. a moment of initiation, to begin movement, 3. a main action or exertion, which is the follow-through of the initiation, 4. a recuperation, which can already be the preparation for the following phrase. This micro-analysis is very important in BF exercises, since "the preparation and initiation will determine the entire course of action..." (1998: 47).
- *Personal uniqueness:* All human beings share certain aspects, like anatomy, and we all go through motor development as babies. Still, we all have slightly different anatomies (due to genetics) and environments in which we grow up, so it's obvious that this "interaction is included within the body patterning [of our movement]" (1998: 48) and it makes us all unique.

Bartenieff's Expansion in Relation to Laban's Tradition

Since Bartenieff expanded on many aspects in the approximately 40 years she worked and taught her version of Laban's tradition in the USA, I will only summarise some of the major aspects. These are extracted from my over 40 years of teaching BF and in relation to my understanding of Laban's brief writings on his *Practical Exercises*.

- *Connectivity:* Laban focused on *differentiating* the body parts, even highlighting sections of the body. Bartenieff included articulating body parts and expanded on this aspect with another focus: *integration* of the whole body, i.e., *connectivity* through *patterns*.
- *Breath:* In Laban's *Practical Exercises*, there is a clear correlation between a particular movement and the breathing phase (inhale or exhale), even though in the text of *Gymnastik und Tanz* he mentions that breathing can flow freely and intuitively (Laban 1926/ 2018: 57). Bartenieff goes beyond this with her principle of *breath support.* She usually does not correlate the breath with the movement phrase. As long as the breath is flowing and not held, it supports the movement. How the breath flows best can be different for each person.
- *Phrasing*: In his writing, Laban clearly states the movement *intention* (bodily and/or spatial) and the *main action* of the movement. Bartenieff expanded on this. She also writes about the *body phrasing* (*initiation* and

follow-through), clarifying which *connection* and whole-body *pattern* plays a role at any particular time during the movement.

- *Personal uniqueness:* The descriptions of Laban's *Practical Exercises* are so short (like a *Motif* score) that the reader has a lot of room for interpretation on how exactly to execute the exercises. This would implicitly support the principle of *personal uniqueness.* Bartenieff's writings on bodily-focused exercises are much more elaborate and precise. She also embraces improvisational movement explorations, which are extensively described in Hackney's book (1998). *Personal uniqueness* is explicitly elevated to a BF principle (1998: 48–9), which means that it is perfectly fine, even encouraged, for each person to do the defined exercises slightly differently.
- *Inner-Outer:* In his exercises, Laban focuses more on the *outer* appearance of the movement. Even though he references anatomy in the book (1926, Ch. 3), it is not mentioned in the *Practical Exercises*. Since Bartenieff works not only with anatomical images and clarifications but also with the mover's inner perception (i.e., proprioception), she focuses more on the *inner* aspects of movement.
- *Function-Expression:* Even though Laban writes a chapter on "anatomy as the basis of movement theory", which would support the *functional* side of gymnastics, the major part of his text argues that the new gymnastics should include *expression i.e.* "Ausdrucks-gymnastik" (2018: 15). Bartenieff through her in-depth knowledge of anatomy and physiology, expands even more the *functional* side. The BF somatic work is nonetheless always linked to *expression*, since there is an "intimate relationship" (1998, 45) between the two aspects.
- *Exertion-Recuperation:* Laban embraces the polarity of *exertion-recuperation* from both sides, starting with "Abspannung" (*decreasing tension*) and processing to "Anspannung" (*increasing tension*). In the text, he also mentions that one might take a moment for recuperation between the exercises (1926: 57). He does most of his exercises standing. Bartenieff's six basic exercises are done lying on the ground, which *decreases tension* and is more associated with *recuperation*. With the more advanced six exercises, she increases the level of tension and amount of exertion, as she progresses through the levels to standing.

Conclusion

Both Laban and Bartenieff strongly believed that practical exercises should not be drills. They are there to support the skill development of movers and help them express themselves freely through movement.

In the 1920s Laban focused on dance and gymnastic training for a particular style, so his practical exercises were tailored to this aim. About 30 years later, Bartenieff expanded Laban's approach through her anatomical and physiological base and body-focused principles. Furthermore she focused her work on various dance styles, the rehabilitation of injuries and diseases, and everyday movement. So, her *Fundamentals* also expanded the range of movement training through these applications—a contemporary somatic approach in the tradition of Laban.

References

Bartenieff, Irmgard/Lewis, Dori (1980): *Body Movement: Coping with the Environment,* New York: Gordon and Breach.

Hackney, Peggy (1998): *Making Connections: Total Body Integration through Bartenieff Fundamentals*, New York: Gordon and Breach.

Kennedy, Antja (2010): *Bewegtes Wissen: Laban/Bartenieff Bewegungsstudien verstehen und erleben*, Berlin: Logos.

Laban, Rudolf (1926): *Gymnastik und Tanz*, Oldenburg i.O.: Gerhard Stalling.

Laban, Rudolf (2018): *Praktische Übungen. Attachment in Rudolf von Laban: Gymnastik und Tanz*, edited by Sabine Meinzenbach, Wilhelmshaven: Florian Noetzel.

Laban, Rudolf (2018): *Gymnastik und Tanz*, edited by Sabine Meinzenbach, Wilhelmshaven: Florian Noetzel.

»Die Ausübung von Bewegung ohne Liebe – ohne Licht – ist tragisch.«

Die Gymnastikschule Loheland: Wechselspiel zwischen künstlerischem Tanz, Körperbildung und anthroposophischen Grundsätzen

Anna Wieczorek

Vier Körper bewegen sich synchron zu rhythmischen Taktschlägen, die wie ein kollektiver Herzschlag wirken. Bam. Bam. Bam. Bam. In präziser Abfolge nehmen die Körper immer wieder dieselben, weiblich kodierte Posen ein, die wie für den Blick einer imaginären Kamera kurz im Stillstand verharren. Eine fünfte Performerin kommentiert von außen mit verführerischer Stimme: »Eine Bewegung ohne Liebe, ohne Lust, ist ein trostlos anmutendes Rumgeschlenker. Unser kosmischer Organismus muss in Bewegung gebracht werden. Fähigkeiten erwerben, erlernen, erarbeiten, yes! Rhythmisierte Bewegungen, mmh, yes! Work! Ja, wir arbeiten, we work, we work to be a winner, yes! Fähigkeiten erwerben, erlernen, erarbeiten und schneller! Love your self! Yes! Treat yourself! Yes! Work for yourself! Yes, work, work, work, work...

Dieser Beitrag ist von einem Projekt inspiriert, das ich gemeinsam mit Dominika Cohn und Studierenden der *Universität Hildesheim* durchgeführt habe. Als kleiner Auftakt ins Thema und Einblick in die praktische Arbeit mit den Studierenden eröffne ich daher mit der Beschreibung einer Szene[1] aus unserer

1 Ausschnitt *Tropfen, Sabbern, Glitschen* (2024): [online] https://vimeo.com/1048261386?share=copy#t=0 [19.01.25]. Die Szene wurde von Nel Günther, Charlotte Heidemann, Caro Schaefer, Clara Polifke und Elisa Poncia erarbeitet und aufgeführt. Die mediale Übersetzung ins Format Video (also die Anpassung der Wiedergabegeschwindigkeit als Reaktion auf die Ansage »Schneller!« der performenden Person) habe ich selbst vorgenommen.

Aufführung *Fluidum. Sabbern, Tropfen, Glitschen* (04. und 05.07.24 im Burgtheater, Universität Hildesheim). Neben einer Vielzahl von überlieferten Tanz- und Körperfotografien der historischen *Gymnastikschule Loheland* bildete der Sammelband *Bewegungsentfaltung* von Louise Langgaard (Langgaard o.J.) die Grundlage für die beschriebene Szene. Louise Langgaard und Hedwig von Rohden, zwei Pionierinnen bewegungspädagogischer Ansätze im Kontext der Lebensreform, begründeten 1919 die *Gymnastikschule Loheland*. Dort wurden junge Frauen nach einem ganzheitlichen Ansatz ausgebildet, der neben Bewegungsunterricht auch handwerkliche und landwirtschaftliche Aufgaben umfasste.

»Die Ausübung von Bewegung ohne Liebe – ohne Licht – ist tragisch«. Das Zitat im Titel entstammt ebenfalls Louise Langgaards *Bewegungsentfaltung*, der ihre gymnastischen Theorien erstmals »in geschlossener Reihenfolge« (Langgaard o.J.: 5) präsentierte. Bereits im Vorwort wird die anthroposophische Prägung deutlich: Die darin enthaltenen »Gedanken und Erkenntnisse« seien »geklärt worden durch das Studium der Schriften von Dr. Rudolf Steiner« (Langgaard o.J.: 5).

Während die eingangs beschriebene Performancesequenz die Spannung zwischen Bewegung, Leistung und Selbstfürsorge bereits andeutet, lädt dieser Artikel zu einer differenzierten Betrachtung der Loheland-Bewegungslehre ein.

Die Entwicklungen in Loheland verdienen besondere Aufmerksamkeit, da sie exemplarisch zeigen, wie reformpädagogische Körperideologien zwischen künstlerischem Aufbruch, spiritueller Vision und politischer Vereinnahmung navigierten. In einer Zeit, in der Selbstoptimierung und Körperdisziplinierung erneut gesellschaftlich dominant werden, bietet die kritische Analyse der Loheland-Bewegungslehre wertvolle historische Reflexionsanstöße. Besonderes Augenmerk lege ich dabei auf die Verbindungen zu Rudolf Steiners Anthroposophie und die vielschichtigen historischen Kontexte, in denen sich diese Bewegungslehre entwickelte.

Tanz- und Gymnastikfotografie als Instrument der Selbstdarstellung

Die Gründerinnen der Lohelandschule erkannten früh das dokumentarische und werbewirksame Potenzial der Fotografie, sodass dieses seit Beginn der Schulgründung in verschiedene Richtungen beforscht – und zugleich als Mittel für die Forschung eingesetzt wurde (vgl. Siebenbrodt 2019: 85). Wie Michael Siebenbrodt herausarbeitet, folgten die fotografischen Arbeiten in Loheland zwei Hauptlinien: einerseits der Darstellung des Menschen – insbesondere des Aktes – im Kontext antiker Vorbilder und lebensreformerischer Ideale, andererseits der Nutzung als wissenschaftliches Dokumentationsmedium (vgl. Siebenbrodt 2019: 85). Während die experimentellen Fotogramme und künstlerischen Lichtbildstudien eine Besonderheit Lohelands darstellten (vgl. Köhn/Fischer 2004), reflektierten die gymnastischen und tänzerischen Fotografien eine zeittypische visuelle Praxis, die auch in anderen reformorientierten Bewegungsschulen anzutreffen war (vgl. etwa Abbildungen der Mensendieck-Gymnastik und der Bode-Schule, z.B. bei Hilker 1935 oder der Günther Schule, vgl. Giese 1927).

Besonders aufschlussreich sind die systematischen Haltungsdokumentationen, die im Sinne einer visuellen Klassifizierung körperliche ›Defizite‹ und deren Korrektur durch die Gymnastik belegen sollten. Diese wurden, so lassen jedenfalls Teile der überlieferten Fotografien vermuten, sowohl für die interne Arbeit als auch für die öffentliche Präsentation der Methode Rohden-Langgaard eingesetzt.

Abb. 1: Lichtbildwerkstatt Loheland: 2 Kartons mit je 4 Aktfotografien zur Haltungsdokumentation um 1927/28. © Archiv der Loheland-Stiftung, Signatur: FB-3/301

In Ausbildungskatalogen und Fachzeitschriften erschienen sie als visuelle Beweise eines Transformationsprozesses, unterstützt durch Bildunterschriften wie »Moment auf dem Wege der Übung zum ruhigen, allseitig umfassenden Muskelspiel« (Langgaard 1928: 5) oder »auf dem Wege zur Besserung« (Loheland o.A. (1): o.A.).« Abbildung 1 zeigt »Aktfotografien zur Haltungsdokumentation«, die die Frage aufwerfen, ob die körperlichen Zustände der Schülerinnen begleitend dokumentiert wurden.

Die fotografische Selbstdarstellung umfasste verschiedene Bildtypen: dokumentarische Haltungsstudien, Gruppenaufnahmen in einheitlichen weißen Trikots bei Stab- oder Ballübungen in der Natur (vgl. Mollenhauer-Klüber/Siebenbrodt 2019: 55 oder Köhn/Fischer 2004: 79–87) sowie künstlerische Tanzfotografien mit auffälligen Kostümen (vgl. Abb. 2). Dass diese Kostüme in eigenen Werkstätten vor Ort angefertigt wurden, unterstreicht den ganzheitlichen Anspruch der Schule, die verschiedene (handwerkliche und landwirtschaftliche) Praktiken als notwendige Ergänzung einer gymnastischen Ausbildung begriff.

Zudem scheint mir eine Besonderheit in der engen Verbindung zwischen künstlerischem Tanz und Gymnastik zu liegen, insbesondere bei den Gastspielreisen, die Loheland überregional bekannt machen sollte. So lässt sich aus einem Briefwechsel (vermutlich von 1917) zwischen Hedwig von Rohden und der ehemaligen Schülerin Marie Luise Opitz entnehmen, dass es verschiedene Aufführungs-Modelle in Loheland gab. Hedwig von Rohden schreibt dazu:

> Zweiter fraglicher Punkt: Welcher Art soll die Aufführung sein? Es gäbe drei Arten:
> 1. Rein künstlerisch, ohne Vortrag und Übungen
> 2. Künstlerisch, mit vorangehenden Vortrag und Ausblick
> 3. Eingehender Vortrag, gymnastische Übungen, dann Tänze.
>
> Welche der 3 Arten wäre die geeignetste? Der Saal und das Publikum muss in Betracht gezogen werden. Ich schicke Dir 2 verschiedene Programme. Bei der 1. Art ist anzunehmen, daß das Publikum hinterher nichts von der eigentlichen Arbeit und deren Sinn kapiert hat. Bei der 3. Art, daß der Besuch weniger stark sein wird.[2]

---

2 Hedwig von Rohden an Marie Luise (Opitz), vermutlich 1917. In der Anrede des Briefes steht nur »Liebe Marie Luise«, sowie als Ort und Datum »Tambach, Mittwoch«. Der Nachname Opitz wurde handschriftlich ergänzt, ebenso wie das Jahr 1917. Mappe »Vorführungen 1913–1919«, Archiv der Loheland-Stiftung.

Nr. 6 HAMBURGER ILLUSTRIERTE ZEITUNG 1922

Tänze der Loheländer.

Strömungen. — Spiel. — Ballade von Grieg. — Formeln. — Polka.

In den Vorbergen der Rhön liegt die Loheland-Schule für Körperpflege, Landbau und Handwerk. Im Mittelpunkt der Schule steht die Körperbildung, Lehrweise von Rodden-Langgaard. Im Handwerk – Weberei, Korbflechterei, Tischlerei – finden die durch Gymnastik sich entwickelnden Fähigkeiten und die Schaffenslust der Schüler ihr Wirkungsfeld. Land- und Gartenbau bringen die Schüler in Beziehung zu der durch des Menschen Arbeit fruchtbringenden Erde und macht sie mit der Arbeitsbewegung vertraut. Gleichzeitig gibt der Landbau der Schule eine feste wirtschaftliche Basis. Durch diese kurzen Sätze, die wir einer Selbsterklärung der Schule entnehmen, ist schon kurz angedeutet, daß die Loheland-Schule die Körperbildung als etwas das werktätige Leben in reichem Maße Förderndes erkannt hat. Aus dieser Schule ist die vielbewunderte Tanzgruppe hervorgegangen, die nunmehr wieder in Hamburg gastiert. In Rhythmus, Farbe und Bewegung haben die Loheländer ihre eigene Note, die sie von anderen Tanzunternehmungen unterscheidet; die Loheland-Schule hat ihre eigene Entwicklung durchgemacht.

Abb. 2: Der Zeitungsartikel »Tänze der Loheländer« der Hamburger Illustrierten Zeitung von 1922 zeigt Bilder der Tänze »Ballade« von Grieg, »Formeln«, »Polka« und »Strömungen«, die alle ab 1919 aufgeführt wurden und auch vielfach in den Pressestimmen jener Zeit Erwähnung finden. © Archiv der Loheland-Stiftung, Signatur: D-1-9-11

Die Loheländerinnen hatten also nicht nur ein gutes Gespür für Öffentlichkeitsarbeit und die Abstimmung auf das Zielpublikum – die Vermittlung ihrer künstlerischen Arbeit war ihnen auch ein spezielles Anliegen. Hierfür ergänzten sie die künstlerische Praxis durch erklärende Vorträge, bzw. diente die tänzerische Darbietung zur Veranschaulichung ihrer Theorien. Dies geht nicht nur aus dem Briefwechsel hervor, auch zeitgenössische Kritiken einer bislang undatierten Mappe mit dem Titel »Vorführungen 1913–1919« aus dem Archiv der Loheland-Stiftung betonen den Erkenntnisgewinn der Aufführungen durch die begleitenden Vorträge.

Loheland damals und heute

Die Siedlung Loheland existiert bis heute. Neben dem Archiv der Loheland-Stiftung, einem Gästehaus, Verwaltungsgebäuden und ehemaligen Werkstätten – von denen einige unter Denkmalschutz stehen – sind heute vor allem eine Rudolf-Steiner-Schule mit Waldorfkindergarten sowie eine biodynamische Landwirtschaft nach Demeter-Richtlinien zentrale Bestandteile der Siedlung. Diese Entwicklung verdeutlicht die zunehmende Institutionalisierung der anthroposophischen Weltanschauung im Laufe der Geschichte Lohelands.

Für die vertiefte Beschäftigung mit dem historischen Material habe ich zwei Thesen formuliert, die Zugänge zu den komplexen Verschränkungen von Körperkonzepten, spirituellen Überzeugungen und politischer Ideologie eröffnen. Sie dienen als analytisches Prisma für eine kritische Untersuchung der historischen Praktiken und eröffnen zugleich Anschlussmöglichkeiten an gegenwärtige Körperdiskurse. Die Analyse zielt darauf ab, die sich wandelnden Verflechtungen ästhetischer, pädagogischer und politischer Dimensionen körperlicher Praktiken sichtbar zu machen.

Von jungen Bäumen, Ätherleibern und anderen Wesen: Die Transformation des tanzenden Körpers

These 1: *Die Tänzerinnen Lohelands werden in der zeitgenössischen Rezeption als nicht-menschliche oder übermenschliche Wesen beschrieben – eine Zuschreibung, die die ideologische Grundlage ihrer Bewegungspraxis offenlegt.*

In den erhaltenen Kritiken zu den Loheland-Gastspielen bis 1923 fällt ein durchgängiges Muster auf: Die Tänzerinnen werden mit Begriffen charakterisiert, die sie aus dem Bereich des Menschlichen herausheben und in eine mythische, spirituelle oder naturhafte Sphäre versetzen. C. Griesson schreibt 1919 über eine Aufführung in den Münchner Kammerspielen:

> Was Berta Müller und Eva Maria Deinhardt uns in ihren Tänzen gaben, war etwas aus einer anderen Welt, die nichts von der Oberflächlichkeit unseres Alltags hineindringt. Ihr Tanz war ein Auflösen innerer Kräfte – ihre Bewegungen bargen den gewaltigen Herzschlag der Natur. (Griesson 1919)

Diese Entgrenzung des Körpers setzt sich fort in der Kritik eines Autors mit dem Kürzel »Züllchner«, der das Transzendente explizit benennt:

> Der Tanz ist hier zurückgeführt auf seinen Ursprung: Ausdruck äusserster seelischer Bewegtheit. Besonders —— [vmtl. Eva Maria Deinhardt, AW] hat das Letzte, das Körperliche, überwunden. Aus ihnen sprechen Urgefühle, die das tiefste Innere erschaudern und mitfühlen liessen. In ihren »Strömungen« erlebte man die Mystik, – warme Religion (Züllchner 1920).

Ebenfalls aufschlussreich ist die Beschreibung des deutsch-britischen Künstlers René Halkett, der die Loheländerinnen in seinem autobiografischen Zeitporträt mit »Bäumen« und »Engeln« vergleicht:

> Die herausragenden Darstellerinnen waren eine dunkle, schlanke, aber sehr kraftvolle Frau mit dem Namen Sutor und ein Wesen, das einer Mischung aus einem sehr jungen Baum und einem Engel, alt wie die Ewigkeit, glich und Eva Maria Deinhardt hieß. (Halkett 2010: 264)

Diese wiederkehrende Bezeichnung als »Wesen« markiert eine Wortwahl, die auf eine bewusste Transzendierung des menschlichen Körpers hinweist. Die Beschreibungen oszillieren zwischen verschiedenen Polen: sie evozieren Androgynität, übermenschliche Qualitäten und mitunter eine subtile Unheimlichkeit – Attribute, die die Tänzerinnen jenseits konventioneller Weiblichkeitsbilder positionieren. Diese Entgrenzung wird zusätzlich durch religiöse und spirituelle Zuschreibungen verstärkt, die das Wesenhafte mit einer metaphysischen Realität verbinden, die durch die Bewegungspraxis zugänglich gemacht werden soll.

Im Kontext der Lebensreformbewegung erscheint eine solche spirituelle Überhöhung zunächst nicht ungewöhnlich. Bereits Isadora Duncan formulierte 1903 in *Der Tanz der Zukunft*:

> Die Tänzerin der Zukunft wird ein Weib sein müssen, deren Körper und Seele so harmonisch entwickelt sind, daß die Bewegung des Körpers die natürliche Sprache der Seele sein wird [...] Sie wird die Mission des weiblichen Körpers und der Heiligkeit all seiner Teile versinnlichen. (Duncan [1903/1919] 1980: 215–216)

Die Loheländerinnen scheinen jedoch in der zeitgenössischen Rezeption über diese allgemeine spirituelle Aufladung des Tanzes hinauszugehen. Die spezifische Qualität ihrer Wesenhaftigkeit verweist auf eine tiefere ideologische Dimension ihrer Bewegungspraxis, die im Zusammenhang mit meiner zweiten These genauer zu betrachten ist:

These 2: *Das spirituell geprägte Vokabular in den zeitgenössischen Kritiken deutet auf Berührungspunkte der Loheland-Gymnastik mit anthroposophischen Konzepten hin, deren weltanschauliche Dimensionen einer differenzierten historischen Kontextualisierung bedürfen.*

Für diese These werde ich untersuchen, inwieweit Loheland aus einer anthroposophischen Haltung heraus entstand oder sich davon abgrenzte. Wie Imme Heiner in ihren Erinnerungen überliefert, zählte Louise Langgaard seit der Gründung der *Anthroposophischen Gesellschaft* (1912/13) durch Rudolf Steiner zu deren ersten Mitgliedern (vgl. Heiner 2012: 65). Bereits während ihrer Ausbildungszeit in Dresden um 1900 kam sie mit theosophischen Ideen in Berührung, entwickelte aber erst durch Steiners Vorträge ein tiefergehendes Interesse an dieser Weltanschauung (vgl. Heiner 2012: 65). Der Geschichtswissenschaftler Helmut Zander weist darauf hin, dass Steiner im Wesentlichen die Konzepte der Theosophie für seine anthroposophischen Lehren adaptierte, weshalb beide Begriffe in diesem Kontext nahezu synonym verwendet werden können (Zander 2019: 222). Auch Hedwig von Rohden, die zweite Gründerin, vertiefte sich gezielt in die Steinersche Lehre. Im Frühjahr 1919 – dem Gründungsjahr Lohelands – reiste sie nach München, um sich dort von Pauline von Kalckreuth und Felix Peipers, die sie durch Langgaard kennengelernt hatte, in die anthroposophische Lehre einführen zu lassen (vgl. Hertling 2012: 156). 1927/28 absolvierte sie zudem in Dornach eine Ausbildung zur Eurythmie-Lehrerin.

Zu Fragen bleibt, inwiefern die Methode Langgaard-Rohden sich von anthroposophischen Bewegungsprinzipien abhebt oder ob Verbindungen existieren. Der Briefwechsel zwischen Louise Langgaard und Marie Steiner-von Sievers, Rudolf Steiners Frau und Mitbegründerin der Eurythmie, belegt einen durchaus konfliktreichen Austausch über die anthroposophische Ausrichtung Lohelands (vgl. Steiner-von Sievers 1927). Wobei sich andersrum fragen ließe, wie unabhängig sich die anthroposophische Bewegungsform der Eurythmie von den Einflüssen des modernen Tanzes entwickelte (vgl. Zander 2008: 1181ff). Claudia Fleischle-Braun vermutet einen Zusammenhang zwischen der Aufgabe des künstlerischen Tanzes nach dem Brandunglück von 1923, bei dem sämtliche Kostüme verloren gingen, dem parallelen Aufkommen der Eurythmie und Hedwig von Rohdens wachsendem Interesse an dieser anthroposophischen Bewegungsform (vgl. Fleische-Braun 2022: 9).

In jedem Fall deutet nicht nur die Widmung einzelner Schriften, sondern auch die Nutzung von spirituellem Vokabular auf Überschneidungen hin. Rudolf Steiner ging davon aus, dass die Welt einen geistigen Anfang habe, zu der wir mithilfe einer »Vergeistigung« zurückfinden sollen. Der Mensch besitze daher verschiedene Glieder oder Hüllen: den materiellen »physischen Leib«, den stärker geistigen »Ätherleib«, den noch mehr vergeistigten »Astralleib« und das geistige »Ich« (vgl. Zander 2019: 222). Und das ist alles Vokabular, dass sich auch in den bereits erwähnten Aufsätzen von Langgaard zur Bewegungsentfaltung findet, wie das folgende Zitat verdeutlicht:

> Der physische Körper wäre nicht organisch vollendet, nicht ein Ganzes, wenn er nur für sich bestünde. Sondern er ist nur ein Ganzes, indem er dem ätherisch Lebendigen angehört, gleichsam ätherisch durchflutet ist und durch die menschliche Ichkraft gelenkt werden kann. (Langgaard o.J.: 13)

Diese konzeptionelle Übernahme anthroposophischer Begriffe erscheint besonders problematisch im Kontext von Steiners evolutionistischen Theorien. Denn darin finden sich Narrative einer spiritualisierten Evolutionslehre, die eine geistige und körperliche Höherentwicklung der Menschheit durch aufeinanderfolgende Verkörperungen postuliert – ein Konzept, das aus heutiger Perspektive kritische Fragen aufwirft.

Helmut Zanders Studien zur Anthroposophie bieten wichtige Einblicke in diese komplexen Zusammenhänge. In seinen Werken, besonders in *Anthroposophie in Deutschland* (2008), zeichnet er ein nuanciertes Bild: Steiner hinterfragte einerseits zeitgenössische rassistische Vorstellungen kritisch, formulierte andererseits jedoch Konzepte, die zeitgenössische Diskurse zu Volk und menschlicher Entwicklung aufgriffen und transformierten. Die anthroposophische Rezeption dieser Ideen gestaltete sich dabei durchaus heterogen.

Für eine fundierte Betrachtung Lohelands ist die eingehende Erforschung der institutionellen Entwicklung zwischen 1933 und 1945 unerlässlich: Wie navigierte die Einrichtung zwischen Anpassung, Widerstand und subtiler Resistenz? Welche Strategien entwickelten die Akteur*innen, um ihre Grundprinzipien zu bewahren? Die Schule konnte – im Gegensatz zu vielen anderen Gymnastikschulen – nach der nationalsozialistischen Machtübernahme weiterbestehen und blieb auch während der »Aktion gegen Geheimlehre und sogenannte Geheimwissenschaften« (Aktion Heß) von Schließungen verschont, die andere anthroposophische Einrichtungen trafen (vgl. Mollenhauer-Klüber/Siebenbrodt 2019a:17). Diese Sonderstellung wirft Fragen nach dem Verhältnis zwischen Anpassung und Widerstand auf. Kai Buchholz stellt fest, dass die Programme und Artikel Lohelands der 1930er Jahre bemerkenswert frei von explizit rassistischem Vokabular sind (vgl. Buchholz: 122). Gleichzeitig zeigt ein Vergleich der Ausbildungskataloge, dass das Fach »Volkskunde: Erblehren und Rassenkunde/Führungskunde« im Katalog von ca. 1930 noch nicht, in einem Katalog von ca. 1933 jedoch aufgeführt ist (Loheland o.A. (2): 5). Diese curricularen Anpassungen spiegeln die komplexen Herausforderungen wider, mit denen Bildungseinrichtungen in dieser historischen Umbruchphase konfrontiert waren. Die genauen Umstände, der tatsächliche Lehrinhalt und die Positionierung der Loheländerinnen in dieser Zeit bedürfen einer differenzierten historischen Kontextualisierung.

Loheland zwischen Körper, Geist und Gesellschaft

Gezeigt werden konnte, wie eng die Verschränkung von Körper, Geist und Gesellschaft im frühen 20. Jahrhundert gedacht wurde. Die Bewegungspraxis diente nicht nur ästhetischen oder gesundheitlichen Zwecken, sondern war Teil eines umfassenden Projekts zur ›Gestaltung des Menschen‹. Dabei bewegten sich die Loheländerinnen stets im Spannungsfeld zwischen individueller Entfaltung, spiritueller Suche und gesellschaftlichen Vorstellungen ihrer Zeit.

Für zukünftige Forschungen bieten sich, neben den bereits skizzierten Anschlüssen zu rassentheoretischen Implikationen, weitere Felder an: So ließen sich Untersuchungen zu Frauenbild, Weiblichkeit und queeren Themen ebenso anschließen (vgl. Althammer 2025, Otto/Rössler 2019) wie die nähere Betrachtung medienwissenschaftlicher Fragen – inklusive der in Loheland entwickelten Verfahren zur Sichtbarmachung der Bewegungen via Zeichnungen.

Die Relevanz dieser historischen Auseinandersetzung liegt nicht zuletzt darin, die Wechselwirkungen zwischen historischen Körperpraktiken und gegenwärtigen Ansätzen tiefergehend zu verstehen und in ihren jeweiligen kulturellen und sozialen Kontexten zu betrachten. Lohelands innovative Beiträge zur Bewegungspädagogik bieten dabei wertvolle Reflexionsanstöße für einen differenzierten Dialog zwischen Vergangenheit und Gegenwart.

Literatur

Althammer, Miriam (2025): Getanzte De/Stabilisierungen weiblicher Körperentwürfe: Die ›Amazonen‹ der Gymnastikschule Loheland zwischen Androgynität und faschistischer Ideologisierung, in: Miriam Althammer/Irene Brandenburg/Claudia Jeschke/Nicole Haitzinger (Hg.): *Tanz & Archiv: Forschungsreisen (Kriegerinnen…)*, Heft 11, München: epodium, Druck i.V.

Brandenburg, Hans (1917): *Der Moderne Tanz* [2. Auflg.], München: Müller.

Buchholz, Kai (2017): Sinnesschulung am Bauhaus und in Loheland, in: Kai Buchholz/Elisabeth Mollenhauer-Klüber/Justus Theinert (Hg.): *Herausforderung ästhetische Bildung*. Bielefeld: Aisthesis, S. 93–131.

Duncan, Isadora (*1919*): Tanz der Zukunft, in: Gertrud Pfister (Hg.) (1980): *Frau und Sport*, Frankfurt a.M.: Fischer, S. 214–217.

Fleischle-Braun, Claudia (2022): Das anthroposophische Reformprojekt Loheland im Kontext der Tanzmoderne, in: *Reader der Eurolab Konferenz 2022*, [online]: https://www.laban-eurolab.org/konferenz [21.03.25].

Giese, Fritz [1924] (1927): *Körperseele. Gedanken über persönliche Gestaltung*, 2. Aufl., München: Delphin-Verlag.

Griesson, C. (1919): Tänze von Berta Müller und Eva Maria Deinhardt in den Münchner Kammerspielen, Loheland Archiv, Ordner Vorführungen 1913–1919.

Halkett, René (2010): *Der liebe Unhold. Autobiografisches Zeitporträt von 1900–1939*, Hürth: Edition Memoria.

Heiner, Immer [1982] (2012) Erinnerungen an das Seminar für Klassische Gymnastik und Alt-Loheland, in: Loheland-Stiftung (Hg.): *Drei Frauen, drei Geschichten. Perspektiven auf die frühe Siedlungsgemeinschaft Loheland. Herta Dettmar-Kohl, Imme Heiner und Elisabeth Hertling erzählen* (=Schriftenreihe der Loheland-Stiftung), S. 53–150.

Hertling [1984] (2012): Das Entstehen und das Werden der Schulsiedlung Loheland, in: Loheland-Stiftung (Hg.): *Drei Frauen, drei Geschichten. Perspektiven auf die frühe Siedlungsgemeinschaft Loheland. Herta Dettmar-Kohl, Imme Heiner und Elisabeth Hertling erzählen* (=Schriftenreihe der Loheland-Stiftung), S. 151–202.

Hilker, Franz (1935): *Deutsche Gymnastik*, Bibliographisches Institut Leipzig.

Köhn, Eckhardt/Fischer, Iris (Hg.) (2004): *Lichtbildwerkstatt Loheland. Fotografien 1919–1939*, Kat. Vonderau Museum Fulda, Petersberg: Michael Imhof.

Köhn, Eckhardt (2004a): Gelebte Utopien von Frauen. Loheland im historischen und fotografischen Kontext, in: Köhn, Eckhardt/Fischer, Iris (Hg.)

(2004): *Lichtbildwerkstatt Loheland. Fotografien 1919–1939*, Kat. Vonderau Museum Fulda, Petersberg: Michael Imhof, S. 6–41.

Langgaard, Louise (o.A.): *Bewegungsentfaltung. Gesammelte Aufsätze*, Loheland-Röhn: o.A.

Loheland o.A. (1) (vermutlich um 1930): *Berufsausbildungsstätte Loheland. Schule für Gymnastik, Landbau und Handwerk*, Fulda: J.L. Uths Hofbuchdruckerei, Archiv der Loheland-Stiftung, Signatur: D-1/2(2).

Loheland o.A. (2) (vermutlich um 1933): *Loheland in der Rhön. Schule für Gymnastik, Landbau und Handwerk. Lehrweise von Rohden-Langgaard. Berufsausbildungsstätte*, Archiv der Loheland-Stiftung, Signatur: D-1/3(1).

Mollenhauer-Klüber, Elisabeth (2019): Die Tänze der Loheländerinnen, in: dies., Michael Siebenbrodt (Hg.), *loheland 100. Gelebte Visionen einer neuen Welt*, Langenhagen: Gutenberg Beuys Feindruckerei, S. 36–42.

Mollenhauer-Klüber, Elisabeth/Siebenbrodt, Michael (Hg.) (2019): *loheland 100. Gelebte Visionen für eine neue Welt*, Gutenberg Beuys Feindruckerei: Langenhagen.

Mollenhauer-Klüber, Elisabeth/Siebenbrodt, Michael (2019a): Lohelands Entwicklung und seine Vernetzung in der Moderne, in: dies. (Hg.), *loheland 100. Gelebte Visionen für eine neue Welt*, Langenhagen: Gutenberg Beuys Feindruckerei, S. 13–19.

Otto, Elizabeth/Rössler, Patrick (Hg.) (2019): *Bauhaus Bodies. Gender, Sexuality, and Body Culture in Modernism's Legendary Art School*, London/New York: Bloomsbury Visual Arts.

Rochawanski, L.W. (1923): *Der tanzende Schwerpunkt*, Wien: Amalthea.

Rohden, Hedwig von/Langgaard, Louise (1928): Berufs-Ausbildungsstätte. Loheland-Gymnastik. Von Rohden-Langaard, in: *Sonderdruck der Zeitschrift Gymnastik* (= 3. Jahrg. Mitteilungsblatt – Doppelheft 5/6 des deutschen Gymnastik-Bundes e.V.), Berlin-Schöneberg: Brandenburgische Buchdruckerei und Verlagsanstalt GmbH.

Siebenbrodt, Michael (2019): Bauhaus-Parallelen. Die Loheland-Werkstätten, in: Elisabeth Mollenhauer-Klüber/Michael Siebenbrodt (Hg.), *bauhaus parallelen*, Weimar: Buch- und Kunstdruckerei Keßler GmbH.

Steiner-von Sievers, Marie: Briefwechsel mit Louise Langgaard, Dornach, 24.4.1927. Archiv der Loheland-Stiftung, Signatur: S-2/5 und S-2/19.

Thiess, Frank (1920): *Der Tanz als Kunstwerk. Studien zu einer Ästhetik der Tanzkunst*, München: Delphin Verlag.

Zander, Helmut (2019): *Die Anthroposophie: Rudolf Steiners Ideen zwischen Esoterik, Weleda, Demeter und Waldorfpädagogik*, Köln: Brill.

Zander, Helmut (2008): *Anthroposophie in Deutschland. Theosophische Weltanschauung und gesellschaftliche Praxis 1884–1945* [Bd.1], Göttingen: Vandenhoeck und Ruprecht Verlage.

Züllchner (1920): Volkszeitung für Sachsen, Weimar, Eisenach, Loheland Archiv, Ordner Vorführungen 1913–1919.

»Tante Isadora tanzen gesehen! Sprachlos!«

Zu Wertesystemen des Erfolgs im frühen modernen Tanz(training)

Katja Schneider

Erfolg bemisst sich nach der sozialen Bewertung von Leistung (Güllich 2022: 120). Soziale Bewertungen lassen sich diskursanalytisch ermitteln, sie manifestieren sich in Abschlüssen und Urkunden, in Kritiken, Engagements und Verträgen, sie bündeln sich zu Narrativen über das, was im Tanz als erfolgreich gilt. Erfolg liegt selten im Singular vor, da soziale Bewertungen synchron wie diachron variieren und je nach kulturellem Kontext, gesellschaftspolitischen Umständen sowie persönlichen Einstellungen differieren. Was als Erfolg oder Misserfolg gilt, das bemisst sich an geltenden und/oder neu zu etablierenden Wert-Norm-Systemen und hat systemische Inklusionen und Exklusionen zur Folge, die im Moment der Transition vom Schüler*innen-/Student*innenstatus zu professionellen Tänzer*innen besonders deutlich werden. Diese Übergänge zwischen Ausbildung und Berufsausübung mit ihren Zwischenstufen und Überlappungen sind oft riskant und prekär.

Mein Beitrag, der im Kontext einer Recherche zu Narrativen des Erfolgs im zeitgenössischen Tanz steht, untersucht diskursive Ein- und Ausschlüsse in das Praxissystem des modernen Tanzes in Deutschland am Beispiel dreier Tänzerinnen, die am Beginn einer inter-/transnationalen Karriere standen oder hätten stehen können. Besondere Berücksichtigung findet dabei die Ausbildungssituation, also die Formierung von Schülerin/Studentin zur professionellen Tanzschaffenden. Im Spannungsfeld von Schülerin/Studentin, Amateurin und Autodidaktin sollen Zuschreibungen des Professionellen herausgearbeitet werden, die als »hidden narratives«[1] die Tanzgeschichtsschreibung

---

1 Vgl. Call für das Symposium der Gesellschaft für Tanzforschung (gtf) *(Un-)Sichtbarkeiten – Moderner Tanz Re-Visited.*

durchziehen. Fragen, die sich bei der Re-Lektüre von historiografischen Arbeiten etwa zu Clotilde von Derp oder zum Kontext der Tänzer*innen um Rudolf Laban stellen, lauten: Wie wurde in den frühen Jahren des 20. Jahrhunderts über Erfolg im Tanz gesprochen? Auf welche Weise werden – etwa aus rassistischen Motiven – Tänzerinnen diskursiv vom Profitum ausgeschlossen? Welche selbstreflexiven Strategien werden zu einer Bestimmung des eigenen Fortschritts genutzt? Aber auch: Wie wird retrospektiv der Erfolg einer Tänzerin in der Tanzgeschichtsschreibung diskutiert? Am Beispiel von Clotilde von Derp, Betty Baaron Samoa und Anita Zahn sollen Narrative des Erfolgs im modernen Tanz des frühen 20. Jahrhunderts identifiziert und im Hinblick auf autodidaktische Bildung, Ausbildung und Amateurstatus betrachtet werden.

Tänzerin ihrer selbst: Clotilde von Derp (1892-1974)

Als »wahrscheinlich erste wirklich ›moderne‹ Tänzerin« nominiert Frank-Manuel Peter (Peter 2002: 76) Clotilde von Derp und widerspricht damit vehement dem Verdikt von Dianne S. Howe, die sie als »young amateur dancer of natural talent [...] who in 1912 became Sacharoff's student« (ebd.) bezeichnet. Peter bekräftigt: »Clotilde von Derp war kein ›amateur dancer‹!« (ebd.)

Im Kontext der Systemkonkurrenzen zu Anfang des 20. Jahrhunderts, in dem sich der moderne Tanz gegen das etablierte Ballett zu behaupten suchte, fand eine strategische Aufwertung des Amateurstatus statt. Hans Brandenburg wertete ihn subversiv um, wenn er 1913 in *Der moderne Tanz* notiert: »Der Vorwurf des Dilettantismus aber, der gegen Isadora Duncan erhoben wurde, kann ihr nur zum Lobe gereichen. Daß sie das nicht konnte, was das Ballett kann, daß sie es gar nicht können wollte, ist ihr größtes Verdienst und der eigentlichste Beginn des Neuen.« (Brandenburg 1913: 15) In der Engführung auf das oppositionell gesetzte Ballett werden heterogene Körperschulungen und Bewegungspraktiken oft nicht genauer ausgeführt. Clotilde von Derp, die in den Kursen von Margaret und Ethel Rice in gymnastischen Übungen, Volkstänzen und rhythmischer Bewegung geschult wurde, schreibt ihrer Freundin Gertrud Schuster-Woldan, die nach Berlin gezogen war, wie das Tanzen zur immer größeren Leidenschaft wird und fragt sich, wie sie »zu einer fertigen Ausbildung« kommen könne, »sowie zu allerlei Menschen, die man dazu braucht« (Brief, 31.5.1909, Peter: 82–84). Liest man die Bemerkung so, dass sie nicht wisse, wie man generell zu einer »fertigen Ausbildung« komme, erscheint das merkwürdig, denn ihre zwei Jahre ältere Schwester war zur gleichen Zeit in Wien, um sich im Tanz ausbilden zu lassen. Liest man die Bemerkung hingegen so, dass sie nicht wisse, wie sie, Derp, zu einer Ausbildung kommen solle, dann scheint das Studium ihrer Schwester nicht das zu sein, was sie sich für die eigene Person vorstellt. Ihr Tanzen und Improvisieren, das sie bei Aufführungen der Rice-Schule, aber auch zu Hause oder bei Besuchen zeigte, weckte Interesse: Sie wird in ihren Tänzen fotografiert und begutachtet das Ergebnis mit professionellem Blick: »Frau v. Debschitz und Frau D. Ludwig haben mich photographiert, tanzend, ein paar sind ganz gut geworden. Es war interessant zu sehen, wie schwer so etwas ist. Bei Frau v. D. sind von 25 Aufnahmen nur 5 oder 6 geglückt!« (31.5.1909; Peter: 85) Die Menschen, die sie für ihre Ausbildung und die Verfeinerung ihrer Improvisationen braucht, findet sie ab 1909 im häuslichen Umfeld der Freunde und Bekannten[2], Wilhelm von Debschitz und Rudolf von Delius gehören dazu sowie Dr. Josef Joesten, der Hausarzt der Familie, den sie »Onkel Sepp« oder »Sepp« nennt. Zweimal wöchentlich nahm von Derp Ballettunterricht bei der Operntänzerin Julie Bergmann; das, was sie dort lernte, praktizierte sie als eine Art tägliches Training, zugleich wurde es abends einer Revision unterzogen und partiell wieder abtrainiert, wie sie im Oktober 1910 notierte (Brief, 10.10.1909, Peter: 86f.). Autodidaktisch kreierte sie eigene Tänze.

Präsentiert wurde sie schließlich als Tänzerin ihrer selbst, die – barfuß, im Reformkleid – kein Revitalisierungsprogramm der Antike abarbeitete oder die Natur inkorporierte wie Isadora Duncan, sondern in essenziell notwendiger »Selbstoffenbarung« tanzte (Brandenburg 1913: 103). Expressiv, mädchenhaft, vital, dynamisch: »Eine Mädchenseele offenbart sich und wird restlos gestaltet in Körperform. Darum ist es töricht, hier von Mängeln zu sprechen: alles ist organisch, rund, lebendig. Das Andeuten und Suchen, das Scheu-Unfertige ist ein notwendiger Teil dieser Knospenwelt«, schreibt ihr Mentor Rudolf von Delius als Rezensent über ihren Soloabend (Delius: 1910, in: Peter/Stamm 2002: 137). Interessanterweise inszeniert sich Delius, der zum Produktionskollektiv um Derp gehört, als neutraler, ahnungsloser Kritiker beziehungsweise Besucher eines Debüts, an denen die Stadt München so reich zu sein scheint. Denn er beginnt seinen Beitrag mit den Worten: »Wieder eine neue Tänzerin

2 Die Mutter ist Musiklehrerin und sorgt für die musikalische Bildung und den Klavier- und Geigenunterricht durch prominente Musiker. Für alle drei Tänzerinnen gilt, dass sich das auf ›Erfolg‹ ausrichtende Spannungsfeld von starken, gewählten familialen Beziehungen flankiert und gestützt ist bzw. sich in einem an familiäre Konstellationen angelehnten Setting vollzieht.

an den Plakatsäulen Münchens. Niemand kennt sie (der Name soll ein Pseudonym sein); man hat keine allzu großen Hoffnungen. Der Reklame-Tamtam rührt sich gleichmäßig für Alles. Dennoch – aus Pflichtgefühl – geht man hin, setzt sich auf seinen Stuhl und wartet.« (Ebd.) ›Erfolg‹ im sich neu herausbildenden modernen Tanz wurde so auf vielfältige Weise im öffentlichen Diskurs begleitet.

Der individuelle Zugriff auf tanzkünstlerische Verfahren situiert die Tänzerin in einer Doppelbewegung zwischen dem Eintritt in das etablierte Kunstsystem der Tradition und der gleichzeitigen Distanzierung von ihm. Eine retrospektive Bemerkung Derps beleuchtet, wie ungewöhnlich damals ihre Arbeit war, die keiner stringenten, etablierten Ausbildung folgte:

> Meine Schwester hat ihr Tanzstudium in Wien beendet. [...] Ich stecke mitten in den Vorbereitungen zu meinem ersten öffentlichen Auftreten. Was für ein Schock mußte das für sie sein! Sie war nicht darauf vorbereitet, meinen Namen auf *Plakaten* zu sehen, die meinen ersten Tanzabend ankündigen.[3]

Im Spiegel der mutmaßlichen emotionalen Reaktion der Schwester auf die öffentliche Ankündigung des Debüts im Stadtbild und in der Bezeichnung »Tanzstudium«, dem sich die Schwester unterzogen hatte und das man als Ausbildung konzeptualisieren könnte (die zu finden für Clotilde von Derp ja ein Problem darstellte), wird deutlich, dass die öffentliche Aufmerksamkeit, die ihr zuteil wird (Plakate), ein erstes Zeichen für Erfolg darstellt.

---

3 Sacharoff (2022), S. 156–164, 157. [Hervorheb. KS].

Abb. 1: Clotilde von Derp in einem ihrer neuartigen Tanzkleider | Fotografie: Stephanie Held-Ludwig, München (ca. 1910) | abgedruckt in Hans Brandenburgs Der moderne Tanz, München 1913 und in der zweiten Auflage 1917 | © Munich Dance Histories

»Als Tänzerin sehr begabt«: Betty Baaron Samoa

Betty Baaron Samoa – schreiben Mariama Diagne, Lucia Ruprecht und Eike Wittrock in ihrem Vorwort zur Themenausgabe *Speculations on the Queerness of Dance Modernism* (Diagne et al. 2022: 1) – »has always been with us«. Überaus präsent auf den Fotografien der Laban-Truppe am Lago Maggiore, repräsentiert sie die Epoche des frühen Ausdruckstanzes mit – und gehörte doch nicht dazu.[4] Als Person of Color wurde sie von Laban als sein »N***-Kind« bezeichnet, von Suzanne Perrottet als »Dienstmädchen« (Perrottet 1995: 81) Labans und Maja Lederers vorgestellt, das mit nach Ascona reiste, »eine dunkelhäutige [...] Münchnerin mit orientalischem Einschlag«, mit Erwähnung »der kleinen Betty, einer dunklen Halb-Münchnerin, Halb-Orientalin« (Perrottet 1995: 111). In der ›Halbierung‹ Betty Baaron Samoas als Münchnerin einerseits und rassifizierte Person of Color andererseits sowie in der sozialen Positionierung in der Familie Laban distanziert Perrottet sie von den anderen Tänzer*innen, die auf den berühmten Fotos von Johann Adam Meisenbach dargestellt sind. Und doch wird Bezug auf das genommen, was die Fotografien von Meisenbach so offensichtlich zeigen, nämlich dass Betty Baaron Samoa nicht nur als Dienstbotin und Kindermädchen im Umfeld Labans agierte, sondern als Tanzende abgebildet ist: »Betty war als Tänzerin sehr begabt«, so Perrottet (Perrottet 1995: 111).

Schon bevor die Meisenbach-Serie in Brandenburgs *Der moderne Tanz* publiziert wurde[5], hatte Betty Baaron Samoa bereits vor der Kamera getanzt. Sie repräsentierte in Fritz Winthers im Münchner Delphin-Verlag publizierten Buch *Körperbildung als Kunst und Pflicht* die »Schüler Laban de Varaljas«[6] in exemplarischen Studien.[7] Mir ist nicht bekannt, ob die Fotos für dieses Buch

---

4 Vgl. ausführlich zur Rezeption Betty Baaron Samoas im tanzgeschichtlichen und tanzwissenschaftlichen Diskurs Schneider 2023a.

5 Zur Publikationsgeschichte der verspäteten Publikation der auf dem Monte Verità begonnenen Überarbeitung vgl. Schneider 2022.

6 In weitere Auflagen (3. Aufl. 1919, 4. Aufl. 1920, 5. Aufl. 1923) hat Winther nochmals zwei Fotografien von Betty Baaron Samoa aufgenommen, die »Tanzstellung« (1919 Abb. 74; 1920/1923 Abb. 14) sowie im weißen Kleid kniend, die »Konzentrierte Raumstellung« (1919 Abb. 75; 1920/1923 Abb. 15). Zur namentlichen Identifikation der anderen fotografierten Personen vgl. Schneider 2022.

7 Von 76 Abbildungen der ersten Auflage machen die Tanzfotografien etwa die Hälfte aus und bilden ein Korpus. Im dritten Kapitel, im Kontext von »Schönheit« und »Kraft« behandelt Winther »Turnen«, »Gymnastik« und »Rhythmische Plastik« mit dem Un-

entstanden und die Tänzer*innen dafür ausgewählt wurden (was als ein Kriterium für Erfolg zu sehen wäre).

Winther schätzt Laban als eigenständigen Erneuerer des Tanzes, lobt dessen Konzentration auf eigenrhythmische Körperbewegungen und urteilt: »Mit Unverbildeten hatte er die besten Erfolge.« (Winther 1914: 41) In Betty Baaron Samoa sah er eine solche Eigenrhythmikerin: »Natürliche Befähigung des primitiven Menschen zu ausdrucksvollem Tanz« (Winther 1914: Abb. 37), lautet die rassistische, den Bildtitel erläuternde, in Klammern gesetzte Bildunterschrift zur Abbildung Nummer 37 in Fritz Winthers Erstausgabe seiner Schrift. Der verobjektivierende, rassifizierte *male gaze* auf Betty Baaron Samoa erweist sich als besonders kolonialer und patriarchaler Ausdruck im den modernen Tanz auf unterschiedliche Weise durchziehenden Diskursgeflecht.

In Winthers ideologischer Perspektivierung ist der »primitive Mensch« zum Tanz befähigt, aber nur Material für die erfolgreiche Arbeit des Lehrers, als »Tänzerin« wird Betty Baaron Samoa nicht tituliert. Sie blieb in dieser Ideologie des »Natürlichen« buchstäblich ebenso hängen wie an dem verräterischen »als« Perrottets – sie war »*als* Tänzerin sehr begabt«. Als begabte *Tänzerin* ist sie nicht in den Diskurs aufgenommen worden, in der Simulakrenkette und im Paratext von Programmzetteln und Kritiken erscheint sie, soweit ich sehe, nicht – und wurde bislang auch kaum namentlich in den wissenschaftlichen Diskurs aufgenommen. Der Erfolg, den wir ihr – als Tänzerin der Laban-Gruppe – zusprechen, ist ein retrospektiver.

---

terkapitel »Der Tanz als universale Kunst« und beschreibt den »freien Tanz« im vierten Kapitel »Der Mensch in Rhythmus und Raum«.

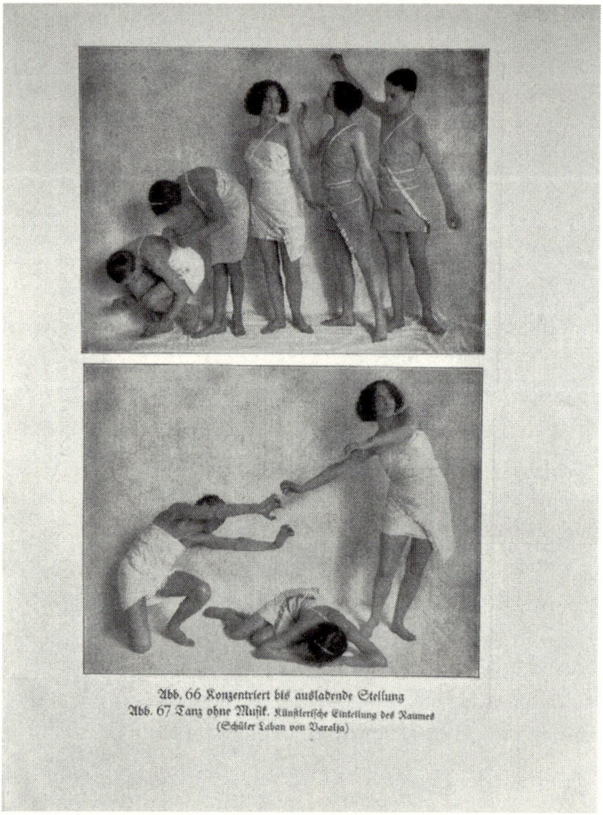

*Abb. 2: Betty Baaron Samoa (oben: zweite von links; unten: Mitte) und weitere Schüler*innen Labans (Karl Weysel, Ymelda Juliewna, Mary Wigman, Johann Adam Meisenbach) demonstrieren choreographische »Stellungen« | Fotograf nicht genannt | abgedruckt in Fritz Winthers Körperbildung als Kunst und Pflicht, hier in der zweiten vermehrten Auflage 1915 | © Munich Dance Histories*

»Try, try again«: Anita Zahn (1903–1994)

Abb. 3: Tagebucheinträge von Anita Zahn im April 1917 | Zahn, Anita: 069, Duncan-Archiv Anita Zahn, I.1 Tagebuch 1917, Obj. 55675 | © Deutsches Tanzarchiv Köln

Nach Ausbruch des Ersten Weltkriegs übersiedelte die Schule von Isadora und Elizabeth Duncan im August 1914 von Deutschland in die USA. Mit dabei waren neun Schülerinnen, unter ihnen die 1903 geborene Anita Zahn, die seit dem 15. April 1913 – zunächst in Darmstadt – Schülerin der Schule war. Über ihr Leben in New York liegen im Deutschen Tanzarchiv Köln drei Kalender mit regelmäßigen Eintragungen vor, also »eine Folge datierter Spuren [...], das heißt eine über einen längeren Zeitraum entstandene Folge von Notizen« (Lejeune 2014: 83), ein Tagebuch (Abb. 3), in dem sie auf knappem Raum Ereignisse ihres Lebens festhält. Schulunterricht, Gymnastik, zu erledigende Arbeiten, Besuche und Ausflüge werden ebenso notiert wie die »Tanzstunden«, die »von der

Tante« (Elizabeth Duncan) und anderen gegeben werden. Mal verzeichnet sie die Stunden lediglich, mal werden sie von ihr bewertet, manchmal notiert sie auch ihre Gefühle und Befindlichkeiten als Reaktion auf den erhaltenen Unterricht. Anita Zahn tanzt, und sie unterrichtet – sie gibt Tanzstunden den »Damen«, Kindern, aber auch den »großen« Studentinnen.

Im ersten vorliegenden Kalender, 1917 (Zahn 1917) finden sich solche aufzählenden Vermerke, im zweiten schreibt sie zum Datum des 26. Juni 1918: »Ich gebe jeden Morgen um 10 eine Übungsstunde den Grossen. Und Nachmittags Gymnastik.« (Zahn 1918) Neben der Ausbildung zur Tänzerin erhält sie eine Ausbildung zur Lehrerin, die durch »vollständigen Unterricht in den körperlichen und geistigen Disciplinen« eine Erziehung ermöglichte, »die mich in den Stand setzt, meinen Lebensunterhalt selbstständig zu verdienen«, wie sie am Ende ihrer Ausbildung 1922 in einer Ehrenerklärung schreibt (Zahn 1922). Die Ausbildung zur professionellen Lehrerin und ihre Stunden kommentiert Anita Zahn in ihren Notizen kaum, wohingegen sie mit ihrem Erfolg als Tanzstudentin zunehmend hadert. Während im ersten Halbjahr 1917 nur positive Erlebnisse in den Tanzstunden gemeldet werden (wahlweise »herrliche Tanzstunde« oder »schöne Tanzstunde«), schreibt sie am 26. Juni 1917: »Tanzstunde Nachmittags [sic!]. Tante auf mich feste geschimpft. Geweint. [...]«. Am 18. Juli: »Tanzstunde von Tante. Sehr geschimpft. Wenn ich nur meine Ideen ausdrücken könnte! Aber ich habe immer Angst[,], das[s] die anderen spotten.« Im Dezember 1918 hält sie fest: »Tante mich ganz hoffnungslos gemacht. Ich werde aber tanzen nicht aufgeben, geweint. Nie!« Ihren Durchhaltewillen gießt sie auch in einen (englischen) Vierzeiler (5.12.1919):

> If at first you don't succed [sic!]//Try try again!//Auntie called me awful! //Try try again. (Zahn: 1919)

Anita Zahns selbstreflexive Bemerkung, dass es ihr an Mut fehle, ihre Ideen auszudrücken und sie deswegen nicht genüge, bildet eine Ausnahme in ihren Tagebüchern. Häufiger erwähnt sie, dass sie geschimpft wurde, ohne eine Angabe, was nicht geklappt haben könnte. Das änderte sich im Januar 1919, als sie zum Datum 31. Januar schreibt: »Tanzstunden. Tante sagt[,] wir gehen nur herum anstadt [sic!] zu tanzen. Ja ja wir müssen arbeiten arbeiten«. Das konstatierte Herumgehen ist keine instruktive Kritik, sondern eine kontextgebundene Abqualifizierung des tänzerischen Vermögens, die Elizabeth Duncan wohl häufiger verwendete. Anita Zahn hadert im Verlauf des Jahres zwar weiter mit ihren Erfolgsaussichten als Tänzerin, aber sie beginnt auch die auf Kompetitivität zielende Art kritisch zu sehen, mit der Elizabeth Duncan ihre Kritik vermittelt und Erfolg in soziale Bezugsnormen setzt. Am 16. Mai 1919 schreibt Zahn:

> Oh Stern des Tanzes, Du bist mir so fern und doch will ich zu Dir hinauf! Ja man muss die Verzweiflung anfechten. Ich kann es nicht leiden[,] wenn Tante immer zwei nimmt und dann sagt: ›yes she does what I want, she dances, but look at her [die andere] she tries hard but she does not dance, she walks around.‹ [...] (Zahn 1919)

Tanzen versus Gehen, Kunst versus alltägliche Bewegung. Man tanzt oder man geht, warum die Grenze wo verläuft, wird von der Unterrichtenden nicht vermittelt. Es ist anscheinend evident, auch wenn es die Betroffene nicht sehen und vor allem nicht ändern kann. Das Unbehagen, das Anita Zahn in ihrer Reflexion der Kritik äußert, ist bemerkenswert. Und auch, dass ihr der (unsichere) Erfolg als Tänzerin damals wichtiger war als eine vielleicht sicherere Profession und Existenzgründung in Deutschland. Das Ansinnen ihrer Mutter nämlich, mit ihr zusammen in Deutschland eine Schule zu gründen, lehnt sie am 20. September 1919 vermeintlich leichten Herzens ab: »Brief von zu Hause. Mama will absolut[,] dass ich nach Hause komme. Sie ist so komisch. Sie will eine Filiale der Schule unter meiner Leitung eröffnen. Ich will aber nicht. Na ja, Herr Merz [Ko-Leiter der Schule in New York; K.S.] muss ihr eben schreiben.« (Zahn 1919).

Sieben Jahre später, 1926, wird Anita Zahn mit Anfang 20 die Leitung der Elizabeth Duncan Schule in New York übernehmen – ohne ihre Karriere als Tänzerin und Choreographin aufzugeben. Historiografisch gilt zum einen die Gleichzeitigkeit von Lehre und Tänzerinnenkarriere (die sie z.B.) mit Wigman oder Palucca teilt) als Erfolgsmerkmal, zum anderen die Integration zweier erfolgreicher Kunst- und Lebensmodelle in ihrer Person:

> Her career represents a bridge between her two Duncan mentors, Elizabeth, the educator, and Isadora, the shining star. From 1913 when she entered the Elizabeth Duncan School at age 10, she remained in the limelight. Highly respected in N. Y. dance circles as well [...]. (Isadora Duncan Archive)

Literatur

Brandenburg, Hans (1913): *Der moderne Tanz*, 2., vermehrte Aufl. o.J. [1917]; 3., stark umgearbeitete und erweiterte Ausgabe 1921, München: Georg Müller, o.J. [1913].

Delius, Rudolf von (1910): Clotilde von Derp, in: *Masken. Wochenschrift des Schauspielhauses Düsseldorf*, Jg. 5, S. 615–616. Zit. n. Frank-Manuel Peter/Rainer Stamm (Hg.): *Die Sacharoffs. Zwei Tänzer aus dem Umkreis des Blauen Reiters. Two Dancers within the Blaue Reiter Circle*. Köln: Wienand Verlag 2002, S. 137.

Diagne, Mariama/Ruprecht, Lucia/Wittrock, Eike (2022): Editors' Note: Speculations on the Queerness of Dance Modernism, in: *Dance Research Journal*, Jg. 54 Nr. 2, S. 1–9.

Güllich, Arne (2022): Leistung und Wettkamp, in: ders./Michael Krüger (Hg.), *Grundlagen von Sport und Sportwissenschaft. Handbuch Sport und Sportwissenschaft*, Berlin: Springer Spektrum, S. 115–138, https://doi.org/10.1007/978-3-662-53404-5.

Isadora Duncan Archive: Dancers, Anita Zahn, [online] https://www.isadoraduncanarchive.org/dancer/35/ [29.03.2025]

Lejeune, Philippe (2014): *»Liebes Tagebuch«. Zur Theorie und Praxis des Journals*, Reihe Theorie und Praxis der Interpretation, Bd. 11, hg. v. Lutz Hagestedt, München: Belleville.

Perrottet, Suzanne (1995): *Ein bewegtes Leben. Texte und Bilder*, bearb. und ausgewählt von Giorgio J. Wolfensberger, Bern 1989. Neuausg. Weinheim, Berlin: Beltz Quadriga Verlag 1995.

Peter, Frank-Manuel (2002): Die »neie Minchener Derpsychore«. Clotilde von Derp – die früheste Vertreterin des Ausdruckstanzes?/The »neie Minchener Derpsichore«. Clotilde von Derp – the Originator of Ausdruckstanz?, in: Frank-Manuel Peter/Rainer Stamm (Hg.), *Die Sacharoffs. Zwei Tänzer aus dem Umkreis des Blauen Reiters. Two Dancers within the Blaue Reiter Circle*, Köln: Wienand Verlag, S. 75–129.

Sacharoff, Clotilde (2002): »La vie que nous avons dansée«. Aus den unpublizierten Memoiren, in: Frank-Manuel Peter/Rainer Stamm (Hg.), *Die Sacharoffs. Zwei Tänzer aus dem Umkreis des Blauen Reiters. Two Dancers within the Blaue Reiter Circle*, Köln: Wienand Verlag, S. 156–164.

Schneider, Katja (2022): Bilder in Büchern. Zu den drei Auflagen von Hans Brandenburgs *Der moderne Tanz*, in: Isa Wortelkamp (Hg.), *Tanz in Bildern. Plurale Konstellationen der Fotografie*, Bielefeld: transcript, S. 169–188.

Schneider, Katja (2023a): »Eine dunkle Halb-Münchnerin«? Zu Archiv, Diskurs und Pragmatik, in: Micha Purucker/Daniela Rippl/dies. (Hg.), *Housing the Temporary. Zugänge zur eigenen Geschichte. Tanz, Performance, Archiv*, München: Allitera Verlag, S. 124–141.

Schneider, Katja (2023b): Imbrikation. Plurimediale Diskursstrategien und die Genese einer neuen Tanzkunst in München (1908–1913), in: Ulf Otto/David Roesner/Berenika Szymanski-Düll (Hg.), *Theaterwissenschaft postkolonial, intermedial, neoinstitutionell. Christopher Balme in der Re-Lektüre*, Bielefeld: transcript, S. 89–115.

Winther, Fritz (1914): *Körperbildung als Kunst und Pflicht*, Drittes Tausend 1914, 2. vermehrte Aufl. 1915, 3. vermehrte Aufl. 1919. 4. vermehrte Aufl. 1920. 5. vermehrte Aufl. 1923. München: Delphin-Verlag.

Zahn, Anita (1917): 069, Duncan-Archiv Anita Zahn, I.1 Tagebuch 1917, Obj. 55675, Transkription, Deutsches Tanzarchiv Köln.

Zahn, Anita (1918): 069, Duncan-Archiv Anita Zahn, I.1 Tagebuch 1918, Obj. 55678, Transkription, Deutsches Tanzarchiv Köln.

Zahn, Anita (1919): 069, Duncan-Archiv Anita Zahn, I.2 Notizheft mit tagebuchartigen Einträgen 1919, Obj. 55679, Transkription, Deutsches Tanzarchiv Köln.

Zahn, Anita (1922): 069 Duncan-Archiv, I.5 Ehrenerklärung von Anita Zahn gegenüber der Elizabeth Duncan Schule 1922, Obj. 55694, Deutsches Tanzarchiv Köln.

Anhang

Biografien

Miriam Althammer (Dr. phil.) is a postdoctoral university assistant at the Department of Art, Music, and Dance Studies at the University of Salzburg. Previously, she was a research associate at the Centre for Contemporary Dance at the Cologne University of Music and Dance, where she earned her PhD with a dissertation on contemporary dance in Southeast Europe. She has taught at the University of Bayreuth, the Bytom Dance Theatre Institute of the Kraków Theatre Academy and the Academy of Dance and Performance at the National Dance Center in Bucharest. Her research focuses on Oral History, Archive as Practice, Artistic Research, as well as histories of entanglement in modern Central and Southeast Europe, particularly in the contexts of gymnastics, folk dance culture, gender representation, and national movements. She is co-editor of the *Tanz&Archiv* series and co-coordinates the European CEEPUS network *Arts in Motion*.

Anja K. Arend (Dr. phil.) ist Tanz- und Musikwissenschaftlerin und derzeit als Wissenschaftliche Mitarbeiterin am Institut für Zeitgenössischen Tanz der Folkwang Universität der Künste verantwortlich für die Lehre in Tanzgeschichte und Tanzwissenschaft sowie das Folkwang Tanzarchiv. Nach ihrem Studium der Musik- und Tanzwissenschaft mit Studienergänzungen in Geschichte und Theologie promovierte sie an der Paris Lodron Universität Salzburg. Ihre Forschungsschwerpunkte sind Tanzgeschichte des 19. und 20. Jahrhunderts, historische Notationspraxis, das Zusammenspiel von Musik und Tanz sowie Fragen zur Archivierung von Tanz. Ihre Arbeit ist durch einen interdisziplinären Ansatz gekennzeichnet, der sich sowohl in disziplinübergreifender Lehre als auch Forschung spiegelt.

Eva Blaschke ist Tänzerin, Trapeztänzerin und Tanzlehrerin, ausgebildet in Laban/Bartenieff Bewegungsstudien (CMA/Berlin), Modern Dance/New Dance (USA), Trapeztanz bei Clover Catskill & Gyrokinesis. Ab 1994 Soloarbeiten und Performances mit interdisziplinären Ensembles: Slices-Ensemble, Performancebühne Berlin, Global Water Dances Kollektiv Berlin. Spezielle Interessen: spannungsreicher Dialog mit Livemusik und neuer Musik an ungewöhnlichen Orten, drinnen wie draußen, Steigerung des persönlichen Ausdrucks in Technik und Improvisation, Verbindung von Körperarbeit und Tanz auf tiefer Ebene. Unterricht: Laban/Bartenieff Zertifikatsausbildung, Tanztherapie NEURAUM, Gastdozentin bei coremotion Hannover, Tanzpädagogik TUT Hannover, gfp Erzieherfachschule Berlin

Aline Braun encountered various styles of dance during her years of training. After a bachelor's degree in Performing Arts and Communication in dance and circus (France) and a professional training in dance as well as the Technical Aptitude Test in contemporary dance, she graduated from the master's degree in Tanzkomposition: Bewegungsnotation/-analysis (Germany), the cycle Supérieur 1 Notation Benesh as well as the State Pedagogy Diploma in Dance (France) and the programme Kuratieren in den szenischen Künsten (Austria, Germany). She is currently studying a PhD in the Arts (Austria) as well as the Cycle Supérieur 2 Notation Benesh (France). As a dancer, emerging choreographer, and movement notator, her practice in the choreographic field is diverse between performances, exhibitions, and events. Her recent research questions the invisible labor of choreographic practices.

Lindsey Drury's (PhD) research addresses the history of the body and critically inquires the impacts of colonial sciences on art and performance modernities. Her recent research work has investigated the colonial history of dance, including community dance practices that have critically addressed colonization, and the civilizational politics which informed the history of dance anthropology and early scientific address of dance in North America. She holds a PhD in early modern studies from the Freie Universität Berlin and University of Kent-Canterbury, and teaches, researches, and organizes a visiting guest professorship program as a Postdoc of Critical Dance Studies at the Institut für Theaterwissenschaft, Freie Universität Berlin.

Claudia Fleischle-Braun (Dr. phil.) arbeitete von 1978 bis 2006 als wissenschaftliche Mitarbeiterin und Dozentin für Gymnastik und Tanz am Institut für Bewegungs- und Sportwissenschaft der Universität Stuttgart. 1999 promovierte sie über die Geschichte und Vermittlungskonzepte des Modernen Tanzes. Von 2005 bis 2015 war sie im Leitungsteam der Gesellschaft für Tanzforschung aktiv. Ihr generelles Forschungsinteresse gilt den Entwicklungen und Strömungen der zeitgenössischen Tanzkultur im Zusammenhang mit tanzpädagogischen Fragestellungen. In den letzten Jahren engagierte sie sich für Aspekte der Weitergabe, Vermittlung und Verbreitung des immateriellen tanzkulturellen Erbes der Moderne.

Susanne Foellmer (Dr. phil.) is full professor in dance studies at the Centre for Dance Research, Coventry University, UK. Her research interests include aesthetic theory, corporeality, and materiality in dance and performance art as well as choreography in an expanded sense, particularly in the embodied public sphere of social movements. From 2022–23 she has been Senior Fellow at the Alfried Krupp Wissenschaftskolleg Greifswald. She also has been working as a dramaturge for Isabelle Schad and Jeremy Wade, a.o. Recent publications include: *Communal Choreographies. Claiming the Embodied Public Sphere in Recent Climate Activism.* In: Critical Stages/Scènes Critiques 29 2024 (open access); *On Remnants and Vestiges. Negotiating Persistence and Ephemerality in the Performing Arts* (Routledge, forthcoming 2026).

Andrés Grumann Sölter (PhD) is a theater and dance scholar. He graduated in Philosophy from the Pontificia Universidad Católica de Chile. He received his PhD in Theater and Dance Studies at the Freie Universität Berlin. He has completed training as a sound artist at Tsonami and in Synthesis with Modular Systems at Modular Moon in Mexico (2021). He currently works as a professor and researcher for theatre and dance studies at the Pontificia Universidad Católica de Chile and as a researcher of the project *Desenfoque: dance, photography, and history*, focused on the artistic interweavings between Chile and German speaking countries at the beginning of the twentieth century.

Friederike Hartge studiert im Master Tanzwissenschaft an der Freien Universität Berlin und beschäftigt sich in ihrer Masterarbeit mit Exotismus, Otherness und der kulturellen Aneignung spanischer Tänze in klassischen Balletten des 19. Jahrhunderts. Nebenberuflich arbeitet sie als Tanzpädagogin für klassisches Ballett.

Dieter Heitkamp war Gründungsmitglied der Tanzfabrik Berlin, von 1978–98 als Tänzer, Choreograf, Pädagoge, Organisator dort tätig und bis 1995 einer der künstlerischen Leiter*innen. In dieser Zeit schuf er 18 abendfüllende Stücke. Seine Choreografien wurden deutschlandweit, in 14 europäischen Ländern sowie in Brasilien, Hongkong, Japan, Kanada, Russland, USA und Vietnam gezeigt. Weitere Choreografien entstanden u.a. für das Ballett Frankfurt, Theaterproduktionen an der Freien Volksbühne Berlin, Tanz- & Dokumentarfilme sowie Choreografie & Bühnenbild für *Le Disperazioni del Signor Pulcinella* (Staatsballett Berlin). 2001 erhielt er den Ruf als Professor für Zeitgenössischen Tanz an der HfMDK Frankfurt a. M. und war bis 2023 Direktor der Tanzabteilung. Dort entwickelte er mit Studierenden & Gästen über 70 Choreografien & interdisziplinäre Lecture-Performances. 2024 erhielt er den Deutschen Tanzpreis für sein Lebenswerk.

Ellen Jeffrey (PhD) is a neurodivergent dance artist and researcher working with time-specific choreographic practices. She studied at Trinity Laban Conservatoire and University of the Arts Helsinki before completing her PhD at Lancaster University. Working collaboratively with local artists and communities to generate performances, films, workshops, and writings, Ellen's work explores the capacity of dance and movement to attune to more-than-human timescales. Her work has been funded by the AHRC and Heritage Lottery Fund, amongst others, and supported by Cumbria Wildlife Trust, Lancashire Wildlife Trust, and Morecambe Bay Partnership. Alongside her dance research, Ellen has worked in farming, retail, hospitality, and higher education. She lives in Northumberland, UK.

Thomas Kampe (Dr. phil.) lives and works as a performance maker, researcher, and educator in London. After initially training as a visual artist in Kassel, Germany, he trained in dance at the Laban Centre in London. Extensive collaboration with the choreographer Hilde Holger (1905–2001), Rosemary Lee, Liz Aggiss, and Jewish playwright and theatre director Julia Pascal. Since 2014, research on the diasporic practices of modernist Jewish dance artists Gertrud Bodenwieser, Margalit Ornstein, and Tile Rössler. Thomas directed the dance program at London Metropolitan University and was Professor of Somatic Education & Performance at Bath Spa University until 2022. Numerous artistic and academic publications and chairs of international symposia. He is co-editor of the book *Beyond Forgetting: persecution/exile/memory – transdisciplinary perspectives on education in design and performance* (Cuvillier 2021).

Claudia Kappenberg (Dr. phil.) is an artist, writer, and curator. Originally a dancer, she worked extensively with Hilde Holger (1905–2001) and continues to explore choreographic strategies through live performance, participatory installations and films. Working with the gestures and rhythms of the everyday, her projects interrogate that which makes us human. She is an Honorary Fellow of The University of Brighton and founder-editor of *The International Journal of*. Recent writing has been published in *LO: TECH: POP: CULTScreendance Remixed* (2024), *Rethinking Roland Barthes Through Performance* (2023), *MIRAJ* (2021), *Performing Process: Sharing Dance and Choreographic Practice* (2018), *Syncope in Performing and Visual Arts* (2017), *The Oxford Handbook of Screendance Studies* (2016) and *Art in Motion* (2015). In 2020, she co-curated the online Screendance season *grounded* with Fiontàn Moran, Curator Tate Modern UK.

Antja Kennedy is a freelance dance teacher, dancer, choreographer, and movement analyst. Certificate in *Laban/Bartenieff Movement Studies* (CMA) in Seattle, Washington, USA (1984). Bachelor's degree in Dance at Empire State College, New York, USA. Registered-Practitioner in *Movement Pattern Analysis* by MOTUS Humanus, Denver, USA (2003). Further education in *Labanotation* (2016–19). Founding member of EUROLAB Association (1988) and worked for 12 years in the executive committee. Since 1990, teaching and since 1995 directing the EUROLAB Certificate Programs in *Laban/Bartenieff Movement Studies*. She has published several articles (e.g,. in *Body-Language-Communication*, International Handbook on Multimodality in Human Interaction, 2013) and a book *Bewegtes Wissen* (2010).

Jutta Krauß (Dr. phil.) ist Tanzwissenschaftlerin, Dozentin und Dramaturgin. 2019 wurde sie mit der Dissertation *Voguing on Stage. Kulturelle Übersetzungen, vestimentäre Performances und Gender-Inszenierungen in Theater und Tanz* promoviert. Sie lehrt an Universitäten in der Schweiz und Deutschland und ist Lehrbeauftragte an der Pädagogischen Hochschule Freiburg. Von 2019 bis 2023 war sie im Vorstand der Gesellschaft für Tanzforschung (gtf). Ihre Arbeitsschwerpunkte sind zeitgenössischer Tanz mit Theoremen von Körper und Kleidung, Gender Performances auf der Bühne sowie kulturelle Bewegungsübertragungen und Vermittlungskonzepte.

Anna Leon (PhD) is a dance historian, researcher and curator. She is postdoctoral fellow at the Academy of Fine Arts Vienna, where she researches peripheralised dance modernities through a focus on ballet in early-twentieth-century

Greece. She curated the theory programme of Tanzquartier Wien from 2021 to 2025 and (co-)develops independent curatorial projects (e.g. *Radio (non-)conference* with Netta Weiser and *Choreography+* with Johanna Hilari). She has taught at the Universities of Vienna, Salzburg, and Bern, the Academy of Fine Arts Vienna, and SEAD (Salzburg Experimental Academy of Dance). annaleon.net

Marcela Mariana López Morales was born in Buenos Aires, Argentina. She is a professional dancer, choreographer, and pedagogue who articulates these three fields of dance in a constant dialogue between praxis and theoretical research. Her formal professional training is VET in Dance, Professional Dance Conservatory Reina Sofía (ES); bachelor's degree in Dance Performance at National University of Arts (AR); bachelor's degree in Arts & Dance Pedagogy (BA) and Master of Arts (MA) at Anton Bruckner Privatuniversität (AT). Currently, she is carrying out her Doctoral studies at Kunstuniversität Linz (AT). Since 2019, she has focused on archival and notational dance research and its modes of translation into dance production under the project *Cie. Of(f) Verticality*. She is involved as dance-researcher in the project *Atlas of Smooth Spaces* funded by the FWF.

Susan Manning (PhD) is an internationally recognized historian of modern dance whose writings have been translated into German, French, Italian, Spanish, and Polish. She is the author of *Ecstasy and the Demon: The Dances of Mary Wigman* (1993, 2nd ed 2006); *Modern Dance, Negro Dance: Race in Motion* (2004); *Danses noires/blanche Amèrique* (2008); and *Dancing on the Fault Lines of History: Selected Essays* (2025). She is also the co-editor of *New German Dance Studies* (2012) and *Futures of Dance Studies* (2020). She has worked as a dramaturge for Reggie Wilson and for Nejla Yatkin, and is the Bergen Evans Professor in the Humanities at Northwestern University.

Sebastian Matthias (Dr. phil.) ist Choreograf und Tanzwissenschaftler. Seit 2024 ist er Professor für Tanz als forschende Praxis in sozialen Feldern an der Frankfurt University for Applied Sciences und forscht am Institut für Nachhaltigkeit am GFZ in Potsdam. Von 2022 bis 2024 war er Post-Doc am Institut für Performative Praxis, Kunst und Bildung der Hochschule für Bildende Künste Braunschweig und von 2019–21 am Institut Kultur der Metropole der HafenCity Universität Hamburg. Darüber hinaus hat er seit 2010 international an freien Produktionshäusern und Theaterinstitutionen seine choreografischen Arbeiten gezeigt. Er studierte Tanz an der Juilliard School in New York,

Tanzwissenschaft an der Freien Universität Berlin und promovierte an der HCU Hamburg.

Anna Menslin studierte Musik- und Tanzwissenschaft an der Universität Salzburg und schloss 2023 ihren Master ab. Von 2022 bis 2023 arbeitete sie als Assistentin in den Derra de Moroda Dance Archives und war im Department Archiv & Dramaturgie der Salzburger Festspiele als Mitarbeiterin tätig. In ihrem abgeschlossenen Forschungsprojekt *Zeitschriften als Bühnen für den Tanz* verbindet sie ihre Forschungsinteressen Tanz, Mode, Archivpraktiken und Körperkonzepte. Seit Oktober 2024 ist sie als Dissertantin im interuniversitären Doktoratskolleg *Kulturen im Wandel* in Salzburg angestellt und erforscht das Thema *Tanzende Modekörper: Methodenentwicklung zur Analyse vestimentärer Konstellationen*.

Sofia Muñoz Carneiro (Dr. phil.) is an anthropologist and theater and dance scholar. She has worked on different research projects, and as an assistant professor in Chile and Germany, in the fields of anthropology, philosophy, and history of performing arts. She received her PhD in Philosophy and Theater Studies at the Universidad de Chile and Ludwig-Maximilians-Universität München. Her doctoral research approached the relationship between the notions of touch and presence in contemporary dance. She currently works as a dance archivist in Tanztendenz München e.V. and as a researcher of the project *Desenfoque: dance, photography, and history*, focused on the artistic interweavings between Chile and German-speaking countries at the beginning of the twentieth century.

Anastasia Nabokina (Dr. phil.) is a researcher and academic teacher at the Anthropology of Literature and Cultural Studies Department at the Faculty of Polish Studies, Jagiellonian University in Cracow, Poland. In 1996–2010 principal dancer at the Teatr Wielki – Polish National Opera in Warsaw. Author of the book *The Desire to Dance. The Art of Movement in the Culture of the Russian Silver Age and its Psychoanalytic Contexts*, Warsaw 2023. Head of two research projects at the Polish National Science Centre, a scholarship holder of the Minister of Education and Science of Poland. In 2025, the holder of the scholarship of the Heinrich Hertz-Stiftung at the Ruhr-Universität Bochum.

Simeon Ohlsen ist Musiker, Tänzer und Pädagoge mit einem akademischen Hintergrund in Tanzpädagogik, Musik und Philosophie. Er absolvierte ein Bachelorstudium in Zeitgenössischer Tanzpädagogik an der Musik und Kunst Privatuniversität der Stadt Wien (MUK) und setzt derzeit sein Masterstudium Arts in Education fort. Zuvor studierte er Elementare Musikpädagogik und klassisches Klavier an der Hochschule für Musik Freiburg sowie Philosophie/ Ethik an der Albert-Ludwigs-Universität Freiburg. Seine künstlerische Praxis umfasst Performances u.a. bei ImPulsTanz in einer Choreografie von Luca Bonamore, sowie eigene Choreografien, zuletzt das Duett *Masculınıtıes!*, das sich mit dem Thema Männlichkeit auseinandersetzt. Pädagogisch engagiert er sich in inklusiven Projekten und in der Vermittlung von Tanz und Musik in verschiedenen Bildungskontexten.

Arzu Öztürkmen (PhD) is a professor for Performance Studies at Boğaziçi University in Istanbul, Turkey. Her articles about dance history include *Politics of National Dance in Turkey* (2001), *I Dance Folklore* (2002), *Modern Dance »Alla Turca«* (2003). In 2014, she co-edited two books on performance in the Ottoman and Eastern Mediterranean World. She formerly served in the boards of IOHA and SIEF and is currently chairing the National Committee of ICTMD-Turkey, the History Department and the Asian Studies Center at Boğaziçi University. Since 2019, she has also been a member of JAF editorial board.

Sasha Portyannikova is a white-abled dance artist born in the Soviet Union and raised in Moscow. She has lived and worked in Berlin and New York and currently resides in Innsbruck. She graduated from the Vaganova Ballet Academy (MA, 2013), co-founded the dance cooperative *Isadorino Gore* with Dasha Plokhova in 2012, became a Fulbright Visiting Scholar in 2018, and has been curating *Touching Margins* alongside Nitsan Margaliot and Anna Chwialkowska since 2020. Sasha Portyannikova has worked across Europe (AT, BE, CH, CZ, DE, ES, GB-SCT, HU, NL, SK, UA) and the USA. She has collaborated with Amnesty International, Goethe Institute, V-A-C Foundation, ZKM, ITI Berlin, SDVIG, Hellerau, TQW, Garage MCA, and others. Together with Daria Plokhova, she authored the *Manual for the Practical Use of a Dance Archive*. Her research and curatorial interests focus on the diversity of dance histories and the intertwining of cultures and politics.

Christiana Rosenberg-Ahlhaus (Dr. phil.) studierte an der Deutschen Sporthochschule Köln das Schwerpunktfach *Spiel-Musik-Tanz* und war nach Abschluss des Studiums drei Jahre an der Sporthochschule als Lehrkraft im Bereich Rhythmik und Tanz tätig. Im Anschluss daran war sie wissenschaftliche Mitarbeiterin an der Universität Konstanz und dort u.a. für die Ausbildung im Fach Tanz und Tanzforschung verantwortlich. Ihre Dissertation von 1996 befasst sich mit der Bedeutung der Phänomenologie für die Tanzpädagogik. Sie veröffentlichte mehrere Fachbücher zur Tanzpädagogik. Bis 2022 leitete sie die Tanzgruppe der Universität Konstanz. Aktuell ist sie Vorstandsmitglied der Gesellschaft für Tanzforschung, zudem ist sie im Netzwerk Moderner Tanz aktiv.

Alina Saggerer ist Doktorandin und wissenschaftliche Mitarbeiterin an der Freien Universität Berlin im Seminar für Tanzwissenschaft. Ihre aktuelle Forschung beschäftigt sich mit antisemitismuskritischen Ansätzen im Bereich von Tanz und Tanztheorie. Weitere Forschungsinteressen liegen in der Verbindung von Tanztheorie, Queer Theory und Kritischer Theorie. Neben ihrer akademischen Tätigkeit arbeitet Alina gelegentlich im Journalismus und als Dramaturgin.

Katja Schneider (Dr. phil.) ist Professorin für Tanzwissenschaft an der Hochschule für Musik und Darstellende Kunst Frankfurt (HfMDK). Sie habilitierte sich am Institut für Theaterwissenschaft der LMU, der sie auch als wissenschaftliche Mitarbeiterin angehörte, 2013 mit der Schrift *Tanz und Text. Figurationen von Bewegung und Sprache*. Als Kritikerin schrieb sie u.a. für die *Süddeutsche Zeitung* und berichtete für den *Deutschlandfunk*, als Redakteurin arbeitete sie für *tanzdrama*, *tanzjournal* und *tanz* (1992–2012).

Valda Vidzemniece (PhD) is a choreographer, educator, and dance historian. Since 2008 she has taught Dance Composition and Dance History at Jāzeps Vītols Latvian Academy of Music. She holds a master's degree in Choreography from JVLMA, has completed doctoral studies at Latvian Academy of Culture; doctoral thesis: *Modern Dance in Latvia in the First Part of the 20th Century*; the author of the monograph with the same title (2024). She has participated in several local and international scientific conferences and has published research articles; is supervisor of the diploma thesis and practical diploma works for bachelors and masters at JVLMA.

Anna Wieczorek (Dr. phil.) ist Tanzwissenschaftlerin und aktuell wissenschaftliche Mitarbeiterin mit Schwerpunkt Tanz am Institut für Medien, Theater und populäre Kultur der Universität Hildesheim. Nach ihrem Studium der Dramaturgie in München wurde sie in mit ihrer Dissertation

Historische (Re-)Formulierungen zu einer post/dekolonialen Perspektive auf Tanzgeschichtsschreibung promoviert. Sie war außerdem Mitarbeiterin im DFG-Forschungsprojekt *Gesten des Tanzes–Tanz als Geste* (Universität Hamburg, mit Gabriele Klein/Elisabeth Leopold) und im FWF-Forschungsprojekt *Traversing the Contemporary* (Universität Salzburg, mit Claudia Jeschke/Sandra Chatterjee). In ihrer Forschung interessiert sie stets die Schnittstelle zwischen Theorie und Praxis, v.a. in Bezug auf Themen wie Scores/Notationen, Vermittlung, Aesthetic of Access/Tanz und Audiodeskription.

Eike Wittrock (Dr. phil.) ist Professor für Tanzwissenschaft an der Musik und Kunst Privatuniversität der Stadt Wien. In seiner Forschung und pädagogischen Praxis sucht er nach (queeren) Ästhetiken in historischen Quellen der europäischen Tanzgeschichte. In einem internationalen Forschungsprojekt erforscht er derzeit gemeinsam mit Kolleg*innen, wie LGBTIQ*-Bewegungen in Deutschland und Österreich zur Demokratisierung beigetragen haben. In diesem Zusammenhang entwickelt er gemeinsam mit Gin Müller Theaterworkshops für Jugendliche. Zu seinen jüngsten Veröffentlichungen zählen *Theater* in queerem Alltag und Aktivismus der 1970er und 1980er Jahre* (Neofelis Verlag, gemeinsam mit Jenny Schrödl) und *Speculations on the Queerness of Dance Modernism* (Sonderausgabe des Dance Research Journal, mit Mariama Diagne und Lucia Ruprecht).